Die Computerwerkstatt

Klaus Dembowski hat Nachrichtentechnik studiert und ist an der Technischen Universität Hamburg-Harburg tätig. Seine Schwerpunkte liegen in den Bereichen Mikrocontrollerentwicklung, Hard- und Software für Mikrosysteme sowie Energy Harvesting. Bei der Vermittlung aktueller Inhalte aus den Bereichen der Elektronik sowie der Informations- und Netzwerktechnik kann er auf eine langjährige Erfahrung als Autor und Dozent zurückgreifen. Die mittlerweile über 40 erschienenen Buchtitel zeichnen sich ebenso wie die regelmäßig erscheinenden Zeitschriftveröffentlichungen, Seminare und Vorträge durch eine verständliche und praxisorientierte Darstellung auch komplexer Sachverhalte aus.

Klaus Dembowski

Die Computerwerkstatt

Für PCs, Notebooks, Tablets und Smartphones

Klaus Dembowski

Lektorat: Gabriel Neumann
Herstellung: Nadine Thiele
Umschlaggestaltung: Helmut Kraus, www.exclam.de
Druck und Bindung: M. P. Media-Print Informationstechnologie GmbH, 33100 Paderborn

Bibliografische Information der Deutschen Nationalbibliothek
Die Deutsche Nationalbibliothek verzeichnet diese Publikation in der Deutschen Nationalbibliografie; detaillierte bibliografische Daten sind im Internet über http://dnb.d-nb.de abrufbar.

ISBN:
Buch 978-3-86490-251-2
PDF 978-3-86491-797-4
ePub 978-3-86491-798-1
mobi 978-3-86491-799-8

1. Auflage 2016

Wieblinger Weg 17
69123 Heidelberg

5 4 3 2 1

Vorwort

Das Erscheinungsbild eines Computers hat sich vom Großrechner über den PC bis hin zum Tablet und Smartphone rasant erweitert und gewandelt. Die Leistung eines aktuellen Smartphones mit vier Rechenkernen übertrifft die eines zehn Jahre alten Notebooks oder PCs. Auch wenn Desktop-Applikationen und mobile Anwendungen zunehmend austauschbar sind und miteinander verschmelzen, sind PCs für bestimmte Aufgaben jedoch nicht durch ein Tablet oder ein Smartphone zu ersetzen.

Deshalb werden in der Computerwerkstatt die vier Gerätetypen PC, Notebook, Tablet und Smartphone betreffs Konfigurierung, Optimierung, Erweiterung und Reparatur behandelt. Auch wenn diese Geräte zumindest auf den ersten Blick völlig verschieden zu sein scheinen, sind es alles Computer, die über einen Mikroprozessor, DRAM- sowie Festwertspeicher, verschiedene Schnittstellen und ein standardisiertes Betriebssystem verfügen. Dies bildet letztlich eine gemeinsame Basis, und zwar nicht nur für das Verständnis der Funktionsweise, sondern auch für die Durchführung der genannten Arbeiten, die eine entsprechende Kompetenz, Fertigkeit und Sensibilität erfordern, was sich mit diesem Buch als verlässliche Hilfe erlangen lässt.

Ausrangierte Handys, Smartphones und mittlerweile auch Tablets liegen vielfach nutzlos herum, weil sie heutigen Ansprüchen nicht mehr genügen. Gleichwohl sind es hochintegrierte Mini-Computer, die weiterhin interessante Aufgaben ausführen können. In Teil 4, *Neue Aufgaben für ältere Geräte*, werden hierfür verschiedene Beispiele gezeigt. Es wird erläutert, wie man auch ältere PCs und Notebooks so erweitern und programmieren kann, damit sie sich – oder Teile davon – noch sinnvoll weiterverwenden lassen.

Die Computerwerkstatt ist kein Windows-Buch und auch kein Linux- oder Android-Buch. Die dargestellten systemspezifischen Maßnahmen, wie sie beispielsweise mit der Datenträgerverwaltung, der Systemwiederherstellung oder auch für die Netzwerkeinrichtung bei Windows durchgeführt werden, sind bewusst so ausgewählt worden, dass sie für verschiedenste Windows-Versionen gelten. Entsprechendes gilt für die Netzwerkeinrichtung mit Linux- und Android-Geräten und andere Konfigurations- und Hilfsmechanismen.

Die einzelnen Kapitel mögen vom Schwierigkeitsgrad her unterschiedlich sein, wobei dieses Empfinden natürlich auf den jeweiligen Vorkenntnissen und Erfahrungen des Lesers beruht. Die Tiefe und Ausführlichkeit der Darstellung ist vom jeweiligen Gerätetyp abhängig. Ein PC-Experte kann ja durchaus mit der Smartphonetechnik und den sich daraus ergebenden Reparaturschritten weniger bis gar nicht vertraut sein, was natürlich auch umgekehrt gilt. Gemeinsam ist den Erläuterungen, dass sie technische Zusammenhänge verdeutlichen und auf eine Problemlösung abzielen. Damit auch der technisch nicht so versierte Anwender den Überblick behält und relativ schnell die Ursache eines Problems ermitteln kann, bieten sich die verschiedenen Fehlersuchbäume für eine strukturierte Fehlersuche an.

Ab Kapitel 10 geht es gewissermaßen ans Eingemachte, was handwerkliches Geschick und auch Erfahrungen im Umgang mit elektronischen Komponenten erfordert. Klar ist, dass sich bestimmte Handgriffe besser in einem Video zeigen als in einem Buch beschreiben lassen, wie etwa das Zerlegen eines Smartphones. Im Internet gibt es hierfür zahllose Beispiele unterschiedlichster Qualität, bei denen die Vorgänge stets recht einfach aussehen und schnell von der Hand gehen. In der tatsächlichen Praxis ist die Angelegenheit aber meist weitaus beschwerlicher – insbesondere, wenn man dies nicht laufend durchführt. Daher werden im Buch Grundlagen und Praxistipps anhand typischer Gerätevertreter geliefert, um somit das notwendige Rüstzeug für verschiedenste Modelle zu erhalten.

Klaus Dembowski,
September 2015

Inhalt

1 Einführung – Rück- und Überblick

In dieser Computerwerkstatt geht es um die Konfiguration, die Fehlersuche und die Erweiterung von unterschiedlichen Computersystemen. Dabei bildet zunächst der klassische Personal Computer (PC) den Ausgangspunkt, der nach wie vor im Alltag in den verschiedensten Ausführungen anzutreffen ist, sei es als Büro-PC, als Serversystem, als Industrie-Computer oder auch als Info-Terminal auf dem Bahnhof.

Ein PC ist von seinem modularen Aufbau her dafür prädestiniert, dass er sich aus unterschiedlichen Komponenten und Softwarepaketen für den jeweiligen Einsatzzweck optimal zusammensetzen lässt, was – von der ursprünglichen Intention her – eben zu einem **p**ersönlichen **C**omputer führt.

Abb. 1–1 Der ursprüngliche PC mit zwei 360-kByte-Diskettenlaufwerken und einem monochromen Monitor war 1981 für ca. 10.000 DM erhältlich.

Bis zum Erscheinen des ersten PC Anfang der Achtzigerjahre war ein Computer typischerweise ein Großrechner, wie er bei Banken und Versicherungen eingesetzt wurde, oder auch ein Spezialrechner für industrielle Mess-, Steuer- und Regelungssysteme. Der folgenden Zeitreise durch die Digital- und PC-Technik ist zu entnehmen, welche wichtigen Entwicklungen zum heutigen PC geführt haben. Dazu gehören die heutzutage notwendige Netzwerk- und Mobilfunk-Konnektivität, um mobile Computer, wie

Notebooks, Tablets und Smartphones, mit aktuellen Diensten und Services nutzbar zu machen.

- **1969**
  Die Idee des ARPANET (Advanced Research Projects Agency Network) wird geboren, und im Jahre 1972 wird die Funktionsweise erstmalig anhand von vier Computern, die über 50-kBit-Leitungen verbunden sind, demonstriert. Das ARPANET gibt als Vorläufer des Internet, und das erste RFC-Dokument wird erstellt, woraus die Standards für das Internet entstehen werden.

- **1970**
  Das ALOHAnet wird realisiert, welches die Hawaii-Inseln per Funk verbindet. ALOHAnet gilt als eine der (gedanklichen) Quellen für das Ethernet. Dennis Ritchie und Kenneth Thomson entwickeln in den Bell Labs die erste Version des UNIX-Betriebssystems.

- **1971**
  Das ARPANET besteht mittlerweile aus 19 Rechnern, und die Funktion von E-Mails wird getestet. Der erste Intel-Mikroprozessor – der 4004 – wird hergestellt, und die Firma Atari wird gegründet, wobei das erste Produkt das Spiel Pong ist. Es handelt sich dabei um die stark vereinfachte Form eines Tennisspiels, bei dem ein weißer Punkt (der Ball) mit Balken als Schläger von zwei Spielern mit je einem Regler an der Konsole (die an einen Fernseher angeschlossen wird) bewegt wird, was bei jedem Schlag von einem akustischen »Pong« begleitet wird.

- **1973**
  An der Stanford University entsteht die erste Version von TCP (Transmission Control Protocol). Zum ersten Mal taucht der Begriff *Microcomputer* auf, dessen Ursprung bei der französischen Firma *Micral Computer* zu sehen ist. Forscher bei der Firma Xerox entwickeln einen Computer (Alto), der mit einer grafischen Oberfläche und einer Maus sowie einem Ethernet-Interface ausgestattet ist.

- **1974**
  Das erste Betriebssystem für Mikrocomputer (CP/M von Gary Kildall) wird verkauft. Die Firma Altair baut den Computer Altair 8800, vielen bekannt aus dem Film »Wargames«.

- **1975**
  Die kommerzielle Version von ARPANET – Telenet – geht in Betrieb. Die Firma IBM baut den ersten Laserdrucker.

- **1976**
  Eine der ersten E-Mails wird von Queen Elizabeth II versendet. Bill Gates verlässt die Harvard University, und der erste Supercomputer (Cray-1 von Seymor Cray) wird gebaut.
- **1977**
  Die legendären Computer PET von Commodore sowie der TRS-80 von Tandy erscheinen auf dem Markt. Steve Jobs und Steve Wozniak gründen die Firma Apple und stellen den Apple-II-Computer vor. Die Firma Digital (DEC) stellt ihre VAX-Rechner (Virtual Address Extension) vor, die mit einem eigenen Betriebssystem VMS (Virtual Memory System) arbeiten und in den kommenden Jahren *die* Arbeitsmaschinen in Forschung und Industrie werden sollen.
- **1978**
  Die ISO veröffentlicht das OSI-Referenzmodell, und es beginnt die Umsetzung von ARPANET auf TCP/IP. Bill Gates und Paul Allen gründen Microsoft. Die Firma Intel produziert den ersten 16-Bit-Mikroprozessor. Das erste Ethernet-Patent (Multipoint Data Communication System with Collision Detection) geht an Bob Metcalfe (Fa. Xerox) und drei seiner Kollegen, die kurz darauf die Firma 3COM (Computer Communication Compatibility) ins Leben rufen. Die 5,25-Zoll-Diskette wird zum Standardspeichermedium, und das legendäre Arcade-Game *Space Invaders* trifft auf Begeisterung.
- **1979**
  Die ersten Geschäftsapplikationen für den Apple II werden veröffentlicht: VisiCalc (von Dan Birkin, Bob Franson) ist eine Tabellenkalkulation, und Wordstar der Firma MicroPro ist eine Textverarbeitung. Die Firma Seagate von Alan Shugart baut die ersten Festplatten für Mikrocomputer.
- **1980**
  Das sogenannte DIX-Konsortium (DEC, Intel, Xerox) definiert den Ethernet-Standard, der mit 10 MBit/s statt mit 2,94 MBit/s wie das Original-Xerox-Patent arbeitet. Die Firma IBM entscheidet sich für das Betriebssystem PC-DOS der Firma Microsoft und gegen CP/M von Digital Research, die keine Zukunft im Design der »Klapperkiste« PC sehen. Das von Microsoft gekaufte und keineswegs selbst entwickelte PC-DOS wird mit dem ersten PC ein Jahr später ausgeliefert.
- **1981**
  Der erste PC wird von der Firma IBM vorgestellt, der damit den Grundstein für die bis heute gültige Intel-Architektur legt. Der PC verfügt über einen Mikroprozessor vom Typ 8088, der mit 4,7 MHz arbeitet, über einen Speicher von 256 kByte

und arbeitet mit einem 5,25-Zoll-Diskettenlaufwerk sowie einem monochromen Monitor. Von der Firma Commodore ist der VC-20-Computer verfügbar, und einen ersten Laptop gibt es auch schon, den *Osborne 1* der Firma Osborne.

- **1982**
  Microsoft hat das erste Betriebssystem DOS 1.1 für den PC entwickelt. Intel fertigt den 80286-Mikroprozessor, und der Commodore 64, welcher der erste Computer mit Rekordverkäufen werden wird, kommt in den Handel. Die erste Maus für den PC wird von der Firma Mouse Systems angeboten. Firmen wie Compaq, Adobe, Lotus und Sun Microsystems werden gegründet. Die Firma 3COM bietet den ersten PC-Ethernet-Adapter an, und die DIX Spec. 2 wird hierfür verabschiedet. Die Firma Xerox gibt den Namen *Ethernet* frei.

Abb. 1–2 Nicht ein PC, sondern der Commodore 64 war der erste Computer, der weltweit große Verbreitung gefunden hat.

- **1983**
  Der erste PC kommt nach Deutschland, und auf der US-Messe *Comdex* wird die erste Windows-Version vorgeführt. IBM bietet den IBM-XT mit einer Festplatte mit 10 MByte Speicherkapazität an, und Compaq einen portablen PC. Microsoft stellt das Textverarbeitungsprogramm *Multi Tool Word* vor, welches später nur als *Word* bezeichnet wird. Commodore hat den ersten portablen Computer (SX-64) mit Farbbildschirm und Sharp einen Laptop (5 kg) mit LC-Display im Programm. TCP/IP ermöglicht das Internet, und der Standard 10Base5 (Thick Ethernet) wird veröffentlicht.

- **1984**
  IBM stellt den Nachfolger des PC, den *AT*, mit einem 16-Bit-Prozessor (80286) und einen neuen Grafikstandard (EGA) vor. IBM geht eine Partnerschaft mit Intel ein und macht diese Firma zum Hauptlieferanten für Prozessoren und Chips für PC. Silicon Graphics bietet die erste 3D-Grafikworkstation an. Der Markanteil von Audio-CDs steigt auf über 50 % gegenüber den anderen Tonträgern. Die ersten Bridges für Ethernet sind erhältlich, und Apple baut den Macintosh.

- **1985**
  Die ersten PC-Nachbauten (Clones) aus Taiwan kommen in Deutschland auf den Markt. Ein üblicher PC verfügt über einen RAM-Speicher von 256 kByte, ein 5,25-Zoll-Diskettenlaufwerk und wird an einen monochromen Monitor angeschlossen. Intel bietet den ersten 32-Bit-Mikroprozessor für PC, den 80386, an. Homecomputer wie der Atari 520ST und der Commodore Amiga setzen Zeichen in puncto Bedienungsfreundlichkeit, Grafik und Sound. Begriffe wie *Multimedia* und *Desktop Publishing* tauchen erstmalig auf. IBM stellt den *Convertible*, das erste PC-Notebook, vor, und Flachbett-Scanner bieten 16 Graustufen mit einer Auflösung von 300 DPI. Das Fax-Gerät hält Einzug in die Büros.

- **1986**
  Compaq liefert den ersten PC mit 80386-Prozessor, den *Deskpro 386*. Das 3,5-Zoll-Diskettenlaufwerk beginnt das 5,25-Zoll-Laufwerk vom Markt zu verdrängen. Sharp zeigt den ersten Bildschirm mit TFT-Technologie. SCSI wird als offizieller ANSI-Standard anerkannt.

- **1987**
  IBM verabschiedet sich technologisch vom ISA-Kartenerweiterungs-Bus und stellt die *Personal System/2-Computer* mit *Micro Channel Architecture* vor, die erstmalig auch über eine VGA-Karte (640 × 480 Bildpunkte) verfügen. Microsoft veröffentlicht MS-DOS 3.3, welches mehrere Partitionen für Festplatten unterstützt. Die erste Soundkarte kommt von der Firma AdLib zu einem Preis von 245 Dollar in den Handel. Das Internet vermeldet den zehntausendsten Anwender. DAT-Audio-Recorder werden vorgestellt, und in Büros werden Laserdrucker eingesetzt.

- **1988**
  IBM stellt das Betriebssystem **O**perating **S**ystem **2** (OS/2) vor, das erste objektorientierte 32-Bit-Betriebssystem für PC. Microsoft bietet MS-DOS 4.0 an, welches sich im Nachhinein zwar als äußerst fehlerhaft erweist, aber immerhin die 32-MByte-Beschränkung für Festplattenpartitionen beseitigt. CD-ROM-Laufwerke kommen zu einem Preis von 1200 DM in den Handel. Apple verklagt

Microsoft, weil Apple Windows als unzulässige Kopie seiner eigenen Benutzeroberfläche ansieht. Ethernet mit Twisted-Pair-Verkabelung (UTP) wird populär, wobei der Stern als Topologie zum Einsatz kommt.

- **1989**
  Intel führt den 80486-Prozessor ein. Der VESA-Standard für Super-VGA-Grafikkarten wird verabschiedet. Die **P**ersonal **C**omputer **M**emory **C**ard **I**nternational **O**rganization (PCMCIA) wird gegründet und ebnet den Weg für scheckkartengroße Speicherkarten und Modems für den Einsatz in portablen Computern (Laptops).

- **1990**
  Microsoft überschreitet mit Windows 3.0 den Umsatz von einer Milliarde Dollar. Der Gameboy kommt nach Deutschland. Das DR-DOS 5.0 der Firma Digital Research überrundet technologisch gesehen DOS 5.0 von Microsoft. Das IEEE ratifiziert den 802.3-10BaseT-Standard (T = Twisted Pair, mit UTP-Kabel). Das ARPANET wird abgeschaltet, und die Prototyp-Software für das World Wide Web (WWW) wird am *European Council for Nuclear Research* (CERN) in Genf entwickelt.

- **1991**
  Ehemalige Konkurrenten wie IBM, Apple und Motorola schließen Allianzen gegen die WINTEL-Übermacht (**Win**dows **Intel**) zur Entwicklung des PowerPC. Die digitalen Mobilnetze D1 und D2 nehmen den Betrieb auf. Sharp bietet superflache Farb-LCD-Bildschirme an, und Toshiba hat den ersten Farb-Laptop im Lieferprogramm. Die OS/2-Version 1.3 wird als letzte gemeinsame Version von IBM und Microsoft veröffentlicht. Das Betriebssystem Linux von Linus Torvalds wird im Internet erstmalig veröffentlicht und ruft dadurch zahlreiche Mitstreiter auf den Plan, die intensiv an der Entwicklung eines kostenlosen UNIX arbeiten. Die Firma AMD verkauft den einmillionsten AMD386-Prozessor.

- **1992**
  Nach einem Gerichtsurteil wird der Firma AMD verboten, den 386-Prozessor von Intel weiterhin zu produzieren. Die ersten Produkte (Adapter, Hubs, Switches) für Full-Duplex auf Ethernet (10 MBit/s) erscheinen. TCP/IP wird als Technologie des Jahres gekürt, und das Internet überschreitet die Schwelle des einmillionsten Nutzers. IBM veröffentlicht erstmalig ein negatives Geschäftsergebnis, während Microsoft in den ersten 50 Tagen nach Veröffentlichung von Windows 3.1 über 1 Million Exemplare dieses Betriebssystems verkaufen kann. Die damalige Deutsche Bundespost beginnt mit der Vermarktung von ISDN als Technologie für die digitale Datenkommunikation mit dem Personal Computer.

Abb. 1–3 Mit dem ersten Pentium (oben links) wird eine neue Prozessorgeneration begründet, die im Laufe der Jahre zahlreichen Veränderungen unterworfen wird, was zu verschiedenen – immer leistungsfähigeren – Versionen führt.

- **1993**
  Intel präsentiert den Pentium-Prozessor (Abb. 1–3). Um ihn von Nachbauten abzusetzen (AMD, Cyrix), erhält er als erster Prozessor einen speziellen Namen. Die 25millionste Windows-Version wird verkauft, und Windows NT kommt in den Handel. EIDE wird als Standardschnittstelle für Festplatten vorgestellt. Das IEEE ratifiziert den Standard 10BaseF (Fiber Optic) mit einer maximalen Kabellänge von 2 km. Der Internetbrowser MOSAIC von der Universität Illinois verhilft dem WWW zum Durchbruch.

- **1994**
  Intel startet die bis dahin größte Rückrufaktion der Computergeschichte, weil der Pentium einen Divisionsfehler aufweist. 475 Millionen Dollar kostet diese Aktion. Microsoft verliert einen Urheberrechtsprozess und muss das Komprimierungsprogramm *Double Space* aus MS-DOS 6.0 entfernen. Die ersten Produkte für Fast-Ethernet (100 MBit/s) erscheinen auf dem Markt.

- **1995**
  Ende des Jahres kommt das lang angekündigte Windows 95 auf den Markt. Es werden 1 Million Power Macintoshs von Apple und ebenso viele OS/2-Exemplare von IBM verkauft. Die ATM-Netzwerktechnologie soll laut Hersteller- und Expertenmeinung das Ende des Ethernet-Booms einläuten (was aber nicht stattfinden wird). Die Firma Sun veröffentlicht die Programmiersprache *Java*, und der Internet-Browser von Netscape wird zum Standard, während Microsofts Internet-Explorer dagegen technologisch abgeschlagen erscheint.

- **1996**
  Die **D**igital **V**ersatile **D**isc (DVD) mit einer avisierten Speicherkapazität von 4,7 bis 17 GByte wird vorgestellt. CD-Writer, die dazugehörigen Medien und Digitalkameras werden erheblich preiswerter und sind die Verkaufsschlager des Jahres. Die ersten 3COM-Netzwerkkarten mit Autosensing (automatische Umschaltung zwischen 10 und 100 MBit/s) erscheinen auf dem Markt.

- **1997**
  Intel erfährt Konkurrenz durch Pentium-kompatible Prozessoren von AMD (K6) sowie Cyrix (6x686) und startet daher für den Pentium II die bisher größte Werbekampagne. Dieser Prozessor ist nicht für einen üblichen Sockel, sondern erstmalig für einen Slot (vgl. Abb. 1–3) vorgesehen. Apple verbietet den Nachbau von Macintosh-Computern und verärgert damit den Chiplieferanten Motorola, wodurch die Allianz gegen WINTEL zerbricht. Gigabit-Ethernet (1000 Mbps) wird angekündigt. Die Firma Seagate hat die 100-millionste Festplatte hergestellt.

- **1998**
  Nach langem Ankündigen sind die ersten Geräte mit *Universal Serial Bus* (USB) verfügbar. Der *Accelerated Graphics Port* (AGP) und die dazu passenden Grafikkarten werden als Standard für 3D-Applikationen – meist Spiele – auf dem Markt etabliert. Windows 98, welches sich technisch gesehen kaum von seinem Vorgänger Windows 95 unterscheidet, erscheint und bietet eine serienmäßige Unterstützung für USB, AGP und Firewire (IEEE-1394). Das IEEE ratifiziert den Gigabit-Ethernet-Standard IEEE 802.3 1000BaseX.

- **1999**
  Das Betriebssystem Linux erfährt immer größeres Interesse und macht insbesondere Windows NT auf dem Gebiet der Serveranwendungen ernst zu nehmende Konkurrenz. Neben einem ständigen Auf und Ab der Speicherpreise gibt es auf dem Prozessormarkt einige Bewegung: National Semiconductor trennt sich von seiner Marke Cyrix und verkauft die Technologie an den taiwanesischen Chipset-Hersteller VIA, der ebenfalls die CPU-Technologie (WinChip) der Firma IDT

erwirbt. AMD gelingt es erstmalig, mit seiner Athlon-CPU leistungstechnisch gesehen den Konkurrenten Intel mit dem Pentium III zu überrunden. Die ersten Einheiten für 1000BaseT erscheinen am Markt.

- **2000**
  Der befürchtete Jahr-2000-Crash ist ausgeblieben, und Microsoft präsentiert den Windows-NT-Nachfolger Windows 2000. Der PC feiert seinen zwanzigsten Geburtstag, und es werden Taktraten von 1 GHz für die CPUs erreicht (Intel, AMD). AMD schreibt seit langer Zeit endlich wieder schwarze Zahlen, was in erster Linie den Athlon-CPUs zu verdanken ist. Der Standard *10 Gigabit Ethernet* wird erarbeitet.
- **2001**
  Microsoft veröffentlicht Windows XP, welches erstmalig die beiden Plattformen Windows 9x/Me und Windows NT (Windows 2000) zusammenfasst. Insbesondere die Hardwarehersteller beklagen das mangelnde Kundeninteresse am Kauf neuer PC. Die CPU-Taktraten werden dessen ungeachtet auf bis zu 2 GHz (Pentium 4) »hochgeschraubt«. Der Trend, dass zahlreiche Firmen, die sich mit unterschiedlichen Produkten und Diensten im Bereich des Internet engagieren, Insolvenz anmelden müssen, setzt sich fort. WLAN-Hardware nach dem Standard 802.11.b mit 11 MBit/s setzt sich als gebräuchlichste drahtlose LAN-Verbindung am Markt durch.
- **2002**
  Das Ringen zwischen AMD und Intel um die schnellste CPU geht unvermindert weiter. Intel hat mit dem Pentium 4 zwar (wieder) die Nase vorn, was aber nichts daran ändert, dass die AMD-CPUs das bessere Preis-Leistungs-Verhältnis bieten. DVD-Writer geraten zunehmend in tiefere Preisregionen, was ihre Anschaffung auch für den Privatkunden interessant macht. Die ADSL-Realisierungen – in Deutschland insbesondere T-DSL der Telekom – gewinnen als Internetzugang immer stärkeren Zuspruch. Hierfür werden mittlerweile zahlreiche Modems und Router von unterschiedlichen Herstellern angeboten.
- **2003**
  Die Firma AMD stellt 64-Bit-CPUs (Opteron, Athlon 64, Athlon FX) vor, basierend auf der Hammer-Architektur, die im Gegensatz zu den bisher erhältlichen 64-Bit-CPUs (Itanium von Intel) recht preisgünstig sind und auch in Desktop-PC Verwendung finden. Geräte für die Kurzstreckenfunktechnik Bluetooth kommen nach langen Vorankündigungen auf den Markt. Gigabit-LAN-Adapter werden zunehmend zum Standard und sind auch bereits auf vielen Mainboards integriert. WLAN-Produkte mit 54 MBit/s nach 802.11g kommen in den Handel.

Abb. 1–4 Ausgehend vom Opteron-Prozessor für Server machte die Firma AMD erstmalig auch 64-Bit-Prozessoren für Desktop-Computer erschwinglich, ohne die Kompatibilität zu den vorherigen 32-Bit-Prozessoren aufzugeben.

- **2004**
  Der Kampf um die wiederbeschreibbare DVD+ oder DVD- geht unentschieden aus, und Multiformat-DVD-Brenner, die mit beiden Formaten umgehen können, werden vermehrt angeboten. Produkte für PCI-Express (Grafikkarten, Mainboards) erscheinen auf dem Markt und sollen den AGP sowie auch PCI als Bussystem ersetzen. Viren, Würmer, Dialer und andere »Schädlinge« bereiten den Internetbenutzern immer größere Probleme, was bei Firmen zu hohen Ausfall- und auch Image-Schäden führt. Microsoft mit seinen unsicheren Windows-Versionen, für die laufend Sicherheits-Updates und -Patches einzuspielen sind, trägt daran zumindest eine gehörige Mitschuld. Telefongespräche per Internet zu führen (Voice over IP) kommt in Mode. Der digitale Fernsehstandard DVB-T geht in vielen Ballungsgebieten auf Sendung.

- **2005**
  Es werden mehr Fachbildschirme als Röhrenmonitore verkauft. Weil die laufende Steigerung der Taktraten für Prozessoren keine nennenswerte Steigerung der Leistung mehr zur Folge hat – bei vertretbarem Aufwand –, fertigen sowohl Intel als auch AMD verstärkt Prozessoren mit mehreren Kernen (Cores), um nunmehr durch die Parallelverarbeitung höhere Leistungen zu erzielen. Der PC-Verkauf ist jedoch erstmalig stark rückläufig. Stattdessen werden zunehmend Notebooks abgesetzt. Die Standardisierung eines WLAN-Nachfolgers von 802.11g (802.11n) verzögert sich, sodass viele Hersteller eigene Lösungen mithilfe von Mehrfachantennentechnik (MIMO: Multiple Input, Multiple Output) vorstellen. Vodafone und O2 stellen die ersten PC-Adapter für den Mobilfunkstandard UMTS (mit 2 MBit/) vor.

- **2006**
  Die Firma Apple setzt für ihre Macs erstmalig Prozessoren von Intel ein (statt PowerPC-CPUs von Motorola), sodass nunmehr nicht ausschließlich das Betriebs-

system Mac OS, sondern auch Windows für Apple-Computer eingesetzt werden kann. AMD gewinnt gegenüber Intel zunehmend Marktanteile und setzt mit dem AM2-Sockel erstmalig auf DDR2-Speicher, den Intel bereits zwei Jahre zuvor mit den Pentium 4-CPUs eingeführt hat. Der Grafikchiphersteller ATI wird von AMD übernommen. Die Telekom baut verstärkt ihr Glasfasernetz für VDSL (50 MBit/s) aus. Die Datenübertragung auf Stromleitungen vom Serviceprovider zum Hausanschluss (PLC: Power Line Communication) hat sich trotz zahlreicher Versuche nicht durchsetzen können. Als LAN-Vernetzung innerhalb einer Wohnung oder eines Hauses erfährt dieses Verfahren als HomePlug oder auch dLAN (direct LAN) jedoch vermehrt Zuspruch.

- **2007**
  Windows Vista erscheint in verschiedenen Versionen als Windows-XP-Nachfolger. PC-Hersteller und Verbraucher reagieren darauf verhalten, sodass Windows XP vorerst weiterhin von marktführender Bedeutung bleibt. Dual -Core-Prozessoren setzen sich am Markt durch, wobei die CPUs von Intel (Core 2 Duo) leistungstechnisch betrachtet die Modelle von AMD (Athlon 64 X2) ins Hintertreffen geraten lassen, was bei AMD zu hohen finanziellen Verlusten führt. Intel führt DDR3-Speicher ein. Der neue WLAN-Standard (802.11n) mit einer maximalen Datenrate von 600 Mbps wird verabschiedet. Apple präsentiert das iPhone 4 als Vertreter einer neuen Handy-Generation: die der Smartphones mit Multitouch-Funktionalität. Das Spam-Aufkommen wird immer gewaltiger und verdreifacht sich im Laufe des Jahres.

Abb. 1–5 Das Netbook der Firma Asus (Eee PC) hat die Computerszene um eine neue Gerätekategorie erweitert.

- **2008**
  Sowohl von Intel als auch von AMD sind verschiedene Prozessoren mit vier Kernen für Standard-PC verfügbar. Grafikkarten mit PCI-Express 2.0 werden zunehmend angeboten, und es erscheint ein neuer USB-Standard (Version 3.0 mit maximal 5 GBit/s). Der Formatstreit um die Nachfolge der DVD ist entschieden. Blu-ray setzt sich gegen die HD-DVD durch. Der *Eee PC* (Easy, Excellent, Exciting) der Firma Asus erscheint und begründet die neue Kategorie der Netbooks. Das mobile Internet wird zur bezahlbaren Realität, und Social Networks werden zum wichtigen Medium.

- **2009**
  Die renommierte und einst marktbeherrschende Netzwerkkomponentenfirma 3COM wird von der Firma Hewlett-Packard aufgekauft. Microsoft veröffentlicht Windows 7 als Nachfolger von Windows Vista, welches sich nicht wie erwartet durchgesetzt hatte. Windows 7 bietet eine Reihe neuer Netzwerk- und Sicherheitsfunktionen.

- **2010**
  Steve Jobs von der Firma Apple präsentiert das *iPad*, das standardmäßig WiFi und UMTS bietet. Mit dem *iPad* etabliert sich eine neue Gerätekategorie, die der Tablet-Computer. Ein Computerwurm (Stuxnet) befällt computergesteuerte Anlagen (SPS) der Firma Siemens. Erstmalig werden mehr mobile als stationäre Computer verkauft. Einen großen Anteil daran haben die Netbooks, die es mittlerweile von zahlreichen Firmen gibt.

Abb. 1–6 Ausgelöst durch das iPad werden Tablets, mit denen eine neue Form der Bedienung üblich wird, von vielen Firmen vorgestellt.

- **2011**
  Im Social Network Facebook sind 700 Millionen Menschen registriert. Die Firma Apple hat über 100 Millionen iPhones 4 abgesetzt. Die Cebit steht unter dem Thema *Cloud Computing*, womit den Anwendern webbasierte Dienste (Online-Speicher, Software, Rechenkapazität) zur Verfügung gestellt werden. Die Firma Intel stellt die Ultrabooks vor, eine neue Generation von Notebooks, die leicht und dünn aufgebaut sind und über Merkmale der Netbooks (hohe Akkulaufzeit, Speicherkartenslot, Camera) bei hoher Rechenleistung verfügen.

- **2012**
  Anfang des Jahres kommt der Einplatinencomputer Raspberry Pi auf den Markt, der eine wahre Euphorie hervorruft und ganz wesentlich die (neue) Maker-Szene begründet. Ende des Jahres erscheint Windows 8.0, welches mit einer neuen (Kachel-) Oberfläche ohne das bisher Windows-typische Startmenü aufwartet, was von vielen Kunden nicht akzeptiert wird.

- **2013**
  Die Datenbrille Google Glass erscheint und sorgt aufgrund der integrierten Kamera für heftige Diskussionen – insbesondere bei Datenschützern. Es werden über zwei Millionen Raspberry-Pi-Platinen verkauft. Displays und Fernseher mit einer Auflösung von 3840 × 2160 Pixel (Begriff: 4K) erscheinen. Die Verkaufszahlen von Windows 8 sind trotz einiger Verbesserungen mit der Version 8.1 für Microsoft enttäuschend.

- **2014**
  Das erfolgreichste Betriebssystem Windows XP wird von Microsoft nicht mehr unterstützt. Wearables (am Körper getragene Sensorsysteme), die Vitalparameter erfassen und übertragen, kommen immer mehr in Mode. Erstmals seit einigen Jahren sind die PC-Verkaufszahlen nicht mehr rückläufig, sondern haben sich leicht gesteigert, wofür die Tatsache verantwortlich gemacht wird, dass insbesondere Firmen, die noch Windows XP eingesetzt haben, nunmehr auf Windows 7 oder Windows 8.1 umsteigen müssen, wofür neue PC anzuschaffen sind.

- **2015**
  Das »Internet der Dinge« (IoT: Internet of Things) wird als neue Technologie propagiert, bei der alle möglichen Geräte (Dinge) mithilfe von netzwerkfähigen Embedded Systems so organisiert werden, dass sie den Menschen in verschiedenen Lebenslagen unterstützen können. Ein neuer USB-Standard (Super Speed Plus, Version 3.1) wird vorgestellt, der eine Datenrate von bis zu 10 GBit/s unterstützt. Microsoft stellt Windows 10 vor, welches für unterschiedliche Plattformen (PC, Smartphones, Tablets, Embedded Systems) vorgesehen ist. Es wird teilweise kostenlos zur Verfügung gestellt und soll die Softwareentwicklung für die verschiedenen Systeme vereinheitlichen.

Direkte Ableger des PC sind die Laptops – auch als Notebooks bezeichnet –, was gerätetypisch zwar mit einem Verlust an Flexibilität betreffs individueller Ausstattung sowie Reparaturmöglichkeit und Aufrüstbarkeit einhergeht, dafür jedoch mobile PC-Varianten ermöglicht, die nicht zwangsläufig an einen bestimmten (Arbeits-)Platz gebunden sind.

Bei Netbooks handelt es sich um Ableger des Notebooks, die ganz bewusst als kleine und preisgünstige mobile Computer mit eingeschränkter Funktionalität dafür aber für eine hohe Akkulaufzeit konzipiert sind und standardmäßig eine Leseeinheit für Speicherkarten mitbringen sowie ein eingebautes Mikrofon und eine Kamera. Ein Touchpad als integrierter Ersatz für eine Maus und Anschlüsse für USB-Peripherie sowie für einen externen Monitor (oder Beamer) komplettieren ein Netbook. Erst die preisgünstigen Netbooks, deren erster Vertreter das Modell *Eee PC* (Abb. 1–5) der Firma Asus war, haben vermehrt dazu geführt, dass Benutzer sich ein Zweitgerät (zum Desktop-PC oder Notebook) kauften.

Die Mobiltelefone (Handys) verändern sich von einem Gerät für einen reinen Sprachdienst (Telefon) plus optionale Text-Messages (SMS) zu einem Allround-Gerät für Datendienste. Besonderen Anteil daran hat die Firma Apple mit dem iPhone 4, durch das die Smartphones populär wurden. Mit diesen Geräten, die per berührungsempfindlichem Bildschirm bedient werden, ist das Ausführen üblicher Aufgaben (Termine, Office, Social Networking, Spiele) mit dem hierfür notwendigen Internetzugang (WLAN, 3G, UMTS, LTE) zum Alltag geworden. Außerdem begründet Apple mit dem wenig später vorgestellten iPad, welches das gleiche Betriebssystem (iOS) wie das iPhone verwendet, sodass die Bedienung beider Gerätetypen ähnlich ist, die Gerätekategorie Tablet-Computer.

Abb. 1–7 Ultrabooks sind sehr flach, sodass bei diesem Typ (ThinkPad Carbon von Lenovo) noch nicht einmal eine RJ45-Buchse für den Netzwerkanschluss vorhanden ist.

Netbooks werden seit dem Jahre 2013 nicht mehr hergestellt. Sie sind technologisch von den flachen Ultrabooks abgelöst worden, die demgegenüber über leistungsfähigere Prozessoren, größere Speicher und über Grafikmöglichkeiten verfügen, die für performante Anwendungen und Spiele ausreichen und deshalb einen Desktop-PC ersetzen können. Integrierte optische Laufwerke (DVD-Brenner) sind bei Ultrabooks – aufgrund ihrer flachen Bauweise – nicht mehr üblich, und je nach Gerät sind bestimmte Schnittstellen (LAN, Grafik, seriell) nur mithilfe separater Adapter verfügbar. Obwohl *Ultrabook* ein Markenname der Firma Intel ist, wird diese Bezeichnung oftmals auch für flache und leichte Notebooks verwendet, die mit Prozessoren von AMD oder ARM bestückt sind.

Tablets und Smartphones können einen PC nicht komplett ersetzen, weil viele Anwendungen eine Tastatur und Maus sowie insbesondere mehr Rechen- und Grafikleistung verlangen, sodass Tablets und Smartphones typische Zweitgeräte neben einem Desktop- oder Notebook-Computer (Ultrabook) sind.

Die Grenzen zwischen einem Tablet und einem Smartphone sind mittlerweile fließend, denn beide Typen sind in verschiedenen Größen mit mehr oder weniger großen und höher auflösenden Displays sowie mit aktueller Mobilfunktechnik (UMTS, LTE) auch zum Telefonieren erhältlich, was allerdings immer weniger Bedeutung hat. Smartphones, die über große Displays (7 Zoll) verfügen, werden mitunter auch als Phablets (Phone plus Tablet) bezeichnet. Wie groß ein Smartphone oder wie klein ein Tablet sein soll, wird deshalb meist anhand der am häufigsten genutzten Anwendung (Internet, Social Networks, Bücher lesen, Foto/Video, Office-Anwendungen) entschieden. Summa summarum ist der Markt für PC nicht kleiner geworden, wenn die mobilen Gerätetypen mit dazu gerechnet werden; er teilt sich nur weiter auf.

Abb. 1–8 Die Firma Samsung ist der Marktführer bei den Smartphones. Vorn ein Galaxy S4 und hinten ein iPhone von Apple.

Der PC wird als Desktop- und erst recht als Servermodell nicht aussterben. Weil das »digitale Leben« jedoch (auch) auf den anderen Plattformen stattfindet, werden PC wahrscheinlich aber seltener gegen neuere Modelle ausgetauscht, zumal sie eben für das Reparieren und Aufrüsten bestens geeignet sind, was in diesem Buch entsprechend behandelt wird.

Teil 1

Geräteaufbau und Komponenten

Der Aufbau eines PC, eines Notebooks, eines Tablets und eines Smartphones scheint auf den ersten Blick völlig verschieden zu sein. Gleichwohl sind es alle Computer, die über die folgenden Komponenten verfügen:

- Gehäuse (Desktop, Server, flach, Handheld)
- Bedienelemente (Tastatur, Maus, Joystick, Trackpoint, Touchpad)
- Mikroprozessor (x86, ARM)
- Arbeitsspeicher (DRAM, SIMM, DDRx)
- Festwertspeicher (Festplatte, SSD, DVD-R, Flash)
- Grafikeinheit (Grafikkarte, OnBoard-Grafik, Video Core)
- Anzeige (Monitor, Röhre, Display, LCD, AMOLED)
- Grafikausgabe (VGA, DVI, HDMI)
- Audio und Video (Lautsprecher, Mikrofon, Camera)
- Schnittstellen (seriell, USB, VGA, HDMI, Thunderbolt)
- Netzwerk (LAN, WLAN, Bluetooth, Mobilfunk)
- Spannungsversorgung (Netzteil, Akkumulator)
- Betriebssystem und Software (Windows, Android, iOS)

Das jeweilige Gehäuse und die vorhandenen Bedienelemente sind die beiden gerätetypischsten Komponenten, während Mikroprozessoren, Speicher und die weiteren oben angegebenen Komponenten prinzipiell in allen Gerätetypen vorhanden sein können.

Der Erfolg des Personal Computers (PC) beruht zum einen auf der Kompatibilität, die quasi seit Anfang an zunächst mithilfe des Betriebssystems DOS, gefolgt von Windows gegeben ist, sodass prinzipiell auch noch ein Programm aus den Achtzigerjahren auf einem aktuellen PC lauffähig ist – wie sinnvoll dies auch sein mag. Zum anderen ist das modulare Konzept eines PC der Schlüssel des Erfolges, denn ein PC lässt sich aus einzelnen Komponenten zusammensetzen, die sich im Fehlerfall leicht austauschen lassen.

2 Personal Computer

Der Erfolg des Personal Computers (PC) beruht zum einen auf der Kompatibilität, die quasi seit Anfang an zunächst mithilfe des Betriebssystems DOS, gefolgt von Windows gegeben ist, sodass prinzipiell auch noch ein Programm aus den Achtzigerjahren auf einem aktuellen PC lauffähig ist – wie sinnvoll dies auch sein mag. Zum anderen ist das modulare Konzept eines PC der Schlüssel des Erfolges, denn ein PC lässt sich aus einzelnen Komponenten zusammensetzen, die sich im Fehlerfall leicht austauschen lassen.

Abb. 2–1 Ein Komplett-PC besteht aus dem eigentlichen System mit dem installierten Betriebssystem plus Tastatur, Maus und einem Monitor mit integrierten Lautsprechern.

In der Abb. 2–2 ist das Innenleben eines typischen Desktop-Computers gezeigt. Die wichtigsten Komponenten sind:

A: Netzteil für die Spannungsversorgung der einzelnen Komponenten
B: Lüfter an der Gehäuserückseite für die Wärmeabfuhr aus dem Gehäuse
C: Einsteckkarte (z. B. Grafikkarte) mit Befestigung
D: Mainboard, die Hauptplatine
E: Speichersteckplätze mit eingesteckten Speichermodulen
F: CPU-Lüfter mit dem darunter befindlichen Prozessor
G: Slots (Erweiterungssteckplätze)

H: Schächte für die Aufnahme von Laufwerken (Floppy, Festplatte, DVD, Blu-ray)
I: montierte Festplatte (SATA)

Abb. 2–2 Das Innenleben eines Personal Computers

Das Mainboard ist die zentrale Komponente eines PC, denn sie nimmt den Mikroprozessor und den Speicher auf, enthält Erweiterungssteckplätze sowie die weitere Elektronik des Systems, die für die Steuerung notwendig ist, beispielsweise für die Laufwerke und die Grafikausgabe. Der Grafikcontroller befindet sich entweder direkt auf dem Mainboard oder wird über eine Grafikkarte, die in einen Erweiterungssteckplatz (PCIe) eingesetzt wird, integriert.

2.1 BIOS und UEFI

Die wichtige Softwarekompatibilität eines PC ergibt sich durch das BIOS. Diese Abkürzung steht für *Basic Input Output System*, was so viel heißt wie »grundlegendes Eingabe/Ausgabe-System«. Diese Komponente ist neben dem Mikroprozessor letztendlich das wichtigste Teil in einem Personal Computer, ohne das der Mikroprozessor beziehungsweise der PC überhaupt nicht funktionieren kann. In diesem Baustein ist eine Software (Firmware) abgespeichert, die sich aus einer Vielzahl von einzelnen Programmroutinen zusammensetzt und für die grundlegende Kommunikation mit der gesamten PC-Hardware zuständig ist. Das ursprüngliche Betriebssystem DOS setzt direkt auf diese BIOS-Routinen auf, während alle anderen bekannten Betriebssysteme, wie die verschiedenen Windows-Varianten oder auch Linux, diese Routinen nur für das *Hochfahren* – den Bootprozess des PC – benötigen und daraufhin eigene, leistungsfähigere Software, die sogenannten *Software-Treiber* oder kurz *Treiber*, verwenden. Da sich die Hardware ganz allgemein von PC zu PC stark unterscheiden kann, auch wenn sich die PCs alle recht ähnlich sehen, ist es die Aufgabe des BIOS, die softwaretechnische Schnittstelle zwischen der Hardware einerseits und der Software andererseits herzustellen. Aus der Sicht der Software macht es keinen Unterschied, um welche Hardware es sich jeweils handelt, weil die Mainboard/BIOS-Hersteller die BIOS-Firmware an die jeweilige Hardware anpassen, wodurch sich die eigentliche PC-Kompatibilität ergibt.

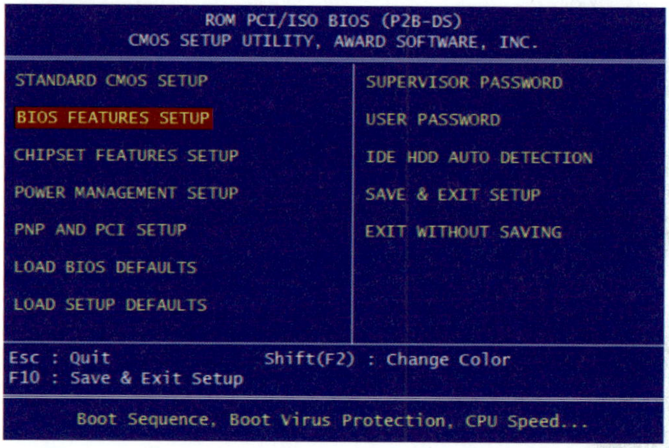

Abb. 2–3 Die klassische Setup-Oberfläche bei einem BIOS der Firma Award

Weil es prinzipiell unterschiedliche Mikroprozessoren, Speicher, Schnittstellen und Laufwerke in einem PC geben kann, wird die genaue Ausstattung per BIOS bestimmt, wobei der wesentliche Teil durch den Mainboard-Hersteller bei der Produktion vorgenommen wird, was vom Anwender nicht ohne Weiteres geändert werden kann. Gleichwohl wird es dem Anwender ermöglicht, im BIOS-Setup bestimmte Optionen der jeweiligen PC-Austattung bestimmen zu können. Damit die getätigten BIOS-Festlegungen nicht nach dem Ausschalten des PC verloren gehen, werden sie automatisch in einem speziellen Speicherbaustein (CMOS-RAM) auf dem Mainboard gespeichert, der heutzutage Bestandteil des Chipsets ist. Die Einstellungen bleiben erhalten, weil das CMOS-RAM an einen Akku oder eine Batterie angeschlossen ist.

PC ab dem Baujahr 2009 können über ein BIOS verfügen, das als *Unified Extensible Firmware Interface* (UEFI) bezeichnet wird und ein neues Interface zwischen der

Hardware und dem Betriebssystem bietet. Mithilfe von UEFI werden einige Limitierungen des klassischen BIOS (wie die eingeschränkte Boot-Funktionalität bei hochkapazitiven Festplatten) beseitigt, und es steht eine grafische, mit der Maus zu bedienende Oberfläche mit – je nach Mainboard-Hersteller – unterschiedlichen Optionen für die Diagnose oder die Aktualisierung zur Verfügung. Das klassische BIOS wird durch UEFI allerdings nicht komplett ersetzt, denn es bietet keine eigene Setup-Funktionalität und führt auch nicht den obligatorischen Selbsttest (POST) des Systems aus. UEFI bietet hierfür nur die modernere Oberfläche.

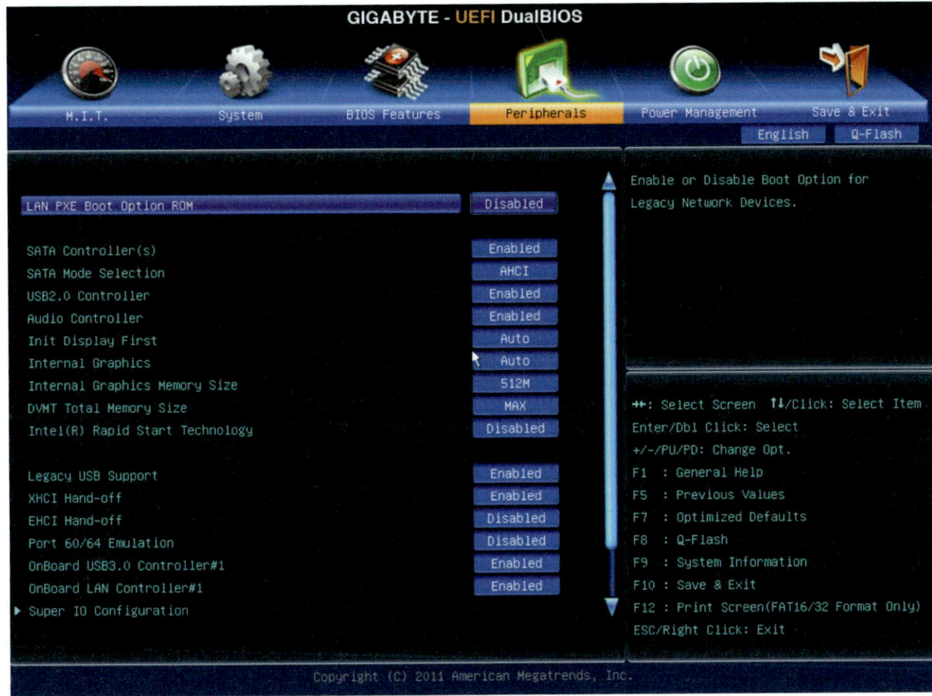

Abb. 2–4 Aktuelle PCs bieten für das Setup ein UEFI-BIOS.

2.2 Komponenten im Überblick

Die Betriebsspannungen für die diversen PC-Komponenten werden durch ein Schaltnetzteil im Inneren des Computers zur Verfügung gestellt. Mit verwechslungssicheren Steckern werden die Verbindungen vom Netzteil zum Mainboard und zu den Laufwerken hergestellt.

Die Leistungsfähigkeit eines PC wird (von den Herstellern) in erster Linie durch den verwendeten Prozessor charakterisiert, der sich auf dem Mainboard befindet. Ein Mainboard ist üblicherweise für eine bestimmte Mikroprozessor-Generation (z. B. Intel Pentium, AMD Athlon, Intel Core, AMD FX) vorgesehen, was bedeutet, dass es nur bestimmte Aufrüstungsmöglichkeiten innerhalb der jeweiligen CPU-Familie gibt. Im folgenden Kapitel wird hierauf explizit eingegangen.

Ein halbwegs aktuelles Mainboard verfügt über alle benötigten Anschlüsse für die internen Laufwerke (SATA) und über die Schnittstellen (PS/2, seriell, USB) für den Anschluss von Peripherie, weil es die hierfür zuständigen Controller, die früher über extra Einsteckkarten integriert werden mussten, gleich mit *OnBoard* hat. Die Laufwerke werden jeweils mit einem Kabel für die Spannungsversorgung mit dem Netzteil und über eine Datenleitung mit den jeweiligen Anschlüssen des Mainboards verbunden, wobei die einzelnen Stecker so ausgeführt sind, dass das Herstellen von falschen Verbindungen eigentlich kaum möglich ist.

Aktuelle Mainboards verfügen außerdem über einen integrierten Audio-, einen Netzwerk- (Ethernet) und möglicherweise auch über einen Grafikchip, was weitere Anschlüsse für die Peripherie auf dem Board zur Folge hat. Diese externen Verbindungen werden üblicherweise auf der PC-Rückseite mit den entsprechenden Buchsen, die teilweise farblich markiert sind, zur Verfügung gestellt, was sich als recht verwechslungssicher beim Anschließen erweist.

Je nach Mainboard- und PC-Typ können auch Audio- und USB-Anschlüsse sowie weitere wie für Firewire (IEEE 1394) oder Einschübe für Speicherkarten auf der PC-Frontseite vorgesehen sein. Für diese Front-Panel-Anschlüsse sind die Verbindungen – im Gegensatz zu denen auf der PC-Rückseite – über einzelne Kabel herzustellen, die auf die hierfür vorgesehenen Leisten auf dem Mainboard gehören. Ein Falschanschluss ist dabei durchaus möglich, was zwar nicht häufig zu elektrischen Beschädigungen führt, dann jedoch auf jeden Fall bedeutet, dass die hier angeschlossene Peripherie nicht funktioniert. Beim PC-Selbstbau ist genauestens darauf zu achten, dass hier die richtigen Verbindungen hergestellt werden, was insbesondere für die kleinen Stecker gilt, die für Power On, Reset und einige LEDs (Power, HDD) am Platinenrand zu verdrahten sind.

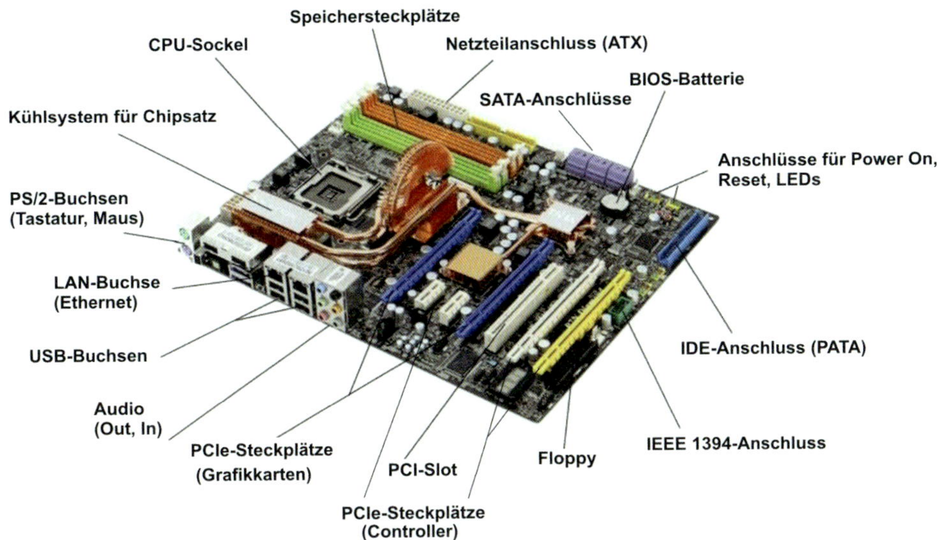

Abb. 2–5 Die wichtigsten Komponenten eines Mainboards

Ältere Mainboards besitzen weit mehr unterschiedliche Schnittstellen und Anschlüsse als aktuelle, weil ein Diskettenlaufwerk (Floppy), die Parallel-ATA-Schnittstelle (PATA) für Laufwerke sowie die serielle (RS232) und die parallele Schnittstelle (für den Druckeranschluss) mittlerweile nicht mehr benötigt werden. Stattdessen sind die Peripherie-Einheiten mit einem USB-Interface ausgestattet, und für die internen Laufwerke (Festplatte, SSD, DVD) kommt Serial ATA (SATA) als Interface zum Einsatz.

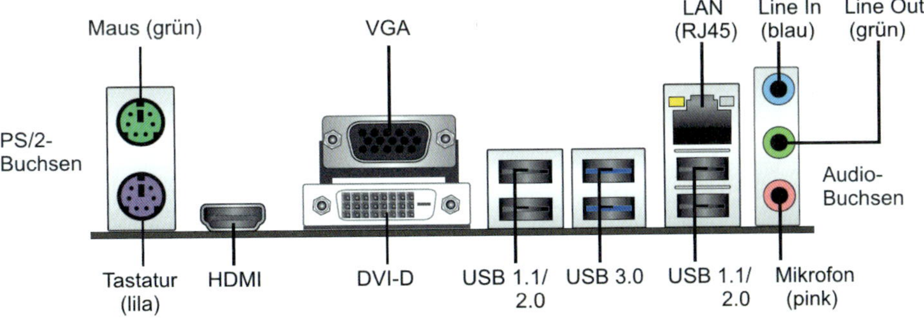

Abb. 2–6 Die Anschlüsse auf der Rückseite eines aktuellen PC

Die beiden PS/2-Anschlüsse für Maus und Tastatur sind prinzipiell nicht notwendig und waren deshalb auch eine Zeit lang nicht mehr auf Mainboards zu finden, denn auch hierfür kann eine USB-Verbindung zum Einsatz kommen. Dennoch sind die PS/2-Buchsen bei aktuellen Mainboards (Abb. 2–6) häufig wieder anzutreffen, weil ihr Einsatz völlig unproblematisch ist, denn eine funktionierende Tastatur wird auf jeden Fall benötigt, etwa um zunächst in das BIOS-Setup zu gelangen, wo die USB-Ports möglicherweise zunächst erst einzuschalten sind.

2.3 Erweiterungssteckplätze

Die Erweiterungssteckplätze auf einem Mainboard werden (fast) nur noch in der PCIe-Technologie (PCI Express) realisiert. Steckplätze nach PCI oder einem noch älteren Standard werden kaum noch bei einem typischen Consumer-Mainboard eingebaut. Bei Mainboards für industrielle Anwendungen ist dies anders, denn dort setzt man auch weiterhin PCI-Karten sowie serielle Schnittstellen (RS232) ein.

Übliche PC verfügen grundsätzlich über Erweiterungssteckplätze (Slots), die bereits mit dem Ur-PC eingeführt worden sind. Im Laufe der Jahre sind verschiedene Standards hierfür erschienen. Das heißt, die Slots können nach verschiedenen Konzepten aufgebaut sein, und dementsprechend existieren hierfür auch unterschiedliche Einsteckkarten. Die jeweiligen Einsteckkarten müssen sowohl mechanisch als auch elektrisch und softwaretechnisch zu diesen verschiedenen Slots passen.

Bussystem	PC	ISA	EISA	MCA	VLB	PCI
Protokoll	synchron	synchron	synchron	asynchron	synchron	synchron
CPUs	ab 8088	ab 80286	ab 80386	ab 80386	ab 80386	ab 80486
Typischer Takt in MHz	4,7	8	8,33	10–25	25–50	25–33
Multimaster-fähigkeit	nein	nein	ja	ja	ja	ja
Datenbus-breite	8 Bit	16 Bit	32 Bit	32 Bit	32/64 Bit	32 Bit
Adressraum	1 MByte	16 MByte	4 GByte	4 GByte	4 GByte	4 GByte
Transferrate in MByte/s	1	4–5	33	40	40/64	132

Tab. 2–1 Die wichtigsten Daten der verschiedenen PC-Bussysteme in der Übersicht

Dem ursprünglichen PC-Slot in 8-Bit-Technik folgten Slots nach ISA (**I**ndustry **S**tandard **A**rchitecture), EISA (**E**xtended **I**ndustry **S**tandard **A**rchitecture), der **M**icro-**C**hannel-**A**rchitecture (MCA), **V**ESA **L**ocal **B**us (VLB) und PCI (**P**eripheral **C**omponent **I**nterconnect), die ab EISA in 32-Bit- oder sogar in 64-Bit-Technik ausgeführt sind.

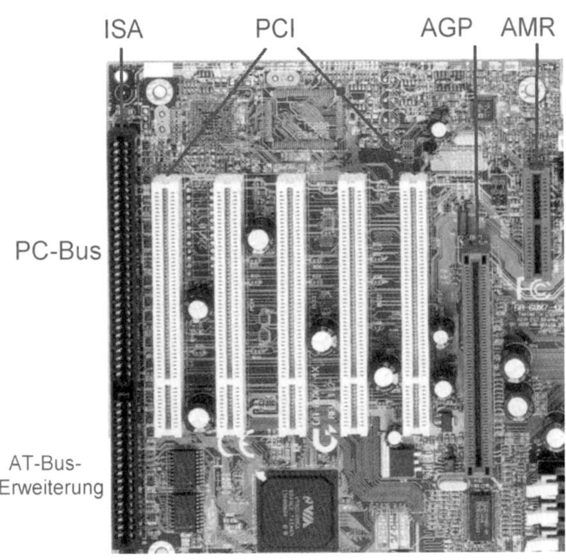

Abb. 2–7 Verschiedene Slots auf einem älteren Mainboard

Exklusiv für den Einsatz von Grafikkarten wurde nach PCI der **A**ccelerated **G**raphics **P**ort (AGP) eingeführt, der für sechs verschiedene Slot-Typen definiert ist und mit unterschiedlichen Versorgungsspannungen (3,3 V bis 0,8 V), Signalpegeln und Datenraten (AGP 1.0: 266 MByte/s bis AGP 3.0: 2,1 GByte/s) arbeitet, was anhand der AGP-Modes 1x, 2x, 4x und 8 x gekennzeichnet wird. Daneben sind auch verschiedene herstellerspezifische Lösungen für Slots (AMR, CNR) eingeführt worden. Alle diese Systeme sind mittlerweile als veraltet zu betrachten und es werden davon nur noch wenige PCI-Karten sowie AGP-Grafikkarten als Neuware angeboten. Falls ein älterer PC mit einer Einsteckkarte repariert oder aufgerüstet werden soll, ist man demnach auf Angebote bei eBay oder anderen Gebrauchtwarenquellen angewiesen.

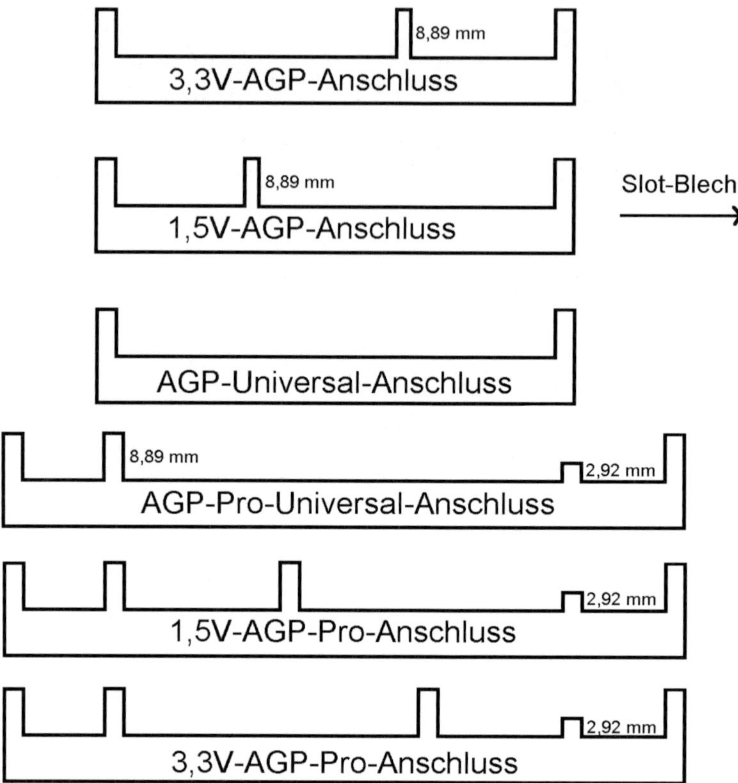

Abb. 2–8 Die verschiedenen AGP-Slots

Bis auf VLB und AGP, die explizit für Grafikkarten vorgesehen sind, und bis auf die herstellerspezifischen Systeme für spezielle Sound- und Modemkarten sind die oben genannten Slot-Realisierungen als Bussysteme auf den Mainboards realisiert. Das heißt, die Signalleitungen werden gleichberechtigt an die zugeordneten Slots geführt (durchgeschleift). So spielt es prinzipiell auch keine Rolle, in welchen Slot des Bussystems eine Erweiterungskarte eingesteckt wird, denn sie sind alle gleichberechtigt. Dabei teilt sich die Übertragungsbandbreite unter den jeweils aktiven Einheiten auf. Das heißt, die maximale Datentransferrate (beispielsweise die definierten 132 MByte/s bei PCI) wird in der Praxis nie erreicht.

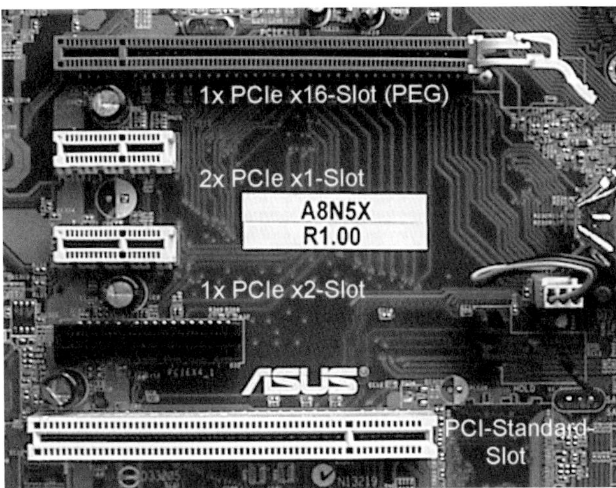

Abb. 2–9 Verschiedene PCI-Slots auf einem Mainboard

Mit dem aktuellen PCIe wurde das Slot-Konzept grundlegend geändert, denn statt zahlreicher parallel geführter Signalleitungen wird mit seriellen Links gearbeitet, die vom Hersteller – je nach gewünschter Leistungsfähigkeit – zu unterschiedlich vielen sogenannten *Lanes* zusammengefasst werden, was dementsprechend in verschiedenen PCIe-Slots und hier in jeweils passenden Einsteckkartentypen resultiert. Weil es sich dabei stets um 1:1-Verbindungen zwischen dem jeweiligen Slot und dem Controller im Chipset des Mainboards handelt, steht hier jeweils die volle Übertragungsbandbreite des Kanals zur Verfügung, und die Konfigurierung erweist sich zudem als weniger problematisch, weil keine Ressourcenaufteilung notwendig ist.

Eine Lane (x1) setzt sich aus jeweils vier Signalleitungen zusammen. Das heißt, es gibt dann jeweils zwei differenzielle Leitungen pro Richtung, weshalb gleichzeitiges Senden und Empfangen möglich ist. PCI-Express definiert Links mit einer Lane-Anzahl von x1, x2, x4, x8, x12, x16 und x32. Für eine x1-Lane ist mit der ersten PCIe-Spezifikation eine Datentransferrate von 250 MByte/s definiert, die mit jeder neuen Spezifikation kontinuierlich auf bis zu 1969 MByte/s mit PCIe 4.0, wofür die ersten Produkte allerdings erst im Laufe des Jahres 2015 erscheinen, gesteigert wurde. In Tab. 2–2 sind zur Übersicht die (theoretisch) möglichen Datenraten für die verschiedenen Lanes entsprechend der PCIe-Standards angegeben. In der Praxis wird man die angegebenen Datenraten nicht erreichen, denn es werden nicht nur die eigentlichen Daten transportiert, sondern ebenfalls Signalisierungs- und Steuerinformationen sowie weitere Daten, die zum Übertragungsprotokoll gehören.

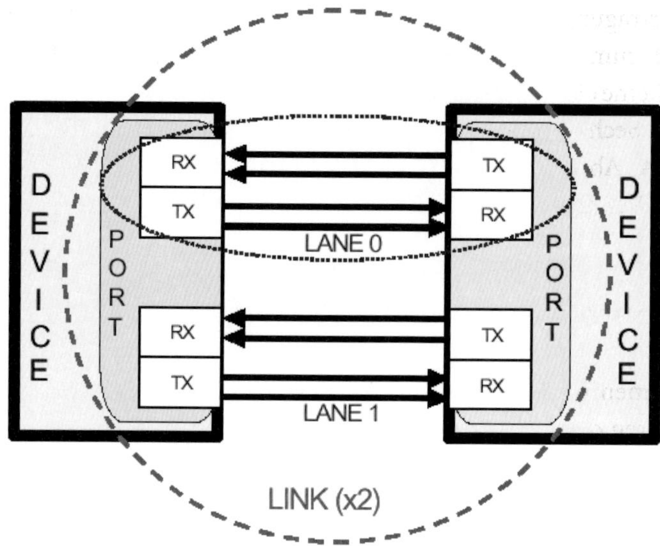

Abb. 2–10 Eine Lane besteht aus vier Leitungen, von denen mehrere zu einem Link zusammengefasst werden können, wie es hier für einen x2-Link gezeigt ist.

Der PCI-Express-Slot für Grafikkarten wird auch als PEG (PCI Express for Graphics) bezeichnet und verfügt insgesamt über 164 Pins (x16-Slot, vgl. Abb. 2–9). Auf Mainboards sind neben einem oder auch zwei PEG-Slots für SLI meist nur noch 2 × 18-polige Slots für x1 zu finden, die für PCIe-Netzwerkadapter sowie Controllerkarten verwendet werden können.

Parameter	PCIe 1.0/1,1	PCIe 2.0/2,1	PCIe 3.0	PCIe 4.0
Datenraten				
x1-Lane	250 MByte/s	500 MByte/s	985 MByte/s	1969 MByte/s
x2-Lane	500 MByte/s	1000 MByte/s	1969 MByte/s	3938 MByte/s
x4-Lane	1000 MByte/s	2000 MByte/s	3938 MByte/s	7877 MByte/s
x8-Lane	2000 MByte/s	4000 MByte/s	7877 MByte/s	15.754 MByte/s
x16-Lane	4000 MByte/s	8000 MByte/s	15.754 MByte/s	31.508 MByte/s
x32-Lane	8000 MByte/s	16.000 MByte/s	31.508 MByte/s	63.008 MByte/s
Takt	1,25 GHz	2,5 GHz	4 GHz	8 GHz
Codierung	8B/10B	8B/10B	128B/130B	128B/130B

Tab. 2–2 Daten der verschiedenen PCIe-Implementierungen

Die Datenübertragung findet bei PCIe in Paketform statt, und als Basis-Codierung kommt 8B/10B zum Einsatz, womit auch der Takt generiert und verarbeitet wird. Es gibt demnach keine eigene Taktleitung. Das Prinzip dieser Kodierung von IBM stammt bereits aus den Sechzigerjahren und bildet auch die Grundlage bei Gigabit-Ethernet und Serial ATA. Ab PCIe wird eine weiterentwickelte Codierung (128B/130B) verwendet, die im Vergleich weit mehr Rechenleistung erfordert.

2.4 Mikroprozessoren

Die beiden Firmen Intel und *Advanced Micro Devices* (AMD) bestimmen mit ihren Mikroprozessoren den Markt für Personal Computer. Intel hat den ersten Mikroprozessor – den 8088 – für die Firma IBM hergestellt, die ihn im Jahre 1981 im ersten Original-PC einsetzte. In den darauffolgenden Jahren haben neben Intel weitere Hersteller wie Harris, Texas Instruments, SGS, Cyrix und eben auch AMD zahlreiche Prozessoren entwickelt, die zu den Typen von Intel kompatibel sind.

Bis auf die Firma AMD mussten sich jedoch alle anderen Hersteller dem Marktführer Intel geschlagen geben. Entweder haben sie sich aus diesem Geschäft zurückgezogen, oder es gibt sie mittlerweile nicht mehr. Von der einst innovativen Firma Cyrix werden noch einige der CPU-Entwicklungen durch die Chipsetfirma VIA mit ihren C7-Prozessoren weitergeführt, die jedoch im Technologiewettlauf um den leistungsfähigsten PC-Prozessor keine marktrelevante Rolle spielt.

Der Mikroprozessor wird vielfach zur Klassifizierung eines PC verwendet, wobei jedoch nicht vergessen werden darf, dass der Prozessor nur eine Komponente von vielen verschiedenen Bauteilen innerhalb eines PC ist, die erst im Zusammenspiel die *PC-Performance* ergeben. Ein verhältnismäßig schneller Prozessor zusammen mit einem relativ kleinen RAM-Speicher oder auch einer langsamen Festplatte machen leistungstechnisch gesehen keinen Sinn und können die Gesamtleistung eines PC durchaus auf das Niveau einer älteren CPU-Leistungsklasse herabsetzen. Des Weiteren hängt es auch maßgeblich von der Art der verwendeten Software ab, ob die Prozessorleistung überhaupt ausgenutzt werden kann.

Abb. 2–11 Intel hat 2014 bereits die vierte Core-Generation (Haswell-Architektur) präsentiert.

Der Mikroprozessor lässt sich bei den meisten Desktop-PC und auch bei einigen Notebooks (siehe Abschnitt 3.2) austauschen, wobei zunächst der vorhandene CPU-Sockel bestimmt, welche Typen sich hier einsetzen lassen. Mit den 486DX2-Prozessoren wurde von Intel erstmalig ein sogenannter ZIF-Sockel eingeführt. ZIF steht dabei für *Zero Insertion Force*, was auch als *Nullkraft-Sockel* bekannt ist. Ein Nullkraft-Sockel zeichnet sich dadurch aus, dass die CPU (Central Processing Unit) im Gegensatz zu den vorherigen Sockeltypen (z. B. PGA) relativ leicht ein- und ausgebaut werden kann. An der Seite des Sockels befindet sich ein Hebel, der beim Hochziehen die Kontakte der CPU freigibt, sodass sie ohne ein Spezialwerkzeug leicht herauszunehmen ist. Im Laufe der Zeit sind eine ganze Reihe verschiedener Sockeltypen für unterschiedliche CPUs definiert worden, die in Tab. 2–3 angegeben sind.

Abb. 2–12 Ein verriegelter AM3+-Sockel

Das Prinzip des ZIF-Sockels wird auch bei den neusten AMD-Prozessoren verwendet. Das bedeutet, die CPU-Anschlüsse werden in die Sockellöcher eingesetzt, und der Hebel am Sockel klemmt die Anschlüsse fest bzw. gibt sie bei hochgezogenem Hebel wieder frei.

Typ	Pins	Für CPU
Intel		
Socket 1	169	487SX, DX2-Overdrive, SX2-Overdrive
Socket 2	238	486DX, 486DX2, Pentium Overdrive (P24T)
Socket 3	237	wie für Socket 2, aber mit 3,3-V-Unterstützung für 486DX4
Socket 4	273	Pentium 60/66 MHz (5 V), Pentium-Overdrive
Socket 5	320	Pentium von 75–133 MHz (3,3 V)
Socket 6	235	DX4, Pentium-Overdrive (wurde nie eingesetzt)
Socket 7	320	wie für Sockel 5, aber mit zweiter Versorgungsspannung für MMX-CPUs
Socket 8	387	Pentium Pro
Slot One	242	Pentium II, Celeron, Pentium III der ersten Baureihe
Slot Two	330	Pentium II-XEON, Pentium III-XEON
Socket 370, PGA 370	370	Celeron, Pentium III
Socket 423, PPGA 423	423	Pentium 4 der ersten Baureihe
Socket 478, µPGA 478	478	Pentium 4 der zweiten Baureihe
Socket T, LGA 775	775	Pentium 4 der dritten Baureihe, Pentium D, Core 2 Duo, Core 2 Quad, Celeron
Socket B, LGA 1366	1366	Core i7, Xeon (Nehalem)
Socket H, LGA 1156	1156	Core i3/i5/i7, Xeon (Nehalem)
Socket H2, LGA 1155	1155	Core i3/i5/i7 (Ivy-Bridge)
Socket H3, LGA 1150	1150	Core i3/i5/i7 (Haswell)
Socket 2011, LGA 2011	2011	Core i7, Xeon (Sandy Bridge, Ivy Bridge) für Server

Typ	Pins	Für CPU
AMD		
Slot A	242	Athlon der ersten Baureihe
Socket A, Socket 462	462	Athlon, Duron, Sempron
Socket 754, OµPGA 754	754	Athlon 64 der ersten Baureihe, Sempron

Typ	Pins	Für CPU
AMD		
Socket 940, OµPGA 940	940	Opteron der ersten Baureihe, Athlon FX
Socket 939, OµPGA 939	939	Athlon 64, Athlon FX, Opteron der zweiten Baureihe
Socket AM2	940	Athlon 64/FX/X2, Sempron für DDR2-Speicher
Socket AM2+	940	Athlon 64/FX/X2, Phenom X2/X3/X4, II X4
Socket F, LGA	1207	Opteron, Quad FX für Server
Socket AM3	941	Athlon II, Phenom II, Sempron 1xx, FX-Serie für DDR3-Speicher
Socket AM3+	941	AMD FX, Opteron, A10 (Bulldozer)
Socket FM1	905	AMD-A4, A6, A8, AMD-E, Athlon II, Sempron
Socket FM2	904	AMD-A4, A8, A10, Athlon II X2/X4 (Trinity)
Socket FM2+	904	AMD-A4, A6, A8, A10 (Kaven)

Tab. 2–3 Die verschiedenen Sockeltypen für Standard-PCs bieten eine Unterstützung für unterschiedliche Prozessoren.

Ab dem Pentium 4 der dritten Generation hat Intel das Sockelkonzept geändert, denn die Prozessoren verfügen nicht mehr über Pins, sondern über einzelne Kontaktflächen (LGA: Land Grid Array) an der Unterseite, wie es in der Abb. 2–11 zu erkennen ist. Dafür sind im Sockel als Gegenstücke einzelne Federkontakte vorhanden, was den Vorteil hat, dass hier keine Pins unabsichtlich verbogen werden können. Dafür könnten bei unsachgemäßer Behandlung die Federn im Sockel Schaden nehmen. Grundsätzlich sollten die Kontakte eines Prozessors nie berührt werden, denn bereits dadurch (Stichwort »statische Aufladung«) könnte er elektrisch beschädigt werden. Zur Befestigung einer LGA-CPU wird ein Klapprahmen verwendet, der den Prozessor per Hebel herunterdrückt und somit fixiert. Dies geht mitunter etwas schwergängig und kann auch von leichten Knirschgeräuschen begleitet sein. Die Geräusche kommen von den Federkontakten, und solange der Prozessor richtig positioniert ist, ist dies auch völlig in Ordnung, wenn aber nicht, knackt man ihn dabei kaputt. Die Prozessoren sind grundsätzlich so gefertigt, dass sie nur in einer Position in den Sockel passen, und der Pin 1 ist sowohl am Prozessor als auch am Sockel bzw. Mainboard (meistens) markiert. Im Gegensatz zu den ZIF-Sockeln sitzt der Prozessor bei dieser Lösung wirklich fest und kann ohne das Lösen des Hebels nicht versehentlich mit dem später aufgesetzten »Kühlturm« aus dem Sockel herausgehoben werden, was tatsächlich geschehen kann, obwohl der Sockel verriegelt ist.

Abb. 2–13 Ein aufgeklappter LGA-1150-Sockel

Für die jeweiligen CPU-Typen werden passende Kühlkörper benötigt, die bei Standard-PC mit einem Lüfter versehen sind und mit dem jeweiligen Anschluss (CPU Fan) auf dem Mainboard zu verbinden sind. Beide Prozessorfirmen bieten sogenannte Boxed-Versionen ihrer Prozessoren an, bei denen der passende Lüfter gleich mitgeliefert wird. Meist handelt es sich dabei zwar nicht um die effektivsten Kühlkörper: Sie sind groß und mitunter ist der Lüfter auch laut, gleichwohl passen sie genau auf die jeweilige CPU, und man muss sich keine weiteren Gedanken darüber machen, ob sie für die Abfuhr der Wärme ausreichend dimensioniert sind. Außerdem zeigt das BIOS auf der »PC Health Status«-Seite dann auch die richtigen Werte für die Drehzahl (Fan Speed) an, und es tritt keine (falsche) *CPU Fan Fail Warning* aufgrund einer zu niedrigen Lüfterdrehzahl auf, wie es bei einigen Typen der Fall ist, denn im Zubehörhandel gibt es eine Vielzahl von CPU-Kühlkörpern. Einige davon arbeiten recht leise, weil der Lüfter verhältnismäßig langsam dreht, dafür sind sie oft sehr voluminös und nicht immer einfach einzubauen, weil sie vielfach für Intel- und gleichermaßen für AMD-CPUs geeignet sind.

Abb. 2–14 Eine Boxed-Version ist nicht viel teurer als eine Tray-Version, enthält jedoch den passenden Kühlkörper und eine Einbauanleitung. Außerdem gehört explizit eine Herstellergarantie dazu.

Zwischen Prozessor und Kühlkörper gehört für die bessere Wärmeableitung etwas Wärmeleitpaste. Bei den CPU-Boxed-Versionen und auch bei einigen separat erhältlichen Lüftern wird man jedoch keine beiliegende Tube mit der Paste finden, denn auf der Unterseite des Kühlkörpers ist eine wärmeleitfähige Substanz (Wärmeleit-Pad) aufgebracht, die mitunter wie eine Folie aussieht und zuweilen aus Unkenntnis vom »PC-Techniker« entfernt wird, wodurch die vorgesehene Funktion nicht mehr gegeben ist. Wenn das Wärmeleit-Pad beschädigt ist – womöglich weil man den Kühlkörper nicht gleich richtig auf die CPU gesetzt und mehrere Versuche benötigt hat –, ist das Pad am besten komplett zu entfernen und stattdessen etwas Wärmeleitpaste (etwa erbsengroß auf die Mitte der CPU) aufzutragen.

Die Befestigung der Kühlkörper unterscheidet sich bei Intel und AMD. Während bei AMD meist ein- bzw. auszuhakende Metallbügel zum Einsatz kommen, verwendet Intel eine Push-Pin-Halterung. Das Prinzip ist hier, dass vier Plastikstöpsel in die Mainboardlöcher am Sockel einzustecken und durch Verdrehen zu fixieren sind, was nicht selten verhältnismäßig viel Kraft beim Herunterdrücken erfordert, wobei sich das Mainboard beängstigend stark durchbiegen kann. Die Plastikstößel dreht man dann am besten mit einem Schraubendreher im Uhrzeigersinn, wodurch die Befestigungen nach ca. einer Viertelumdrehung einrasten, und nicht durch den relativ hohen Kraftaufwand mit Druck von oben. Dies funktioniert zwar auch dann ganz gut, wenn das Mainboard bereits im Gehäuse eingebaut ist, dem eher ungeübten PC-Bastler sei jedoch die Montage außerhalb des PC empfohlen, was gleichermaßen für das Festsetzen der Metallbügel bei den AMD-CPUs gilt.

Abb. 2–15 Der Kühler ist in die vier markierten Löcher einzusetzen und die Plastikstöpsel zu verdrehen.

Die aktuellen Sockeltypen sind bei Intel LGA1150 und LGA2011 und bei AMD AM3+ und FM2/FM2+, für die eine ganze Reihe von Prozessoren angeboten werden. Für ältere Sockel sind möglicherweise noch Restposten (LGA1366, FM1, FM2) zu finden, und für alle anderen müsste man sich um Gebrauchtware bemühen.

Ein Austausch des Prozessors wird entweder notwendig, wenn er defekt ist, was meist an einer unzureichenden Kühlung liegt (Lüfter war defekt o. Ä.), oder man verspricht sich durch den Einbau einer leistungsfähigeren CPU (höherer Takt, mehr Rechenkerne) einen Performancegewinn. Dabei tritt dieser aber nur dann merklich ein, wenn der Takt mindestens 30 Prozent höher ist als zuvor. Bei hinzugekommenen Rechenkernen werden die Reaktionszeiten des Systems (meist) als schneller wahrgenommen, weil sich die laufende Software auf mehr Kerne verteilt, was von der Software und dem Betriebsystem jedoch explizit unterstützt werden muss und möglicherweise Updates desselben erfordert.

In Tab. 2–4 ist eine Rangliste gebräuchlicher Prozessoren für Desktop-PC mit ihren wichtigsten Daten angegeben. Diese Liste kann natürlich nur eine Momentaufnahme sein. Sie gibt jedoch Aufschluss darüber, welche Merkmale zur jeweiligen Leistungsfähigkeit beitragen, die in der Praxis anhand verschiedener mehr oder weniger standardisierter Softwarepakete ermittelt wird. Viele aktuelle Prozessoren für Desktop-PC verfügen über einen integrierten Grafikchip (mit * in der Tabelle gekennzeichnet), der für die üblichen Arbeiten, jedoch nicht für Spielenthusiasten ausreicht. Als Maß für die maximale Verlustleistung ist die *Thermal Design Power* (TDP) in Watt (W) angegeben, wobei die leistungsfähigsten Prozessoren innerhalb einer Fertigungstechnologie (22 nm, 28 nm, 32 nm) üblicherweise auch die höchste Verlustleistung aufweisen.

Typ	Takt [GHz]	Sockel	L2-Cache [kByte]	L3-Cache [kByte]	Kerne	TDP [W]
Intel Core i7-4960X	3,6	2011	6 x 256	15.360	6	130
Intel Core i7-4930X*	3,4	2011	6 x 256	15.288	6	130
Intel Core i7-4790*	3,6	1150	4 x 256	8192	4	84
Intel Core i7-4770	3,4	1150	4 x 256	8192	4	84
Intel Core i7-4820K	3,7	1150	4 x 256	10.240	4	130
AMD FX-9590	4,7	AM3+	4 x 2048	8192	8	220
Intel Core i5-4690*	3,5	1150	4 x 256	8192	4	84
AMD FX-9370	4,4	AM3+	4 x 2048	8192	8	220
Intel Core i5-4670*	3,4	1150	4 x 256	6144	4	84
AMD FX-8350	4,4	AM3+	4 x 2048	8192	8	125
Intel Core i5-4570*	3,2	1150	4 x 256	6144	4	84
AMD FX-8320	3,5	AM3+	4 x 2048	8192	8	125

Typ	Takt [GHz]	Sockel	L2-Cache [kByte]	L3-Cache [kByte]	Kerne	TDP [W]
Intel Core i5-4440*	3,1	1150	4 x 256	6144	4	84
AMD FX-8150	3,6	AM3+	4 x 2048	8192	8	125
Intel Core i5-4430*	3	1150	4 x 256	6144	4	84
AMD FX-8120	3,1	AM3+	4 x 2048	8192	8	125
AMD FX-6300	3,5	AM3+	4 x 2048	8192	6	95
Intel Core i3-4340*	3,5	1150	2 x 256	4096	2	54
Intel Core i3-4140*	3,4	1150	2 x 256	3072	2	54
AMD A10-7850K*	3,7	FM2+	2 x 2048	0	4	95
AMD A10-6800K*	4,1	FM2+	2 x 2048	0	4	100
AMD A10-7700*	3,4	FM2+	2 x 2048	0	4	95
AMD A8-6500*	3,5	FM2	2 x 2048	0	4	65
AMD Athlon II X4 750K	3,4	FM2	2 x 2048	0	4	100
Intel Pentium G3430*	3,3	1150	2x 256	3072	2	53
AMD Athlon II X4 740	3,2	FM2	2 x 2048	0	4	100
Intel Pentium G3420*	3,2	1150	2x 256	3072	2	53
Intel Celeron G1840*	2,8	1150	2x 256	2048	2	53
AMD A6-640K*	3,9	FM2	1024	0	2	65
AMD Athlon 5350*	2	AM1	2048	0	4	25

Tab. 2–4 Daten von gebräuchlichen Mikroprozessoren für Desktop-PCs (* = integrierter Grafikchip)

Das BIOS muss einen neuen Prozessor explizit unterstützen, und außerdem muss die für den Prozessor notwendige Core-Spannung von der Mainboard-Elektronik geliefert werden können. Diese beiden Voraussetzungen sind keineswegs automatisch durch einen mechanisch passenden Sockel gegeben, sodass es stattdessen Sinn machen kann, das komplette Mainboard auszutauschen – inklusive Prozessor, des hierzu passenden Kühlkörpers und des geeigneten Speichers (siehe Abschnitt 2.5). Entsprechend zusammengestellte PC-Aufrüst-Sets hat fast jeder (Versand-)Händler für PC-Komponenten im Lieferprogramm. Prinzipiell können das Gehäuse, die Laufwerke, das Netzteil und die Peripherie weiterverwendet werden, solange das neue Mainboard die gleichen mechanischen Abmessungen wie das vorherige hat und die benötigten Schnittstellen (SATA) – auch für die Peripherie – vorhanden sind.

2.5 Arbeitsspeicher

Der Arbeitsspeicher bei einem PC ist aus DRAM-Chips (Dynamic Random Access Memory) aufgebaut, die sich bei üblichen PC und Notebooks auf Speichermodulen befinden. Die DRAMs benötigen in bestimmten Zeitintervallen (spätestens nach 64 ms) einen Refresh-Impuls, damit sie nicht ihre Ladung und damit ihre Speicherinformation verlieren, während die schnelleren und damit auch teureren SRAMs ihre gespeicherte Information so lange behalten, bis der PC ausgeschaltet wird. Der Cache-Speicher ist beispielsweise mit SRAMs aufgebaut.

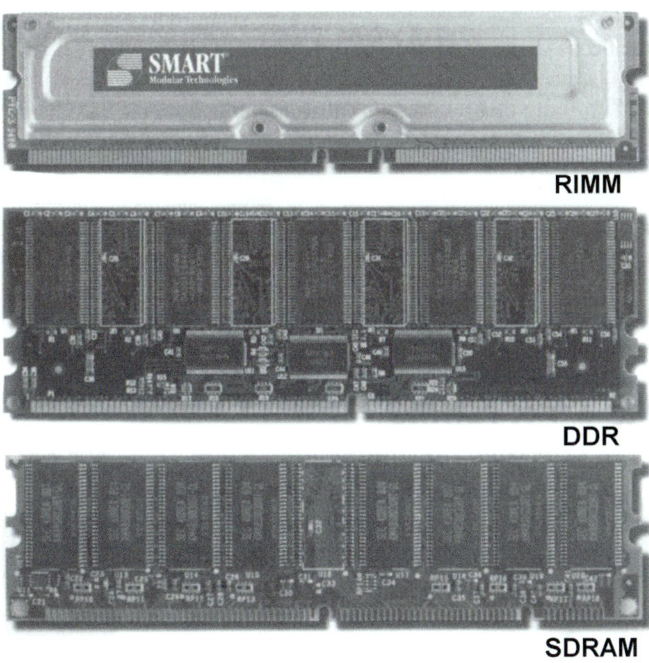

Abb. 2–16 Zum Vergleich: RIM-, DDR- und SDRAM-Module älterer Bauart

Im Laufe der Zeit sind verschiedene DRAM-Module hergestellt worden, die sich technologisch bestimmten Prozessorgenerationen zurechnen lassen, über unterschiedliche maximale Speicherkapazitäten, über verschiedene Interfaces zur Mainboard-Elektronik (Chipset) und über verschiedene Bauformen verfügen. Eine Kompatibilität unter den verschiedenen Modulen ist dabei nicht gegeben, sodass ein Mainboard-Wechsel zu einer neuen Prozessorgeneration auch den Austausch der Speichermodule bedeutet.

Diese Module werden entsprechend ihrer Auslegung als SIPs, SIMMs, PS/2-SIMMs, RIMMs und DIMMs bezeichnet. Durch die Verwendung von Modulen ist die Speicheraufrüstung in der Regel eine Sache von Minuten. Wie der »Arbeitsspeicher« aufgerüstet werden kann, hängt vom Mainboard ab. Ist der Speicher auf dem Mainboard bereits voll bestückt, sind die vorhandenen Module durch solche mit höherer Kapazität auszutauschen. Dabei ist der jeweilige Typ des Moduls zu beachten, denn auch wenn viele der Module gleich aussehen, sind sie es nicht. Selbst wenn sie mechanisch in die Modulsteckplätze passen sollten, müssen sie noch lange nicht mit dem jeweiligen Mainboard zusammenarbeiten. Im Manual zum Mainboard sind üblicherweise die geeigneten Modultypen angegeben, wovon üblicherweise immer mindestens zwei davon benötigt werden.

Typ	Bedeutung	Kontakte	Betriebsspannung	Max. Takt
SIP	Single In Line Memory Package	30	5 V	20 MHz
SIMM	Single In Line Memory Module	30	5 V	33 MHz
PS/2-SIMM	Personal System 2- SIMM	72	5 V	33 MHz
DIMM	Double In Line Memory Module	168	3,3 V	133 MHz
RIMM	RAMBus In Line Memory Module	184	3,3 V	400 MHz
DDR-DIMM	Double Data Rate DIMM	184	2,5 V	200 MHz
DDR2-DIMM	Double Data Rate 2 DIMM	240	1,8 V	533 MHz
DDR3-DIMM	Double Data Rate 3 DIMM	240	1,5 V	1066 MHz
DDR4-DIMM	Double Data Rate 4 DIMM	284	1,2 V	1600 MHz

Tab. 2–5 Kennzeichnung und Ausführung der verschiedenen Speichermodule

Die SIPs unterscheiden sich von den SIMMs nur durch ihren elektrischen Anschluss und besitzen statt Kontaktflächen herausgeführte Anschlussbeinchen, die direkt von oben in eine entsprechende SIP-Fassung auf dem Mainboard gesteckt werden. Die SIPs sind mit der Einführung der 486-Mainboards ausgestorben und deshalb nur noch in alten 286- und 386-PCs zu finden.

Die 30-poligen SIMMs stellten bis Mitte der Neunzigerjahre den Standard für Speichermodule dar und wurden im Zuge der immer höheren notwendigen Speicherkapazitäten durch die 72-poligen Typen ersetzt, die im Gegensatz zu den vorherigen Typen eine Busbreite von 32 Bit statt 8 Bit aufweisen, weshalb weniger Module als zuvor für die Bestückung einer Speicherbank auf einem Mainboard notwendig sind. Die 72-poligen Module werden mitunter als *Big-SIMMs* und häufiger als *PS/2-SIMMs* bezeichnet, weil dieser Speichertyp erstmalig bei den IBM-Systemen mit MicroChannel – den PS/2-PCs – eingesetzt wurde.

2.5.1 Double In Line Memory Modules – DIMMs

Für SDRAMs (Synchronous Dynamic RAM) werden als Speichermodule 168-polige Steckplatinen (DIMMs) verwendet, die eine Datenbreite von 64 Bit aufweisen. Demnach ist für eine Pentium-CPU (64 Bit) in der Minimalausstattung nur ein einziges DIMM notwendig. Die SDRAMs auf einem Modul arbeiten alle mit einem synchronen Takt (ab 66 MHz bis typischerweise 133 MHz: PC133), während die vorherigen Typen (Fast Page Mode, EDO, BEDO) mit einem unterschiedlichen CAS- und RAS-Timing funktionieren, wofür im BIOS-Setup meist zahlreiche Optionen vorhanden sind.

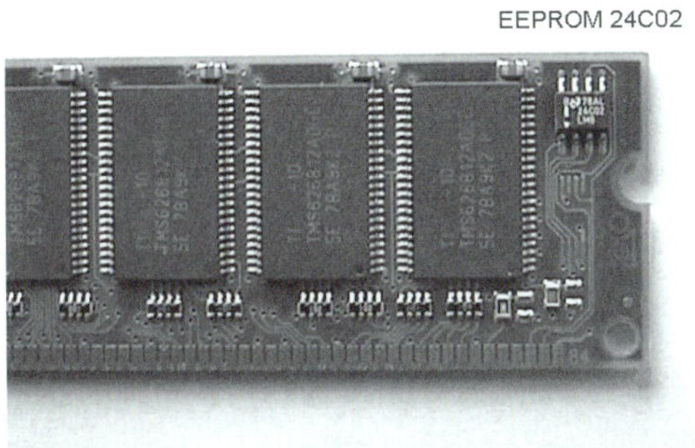

Abb. 2–17 Mit den DIMMs wurde ein Speicherchip (hier 24C02) zum Standard, der die aktuellen Modulparameter für die automatische Konfigurierung durch das BIOS enthält.

Mit den SDRAMs hat sich die Parametereinstellung für die Speichermodule stark vereinfacht, weil sie üblicherweise mit einem Speicherbaustein (SPD-EEPROM) ausgestattet sind, welcher Daten über den Modultyp, die Organisation der verwendeten DRAMs und über das jeweilige Timing-Verhalten enthält, was automatisch eine optimale Einstellung für verschiedene SDRAMs ermöglicht. Der EEPROM-Inhalt wird mithilfe des *System Management Bus* (SMB) vom BIOS automatisch ausgelesen, wofür ein spezieller Befehlssatz festgelegt ist, der mit den nachfolgenden Modulen um weitere Kommandos erweitet wurde. Es kommt immer wieder vor, dass die im SPD-EEPROM abgelegten Daten fehlerhaft sind. Die auf dem Modul eingesetzten Speicherchips können dann nicht von der automatischen Speichereinstellung im BIOS korrekt identifiziert und eingestellt werden, sodass eine manuelle Konfigurierung (siehe Abschnitt 6.4.3) notwendig wird.

Aufgrund der hohen Verbreitung der DIMMs mit SDRAM werden entsprechende Module nach wie vor auch als Neuware angeboten, während die Vorgänger schon seit längerer Zeit nicht mehr produziert werden. Aktuell verfügbar sind die DDR-

Speicher entsprechend der hier gültigen vier Standards (siehe Abschnitt 2.5.3), wozu noch spezielle Bauformen für Notebooks (siehe Abschnitt 3.3) hinzukommen.

2.5.2 Rambus Inline Memory Modules – RIMMs

Eine andere Speichertechnologie stellt RAMBus dar, die auf *Rambus Inline Memory Modulen* (RIMMs, siehe oben in Abb. 2–16) eingesetzt wird und von Intel ursprünglich als Konkurrenz zu den DIMMs mit DDR-SDRAM (siehe folgenden Abschnitt) entwickelt wurde. Die RIM-Module gibt es in Kapazitäten von 64 MByte bis hin zu 512 MByte. Sie sehen den üblichen DIMMs ähnlich, verfügen wie die DDR-DIMMs über 184 Anschlüsse und besitzen ebenfalls ein SPD-PROM. Die RAMBus-Technologie erscheint gegenüber DDR als zu aufwendig, und deshalb sind die RIMMs im Verhältnis zu vergleichbaren DDR-DIMMs auch zu teuer. Intel hat sich mit DDR2 von den RIMMs verabschiedet, die im Handel bereits seit Jahren nicht mehr zu finden sind.

2.5.3 Double Data Rate DIMM – DDR DIMMs

Die Speichermodule werden vom Chipset mit einem synchronen Takt betrieben, wobei die Datenübernahme auf der Flanke des Taktsignals (CLK) erfolgt, was mit den SDRAMs auf den DIMMs eingeführt wurde. Eine theoretische Verdoppelung der Datenübertragungsrate ergibt sich, wenn die Daten nicht nur auf der ansteigenden CLK-Flanke, sondern auch auf der abfallenden Flanke übertragen werden können, was von den *Double Data Rate SDRAMs* (DDR-SDRAMs) angewendet wird.

Hieraus resultieren zwei unterschiedliche Definitionen der Takte, die sich in den jeweiligen Modulbezeichnungen niederschlagen. Während der übliche Modultakt (CLK) sowohl bei DDR als auch bei SDR (Single Data Rate), wie die DDR-Vorgänger nachträglich benannt wurden, beispielsweise 100 MHz beträgt, beträgt der Datentakt bei SDR ebenfalls 100 MHz, bei DDR jedoch 200 MHz.

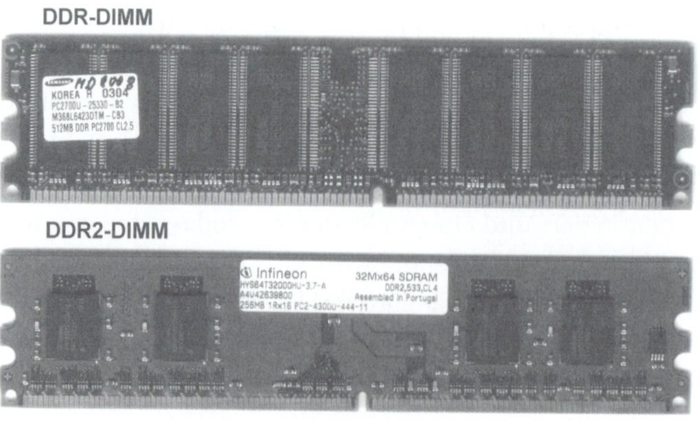

Abb. 2–18 Zum Vergleich: ein DDR- und ein DDR2-DIMM

Eine Weiterentwicklung der DDR-SDRAMs sind die DDR2-SDRAMs. Diese unterscheiden sich erst auf den zweiten Blick von den DDR-Modulen. Sie haben zwar die gleiche Größe, verfügen demgegenüber jedoch über 240 statt über 184 Kontakte und werden mit einer noch geringeren Spannung von 1,8 V berieben. Die Leistungssteigerung der DDR2-DIMMs ergibt sich durch die Möglichkeit, den Takt erhöhen zu können, und durch den geänderten Aufbau der internen Speicherlogik (Prefetch), sodass ein gleichzeitiger Zugriff auf bis zu vier Speicherzellen (statt auf zwei wie bei DDR2) möglich ist. Ein ganz wesentlicher Kniff bei den verschiedenen DDR-Speichermodultypen ist aber nicht eine einfache Takterhöhung, sondern vielmehr die geschickte Verschachtelung mehrerer Taktsignale, die sich aus einem Systemtakt ableiten.

Das gleiche Prinzip von geringerer Spannung – was zu einer geringeren Verlustleistung führt, weshalb wieder ein höherer Takt möglich ist – und eine weitere Parallelanordnung der internen Speicherfelder (achtfach Prefetch statt vierfach) führt zum DDR3-Speicher. Die DDR3-Chips, die in entsprechender Anzahl zu den Modulen zusammengefasst werden, beginnen mit ihren Taktfrequenzen dort, wo die DDR2-Bausteine technologisch am Ende zu sein scheinen, was sich entsprechend von einer DDR-Modulgeneration zur nächsten übertragen lässt. Dabei ist stets eine gewisse »Überlappung« von einer Generation zur kommenden gewollt, sodass es beispielsweise sowohl für 400 MHz als auch für 533 MHz beide Typen (DDR2 und DDR3) gibt. DDR3 kann seine Vorteile erst ab 667 MHz und darüber ausspielen.

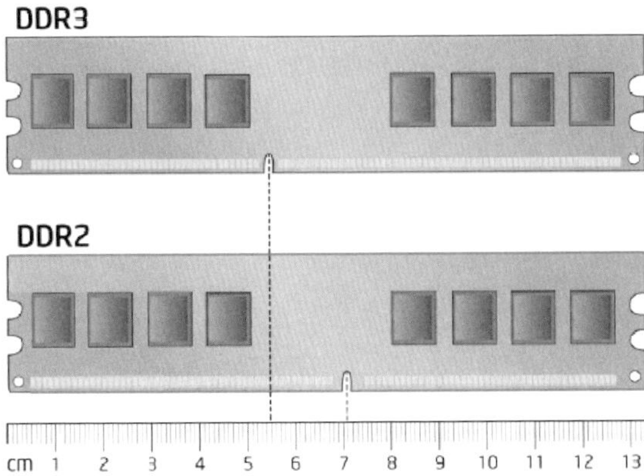

Abb. 2–19 Der als Steckschutz dienende Schlitz in der Kontaktleiste ist beim DDR3-Modul weiter zum Rand hin lokalisiert.

Beim neuesten Speichertyp, DDR4, wird die Vergrößerung der Prefetch-Architektur als Mittel zur Leistungssteigerung nicht angewendet, weil dies einen breiteren Datenbus erfordern würde, was als zu aufwendig erschien. Stattdessen wird die Anzahl der internen Speicherbänke erhöht, die zu Gruppen mit einem zusätzlichen Zwischenspeicher verschaltet werden. Die Module verfügen wiederum über mehr Kontakte

(284) als die Vorgänger und arbeiten bereits ab 1,2 V. Die DDR4-Module sind 1 mm länger und 1 mm schmaler als die 240-poligen Vorgänger (DDR2, DDR3), weil die Kontaktflächen nur noch 0,84 mm statt wie bisher 1 mm breit sind. Außerdem sind die Kontaktflächen zur Mitte – zum Steckschutz – hin länger als an den Modulenden.

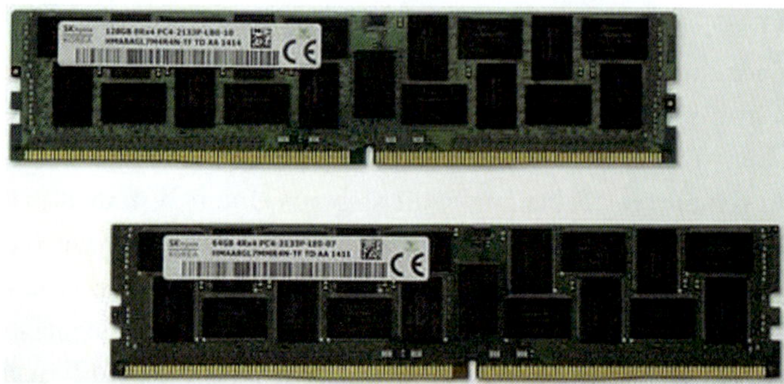

Abb. 2–20 DDR-DIMMs gibt es mit Kapazitäten von 2 bis 32 GByte.

Wie bereits erwähnt, sind die verschiedenen Module (vgl. Tab. 2–5) jeweils für bestimmte Mainboards und damit für eine bestimmte CPU-Generation vorgesehen und aus den Unterlagen zum Mainboard geht hervor, welche Speichermodule und Prozessoren sich jeweils dort einsetzen lassen.

Für zuverlässige Speichersysteme werden Module eingesetzt, die *Error Correction Codes* (ECC) unterstützen. Dadurch ist es möglich, auftretende Bitfehler automatisch erkennen und korrigieren zu lassen. 1-Bit-Fehler können mit ECC sofort korrigiert werden, während 2-Bit-Fehler zwar erkannt, aber nicht korrigiert werden können. Diese ECC-Funktionalität ist mit den SDRAMs eingeführt worden und hat das davor übliche Verfahren abgelöst, welches mit einem Paritätsbit (Parity Bit) zur Fehlererkennung arbeitet. Der Einsatz des ECC-Verfahrens führt zu einem 72 Bit breiten internen Aufbau des Moduls (statt 64 Bit wie zuvor) und verlangt zusätzliche Chips. Wie bei den DIMMs mit SDRAM existieren DDR-Module sowohl mit als auch ohne ECC-Funktion. Das jeweilige Chipset, der Speicherbus sowie das BIOS müssen die ECC-Typen explizit unterstützen, was bei Desktop-PCs eher nicht der Fall ist, sondern bei Server- und NAS-Systemen. Außerdem gibt es DDR-DIMMs in Buffered- (Registered) und in *Unbuffered*-Ausführung, wobei man den Modulen nicht ansehen kann, welchem Typ sie jeweils entsprechen. Die *Registered oder Buffered DIMMs* sind insbesondere für die Opteron- und Athlon-64-FX-Systeme notwendig geworden und generell bei Serverboards üblich, bei denen hohe Speicherkapazitäten erforderlich sind. Entsprechende Kennungen im Anschlussbereich eines DDR-DIMMs in Form unterschiedlich ausgeführter Kerben sind weder für ECC-Typen noch für die *Buffered DIMMs* vorgesehen. Lediglich die Beschreibung zum Modul bzw. ein Aufkleber informiert über den jeweiligen Typ.

Für die verschiedenen DDR-Speichermodule sind Bezeichnungsschemata vorgeschrieben, aus denen ihre genaueren Daten hervorgehen. Ein DDR-DIMM ist stets 8 Bytes (64 Bit) breit, und wenn es die Bezeichnung PC1600 trägt, arbeitet es mit einem Datentakt von 200 MHz (100-MHz-Modultakt), weil 8 × 200 = 1600 ist und ungefähr der maximal erreichbaren Datentransferrate (1600 MByte/s) entspricht. Der Modulbezeichnung bei den DDR2-DIMMs wird ein PC2 vorangestellt, der bei den DDR3-DIMMs ein PC3 und der bei den DDR4-DIMMs ein PC4, sodass ein Modul mit der Bezeichnung PC4-19200-Modul mit 1200 MHz arbeitet (8 × 1200) und eine (theoretische) Datenrate von eben 19.200 MByte/s bietet. Bei vielen Mainboards wird der Speicher zweikanalig ausgelegt (Dual Channel), so dass dann mindestens zwei Speichermodule notwendig sind, die stets vom gleichen Typ sein müssen, was dann zu einer (theoretisch) doppelt so hohen Datenrate wie mit nur einem Modul führt. In Abschnitt 11.2 wird detailliert auf die Erweiterung des Arbeitsspeichers eingegangen.

2.6 Grafik

Einige der aktuellen Prozessoren (siehe Tab. 2–4) verfügen über einen integrierten Grafikchip, dessen Ausgangssignale an einen VGA-, DVI- und/oder einen HDMI-Anschluss (siehe Abb. 2–26) geführt werden. Bei einem eventuellen Austausch des Prozessors (siehe auch Abschnitt 11.3) ist dieser Umstand zu berücksichtigen, denn falls der neue Prozessor keine Grafikeinheit aufweist, bleibt der Bildschirm dunkel.

Üblicherweise lässt sich eine Grafikkarte über einen PCIe-Slot (PEG, vgl. Abschnitt 2.3) nachrüsten und die vorhandene Grafik im BIOS/Setup deaktivieren, egal ob sie sich im Prozessor oder als separater Chip auf dem Mainboard (OnBoard-Grafik) befindet. Integrierten Grafiklösungen wird eine schwächere Leistung attestiert als separaten Grafikkarten, wobei die integrierten Grafiklösungen mittlerweile auch für recht flüssige 3D-Spiele und nicht für Office-Anwendungen und die HD-Video-Ausgabe geeignet sind.

Das Maß der Dinge für separate Grafikkarten bestimmen aktuelle Spiele, bei denen die Grafikeinheit in möglichst hoher Auflösung bei zügigem, verzögerungsfreiem Bildaufbau und ruckelfreier Wiedergabe realistisch wirkende Szenen produzieren muss, was nach wie vor eine Domäne von PCIe-Grafikkarten mit Grafikchips von den Firmen AMD (früher ATI Technology) und NVIDIA ist. Der Markt teilt sich quasi zwischen den Radeon- und GeForce-Chips dieser beiden Firmen, die auf Grafikkarten verschiedener Hersteller (z. B. Asus, MSI, Zotac, XFX) zu finden sind und die Grafikspeicher von 1 GByte bis hin zu 8 GByte (AMD Radeon R9 29X2) realisieren, der bei aktuellen Modellen mit einem Takt ab 4,5 GHz (Radeon R7 250) bis hin 7 GHz (GeForce GTX 780) betrieben wird.

Abb. 2–21 Als Grundlage für die Entwicklung eigener Grafikkartentypen verwenden die verschiedenen Hersteller die jeweiligen Referenzdesigns von AMD und NVIDIA.

Die einzelnen zahlreichen Kriterien für die jeweils optimale Grafikkarte sind komplex und müssen mit den jeweiligen PC-Einheiten nicht nur betreffs Mikroprozessor, Arbeitsspeicher, Mainboard und Spannungsversorgung (Netzteil) zusammenpassen, sondern erfordern auch entsprechende Software, wobei für Windows die Multimedia-Programmierschnittstelle DirectX eine wichtige Funktion einnimmt. Auf sie setzen die (meisten) Spiele auf. Falls der Einsatzweck nicht in erster Linie Grafik für Spiele oder CAD ist, reichen die Qualitäten der aktuellen integrierten Grafiklösungen aus, wie sie auch standardmäßig in Notebooks eingesetzt werden. In Abschnitt 11.6 wird gezeigt, wie sich die Grafikleistung im Bedarfsfall steigern lässt.

2.6.1 Anschlüsse

Für die Verbindung der Grafikkarte mit dem Monitor ist die 15-polige VGA-Buchse immer noch gebräuchlich, auch wenn der DVI-Anschluss und andere Verbindungen demgegenüber eine bessere Qualität versprechen. Falls der Monitor über mehrere Anschlüsse verfügt, sollte überprüft werden, ob es hier möglich ist, einen bestimmten Eingang wählen zu können. Dies kann anhand eines Schalters, der sich mitunter recht unscheinbar auf der Rückseite des Monitors befinden kann, bewerkstelligt werden oder aktuell anhand eines OnScreen-Menüs auf dem Monitor. Ist hier der falsche Eingang selektiert worden, wird der Monitor – abgesehen von seinem Menü – auch nichts anzeigen können.

Abb. 2–22 Umschalten der Quelle im Monitormenü

Üblich sind Monitore mit mehreren Eingängen, die eigenständig bestimmen (wollen), welcher der angeschlossenen Computer sein Signal auf dem Monitor abbilden darf. Dabei wird meist vorausgesetzt, dass nur einer der Computer augenblicklich ein Signal liefert, was letztendlich bedeutet, dass nur einer eingeschaltet sein darf. Ähnliche Automatismen können zum Beispiel eine Bildschirmanzeige verhindern, wenn ein weiteres Verbindungskabel lediglich am Monitor angeschlossen, also auf der anderen Seite offen ist, was eigentlich nie der Fall sein sollte. Deshalb funktioniert die automatische Umschaltung in der Praxis – in Abhängigkeit vom jeweiligen Monitormodell – mehr oder weniger gut, sodass die gewünschte Quelle oftmals manuell im Monitormenü eingeschaltet werden muss.

2.6.1.1 VGA

Der VGA-Anschluss (Video Graphics Array) hat sich über die Jahre vom Erscheinungsbild her nicht verändert, allerdings wurden im Laufe der Zeit einige Signale hinzugefügt oder auch umfunktioniert, was von außen kaum zu erkennen ist, aber insbesondere beim Zusammenspiel von Monitoren und Grafikkarten unterschiedlicher Baujahre für Probleme sorgen kann.

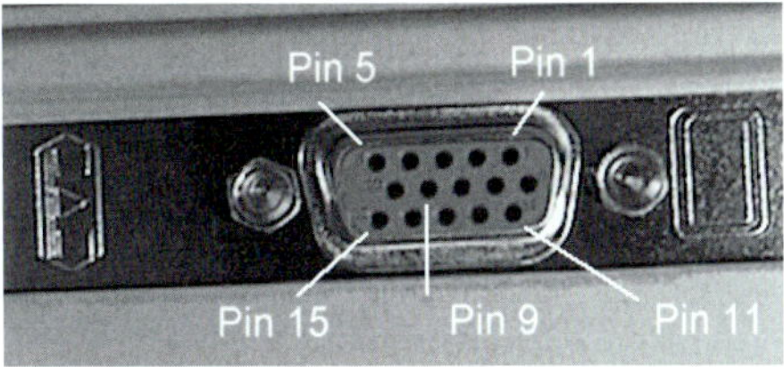

Abb. 2–23 Der VGA-Anschluss bei einer Grafikkarte

Ältere Grafikkarten (wie MDA, CGA oder EGA) übertragen die Daten nicht in analoger Form, wie es bei VGA der Fall ist, sondern digital, was bedeutet, dass ein aktueller Monitor nicht für die Verbindung mit diesen »Oldtimern« geeignet ist. Obwohl für die älteren Typen damals ein 9-poliger DSUB-Anschluss als Standard eingeführt wurde, hat es in der Übergangszeit von EGA zu VGA auch einen 9-poligen DSUB-Anschluss für VGA gegeben, was Unstimmigkeiten zur Folge hatte, sodass eine Verwechslungsgefahr mit dem digitalen EGA-Anschluss bestand.

Dies mag für aktuelle Monitore und Grafikarten zwar nicht mehr von Bedeutung sein, allerdings rührt aus der EGA-VGA-Zeit und den hierfür erhältlichen Adaptern und Kabeln auch die Tatsache, dass an den meisten VGA-Steckern eines Monitorkabels, welches auf die entsprechende Buchse des Grafikkartenanschlusses gehört, der Pin 9 fehlt, d. h. nicht als Kontakt ausgeführt ist. Dies wurde deshalb so gelöst, damit sich nur elektrisch passende Verbindungen zwischen Grafikkarte und Monitor herstellen lassen, und der Pin 9 ist an der Buchse der Grafikkarte verschlossen. Zwar wird dies bei den meisten Grafikkarten heutzutage nicht mehr praktiziert, allerdings fehlt der Pin 9 bei den Anschlusskabeln der Monitore, und es kommt immer wieder vor, dass der Stecker nicht auf die Buchse passen will, weil dieser Anschlussstift und das Gegenüber – die Buchse – nicht zueinander passen wollen, also der Stift ausgeführt, aber der Buchsenkontakt verschlossen ist. Wer keine älteren PC-Grafikkomponenten verwendet, darf diesen Stift dann am Kabel abkneifen.

Kontakt Nr.	VGA	S-VGA	VESA	VESA II
1	Rot			
2	Grün			
3	Blau			
4	Monitor-ID-Bit	Monitor-ID-Bit 2	Monitor-ID-Bit	Masse
5	Nicht belegt	Selbsttest	Nicht belegt	DDC-Masse
6	Rot-Masse			
7	Grün-Masse			
8	Blau-Masse			
9	Kein Pin	Kein Pin	Kein Pin	DDC, 5 V
10	Synchronisationsmasse			
11	Monitor-ID-Bit	Monitor-ID-Bit 0	Monitor-ID-Bit	Masse
12	Monitor-ID-Bit	Monitor-ID-Bit 1	Monitor-ID-Bit	DDC, SDA
13	Horizontale Synchronisation			
14	Vertikale Synchronisation			
15	Monitor-ID-Bit	Monitor-ID-Bit 3	Nicht belegt	DDC, SCL

Tab. 2–6 Die Signale des VGA-Anschlusses können unterschiedlich belegt sein.

Der ursprüngliche VGA-Anschluss kennt vier Monitor-ID-Bits, die vom angeschlossenen Monitor auf Masse gezogen werden können, damit eine Unterscheidung zwischen einem EGA- und einem VGA-Monitor möglich ist. Seitdem EGA in den späten

Achtzigerjahren technologisch durch VGA abgelöst wurde, verzichten die Hersteller aber auf diese Funktion und implementieren stattdessen mit den hierfür ursprünglich vorgesehenen Anschlüssen (4, 11, 12, 15) eine Funktion mit der Bezeichnung DDC. Der *Display Data Channel* (DDC) stellt einen Kommunikationsweg zwischen Grafikkarte und Monitor dar und verleiht dem Monitor auf diese Art und Weise Plug&Play-Fähigkeiten.

Ein DDC-Monitor ist in der Lage, der Grafikkarte seine Daten mitzuteilen, und vereinfacht so die Konfiguration des Grafiksystems maßgeblich. Es existieren zwei DDC-Varianten, von denen DCC1 die einfachste Ausführung ist. Der Monitor sendet dabei über den Anschluss 12 ununterbrochen 128-kByte-Datenblöcke (EDID, *Extended Display Identification*), wobei die vertikale Synchronisation (Pin 14) als Taktsignal fungiert. Dabei findet nur eine unidirektionale Kommunikation zur Identifizierung des Monitors statt, damit eine passende Auflösung gewählt werden kann. Für DDC1 sind lediglich ein entsprechender Monitor und ein Treiberprogramm (VBE) notwendig, welches ab Windows 95 Bestandteil eines DDC-fähigen Monitortreibers ist. Unter den STANDARDBILDSCHIRMTYPEN findet man beispielsweise den DDC-Universaltreiber PLUG&PLAY BILDSCHIRM (VESA DDC).

DDC2 arbeitet demgegenüber in zwei Richtungen (bidirektional) und verwendet hierfür einen speziellen Bus – den Access-Bus –, der im Prinzip dem I^2C-Bus der Firma Philips entspricht, genauso wie der SMB auf dem Mainboard, der für das Auslesen der Parameter bei Speichermodulen und für das Monitoring (Temperatur, Lüfter) zum Einsatz kommt. Das Taktsignal (SCL) des Access-Bus befindet sich am Anschluss 15 und das Datensignal (SDA) am Anschluss 12. Außerdem ist Pin 5 mit dem hierfür notwendigen Massesignal belegt, und erstmalig kann auch der bisher nicht verwendete Pin 9 verwendet werden, der zusätzlich 5 V führt.

Von alten Monitoren und VGA-Grafikkarten wird DDC nicht unterstützt, sodass die entsprechenden DDC-Leitungen (Tab. 2–6) nicht belegt sind oder für eine herstellerspezifische Monitoridentifizierung verwendet werden, was zu Problemen führen kann. Falls sich der Monitor unter Windows nicht als VESA-DDC-kompatibles Modell einrichten lässt, sind die entsprechenden Parameter manuell einzustellen, und es ist hierfür ein anderer Monitortreiber zu verwenden. Außerdem verwendet nicht jeder Monitor, der »Plug&Play« in seiner Bezeichnung führt, hierfür DDC, denn es gibt auch einige herstellerspezifische Mechanismen zur Identifizierung des Monitors.

Generell können unstimmige Masseverhältnisse für das Nichtzustandekommen eines Monitorbildes verantwortlich sein. Wie es in Tab. 2–6 angegeben ist, gibt es mehrere Masseleitungen, die jeweils mit einem Farbsignal und auch mit der Synchronisation korrespondieren (sollten). Es handelt sich also um getrennte Masseleitungen. Bei billigen Verbindungskabeln wird dies allerdings nicht immer in der vorgesehenen Art und Weise realisiert, was auf jeden Fall beim Monitoranschluss zu beachten ist. Vielfach ist das Kabel mit dem Monitor fest verbunden, sodass dann keine Gefahr besteht, ein unzulängliches Kabel anzuschließen, von der Herstellung einer Kabelverlängerung einmal abgesehen. Minderwertige Kabel können nicht nur dafür verantwortlich sein, dass gar kein Bild erscheint, sondern sie können auch für eine »matschige« Bildschirmdarstellung sorgen.

Dies gilt im verstärkten Maße auch für die Ansteuerung von Flachbildschirmen und Beamern (Projektoren) über Notebooks, sodass oftmals erst nachträglich hergestellte Massebrücken im Anschlusskabel Abhilfe schaffen. Der Pin 5 sollte sich stets auf Massepotenzial befinden, und eine Brücke von diesem Anschluss an den Pin 10 (Synchronisationsmasse) im Stecker hat schon wahre Wunder bewirkt und nach längerem Experimentieren dafür gesorgt, dass das Notebook auch mit einem Beamer funktioniert.

Referenten bei Vorträgen ist folgendes Problem sicher nicht unbekannt: Bei dem einem Notebook funktioniert die Beamer-Ansteuerung, bei einem anderen hingegen nicht. Zu lange Kabel oder auch Kabel von schlechter Qualität können prinzipiell die Ursache dafür sein, allerdings wissen wohl nur die Hersteller selbst, warum das VGA-Signal ihrer Notebooks (und auch einiger Grafikkarten) mitunter nicht dem Standard entspricht. Dieser lässt den Herstellern bei genauerer Betrachtung einen zu großen Freiraum, denn die Anschlussimpedanz von 75 Ohm ist lediglich für die Farb-, aber nicht für die Synchronisierungssignale als bindend definiert worden.

Diese Impedanz ist für eine optimale Signalverarbeitung notwendig, d. h., der Ausgangswiderstand der VGA-Ausgangsstufe muss genauso groß sein wie der Eingangswiderstand des Monitors und zudem mit 75 Ohm der Kabelimpedanz entsprechen. Insbesondere bei modernen TFT-Bildschirmen und auch bei Notebooks sind die Eingangs- bzw. die Ausgangsstufen hinsichtlich Impedanz und Pegel jedoch keineswegs einheitlich ausgelegt, was insbesondere auf die Synchronisationssignale zutrifft, die sich bei Darstellungsproblemen meist als Ursache herausstellen. Prinzipiell sind alle möglichen Impedanzen denkbar, wobei sich neben 75 Ohm ein Wert von 10 kOhm als Standard erwiesen hat, für den einige Monitore (vgl. Abb. 2–22) sogar eine Umschaltungsmöglichkeit bieten. Idealerweise ist der gesamte Signalweg zwischen Grafikkarte und Monitor mit einer Impedanz von 75 Ohm realisiert. Dies gilt dann für die drei Farb- und die zwei Synchronisierungssignale mit den entsprechenden korrespondierenden Massesignalen. Leider findet man die Impedanzangaben zu einem Monitor nicht immer und bei einer Grafikkarte fast nie, sodass diese Angelegenheit nach wie vor etwas nebulös wirkt – und das, obwohl der VGA-Standard und die VESA-Erweiterungen schon mehr als 20 Jahre alt sind.

2.6.1.2 BNC

Neben dem VGA-Anschluss besitzen einige Monitore auch BNC-Anschlüsse, meist zusätzlich zum 15-poligen DSUB-Anschluss. Falls dieser BNC-Anschluss an der Grafikkarte nicht vorhanden ist, wird ein Adapterkabel benötigt, welches auf der einen Seite den 15-poligen Anschluss für die Grafikkarte besitzt und auf der anderen fünf BNC-Stecker zur Verbindung mit dem Monitor.

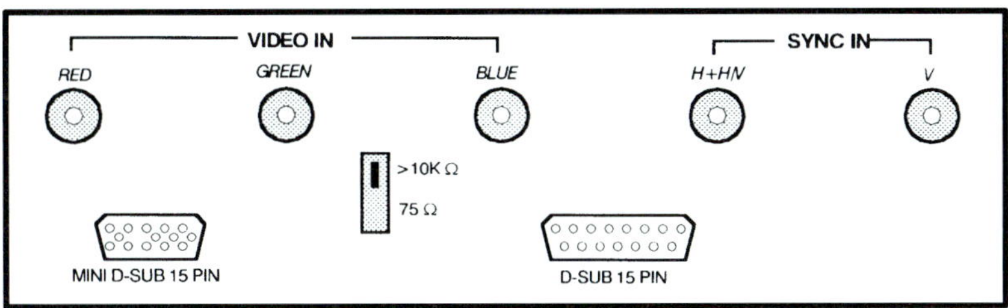

Abb. 2–24 Dieser ältere Monitor besitzt gleich drei verschiedene Anschlussmöglichkeiten: zwei unterschiedliche DSUB 15- und fünf einzelne BNC-Anschlüsse. Über das Bedienpanel des Monitors wird festgelegt, welcher der Anschlüsse zum Einsatz kommen soll.

Signaltechnische Unverträglichkeiten – wie es oben im Zusammenhang mit dem VGA-Anschluss erläutert wurde – gibt es bei einer BNC-Verkabelung eher selten, zumal die Hersteller, die bei ihren Monitoren auch BNC-Anschlüsse einbauen, sich offenbar etwas mehr Gedanken über die passenden Impedanzen gemacht haben und möglicherweise auch eine Anpassung hierfür vorsehen (vgl. den Schalter in Abb. 2–24). Die einzelnen BNC-Leitungen führen die Signale Rot, Grün, Blau (RGB), horizontale und vertikale Synchronisation. Üblicherweise wird nur ein Synchronisierungssignal (meist horizontal) verwendet, was allerdings vom jeweiligen Monitor abhängig ist, der unter Umständen die Information für die vertikale Synchronisation aus einem Farbsignal (meist Rot) gewinnt.

2.6.1.3 DVI und HDMI

Heutiger Standard ist eine direkte digitale Signalumsetzung. Diese löst seit der Einführung der Flachbildschirme den VGA-Anschluss ab. Diese Monitore arbeiten intern rein digital. Daher macht es im Prinzip keinen Sinn, das Signal auf der Grafikkarte per RAMDAC in analoge Signale umzusetzen und per Kabel zum TFT-Monitor zu übertragen, der das analoge Signal dann intern wieder zurück in ein digitales wandelt. Diese Signalumsetzung kann man sich also sparen, wobei eine Grafikkarte, die sowohl den analogen VGA- als auch einen digitalen Anschluss besitzt, mit beiden Monitortypen (Röhre, TFT) umgehen kann.

Es gibt zwar verschiedene dieser digital arbeitenden Monitorschnittstellen, doch hat sich das *Digital Visual Interface* (DVI) als Standard herauskristallisiert. Es gibt das DVI in zwei unterschiedlichen Ausführungen: mit 24 Kontakten und mit 29 Kontakten, wobei die letzte Ausführung auch die analogen VGA-Signale führt, sodass hiermit zusammen mit einem geeigneten Kabel auch weiterhin ein Röhrenmonitor betrieben werden kann.

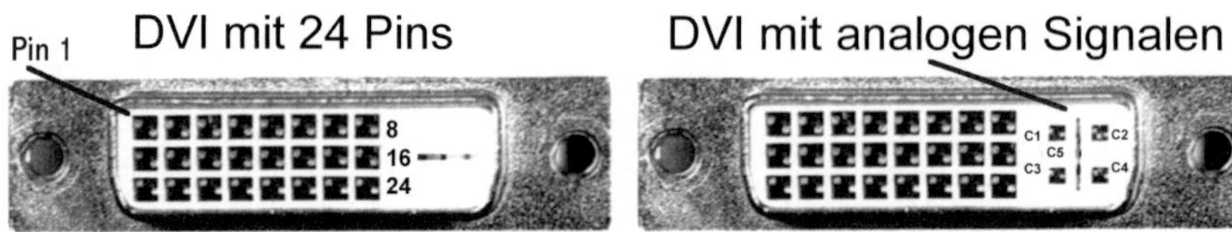

Abb. 2–25 Die beiden gebräuchlichen DVI-Anschlüsse

Die ursprüngliche DVI-Verbindung ist für maximal 1600 × 1200 Bildpunkte bei 60 Hz definiert, was für Spiele oftmals nicht mehr ausreicht. Deshalb wurde eine Erweiterung eingeführt, die zu den bisher vorhandenen drei TDMS-Kanälen (Transition Minimized Differential Signaling Protocol) drei weitere hinzufügt, was dann unter *Dual Link DVI* firmiert.

Pin Nr.	Signal	Pin Nr.	Signal	Pin Nr.	Signal
1	TDMS-Daten 2-	9	TDMS-Daten 1-	17	TDMS-Daten 0-
2	TDMS-Daten 2+	10	TDMS-Daten 1+	18	TDMS-Daten 0+
3	Abschirmung TDMS-Daten 2, 4	11	Abschirmung TDMS-Daten 1, 3	19	Abschirmung TDMS-Daten 0,5
4	TDMS-Daten 4-	12	TDMS-Daten 3-	20	TDMS-Daten 5-
5	TDMS-Daten 4+	13	TDMS-Daten 3+	21	TDMS-Daten 5+
6	DDC, Takt (SCL)	14	+ 5 V	22	Abschirmung TDMS-Takt
7	DDC, Daten (SCA)	15	Masse für 5 V	23	TDMS-Takt+
8	Analoge vertikale Synchronisation	16	Hotplug Detect	24	TDMS-Takt+
DVI: Analoge Signale					
C1	Rot	C2	Grün	C3	Blau
C4	Horizontale Synchronisation	C5	Masse		

Tab. 2–7 Die Signalbelegung der DVI-Schnittstelle

DVI ist auch für die Übertragung von Videodaten geeignet. Dabei müssen beide verbundenen Geräte über die Funktionalität verfügen, die Daten entschlüsseln zu können, denn sie sind mit dem Kopierschutz HDCP (*High Bandwidth Digital Content*) versehen, jedoch nicht komprimiert wie etwa bei Firewire. Falls eine DVI-Schnittstelle diese Funktion bietet, wofür die entsprechende CODEC-Schaltungstechnik im Gerät implementiert sein muss, ist dies üblicherweise mit einem HDCP-Aufdruck gekennzeichnet oder im Handbuch explizit vermerkt.

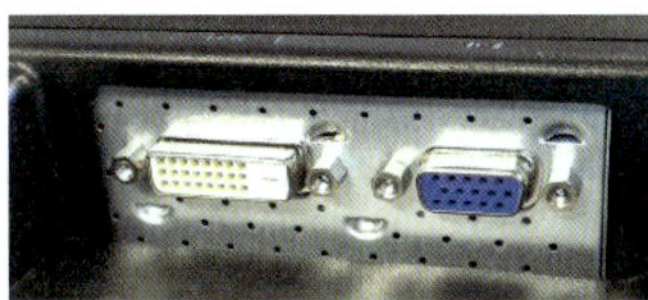

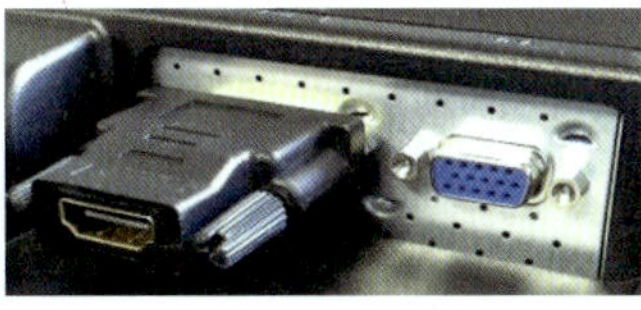

Abb. 2–26 Weil HDMI abwärtskompatibel zu DVI ist, können die notwendigen Signale, wie für einen HDMI-tauglichen Fernseher, auch über Adapter zur Verfügung gestellt werden.

Eine Weiterentwicklung von DVI ist die HDMI-Schnittstelle (High Definition Multimedia Interface), die abwärtskompatibel zu DVI ist. HDMI ist wie DVI ein von der Filmindustrie anerkannter Standard und arbeitet daher ebenfalls mit verschlüsselten Daten (HDCP), um beispielsweise das Kopieren von geschützten DVD- oder Streaming-Angeboten zu verhindern. Die HDMI-Verbindung besteht aus einem 19-poligen miniaturisierten Anschluss und überträgt sowohl Video- als auch Audiodaten sowie optional auch Fernbedienungsdaten, wenn die entsprechende Unterstützung durch die Geräte gegeben ist.

Jeder aktuelle Computermonitor verfügt über einen DVI-Anschluss, der vom Prinzip her auch HDMI unterstützt, was bedeutet, dass es durchaus ältere Monitore gibt, die zwar DVI, nicht jedoch HDMI verarbeiten können.

In der Regel wird der DVI/HDMI-Anschluss eines Monitors eingesetzt, weil dies eine bessere Bildqualität als VGA sicherstellt, was insbesondere für Spiele von Bedeutung ist. Je nach Gerätetyp (PC, Notebook, Tablet) kann eine unterschiedliche HDMI-Buchse eingebaut sein, sodass dementsprechend auch verschiedene Kabel mit passenden Steckern (Abb. 2–27) notwendig sind.

Abb. 2–27 Die gebräuchlichen HDMI-Stecker

2.6.1.4 TV-Out

Einige Grafikkarten und Notebooks besitzen auch einen TV-Out-Ausgang, um direkt einen Fernseher anschließen zu können. Üblich sind dabei zwei unterschiedliche Verbindungen: *S-Video* an einem 4-poligen Mini-DIN- (Hosiden) und *Composite-Video* an einem Cinch-Anschluss.

Die erstgenannte Verbindung ist dabei zu bevorzugen, weil hier das Luminanz-Signal und das Chrominanz-Signal auf zwei getrennten Leitungen übertragen werden. Die beiden anderen Kontakte führen das jeweils korrespondierende Massesignal. Demnach werden hier nicht einzelne Farbsignale plus der dazugehörigen Synchronisation übertragen, sondern im Chrominanzsignal (C) ist die Farbart der zu übertragenden Farbwerte enthalten. Das Luminanzsignal repräsentiert hierfür die Helligkeitsinformation (Y), was einem gewöhnlichen Schwarz-Weiß-Fernsehbild entspricht. Bei einem Cinch-Anschluss gibt es hingegen nur eine Signalleitung, d. h., die gesamte Videoinformation steckt im Composite-Video-Signal, was gegenüber S-Video zu einer schlechteren Bildqualität führt.

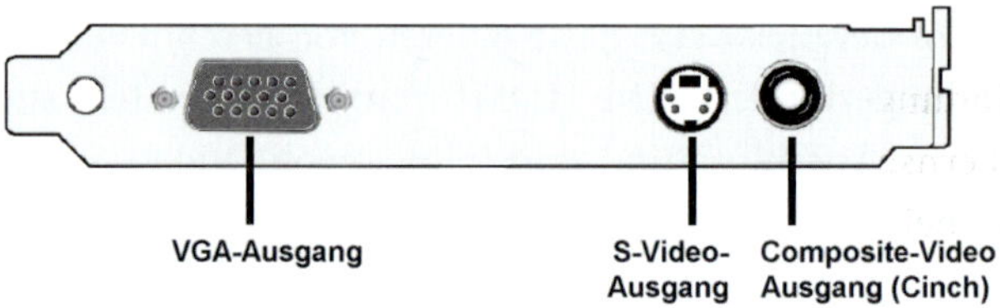

Abb. 2–28 Grafik- und Videoanschlüsse bei einer Grafikkarte

Am Fernseher ist für beide Varianten ein SCART-Adapterkabel notwendig, falls er nicht unmittelbar über geeignete Buchsen verfügt. Das hiermit auf den Fernseher projizierte Bild ist generell von minderer Qualität, und einen üblichen Fernseher als »großen Monitor« zu verwenden, scheitert ohnehin an der gegenüber einem Monitor wesentlich schlechteren Auflösung und Bildwiederholrate. Daher ist TV-Out meist nur für die Wiedergabe von Videos (VCD, S-VCD, DVD) oder vielleicht auch noch von Fotos über einen Fernseher einsetzbar, und um eine erträgliche Qualität zu erreichen, muss häufig mit der Bildauflösung unter Windows herumexperimentiert werden – sie muss meistens heruntergesetzt werden.

2.6.1.5 SCART

Der SCART-Anschluss – auch als *Euro-AV* bezeichnet – eines Fernsehers oder auch Videorecorders kennt prinzipiell auch getrennte Farbsignale (RGB) plus der erforderlichen Synchronisationsimpulse, was die beste Bildqualität in voller Videobandbreite liefern würde. Typische Grafikkarten bieten diese Signale nicht, und nur bei DVD-

Playern ist mitunter ein entsprechender SCART-Anschluss vorhanden, der dann vorzugsweise statt mit Composite-Video mit einem voll verdrahteten SCART-Kabel verwendet werden sollte.

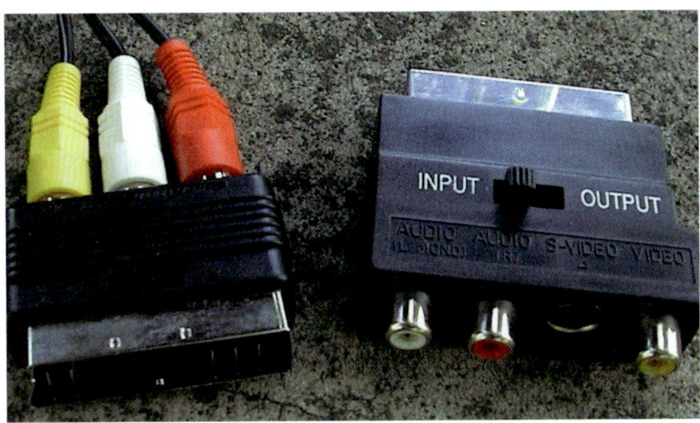

Abb. 2–29 Adapter für den SCART-Anschluss, mit denen die Video- und Audiosignale in einen Fernseher oder Videorecorder eingespeist werden können.

Die Audioverbindung ist vom Computer ebenfalls mithilfe eines SCART-Adapterkabels an den Fernseher zu führen. Einige PCs verfügen auch über eine 8-polige S-Video-Buchse, bei der das Audiosignal ebenfalls mitgeführt wird. Des Weiteren können sowohl die 4-polige Hosiden-Buchse als auch der Cinch-Anschluss als Eingänge bei einem PC vorgesehen sein, wenn die Grafik-, TV- oder auch eine spezielle Video-Grabber-Karte für das Aufnehmen von analogen Videosignalen geeignet ist.

Pin Nr.	Signal	Pin Nr.	Signal
1	Audio-Ausgang rechts	2	Audio-Eingang rechts
3	Audio-Ausgang links	4	Audio-Masse
5	Masse, Blau-Signal	6	Audio-Eingang links (Mono)
7	Blau-Videosignal (0,7 Vss)	8	A/V-Schaltspannung
9	Masse, Grün-Signal	10	Datenleitung 1
11	Grün-Signal (0,7 Vss)	12	Datenleitung 2
13	Masse, Rot-Signal	14	Masse, Daten
15	Rot-Signal (0,7 Vss)	16	Austasteingangssignal (blank)
17	Masse, FBAS	18	Masse, Austasteingangssignal
19	FBAS-Ausgang (1 Vss)	20	FBAS-Eingang (1 Vss)
21	Masse, Steckerabschirmung		

Tab. 2–8 Die Signalbelegung des SCART-Anschlusses

Die SCART-Verbindung verursacht oftmals Probleme. Die Stecker sind nicht nur unhandlich, sondern rutschen auch leicht aus der Gerätebuchse heraus, weil es keinerlei mechanische Befestigung gibt. Nicht selten bleibt ein Teil des Steckers beim Abziehen in der Buchse hängen. Einerseits sind die Kabel und Buchsen nicht immer komplett verdrahtet, sodass bestimmte Signale nicht weitergeleitet werden; andererseits können vorhandene Signale auch für Unstimmigkeiten verantwortlich sein.

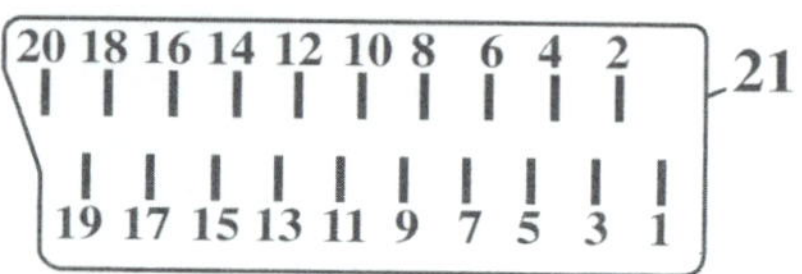

Abb. 2–30 Die SCART-Kontaktbelegung

Die Verbindung der A/V-Schaltspannung (Kontakt 8) kann zur Folge haben, dass der Fernseher beim Einschalten des DVD-Players keine Senderwahl mehr zulässt, weil nur noch das Signal des DVD-Players auf dem Fernseher abgebildet wird. Falls das Signal des DVD-Players nur dann zu sehen sein soll, wenn der betreffende AV-Kanal gewählt ist, muss die Weiterleitung der Schaltspannung verhindert werden, was durch das Abkneifen der Leitung 8 erreicht werden kann.

2.6.1.6 DisplayPort und Thunderbolt

Der DisplayPort wird für die Übertragung von Bild- und Tondaten bereits seit einiger Zeit eingesetzt – insbesondere bei Notebooks der Firma Apple. DisplayPort arbeitet unidirektional und ist insoweit kompatibel zu DVI und HDMI, dass hierfür preisgünstige Adapter eingesetzt werden können. Die Kombination der Signale für den DisplayPort mit einer bidirektionalen PCIe-x4-Verbindung (10 GT/s) ergibt die Thunderbolt-Schnittstelle, die als Grafikverbindung genutzt werden kann.

Abb. 2–31 Thunderbolt-Buchse und -Kabel

Thunderbolt (»Donnerkeil«) ist eine universelle Schnittstelle in Form einer Buchse, die einerseits als Grafikschnittstelle für den Anschluss von Monitoren oder Beamern gedacht ist, andererseits für den Anschluss von Peripherie-Einheiten, wie etwa von externen Festplatten, geeignet ist. Thunderbolt ist eine Entwicklung der Firma Intel. Der erste Hersteller, der diese Technologie eingesetzt hat, ist Apple. Bei Notebooks (Thinkpad) der Firma Lenovo und anderen ist Thunderbolt mittlerweile ebenfalls zu finden. Die Thunderbolt-Kabel sind als aktive Kabel zu verstehen, denn sie beinhalten spezielle Thunderbolt-Transceiver, sodass sie verhältnismäßig teuer sind.

2.7 Laufwerke

Das klassische Laufwerk ist das 3,5"-Diskettenlaufwerk, das aber bereits seit Jahren nicht mehr in PCs eingebaut wird, was erst recht für die noch älteren Typen (5,25") und auch für andere Wechselplattensysteme (wie die ZIP-, Jaz- und LS120-Laufwerke) gilt. Die Speicherkapazitäten, die derartige Datenträger bieten (1,44 MByte auf einer Standarddiskette bis hin zu 250 MByte bei einem typischen ZIP-Laufwerk), sind für heutige Verhältnisse einfach zu gering, als dass es noch Sinn machen würde, derartige Medien für aktuelle Anwendungen einzusetzen. Außerdem ist die Handhabung dieser Datenträger – etwa im Vergleich mit USB-Sticks – umständlich, und die Medien sind recht empfindlich gegen äußere Beschädigungen.

Abb. 2–32 Disketten und andere Wechselplatten, wie LS120, ZIP oder Jaz, haben längst ausgedient.

Deshalb bleiben neben den verschiedenen Speichern, die mit Halbleiter-Chips (Flash, siehe Abschnitt 4.4) aufgebaut sind, nur noch Festplatten und optische Laufwerke wie CD-, DVD- und Blu-ray-Laufwerke übrig, wovon sowohl reine Wiedergabelaufwerke

(CD/DVD-ROM, Player) als auch »Brenner« für das Schreiben eigener Datenträger in Desktop-PC und Notebooks eingebaut werden. Typischerweise kommt ein DVD-Brenner zum Einsatz, der sowohl die gängigen CD- und auch die üblichen DVD-Formate lesen und schreiben kann.

Abb. 2–33 Optische Laufwerke für CD-, DVD- und Blu-ray-Medien unterscheiden sich weder vom Anschluss noch von der Konfigurierung her, sondern lediglich dadurch, ob sie für PCs (links) oder Notebooks (rechts) vorgesehen sind.

Blu-ray-Laufwerke werden hingegen fast nur für die Wiedergabe von Filmen benutzt, und Blu-ray-Brenner kommen (höchstens) für das Backup bei Servern zum Einsatz. Deshalb werden in PC und Notebooks oft Kombilaufwerke eingesetzt, die einen CD/DVD-Brenner funktionstechnisch mit einem Blu-ray-Wiedergabelaufwerk kombinieren. Weder von außen noch von der Schnittstelle oder dem Betriebssystem her macht es dabei einen Unterschied, über welche Funktionalität das jeweilige optische Laufwerk verfügt und mit welchen Medien es umgehen kann.

Bandlaufwerke oder Streamer werden heutzutage nur noch bei Servern eingesetzt. Die unterschiedlichen Technologien (DDS, AIT, DLT, LTO) sind stets im Wettlauf mit den rasch ansteigenden Speicherkapazitäten bei den Festplatten, die mit den Bandlaufwerken letztendlich gesichert werden sollen. Bandlaufwerke im Verbund werden zu Tape Libraries für die Langzeit-Archivierung von Datenbeständen eingesetzt. Allerdings haben sich weder die Bandlaufwerke noch optische Datenträger oder Festplatten und erst recht nicht Flash-Laufwerke bisher als zuverlässige Backup- und Archivierungslösungen erwiesen, um Datenbestände über Jahrzehnte datentechnisch sicher aufzubewahren, damit man auf sie quasi jederzeit (im Notfall) zurückgreifen kann.

Die mit den älteren Laufwerkstypen (Abb. 2–31) verwendeten Schnittstellen (Floppy, SCSI, IDE, ATAPI) sind ebenfalls obsolet. Allein die IDE-Schnittstelle (Integrated Drive Electronic oder auch Device Electronic), die verschiedene Standardisierungsstufen durchlaufen hat und im Nachhinein in PATA (Parallel ATA) umbenannt wurde, hat immer noch eine – wenn auch immer geringere – Bedeutung. *Advanced Technology Attachment* (ATA) stellt einen standardisierten Befehlssatz für Festplatten und andere Laufwerke dar, die an eine IDE-Schnittstelle angeschlossen werden.

Abb. 2–34 Bei diesem Mainboard mit sechs SATA-Anschlüssen ist außerdem noch ein IDE-Anschluss für maximal zwei Laufwerke vorhanden.

Als Neuware mit PATA-Schnittstelle werden nur noch Festplatten angeboten, während aktuelle optische Laufwerke mit einer SATA- oder auch USB-Schnittstelle ausgestattet sind, sodass Letztere auch als externe Laufwerke fungieren können. Weil die optischen Laufwerke meist sehr lange funktionsfähig sind – es sollte nur die Laserdiode im Innern hin und wieder gereinigt werden – besteht oftmals der Wunsch, mit diesem älteren Laufwerk auf einen aktuellen PC »umzuziehen«. Möglicherweise findet sich auch noch auf einem halbwegs aktuellen Mainboard ein 40-poliger IDE-Anschluss, an den sich in einer Master-Slave-Konfiguration dann maximal zwei PATA-Laufwerke anschließen lassen.

Die Laufwerke, seien es Festplatten oder DVD-Laufwerke, werden in PCs typischerweise in einem Einbauschacht montiert, der meist von der Gehäusefront nach dem Abnehmen einer Blende zu erreichen ist. Hierzu sind möglicherweise neben den passenden Schrauben noch Montagewinkel notwendig. Für die immer kleiner werdenden Festplatten finden sich im Gehäuseinneren oftmals bereits vorgefertigte Einbaurahmen. Näheres zum Laufwerkseinbau und Austausch ist im Abschnitt 11.5 zu finden.

2.7.1 Serial ATA

Als Schnittstelle für Festspeicher wie Festplatte, SSD oder auch für optische Laufwerke (DVD, Blue-ray) wird seit einiger Zeit nur noch Serial ATA (SATA) eingesetzt, welches seinen Vorläufer PATA technologisch abgelöst hat. Die Verkabelung ist bei SATA einfacher, weil hier statt 40 Leitungen für die Steuerung nur noch 7 notwendig sind, die in einem schmalen Kabel eingebettet sind.

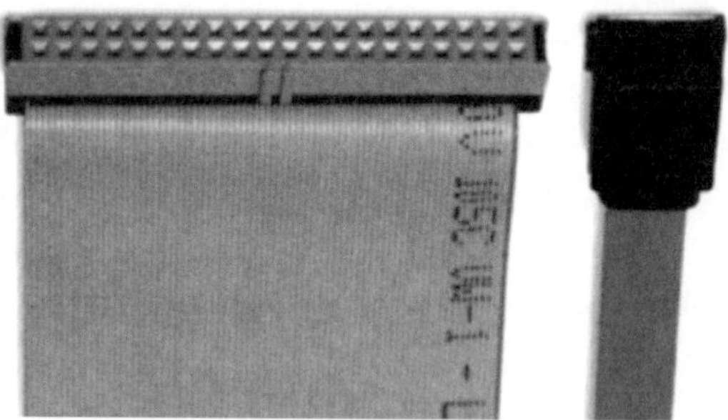

Abb. 2–35 Ein PATA- und ein SATA-Datenkabel im Vergleich

Neben dem Anschluss für das Interface-Kabel ist noch ein separater Anschluss für die Spannungsversorgung notwendig, der demgegenüber mechanisch größer ausfällt, weil hier die Spannungen 3,3 V, 5 V, 12 V und Masse an mehreren Kontakten geführt werden. Es hängt vom jeweiligen Laufwerkstyp ab, welche dieser Spannungen genutzt wird. Eine niedrigere Versorgungsspannung führt zu einem geringeren Stromverbrauch und zu einer geringeren Abwärme der Einheiten, die zudem im laufenden Betrieb an- und abgekoppelt werden können (Hot Plugging). Die Signalpegel betragen außerdem nur noch +/- 250 mV statt TTL-Pegeln wie bisher bei PATA.

SATA verwendet die Gigabit-Technologie mit der 8B/10B-Kodierung, wie sie ebenfalls bei Netzwerken und auch bei PCI-Express zum Einsatz kommt. Die Datenübertragung findet dabei gleichzeitig (Full Duplex) über zwei differenzielle Datenleitungen statt, und die Einheiten werden stets über Punkt-zu-Punkt-Verbindungen angeschlossen. Ein »Durchschleifen« der Signale von einem Master zu einem Slave gibt es hier demnach nicht, was die Gerätekonfigurierung maßgeblich vereinfacht.

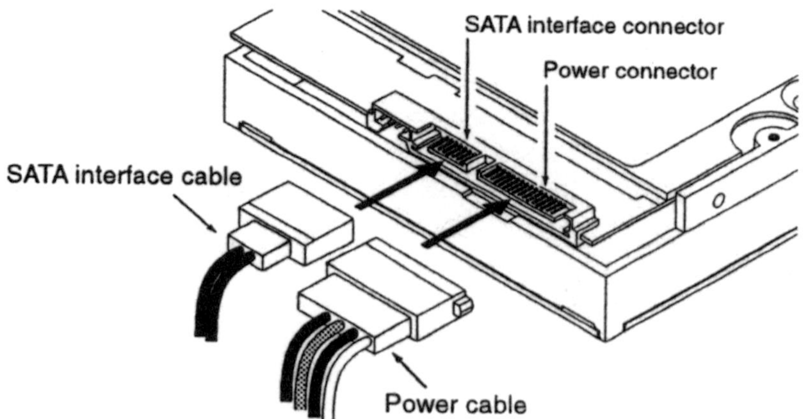

Abb. 2–36 Die Anschlüsse einer S-ATA-Festplatte

Das PC-BIOS erkennt (im AUTO-Modus) automatisch das jeweilige SATA-Laufwerk, sodass hierfür generell keinerlei manuelle Einstellungen zu tätigen sind. Zur Softwareseite hin (zum Betriebssystem) ist SATA zum parallelen ATA-Standard völlig kompatibel, d. h., es können die gleichen Befehle und Treiber verwendet werden, und die entsprechende Umsetzung findet mithilfe der Firmware in der Adapterelektronik statt. Die Kommandos und Registerinhalte werden in Pakete verpackt, seriell übertragen und vom »Gegenüber« wieder parallelisiert und als übliche ATA-Befehle ausgeführt.

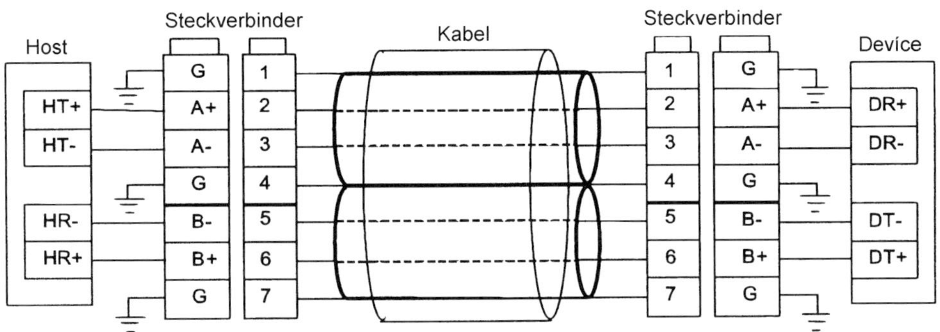

Abb. 2–37 Serial ATA kommuniziert stets mit 1:1-Verbindungen zwischen einem Host (dem Adapter) und einem Device (Laufwerk) über eine 7-polige Kabelverbindung.

Das relativ dünne Verbindungskabel (maximal 1 m Länge) enthält vier einzelne Datenleitungen (A+, A-, B+, B-) plus drei Masseleitungen (G), die als Abschirmung dienen. Für das Kabel der Spannungsversorgung sind mehrere Lösungen standardisiert worden: Zum einen können die üblichen Stecker vom Netzteil für die Laufwerke (5,25") zum Einsatz kommen oder zum anderen spezielle 4-polige SATA-Spannungsversorgungskabel, die dann auch die 3,3 V führen, was entsprechende Netzteile erfordert.

An den SATA-Laufwerken sind üblicherweise keine Konfigurationseinstellungen – etwa mit Jumpern wie bei den PATA-Typen – notwendig, und das Interface-Kabel wird 1:1 an einen separaten SATA-Port auf dem Mainboard angeschlossen. Dennoch sind bei einigen SATA-Festplatten möglicherweise Jumper zu finden, die eine optionale Anpassung des zu nutzenden SATA-Modus oder auch laufwerksspezifische Einstellungen erlauben.

Standard	Nutzdatenrate	Bezeichnungen
Serial ATA 1,5 GBit/s	1,2 GBit/s	SATA 1
Serial ATA 3,0 GBit/s	2,4 GBit/s	SATA II, SATA-300, Revision 2.x
Serial ATA 6,0 GBit/s	4,8 GBit/s	SATA III, SATA-600, Revision 3.x
SATA Express 8,0 GBit/s	7,88 GBit/s	SATA-Revision 3.2
SATA Express 16,0 GBit/s	15,76 GBit/s	SATA-Revision 3.2

Tab. 2–9 Daten der SATA-Standards

Für den SATA-Standard existieren mittlerweile verschiedene Versionen, wobei eine Abwärtskompatibilität gegeben ist, also eine SATA-III-Festplatte auch an einem SATA-I-Adapter funktionieren sollte – natürlich ohne dabei die Möglichkeit einer höheren Datenrate bieten zu können. Die elektrischen Verbindungen sowie die Stecker und Buchsen unterscheiden sich bei den üblichen SATA-Versionen auf den ersten Blick nicht voneinander, obwohl es verschiedene Ausführungen mit einer spezifizierten Angabe zur maximalen Datenrate und mit unterschiedlichen Verriegelungsmechanismen gibt. Wer zu einem aktuellen SATA-III-Kabel greift, welches mittlerweile nur unwesentlich teurer ist als eines für SATA- oder SATA-II-Einheiten, macht sicher nichts falsch.

2.8 Netzwerkverbindungen

Im Kapitel 1 sind in der Übersicht verschiedene kabelgebundene Netzwerksysteme erwähnt worden, die sich auch mit Personal Computern nutzen lassen. Von den zahlreichen Systemen ist im Grunde genommen nur das *Ethernet* übrig geblieben, für das eine ganze Reihe von Standards unter IEEE 802.3 spezifiziert sind. Ursprünglich ist Ethernet für die Verbindung mehrerer Rechner mit einem Laserdrucker entwickelt worden. Die Bezeichnung *Ether* (der Äther) steht für die eigentliche Netzwerkverbindung und stammt aus der Zeit, als Funknetze das Maß der Dinge waren, die in den USA über das Land verteilt installiert wurden, um Kommunikationswege aufrechterhalten zu können, falls ein befürchteter russischer Atomschlag stattfinden sollte. Diese Idee war letztlich auch die Grundlage für das Entstehen des weltweit funktionierenden Internet.

Die erste für PC einsetzbare Ethernet-Version (10 Base2) arbeitet mit einem Koaxialkabel, welches von PC zu PC als Bussystem (Bustopologie) geführt und an den beiden Enden mit einem Widerstand abgeschlossen wird. Die maximale Datenrate beträgt 10 MBit/s für alle an dem Bussegment angeschlossenen Computer, die sich die Bandbreite entsprechen teilen müssen, weshalb man hier auch von einem *Shared Medium* spricht. Für die Kommunikation kommt das CSMA/CD-Verfahren (**C**arrier **S**ense **M**ultiple **A**ccess/**C**ollision **D**etection) zum Einsatz, welches den Zugriff auf das Medium – das Kabel – regelt, damit stets nur ein Teilnehmer zur gleichen Zeit Daten senden kann. Falls mehrere Teilnehmer dies gleichzeitig versuchen, kommt es zu einer Kollision, die erkannt wird, woraufhin alle Teilnehmer die Daten zurücknehmen und die Daten dann mit einem unterschiedlichen Zeitversatz erneut senden. Je nach Anzahl der vorhandenen Teilnehmer führt das zu Beschränkungen in der Datenübertragungsrate innerhalb dieser *Kollisionsdomäne*.

Die Ethernet-Nachfolgesysteme für das LAN, die mit 100 MBit/s (100 Base-Tx, Fast Ethernet) und mit 1 GBit/s (1000 Base-T, Gigabit-Ethernet) spezifiziert sind, arbeiten hingegen mit einem Switched-Medium, sodass jeder einzelne Computer mit der maximalen Datenrate gleichzeitig senden und empfangen kann. Die Verbindungen werden dabei sternförmig (Sterntopologie) mit Twisted-Pair-Kabel oder Lichtwellenleiter ausgelegt, wobei der Switch das zentrale Element darstellt.

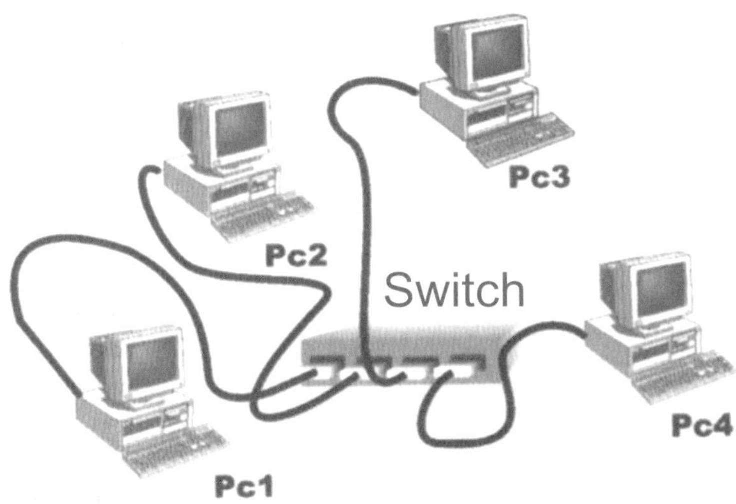

Abb. 2–38 In einem Netzwerk mit Twisted-Pair-Kabel ist ein Switch die zentrale Einheit, an die alle PCs mit einem eigenen Kabel angeschlossen werden.

Bei Heiminstallationen kommt als Kabelverbindung ein Twisted-Pair-Kabel zum Einsatz, das die Verbindung zwischen einem PC und einem Switch herstellt, der sich meist mit im DSL-Router befindet. Der Verkabelungsaufwand ist mit Twisted-Pair-Kabel demnach weit höher als mit Koaxialkabel, weil jeder Computer ein eigenes Verbindungskabel zum Switch benötigt und nicht einfach ein Kabel von Computer zu Computer verlegt werden kann.

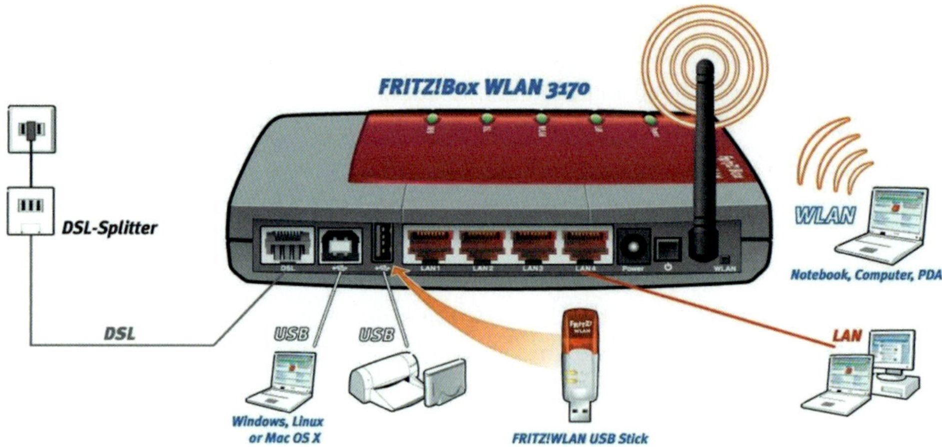

Abb. 2–39 Ein DSL-Router der Firma AVM für ADSL2+ mit vier Fast-Ethernet-Ports und WLAN-Access-Point

Der technologische Vorläufer eines Switchs ist ein Hub, der allerdings nur noch in älteren Installationen zum Einsatz kommt. Ein Hub, der auch als *Konzentrator* oder *Sternverteiler* bezeichnet wird, kann als *Repeater* verstanden werden, der ein Eingangssignal auf mehrere Anschlüsse verteilt, was eine Ausdehnung einer Kollisionsdomäne (s. o.) mit einem entsprechenden Performanceverlust bedeutet.

Generell ist die *Bandbreite* das Maß für die maximal mögliche Datenübertragungsrate in einem Netzwerk(-segment), die sich bei einem Hub entsprechend der Anzahl der angeschlossenen Stationen aufteilt. Falls beispielsweise Fast Ethernet, das mit 100 MBit/s spezifiziert ist, mit einem Hub zum Einsatz kommt, an den 10 PC angeschlossen sind, steht bei gleichzeitiger Netzwerkaktivität aller 10 PCs jedem lediglich 1 MBit/s zur Verfügung. Die Bandbreite beträgt zwar 100 MBit/s, die maximale Datentransferrate aber lediglich 1 MBit/s. Deshalb werden statt Hubs heutzutage nur noch *Switches* eingesetzt, die den einzelnen Ports und damit den hier angeschlossenen PCs jeweils die maximale Geschwindigkeit ermöglichen, was die Gesamtbandbreite maßgeblich erhöhen kann.

Der Switch ist wie erwähnt bei Heiminstallationen in einen DSL-Router (Abb. 2–39) integriert und wird über das Telefonnetz mit dem Einwahlknoten des jeweiligen Providers verbunden, der dem Router automatisch eine dynamische IP-Adresse zuteilt, die im Internet gültig ist. Im LAN (Local Area Network) wird üblicherweise mit sogenannten privaten IP-Adressen gearbeitet, die nicht nach außen gelangen und vom Router entsprechend in IP-Adressen umgesetzt werden müssen, die im Internet gültig sind.

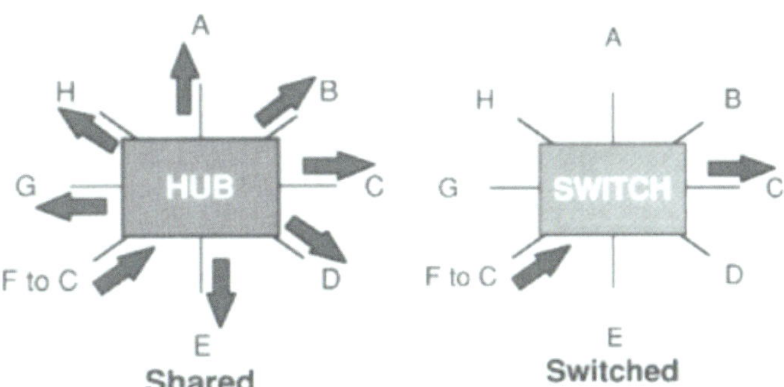

Abb. 2–40 Während sich bei einem Hub die zur Verfügung stehende Bandbreite durch die Anzahl der angeschlossenen Stationen teilt, schaltet ein Switch eine »direkte« Verbindung zwischen zwei Kommunikationspartnern, wodurch die gesamte Bandbreite für die Datenübertragung zur Verfügung steht.

In Netzwerken für den professionellen Einsatz werden Switches auch dazu verwendet, um einzelne Netzwerksegmente nach organisatorischen und logischen Aspekten aufzuteilen und zu Anwendergruppen zusammenzufassen. Ein Switch ist in der Lage, die Hardwareadressen (MAC-Adresse) der einzelnen Computer aus den Datenpaketen auszulesen, um die Daten nur in dasjenige Segment zu übertragen, für das sie bestimmt sind.

2.8.1 Base-Standards

Für die bekannteste Netzwerkarchitektur – das Ethernet – gibt es verschiedene Base-Standards, wobei *Base* für eine Basisbandübertragung steht, die sich dadurch auszeichnet, dass sie einen bestimmten Frequenzbereich (fest) belegt. Im Gegensatz dazu existiert die Breitbandübertragung (Broad), die im Frequenzmultiplex und mit einer Signalmodulation auf ein Trägersignal (Carrier) arbeitet, sodass hier mehrere Netzwerkverbindungen quasi gleichzeitig auf einer Kabelverbindung realisiert werden können. Für Ethernet spielt die Broadband-Übertragung, wie beispielsweise 10Broad36 (10 MBit/s auf 75-Ω-Koaxialkabel), jedoch keine Rolle (mehr).

Die Zahl vor dem Begriff *Base* weist stets die Datenrate in MBit/s aus (10Base, 100Base, 1000Base), gefolgt von einem Bindestrich, der mitunter auch weggelassen wird, und einem Kürzel für die Kennzeichnung des jeweiligen Übertragungsmediums (Kabeltyp, z. B. 10Base-T = Twisted Pair). Alternativ kann auch direkt eine Zahlenangabe folgen, die (ungefähr) die maximal erlaubte Segmentlänge des Netzwerks in Vielfachen von 100 m angibt, wie beispielsweise 10Base5 (500 m Segmentlänge). In Tab. 2–10 sind die gebräuchlichen Ethernet-Standards mit ihren wesentlichen Daten angegeben.

Standard	Bedeutung/Verwendung
10Base2	Cheapernet oder Thin Wire (Koaxialkabel, RG58) mit 185 m maximaler Kabelsegmentlänge und für maximal 30 Stationen.
10Broad36	Breitband-Ethernet (10 MBit/s) mit 3600 m maximaler Kabelsegmentlänge.
10Base5	Thick Ethernet mit Koaxialkabel (Yellow Cable) und 500 m Kabelsegmentlänge für maximal 100 Stationen.
10Base-F	Ethernet mit Lichtwellenleiter (LWL; sog. Fiber-Optic-Verbindungen): **10Base-FB:** Verwendung von LWL im Backbone, maximal 2 km Segmentlänge **10Base-FL:** Entspricht dem FORIL-Standard (Fiber Optic Repeater Inter Link), maximal 2 km Segmentlänge. **10Base-FP:** Enthält Richtlinien für passive LWL-Hubs, maximal 1 km Segmentlänge.
10Base-T	Ethernet auf Twisted-Pair-Kabel mit maximal 100 m Kabelsegmentlänge
100Base-FX	Fiber-Optic-Verbindungen mit 100 MBit/s (Fast Ethernet), maximal 410 m Segmentlänge mit einem Multimode-Kabel
100Base-T	Fast Ethernet mit verschiedenen Twisted-Pair-Kabeln: **100Base-T2:** Kann bereits mit Kabeln der Kategorie 3 zum Einsatz kommen, wofür dann drei Datenleitungen und eine Leitung für die Kollisionserkennung verwendet werden, sodass hiermit kein Vollduplex-Betrieb möglich ist. Alternativ lässt sich ein 8-adriges Twisted-Pair-Kabel einsetzen, wodurch diese Einschränkung nicht mehr gegeben ist, was dann unter **100Base-T4** firmiert. **100Base-TX:** Verwendet UTP/STP-Kabel der Kategorie 5 und ist Voll-Duplex-fähig, gilt als Standard für Fast Ethernet.
100Base VG-AnyLAN	Fast Ethernet mit DPMA-Verfahren (Demand Priority Medium Access) auf Twisted-Pair- (8-adrig) oder LWL-Kabel, sternförmige Topologie. Zusammenführung von Ethernet mit Token Ring.
1000Base	**1000Base-CX:** Gigabit-Ethernet mit Twinax-Kabel (150 Ω) bei maximal 25 m. **1000Base-LX:** Gigabit-Ethernet mit Lichtwellenleiter für maximal 316 m (Halb-Duplex) oder maximal 5 km (Voll-Duplex, 10 μm) bei Verwendung von Multimode-LWL. Es sind dabei unterschiedliche Fasern (10 oder 50 oder 62,5 μm) möglich. **1000Base-TX:** Gigabit-Ethernet (IEEE 802.3), 1000 MBit/s auf Twisted-Pair-Kabel ab der Kabelkategorie 5 mit maximal 100 m. **1000Base-SX:** Gigabit-Ethernet mit Lichtwellenleiter (Multimode) bei maximal 275 m.

Standard	Bedeutung/Verwendung
10GBase	**10GBase-SR:** 10-Gigabit-Ethernet mit Lichtwellenleiter (Multimode) mit maximal 82 m **10GBase-LR:** 10-Gigabit-Ethernet mit Lichtwellenleiter (Monomode) mit maximal 10 km **10GBase-ER:** 10-Gigabit-Ethernet mit Lichtwellenleiter (Monomode) mit maximal 40 km **10GBase-LX4:** 10-Gigabit-Ethernet mit Lichtwellenleiter (Multimode) auf vier Kanälen mit maximal 300 m

Tab. 2–10 Die verschiedenen Ethernet-Standards

2.8.2 Anschlüsse und Stecker

Bei PCs befindet sich der Netzwerkadapter mit auf dem Mainboard. In der Vergangenheit wurde er über entsprechende Einsteckkarten integriert, was im Bedarfsfall auch heutzutage über PCI- oder PCIe-Slots (siehe Abschnitt 2.3) weiterhin möglich ist, falls beispielsweise ein OnBoard-Fast-Ethernet-Adapter nicht ausreicht oder defekt ist, sodass sich ein Gigabit-Adapter per Einsteckkarte hinzufügen lässt.

Die verschiedenen Ethernet-Standards mit Twisted-Pair-Kabel sind abwärtskompatibel, sodass ein Gigabit-Adapter sogar noch mit der ersten Twisted-Pair-Implementierung 10BaseT (10 MBit/s) funktionieren würde. Selbst das veraltete CSMA/CD-Verfahren würde bei Bedarf entsprechend ausgeführt werden.

Koaxialkabel wird schon seit vielen Jahren nicht mehr als Medium eingesetzt, sodass es hierfür auch keine passenden Netzwerkadapter mehr gibt. Neben dem Twisted-Pair-Kabel, von dem es mehrere Ausführungen gibt, werden für Ethernet außerdem Lichtwellenleiter (Glasfaserkabel) eingesetzt, die gegenüber der Kupferverbindung störunempfindlicher und abhörsicherer sind sowie eine niedrigere Fehlerrate aufweisen. Außerdem sind Beschädigungen durch Überspannungen, statische Entladung oder auch durch Blitzschlag nicht möglich. Lichtwellenleiter werden vorwiegend in Firmennetzen eingesetzt, die sich über mehrere Kilometer erstrecken können und auch als weltweite WAN-Verbindungen (Wide Area Network) mit den entsprechenden Adaptern, Switches und Routern zum Einsatz kommen und hier nicht weiter betrachtet werden.

Aktuelle Computer (PCs, Notebooks, Netbooks) verfügen über eine Anschlussbuchse für Twisted-Pair-Kabel (TP-Kabel), die für einen RJ45-Stecker vorgesehen ist, der auch als *Western-Stecker* bezeichnet wird. Von diesem Stecker gibt es verschiedene Typen, die nur auf den ersten Blick gleich aussehen. Sie unterscheiden sich sowohl in mechanischer als auch in elektrischer Hinsicht (d. h. in der Verwendung der einzelnen Adern) voreinander. In Abb. 2–41 sind die in Europa wichtigsten Western-Stecker mit ihren gebräuchlichsten Einsatzgebieten gezeigt.

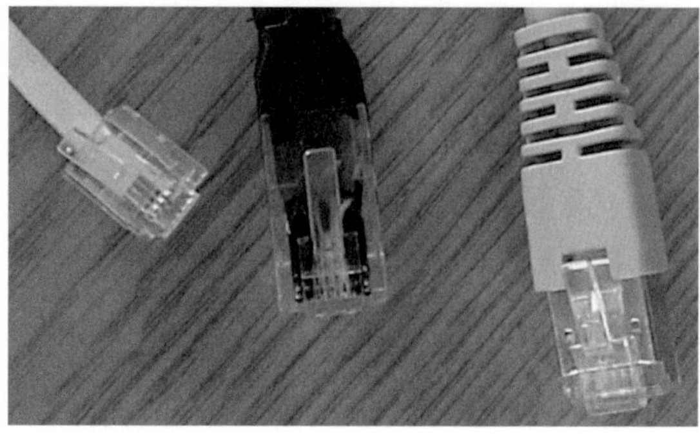

Abb. 2–41 Drei unterschiedliche Verbindungen mit Western-Steckern und TP-Kabeln. Links ein Kabel für den Modemanschluss mit RJ11-Stecker; in der Mitte ein ISDN-Kabel mit RJ45-Stecker, und das dickste Kabel (rechts) ist ein LAN-Kabel Cat5, ebenfalls mit RJ45-Stecker.

Das Format der Western-Steckverbindung ist zwar international genormt, nicht jedoch die Kontaktbelegung. Falls aus dem Kabelaufdruck oder der Beschreibung nicht hervorgeht, um welchen TP-Kabeltyp es sich handelt und für welchen Einsatzzweck es vorgesehen ist, sollte man Vorsicht walten lassen. Denn auch falls der Stecker passen sollte, können Signale im Kabel »gebrückt« oder »verdreht« sein, sodass die Steckerbelegung eben nicht 1:1 ist und es zu elektrischen Beschädigungen der damit verbundenen Geräte kommen kann.

Insbesondere sehr kostengünstige Restbestände unbekannter Herkunft aus dem Elektronik-Versandhandel können hier für unangenehme Überraschungen sorgen, auch wenn sie als TP-Netzwerkkabel bezeichnet werden. Vor allem die RJ11-Stecker gibt es in zahlreichen unterschiedlichen Belegungen für viele verschiedene Geräte, was letztendlich geräte- und /oder herstellerabhängig ist.

Außerdem ist es wichtig, dass das Differenzsignal stets auf einem Adernpaar liegt, damit sichergestellt werden kann, dass sich äußere Störungen auf das Kabel kompensieren können. Wie die Adernpaarzuordnung tatsächlich realisiert ist, kann aber nicht ohne Weiteres (etwa mit einem Multimeter im Widerstandsmessbereich oder einem einfachen Kabeltester) festgestellt werden. Hiermit ist nur ein Signaldurchgang detektierbar, der aber auch bei einer falschen Adernpaarzuordnung vorliegt.

Letztendlich wird die Adernpaarzuordnung durch die jeweilige Adapterschaltung wie etwa eine Netzwerkkarte bestimmt, die entsprechend ausgeführte Übertrager einsetzt. Diese Zuordnung darf dann natürlich nicht durch ein falsch verdrahtetes Netzwerkkabel aufgehoben werden, was immer wieder bei selbst angefertigten Twisted-Pair-Kabeln passiert.

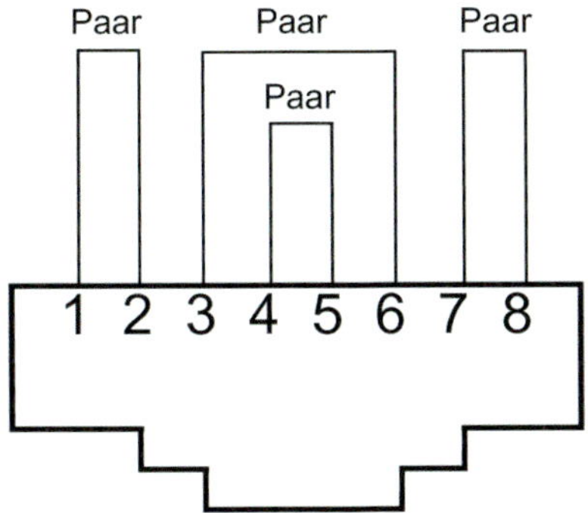

Abb. 2–42 Die Zuordnung der Leitungspaare am RJ45-Anschluss

Bei einem Ethernet-Anschluss müssen zwei Adernpaare verbunden werden, die eben nicht nebeneinander liegen, wie es in Abb. 2–42 zu erkennen ist. Eine Verdrehung der Paarzuordnung hat bei Ethernet unter Umständen fatale Folgen: Es kommt dann zu langsamen Netzwerkverbindungen oder der Datenstrom reißt ab, was mit Fehlermeldungen einhergeht, die keineswegs auf ein fehlerhaftes Kabel hinweisen.

Beim Einstecken eines RJ45-Steckers ist darauf zu achten, dass der Plastikhebel (Retention Clip) des Steckers an der Buchse einrastet, denn nur so ist eine stabile Verbindung möglich. Für das Herausziehen eines Western-Steckers aus einer Buchse ist demnach der Plastikhebel (mit dem Daumen) herunterzudrücken, damit der Stecker wieder freigegeben wird.

Aus Unkenntnis über die Existenz dieser Stecksicherung am Western-Stecker wird immer wieder versucht, den Stecker mit einem hohen Kraftaufwand aus der Buchse zu ziehen, wobei mechanische Beschädigungen wie das Abbrechen des Plastikhebels die Folge sein können. Anschlusskabel mit abgebrochenem Plastikhebel sollten keinesfalls mehr verwendet werden, weil der Stecker durch geringe mechanische Beanspruchung aus der Buchse herausrutscht, wodurch dann gar keine oder nur eine sporadische elektrische Verbindung gegeben ist.

2.8.3 Twisted-Pair-Kabel

Für die Klassifizierung von *verdrillten Leitungen* (Twisted Pair) sind erstmalig im Jahr 1994 von den amerikanischen Normungsinstituten EIA/TIA insgesamt sieben maßgebliche Kategorien definiert worden, für die teilweise noch einige Unterkategorien existieren, die hier aber nicht näher behandelt werden.

Kategorie	Bedeutung/Daten
1	Leistung eines konventionellen Telefonkabels mit einer maximalen Datenrate von 1 MBit/s. Wird nicht für Datenübertragungen verwendet.
2	Kabel als Ersatz/Nachfolger des Kategorie-1-Kabels. Datenraten von bis zu 4 MBit/s sind über mittlere Entfernungen möglich. Wird für ISDN eingesetzt.
3	Nicht abgeschirmte Kabel für Datenraten von bis zu 10 MBit/s bei einer Kabellänge von bis zu 100 m. Insbesondere für Telefonanlagen in den USA sowie für 100BaseT4 und Token Ring. Ist für maximal 16 MHz spezifiziert.
4	UTP/STP-Kabel (20 MHz) für größere Entfernungen als mit Kategorie-3-Kabel bei einer Datenrate von maximal 20 MBit/s. Dieser Typ ist nur in den USA gebräuchlich.
5, 5e	Kabel für einen erweiterten Frequenzbereich (100 MHz). Gilt als Standardkabel und wird beispielsweise für CDDI und Fast Ethernet verwendet. Cat5e liegt eine genauere Spezifikation (EIA/TIA-568B) zugrunde, und es kommt insbesondere für längere 100BaseT-Strecken in Deutschland sowie für 1000BaseT zum Einsatz.
6	Frequenzbereich bis 250 MHz, wird durch EN 50288 definiert und für ATM-Netze empfohlen. Leitungsfähigere Varianten sind Cat6a bis 625 MHz und Cat6e bis 500 MHz, die 10GBaseT ermöglichen.
7	Frequenzbereich bis 600 MHz. Geringeres Nebensprechen und geringere Dämpfung als Kategorie-6-Kabel mit vier einzelnen, abgeschirmten Adernpaaren plus Gesamtschirm.

Tab. 2–11 Die verschiedenen Kategorien für Twisted-Pair-Kabel

In Tab. 2–11 sind die wichtigsten Daten für die TP-Kabel-Standards angegeben. Die mit zwei Steckern fertig konfektionierten Netzwerkkabel werden üblicherweise als *Patch-Kabel* bezeichnet. Mit ihnen kommt man bei üblichen Hausinstallationen meist aus. Sie werden in bestimmten Standardlängen (0,5 m bis 30 m) angeboten.

Die sogenannten *Verlegekabel* sind demgegenüber für längere Strecken vorgesehen. Sie werden durch Wände und Decken und auch in Kabelkanälen verlegt und auf Kabelrollen mit 100 m Länge und mehr angeboten. Für den Anschluss sind entsprechende Dosen (in den einzelnen Räumen) zu setzen, und auf der anderen Seite, zum Switch oder Server hin, erfolgt die Verdrahtung in sogenannten Patch Panels.

Ursprünglich für die 1:1-Verbindung von zwei PCs ist ein *Crossover-Kabel* als Twisted-Pair-Kabel eingeführt worden, bei dem Leitungspaare überkreuz laufen, wodurch die Sendeleitungen des einen PC den Empfangsleitungen des anderen entsprechen und umgekehrt. Von außen ist kein Unterschied zwischen einem Patch- und einem Crossover-Kabel erkennbar, welches oftmals für die Konfigurierung von Switches und anderen Netzwerkeinheiten beim direkten Anschluss an einen PC oder auch für Switch-zu-Switch-Verbindungen empfohlen wird.

Mit Gigabit-Ethernet (1000BaseTX) wird der jeweils notwendige Verbindungstyp (1:1 oder überkreuz) automatisch erkannt und eingestellt, sodass die Crossover-Kabel damit obsolet sind. Diese Autodetect-Funktion ist auch bei einigen Switches und Routern implementiert, die lediglich für Fast Ethernet spezifiziert sind, was aber keinesfalls allgemein gilt.

Ein Twisted-Pair-Kabel besteht aus mehreren, miteinander verdrillten Leitungen. Diese Kabel sind in unabgeschirmter Ausführung (UTP, Unshielded Twisted Pair) und abgeschirmter Ausführung (STP, Shielded Twisted Pair) erhältlich, wobei das STP-Kabel unempfindlicher gegen äußere Störungen ist. Das STP-Kabel gibt es auch noch mit einer gemeinsamen Abschirmung (S-UTP), die als Mantel (Geflecht, Metallfolie) um alle Leitungen geführt ist, und in einer S-STP-Auslegung, bei der jedes Aderpaar außerdem noch einzeln abgeschirmt ist.

Das gebräuchlichste TP-Kabel ist das S-UTP-Kabel der Kategorie 5 (Cat5-Kabel), das mit Fast Ethernet eingeführt wurde und auch für Gigabit-Ethernet geeignet ist und dann aktuell als Cat5e ausgewiesen wird. Höherwertigere Twisted-Pair-Kabel wie Cat6 oder Cat7 sind für PC/Switch-Verbindungen nicht notwendig. Sie werden erst ab 10-Gigabit-Ethernet (10GBaseT) erforderlich, was jedoch meist nicht in üblichen LAN-, sondern in Backbone- und WAN-Verbindungen (Wide Area Network) verlegt wird. Natürlich sind die leistungsfähigeren Kabel auch teurer. Man kann feststellen, dass sich die Kosten von CAT5- über CAT6- bis hin zu CAT6a/CAT7 jedes Mal ungefähr verdoppeln, was grob gerechnet auch für die dazugehörigen Anschlussdosen gilt.

Die Einzeladern, von denen maximal acht in einem LAN-TP-Kabel möglich sind, werden jeweils zu einem Paar verdrillt (Abb. 2–43) und sind als isolierte Kupferleiter ausgeführt. Die Impedanz (Wellenwiderstand) beträgt typischerweise 100 Ohm +/-15 %, wobei bei einigen zumeist älteren Kabeltypen (z. B. Cat3) der Wellenwiderstand 120 oder 150 Ohm beträgt. Bei Patch-Kabeln sind die Leitungen als Litze mit einem typischen Durchmesser von 0,4 bis 0,5 mm ausgeführt und bei Kabeln für die feste Verlegung als Draht mit einem Durchmesser von jeweils 0,5 bis 0,65 mm.

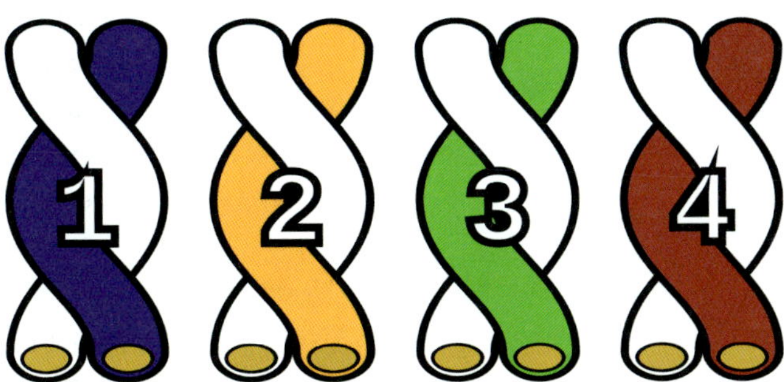

Abb. 2–43 In einem Twisted-Pair-Kabel sind maximal vier miteinander verdrillte Kabelpaare vorhanden.

Auf Twisted-Pair-Kabeln findet eine differenzielle Datenübertragung (symmetrisch) statt, es gibt daher mindestens zwei Sendeleitungen (TXD+, TXD-) und auch zwei Empfangsleitungen (RXD+, RXD-). Die Datensignale werden hier nicht wie bei einer Koaxialleitung auf die Masse bezogen, sondern das Nutzsignal liegt zwischen TXD- und TXD+, was dementsprechend auch für das Empfangssignal auf den RXD-Leitungen gilt. Dadurch werden Störsignale weitgehend unterdrückt, denn ein äußeres Störsignal wirkt sich auf die beiden komplementären Signaladern aus, und das hieraus resultierende Differenzsignal wird idealerweise wieder zu Null.

Voraussetzung ist hierfür, dass die Leitungen eines Adernpaars exakt gleich lang und zudem absolut homogen miteinander verdrillt sind. Fatal ist es, wenn die Paarzuordnung nicht korrekt ist. Selbst wenn ein TP-Kabel die genannten Bedingungen prinzipiell erfüllt, kann es bei der Verlegung des Kabels und bei den Anschlüssen (wieder) zu Inhomogenitäten kommen, weil das Kabel zu stark gequetscht wird oder die Anschlussdosen nicht optimal konfektioniert worden sind. Dies kann zur Verschlechterung der elektrischen Eigenschaften führen, was insbesondere bei Gigabit-Ethernet gravierende Auswirkungen haben kann und bis zum kompletten Ausfall der LAN-Verbindung führen kann.

Abb. 2–44 Der Blick in den Kabelschacht lässt die Probleme im LAN erahnen.

Obwohl in den einzelnen Netzwerkeinheiten Übertrager zum Einsatz kommen, die eine galvanische Trennung zwischen der LAN-Elektronik bei einem Netzadapter oder auch im Switch zum LAN-Segment hin vornehmen, können sich ungeordnete Masseverhältnisse ergeben, und zwar durch die Verwendung unterschiedlich aufgebauter TP-Kabel, also etwa durch die Kombination von STP, S-UTP oder auch S-STP. Problemen, die aus einer derartigen Installation resultieren, auf den Grund zu kommen, ist nicht trivial und bleibt letztendlich dem professionellen LAN-Techniker mit seinen speziellen Messgeräten vorbehalten.

Deshalb kann man nur empfehlen, möglichst einheitliche TP-Kabel zu verwenden. Eine Mischung etwa von S-STP mit S-UTP führt zudem zu einer erhöhten Störanfälligkeit. Dann wäre es besser, wenn ausschließlich S-UTP zum Einsatz käme. Weil nachträgliche Änderungen an einer LAN-Verkabelung oftmals nicht mehr ohne Weiteres möglich sind, sollte auf jeden Fall versucht werden, einzelne Segmente mit einheitlichen TP-Kabeln aufzubauen, was mindestens die Strecke vom PC bis hin zum Switch-Port bedeutet, besser natürlich noch den ersten Switch mit den weiteren Ports einbezieht.

Nach Möglichkeit sollte von einer Selbstanfertigung von TP-Verbindungen abgesehen werden, denn eine ganze Reihe von Faktoren kann wie soeben erläutert eine LAN-Verbindung negativ beeinflussen, auch wenn man dem RJ45-Stecker und dem Kabel die jeweilige Bedeutung nicht unbedingt ansieht.

2.9 Netzteile

Das Netzteil im PC ist oftmals an das jeweilige Gehäuse angepasst, wobei es verschiedene Standards (BAT, ATX, BTX, ITX, NLX) gibt, die die mechanischen und elektrischen Eigenschaften festlegen. Die gebräuchlichste Version ist nach wie vor ATX (Advanced Technology Extended), die es in verschiedenen Ausführungen (wie eben ATX, Mini- oder auch Micro-ATX) gibt, die sich im Wesentlichen durch verschiedene Maße für das einzusetzende Mainboard und die dazugehörige I/O-Blende unterscheiden. Von der Leistung her sind die in einem Gehäuse für einen Server (z. B. ATX-Extended) eingebauten Netzteile stärker als diejenigen, die in übliche ATX- oder etwa Micro-ATX-Gehäuse eingebaut sind.

Tab. 2–12 gibt die Maße (in Millimeter) der verschiedenen ATX-Standards an, für die entsprechende Mainboards erhältlich sind. Üblicherweise lassen sich in allen heutzutage üblichen ATX-Gehäusen durchaus die verkleinerten Versionen einbauen. Der umgekehrte Weg – etwa der Einbau eines ATX-Mainboards in ein Micro-ATX-Gehäuse – ist natürlich nicht möglich.

Standard	Breite [mm]	Länge [mm]
XL-ATX	345	262
ATX-Extended	308	340
ATX	305	244
E-ATX	305	330
Mini-ATX	284	208
Micro-ATX	244	244
Flex-ATX	229	191

Tab. 2–12 Entsprechend des jeweiligen ATX-Standards unterscheiden sich die zulässigen Mainboard-Größen, für die es entsprechende Gehäuse mit eingebauten Netzteilen gibt.

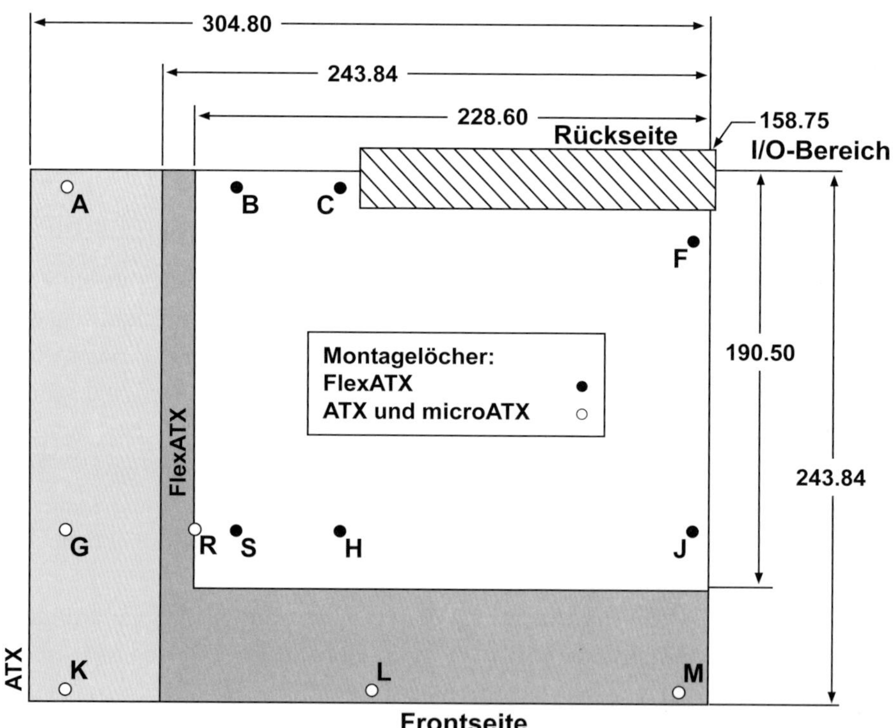

Abb. 2–45 Die Bohrlöcher und Maße für die Befestigung von ATX-Boards

Im Lieferumfang des Mainboards sollte sich die passende I/O-Blende (Shield) mit den passenden Durchbrüchen für die jeweils vorhandenen Anschlüsse befinden. Im ATX-Standard ist zwar die Größe des Blechs festgelegt, nicht jedoch die Anzahl und die Position der Anschlüsse.

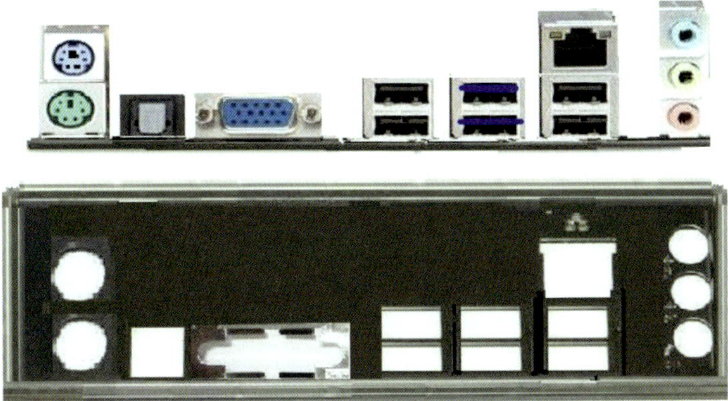

Abb. 2–46 Die ATX-I/O-Blende muss für das jeweilige Mainboard ausgelegt sein.

Während es in mechanischer Hinsicht zahlreiche Unterschiede bei den ATX-Versionen gibt, sind die Netzteilanschlüsse und die elektrischen Daten (meist) kompatibel.

2.9.1 Mainboard-Anschlüsse

Für den Anschluss an das Mainboard ist ein Stecker vorgesehen, der nach der ursprünglichen Version über 20, nach dem neueren Standard (ATX 2.2) aber über 24 Kontakte verfügt, wobei ein 24-poliger Stecker sich auch in eine 20-polige Buchse einsetzen lässt, wenn dies nicht durch zu nahe anliegende Bauteile an der Buchse verhindert wird. Elektrisch funktioniert die Verbindung zwischen einem 24-poligen Netzteilstecker und einer 20-poligen Mainboard-Buchse. In umgekehrter Konstellation muss dies hingegen nicht funktionieren, wenn das Mainboard so aufgebaut ist, dass es explizit die 3,3-V-, 5-V- und/oder die 12-V-Spannung an den zusätzlichen Kontakten verlangt.

Pin Nr. ATX 1/2	Pin Nr. ATX 2.2	Kabel-farbe	Funktion	Pin Nr. ATX 1/2	Pin Nr. ATX 2.2	Kabel-farbe	Funktion
1	1	orange oder lila	3,3 V	11	13	lila oder orange	3,3 V
2	2	orange oder lila	3,3 V	12	14	blau	-12 V
3	3	schwarz	Masse	13	15	schwarz	Masse
4	4	rot	5 V	14	16	grün oder grau	PS-ON
5	5	schwarz	Masse	15	17	schwarz	Masse
6	6	rot	5 V	16	18	schwarz	Masse
7	7	schwarz	Masse	17	19	schwarz	Masse

Pin Nr. ATX 1/2	Pin Nr. ATX 2.2	Kabel-farbe	Funktion	Pin Nr. ATX 1/2	Pin Nr. ATX 2.2	Kabel-farbe	Funktion
8	8	grau oder orange	PW-OK	18	20	weiß	-5 V
9	9	lila oder braun	5VSB	19	21	rot	5 V
10	10	gelb	12 V	20	22	rot	5 V
-	11	gelb	12 V	-	23	rot	5 V
-	12	orange	3,3 V	-	24	schwarz	Masse

Tab. 2–13 Die Belegung des 20- und des 24-poligen Anschlusses für das Mainboard mit den typischen Farben der einzelnen Leitungen.

Das Signal PS-ON (Pin 14 bzw. Pin 16) dient zum An- und Abschalten des Netzteils und befindet sich üblicherweise mithilfe einer Zusatzschaltung des Mainboards auf High-Potenzial. Wird das Signal (über den Taster an der Frontplatte) auf Masse gezogen, wird das Netzteil aktiviert.

Ein ATX-Netzteil ist daher erst dann völlig abgeschaltet, wenn der Power-Schalter an der Gehäuserückseite (am Netzteil) betätigt wurde, wobei einige PCs jedoch überhaupt keinen derartigen – Stromnetz-trennenden – Schalter bieten. Das PS-ON-Signal wird dazu genutzt, den PC, etwa nach dem Herunterfahren von Windows, automatisch abzuschalten.

Die 5-V-Standby-Leitung (5VSB, Pin 9) ist ebenfalls nicht spannungslos, wenn der PC nicht vom Spannungsnetz getrennt wurde. Sie wird unterschiedlich oder auch gar nicht verwendet. Eine Anwendung ist die Versorgung des Netzwerkadapters, damit er per Wake-On-LAN-Verbindung aus einem Sleep-Modus wieder aktiviert werden kann.

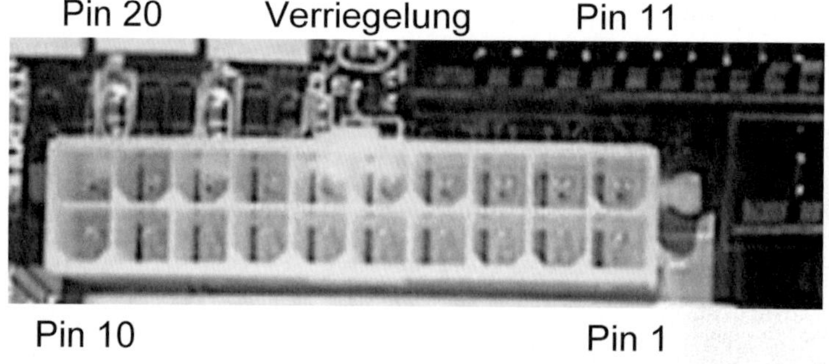

Abb. 2–47 Die Kontaktnummerierung beim 20-poligen ATX-Mainboard-Anschluss

Ein wichtiges Signal ist außerdem Power-OK (PW-OK, Pin 8), welches dem Mainboard über einen High-Pegel signalisiert, dass die Spannungen in Ordnung sind, sodass es sich per Taster über das Signal PS-ON aktivieren lässt.

Mit der ersten Pentium-4-Prozessorserie, die mehr Leistung als die vorherigen verlangt, sind ein zusätzlicher ATX12V- und ein AUX-Anschluss für 3,3 V und 5 V eingeführt worden. Sie werden auch als P4-Stecker bezeichnet. Sie müssen auf die für sie vorgesehenen Anschlüsse auf einem Mainboard gesteckt werden, weil der übliche ATX-Anschluss nur für maximal 6 A spezifiziert ist.

Abb. 2–48 Der zusätzliche ATX12V-Anschluss bei einem Mainboard

Welche Mainboards diese zusätzlichen Anschlüsse benötigen, kann zwar nicht verallgemeinert werden, wobei man aber davon ausgehen kann, dass dies eher bei »großen« Mainboards der Fall ist, wie sie etwa für Server eingesetzt werden. Der ATX12-Anschluss ist jedoch auf vielen »kleineren« Boards vorhanden, die ohne diese Verbindung mit dem PC-Netzteil nicht anlaufen. Der AUX-Anschluss (P10) hat im Übrigen das Layout für einen P8/P9-Stecker, wie er bei den alten BAT-Netzteilen eingesetzt wird, welches aufgrund der anderen Belegung jedoch keinesfalls für ATX-Systeme verwendet werden darf.

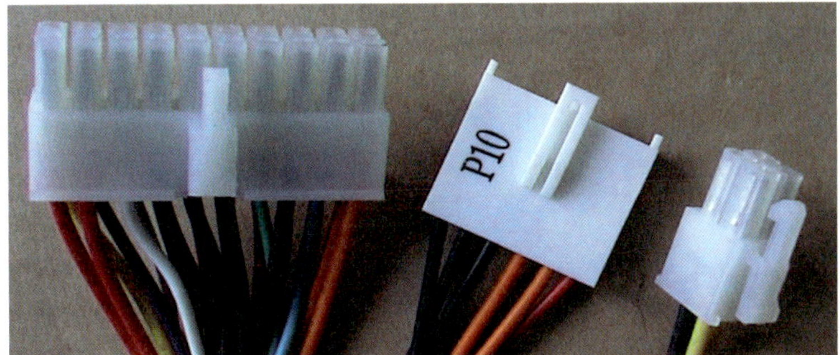

Abb. 2–49 Die drei üblichen Stecker für den Mainboard-Anschluss

Viele Mainboards für AMD-Prozessoren weisen als zusätzlichen Anschluss eine Buchse auf, wie sie auch bei üblichen Laufwerken zum Einsatz kommt, und dementsprechend kann hiermit ein Laufwerksspannungsanschlusskabel des ATX-Netzteils verbunden werden. Leider wird aus den Unterlagen zum Mainboard nicht immer deutlich, dass dem auch tatsächlich so ist und ob der zusätzliche Anschluss nicht womöglich für ein ganz spezielles Netzteil ausgelegt ist, wie es bei den sogenannten Marken-PCs (HP, Dell) mitunter eingesetzt wird.

2.9.2 Peripherieanschlüsse

Neben den erläuterten Spannungsversorgungsanschlüssen für das Mainboard stellt jedes Netzteil mehrere Stecker für Laufwerke und andere Peripherie zur Verfügung. Die klassischen Typen sind in der Abb. 2–50 gezeigt.

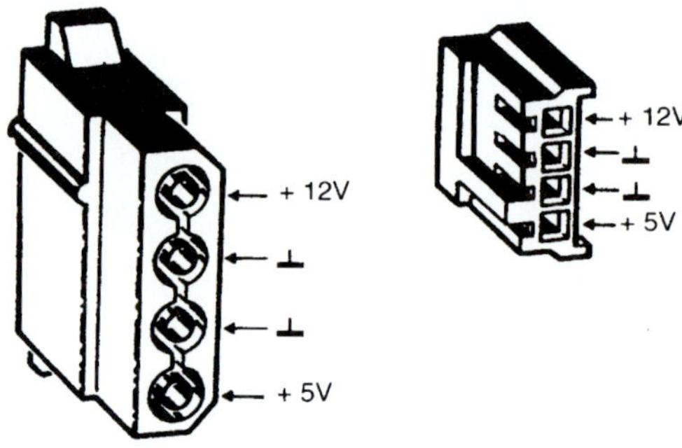

Abb. 2–50 Die beiden klassischen Spannungsanschlüsse für Laufwerke

Während der kleinere Stecker eigentlich nur für die mittlerweile nicht mehr verwendeten Diskettenlaufwerke eingesetzt wird, wird der größere von Festplatten und auch optischen Laufwerken verwendet. Die kleinere Spannung von 3,3 V wird erst mit den SATA-Spannungsanschlüssen (Abb. 2–36) zur Verfügung gestellt. Bei den Peripherieanschlusskabeln gilt die folgende Farbzuordnung der einzelnen Kabeladern:

- Rot: + 5 V
- Gelb: + 12 V
- Orange: 3,3 V
- Schwarz: Masse

Ein Falschanschluss von Spannungsversorgungskabeln ist durch die unterschiedlich ausgeformten Stecker kaum möglich; stattdessen wird oftmals der Anschluss eines Kabels vergessen, sodass das Mainboard gar nicht erst anläuft oder eine Grafikkarte beim Laden von Windows plötzlich kein Bild mehr zeigt.

Bei den »leistungshungrigen« Grafikkarten ist neben der Versorgung über PCIe oftmals ein weiterer Spannungsanschluss – mitunter sind es auch zwei –) notwendig. In Abb. 2–51 ist hierfür ein Beispiel gezeigt. Zur Grafikkarte gehört meist ein spezielles Adapterkabel, welches die Verbindung mit einem »großen« Spannungsanschluss für Laufwerke herstellen kann und dort mit der 12-V-Leitung (gelb) verbunden ist.

Abb. 2–51 Die zusätzlichen Spannungsanschlüsse für 12 V bei einer PCIe-Grafikkarte

Bei aktuellen Netzteilen sind verschiedene Spannungsanschlüsse für das Mainboard, für die Laufwerke sowie für PCI-Express-Grafikkarten vorhanden. In den seltensten Fällen werden jedoch alle diese Kabel benötigt, die bei Nichtgebrauch üblicherweise im Gehäuse gebündelt werden und dort mitunter die Luftzirkulation behindern. Deshalb liegt es nahe, die Kabel am Netzteil steckbar zu machen, was von den Herstellern als *modulares Kabelmanagement* bezeichnet wird. Die Hersteller verwenden an ihren PC-Netzteilen unterschiedliche Stecksysteme. Außerdem sind auch nicht immer alle Anschlüsse steckbar. Fest eingebaut sind nicht selten die für das Mainboard, was dann unter *Native Cables* firmiert, während die anderen dann folgerichtig als *Modular Cables* bezeichnet werden.

Abb. 2–52 Ein Netzteil der Firma Be Quiet mit steckbaren Kabeln für die Spannungsversorgung der einzelnen PC-Komponenten

2.9.3 Leistungsdaten

Die Ausgänge des Netzteils sind gegen zu hohe Spannungen, gegen Übertemperatur und einen zu hohen Strom bei Kurzschluss gesichert, was auch einen Schutz bei einer Einsteckkarte bietet, die sich nicht richtig im Slot befindet. Die zulässigen Toleranzbereiche (Tab. 2–14) stellen sich in der Praxis mitunter als zu lasch ausgelegt dar, denn bei einem »richtigen« Kurzschluss wird das PC-Netzteil zwar abschalten, gleichwohl sind »Schmorvorgänge« im PC durchaus denkbar, was schlimmstenfalls zu einem Wohnungsbrand führen kann.

Spannung	Unterer Wert	Oberer Wert
+ 5 V	+ 4,75 V	+ 5,25 V
- 5 V	- 4,50 V	- 5,50 V
+ 12 V	+ 11,40 V	+ 12,60 V
- 12 V	- 10,80 V	- 13,20 V
+ 3,3 V	+ 3,14 V	+ 3,43 V
+ 5 VSB	+ 4,75 V	+ 5,25 V

Tab. 2–14 Die Toleranzbereiche für ATX-Netzteile

Außerdem ist selbst bei Einhaltung der angegebenen Mindestspannungen, die mit einem Voltmeter im vermeintlichen Fehlerfall leicht nachgemessen werden können, keineswegs sichergestellt, dass alle PC-Einheiten auch einwandfrei damit funktionieren. Die durch eine relativ hohe Belastung (es sind viele Einheiten, wie z. B. »stromfressende« Festplatten, angeschlossen) hervorgerufene geringere Ausgangsspannung kann zur Folge haben, dass beispielsweise beim Samplen »Knacker« produziert werden oder auch Netzwerkverbindungen unterbrochen werden. In einem derartigen

Fall – es sind noch zahlreiche weitere denkbar – sollten einige Laufwerke versuchsweise abgehängt werden. Falls sich die Situation dadurch bessert, sollte ein Netzteil mit einer höheren Ausgangsleistung erworben werden.

Ein Netzteil sollte in seiner Leistung nicht zu knapp bemessen sein. 350 W sollten es für heutige Systeme – ohne Besonderheiten für Gamer – ungefähr sein. Die leistungsfähigsten Modelle leisten über 1 kW. Die Wattzahl (W) errechnet sich aus dem Produkt der Spannung in Volt mit dem jeweiligen Strom in Ampere: $P = U \cdot I$

Auch wenn für verschiedene PC-Netzteile eine identische Leistungsangabe zu finden ist, können die einzelnen Spannungszweige (+3,3 V, +5 V, +5 VSB, +12 V usw.) durchaus unterschiedlich viel Strom liefern. Ist der Maximalstrom für einen bestimmten Spannungszweig dann erreicht, schaltet das Netzteil ab. Deshalb sollte dieser Umstand beachtet und das Augenmerk nicht allein auf die Gesamt-Wattangabe gerichtet werden. Im Zweifelsfall sollten die Intel- und AMD-Richtlinien im Internet für ein passendes Netzteil zurate gezogen werden. Falls sich die empfohlenen Netzteile nicht beschaffen lassen, sind die einzelnen Ampere-Angaben (vgl. Abb. 2–53) auf jeden Fall zu berücksichtigen. Modelle mit über 1200 W (TaganSilver Stone, Thermaltake), die über den 12-V-Zweig über 80 A leisten können, sind wohl nur in Ausnahmefällen für PCs notwendig und könnten eigentlich auch als PKW-Starthilfe oder als Elektroschweißgerät verwendet werden.

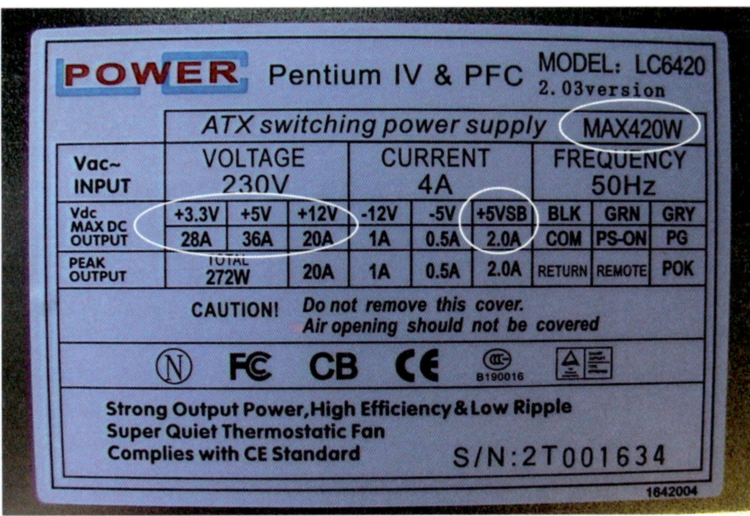

Abb. 2–53 Von Bedeutung ist nicht allein die Gesamtleistung (hier 420 W), sondern mit wie viel Ampere die einzelnen Spannungen zu belasten sind.

Der interne Aufbau eines ATX-Netzteils ist recht kompakt, wie es Abb. 2–54 zu entnehmen ist, wo der notwendige Lüfter allerdings nicht mit abgebildet ist. Im Laufe der Zeit wurde eine ganze Reihe von internen elektrischen Verbesserungen an der Netzteilelektronik vorgenommen, sodass ein PC-Netzteil möglicht effektiv und dabei auch noch leise arbeitet. Der *Power Factor* eines Netzteils gibt das Verhältnis von zugeführter Wirk- zu Scheinleistung an, das möglichst identisch sein sollte, es in der Praxis aufgrund des Prinzips des Schaltnetzteils jedoch nicht sein kann. Deshalb wird in aktuellen Netzteilen eine passive oder besser eine noch eine Schaltung für eine aktive *Power Factor Compensation* (PFC) eingesetzt. Diese erhöht zwar nicht den Wirkungsgrad eines Netzteils, sorgt jedoch für reduzierte Oberwellenströme und Brummspannungen.

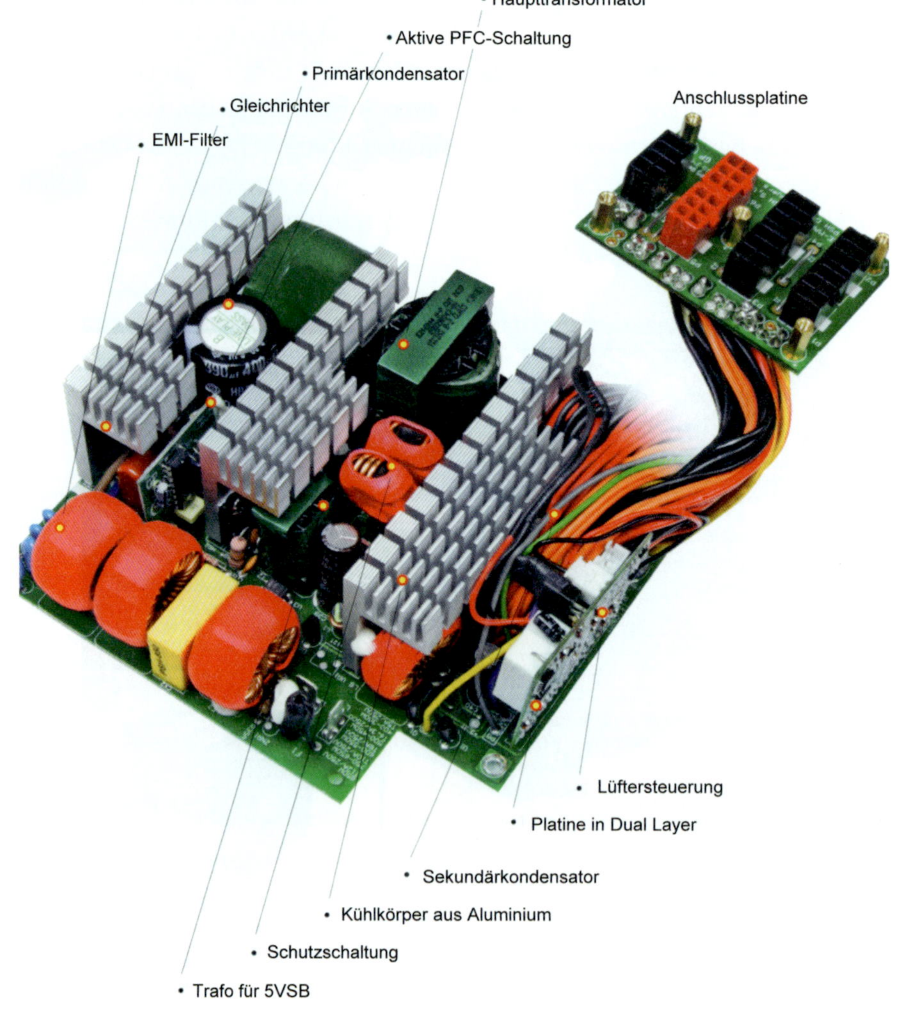

Abb. 2–54 Der interne Aufbau eines aktuellen PC-Netzteils

Eine geschaltete Netzbuchse für den Anschluss eines Monitors, wie sie bei einigen PC nach dem alten BAT-Standard gegeben ist, gibt bei ATX-Systemen meist nicht (Ausnahme: Celsius W360 von FSC). Aus diesem Grunde empfiehlt sich der Einsatz einer schaltbaren Steckdosenleiste, an die der PC und die Peripherie-Einheiten angeschlossen werden. Diese Peripherie, wie etwa DSL-Modems oder Scanner, benötigt oftmals ein externes Steckernetzteil. Auch hier gibt es demnach keinen netztrennenden Schalter, und es wird bei eingestecktem Steckernetzteil auch bei ausgeschaltetem Gerät unnütz Strom verbraucht.

3 Notebooks

Notebooks sind als portable Computer konzipiert, was einen geänderten Aufbau gegenüber einem PC zur Folge hat. Aus Platzgründen werden zwar spezielle Mikroprozessoren und Speichermodule eingesetzt, die sich jedoch elektrisch und von der Funktion her aber nicht von den Typen für Personal Computer (siehe vorheriges Kapitel) unterscheiden. Die Prozessoren sind meist fest auf der Hauptplatine gelötet, die speziell für das jeweilige Notebook ausgelegt ist, sodass weder der Austausch des Prozessors oder der des Mainboards – gegen einen anderen Typ – möglich ist. Im Fehlerfall wird ein Mainboard-Austausch vom Hersteller nur bei den teureren Notebooks vorgenommen, während bei den anderen gleich das komplette Notebook getauscht wird.

3.1 Typen und Displays im Überblick

Inwieweit sich ein Notebook aufrüsten und reparieren lässt, ist im Wesentlichen von der jeweiligen Gerätekategorie, zu der ein bestimmtes Notebook gerechnet werden kann, abhängig. Die Preise für die unterschiedlichen Notebook-Kategorien sind entsprechend von der Leistungsfähigkeit und ganz augenscheinlich von der Größe sowie der Qualität des Displays abhängig. Allgemein kann Folgendes konstatiert werden: Je höherwertiger ein Notebook ist, desto wahrscheinlicher ist es, dass hierfür auch Ersatzteile erhältlich sind und dass sich ein späteres Aufrüsten sowie das Selbstreparieren – nach Ablauf der Herstellergarantie – lohnt.

- **Netbooks:** Display-Größe 7 bis 10 Zoll (17,8 bis 25,4 cm); Gewicht zwischen 1 und 1,3 kg; mit verkleinerten Tasten; Auflösung 800 × 640 Pixel; 0,5 bis 1 GByte Arbeitsspeicher; typischerweise mit Intel-Atom-Prozessor; Slot für Speicherkarten; explizit als leichtes, kleines und preisgünstiges Notebook konzipiert; werden nicht mehr hergestellt.
- **Subnotebooks:** Display-Größen 11,6 bis 13,3 Zoll (29,4 bis 33,7 cm); Gewicht zwischen 1 und 1,5 kg; meist mit verkleinerten Tasten; Auflösung 1366 × 768 Pixel; 2 bis 4 GByte Arbeitsspeicher; Prozessoren mit maximal zwei Kernen vom Typ Atom, Celeron, AMD-E; gelten als Alternative zu Tablets mit PC-typischer Bedienung.
- **Standard-Notebooks:** Display-Größen 14 bis 15,6 Zoll (35,5 bis 39,6 cm); Gewicht zwischen 2 und 2,5 kg; Standardtastatur mit separatem Ziffernblock; gleiche Auflösung wie bei den Subnotebooks (1366 × 768 Pixel); 4 GByte Arbeitsspeicher; Prozessoren mit maximal zwei Kernen vom Typ Celeron, Core i3 und AMD-C; mit DVD-Brenner; gelten als typische Notebooks.

- **Desktop-Notebooks:** Display-Größe 17,3 Zoll (44 cm); Gewicht zwischen 2,5 und 3 kg; Auflösung 1600 × 900 Pixel; mit DVD-Brenner; 4 bis 8 GByte Arbeitsspeicher; Prozessoren vom Typ Core i3, i5 und AMD-A mit maximal vier Kernen; gelten als Notebooks, die einen Desktop-PC funktionell ersetzen können.
- **Ultrabooks:** Display-Größen 12 bis 15,6 Zoll (30 bis 39,6 cm); Auflösung 1366 × 768 bis 1920 × 1080 Pixel; 4 bis 8 GByte Arbeitsspeicher; Gewicht zwischen 1,2 und 1,5 kg; kein DVD-Laufwerk und möglicherweise sind Adapter für LAN- und Monitoranschluss notwendig; von Intel eingeführte Kategorie für besonders leichte, dünne Notebooks mit langer Laufzeit und Core i5 oder i7-Prozessor.
- **Performance/Gaming-Notebooks:** Display-Größe 17,3 Zoll (44 cm); Gewicht zwischen 3 und 4 kg; Auflösung 1920 × 1080 Pixel (Full HD); typischerweise mit DVD-Brenner; 8 bis 16 GByte Arbeitsspeicher; Prozessoren mit maximal vier Kernen vom Typ Intel Core i5 und i7, AMD-A; eigener Grafikchip mit schnellem GDDR-Speicher; gelten als die leistungsfähigste Notebook-Kategorie, sind für CAD-Anwendungen geeignet und können als Workstation-Ersatz fungieren.

Abb. 3–1 Ein zerlegtes Notebook (hier ein Thinkpad von Lenovo) mit den Einzelteilen, wobei viele davon modellspezifisch sind.

Bei den meisten Notebooks – bis auf die Performance/Gaming-Notebooks – kommt eine Grafikeinheit zum Einsatz, die Bestandteil der verwendeten CPU ist (Intel HD, AMD Radeon HD).

Die Displays sind von sehr unterschiedlicher Qualität, was nicht nur die native Auflösung betrifft, sondern auch die Frage, ob sie spiegeln und wie blickwinkelabhängig sie sind. Grob kann hier zwischen den aktuellen TN- und IPS-Displays unterschieden werden. Die TN-Displays (*Twisted Nematic*) sind reaktionsschnell und dabei verhältnismäßig preiswert. Ihr Nachteil ist die hohe Abhängigkeit vom Blickwinkel, d.h., wenn man nicht direkt von vorn auf das Display blickt, wird der Kontrast schwächer und es sind Fehlfarben erkennbar. Demgegenüber sind die Displays mit *In Plane Switching* (IPS) prinzipiell teurer, dafür bieten sie jedoch eine sehr hohe Farbtreue mit kurzen Reaktionszeiten, und der Einfluss des Blickwinkels ist prinzipiell nicht bemerkbar. Im direkten Vergleich ist der Stromverbrauch bei IPS-Displays zwar höher; diese werden bei Tablets aber mittlerweile standardmäßig eingebaut, weil man bei der Bedienung dieser Geräte eben nicht direkt (und fast unbeweglich) davor sitzt. Welcher Typ Display bei den verschiedenen Notebook-Kategorien eingebaut wird, kann nicht allgemein festgestellt werden. Allerdings kommen bei den teureren Modellen IPS-Displays zum Einsatz kommen.

Unabhängig vom Display-Typaufbau (TN oder IPS) kann es zu (störenden) Reflexionen kommen, was an der jeweiligen Beschichtung des Displays liegt. Reflexionen treten bei den sogenannten *Glare Displays* auf, die ein Bild zwar schärfer und kontrastreicher erscheinen lassen können, was andererseits aber zu Reflexionen des Umgebungslichts und zur Spiegelung des Benutzers führen kann. Die *Non Glare Displays* haben demgegenüber eine matte Oberfläche, sodass es auf ihnen nicht zu solchen Reflexionen kommt. In der Praxis ist die Wahlmöglichkeit zwischen dem einen oder dem anderen Typ – bei ansonsten vergleichbarer Ausstattung – meist nicht gegeben, und letztlich ist es auch Geschmackssache, mit welcher Oberfläche man am besten klarkommt. Wer längere Zeit vor dem Display mit Office-Applikationen und ähnlichen Arbeiten vor dem Notebook verbringt, bevorzugt üblicherweise ein mattes Display.

3.2 Mikroprozessoren

Bei den CPUs für Notebooks handelt es sich meist um spezielle, besonders stromsparende Ausführungen der Prozessoren (ULV, Ultra Low Voltage), wie sie auch in Desktop-PC verwendet werden. Sie werden demgegenüber niedriger getaktet und weisen andere Gehäuseausführungen auf. Besondere Aufmerksamkeit gilt der Prozessorkühlung, denn bei einem Notebook ist es nicht möglich, große »Kühltürme« vorzusehen, wie es prinzipiell bei den Desktop-PCs und den Servern gemacht wird, sodass hier spezielle Ausführungen von Heatpipes (vgl. Abb. 3–2) realisiert werden. Der Austausch des Prozessors gegen einen leistungsfähigeren – bei Standard-PC kein Problem – ist bei einem Notebook nur dann möglich, wenn er sich in einem Sockel befindet. Das ist bei den meisten Typen allerdings nicht der Fall, weil die CPU (im BGA-Layout) fest auf das Mainboard gelötet ist.

Abb. 3–2 Die Kühlarme der Heatpipe, die von einem Lüfter getrieben werden, liegen auf dem Prozessor und Teilen der Mainboard-Elektronik auf.

Wie bei den Mikroprozessoren für Desktop-PCs (siehe Abschnitt 2.4) fällt die Orientierung im »Dschungel der CPU-Bezeichnungen« bei den verschiedenen Typen der Firmen Intel und AMD nicht leicht. Denn aus deren Familienbezeichnung und Nummerierung – wie Intel Pentium, Intel Core 2, Intel Core i3/i5/i7, Intel Celeron oder auch AMD Athlon XP/64/FX/II, AMD Sempron/Duron und AMD A4/A6/A10 – lässt sich weder deren Leistungsfähigkeit noch deren innerer Aufbau (Takt, Caches etc.) exakt ableiten. Deshalb ist auch für Mobil-Prozessoren, die in Notebooks verwendet werden, eine (momentan aktuelle) Rangliste in Tab. 3–1 angegeben, die durch die Anwendung verschiedener Benchmark-Softwarepakete ermittelt wird. Der Vergleich mit den Desktop-Prozessoren (Tab. 2–4) zeigt, dass hier die Taktraten niedriger sind und die maximale Verlustleistung (TDP) weit geringer ausfällt.

Mikroprozessoren tragen entsprechend ihrer Architektur und Bauart verschiedene Codenamen, die ebenfalls mit in Tab. 3–1 angeführt sind, was zeigt, dass nicht die jeweilige Architektur allein leistungsbestimmend ist, sondern eine Vielzahl von Parametern wie insbesondere der Takt und die Betriebsspannung sowie innere Merkmale (Anzahl der Kerne, Cache-Größe), die sich auch innerhalb der gleichen Architekturfamilie voneinander unterscheiden können.

Typ	Architektur/ Codename	Takt [GHz]	Kerne	L2-Cache [kByte]	TDP [W]
Intel Core i7-4700HQ	Haswell	2,4	4	6144	47
Intel Core i7-3740QM	Ivy Bridge	2,7	4	6144	45
Intel Core i7-2760QM	Sandy Bridge	2,4	4	6144	45
Intel Core i5-3360M	Ivy Bridge	2,8	2	3072	35
Intel Core i5-4200M	Haswell	2,8	2	3072	37
Intel Core i5-2520M	Sandy Bridge	2,8	2	3072	35
Intel Core i3-2310M	Sandy Bridge	2,1	2	3072	35
Intel Core 2 Duo T9900	Penryn	3	2	6144	35
AMD A10-4600M	Trinity	2,3	4	4096	35
Intel Core i5-2476M	Sandy Bridge	1,6	2	3072	17
AMD A8-3520M	Liano	1,6	4	4096	35
Intel Core 2 Duo T6500	Penryn	2,1	2	2048	35
AMD A6-4455M	Trinity	2,1	2	2048	17
Intel Core i5-520UM	Arrandale	2,2	2	3072	18
AMD A4-5000	Temash	1,5	4	2048	15
AMD E2-1800	Zacate	1,7	2	1024	18
Intel Pentium SU4100	Penryn	1,3	2	2048	10
Intel Atom Z2760	Clover Trail	1,8	2	1024	3
AMD C-60	Ontario	1	2	1024	9
Intel Atom D525	Pineview	1,8	2	1024	13

Tab. 3–1 Daten von Mobilprozessoren für Notebooks

3.3 Arbeitsspeicher

Der Arbeitsspeicher (DRAM) ist höchstens bei den »kleinen« Notebooks fest eingelötet, während ansonsten – wie bei den üblichen PCs – verschiedene Speichermodule verwendet werden, die sich austauschen lassen (vgl. auch Abb. 3–3). Auch wenn diese Module funktionstechnisch mit denen in PC (siehe Abschnitt 2.5) vergleichbar sind, werden sie aus Platzgründen in anderen Bauformen hergestellt. Die *Small Outline Dual Inline Memory Module* (SO-DIMMs) sind 30 mm hoch und 67,6 mm breit und verfügen wie die üblichen DIMMs auf beiden Seiten über Kontakte sowie entsprechend des jeweiligen Typs ebenfalls über Kerben an unterschiedlichen Stellen, sodass nur der für das jeweilige Notebook passende Modultyp in den Memory-Slot eingesetzt werden kann.

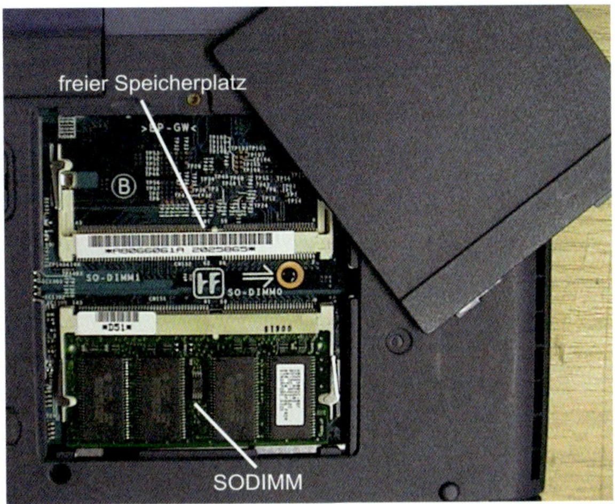

Abb. 3–3 Der SODIMM-Speicher sitzt in einem Notebook mitunter hinter einer separaten Klappe und lässt sich hier noch mit einem Modul nachrüsten.

In früheren Zeiten war der Austausch oder die Ergänzung von Speichermodulen für Notebooks eine etwas kritische Angelegenheit, weil die Notebook-Hersteller oftmals nur ganz bestimmte Typen von Modulen eingesetzt haben, die nicht selten ausschließlich für ein bestimmtes Notebook vorgesehen waren. Mittlerweile hat sich die SO-DIMM-Standardisierung durch die *JEDEC Solid State Technology Association* am Markt durchgesetzt, sodass es kein Problem ist, auch für Notebooks, die etwas älter sind, die passenden Module zu finden. Der genaue Typ lässt sich auf dem Modul oder auch per Software, mit einem Programm wie beispielsweise CPU-Z unter *Memory*, ermitteln.

Typ	Kontakte	Bestückung	Standard	Betriebsspannung
DRAM SO-DIMM	72	FPM, EDO	6/1997	5 V oder 3,3 V
DRAM SO-DIMM	88	FPM, EDO oder SDRAM	6/1997	3,3 V
DRAM SO-DIMM	144	EDO oder SDRAM	3/1999	3,3 V
SDRAM SO-DIMM	144	SDRAM	3/1999	3,3 V
SGRAM/SDRAM SO-DIMM	144	SDRAM oder SGRAM	10/2000	3,3 V
DDR SGRAM SO-DIMM	144	SGRAM	3/1999	2,5 V

Typ	Kontakte	Bestückung	Standard	Betriebs-spannung
PC133 SDRAM SO-DIMM	144	SDRAM	10/2003	3,3 V
DDR PC2700/2100/1600 SO-DIMM	200	SDRAM	10/2003	2,5 V
EP2-2100 DDR2 SDRAM SO-DIMM	144	SDRAM	2/2007	1,8 V
DDR2 SDRAM SO-DIMM	200	SDRAM	6/2008	1,8 V
EP3-6400/8500/10600/ 12800 SO-DIMM	204	SDRAM	1/2010	1,5 V
DDR3 SDRAM SO-DIMM	204	SDRAM	12/2010	1,5 V

Tab. 3–2 Speichermodule für Notebooks

Während die üblichen DIMMs direkt von oben in einen Speicherslot eingesetzt werden, sind die SO-DIMMs schräg einzusetzen und herunterzudrücken, so dass sie in den zwei seitlichen Federkontakten einrasten. Dementsprechend müssen beim Herausnehmen eines SO-DIMMs diese beiden Federn zur Seite gedrückt werden, damit das Modul wieder aus der Halterung freigegeben wird.

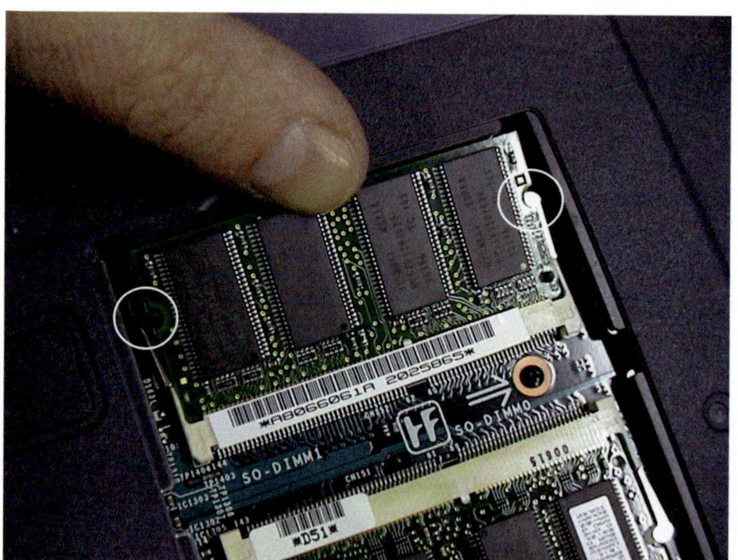

Abb. 3–4 Das Einsetzen und Fixieren eines SODIMMs, welches an den seitlichen Federkontakten einrasten muss.

3.4 Festwertspeicher

Als Festwertspeicher oder kurz *Festspeicher* kommen bei Notebooks traditionell, wie bei den Desktop-PC Festplatten zum Einsatz, die zunehmend durch die schnelleren SSD (Solid State Disks, siehe auch Abschnitt 4.4) abgelöst werden. Diese besitzen keine Mechanik, was sie somit unempfindlich gegen Erschütterungen und Stöße im Betrieb macht.

Bei vergleichbarer Speicherkapazität sind SSDs – trotz stetigem Preisverfall – teurer als Festplatten, wobei die maximale SSD-Kapazität aktuell 1 TByte beträgt. Gebräuchlicher sind in Notebooks kleinere SSD-Typen mit bis zu 320 GByte Speicher, was sich für Notebooks mit einer Festplatte bereits als ein eher »kleiner« Speicher darstellt. Festplatten gibt es in verschiedenen Baugrößen, wobei für Notebooks typischerweise 3,5- oder 2,5-Zoll-Typen eingesetzt werden.

Wie die Festplatte in einem Notebook »verbaut« ist, kann recht unterschiedlich sein, sodass spezielle Halterungen und möglicherweise auch spezielle Adapter für die elektrische Verbindung eingesetzt werden. Im einfachsten Fall verbirgt sich die Festplatte hinter einer separaten Platte auf der Notebook-Rückseite, die sich leicht abschrauben lässt, oder sie ist in einem seitlichen Schubfach untergebracht. Im ungünstigen Fall befindet sie sich unter der Tastatur oder dem Mainboard, was den Austausch etwas beschwerlich macht, weil eine ganze Reihe von Schrauben und anderen Komponenten entfernt werden müssen, bevor man an die Festplatte herankommt.

Abb. 3–5 Bei diesem Notebook ist der mSATA-Steckplatz leicht zugänglich, sodass das Nachrüsten einer SSD hier kein großes Problem darstellt.

Als Schnittstelle für Festspeicher wie eben Festplatte, SSD oder auch für optische Laufwerke (DVD-Brenner) wird seit einiger Zeit nur noch Serial ATA (SATA) eingesetzt, das den Vorläufer PATA (Parallel ATA, auch als IDE bekannt) technologisch abgelöst hat, was im Abschnitt 2.7 erläutert ist.

3.4.1 Mini SATA

Für Notebooks sind auch miniaturisierte SATA-Versionen üblich: Mini SATA (mSATA) und Micro SATA. Während Mini SATA durch die JEDEC standardisiert ist und in zahlreichen Notebooks von Dell, Lenovo und Apple zum Einsatz kommt, ist Micro SATA weniger gebräuchlich und wird meist für kleine SSDs im 1,8-Zoll-Format eingesetzt. An der elektrischen Schnittstelle und am Übertragungsformat ändert sich dabei nichts gegenüber dem Standard-SATA, es kommen lediglich andere Anschlüsse zum Einsatz, die auf dem Mainboard eines Notebooks meist in Form einer Pfostenleiste aufgebracht sind. Über entsprechende Adapter lassen sich die Laufwerke mit den miniaturisierten SATA-Anschlüssen auch an gewöhnlichen SATA-Adaptern – etwa in einem Desktop-PC – betreiben.

3.4.2 M.2-Module

Eine weitere miniaturisierte SATA-Variante wird als M.2 bezeichnet, wofür es bereits eine Vielzahl von SSD-Platinen gibt, die mindestens dem SATA-III-Standard entsprechen. M.2-SSDs werden vorwiegend in Ultrabooks und Tablet-PCs eingesetzt, werden jedoch zunehmend auch von üblichen Notebooks und Mainboards für Desktop-PCs unterstützt.

Abb. 3–6 Entsprechend der jeweiligen Kodierung der Steckleiste werden unterschiedliche Transfermodi unterstützt.

M.2-Module können außerdem verschiedene PCIe-Lanes (siehe Abschnitt 2.3) als elektrische Verbindung vorsehen, was dann noch höhere Datenraten (10 GBit/s mit 2x Lane) erlaubt. In Abhängigkeit vom jeweils unterstützten Modus werden die M.2-Platinen im Anschluss durch entsprechende Keys (Abb. 3–6) unterschiedlich kodiert, sodass ein unabsichtliches Falscheinstecken nicht möglich ist. Die aktuellen M.2-SSD-Platinen unterstützen beide Keys, was SATA III und vier PCIe-Lanes (Key M) implementiert.

Abb. 3–7 Ein M.2-Steckplatz auf einem Mainboard, der für die Modulbefestigung drei Möglichkeiten vorsieht

Die M.2-Spezifikation erlaubt außerdem verschiedene Größen der Module. Aktuell sind sie alle 22 mm breit, und die Längen betragen 42, 60 und 80 mm. Dementsprechend muss in einem Notebook ausreichend Platz für ein passendes M.2-Modul sein. An der Stelle, die für ein längeres Modul vorgesehen ist, lässt sich jedoch ein kürzeres Modul einstecken, wobei dann aber nicht immer die Befestigungsschraube (Abb. 3–7) an die vorgesehene Stelle passt.

M.2-Module sind nicht auf SSDs beschränkt, sondern werden auch für WLAN-, Bluetooth-, GPS- und NFC-Schaltungen eingesetzt, die in einem Slot, der für eine SSD vorgesehen ist, natürlich nicht funktionieren. Auch hierfür werden Keys in den Platinenkontakten für eine entsprechende Kodierung eingesetzt.

Abb. 3–8 Verschiedene M.2-SSDs mit einer Speicherkapazität von bis zu 256 GByte

In Netbooks, Tablets und Smartphones wird als Festspeicher generell ein Flash-Speicher (eMMC, M.2) eingesetzt. SSDs und die verschiedenen Flash-Speicher beruhen alle auf der gleichen Technik, die im Abschnitt 4.4 näher erläutert ist. Um die Schnelligkeit einer SSD mit der kostengünstigen Technik einer Festplatte zu kombinieren, werden bei den leistungsfähigeren Notebooks auch beide Laufwerkstypen eingebaut, wobei das Betriebssystem auf der SSD installiert wird und die Festplatte für die Daten bestimmt ist.

3.5 Schnittstellen und Erweiterungsslots

Wie von den Standard-PCs werden auch von den Notebooks diverse Schnittstellen wie der Parallel-Port für einen Drucker oder die RS232-Schnittstelle, der Gameport und andere nicht mehr unterstützt. Stattdessen werden immer mehr USB-Buchsen für den Geräteanschluss eingebaut. Im Bedarfsfall lassen sich hier entsprechende Adapterlösungen (Dongles) anstecken, die beispielsweise eine Verbindung für ältere Geräte über die serielle RS232-Schnittstelle ermöglichen.

Für interne Erweiterungen sind beim Desktop-PC Bussysteme wie PCI und PCIe vorgesehen, die unterschiedlichste Erweiterungsplatinen für separate Schnittstellen, Controller oder Messwerkerfassungskarten aufnehmen können. Ein Notebook ist von vornherein nicht für vielfältige interne Erweiterungen konzipiert, gleichwohl sind auch hier Interfaces zu finden, für die es passende Erweiterungskarten gibt. Die bekannte Implementierung ist PCMCIA (Personal Computer Memory Card International Association). PCMCIA ist ursprünglich entwickelt worden, um ein Notebook einfach mit Speicher (DRAM, Flash) und Interfaces (Modem, LAN) erweitern zu können. Auch hierfür sind über die Jahrzehnte verschiedene mehr oder weniger zueinander kompatible Versionen entstanden, um immer höhere Datentransferraten bieten zu können. Dabei unterscheiden sich die verschiedenen Versionen elektrisch stark voneinander, gleichwohl steht PCMCIA – quasi ungeachtet der jeweiligen Technik und Bauform – immer noch als Synonym für diese Kartentypen, d. h. für Notebook-Einsteckkarten.

3.5.1 CardBus

Die ersten für die PCMCIA-Schnittstelle passenden Einsteckkarten firmieren auch unter *PC Card*. Die Weiterentwicklung ist der CardBus, der abwärtskompatibel zu PC Cards ist. Weder dem Steckplatz noch den jeweiligen Einsteckkarten ist unmittelbar anzusehen ist, ob es sich dabei um PC Card oder den CardBus handelt. Prinzipiell ist *PC Card* mit dem ISA-Bussystem und der CardBus mit dem PCI-Busystem vergleichbar. Entgegen der Bezeichnung handelt es sich jedoch nicht um ein Bussystem auf elektrischer, sondern auf logischer Ebene, d. h., es gibt nur eine Punkt-zu-Punkt-Verbindung zwischen der Adapterelektronik und einer Einsteckkarte.

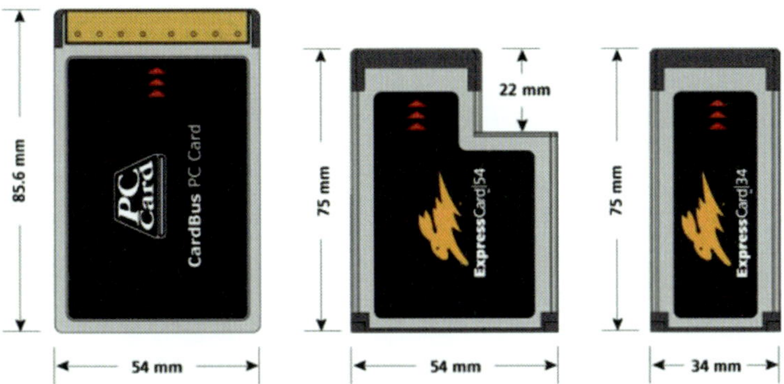

Abb. 3–9 Die unterschiedlichen Ausführungen von Einsteckkarten für Notebooks

3.5.2 Mini Cards

Der Trend, dass PCI-Einsteckkarten für PCs durch PCEe-Karten ersetzt worden sind, trifft gleichermaßen auf Notebooks zu, bei denen statt des CardBus ebenfalls eine Implementierung von PCIe eingesetzt wird, die unter *PC New Card* oder *PCIe MiniCard* oder *ExpressCard* firmiert. Für die ExpressCard gibt es zwei Bauformen: die ExpressCard54 mit der Breite von 54 mm, die also ebenso breit ist wie PCMCIA- (PC Card) und CardBus-Typen, und die ExpressCard34 mit einer Breite von 34 mm. Die elektrische Schnittstelle wird dabei von einem PCIe-x1-Slot gebildet, der zusätzlich eine USB 2.0-Verbindung führt.

Die PCIeMiniCard wird in Form einer Platine meist innerhalb eines Notebooks eingesetzt, etwa für WLAN-Adapter oder *Solid State Drives* (SSDs) und ist im Grunde genommen (fester) Bestandteil eines Notebooks. Wenn ein Notebook-Hersteller ein Gerät beispielsweise mit unterschiedlichen WLAN-Adaptern anbietet, ist dies ein Indiz dafür, dass sich die WLAN-Minicard austauschen lässt, was die Möglichkeit eröffnet, einen leistungsfähigeren WLAN-Adapter nachzurüsten. Bei den üblichen Computerversandfirmen wird man die passende WLAN-MiniCard meist nicht finden, sondern nur direkt beim jeweiligen Notebook-Hersteller.

Bei relativ dünnen Notebooks und Ultrabooks ist das WLAN-MiniCard-Modul meist wie der Prozessor und der RAM-Speicher fest auf das Mainboard gelötet, was sich demnach nicht ändern lässt. MiniCards kommen auch in MiniComputern und Embedded Systems zum Einsatz, wobei es verschiedenste MiniCard-Platinen (Half-Size, Full-Size) gibt, die oftmals nur in ganz bestimmten Geräten eingesetzt werden können. Die MiniPCI-Cards (Abb. 3–10, links) sind praktisch die Vorläufer der PCIe-MiniCards und nicht mehr als Neuware erhältlich.

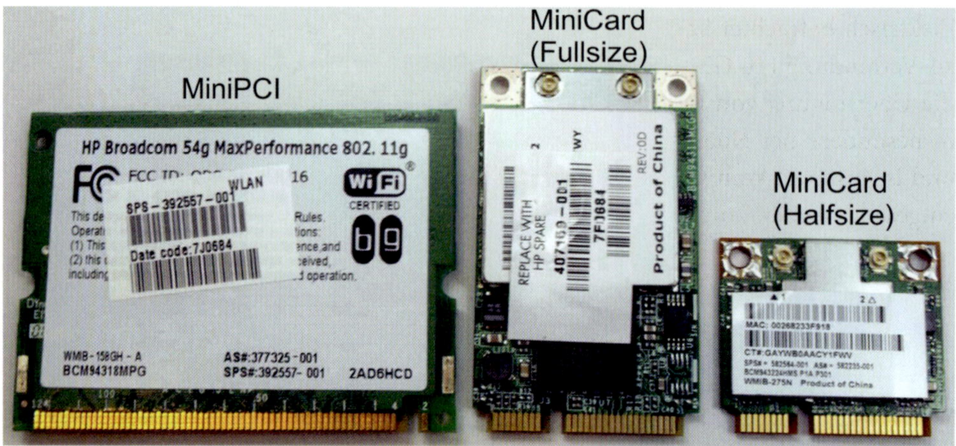

Abb. 3–10 Unterschiedliche Typen von MiniCards

3.5.3 Thunderbolt

In aktuellen Notebooks ist möglicherweise ein Thunderbolt-Anschluss zu finden. Dabei handelt es sich um eine universelle Schnittstelle in Form einer Buchse (nicht eines Steckplatzes), die einerseits für den Anschluss von Peripherie-Einheiten (wie etwa von externen Festplatten) geeignet ist, andererseits aber auch als Grafikschnittstelle für den Anschluss von Monitoren oder Beamern gedacht ist (siehe Abschnitt 2.6.1.5).

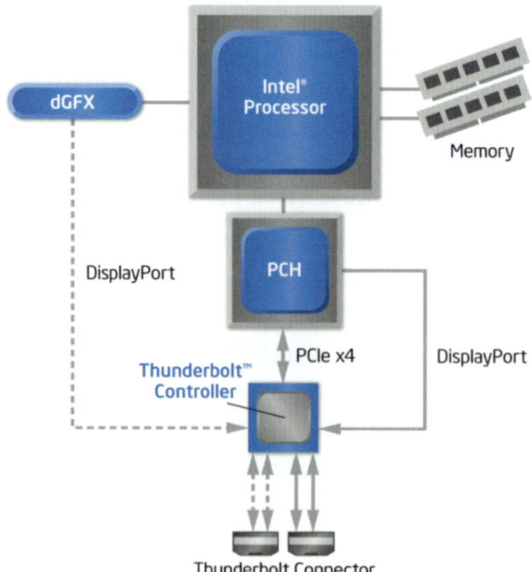

Abb. 3–11 Thunderbolt wird mit einem eigenen Controller realisiert, der vom Peripheral Controller Hub (PCH) des Chipsets gesteuert wird.

Elektrisch betrachtet handelt es sich bei Thunderbolt um eine bidirektionale PCIe-x4-Verbindung (10 GT/s) in Kombination mit Signalen für den DisplayPort, der für die Übertragung von Bild- und Tondaten bereits seit einiger Zeit eingesetzt wird – insbesondere bei Notebooks der Firma Apple. DisplayPort arbeitet unidirektional und ist insoweit kompatibel zu DVI und HDMI, dass hierfür preisgünstige Adapter eingesetzt werden können.

Abb. 3–12 Insbesondere für Ultrabooks werden Adapter (HDMI, VGA) für Thunderbolt sowie für USB (LAN) benötigt.

3.6 Universal Serial Bus

Der *Universal Serial Bus* (USB) stellt die universelle Schnittstelle schlechthin dar, die von PCs, Notebooks, Tablets und auch von Smartphones unterstützt wird. Der USB hat viele traditionelle PC-Schnittstellen (seriell, parallel, Game-Port, PS/2) funktionell abgelöst und bildet bei Tablets und Smartphones die einzig verfügbare Kabelverbindung zur Kommunikation mit anderen Computern oder Peripheriegeräten wie Tastaturen oder Memory-Sticks. Bei einem Notebook sind typischerweise mehrere USB-Buchsen eingebaut, die aktuell entweder der Spezifikation USB 2. 0 oder USB 3.0 entsprechen.

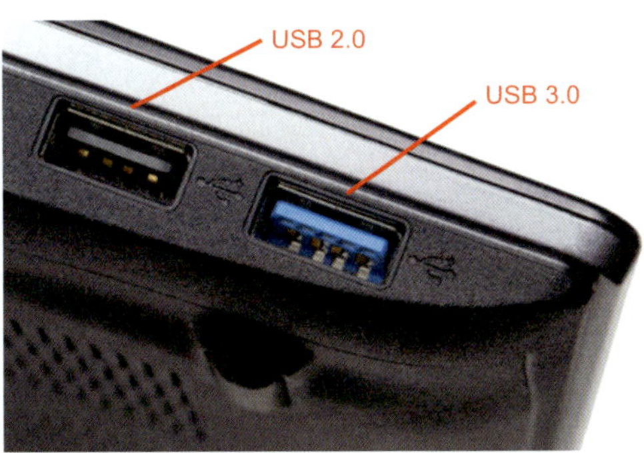

Abb. 3–13 Dieses Notebook verfügt über eine USB-Buchse der Version 2 und über eine der Version 3, die meist in Blau ausgeführt ist.

Mit der Version USB 3.1 wird ein neuer Stecker (Typ-C) definiert, der verschiedene Signalausführungen erlaubt und über Adapter abwärtskompatibel sein soll. Er unterstützt *Super Speed Plus* (10 GBit/s) und einen Strom von bis zu 5 A. Bei Drucklegung dieses Buches war der 3.1-Standard zwar definiert, Produkte waren hierfür jedoch noch nicht erhältlich.

3.6.1 Funktionsweise

Der traditionelle USB (1.1 und 2.0) verwendet für die Kommunikation lediglich zwei Signalleitungen, was bedeutet, dass in diesem seriellen Datenstrom alle Steuer- und Dateninformationen für eine Vielzahl einzelner Geräte enthalten sind und daher ein recht aufwendiges Protokoll absolviert werden muss, was in den einzelnen Einheiten eine verhältnismäßig hohe Eigenintelligenz in Form spezieller Mikrocontroller erfordert, denn der USB ist keine simple serielle Schnittstelle für eine 1:1-Verbindung, wie etwa die COM-Ports (RS232).

Der USB bildet vielmehr ein serielles Bussystem und stellt sich in seiner Topologie als kombinierte Strang-Stern-Struktur dar. Er ist im elektrischen Sinne somit gar kein Bus, sondern ist dies lediglich auf logischer Ebene und wird von einem Host (Root Hub) gesteuert, von dem alle Aktivitäten ausgehen. Dabei findet ein Polling-Betrieb statt, und kein USB-Gerät kann von sich aus einen Transfer initiieren. Der USB-Host bildet üblicherweise auch gleich einen Verteiler (Hub) für den Anschluss mehrerer USB-Geräte, die als Nodes bezeichnet werden.

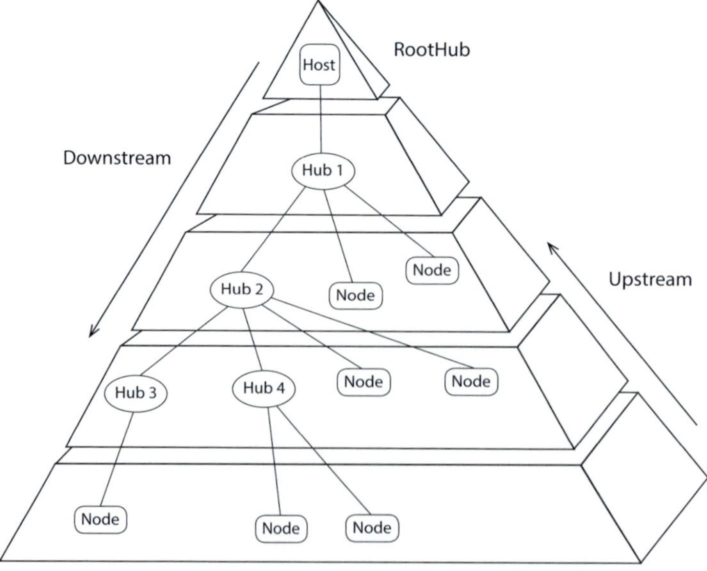

Abb. 3–14 Der USB ist als kombinierte Strang-Stern-Struktur ausgelegt. Gesteuert wird er von einem Host, und die einzelnen Geräte werden als Nodes bezeichnet.

Mithilfe von Hubs (Sternverteilern) kann das Bussystem durch die Bereitstellung zusätzlicher Ports erweitert werden, wobei jeder Hub einen Upstream-Port und mehrere Downstream-Ports zur Verfügung stellt und wie jedes andere USB-Gerät zu konfigurieren ist, denn er erhält ebenfalls (automatisch) eine eigene Adresse im System. Ein USB-Hub ist daher nicht einfach nur ein Verteiler, der die Daten lediglich durchreicht, sondern beinhaltet eine gewisse Eigenintelligenz, wofür im Hub üblicherweise ein eigener Mikrocontroller verwendet wird, der den Datenverkehr in Abhängigkeit von den hieran angeschlossenen USB-Geräten entsprechend regelt. Generell spielt ein USB-Hub die wesentliche Rolle, um eine entsprechende Kompatibilität zwischen Einheiten herzustellen, die unterschiedlichen USB-Standards entsprechen, weil der USB-Hub hierfür quasi eine Vermittlerrolle übernimmt.

Grundsätzlich sollte man sich beim Verbinden von USB-Geräten an die Struktur halten, die in Abb. 2–14 angegeben ist. Möglicherweise hat ein PC oder Notebook nicht nur einen Host, sondern mehrere, was beim Vorhandensein von separaten Buchsen für USB 2 und USB 3.0 zwangsläufig der Fall ist. Dann macht es Sinn, an eine USB-3.0-Buchse die USB-3.0-Geräte und an USB 2.0 eben die USB-2.0- und/oder USB-1.1-Geräte anzuschließen. Bei mehreren gleichartigen Buchsen können diese ebenfalls zu separaten Hosts gehören, was man bei Windows beispielsweise im Gerätemanager einsehen kann, sodass auch hier eine bestimmte Geräteverteilung empfehlenswert ist. Das heißt: nicht alles an eine einzige Buchse über einen Hub anschließen, denn die Bandbreite (z. B. 480 MBit) eines Strangs (vgl. Abb. 3–14, der von einem Host gesteuert wird, teilt sich durch die Anzahl der angeschlossenen Geräte auf.

3.6.2 Versionen

Mittlerweile existieren vier USB-Versionen, die abwärtskompatibel sind. Neben dem ersten USB-Standard (Version 1.1) gibt es seit dem Jahr 2001 den USB-Standard 2.0, seit 2008 die Version USB 3.0 (Super Speed), und im Jahre 2015 ist USB 3.1 als *Super Speed Plus* angekündigt worden. Der USB unterstützt damit die vier folgenden Klassen mit den dazugehörigen Datenraten:

- Low Speed: maximal 1,5 MBit/s (USB 1.1)
- Medium Speed/Full Speed: maximal 12 MBit/s (USB 1.1)
- High Speed: maximal 480 MBit/s (USB 2.0)
- Super Speed: maximal 5 GBit/s (USB 3.0)
- Super Speed Plus: maximal 10 GBit/s (USB 3.1)

Zu den Low-Speed-Geräten werden typischerweise Eingabegeräte wie Tastatur und Maus gerechnet. Für den Modus mit 12 MBit/s findet man zwei unterschiedliche Bezeichnungen, und zwar *Medium Speed* und *Full Speed*, was als Maximum des ersten USB-Standards gilt und für alle anderen Einheiten (z. B. Webcam, Scanner, Modem) zum Einsatz kommt, die demgegenüber eine höhere Datenübertragungsrate verlangen. Die Bezeichnung »Full Speed« wurde von einigen Herstellern gewählt, um mit ihr eine hohe Datenübertragungsrate zu signalisieren, was immer wieder zu Verwechslungen mit dem *High Speed Mode* führt, der erst mit dem USB-2.0-Standard eingeführt worden ist. *Full Speed* kennzeichnet somit also nur die »volle Geschwindigkeit«, die die erste USB-Version zu leisten vermag, und dies sind 12 MBit/s.

USB 3.0 baut auf den vorherigen Standards auf und verwendet die gleichen Prinzipien (Übertragungsmodi, Pipes, Endpoints). Die wesentliche Neuerung ist die (theoretische) Verzehnfachung der bisher maximalen Datenrate auf 5 GBit/s, was im Wesentlichen durch zusätzliche, getrennte Sende- und Empfangsleitungen erreicht wird, sodass USB-3.0-Geräte über neue Steckverbinder verfügen müssen, die meist in blauer Farbe ausgeführt sind.

3.6.3 Anschlüsse und Signale

Für die traditionellen USB-Verbindungen (USB 1.1, USB 2.0) wird ein vierpoliger Anschluss verwendet, der mechanisch unterschiedlich ausgeführt sein kann. Der A-Connector weist einen rechteckigen Querschnitt auf, während der B-Connector einen quadratischen Querschnitt hat. Der Grund für die unterschiedlichen Steckverbinder ist, dass mechanisch verhindert werden soll, dass Anwender unzulässige Verbindungen innerhalb der USB-Struktur (vgl. Abb. 3–14) herstellen. Die Geräte müssen stets gemäß dieser USB-Pyramidenstruktur miteinander verbunden werden, damit die Upstream- und die Downstream-Richtung eingehalten wird. *Upstream* bedeutet stets die Verbindung nach oben – letztendlich bis hin zum Host (RootHub), *Downstream* die Verbindung nach unten zu den Geräten (Nodes). Durch die unterschiedliche Ausführung der erläuterten USB-Stecker sollte es dabei eigentlich nicht zu unzulässigen Verbindungen kommen (Abb. 3–15).

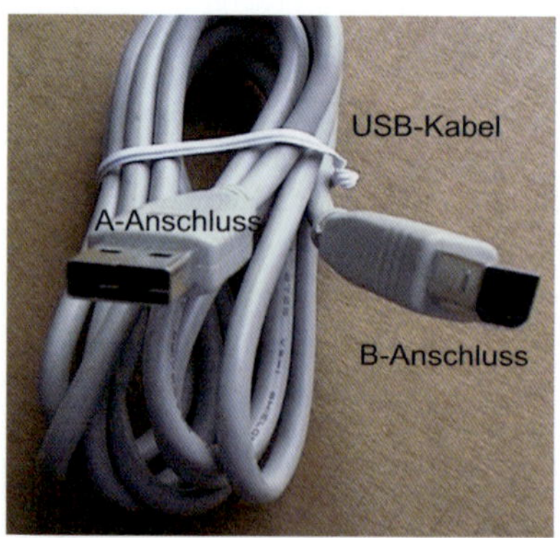

Abb. 3–15 Das übliche USB-Kabel verfügt über zwei unterschiedliche Stecker. Der A-Typ wird an den Host (Hub) angeschlossen, der B-Typ an das jeweilige USB-Gerät.

Neben den beiden Standardanschlüssen (A- und B-Typ) gibt es auch noch zwei verschiedene miniaturisierte USB-Anschlussausführungen (Mini- und Micro-USB), die in Form einer kleinen Buchse insbesondere bei Digitalkameras oder Smartphones zu finden sind. Dabei handelt es sich gewissermaßen um eine mechanisch verkleinerte Ausführung des B-Typs, was bedeutet, dass sich auf der anderen Seite des passenden Verbindungskabels ein üblicher A-Anschluss befindet. Bei Low-Speed-Geräten ist das Kabel meist fest angeschlossen, d. h., es gibt bei ihm keinen B-Connector.

Abb. 3–16 Die miniaturisierten USB-Verbindungen

Soll eine USB-Verbindung länger als 5 m ausfallen, sind sogenannte »aktive USB-Kabel« erforderlich, die einen elektrischen Signalverstärker beinhalten. Beim Einsatz eines externen *USB-Hub*, etwa zwischen PC und einem USB-Gerät, sind zweimal 5 m (also eine Gesamtlänge von 10 m) zulässig, weil ein *USB-Hub* das Signal entsprechend der Spezifikation grundsätzlich verstärken muss.

In Handel sind geradezu eine Unmenge von unterschiedlichen USB-Adaptern zu finden, womit sich prinzipiell die unsinnigsten Verbindungen herstellen lassen, sodass auch einmal keine USB-Verbindung zustande kommen kann. Generell sollte die grundsätzliche Topologie entsprechend der Upstream- und Downstream-Richtung (Abb. 3–14) einhalten, und »schnellere« USB-Geräte (externe Festplatten) sollten mit einer eigenen direkten Root-Hub-Verbindung versehen werden. PCs verfügen meist über mindestens vier integrierte einzelne Root-Hubs (Hosts). Außerdem sollten nur maximale Kabellängen von 5 m (3 m bei USB 3.0) zwischen den USB-Einheiten und keinesfalls (passive) Verlängerungskabel eingesetzt werden.

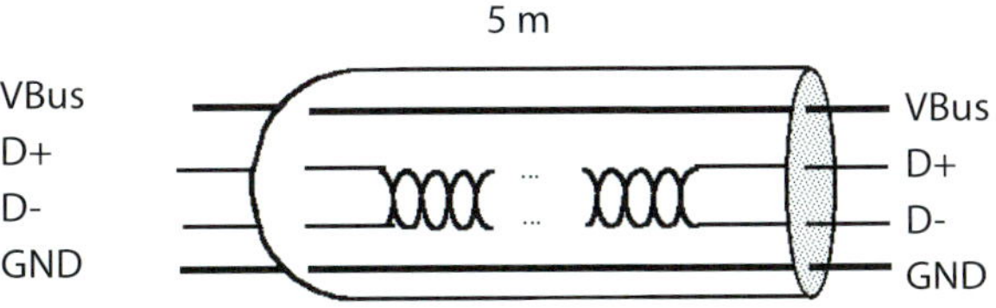

Abb. 3–17 Das Kabel für den Universal Serial Bus führt vier Leitungen. Mithilfe der beiden Signalleitungen wird eine differenzielle Datenübertragung durchgeführt.

Die klassische USB-Verbindung besteht aus vier Leitungen, und für die Datenübertragung werden lediglich zwei differenzielle Signalleitungen (D+, D-) verwendet. Die beiden anderen USB-Leitungen führen das Massesignal und die Spannungsversorgung (Vcc) von typischerweise 5 V, die für die Versorgung von USB-Geräten über den Bus verwendet werden können. Je nach Leistungsaufnahme machen die einzelnen USB-Geräte davon Gebrauch oder nicht, denn für die maximale Stromaufnahme über den Bus sind 500 mA definiert. Einige Geräte, wie etwa Scanner oder auch Modems, benötigen deshalb eine eigene Stromversorgung. Dies gilt jedoch weder für eine USB-Tastatur noch für eine USB-Maus, da diese auch bei den konventionellen Anschlüssen von dem PC selbst mit der nötigen Betriebsspannung versorgt werden können. Der USB ermöglicht das *Hot Plugging*, also das Anschließen oder Abziehen eines USB-Geräts während des laufenden Betriebs, wofür die Kontakte der Spannungsversorgung etwas länger ausgeführt sind als die beiden Kontakte für das Datensignal.

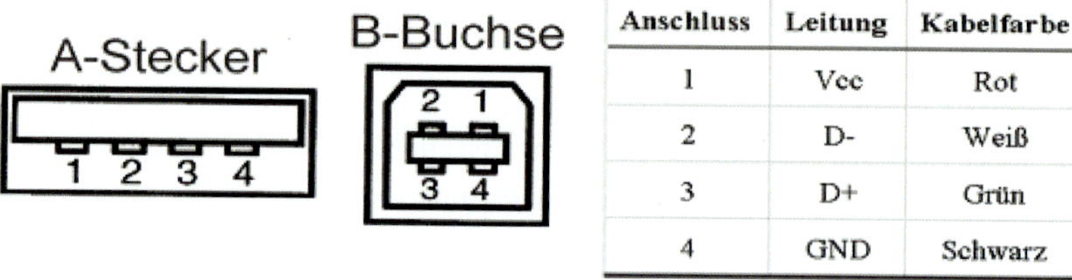

Anschluss	Leitung	Kabelfarbe
1	Vcc	Rot
2	D-	Weiß
3	D+	Grün
4	GND	Schwarz

Abb. 3–18 Die Belegung und die typische Farbkennzeichnung der USB-Anschlüsse

3.6.4 Super Speed

USB der Version 2.0 liefert in der Praxis selten mehr als ca. 30 MByte/s, was für viele Anwendungen, etwa für das Kopieren von Daten auf eine externe USB-Festplatte, bereits seit einiger Zeit nicht mehr zeitgemäß erscheint. Systeme wie Firewire (S3200) oder eSATA können demgegenüber Daten mit bis zu 300 MByte/s transferieren, was ebenfalls USB 3.0 mit dem Super-Speed-Modus leisten kann. Der Vorteil gegenüber Firewire und eSATA ist der hohe Verbreitungsgrad der USB-Systeme und die Tatsache, dass die neue USB-Version abwärtskompatibel zu den vorherigen ist.

Neben der ungefähr um den Faktor 10 höheren Transferrate gegenüber *USB High Speed* definiert USB 3.0 verschiedene Stromsparmechanismen, und es kann ein höherer Strom als maximal 500 mA für die Versorgung der USB-Devices zur Verfügung gestellt werden, der nunmehr mit maximal 900 mA angegeben wird. Diese maximalen Stromwerte werden vom Host auf Anforderung eines Geräts (stets mit 5 V) zur Verfügung gestellt. Standardmäßig sind es 100 mA bei USB 2.0 und 150 mA bei USB 3.0.

Der USB fungiert seit einiger Zeit auch als populäre Ladeschnittstelle für Akkumulatoren, wofür eine USB Battery Charging-Spezifikation existiert, die maximal eben 500 mA bzw. 900 mA sowie als Dedicated Charger sogar bis zu 1,5 A ermöglicht.

Mit höherer Datenrate steigt auch die Störempfindlichkeit, und um die bereits existierende Signalisierung zu bewahren, kommen für USB 3.0 zwei zusätzliche Adernpaare zum Einsatz, die mit SSTX+ und SSTX- als Sendepfad (vom Host) und mit SSRX+ und SSRX- als Empfangspfad (zum Host) definiert sind. Wie beim USB üblich, findet auf den Adernpaaren eine differenzielle Datenübertragung statt, wobei nun eine Full-Duplex-Verbindung (gleichzeitiges Senden und Empfangen) möglich ist.

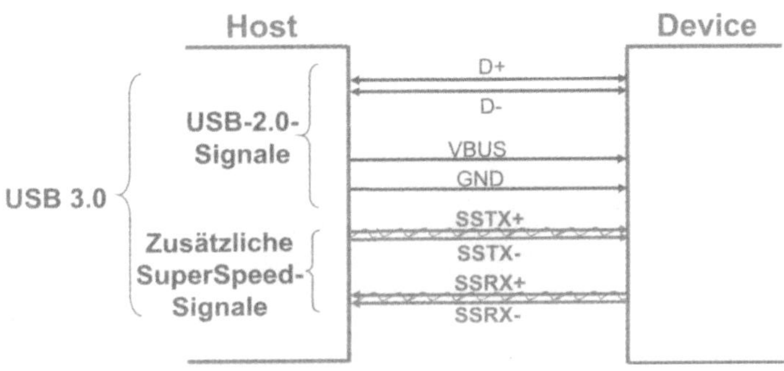

Abb. 3–19 Die elektrischen Verbindungen bei der USB-3.0-Schnittstelle

Die neuen USB-Hubs bestehen deshalb mittlerweile aus drei Transceivern, wobei zwei die bisher üblichen USB-Transfers (USB 1.1, USB 2.0) abwickeln und der neue ausschließlich für Super Speed USB zuständig ist. Die maximale Kabellänge zwischen zwei USB-Einheiten, die bisher bei 5 m lag, reduziert sich auf typischerweise 3 m, wobei auch in der neuen USB-Spezifikation hierfür keine explizite Festlegung zu finden ist, sondern Angaben zu elektrischen Eigenschaften wie Dämpfung, Laufzeit oder Übersprechen, was letztendlich zu den mit vertretbarem Aufwand »machbaren« USB-Kabeln führt.

Für die zusätzlichen fünf Adern, die aus den zwei Datenpaaren plus Masse bestehen, werden auch neue Steckverbindungen benötigt. Der neue A-Stecker (Abb. 3–20) sieht auf den ersten Blick wie der vorherige aus, führt jedoch die zusätzlichen Leitungen höher gelegt hinten in zweiter Reihe.

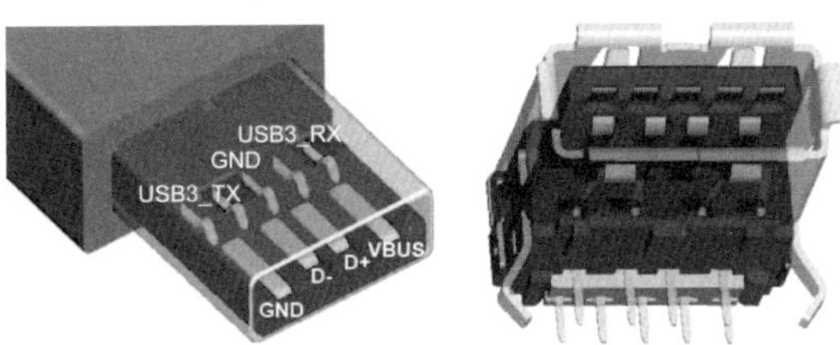

Abb. 3–20 Der A-Steckverbinder für USB 3.0

Auf der anderen Seite eines USB-Kabels ist der B-Connector vorhanden, wofür der ursprüngliche Stecker andere mechanische Abmessungen erhalten hat, indem die neuen Kontakte oberhalb der bisherigen untergebracht sind. Demnach passt in eine USB-3.0-Buchse auch ein USB-2.0-Stecker. Grundsätzlich passen die älteren Stecker in die neuen Buchsen, umgekehrt funktioniert dies aber nicht, und für die höhere Datenrate ist eine USB-3.0-Verbindung (Geräteanschlüsse plus Kabel) notwendig. Die B-Buchse beim Micro-Verbinder wurde für USB 3.0 um einen weiteren Anschluss ergänzt, weil sich hier aufgrund der kleinen Abmessungen keine weiteren Kontakte unterbringen ließen. Im USB-3.0-Kabel sind die beiden neuen Adernpaare plus Masse jeweils mit einer gemeinsamen Abschirmung versehen, um die Störanfälligkeit zu minimieren.

Abb. 3–21 Die B-Steckverbinder für USB 3.0

Der USB-3.0-Standard verlangt aus Gründen der Kompatibilität, dass jedes Super-Speed-Gerät mindestens einen der älteren Modi unterstützt, wobei es nicht zwangsläufig voll funktionsfähig sein muss. Es reicht aus, wenn es sich lediglich als USB-3.0-Gerät zu erkennen gibt, etwa mit der Meldung, dass es eine USB-3.0-Verbindung benötigt. In der Praxis führt dies dazu, dass USB-3.0-Geräte nicht an einem USB-2.0-Port funktionieren, wobei der Grund dafür nicht immer offensichtlich ist, was sich insbesondere bei Geräten der Unterhaltungsindustrie (Smart TV, Sat-Receiver, DVD/Blu-ray-Player) zeigt. In der umgekehrten Konstellation – USB-2.0-Gerät an einem USB-3.0-Port – kommt es ebenfalls immer wieder zu Erkennungs- und Übertragungsproblemen, sodass es sich empfiehlt, USB-Geräte möglichst entsprechend ihres jeweiligen Standards an die hierfür vorgesehenen USB-Buchsen (vgl. Abb. 3–13) anzuschließen und einen »Gerätemix« zu vermeiden.

3.7 Wireless LAN

Notebooks verfügen in den meisten Fällen über einen Netzwerkanschluss (RJ45-Buchse) für das Ethernet, wie im Abschnitt 2.8 erläutert ist. Für ein mobiles System ist jedoch auch eine drahtlose Netzwerkverbindung wichtig, die in einem Notebook mithilfe eines WLAN-Adapters realisiert wird, der typischerweise als MiniCard (siehe Abschnitt 3.5.2) im Notebook eingebaut ist. Die Antennenkonstruktion dafür ist meist im Rahmen des Displays untergebracht. Entsprechendes gilt für Tablets und Smartphones, die ebenfalls über einen integrieren WLAN-Adapter verfügen. Bei Desktop-PCs befindet sich die WLAN-Schaltung oftmals direkt mit auf dem Mainboard, kann hier aber auch über eine Einsteckkarte nachgerüstet werden.

WLANs bieten einen lokalen Funk, typischerweise mit einer Überdeckung von maximal 300 m. Die Nutzung ist für den Anwender mit keinen oder nur mit geringen Kosten verbunden, etwa wenn kostenpflichtige Hot Spots aufgesucht werden müssen und kein kostenloser Zugang verfügbar ist, wie er dem Kunden in vielen Coffee Shops (Starbucks), Restaurants und anderen Geschäften als Service angeboten wird. Der Sinn dieser WLAN-Realisierungen ist der Zugang zum Internet und nicht der Austausch von Daten oder die Verwendung bestimmter Peripherie (Drucker), wie es bei privaten und geschäftlichen LANs üblich ist.

Grundsätzlich können die verschiedenen genannten Geräte alle in einem WLAN miteinander kommunizieren. Voraussetzung hierfür ist, dass sie »alle die gleiche Sprache beherrschen«, d. h., mindestens einen gemeinsamen WLAN-Modus (vgl. Tab. 3–3) unterstützen. Eine Orientierung hierfür bietet das WiFi-Symbol, mit dem entsprechend kompatible Einheiten gekennzeichnet werden können. Welches Produkt dieses Logo tragen darf, entscheidet die *WiFi Alliance, deren* Mitglieder sich aus (fast) allen bekannten Herstellerfirmen von WLAN-Produkten rekrutieren. Das ursprüngliche WiFi-Logo wurde mittlerweile um die Kürzel der jeweils vom Gerät unterstützten IEEE-802.11-Standards erweitert, was der ursprünglichen Intention der Alliance (nämlich dem Kunden eine einfache Orientierung im unübersichtlichen WLAN-Standard-Wirrwarr zu geben) im Grunde genommen zuwiderläuft. Es ist also auch hier auf das Kleingedruckte zu achten, wie es ohnehin bei den verschiedenen IEEE-802.11-Realisierungen notwendig ist.

Abb. 3–22 Das neuere Logo der WiFi Alliance (rechts) gibt die jeweils unterstützten IEEE-802.11-Standards mit an.

Die entsprechenden Produkte werden auf der Internet-Site www.wi-fi.org in verschiedenen Kategorien aufgelistet. Momentan sind hier 350 Firmen mit über 9000 Produkten vertreten. Außerdem können hier die weltweit verfügbaren WiFi Locations (Hot Spots) lokalisiert werden.

Gegenüber den kabelbasierten Netzwerklösungen (siehe Abschnitt 2.8) weisen WLANs von der Stabilität und von der Leistung her einige Nachteile auf, doch sie sind auch nicht dazu gedacht, die üblichen LANs zu ersetzen. Vielmehr stellen WLANs eine Ergänzung oder auch Erweiterung von lokalen Netzen dar. Ein typisches WLAN-Einsatzgebiet ist zunächst überall dort, wo keine Kabel verlegt werden können oder sollen – also auch die Verwendung daheim, wo man nicht die Wände aufstemmen will, nur um ein paar PCs netzwerktechnisch miteinander zu koppeln.

Bei WLANs gibt es generell mehrere Unwägbarkeiten, die die Nutzdatenrate gegenüber kabelbasierten Lösungen weniger vorhersagbar machen. Dazu gehört in erster Linie die Frage, wie direkt sich die zu überbrückende Luftstrecke darstellt, denn Dinge wie Möbel oder Wände sind Hindernisse. Außerdem ist die Datenrate auch von der Entfernung abhängig; sie wird mit größerem Abstand geringer, und die Geräte schalten automatisch einen oder mehrere »Gänge« herunter.

3.7.1 Technik und Standards

Wie das kabelgebundene Ethernet (IEEE 802.3) hat auch das WLAN verschiedene Entwicklungsstufen durchlaufen, die unter IEEE 802.11 firmieren. Die wichtigsten Daten sind in Tab. 3–3 angegeben.

Standard	Einführung	Frequenzband	Max. Datenrate	Funktechnik
IEEE 802.11	1997	2,4 GHz	2 MBit/s	FHSS, DSSS
IEEE 802.11a	1999	5 GHz	54 MBit/s	OFDM
IEEE 802.11b	1999	2,4 GHz	11 MBit/s	DSSS
IEEE 802.11g	2003	2,4 GHz	54 MBit/s	OFDM
IEEE 802.11h	2003	5 GHz	54 MBit/s	OFDM
IEEE 802.11n	2009	2,4 GHz	600 MBit/s	OFDM-MIMO

Tab. 3–3 Die wichtigsten Daten der IEEE-802.11-Standards

IEEE 802.11 stellt im Grunde genommen die drahtlose Ethernet-Realisierung dar. Es handelt sich daher auch hier – wie beim klassischen Ethernet – um ein System für ein Shared-Medium. Allerdings basiert es eben nicht auf Kupfer- oder Lichtwellenleiter, sondern die Luft stellt quasi das Medium dar. Für die ersten IEEE-WLANs kam entweder ein Modulationsverfahren mit der Bezeichnung *Frequency Hopping* (FH) oder *Direct Sequence* (DS) zum Einsatz. Letzteres ist ab IEEE 802.11b als Standard anzusehen. Die nachfolgenden IEEE-WLAN-Standards sehen maximal 54 MBit/s (802.11a/g/h) vor, was im Wesentlichen durch ein verbessertes Modulationsverfahren (OFDM) erreicht wird.

Systeme nach IEEE 802.11a arbeiten statt im 2,4-GHz- im 5-GHz-Bereich. Weil dieses Band in Europa von Ortungs- und Satellitenfunk sowie Radarsystemen verwendet wird, musste IEEE 802.11a für Europa angepasst werden, was im Standard IEEE 802.11h resultierte. In ihm werden zusätzlich ein dynamisches Frequenzwahlverfahren (DFS: *Dynamic Frequency Selection*) und eine Steuerung für die Sendeleitung (TPS: *Transmission Power*) verlangt. Außerdem ist auf einigen Kanälen kein Betrieb im Freien erlaubt. Es sind unterschiedliche maximale Sendeleistungen für den Indoor- und für den Outdoor-Betrieb (200 mW, 1000 mW) sowie mit und ohne DFS und TPC vorgeschrieben (30 mW), sodass Geräte, die diesem Standard entsprechen, relativ teuer und daher weniger verbreitet sind.

Geräte nach dem aktuellen Standard IEEE 802.11n sind für eine maximale Datenrate von bis zu 600 MBit/s vorgesehen. Dieser Standard verwendet ebenfalls OFDM und löst die Versionen IEEE 802.11a und IEEE 802.11g ab. Als wesentliche Neuerung wird bei IEEE 802.11n eine (Antennen-)Schaltungstechnik mit der Bezeichnung *Multiple Input Multiple Output* (MIMO) eingesetzt. MIMO kennzeichnet, dass das Signal auf unterschiedlichen »Wegen« empfangen und auch gesendet werden kann, wofür mehrere Antennen zum Einsatz kommen. Wenn mehrere Antennen zusammengefasst arbeiten, ist ein stärkeres Empfangssignal möglich als mit nur einer Antenne, sodass eine Funkverbindung damit bereits verbessert werden kann. Wichtiger ist jedoch, dass mit mehreren Antennen eine Richtwirkung erzielt wird. Das bedeutet, mithilfe der dazu passenden Elektronik (für jede Antenne) kann die Gegenstelle besser geortet werden und störende Signale können ausgeblendet werden, was als *Spatial Diversity* bekannt ist. Durch eine gezielte Ansteuerung der kombinierten Antennen lassen sich die Sende- und Empfangseigenschaften ganz erheblich verbessern. Aktuelle Einheiten nach diesem Standard werden mit einer Datenrate von 300 MBit/s bei einem Takt von 20 MHz ausgewiesen, und durch eine Verdopplung auf 40 MHz sind dann die 600 MBit/s prinzipiell möglich.

Abb. 3–23 Ein WLAN-Router für IEEE 802.11n

Die mit den neueren WLANs einhergehende Erhöhung der Datenrate ist nicht auf gänzlich neue Techniken zurückzuführen – dann wäre auch keine Rückwärtskompatibilität möglich.

Der vielleicht naheliegende Gedanke, die Sendeleistung zu erhöhen, damit die Signale stärker und besser zu empfangen sind, verbietet sich, denn in den Standards ist eine Maximalleistung festgeschrieben worden, die nicht überschritten werden darf. Stattdessen sind intelligentere Methoden notwendig, die in erster Linie auf verbesserten Kodierungs- und Modulationsverfahren basieren, die sich erst durch rechenstarke Prozessoren in den WLAN-Geräten realisieren lassen. Die notwendige Leistung dieser »Netzwerkprozessoren« ist deshalb beachtlich – insbesondere unter dem Gesichtspunkt der Kompatibilität zu älteren IEEE-802.11-WLANs, die weiterhin zu berücksichtigen sind.

Das Vorhandensein von mehr als einer Antenne (vgl. Abb. 3–23) ist kein eindeutiges Indiz dafür, dass der Datenstrom tatsächlich auf mehreren Kanälen übertragen wird, wie es im IEEE-802.11n-Standard für die Datenübertragung gefordert wird. Es kann sich stattdessen auch um WLAN-Einheiten handeln, die im Betrieb zwischen zwei Antennen umschalten können, oder die vorhandenen Antennen sind explizit verschiedenen Frequenzbereichen zugeordnet (2,4 GHz und 5 GHz). Bei vielen WLAN-Routern (Access Points) sind überhaupt keine Antennen zu erkennen, weil sie im Gerät eingebaut sind. Externe Antennen sind als Vorteil gegenüber integrierten zu werten, weil sie sich manuell ausrichten und möglicherweise auch austauschen lassen.

Einheiten laut IEEE 802.11n sollten abwärtskompatibel zu IEEE-802.11g- und IEEE-802.11b-Geräten sein, und es gibt bei einigen Einheiten sogar eine Kompatibilität zwischen IEEE-802.11g- und IEEE-802.11a-Geräten (DualBand), was in der Praxis aber nicht immer optimal funktioniert. Dies betrifft nicht nur den Fall, dass eine WLAN-Einheit nicht nach ihrem spezifizierten Standard funken kann, weil sich ein anderes WLAN-Gerät als Hemmnis erweist, sondern es kann auch vorkommen, dass sich bestimmte Funktionen nicht realisieren lassen. Weitere Funktionen, wie etwa eine 104-Bit- Verschlüsselung statt nur einer 40-Bit-Verschlüsselung, sind bei den einzelnen Geräten optional, sodass dann nur der kleinste gemeinsame Nenner verwendet werden kann, was z. B. auch für das automatische Herunterschalten der Datenrate bei ungünstigen Übertragungsbedingungen gilt.

3.7.2 Topologien

In einem WLAN ist meist eine Basisstation vorhanden, die dann als *Access Point* bezeichnet wird. Erst ein Access Point bringt eine »richtige« Netzwerkfunktionalität ins WLAN, denn er fungiert auch als Bridge/Router zum LAN und wird an es per Twisted-Pair-Kabel angeschlossen. Die Funktionalität eines Access Point ist bei einigen Geräten, insbesondere solchen für den Home- und Small-Office-Bereich, bereits für den DSL-Zugang integriert. Die bekanntesten Geräte dieser Kategorie werden von der Firma AVM unter der Bezeichnung FRITZ!Box hergestellt.

Je nach Modell sind hier ein ADSL/ADSL2+- sowie ein VDSL-Modem für den Internetanschluss integriert, unterschiedliche WLAN-Unterstützungen (IEEE 802.11) mit mehr oder weniger ausgeprägten Firewall-Mechanismen enthalten sowie ein integrierter DHCP-Server eingebaut, der für die automatische Zuteilung von IP-Adressen an die WLAN- und LAN-Clients sorgen kann. Die Funktion eines LAN-Switchs mit 100 MBit/s oder auch mit 1 GBit/s in Form von bis zu vier Anschlüssen ist dann ebenfalls vorhanden (siehe Abschnitt 2.8). Außerdem kann auch gleich eine Telefonanlage (ISDN, VoIP), ein Anrufbeantworter, eine DECT-Basisstation für schnurlose Telefone oder auch ein Mediaserver (Fotos, Musik, Video) integriert sein.

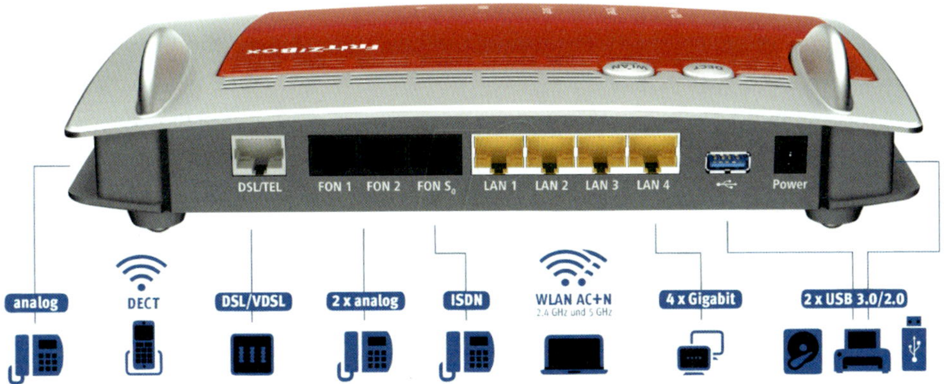

Abb. 3–24 Diese FRITZ!Box bietet neben der Funktionalität eines WLAN-Access-Point eine ganze Reihe weiterer Optionen.

Die einfachste Art ist es, wenn zwei oder mehrere Clients mit einem WLAN-Adapter (Wi-Fi) ausgestattet sind und damit direkt miteinander gekoppelt werden können, was zu einem Peer-to-Peer-Netz führt. Die mobilen Geräte wie Notebooks, Tablet-PCs oder auch Smartphones verbinden sich zu einem »vermaschten« Netz, das keine feste Infrastruktur aufweist.

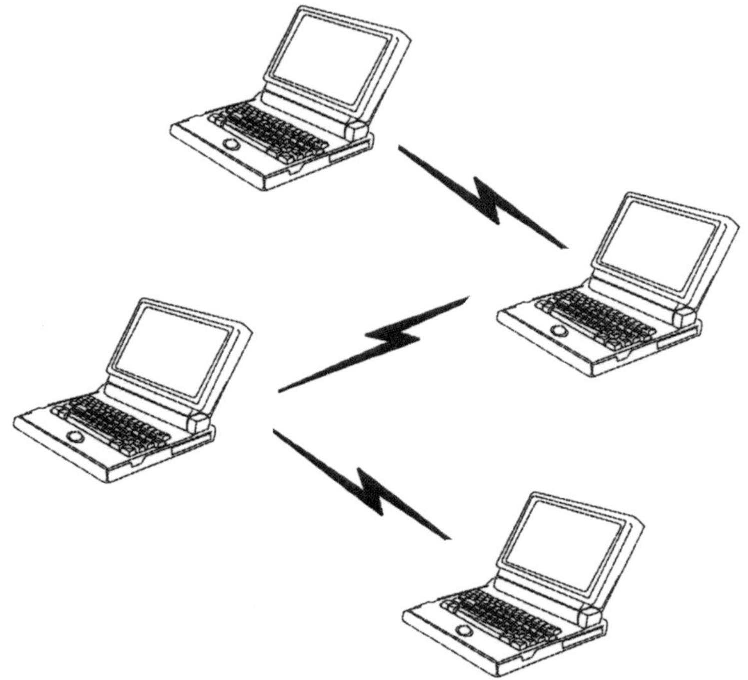

Abb. 3–25 Ein WLAN im Ad-hoc-Modus entspricht einem klassischen Peer-to-Peer-Netz.

Wie es bei einem reinen Peer-to-Peer-Netz üblich ist, werden dabei Ressourcen freigegeben und entsprechend verbunden, was sich meist auf Verzeichnisse oder auch Peripherie-Einheiten wie etwa einen Drucker bezieht, der von allen gemeinsam verwendet werden soll. Mit dieser Methode hat man im Grunde genommen im Nu – daher rührt auch die Bezeichnung »ad hoc« für ein derartiges WLAN – ein drahtloses Netzwerk realisiert, das sich für kleinere Büros oder auch für zu Hause anbietet.

Durch die Verwendung eines oder auch mehrerer *Access Points* lässt sich eine Verbindung von WLAN-Clients (Mobile Units) zu einem üblichen LAN schaffen, und auch die Kopplung von separaten LANs ist über Access Points möglich. In Abb. 3–26 sind typische Anwendungen hierfür gezeigt. Diese Topologien werden im sogenannten *Infrastructure Mode* betrieben, was derartigen WLANs auch ihre Bezeichnung verleiht.

Kopplung zwischen LAN und WLAN mit einem Access Point

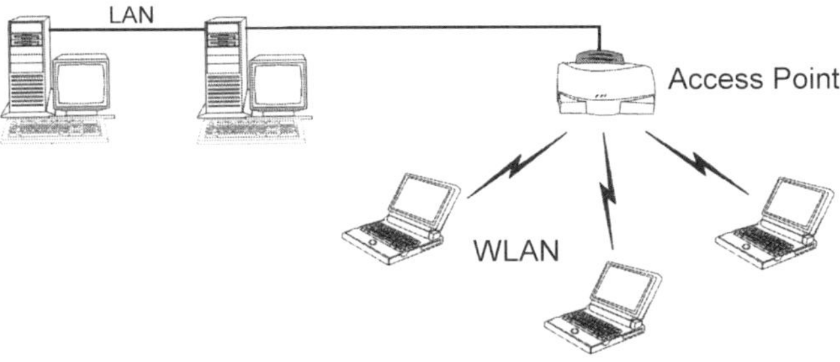

Mit mehreren Access Points wird das WLAN ausgedehnt

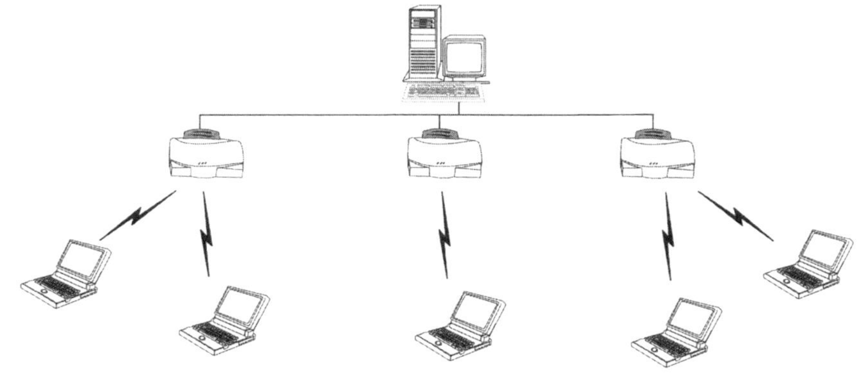

Kopplung von zwei LANs mit zwei Access Points

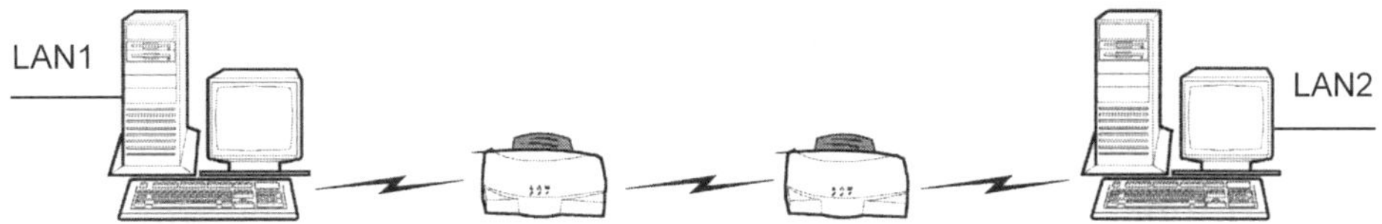

Abb. 3–26 WLAN-Realisierungen mit Access Points

Der Access Point fungiert als Bridge (auf der OSI-Schicht 2) zwischen einem Ethernet-LAN und dem Ethernet-WLAN. Er verfügt zumeist über einen Anschluss laut 100BaseT (RJ45) und wird im Prinzip wie ein Switch in das LAN integriert. Demnach sind hierfür, anders als bei einem WLAN-Adapter, lokal keinerlei Treiber zu installieren.

Der Bereich, in dem ein Access Point mit einer bestimmten Anzahl von *Mobile Units* (MUs) arbeitet, wird als *Basic Service Set* (BSS) bezeichnet, was als Funkzelle (Cell) zu verstehen ist. Der Access Point verfügt über eine MAC-Adresse, die die MUs als *Basic Service Set Identifier* (BSS-ID) interpretieren und die anhand der jeweiligen Gerätezuordnung gegeben ist.

Werden mehrere Access Points verwendet, um einen größeren Funkbereich abzudecken, etwa auf einem Firmengelände oder einem Universitätscampus, kommen auch mehrere Funkzellen zum Einsatz. Alle Einheiten, die zu diesem WLAN gehören, verwenden stets die gleiche Net-ID (*Extended Service Set*, ESS). Ein zusammengehöriges WLAN definiert eine *Coverage Area*, und die MUs suchen in einem derartigen Netz nach der gültigen Net-ID und synchronisieren sich mit demjenigen Access Point, der in ihrem Empfangsbereich liegt. Daher spielt es in einem WLAN, das über mehrere Access Points verfügt, prinzipiell keine Rolle, welcher Access Point welche MUs bedient. Man kann also mit seinen MUs in diesem WLAN gewissermaßen von einem Access Point zu einem anderen »wandern«, was als *Roaming* bezeichnet wird.

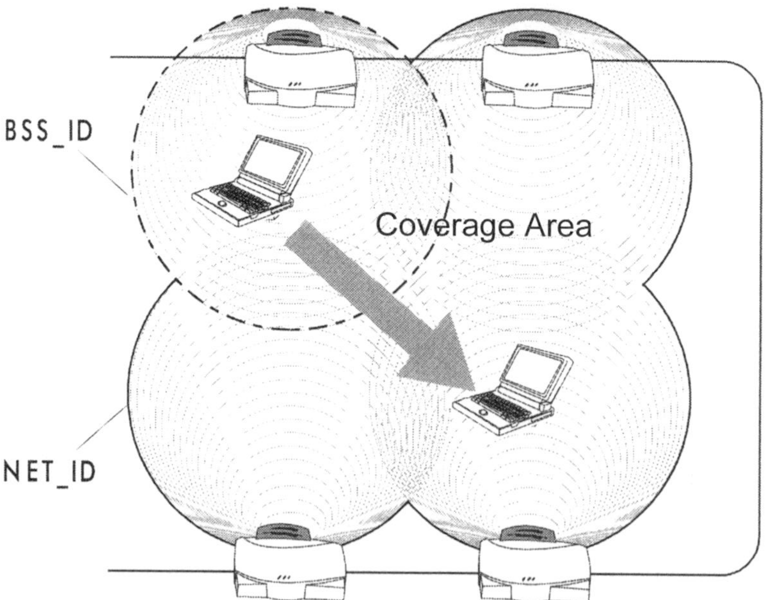

Abb. 3–27 Jeder Access Point verfügt über eine eigene BSS-ID, und die Net-ID ist für alle Einheiten eines WLANs identisch. Für die MUs wird in der Coverage Area das Roaming unterstützt.

Wie viele MUs und Access Points in einem WLAN maximal verwendet werden können, ist leider nicht immer unmittelbar zu erkennen, denn die Access Points der verschiedenen Hersteller weisen hier gewisse Eigenheiten auf, was selbst durch eine Zertifizierung mit dem WiFi-Symbol nicht immer eindeutig ist. Deshalb kommt es durchaus vor, dass sich Access Points verschiedener Hersteller gar nicht oder nur durch mühsame Konfigurationsarbeiten zu einer *Coverage Area* zusammenfassen lassen.

Ein typisches System spezifiziert beispielsweise, dass sich maximal 127 MUs mit einem Access Point verwenden lassen und dass jeder Access Point die Kommunikation mit jeweils weiteren vier Access Points ermöglicht. Aus praktischen und leistungstechnischen Gründen (Kollisionen) wird man ein derart ausgedehntes WLAN zwar nicht unbedingt realisieren wollen, allerdings sollten sich derartige Konstruktionen – falls nun einmal größere Reichweiten und zahlreiche MUs möglich sein sollen, die natürlich auch nicht alle zeitgleich aktiv sein müssen – aufgrund von im System begründeten Einschränkungen nicht von vornherein verbieten.

Beim Roaming durch ein WLAN wird die Funkzelle entsprechend dem zuständigen Access Point automatisch gewechselt. Die Verbindung wird dabei nur auf der Schicht 2 unterbrochen; auf der Schicht 3 bleibt sie bestehen. In einem TCP/IP-Netz verfügt jeder Client über eine eigene IP-Adresse, die fest zugeordnet ist oder auch per DHCP vergeben werden kann, was auch ein Access Point leisten kann, wenn er diese Funktionalität bietet. Diese Adresse gilt für ein bestimmtes IP-Subnetz, das ein LAN und auch das hiermit verbundene WLAN umfasst.

System Setup	
Unit Name	IntelWLAN1
Channel	3
Mobile IP	○ Enabled ◉ Disabled
MU-MU Disallowed	○ Enabled ◉ Disabled

Abb. 3–28 Die Verwendung von MobileIPs ist bei diesem Access Point abgeschaltet.

Soll das Roaming jedoch über mehrere Subnetze möglich sein, ist den MUs auch eine andere, für das jeweilige Subnetz gültige IP-Adresse zuzuordnen. Eine hierfür geeignete »Automatik« bieten die *MobileIPs*, was ein Access Point entsprechend unterstützen muss. Jede MU erhält wie üblich eine IP-Adresse, und diese wird dann in eine MobileIP verpackt, was auch unter dem Begriff Tunneling oder IPIP-Encapsulation bekannt ist. Die permanente IP-Adresse identifiziert eindeutig die MU und das dazugehörige Heimnetz, in dem ein Home Agent läuft, der die für die MU bestimmten Daten in die MobileIP umsetzt und diese dann entsprechend weiterleitet.

3.8 Akkumulatoren und Netzteile

Notebooks werden in den meisten Fällen über externe Netzteile mit dem Stromnetz verbunden, wobei der integrierte Akkumulator in Notebook aufgeladen wird. Die Ladeschaltung ist im Notebook integriert und an den jeweils eingesetzten Akkutyp angepasst.

3.8.1 Typen

Akkumulatoren – im üblichen Sprachgebrauch als »Akkus« bezeichnet – werden für Notebooks aktuell auf der Basis der Lithium-Ionen- (Li-Ion) und Lithium-Polymer-Technik (Li-Po) hergestellt, die für die höchste Energiedichte unter den verschiedenen Akkumulatortypen sorgt. In Tab. 3–4 sind die wichtigsten Daten der gebräuchlichen Akkutypen angegeben. Der älteste Akkutyp Blei (Pb) wird nicht in Notebooks eingesetzt und ist zum Vergleich der Daten mit angeführt.

Parameter	Pb	NiCd	NiMH	Li-Ion	LiPo
Nennspannung [V]	2	1,2	1,2	3,6–3,7	3,6–3,7
Entladeschlussspannung [V]	1,7	0,8	0,8	2,5	2,5
Ladeschlussspannung [V]	2,4	-	-	4,1–4,2	4,2
Ladeprinzip	IU	I	I	IU	IU
Energiedichte [Wh/kg]	30–40	40–50	60–90	90–120	120–180
Ladung für Lagerung [geladen in %]	100	0	50–80	40–60	40–60

Tab. 3–4 Daten von Akkumulatoren im Vergleich

Abb. 3–29 Notebook-Akkus sind mechanisch speziell an das jeweilige Notebook angepasst.

Bei älteren Notebooks kommen Nickel-Metall-Hydrid- (NiMH) oder die mittlerweile nicht mehr zugelassenen Nickel-Cadmium-Typen (NiCd) zum Einsatz, die sich durch die NiMH-Akkus ersetzen lassen.

Ein Akku stellt generell eine Sonderform der Batterie dar und setzt sich aus einer oder mehreren wiederaufladbaren Sekundärzellen zusammen. Bei der Entladung einer Zelle findet eine chemische Reaktion unter Abgabe von elektrischer Energie statt. Dieser Vorgang ist bei einem Akkumulator durch Zuführung elektrischer Energie wieder umkehrbar (Elektrolyse), was durch geeignete Materialien für die Anode, die Kathode und den Elektrolyten ermöglicht wird. Sowohl beim Entladen und insbesondere beim Aufladen von Akkumulatoren wird Wärme freigesetzt, wodurch ein Teil der aufgewandten Energie verloren geht. Das Verhältnis der entnehmbaren zu der beim Laden aufzuwendenden Energie wird als *Ladewirkungsgrad* bezeichnet, der durch rasche Entladung oder durch Schnellladung sinkt, weil die Verluste am Innenwiderstand der Zelle zunehmen.

Grundsätzlich ist beim Laden die für den Akku spezifizierte *Laderate* zu beachten, die die Größe des Lade- und Entladestromes unabhängig von der Akkukapazität beschreibt. Das Laden eines 2700-mA-Akkus mit 2C bedeutet, dass der Ladestrom bis zu zweimal 2700 mA, also 5,4 A, betragen darf. Im Notebook wird die für den Akku notwendige Laderate mithilfe der integrierten Elektronik sichergestellt, bei separaten Ladegeräten ist sie entsprechend manuell festzulegen.

Li-Ion-Akkus werden nach einer IU-Kennlinie geladen, was bedeutet, dass zunächst ein konstanter Ladestrom fließt, wobei keinesfalls die Ladeschlussspannung von 4,2 V +/- 1 % überschritten werden darf. Bei abnehmendem Ladestrom kommt es dann zur Konstantspannungsladung, und wenn der Ladestrom auf ca. 5 % des ursprünglichen Ladestroms gesunken ist, wird der Ladevorgang abgeschaltet, was je nach Kapazität und genauem Akkutyp nach einer oder auch nach mehreren Stunden sein kann.

Eine Weiterentwicklung des Lithium-Ionen-Akkus ist der Lithium-Polymer-Akku (LiPoly oder LiPo), der eine höhere Energiedichte aufweisen kann. Prinzipiell verfügt ein LiPo-Akku ansonsten über die gleichen elektrischen Eigenschaften wie ein Li-Ion-Akku, und er ist auch genauso zu laden. Der wichtigste Unterschied ist der, dass ein LiPo-Akku keinen flüssigen Elektrolyten beinhaltet, sondern einen auf Polymerbasis, der als feste bis gelartige Folie vorliegt. Deshalb sind hiermit die unterschiedlichsten Bauformen möglich, was sich sehr gut für kleine mobile Geräte ausnutzen lässt.

3.8.2 Akku-Packs

In den meisten Fällen ist der aus mehreren Einzelakkuzellen zusammengesetzte Akku-Pack für eine oder auch für mehrere Notebook-Serien eines Herstellers vorgesehen. Allerdings gibt es auch Notebooks, die ein ganz bestimmtes Akku-Pack verlangen, das ausschließlich bei diesem einen Typ zum Einsatz kommt.

Generell unterscheiden sich die elektrischen Daten bei den verschiedenen Akkus eher weniger voneinander, sondern die an das jeweilige Notebook angepasste Bauform macht den Unterschied. Die Spannungen ergeben sich aus der Kombination, also der Reihenschaltung, der einzelnen NiMH- (1,2 V) oder Li-Ion-Zellen (3,7 V), wie beispielsweise:

- NiMH: 10,8 V (9 × 1,2 V)
- NiMH: 12 V (10 × 1,2 V)
- Li-Ion: 10,8 V (3 × 3,6 V)
- Li-Ion: 11,1 V (3 × 3,7 V)
- Li-Ion: 14,4 V (4 × 3,6 V)
- Li-Ion: 14,8 V (4 × 3,7 V)

Falls eine Zelle nicht ausreichend Strom liefern kann, werden mehrere Zellen in einem Akku-Pack parallel geschaltet. In den Akku-Packs befindet sich meist eine elektronische Schaltung, die einen Schutz gegen Überladung, Tiefentladung oder auch gegen eine zu hohe Temperatur bietet. Außerdem kann hier eine Balancer-Schaltung integriert sein, die dafür sorgt, dass die in Reihe geschalteten Zellen einen möglichst gleichen Ladezustand erreichen, denn fertigungsbedingt unterscheiden sie sich (geringfügig) in ihrer Kapazität und ihrem Innenwiderstand. Dies kann ohne Balancer dazu führen, dass einige Zellen mehr und andere weniger aufgeladen werden, wodurch es zum vorzeitigen Ausfall einer Zelle und damit des gesamten Akku-Packs kommen kann.

Abb. 3–30 In einem Akku-Pack befindet sich neben den einzelnen Zellen eine mehr oder weniger intelligente Elektronik, die den Austausch defekter Zellen möglicherweise nicht akzeptiert.

Die Schutzelektronik kann so intelligent ausgeführt sein, dass eine Protokollierung von Defekten stattfindet, sodass die Elektronik nach dem Austausch von defekten Zellen erst zurückgesetzt werden muss, damit die neuen Zellen akzeptiert werden und auch die Ladezustandsanzeige (unter Windows) wieder korrekt funktioniert. Hier wird ein ähnliches Geschäftsmodell wie bei den Patronen für Tintenstrahldrucker praktiziert, sodass sich preiswerte Nachbauten nur unter Schwierigkeiten einsetzen lassen. So kommt es vor, dass die Akkus mechanisch nicht genau passen oder eine zu geringe Kapazität aufweisen oder auch nicht korrekt erkannt werden, weshalb genau spezifizierte Akku-Packs (vom Notebook-Hersteller) notwendig sind, auf die die Elektronik entsprechend reagiert. Je neuer das Notebook eines der bekannten Hersteller (z.B. Samsung, HP, Lenovo, Acer) ist, desto wahrscheinlicher ist es auch, dass in ihm eine derartig intelligente Schutzschaltung integriert ist.

3.8.3 Elektrische Ladung

Die Leistung (in W) berechnet sich mit P = U * I. Für Akku-Packs wird jedoch die Energie angegeben, die mit E = P * T berechnet und in Wh spezifiziert wird. Bei Einzelakkus findet man häufiger eine Angabe für die elektrische Ladung in mAh (Milli-Ampere-Stunden), wobei diese Werte bei Notebooks typischerweise im Bereich von ca. 3600 mAh bis 7200 mAh liegen und die jeweils angegebene Spannung (s. o.) liefern. Ein Akku mit der Angabe 4400 mAh und einer Spannung von 10,8 V verfügt demnach über eine Energie von 47,5 Wh (4,4 Ah × 10,8 V).

Abb. 3–31 Die für das Notebook notwendige Spannung muss strengstens beachtet werden, während die elektrische Ladung gerne mehr und ungern geringer sein darf.

Beim Erwerb eines neuen Notebooks wird nicht selten gleich ein zweiter Akku mitgekauft, um einerseits die Unabhängigkeit von der Steckdose möglichst lange aufrechterhalten zu können und anderseits auch, weil es später problematisch werden kann, einen Original-Ersatzakku zu bekommen. Viele Firmen bieten zwar Ersatzakkus auch noch für recht alte Geräte an. In vielen Fällen bieten diese Ersatzakkus jedoch nicht die Qualität und Kapazität des Originals, und sie können ein für die Notebook-Elektronik abweichendes (Lade-)Verhalten aufweisen, sodass bald noch ein Betrieb mit einem angeschlossenen Netzteil möglich ist.

Einen Ersatzakku möglicherweise jahrelang im (Kühl-)Schrank aufzubewahren ist nicht empfehlenswert, denn Li-Ion- und verwandte Akkus weisen eine Selbstentladung zwischen 2 % und 5 % pro Monat auf. Im Vergleich mit NiCd- und Ni-MH-Typen, die über 15 % ihrer Ladung pro Monat oder sogar ihre komplette Ladung verlieren, ist dies zwar gering, gleichwohl sind Li-Ion-Akkus empfindlicher, wenn sie unter ihre Entladeschlussspannung von ca. 2,5 V fallen (vgl. Tab. 3–4) oder auch wenn ihre Ladeschlussspannung von maximal 4,2 V beim Aufladen überschritten wird: Dann werden sie unwiederbringlich zerstört.

Li-Ion-Akkus kennen keinen Memory-Effekt wie die älteren NiCD-Typen, sodass ein Aufladen eigentlich immer dann stattfinden kann, wenn sich die Gelegenheit – eine Steckdose – bietet. Ein Überladen des Akkus ist bei der Verwendung im Notebook nicht möglich. Es wird empfohlen, die Ladung nach Möglichkeit auf 40 % bis 50 % der maximalen Kapazität zu halten und einmal pro Monat einen vollständigen Ladezyklus auszuführen, was auch für einen Zweit-Akku gilt, der am besten im Wechsel eingesetzt wird. Weil die Lebensdauer eines Akkus durch zu hohe Temperaturen abnimmt, kann es durchaus sinnvoll sein, den Akku beim Desktop-Betrieb aus dem Gerät zu entfernen.

3.8.4 Netzteile

Wie erwähnt sind die Notebook-Netzteile keine Ladegeräte, denn die Ladeschaltung ist im Gerät integriert, was gleichermaßen auf Tablets und Smartphones zutrifft. Demnach ist es weit einfacher, Ersatz für ein defektes Netzteils zu beschaffen als für defekte Akkupacks, denn hierfür sind – bis auf den DC-Stecker – keine speziellen mechanischen Besonderheiten, sondern nur elektrische zu berücksichtigen.

Netzteile sind für die übliche AC-Netzspannung von 220 bis 250 V ausgelegt und liefern am Ausgang eine Gleichspannung von typischerweise 15 V bis 24 V, deren genauer Wert vom jeweiligen Notebook abhängig ist und stets mehrere Volt über der Akkuspannung liegt. Außer der korrekten Spannung sind bei einem Netzteil noch die maximale Leistung, die Polarität und der passende Anschlussstecker von Bedeutung. Die Leistung wird wie oben angegeben in Watt (W) spezifiziert und liegt bei Notebooks im Bereich von 30 W bis 90 W. Sie darf bei einer Ersatzbeschaffung über dem Originalwert liegen, keinesfalls aber darunter.

Abb. 3–32 Die wichtigen Angaben zum Notebook-Netzteil

Für den Anschlussstecker und die im Notebook dazu passende Buchse sind verschiedenste Typen möglich, wobei hier meist Hohlstecker unterschiedlicher Ausführung zum Einsatz kommen. An welchem Pol (innen oder außen) jeweils Plus und Minus liegen, kann ebenfalls unterschiedlich realisiert sein. Auch wenn sich der Pluspol meist innen befindet, kann man sich nicht allgemein darauf verlassen. Außerdem gibt es einige Ausführungen (etwa bei Notebooks von HP), bei denen sich innen zwei Kontakte befinden, d. h., neben der Plusleitung gibt es eine weitere Leitung, die ein Sense-Signal für die Akkuladung führt.

Eine Einstellung der Spannung und der Polarität ist bei einem Originalnetzteil nicht möglich, aber bei der Verwendung von solchen Ersatznetzteilen notwendig, die als *Universalnetzteile* bezeichnet werden und die sich unter Beachtung der notwendigen Leistung für unterschiedlichste Geräte eignen, sodass dementsprechend auch verschiedene Adapterstecker zum Lieferumfang gehören. Dabei wird die passende Polarität entweder durch die Orientierung beim Einstecken des Adaptersteckers oder durch einen separaten Schalter bestimmt.

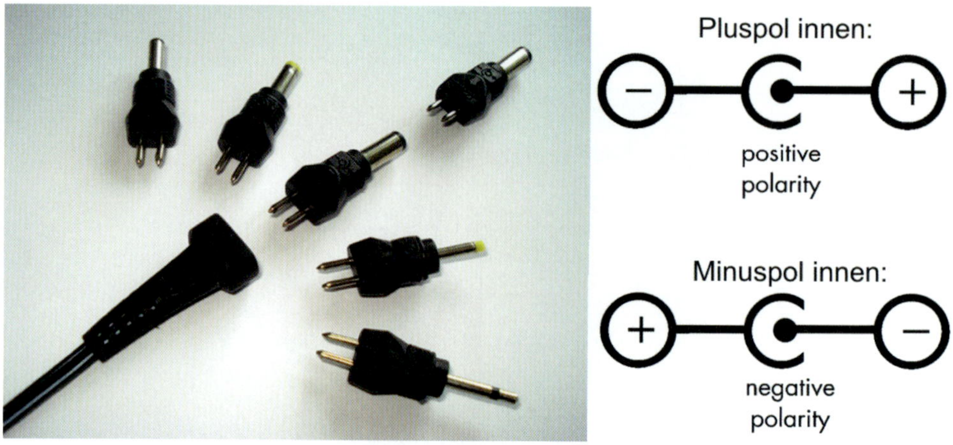

Pluspol innen:

positive polarity

Minuspol innen:

negative polarity

Abb. 3–33 Bei Universalnetzteilen wird die Polung oftmals dadurch bestimmt, wie herum der passende Adapter eingesetzt wird. Rechts ist das übliche Kennzeichnungsschema für die Polung gezeigt.

4 Tablets

Ein Tablet-PC oder kurz Tablet ist ein flacher tragbarer Computer mit einem berührungsempfindlichen Bildschirm (Touchscreen), der auch als Eingabegerät dient, denn ein Tablet besitzt keine Tastatur. Die Touchscreen-Tastatur wird automatisch vom Betriebssystem eingeblendet, wenn es die Software bzw. eine Eingabemaske verlangt.

Abb. 4–1 Durch die bei einigen Tablets standardmäßig vorgesehenen Touch Pens erweitert sich deren Funktionalität deutlich.

Das bekannteste Gerät, mit dem auch die Gerätekategorie der Tablets für den Massenmarkt etabliert wurde, ist das iPad der Firma Apple, das im Jahr 2010 präsentiert wurde. Es verwendet das Apple-eigene Betriebssystem iOS. Kurz darauf haben auch andere Hersteller (Samsung, Asus, Dell, Lenovo) entsprechende Tablets präsentiert, die stattdessen das Google-Betriebssystem Android verwenden. Android hat bei den Tablets den größten Marktanteil, gefolgt von Windows (ab Version 8) und iOS.

4.1 Ausstattungsmerkmale und Aufbau

Ein Tablet eignet sich besonders für Internet-Anwendungen, wie ganz allgemein das Surfen, E-Mail, YouTube und das Chatten in sozialen Netzen und für Fotos als »Fotoalbum« mit eigener Kamera. Die Applikationen (Apps) werden über den Touchscreen bedient und ausgeführt. Für Programme, bei denen klassische Eingabemedien wie Tastatur und Maus benötigt werden, wie bei Office- und auch Zeichenprogrammen, sind Tablets weniger geeignet, obwohl sich hier meist auch per USB oder Bluetooth eine Tastatur oder eine Maus anschließen lässt.

Abb. 4–2 Convertibles oder Multi-Mode-Notebooks wie das Medion Akoya S6214T erlauben beide Bedienungsformen.

Prinzipiell ist ein Tablet aber kein Notebook-Ersatz, denn es ist auf eine Touch-Oberfläche angewiesen, die sich mit dem Finger bedienen lässt, wie sie mit Android und iOS unterstützt wird. Microsoft hat hierfür mit Windows 8 die Kacheloberfläche (Abb. 4–2) eingeführt, die auf Notebooks und PCs von den Anwendern als deplaziert empfunden wurde. Eine Kombination aus Notebook und Tablet bilden die immer häufiger anzutreffenden Convertibles, die als Tablets mit integrierter Tastatur oder als Notebooks mit Touch-Bildschirm betrachtet werden können. Hierfür werden verschiedene Klapp- und Steckmechanismen angewendet, um beispielsweise die Tastatur unter das Display schieben zu können. Für Convertibles scheint Windows 8.x besonders gut geeignet zu sein, weil es sich sowohl mit Kachel- als aber auch mit gewöhnlicher Desktop-Funktionalität per Maus und Tastatur bedienen lässt. Convertibles werden im Folgenden jedoch nicht weiter betrachtet, sondern die »richtigen« Tablets, die typischerweise über die folgenden wichtigsten Ausstattungsmerkmale verfügen:

- **Touchscreen** in einer Größe von 7 bis 13,3 Zoll
- **Grafikauflösung** je nach Display und Gerät von 1024 × 768 bis zu 2560 × 1600 Pixel
- **Mikroprozessor** vom Typ ARM oder Atom (Intel): 1 bis 4 Kerne mit einer Taktfrequenz von bis zu 2 GHz, wobei der Prozessor mit der GPU zu einem SoC kombiniert wird.
- **SDRAM-Speicher:** 2 bis 4 GByte
- **Festwertspeicher:** Flash mit einer Kapazität von typischerweise 16 bis 64 GByte

- **SD-Kartenslot:** für die Erweiterung des Festwertspeichers und/oder als Wechseldatenträger
- **Kamera:** ein oder zwei Kameras auf der Vorder- und/oder Rückseite mit einer Auflösung von 2 bis 8 Megapixel
- **Mikrofon:** Aufnahme von Tonsignalen in oftmals geringer Qualität, was für Skype und ähnliche Anwendungen meist ausreichend ist
- **Integrierte Sensoren:** meist für Bewegung/Beschleunigung, Helligkeit und Temperatur
- **USB:** als Schnittstelle meist in der Version 2.0 mit Standard- und/oder Micro-USB-Anschluss
- **WLAN:** verschiedene Implementierungen nach IEEE802.11 a/b/g/n im 2,4-GHz- oder auch 5-GHz-Band
- **Bluetooth**: Verschiedene Implementierungen, aktuell Bluetooth 4.0 mit stromsparendem BT Low Energy
- **Mobilfunk:** meist optional über ein spezielles Modul nachrüstbar, aktuell LTE mit 100 MBit/s Download- und 50 MBit/s Upload-Datenrate
- **Grafikausgang:** für die Ansteuerung eines Monitors oder Beamers meist per HDMI möglich, seltener per Display-Port oder auch nicht vorhanden
- **Lithium-Ionen-Akku:** mit einer Kapazität von ca. 20 bis 50 Wh, was zu Laufzeiten von 5 bis 10 Stunden führt und maßgeblich vom verwendeten Prozessor abhängt
- **Typisches Gewicht:** von 250 bis 600 g

Wie anhand der Aufzählung zu erkennen ist, enthält ein Tablet eine Vielzahl von elektronischen Komponenten, was einen kompakten und flachen Aufbau erfordert. Die meisten der Komponenten befinden sich auf der Hauptplatine, sodass oftmals gleich die komplette Platine ausgetauscht wird, wenn ein Bauteil versagt. Ob die Platine komplett getauscht werden muss, ist jedoch vom jeweiligen Modell und vom Hersteller abhängig. Der Akku, das Mikrofon, die Frontkamera und mitunter auch der SD-Kartenslot sowie die Funkmodule werden hingegen separat eingebaut bzw. sind steckbar, sodass sich deren Austausch einfacher gestaltet. In den Kapiteln 10 und 11 wird hierauf noch genauer eingegangen.

Abb. 4–3 Aufbau eines Tablets

4.2 Displays und Kenndaten

In Tab. 4–1 sind zur Orientierung die Display-Daten bekannter und beliebter Tablets angegeben, wobei die meisten eine Größe im Bereich von 10 bis 11,6 Zoll aufweisen. Kleinere Tablets kommen prinzipiell mit einer geringeren Auflösung (horizontal × vertikal) als größere aus, wobei die Pixeldichte oder Punktdichte eine wichtige Rolle spielt, die ein Maß für die Detailgenauigkeit bei einer gerasterten Darstellung ist.

Display-Größe	Auflösung (x × y)	Dichte	Firma/Typen
7 Zoll	1920 × 1200	323 dpi	Google Nexus 7
7,9 Zoll	1024 × 768	162 dpi	Apple iPad Mini
7,9 Zoll	2048 × 1536	324 dpi	Apple iPad Mini Retina
8 Zoll	1280 × 800	189 dpi	Toshiba Encore
8,4 Zoll	2560 × 1600	359 dpi	Samsung Galaxy Tab S
9,7 Zoll	1024 × 768	132 dpi	Apple iPad
9,7 Zoll	2048 × 1536	264 dpi	Apple iPad Retina
10,1 Zoll	1920 × 1200	224 dpi	Medion Lifetab S 10334
10,1 Zoll	1920 × 1200	224 dpi	Sony Xperia Tablet Z
10,1 Zoll	2560 × 1600	299 dpi	Samsung Note 10.1
10,6 Zoll	1920 × 1080	208 dpi	Microsoft Surface 2

Display-Größe	Auflösung (x × y)	Dichte	Firma/Typen
11,6 Zoll	1366 × 768	135 dpi	HP Pavilion 11
11,6 Zoll	1920 × 1080	190 dpi	Acer Aspire S7
11,6 Zoll	2560 × 1440	253 dpi	Dell XPS 11
12 Zoll	2160 × 1440	261 dpi	Microsoft Surface 3
12,2 Zoll	2560 × 1600	247 dpi	Samsung TabPro 12.2
12,5 Zoll	2560 × 1440	235 dpi	Asus Chi T300
13,3 Zoll	1366 × 768	118 dpi	Toshiba Satellite W30t
13,3, Zoll	1920 × 1080	166 dpi	HP Spectre 13x2

Tab. 4–1 Display-Daten verschiedener Tablets

Bei 7-Zoll-Tablets sind ab einer Dichte von 250 Bildpunkten keine einzelnen Pixel mehr auszumachen. Bei größeren Tablets darf die Dichte durchaus geringer ausfallen, weil man diese üblicherweise weiter weg hält. Die Pixeldichte wird meist in *dots per inch* (dpi) spezifiziert und berechnet sich wie folgt, wobei hier die Daten für das Samsung Note 10.1-Tablet als Beispiel angewendet wurden:

4.3 Atom-Prozessoren

Für ein Tablet kommt oftmals ein Prozessor von Intel – aus der Atom-Serie – oder ein ARM-Prozessor zum Einsatz. Von den ARM-Prozessoren gibt es zahlreiche Versionen, die von unterschiedlichen Firmen gergestellt werden, die im Abschnitt 5.1 näher erläutert werden, während es an dieser Stelle um die Atom-Prozessoren geht.

Die Intel-Atom-Architektur wurde erstmalig im Jahre 2008 vorgestellt und ist eine explizit auf niedrigen Stromverbrauch ausgelegte Architektur. Sie basiert auf den gleichen x86-Fundamenten wie die klassische Architektur, die bei PCs und Notebooks vorherrscht und die später auf eine 64-Bit-Architektur erweitert wurde. Die Atom-Prozessoren sind zunächst insbesondere für Netbooks und Embedded-PC-Systeme eingesetzt worden, während die letzte Generation namens *Bay Trail* auch explizit für Tablets und Smartphones vorgesehen ist.

Ein Atom-Prozessor ist keine abgeleitete Version einer aktuellen Intel-Prozessorgeneration, die für Desktop- und Serversysteme zum Einsatz kommt, wie es mit den leistungsreduzierten Celeron-Typen praktiziert wird, sondern er ist eine spezielle Entwicklung, die letztlich auf einem Pentium basiert, der mit neuen Stromsparfunktionen ausgestattet worden ist. Der Nachfolger des Pentium ist der Pentium Pro, gefolgt vom Pentium II über den Pentium 4 bis hin zu den verschiedenen Core-Versionen, was mit immer höheren Taktraten und speziellen integrierten Ausführungseinheiten sowie mit tieferen Pipelinearchitekturen verbunden ist, was mehr Chipfläche sowie eine höhere Integrationsdichte erfordert und somit einen steigenden Stromverbrauch zur Folge hat.

Ein Austausch von Atom- Prozessoren ist nicht vorgesehen, denn sie sind fest auf die Platine (Mainboard) gelötet. Für Desktop-Systeme, beispielsweise für kompakte, kleine und leise Multimedialösungen für das Wohnzimmer, kommen ebenfalls Atom-Prozessoren zu Einsatz, die sich dann üblicherweise auf einem Atom-Mainboard im Mini-ITX-Format (Abb. 4–4) unter einem verhältnismäßig großen Kühlkörper befinden. Die älteren Systeme arbeiten dabei durchaus mit Lüftern, was bei aktuellen Atom-basierten Geräten nicht mehr der Fall ist.

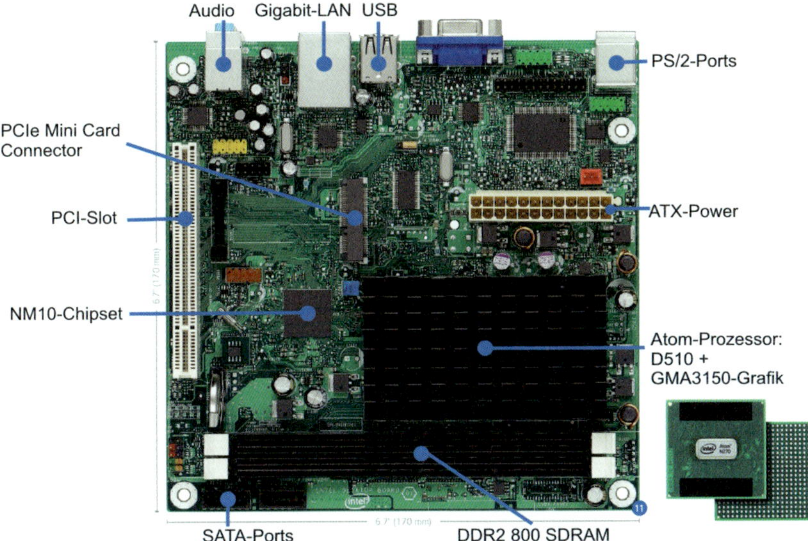

Abb. 4–4 Das Board D510M0 von Intel mit Atom-CPU ist für Desktop-Systeme bestimmt.

Auf viele der Neuerungen, die ab dem Pentium für die Desktop- und Serverprozessoren implementiert wurden, hat man bei den Atom-CPUs bewusst verzichtet. Intel taktet die Chips außerdem mit relativ niedrigen Frequenzen und unterstützt die Speed-Step-Technologie, die insbesondere dafür entwickelt wurde, die Akkulaufzeit bei Notebooks zu verlängern, indem der Prozessor die Taktrate in Abhängigkeit vom Bedarf und der jeweils zur Verfügung stehenden Spannungsversorgung (über Akku oder Netzteil) variieren kann. Speed Step beeinflusst darüber hinaus auch weitere Elektronikkomponenten, wie den Chipsatz oder die Helligkeit des Displays.

Weil die Herstellungstechnologien für Prozessoren immer kleiner werden, verbrauchen sie weniger Strom, was ganz allgemein gilt. Die erste Atom-Generation wurde in einem 45-nm-Prozess gefertigt, während die aktuelle Bay-Trail-Serie Strukturen von 22 nm aufweist.

Der wesentliche Unterschied zu den Desktop- bzw. Serverprozessoren ist vereinfacht gesagt der, dass die Atom-CPUs nicht wie die Desktop-Prozessoren auf eine möglichst hohe Performance, sondern auf einen möglichst geringen Energieverbrauch ausgelegt sind. Dadurch ergeben sich ab dem Pentium getrennte Entwicklungspfade. In Tab. 4–2 sind die wesentlichen Atom-Generationen mit ihren wichtigsten Eigenschaften aufgelistet, wobei die verhältnismäßig niedrigen Taktraten und Angaben zur Verlustleitung auffallen, wenn man diese Werte mit denen von Desktop-Prozessoren (etwa in Tab. 4–2) vergleicht.

Serie	Codename	Kerne	Takt (GHz)	L2-Cache (kByte)	Anmerkung	TDP (W)
Z500	Silverthrone	1	0,8–2	512	Erste Serie	0,6–3
N200/300	Diamondville	1	1,6	512 2 × 512	Erstmals zwei Dies in einem Chip	2,5–8
N400/500	Pineview	1–2	1, 3–1,8	512 2 × 512	Integrierte Grafik GMA3150, für DDR2- oder DDR3-SDRAM	5–13
N2000/ D2000	Cedarview	2	1,6–2,1	2 × 512	Dual Core, integrierte Grafik GMA3650	3,5–10
Z2xxx	Penwell	1–2	1,3–1,8	512, 1024	Integrierte Grafik und USB- und Speichercontroller	6–8,5
Z37xx	Bay Trail	4	1,2–2,4	2048	Integrierte HD-Grafik und USB- und Speichercontroller	2–7,5

Tab. 4–2 Atom-Serien in der Übersicht

Höhere Tablet-Leistungen als mit Atom-Prozessoren sind prinzipiell mit den Core-i-Prozessoren von Intel möglich, was jedoch zu größeren und schwereren Tablets führt, die zudem eine aktive Kühlung benötigen, was der Handlichkeit eines Tablets eher abträglich ist.

Tab. 4–2 ist zu entnehmen, dass bei den Atom-Serien (wie auch bei den Desktop-Prozessoren) der Trend verfolgt wird, immer mehr Komponenten – wie die Grafik, die SDRAM-Steuerung bis hin zu USB und anderen Controllern – mit auf dem Chip (On Die) zu integrieren. Demnach handelt es sich nicht mehr um reine Mikroprozessoren, wie es die ersten Atoms (N270) waren, die mit einem leicht angepassten Desktop-Chipset (945GSE) verbunden wurden, sondern um SoCs (Systems on Chips), die für die weitere Beschaltung nur noch relativ wenige Komponenten (SDRAM) benötigen. Ein aktueller Chip wie ein Z37xx hat eine Größe von 17 × 17 mm und verfügt über 1380 Pins als Ball Grid Array (FCBGA13-Gehäuse).

Bei aktuellen Notebooks und Tablets, in denen ein SoC aus der Bay-Trail-Reihe zum Einsatz kommt, wird man oftmals keinen Hinweis auf diese »neue Atom-Architektur« finden, sondern stattdessen Angaben wie *Pentium N3540* (z. B. im Medion Akoya, MD 99440) oder auch *Celeron N2940* (z. B. im MD 99430), was die Orientierung erschwert, denn mit einem Pentium oder Celeron haben diese SoCs eigentlich gar nichts gemeinsam, außer der Tatsache, dass ein Celeron traditionsgemäß eine leistungsreduzierte und daher kostengünstigere Version gegenüber einem Pentium darstellt.

Die Typen Pentium N3510/20/30/40 haben einen 64-Bit-Befehlssatz, werden von 2 bis 2,66 GHz getaktet, verfügen über 4 Kerne, 2 MByte L2-Cache, die Intel HD Graphics und einen Speichercontroller für Dual Channel DDR3-SDRAM für maximal 8 GByte sowie über fünf USB-Ports. Die TDP beträgt maximal 7,5 W.

Die Celeron-Typen der N29-Serie verfügen – bis auf die Tatsache, dass der maximale Takt etwas geringer sein kann (2,25 GHz) – über die gleichen Daten, während die Celeron-N28-Serie nur zwei Kerne und 1 MByte L2-Cache, dafür jedoch eine geringere TDP von maximal 4,5 W bietet. Der jeweilige Hersteller des Tablets oder Notebooks hat trotz Verwendung eines *Bay Trail SoC* noch eine ganze Reihe von Gestaltungsmöglichkeiten, wie etwa bei der Größe des SDRAMs oder der Anzahl und Ausführung der USB-Anschlüsse (USB-Version 2 oder Version 3) sowie bei der Display-Größe.

4.3.1 Silvermont-Architektur

Die Original-Atom-Architektur wurde über die Jahre kontinuierlich ausgebaut, ohne sie grundlegend zu verändern. Das geschah erstmalig mit der Version *Bay Trail*, die insbesondere für Tables und Embedded Systems vorgesehen ist. Der eigentliche CPU-Kern wird als *Silvermont* bezeichnet. In Kombination mit verschiedenen weiteren Komponenten ergibt er einen spezialisierten Atom-Chip (SoC), sodass sowohl Tablets als auch Smartphones – als Konkurrenz zur Dominanz der ARM-Chips – hiermit realisierbar sind. Die verschiedenen Silvermont-basierten SoCs mit ihren Einsatzgebieten sind:

- **Bay Trail:** Tablets, Embedded Systems
- **Merrifield:** Smartphones
- **Avoton:** Speichersysteme (NAS, Microserver)
- **Rangeley:** Netzwerk- und Kommunikationsgeräte (Router, Switches, UTM)

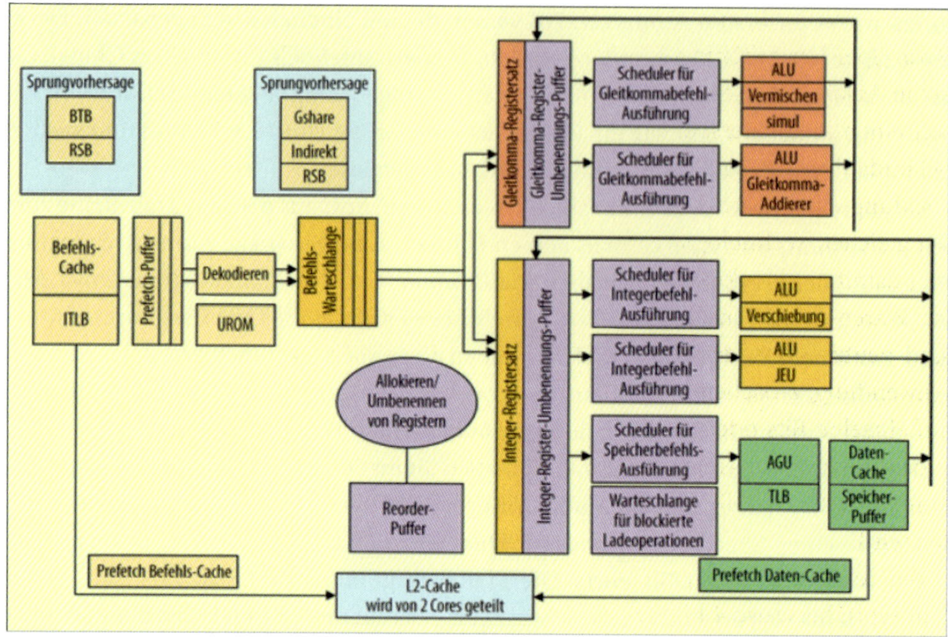

Abb. 4–5 Die Mikroarchitektur Silvermont bildet die Grundlage für die aktuellen Tablet- und Smartphone-Entwicklungen mit SoCs von Intel.

Silvermont ist ein 64-Bit-Mikroprozessor mit Out-of-Order-Funktion, der pro Taktzyklus zwei Befehle dekodieren und fünf Operationen ausführen kann. Verschiedene Techniken werden eingesetzt, um in den kritischen Verarbeitungspfaden – insbesondere zu den Speicher-Blöcken – möglichst wenig Energie aufwenden zu müssen, sodass diese neue Atom-Architektur kaum mehr etwas mit der ursprünglichen gemein hat.

4.4 Flash-Speicher

Als Laufwerk bzw. Festwertspeicher (siehe Abschnitt 2.7) werden in Tablets keine Festplatten, sondern Speicher auf Basis der Flash-Technologie eingesetzt, die ebenfalls bei SSDs und M.2-Modulen (siehe Abschnitt 3.4.2) sowie bei USB-Speichersticks zur Anwendung kommt. Typische Größen dieses *internen Speichers* sind bei Tablets 16 bis 64 GB. Der interne Speicher ist in Form eines oder mehrerer Flash-Chips auf dem Mainboard fest eingelötet. Durch das Hinzufügen einer MicroSD-Card im dazugehörigen Slot lässt sich dieser Speicher jedoch einfach erweitern.

4.4.1 Funktionsprinzip

Flash-Speicher gehören zur Familie der Halbleiterspeicher. Die Bezeichnung *Flash* ist keine Abkürzung, sondern stammt ursprünglich aus dem militärischen Bereich und soll einen Halbleiterspeicher kennzeichnen, dessen geheimer Inhalt im Ernstfall in Sekundenbruchteilen (blitzschnell) zu löschen ist. Flash-Speicher sind eine Weiterentwicklung der elektrisch programmierbaren (EP)ROMs und basieren im Prinzip auf der gleichen Technologie. Sie benötigen jedoch eine zusätzliche Dekodierungselektronik, damit ein blockweises Löschen und Neubeschreiben der Speicherzellen möglich ist. Waren die ersten Flash-Chips nur komplett zu löschen und neu zu beschreiben, sind heutzutage unterschiedliche Blockgrößen möglich, die, je nach Hersteller und Anwendung, zwischen 256 Bytes und 128 kByte variieren können. Der direkte Zugriff auf einzelne Bits oder Bytes ist generell nicht möglich, sondern nur auf vorgegebene Blockgrößen. Dies ist auch bei den üblichen Massenspeichern der Fall, bei denen auf eine gebräuchliche Blockgröße von 512 Bytes oder auf ein Vielfaches davon zugegriffen wird.

Bei den Flash-Chips, die für das BIOS Verwendung finden, werden Blockgrößen von typischerweise 4 bis 16 kByte realisiert, wodurch einzelne Blöcke wie der Boot-Block und verschiedene Firmware-Blöcke einerseits selektierbar sind und andererseits auch vor versehentlichem Löschen geschützt werden können. Erst als es technologisch möglich wurde, die Blockgrößen auf kompatible 512 Bytes zu reduzieren, wurden Flash-Chips nicht nur für Codespeicherungen interessant, sondern auch für alle Anwendungen, bei denen bisher Disketten und Festplatten zum Einsatz kamen.

Flash-Speicherbausteine gibt es in verschiedenen Ausführungen, die sich in der Größe und Organisation der Speicherzellen sowie im Aufbau der internen Blockstruktur voneinander unterscheiden. NAND-, AND-, NOR- und DINOR-Flash-Typen (Divided Bit-Line NOR) sind hier gebräuchlich. Die beiden ersteren ermöglichen aufgrund der internen Verschaltung der Speicherzellen einen relativ schnellen seriellen Lesezugriff und werden daher vorwiegend für Flash Cards und die portablen Anwendungen eingesetzt. NOR- und DINOR-basierte Flash-Bausteine bieten hohe Speicherdichten bei großer Zuverlässigkeit und finden daher meist für die Code-Speicherung Anwendung.

Eine (N)AND-Speicherzelle weist eine kleinere Struktur auf als eine NOR-Speicherzelle, die einen höheren Strom und eine höhere Programmierspannung benötigt. Allerdings bietet NOR einen Geschwindigkeitsvorteil (etwa Faktor 10) beim Random-Access, also beim wahlfreien Zugriff auf einen bestimmten Speicherbereich. Andererseits liegen die Kosten pro Megabyte bei NAND-Flash wiederum niedriger als bei NOR-Flash.

Die verschiedenen Hersteller verfolgen, basierend auf NAND oder NOR, unterschiedliche Flash-Weiterentwicklungen. Intel hat mit StrataFlash (NOR-basierend) erstmals die Möglichkeit geschaffen, dass pro Zelle mehr als ein Bit gespeichert werden kann (2 oder 4 Bits). Letztendlich gilt es, einen kostengünstigen Kompromiss zwischen Speicherkapazität und Geschwindigkeit zu finden, sodass es im Grunde genommen keine Rolle mehr spielt, in welcher Art und Weise die Zellen realisiert werden. Bei den Flash Cards, von denen es eine ganze Reihe unterschiedlicher Varianten gibt, dominiert momentan die NAND-Technologie.

4.4.2 Umgang mit Disks und Cards

Flash Disks wurden schon seit vielen Jahren in industriellen PCs, portablen Einplatinencomputern, Kassensystemen und insbesondere in der Medizintechnik eingesetzt, bevor sie auch für Personal Computer interessant wurden, weil sie bei zunehmender Kapazität immer preiswerter geworden sind. Sie gelten als robust und zuverlässig und sind immun gegen Vibrationen und Erschütterungen. Weil bei ihnen keinerlei mechanische Komponenten für die Datenspeicherung zum Einsatz kommen, sind sie außerdem relativ unempfindlich gegen starke Temperaturschwankungen sowie gegenüber Magnetfeldern. Die ersten Flash Disks waren mit einem IDE-Interface ausgestattet, das mittlerweile von der SATA-Schnittstelle technologisch abgelöst wurde. Das Prinzip ist jedoch das gleiche geblieben. Der interne Controller unterstützt hierfür den ATA-Befehlsatz für Festplatten, sodass die Flash Disks, deren aktuelle Vertreter als *Solid State Disks* (SSD) bezeichnet werden, problemlos eine Festplatte ersetzen können.

Abb. 4–6 Eine SSD von innen im Festplattenformat

Die sogenannten *Flash Cards* wurden mit den Digitalkameras eingeführt und sind inzwischen in einer Vielzahl unterschiedlicher Geräte (Player, Smartphone, Embedded Systems) zu finden. Die *Compact Flash Card* war die erste, die sich auf breiter Front durchgesetzt hat. Insbesondere die Hersteller von Digitalkameras haben im Laufe der Zeit eine ganze Reihe eigener Lösungen auf den Markt gebracht, wie die *Multimedia Card*, die *Smart Media Card*, den *Memory Stick oder auch die xD Picture Card.*

Daten	Multimedia Card	Compact Flash Card	SD Memory Card	Smart Media Card	Memory Stick
Hersteller	San Disk, Hitachi, Infineon	San Disk, Hitachi	San Disk, Toshiba, Panasonic	Toshiba, Samsung	Sony
Interface	Seriell 7 Pins	Parallel 50 Pins, IDE/ATA	Seriell 9 Pins	Parallel 22 Pins	Seriell 10 Pins
Controller	Integriert	Integriert	Integriert	Extern	Integriert
Größe in mm	32 × 24 × 1,4	42,8 × 36,4 × 3,3	32 × 24 × 2,1	45 × 37 × 0,76	21,5 × 50 × 2,8

Tab. 4–3 Verschiedene Speicherkarten mit Flash-Speichern

Auch wenn das Speicherprinzip stets auf dem Flash-Prinzip beruht, weichen die Abmessungen und die Interfaces dieser Typen voneinander ab. Viele PCs verfügen über eingebaute Card Reader, um den Datenaustausch mit verschiedensten mobilen Geräten zu ermöglichen.

Abb. 4–7 In diesen unterschiedlichen Speicherkarten kommen ebenfalls Flash-Bausteine zum Einsatz.

In Tab. 3–3 sind die wichtigsten Daten einiger Flash Cards angegeben. Bis auf die Smart Media Card enthalten alle Typen auch einen Controller, der einerseits für die Verwaltung der Flash-Speicherchips verantwortlich ist und andererseits eine definierte Hard- und Softwareschnittstelle zum jeweiligen Gerät herstellt. Für eine *Smart Media Card* gilt demnach, dass der Hard- bzw. Softwareaufwand in der Geräteelektronik etwas höher ausfällt. Diese Kartentypen sind mittlerweile jedoch nicht mehr sehr gebräuchlich.

Nicht nur die Preise der Speicherkarten fallen unterschiedlich aus, sondern auch die maximal möglichen Kapazitäten, denn die Hersteller entwickeln laufend neue und kleinere Typen. Das Problem, dass sich bestimmte Flash Cards mit einem hierfür im Prinzip geeigneten Card Reader – sei er extern oder auch intern verbaut – nicht lesen lassen, rührt meist daher, dass die Kapazität des betreffenden Typs zu groß ist und der Hersteller deshalb mittlerweile das Interface oder auch das Datentransferprotokoll (leicht) geändert hat. Im dazugehörigen Gerät (Kamera, Smartphone) hat diese Anpassung natürlich ebenfalls stattgefunden, jedoch nicht beim Lesegerät, welches deshalb meist durch ein aktuelleres zu ersetzen ist, falls es kein Software-Update (firmiert meist unter USB-Massenspeichergerät) gibt, was bei den recht preisgünstigen Modellen jedoch selten der Fall ist.

Bei den kleinen Speicherkarten empfiehlt es sich ohnehin, sie nicht öfter als nötig aus dem Smartphone oder der Kamera herauszunehmen – nicht nur, weil sie sehr schnell verloren gehen, sondern auch, weil die Kontakte verschmutzt und beschädigt werden können. Des Weiteren kommt es recht häufig vor, dass das Dateisystem auf einer Flash Card aus irgendeinem Grund beschädigt ist, was in den meisten Fällen durch einen Card Reader im Computer verursacht wurde. Warum dies mit einigen Typen passiert und mit anderen nicht, lässt sich nur durch intensive Nachforschungen klären. Letztendlich liegt jedoch irgendeine Inkompatibilität vor, die sich auch nicht ändern lässt. Auch deshalb sollte die Speicherkarte, etwa aus einer Digitalkamera, nicht herausgenommen und die Fotos stattdessen über einen Card Reader ausgelesen werden. Wenn eine Inkompatibilität zwischen der Speicherkarte und dem Reader vorliegt, kann bereits ein Zugriff auf die Karte genügen, um ein, mehrere oder gleich alle Fotos unlesbar zu machen.

4.4.3 SD Memory Cards

Bei Tablets und Notebooks sowie auch bei anderen mobilen Systemen wird meist eine *SD Memory Card* (SD Card) oder eine miniaturisierte Variante davon eingesetzt. Grundsätzlich entsprechen SD Cards drei Standards, die sich im Wesentlichen in ihrer maximalen Kapazität voneinander unterscheiden. Allerdings wird diesem Umstand im allgemeinen Sprachgebrauch meist nicht Rechnung getragen: Es wird allgemein von »SD Cards« gesprochen. Alle drei Typen besitzen die gleichen mechanischen Abmessungen (32 mm × 24 mm × 2,1 mm).

- SD Card (SD 1.0): Kapazitäten von 8 MByte bis 2 GByte
- SDHC Card (SD 2.0): **H**igh **C**apacity, Kapazitäten von 4 GByte bis 32 GByte
- SDXC Card (SD 3.0): e**X**tended **C**apacity, Kapazitäten von 64 GByte bis 2 TByte

Die SD-Karten besitzen an der Seite einen kleinen Schieber (Lock), der für das Einschalten eines Schreibschutzes zuständig ist. Dieser ist dann ausgeschaltet, wenn der Schieber in die Richtung der Kartenkontakte weist. Prinzipiell kann die Schieberstellung mithilfe eines zusätzlichen Schalters im Card-Slot ermittelt werden, sodass die Software darauf reagieren kann.

Abb. 4–8 Micro SD Card mit SD-Adapter

Neben der klassischen Bauform gibt es noch Typen gemäß *miniSD* (20 × 21,5 × 1,4 mm) und *microSD* (11 mm × 5 mm × 1,0 mm), für die entsprechende Adapter erhältlich sind, damit sie ebenfalls mechanisch in einen üblichen SD-Slot passen. SDHX- und SDXC-Karten funktionieren nicht in Geräten, die lediglich für *SD Cards* spezifiziert sind. Außerdem ist eine geräteabhängige Begrenzung für die maximal zu nutzende Kapazität gegeben, wobei es hier durchaus Unterschiede für das Lesen und das Schreiben geben kann.

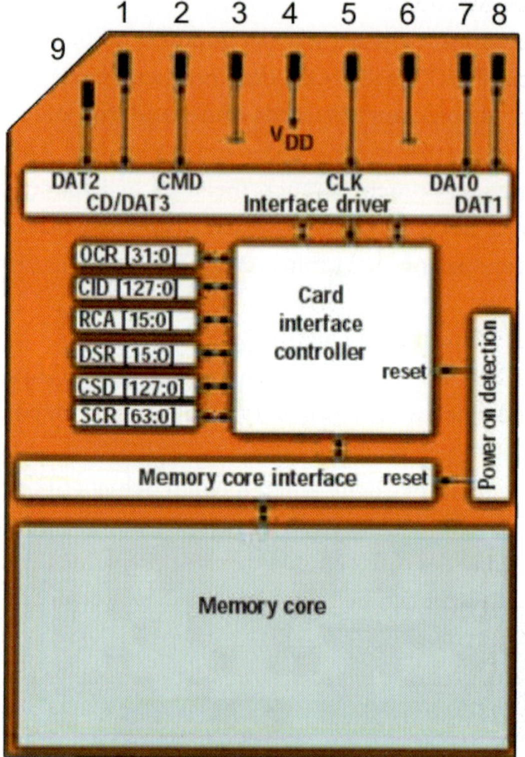

Abb. 4–9 Kontaktbelegung und interner Aufbau einer SD Card

Der eigentliche Card-Controller befindet sich wie erwähnt in der jeweiligen SD Card selbst, sodass die hierfür notwendige Elektronik recht einfach ist, wie es der Abb. 4–9 entnommen werden kann. Die Spannungsversorgung (Vdd) beträgt 3,3 V, und es sind zwei Masseleitungen (Vss1, Vss2) sowie die Masse des Blechslots selbst (MTG1, MTG2) vorhanden.

Die Daten werden über die Signale DAT0, DAT1, DAT2 und DAT 3 transportiert, wobei das DAT3-Signal auch als Kartenerkennung (CD: Card Detect) fungieren kann. Die Datenübertragung wird vom BCM2835 taktgesteuert (CLK), und mithilfe des CMD-Signals wird die Transferrichtung der Daten bestimmt.

Mit der SDHC-Spezifikation sind verschiedene Leistungsklassen definiert worden, die Mindestübertragungsraten für die Aufzeichnung von MPEG-Datenströmen – gewissermaßen eine minimale Schreibgeschwindigkeit – definieren, was insbesondere für Camcorder und Digitalkameras von Bedeutung ist. Die jeweilige *Class*, die gleichermaßen für SDXC-Karten gilt, ist üblicherweise auf der Karte mit angegeben, oder die Schreibdatenrate wird direkt ausgewiesen.

- Class 2: 2 MByte/s Mindestschreibdatenrate
- Class 4: 4 MByte/s Mindestschreibdatenrate
- Class 6: 6 MByte/s Mindestschreibdatenrate
- Class 10: 10 MByte/s Mindestschreibdatenrate

4.4.4 USB-Sticks

Insbesondere die sogenannten *USB Flash Drives* oder *USB-Sticks* sind sehr beliebt, denn sie benötigen keinen speziellen Reader, sondern können direkt an einen USB-Anschluss gesteckt werden. Die USB Flash Drives verwenden ebenfalls Flash-Speicher mit Kapazitäten von anfangs 16 MByte bis hin zu momentan 256 GByte. Aktuelle USB-Sticks sind für USB 3.0 ausgelegt, was sich in einer höheren Verarbeitungsgeschwindigkeit bemerkbar macht und insbesondere für die Modelle mit einer relativ hohen Speicherkapazität sinnvoll ist. Sonst wird das Datenkopieren nicht selten zur Geduldsprobe.

Abb. 4–10 Der USB-Stick verwendet einen Controller von PHISON und zwei NAND-Flash-Speicherchips (auf beiden Seiten der aufgesteckten Platine) der Firma Samsung.

USB-Sticks werden direkt über den USB systemtechnisch im PC integriert, während dies für die unterschiedlichen Flash-Cards über einen USB-Reader erfolgt. Sie alle firmieren jedoch (unter Windows) als Wechseldatenträgerlaufwerke, was gleichermaßen für externe Laufwerke gilt. Gemeinsam ist ihnen auch, dass sie nach dem Anschluss automatisch von den aktuellen Betriebssystemen (siehe Kapitel 7) erkannt werden, was in den meisten Fällen ohne Probleme funktioniert.

Mitunter – wenn ein USB-Stick oder eine externe USB-Festplatte mal an diese und mal an jene USB-Buchse angeschlossen wird – passiert es, dass das Gerät scheinbar nicht mehr erkannt wird. Meist liegt das daran, dass das Laufwerk nicht immer vorschriftsmäßig vom System abgemeldet wurde, weil es einfach ausgeschaltet oder das Verbindungskabel entfernt wurde.

Einige der USB-Sticks verfügen über eine Leuchtdiode (LED), die einen Datenzugriff signalisiert, damit der Anwender den Stick nicht genau in diesem Augenblick abzieht. Bei einer Zuwiderhandlung ist nicht nur die Beschädigung einer Datei zu befürchten, sondern es kann auch gleich das Dateisystem auf dem Stick so beschädigt werden, dass nur noch eine Neuformatierung möglich ist. Falls das Abmelden (Beenden) nicht funktionieren sollte, wird noch irgendein Verzeichnis oder eine Datei auf diesem Datenträger benutzt und muss daher erst geschlossen werden.

4.5 USB-Implementierungen

Im Abschnitt 3.6 ist der USB der verschiedenen Auslegungen erläutert wie er bei PCs und Notebooks üblich ist. Einige Besonderheiten weisen die USB-Implementierungen bei Tablets und Smartphones auf, was Gegenstand dieses Abschnitts ist. Eine Erweiterung der USB 2.0-Spezifikation wird als USB On-The-Go (OTG) bezeichnet.

4.5.1 USB On-The-Go

In Abschnitt 3.6 bereits erwähnt, dass es in einem USB-System stets einen Host gibt, der das System konfiguriert und für jede Datenübertragung verantwortlich ist. Die Implementierung der Host-Funktion ist bei PCs und Notebooks üblich, weil hier eine ausreichende Leistung und genügend Ressourcen zur Verfügung stehen. Nicht immer ist jedoch eine volle Host-Funktionalität erforderlich, die zudem recht aufwendig umzusetzen ist.

Um einen Drucker per USB-Kabel direkt mit einer Digitalkamera zu verbinden, damit Fotos ausgedruckt werden können, wird bei USB-OTG-Einheiten kein PC benötigt. Grundsätzlich wird bei USB-OTG nur eine eingeschränkte Anzahl von USB-Geräten unterstützt, Hubs sind lediglich optional vorgesehen, und mithilfe spezieller USB-OTG-Chips ergibt sich eine verhältnismäßig einfache USB-Implementierung.

Jedes USB-OTG-Gerät muss über die Möglichkeit einer Anzeige verfügen, um den Anwender auf die korrekte Funktion oder das Nichtfunktionieren einer bestimmten angeschlossenen USB-Einheit (»Device not supported«) hinweisen zu können. Damit der Akku eines mobilen Geräts nicht über den USB entladen werden kann, ist die VBUS-Leitung aus Stromspargründen abschaltbar, die minimal lediglich einen Strom von 8 mA leisten muss.

Die OTG-Geräte verwenden zwei spezielle Protokolle (Session Request Protocol, Host Negotiation Protocol), die die »üblichen« USB-Geräte nicht kennen, aber letztlich eine vereinfachte Abwandlung bereits besehender USB-Protokolle sind. USB-OTG kann alle USB-Übertragungsraten (Low Speed bis High Speed) einsetzen und neuerdings auch Super Speed der USB 3.0-Version.

Der Connector entspricht bei USB 2.0 meist einem USB-Mini-oder -Micro-Anschluss, der für USB 3.0 ist als doppelte Micro-Buchse am Gerät ausgeführt ist. Jede USB-OTG-Verbindung wird zwischen einem A- und einem B-Connector ausgeführt. Dabei spielt es keine Rolle, ob dabei Mini-, Micro- oder Standardstecker zum Einsatz kommen.

Abb. 4–11 USB-OTG als Pictbridge bei einem Farblaserdrucker

Für den USB-OTG-Anschluss gibt es unterschiedliche Bezeichnungen, sodass nicht immer sofort erkennbar ist, ob ein Gerät neben der üblichen USB- möglicherweise auch die USB-OTG-Funktionalität bietet. Bei Druckern wird hierfür häufig die Bezeichnung *Pictbridge* verwendet. Für die Pictbridge ist mitunter ein spezielles USB-Verbindungskabel notwendig.

Hiervon werden zahlreiche Typen (USB-OTG-Kabel) angeboten – auch, um etwa einen USB-Stick, der stets als Node fungiert, an einem Smartphone oder Tablet verwenden zu können, die ebenfalls als Nodes fungieren. Wichtig hierbei ist, dass der Tablet-PC bzw. das Smartphone explizit hierfür ausgelegt sein müssen, d. h. den Host-Modus unterstützen. Allgemein funktioniert dies nicht.

4.5.2 Access und Host Mode

Fast jedes aktuelle Gerät (Tablet, Smartphone), das mit Android als Betriebssystem (siehe Abschnitt 7.4) arbeitet, verfügt über einen USB-Anschluss. Dabei kann die im Gerät implementierte USB-Controller-Schaltung dem *USB Access Mode* oder dem *USB Host Mode* entsprechen. Der USB-Host-Modus wird standardmäßig bei PCs implementiert, während der USB-Access-Modus, wie er etwa von einem USB-Speicherstick verwendet wird, stets auf einen Host-Gegenpart angewiesen ist.

Die meisten Smartphones und auch ältere Tablets unterstützen lediglich den USB-Access-Modus. Das heißt, sie fungieren quasi wie ein USB-Speicherstick und können demnach mit einem PC zum Datenaustausch verbunden werden; sie sind jedoch nicht in der Lage die Hostfunktion zu übernehmen, sodass an sie angeschlossene USB-Sticks oder andere USB-Geräte nicht funktionieren.

Mit USB On-The-Go (OTG, s.o.) wird diese starre Zuordnung teilweise aufgehoben, sodass es prinzipiell möglich ist, dass zwei USB-Geräte direkt – ohne PC-USB-Host – miteinander kommunizieren können. Inwieweit dies auf Tablet-PCs und Smartphones zutrifft, ist nicht eindeutig geregelt, sodass für diese Geräte lediglich nach *USB Access Mode* und *USB Host Mode* unterschieden werden kann, was somit die jeweils möglichen Gerätekonstellationen ausweist.

Abb. 4–12 Ein USB-Host-Modus-Adapter (OTG)

Bei einigen Tablet-PCs ist neben der üblichen Micro-USB-Buchse für den Access-Modus mitunter auch eine weitere (spezielle USB-Buchse) vorhanden, die direkt oder per separatem Adapter (der dann auch als OTG-Adapter bezeichnet wird) den Host-Modus unterstützt, sodass dann beide Konstellationen möglich sind. Bei Smartphones ist der Host-Modus (noch) nicht sehr verbreitet. Gleichwohl können einige Modelle, wie beispielsweise das *Samsung Galaxy Note*, per OTG-Adapter die passende Host-Unterstützung bieten, um hier etwa eine USB-Tastatur anschließen zu können.

4.5.3 Open Accesory Mode

Ab der Android-Version 3.1 (Honeycomb) von 10/2011 wird der USB-Host-Modus unterstützt, was bedeutet, dass die softwaretechnische Unterstützung damit prinzipiell gegeben ist. Inwieweit die Hardware eines Tablets oder Smartphones Gebrauch davon macht, ist jedoch geräteabhängig.

Ungeachtet dessen, ob der USB-Host-Modus vom jeweiligen Android-Gerät unterstützt wird oder nicht, gibt es die Möglichkeit, dass diese Geräte mit externer Hardware über den USB kommunizieren können, wenn die externe Hardware als USB-Host fungiert.

Die Grundlage hierfür bildet das *Open Accessory Protocol*, das für die Kommunikation zwischen einem Android-Gerät und einem externen USB-Host zuständig ist. Der Host wird üblicherweise von einem Mikrocontroller gebildet, wofür verschiedene Lösungen existieren, was in Abschnitt 13.3 behandelt wird. Per Update lässt sich die Open-Accessory-Protocol-Funktionalität nachträglich zurück bis zur Gingerbread-Version (V2.3.x) herstellen, sodass auch ältere Android-Geräte hiervon profitieren und sich für die Kommunikation mit externer Hardware einsetzen lassen.

4.6 Bluetooth

Bluetooth ist eine Funktechnologie für die Vernetzung und Kommunikation zwischen völlig unterschiedlichen Einheiten, wie etwa Tablet-PCs, Smartphones, Kameras, Notebooks und diversen Peripherie-Geräten, die über ein entsprechendes Bluetooth-Interface verfügen. Ein weiterer integraler Bestandteil von Bluetooth ist die Sprachkommunikation, die ursprünglich von der für Mobiltelefone bekannten Firma Ericsson entwickelt wurde.

Bluetooth gibt es zwar auch für PCs, gleichwohl kann diese Funktechnologie ihre Qualitäten eher bei mobilen Geräten ausspielen. Hierfür sind drei Leistungsklassen von 1, 2,5 und 100 mW definiert. Laut Standard ist maximal eine Entfernung von bis zu 100 m vorgesehen, was – wie bei den WLANs – jedoch lediglich als theoretisches Maximum zu interpretieren ist.

Klasse	Ausgangsleistung	Reichweite (ca.)
1	100 mW, 20 dBm	100–130 m
2	2,5 mW, 4 dBm	25–35 m
3	1 mW, 0 dBm	10–18 m

Tab. 4–4 Die Bluetooth-Leistungsklassen

4.6.1 Verbindungsaufbau

Die typische Bluetooth-Verbindungsart ist Peer-To-Peer, womit die Verbindung von zwei Geräten, die miteinander kommunizieren können, bezeichnet wird. Jeder Teilnehmer kann dabei sowohl Client- als auch Serveraufgaben wahrnehmen, deshalb existiert hier keine eindeutige Client-Server-Aufteilung. Auch wenn Bluetooth-Geräte prinzipiell ein *lokales Netzwerk* bilden können, wird hierauf nicht weiter eingegangen, denn für diesen Zweck sind WLANs weit besser geeignet.

Bevor eine Verbindung aufgenommen werden kann, wird ein Suchvorgang ausgeführt, woraufhin ein Abruf von bestimmten Daten (Name, Klasse, MAC-Adresse) des gefundenen Bluetooth-Gerätes stattfindet. Danach müssen die beiden Geräte einen Pairing-Prozess durchlaufen, der grundsätzlich bei der ersten Verbindungsaufnahme zwischen zwei Bluetooth-Geräten ausgeführt werden muss.

Erst nach erfolgreichem Pairing-Prozess kann der Client (Android-Gerät: Tablet/Smartphone) mit einem anderen Gerät, das als Server fungiert, eine Verbindung aufbauen. Bei Bluetooth-Netzwerken wird stattdessen auch vom Master und von Slaves gesprochen, wobei die ursprüngliche Aktion stets vom Master ausgeht. In der Praxis spielt es weder für die Kommunikation noch für die Programmierung eine besondere Rolle, welches Gerät welchen Status einnimmt, was letztendlich wieder von den einzelnen Geräten bzw. deren Funktionen abhängig ist. Bluetooth-Einheiten, wie sie etwa als Sensorknoten oder auch allgemein als Schaltungen mit Bluetooth-Interface vorkommen, fungieren meist als Slave, und ein Smartphone oder Tablet-PC tritt als Master auf, von dem die Initiative für den Aufbau der Funkverbindung ausgeht.

Abb. 4–13 Schlüsselabfrage beim Pairing-Prozess

Beim Pairing tauschen die Geräte für die Authentifizierung und Datenverschlüsselung einen sogenannten *Schlüssel* (Initiation Key) aus. Von allen *Bluetooth Devices*, die diesen Vorgang absolviert haben, werden die Daten automatisch im Gerät gespeichert. Nach dem Pairing kann auf den Bluetooth-Adapter zugegriffen werden, damit die Daten der gepaarten Geräte ausgelesen werden können. Zuvor erscheint jedoch meist noch ein Dialog zur Bluetooth-Aktivierung, sodass die Bluetooth-Berechtigungsanfrage zu bestätigen bzw. Bluetooth einzuschalten ist, bevor die Suche nach Geräten in der Umgebung stattfinden kann. Die detektierten Bluetooth-Geräte werden daraufhin angezeigt (Abb. 4–14). In Abhängigkeit von der jeweiligen Bluetooth-Funktionalität können die beiden Devices daraufhin mithilfe der dazugehörigen App(likation) kommunizieren, wobei die Profiles (siehe Abschnitt 4.6.3) hierfür eine wichtige Rolle spielen.

Abb. 4–14 Die Suche hat zwei Bluetooth-Geräte zutage gefördert.

4.6.2 Standards

Bluetooth firmiert unter dem Standard IEEE 802.15.1. Die neueste Version stammt aus dem Jahr 2010 und heißt Bluetooth 4.0. Neben der höheren Datenrate von 2,1 MBit/s (Enhanced Data Rate) gegenüber den vorherigen Einheiten ist ein stromsparender Betrieb implementiert, der als *Bluetooth Low Energy* (siehe den folgenden Abschnitt) bezeichnet wird. Der EDR-Mode wurde zwar bereits mit der Spezifikation Bluetooth 2.0 definiert, konsequent eingesetzt wird er jedoch erst mit der neuesten Chipgeneration. Die Vorgaben von Bluetooth 3.0 sind nicht umgesetzt worden, wozu in erster Linie ein zusätzlicher High-Speed-Kanal zählt, der mit *Ultra Wide Band* (UWB) arbeiten soll(te).

Die am häufigsten eingesetzte Bluetooth-Version basiert nach wie vor auf dem Standard aus dem Jahr 2003, der die Versionsnummer 1.2 trägt und abwärtskompatibel zum noch älteren Standard ist. Ab der Version Bluetooth 1.2 kommt das *Adaptive Frequency Hopping* (AFH) zum Einsatz, das Interferenzstörungen im Zusammenhang mit anderen Geräten mindern soll, die ebenfalls im 2,4-GHz-Band senden. Dies geschieht als Reaktion auf die Tatsache, dass Bluetooth-Einheiten sich zwar kaum von WLAN-Einheiten stören lassen, umgekehrt allerdings den WLAN-Datenverkehr ganz erheblich negativ beinträchtigen können.

Mit Bluetooth 1.2 wurde *Enhanced Quality of Service* eingeführt, was insbesondere für Anwendungen gedacht ist, bei denen ein Master gleichzeitig mit mehreren Clients kommuniziert, denn sie ermöglicht eine bessere Steuerung der Prioritäten in einem Piconet. Alle Bluetooth-Geräte, die zu einer Funkzelle gehören, bilden ein Piconet. Typische Szenarien hierfür wären ein PC, der auf Tastatur- und Mauseingaben von Bluetooth-Geräten reagieren und gleichzeitig eine Internetverbindung über ein Bluetooth-Modem aufrechterhalten kann, oder auch die Möglichkeit, dass Bluetooth-Kopfhörer unterbrechungsfrei Musik wiedergeben können, wenn gleichzeitig andere

Bluetooth-Einheiten aktiv sind. Diese Neuerungen und Verbesserungen gegenüber der ursprünglichen Bluetooth-Version verbergen sich hauptsächlich im Bluetooth-Kern, stehen dem Anwender also fast unbemerkt zur Verfügung und sind natürlich nur dann zu nutzen, wenn mehrere Bluetooth-1.2-Einheiten eingesetzt werden.

4.6.3 Bluetooth Low Energy

Bluetooth Low Energy (BLE) ist Bestandteil von Bluetooth 4.0 und nutzt den gleichen physischen Übertragungskanal wie das klassische Bluetooth der vorherigen Versionen. BLE unterstützt aber lediglich eine Datenrate von maximal 1 MBit/s und eine maximale Reichweite von 10 m. Auch hier organisieren sich die Einheiten zu einem Piconet und synchronisieren sich mit einem Master auf einen Takt und auf ein Muster für das Frequenzsprungverfahren. Das Gerät, das die Verbindung initialisiert, wird automatisch zum Master. Ein Wechsel vom Master zum Slave und umgekehrt ist nicht möglich. Die Kommunikation verläuft dabei wie üblich mit vom Master vorgegebenen Timeslots.

BLE zielt explizit auf einen möglicht geringen Leistungsverbrauch ab, was zahlreiche Änderungen gegenüber dem vorherigen Bluetooth-Standard zur Folge hat. Der Bluetooth Protocol Stack wurde hierfür um den *Bluetooth Low Energy Protocol Stack* erweitert, der im Grunde genommen als eine eigene Entwicklung zu betrachten ist und quasi parallel zum bisherigen Protocol Stack arbeitet. Die Bezeichnung für BLE lautete zunächst Wibree, wurde dann in Ultra-Low Power Bluetooth geändert, bevor es mit in Bluetooth 4.0 integriert wurde.

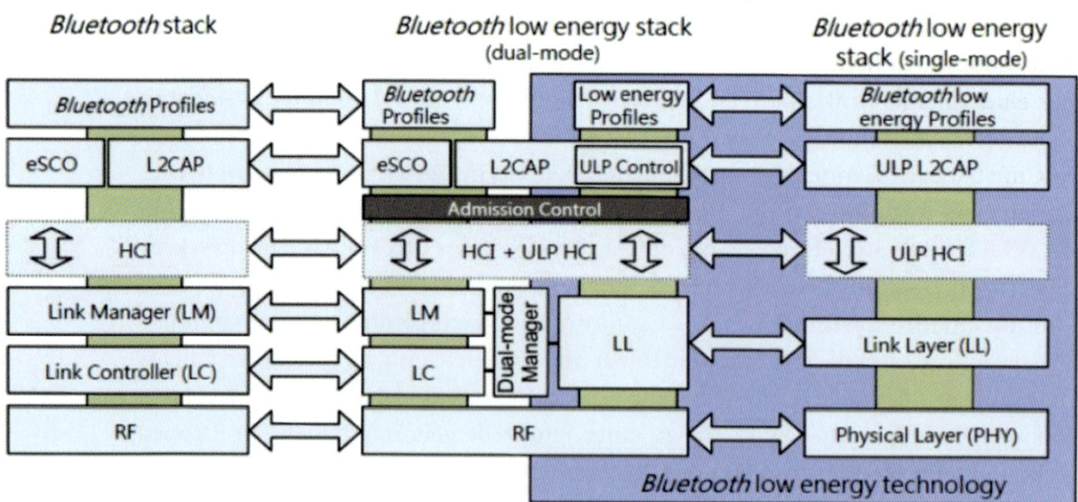

Abb. 4–15 Der »Bluetooth Low Energy Protocol Stack« unterscheidet sich vom klassischen Bluetooth Protocol Stack, sodass nur mit Dual-Mode-Chips eine Kompatibilität hergestellt werden kann.

Außerdem sind Veränderungen in der physikalischen Schicht, die nur noch 40 statt 79 Kanäle unterstützt, und im Paketformat notwendig geworden. Damit geht einher, dass die etablierten *Bluetooth Profiles* nicht mit BLE funktionieren. Diese *Profiles* bilden die herstellerunabhängige Grundlage aller Bluetooth-Anwendungen. Sie definieren, wie sich Geräte gegenseitig erkennen, ihre Funktionen bekannt geben und wie diese dann zu nutzen sind.

Alle Bluetooth-Einheiten müssen mindestens das *Generic Access Profile* (GAP) unterstützen, das für die grundlegenden Funktionen der Gerätedetektierung, des Verbindungsaufbaus und der Sicherheitsmechanismen zuständig ist. Das GAP ist in angepasster Form auch für BLE verfügbar. Andere Standardprofile, wie beispielsweise das *Serial Port Profile* (SPP), gibt es bei BLE nicht standardmäßig. Das SPP ist das einfachste Profil. Es definiert einen virtuellen, seriellen Port, der quasi zusätzlich zu den üblichen COM-Schnittstellen im (Windows-)Betriebssystem implementiert werden kann, sodass die üblichen Anwendungen hierauf aufsetzen können, was die Applikationserstellung auf der Host-Seite sehr vereinfacht. Für BLE stellt sich die Entwicklung entsprechender Software deshalb weit komplexer dar.

Entgegen der ursprünglichen Intention ist damit keine Kompatibilität zwischen dem klassischen Bluetooth und *Bluetooth Low Energy* gegeben. Ein übliches BT-Gerät, wie etwa ein Tablet, kann demnach keine Verbindung mit einer BLE-Einheit aufnehmen, d. h., die Geräte »sehen« sich gegenseitig nicht. Kompatibilität kann nur mithilfe von sogenannten Dual-Mode-Chips hergestellt werden, die sowohl das klassische Bluetooth als auch BLE unterstützen.

Dual-Mode-Chips sind erstmalig in Notebooks und Tablet-PCs eingebaut worden, die Ende des Jahres 2012 auf den Markt gekommen sind. Für den Benutzer spielt die Dual-Mode-Problematik im Gegensatz zum Programmierer oder Systementwickler eher eine untergeordnete Rolle, solange die beteiligten Geräte tatsächlich Bluetooth 4.0 unterstützen. Aktuelle Designs werden vorwiegend mit BLE realisiert, wenn an die Clients keine besondere Anforderungen betreffs Kompatibilität, der zu verwendenden Profile sowie der maximalen Leistung und Reichweite gestellt werden.

5 Smartphones

Mittlerweile wird das sogenannte *Handy* vom Smartphone abgelöst, welches für den Internetzugang mit LTE (siehe Abschnitt 5.3.6) prädestiniert ist und über eine komplexe Elektronik für das Display, USB, WLAN, Bluetooth und weitere Einheiten verfügt. Die Bezeichnung *Handy* (das englische Wort »handy« bedeutet »praktisch, nützlich«) ist im Übrigen international unbekannt: Die Briten sprechen von einem *mobile phone* und die Amerikaner von einem *cell phone*.

Im folgenden Abschnitt über die Mobilfunknetze wird auf die Mobiltelefone anhand der dahinterstehenden Technik noch näher eingegangen.

Ein Smartphone ist im Prinzip eine andere Gerätekategorie – und führt zu einem anderen Benutzerverhalten – als ein Handy oder ein älteres Mobiltelefon, weil nicht das Telefonieren, sondern die Dienste des Internets mit der entsprechenden Darstellungsmöglichkeit, Vernetzung und Datenaustauschbarkeit im Vordergrund sehen.

Die mobile Kommunikation beschränkt sich demnach nicht nur auf die Sprache, sondern in stark zunehmendem Maße auf den Datenverkehr, und das sowohl für den betrieblichen als auch für den privaten Einsatz. Insbesondere durch die Verbreitung von Smartphones und mobilen Endgeräten wie Netbooks und Tablet-PCs ist der Bedarf an *Mobile Internet* gestiegen, sodass die bestehenden Mobilfunknetze bereits an ihre Kapazitätsgrenzen gelangen und die Betreiber rasch in neue Technologien investieren müssen: Ein typisches YouTube-Video, welches auf ein Smartphone geladen wird, benötigt so viel Netzkapazität wie eine halbe Million SMS-Nachrichten, was diesen Umstand etwas verdeutlichen mag, denn ursprünglich sind die Mobilfunknetze für die Sprachkommunikation entwickelt worden, und das Versenden der Kurznachrichten gemäß dem *Short Message Service* (SMS) war jahrelang die einzige Datenanwendung.

5.1 Kenndaten und Systemaufbau

Vom Aufbau her kann man sich ein aktuelles Smartphone als ein kleineres Tablet vorstellen, denn Tablets können genauso mit einem Mobilfunkteil ausgestattet sein, wie es ein Smartphone zwangsläufig ist. Hier kommt allerdings noch die Schwierigkeit hinzu, dass ein Smartphone mobilfunktechnisch abwärtskompatibel sein muss, denn es kann keineswegs davon ausgegangen werden, dass überall LTE zur Verfügung steht, welches zu den älteren Mobilfunkstandards nicht kompatibel ist. Bei einem Tablet wird hingegen ein bestimmtes Funkmodul eingebaut, was auch als optional betrachtet werden kann.

Aus Platzgründen kann der Akku (siehe Abschnitt 3.8) bei einem Tablet größer als bei einem Smartphone ausgeführt sein, sodass sich hiermit bei vergleichbaren Anwendungen längere Laufzeiten ergeben können, was natürlich von der jeweiligen Akkukapazität und den genutzten Anwendungen abhängig ist. Die gesamte Elektronik befindet sich bei einem Smartphone auf einer einzigen Platine, sodass der Austausch einzelner Module (Mobilfunkteil, Bluetooth) generell nicht möglich ist. Die Komplexität der Elektronik – und letztlich der Funktionsvielfalt – geht im Vergleich zu einem Handy auf Kosten der Laufzeit, sodass der Akku eines Smartphones fast täglich aufgeladen werden muss, während der Akku bei einem Handy trotz üblicher Nutzung mehrere Wochen ohne Aufladung arbeitet.

Abb. 5–1 Komponenten eines Smartphones

Bei der Entscheidung für ein bestimmtes Smartphone spielt das Betriebssystem insofern eine Rolle, weil dies meist zur Entscheidung zwischen den iPhones der Firma Apple mit iOS und den zahllosen Modellen mit Android führt. Android hat einen Marktanteil von ca. 74 % und Windows Phone hat einen Marktanteil von ca. 9 %, was auch daran liegt, dass Microsoft den mobilen Markt der Smartphones und Tablets erst relativ spät ernst genommen hat.

Bei den Smartphones mit Android bieten Hersteller wie Samsung, LG, HTC oder Sony verschiedene Geräte in unterschiedlichsten Preis- und Leistungsklassen an. Bei genauerer Betrachtung der Geräteeigenschaften fällt auf, dass die technischen Unterschiede bei aktuellen Modellen minimal bis mitunter kaum feststellbar sind – wenn man die offensichtlichen Merkmale, wie die Geräte- und Display-Größe und -Qualität außer Acht lässt, die in erster Linie für die Preisunterschiede verantwortlich sind.

Das jeweilige Design sowie zusätzliche Features, wie etwa Sensoren zur Fitnessbestimmung (Pulsmessung) oder eine NFC-Funktionalität (s. u.), sind meist kaufentscheidender oder auch, ob sich das Smartphone mit einer Hand bedienen lässt. Angesichts der immer kürzeren Entwicklungszeiten werden Smartphones verhältnismäßig rasch günstiger, sodass die aktuelle High-End-Generation schnell zur Mittelklasse und dann zur Einsteigerklasse wird. Gleichwohl müssen die Hersteller laufend Neuerungen vorsehen, wie etwa Kameraobjektive, die sich besonders gut für die Aufnahme von Selfies eignen oder auch spezielle Audio- und Videooptionen, damit weiterhin neue Modelle gekauft werden. An der eigentlichen Hardware ändert sich seit Jahren jedoch kaum etwas Grundsätzliches, sodass die für Smartphones typischen Ausstattungsmerkmale folgende sind:

- **Touchscreen** in einer Größe von 3,7 bis 6,4 Zoll
- **Grafikauflösung:** je nach Display und Gerät 480 × 854 bis zu 1080 × 19.208 Pixel
- **Mikroprozessor** (meist vom Typ ARM): 2 bis 4 Kerne mit einer Taktfrequenz von bis zu 2,5 GHz, mit der Grafikeinheit (GPU) und anderen Einheiten zu einem SoC kombiniert
- **SDRAM-Speicher:** von 512 MByte bis zu 3 GByte
- **Festwertspeicher:** Flash-Speicher mit einer Kapazität von typischerweise 2 bis 32 GByte
- **MicroSD-Kartenslot:** für die Erweiterung des Festwertspeichers und/oder als Wechseldatenträger
- **Betriebssystem:** Android, iOS oder Windows Phone
- **Kamera:** eine oder zwei Kameras auf der Vorder- und/oder Rückseite mit einer Auflösung von 2 bis 12 Megapixel für Fotografie und Camcorder-Funktion
- **Integrierte Sensoren:** meist für Fingerdruck, Bewegung/Beschleunigung, Helligkeit und Temperatur
- **USB:** als Schnittstelle üblicherweise in der Version 2.0 mit Micro-USB-Anschluss
- **WLAN:** verschiedene Implementierungen nach IEEE802.11 a/b/g/n im 2,4-GHz- oder auch 5-GHz-Band
- **Bluetooth**: verschiedene Implementierungen, aktuell Bluetooth 4.0 mit stromsparendem Bluetooth Low Energy (BLE)
- **Mobilfunk:** aktuell LTE, aus Kompatibilitätsgründen sind auch GPRS/Edge sowie UMTS/HSDPA integriert.
- **GPS**: ein integrierter Empfänger für das Global Positioning System (GPS) zur satelliten-gestützten Positionsbestimmung. Benötigt für das Kartenmaterial möglicherweise eine Mobilfunkverbindung und ist dann nicht eigenständig wie bei einem PKW-Navigationssystem (Onboard Navigation statt Offboard).
- **NFC**: Bei immer mehr Smartphones wird *Near Field Communication* (NFC) vorgesehen, was für den Datenaustausch zur Identifizierung oder für Bezahlvorgänge per Magnetfeld und damit für kurze Distanzen im Zentimeterbereich vorgesehen ist.
- **Lithium-Ionen-Akku:** mit einer Kapazität von ca. 1400 mAh bis zu 3000 mAh
- **Typisches Gewicht:** von 120 bis 200 g

In den meisten Smartphones wird als »Herzstück« der Elektronik ein spezieller SoC eingesetzt, dessen »Rechenkern« von der Firma ARM entwickelt wurde. Unter der Bezeichnung ARM-Architektur gibt es zahlreiche verschiedene Mikroprozessoren, Mikrocontroller und SoCs, die von unterschiedlichen Firmen wie Atmel, Intel, NXP, Texas Instruments (OMAP, Abb. 5–2) oder auch Toshiba angeboten werden.

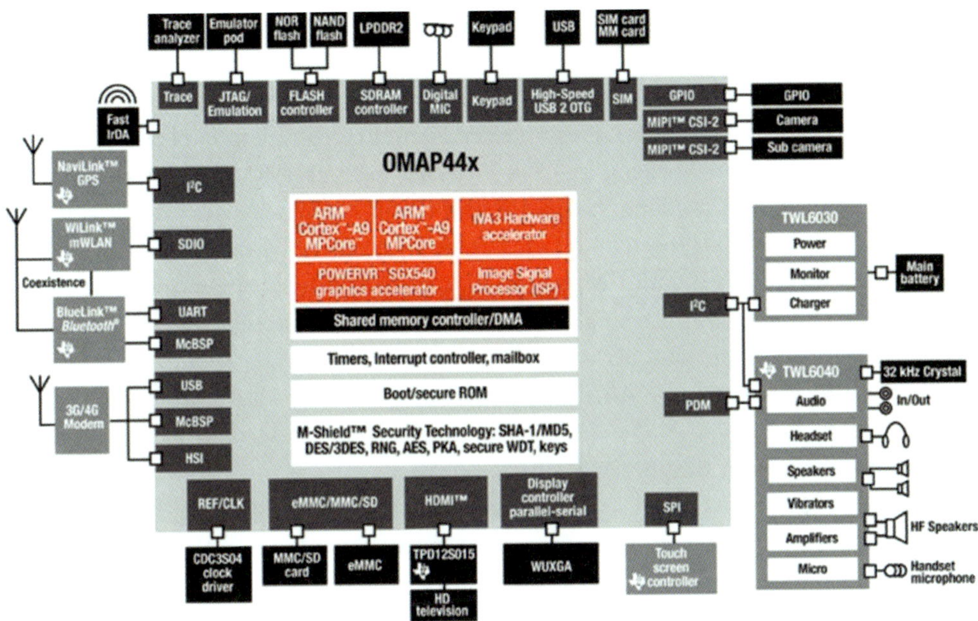

Abb. 5–2 Aufbau eines Smartphones mit Chips der Firma Texas Instruments, wobei der OMAP-SoC mit zwei ARM-9-Cores die zentrale Rolle spielt

5.2 ARM-Prozessoren

Die Basis der ARM-Architektur bildet ein Prozessorkern, der ursprünglich von den Firma Acorn in England unter Federführung der Universität in Cambridge entwickelt wurde. Die Firma Acorn war Anfang bis Mitte der Achtzigerjahre sehr erfolgreich mit dem Computer *BBC Micro*, der als Homecomputer und für den Unterricht an englischen Schulen verwendet wurde und mit einem 6502-Mikroprozessor arbeitete. Für das Nachfolgemodell wurde ein eigener 32-Bit-Prozessor in RISC-Architektur mit der Bezeichnung *Acorn RISC Machine* (kurz ARM) entwickelt. Der erste ARM-Prozessor kam daraufhin im Modell *Acorn Archimedes* zum Einsatz. Er war letztendlich erfolgreicher als der damit betriebene Computer, weil andere Firmen Interesse an der Verwendung dieses Prozessors hatten.

Im Jahre 1990 gründete Acorn zusammen mit Apple und VLSI Technology, die auch die Prozessoren für Acorn fertigte, die Firma *Advanced Risc Machines* (ARM) mit Sitz in Cambridge. Seitdem entwickelt die Firma ARM die spezielle RISC-Architektur konsequent weiter, fertigt allerdings selbst keine Prozessoren, sondern verkauft entsprechende Lizenzen für die ARM-Rechenkerne (IP Cores) und dazu passende Peripherie-Chips (Coprozessor, Speicher, Multimedia). Fast alle Firmen, die im Prozessorgeschäft tätig sind, sind auch ARM-Lizenznehmer; beispielsweise gehören selbst Firmen wie Apple, Intel und Microsoft dazu.

Die Hersteller erwerben bei ARM die benötigten Cores mit den entsprechenden Tools, die auch mit IP-Cores anderer Firmen kombiniert werden können, und erzeugen durch den Vorgang der *Synthese* den eigenen ARM-basierten Controller. Dabei können verschiedene Parameter und damit Einheiten (wie Caches oder Busbreiten) oder auch Eigenschaften (wie *Perfomance versus Leistungsaufnahme* oder die benötigte Chipfläche) vom Chiphersteller variiert werden, was letztendlich zu einer umfassenden Ein-Chip-Lösung, einem spezialisierten System On Chip (SoC) führt. Beispielsweise entspricht der im BCM2835-Chip eingesetzte ARM-Core (ARM-1176JZF-S) einem *Classic ARM Processor*, der erst durch das Hinzufügen von verschiedenen Einheiten (Video Core, SDRAM, GPIO) zum leistungsfähigen und universell einsetzbaren Raspberry-Pi-Prozessor wird.

Der ARM-Erfolg beruht in erster Linie auf der »schlanken« 32-Bit-Architektur, dem sehr guten Preis-Leistungs-Verhältnis, dem effizienten Befehlssatz sowie auf der Tatsache, dass die Stromaufnahme gut mit der jeweiligen Taktfrequenz skaliert, was zu sehr energieeffizienten Prozessoren führt, die in zahlreichen Geräten wie Routern, Druckern, Digitalkameras oder in Smartphones unter Linux und Android arbeiten. In den Geräten der Firma Apple, wie dem iPhone, iPod und iPad, sind ebenfalls ARM-Prozessoren eingebaut, die mit dem eigenen Betriebssystem iOS arbeiten.

Einige der Lizenznehmer dürfen auch Veränderungen am ARM-Kern selbst vornehmen, weil sie eine Architekturlizenz erworben haben und deshalb eigene ARM-kompatible Designs erstellen dürfen, wie es beispielsweise Intel mit den XScale-Prozessoren und Qualcomm mit Snapdragon durchgeführt hat. Andere Architekturlizenznehmer sind Apple (A5, A6, A7, A8), Samsung, Marvell, Freescale und NXP. Deshalb liegt es nahe, neben den ARM-Prozessoren auch spezielle Ausführungen in Form von Mikrocontrollern oder *Application Processors* herzustellen, die bei ARM unter der Bezeichnung Cortex geführt werden.

Die Orientierung ist bei den ARM-Prozessoren nicht nur aufgrund der zahlreichen Hersteller-Designs unübersichtlich, sondern auch, weil ARM zwischen der jeweiligen Familie, der dabei zugrunde gelegten Architektur sowie der Core-Implementierung unterscheidet. Tab. 5–1 entschlüsselt dieses System. Die verschiedenen Chips werden häufig von der Firma TSMC (Taiwan Semiconductor Manufacturing Company) herstellt, denn die meisten der genannten Hersteller besitzen keine eigene Fertigung. Neben TSMC verfügen noch Intel, Samsung und Global Foundies über die entsprechenden Herstellungsmöglichkeiten für hochintegrierte Halbleiterschaltungen.

Über das genaue »Innenleben« eines ARM-SoCs machen die verschiedenen Hersteller keine Angaben und hüten ihre Entwicklungen sehr konsequent.

ARM-Familie	Architektur	Cores	Merkmale
ARM1	ARMv1	ARM1	Der erste ARM-Prozessor, 4 MHz, 26-Bit-Adressierung
ARM2	ARMv2 ARMv2A	ARM2 ARM250	8–12 MHz, 32-Bit-Multiplizierer, Unterstützung für Coprozessor
ARM3	ARMv2A	ARM2a	25 MHz, 32-Bit-Adressierung, 4 kB-Cache
ARM6	ARMv3	ARM60 ARM600 ARM610	12–33 MHz, MMU-Unterstützung, Virtual Memory
ARM7	ARMv3	ARM700 ARM710 ARM710a ARM7100 ARM7500 ARM7500FE	18–56 MHz, 8-kB-Cache
ARM7TDMI	ARMv4T	ARM7TDMI ARM7TDMI-S ARM710T ARM720T ARM740T	18–60 MHz, 3-stufige Pipeline, Thumb-Befehlssatz
	ARMv5TEJ	ARM7EJ-S	5-stufige Pipeline
ARM8	ARMv4	ARM810	70 MHz
ARM9TDMI	ARMv4T	ARM9TDMI ARM920T ARM922T ARM940T	180 MHz, 16-kB-Cache
	ARMv5TE	ARM946E-S ARM966E-S ARM968E-S	Kein Cache, DSP-Befehle
ARM9E	ARMv5TEJ	ARM926EJ-S	Jazelle-Befehlssatz
ARM10E	ARMv5TE	ARM1020E ARM1022E	6-stufige Pipeline, 32-kB-Cache, erweiterte DSP-Befehle
	ARMv5TEJ	ARM1026EJ-S	Thumb- und Jazelle-Befehlssatz

ARM-Familie	Architektur	Cores	Merkmale
ARM11	ARMv6	ARM1136J-S ARM1136JF-S	400–660 MHz, 8-stufige Pipeline
	ARMv6T2	ARM1156T2-S ARM1156T2F-S	9-stufige Pipeline, SIMD
	ARMv6K	ARM11MP Core	Multiprozessor-Core
	ARMv6K	ARM1176JZF-S	700–1000 MHz, Floating Point Unit, Trustzone-Technologie
Cortex	ARMv7-A	Cortex-A5 Cortex-A8 Cortex-A9	600–1000 MHz, 1–4 Cores, SMP, 8-stufige Pipeline, Thumb-2- und Jazelle RCT-Befehlssatz
	ARMv7-R	Cortex-R4	500 MHz, Embedded Profile
	ARMv7-M	Cortex-M0	Nur Thumb-2-Befehlssatz, kein Cache, für 8/16-Bit-Applikationen
		Cortex-M3	Für 16/32-Bit-Applikationen
	ARMv6-M1	Cortex-M1	Für FPGA-Implementierung
	ARMv7-ME	Cortex-M4	Mikrocontroller-Profile, für 32-Bit-Applikationen
	ARMv8	Cortex-A5x	64-Bit-Architektur, max. 3 GHz

Tab. 5–1 ARM-Familien und Typen im Überblick

Während die ersten Architekturen (ARM1-, ARM2-, ARM3-Familien) lediglich in den Archimedes-Computern der Firma Acorn zum Einsatz kamen, änderte sich das Geschäftskonzept mit der Umbenennung in *Advanced Risc Machines* (s.o.) grundlegend. Das erste Ergebnis war ein Prozessor (ARM610) auf der Basis des ARM6-Core, der 1993 im ersten bekannten PDA von Apple (Newton) eingesetzt wurde.

Der große Erfolg stellte sich jedoch erst zwei Jahre später mit den Nachfolgern – der ARM7-Familie – ein, die aktuell das untere Ende der ARM-Architektur markieren und nicht mehr für Neuentwicklungen empfohlen werden. Insbesondere die ARM9- als auch die ARM11-Cores sind aktuell in einer Vielzahl von Chips und damit Geräten enthalten. Beim Einsatz dieser etablierten CPU-Kerne kann der Anwender auf ein breites Spektrum an Debug- und Programmierumgebungen zurückgreifen, und es können bereits vorhandene Bibliotheken und Beispielprogramme genutzt werden.

Die neueste Architektur ist ARMv8, die erste von ARM mit 64 Bit, die zudem eine Rückwärtskompatibilität zur vorhandenen 32-Bit-Software bietet. Android 5.0 basiert auf dieser 64-Bit-Architektur, während dies bei den Geräten von Apple mit iOS bereits seit dem Jahr 2013 der Fall ist.

5.2.1 ARM-Cortex

Die Cortex-R- und Cortex-M-Cores werden bei ARM als *Embedded Processors* geführt und avisieren Echtzeitanwendungen (Real Time), wie sie bei Netzwerk- und Automotive-Applikationen sowie in der Medizintechnik üblich sind. Das *Embedded Profile* (Cortex-R) unterscheidet sich jedoch maßgeblich vom *Microcontroller Profile*, welches bei den Cortex-M-Cores die Basis bildet. Cortex-M ist explizit auf niedrigere Taktraten und einen effizienten Stromverbrauch bei geringen Kosten ausgelegt.

Die Cortex-A-Cores werden als *Application Processors* bezeichnet und können mit bis zu vier Cores ausgestattet sein. Sie sind explizit für Einheiten wie Notebooks, Tablets und Smartphones vorgesehen. Für Tablets und erst recht für Smartphones wird ein sehr hoher Integrationsgrad benötigt, sodass hier einige andere SoC-Hersteller, wie etwa Qualcomm (Snapdragon), MediaTek (MT6000), Marvel Technology (Armada PXA) oder auch NVIDIA (Tegra), eine wichtigere Rolle spielen als diejenigen Hersteller, die ihre SoCs für Embedded Systems, Digital-TV oder auch für Netzwerkeinheiten (Switches, Router) und Einplatinencomputer (Arduino, Raspberry Pi) vorsehen.

	MT6589	MT6589M	MT6589T	MT6588	MT6592	MT6582	MT6572	MT629X
Core, CPU	Quad, A7	Quad, A7	Quad, A7	Quad, A7	Octa, A7	Quad, A7	Dual, A7	-
Speed	1.2GHz	1.2GHz	1.5GHz	1.7GHz	2.0GHz	1.3GHz	1.0GHz	-
Networks	W&TDS	W&TDS	W&TDS	W&TDS	W&TDS	W&TDS	W&TDS	LTE<E-TDS
GPU	SGX544	SGX544	SGX544	SGX6XX	SGX6XX	Mali400	Mali400	-
Video	FHD 1080p	HD 720p	FHD 1080p	FHD 1080p	FHD 1080p	HD 720p	HD 720p	-
Resolution	1280x1080	1280x1080	1280x1080	1920x1080	1920x1080	1280x720	960x540	-
Camera	13MP	8MP	13MP	13MP	13MP	8MP	8MP	-
Tech node	28nm	28nm	28nm	28nm HKMG	28nm HKMG	28nm	28nm	28nm
ASP	USD13-15	<USD13	>USD15	<USD18	USD20	NA	USD10	USD15-18
Remarks	GPU 286MHz	GPU 156MHz	GPU 357MHz	NA	NA	Integrated WIFI	Integrated WIFI	Baseband Modem only

Abb. 5-3 Daten von SoCs der Firma MediaTek für Smartphones

Bei Chipsets für Smartphones ist die Firma Qualcomm seit einigen Jahren Marktführer, nicht zuletzt, weil der Mobilfunkteil (aktuell LTE) mit in den SoCs integriert ist, die unter der Bezeichnung *Snapdragon* firmieren. Snapdragon entspricht einer modifizierten ARM-Architektur. Mit der aktuellen Snapdragon-Generation, die in Smartphones wie Samsung Galaxy S5, Sony Xperia Z3 und von anderen Herstellern (HTC, LG, Blackberry) eingesetzt wird, wird ein Quad Core ARM Cortex A57 mit einem Quad Core A53 kombiniert, der eine 64-Bit-Unterstützung bietet. Im Snapdragon 810-SoC sind außerdem eine GPU (Adreno 430), ein DSP (800 MHz), ein LTE-Modem sowie Bluetooth 4.1, WLAN (IEEE 802.11 a/c/n), USB (2.0/3.0) und GPS sowie die Interfaces für die Kamera und das Display integriert.

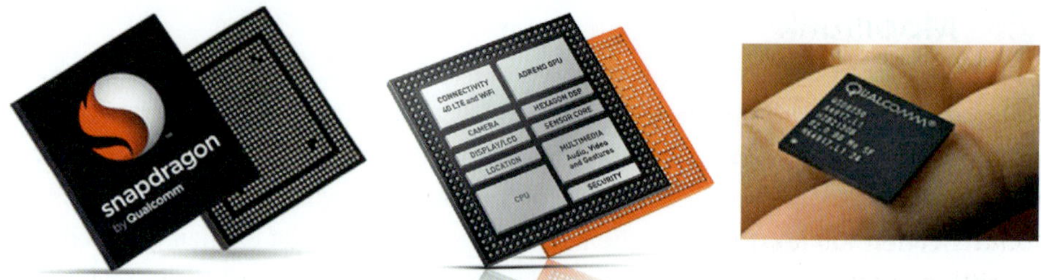

Abb. 5–4 Das Herzstück der meisten Smartphones bildet ein SoC der Firma Qualcomm.

In Abb. 5–4 ist zu sehen, dass der Snapdragon keine erkennbaren Anschlüsse (Pins) führt, denn die einzelnen Kontakte sind auf der Chipunterseite in Form von Zinnkugeln (Balls) ausgeführt. Durch das Erhitzen der Platine während der Fertigung schmelzen die Kugeln auf, sodass hiermit feste Kontakte zu den entsprechenden Punkten auf der Platine hergestellt werden. Diese Gehäuseform wird gemeinhin als BGA (*Ball Grid Array*) bezeichnet, und es gibt zahlreiche verschiedene Varianten in verschiedenen Größen mit unterschiedlicher Kontaktanzahl. Diese BGA-Technik wird für (fast) alle Chips auf der Platine eines Smartphones oder auch Tablets eingesetzt. Das bedeutet, dass der Austausch eines defekten Chips nur mit Spezialwerkzeug (Fineplacer + BGA Rework Station) möglich ist, welches mehrere Tausend Euro kostet. Auch wenn die Chips eher selten defekt sind, sondern meist ein Kontaktfehler an einem oder mehreren »Balls« vorliegt, kann hier keine Reparatur (nachlöten) mit einem üblichen Handlötkolben vorgenommen werden. Weil der Aufwand eines BGA-Chipaustausches recht hoch ist, wird bei einem Defekt gleich die komplette Platine oder das Smartphone getauscht, was von der jeweiligen Preisklasse des jeweiligen Modells abhängt.

Abb. 5–5 ARM-Prozessoren werden meist in BGA-Gehäusen gefertigt.

5.3 Mobilfunk

Die mobilen Netze können wie die drahtgebundenen Festnetze zunächst den leitungsvermittelnden Netzen zugerechnet werden, die auch als *Circuit Switched Networks* bekannt sind. Statt ein komplett neues System zu entwickeln, wurde für die mobilen Netze auf die bereits vorhandenen Systeme der Festnetztechnik, wie die Vermittlungsstellen und die WAN-Technik (SDH, Sonet), zurückgegriffen und nur die Technik für den Teilnehmeranschluss neu entwickelt. Hierfür ist eine *Mobilitätskomponente* notwendig, die die Eigenschaften eines mobilen Benutzers berücksichtigt, der in unterschiedlichen begrenzten geografischen Gebieten über verschiedene Vermittlungsstellen Gespräche führen und dabei auch seinen Aufenthaltsort ändern kann.

5.3.1 Analoge Mobilfunknetze (1G)

Das erste Mobilfunknetz in Deutschland war das analoge A-Netz, welches von 1958 bis 1977 betrieben wurde und mit einer Handvermittlung arbeitete. Die kastengroße schweren Geräte wurden als Autotelefone eingesetzt und kommunizierten mit fest installierten Stationen des Fernsprechnetzes. Um einen PKW per A-Netz zu erreichen, musste der ungefähre Aufenthaltsort bekannt sein, damit das Autotelefon angewählt werden konnte.
Von 1972 bis 1994 war das B-Netz im Betrieb, welches erstmalig eine Selbstwahl erlaubte und von ca. 27.000 Teilnehmern genutzt wurde.

Ab dem Jahr 1986 bis 2000 konnte das nachfolgende C-Netz bis zu 800.000 Teilnehmer verzeichnen. Es setzte erstmalig Zellularfunk ein und ermöglichte eine Lokalisierung des mobilen Teilnehmers, der sich über Funkzellen hinweg bewegen durfte, ohne dass eine neue Verbindung initiiert werden musste.

Mit *Zellularfunk*, der die Grundlage der darauffolgenden Mobilfunknetze sowie auch der *Wireless LANs* bildet, wird eine Technik bezeichnet, die mit *Funkzellen* arbeitet. Dabei wird eine räumliche Zelle abgebildet, also ein Gebiet mit der jeweiligen Funktechnik abgedeckt, wie es auch im Kapitel über die WLANs erläutert ist. Ein Mobilfunkteilnehmer muss sich demnach innerhalb einer Funkzelle befinden, um telefonieren zu können. Aktuelle Funkzellen haben Reichweiten von einigen 100 m in Städten und bis zu 30 km auf dem Land.

Abb. 5–6 Mit den Geräten für das C-Netz sind die Autotelefone mobil geworden.

Die Flächenabdeckung des C-Netzes war bereits als recht gut zu bezeichnen, und es gab erstmals eine einheitliche Vorwahl für die Telefone, die den Übergang vom reinen Autotelefon zum Mobilfunktelefon markierten. Wie bei den vorhergehenden Netzen wird die Sprache auch im C-Netz analog übertragen, die Vermittlungs- und Steuerungsinformationen hingegen digital.

5.3.2 Global System for Mobile Communications (GSM)

Der erste europäische Mobilfunkstandard wurde im Jahr 1990 von der ETSI veröffentlicht. Er wurde von der *Groupe Spécial Mobile* (GSM) in Abstimmung mit der CEPT als Organisation für die europäische Abstimmung der Telekommunikation erarbeitet. Das später als *Global System for Mobile Communications* (kurz GSM) bezeichnete System hat sich weltweit als führender Mobilfunkstandard etabliert. GSM wird zur zweiten Mobilfunkgeneration (2G) gerechnet, die digital arbeitet und in Deutschland seit 1992 existiert. Die D1- und D2-Netze waren dabei die ersten Versionen, und ab 1994 folgten die E-Netze (E1, E2, jetzt E+). Die D-Netze arbeiten bei 900 MHz und die E-Netze bei 1800 MHz. In der Bundesrepublik sind vier GSM-Mobilfunknetze von Bedeutung:

- D1: T-Mobile (Telekom)
- D2: Vodafone
- E+: Base E-Plus Service GmbH
- E2: O2 Germany

Die Betreiber der Mobilfunknetze bieten unterschiedliche Flächenabdeckungen, Tarifstrukturen und Roaming-Möglichkeiten für das Telefonieren im In- und Ausland. Jedes mobile Endgerät verfügt über eine SIM-Karte (Subscriber Identity Module), auf der Daten für die Teilnehmeridentifizierung sowie für den Betrieb abgespeichert sind.

Funkschnittstelle

Die technische Basis der Funkschnittstelle oder Luftschnittstelle bilden die streng regulierten Funkfrequenzen, wobei sowohl ein Zeitmultiplexing als auch ein Frequenzmultiplexing stattfindet und getrennte Frequenzbereiche für den Uplink und für den Downlink eingesetzt werden, was als *Frequency Division Duplex* (FDD) bezeichnet wird.

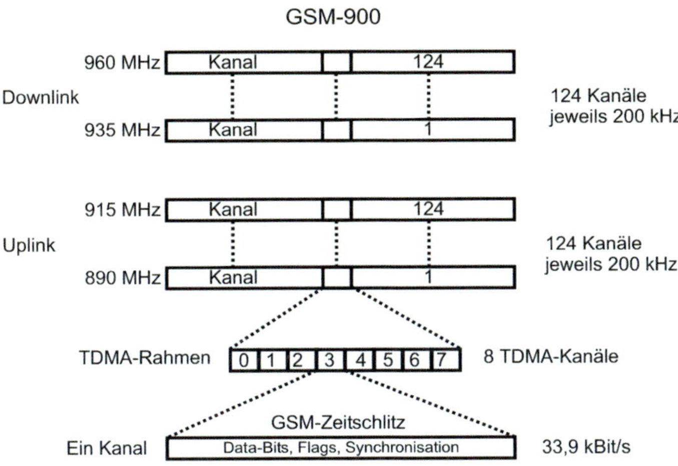

Abb. 5–7 GSM arbeitet mit Frequenz- (FDMA) und Zeitmultiplexing (TDMA).

Diese beiden Frequenzbereiche werden jeweils per *Frequency Division Multiple Access* (FDMA) in 124 Frequenzkanäle mit einer Bandbreite von 200 kHz aufgeteilt. Jeder Kanal wird mit *Time Division Multiple Access* (TDMA) in TDMA-Rahmen aufgespaltet, wobei jeder Rahmen aus acht Zeitschlitzen für acht logische Kanäle besteht. Jeder Zeitschlitz (Normal Burst) beträgt 577 µs und enthält 156,25 Bit, wovon 114 Bits für die eigentlichen Daten und die übrigen Bits für die Fehlererkennung und die Synchronisation verwendet werden. Außerdem wird anhand von zwei Bits (Flags) gekennzeichnet, ob Nutzdaten oder Steuerdaten im Burst transportiert werden.

Auf Anforderung wird einem Teilnehmer bei der Vermittlung ein Kanal in einem bestimmten Zeitschlitz zugeordnet. Diese Anforderung erfolgt per *Signalisierung* über separate *Steuerkanäle* und damit ähnlich wie bei ISDN, während die sogenannten *Verkehrskanäle* die Nutzdaten transportieren.

Architektur

Der erläuterte Aufbau der Funkschnittstelle (U_m) ist zwischen dem mobilen Endgerät (Mobile Station) und dem *Base Station Subsystem* (BSS) gegeben, der GSM-Basisstation. Eine Basisstation besteht aus der Sende-/Empfangseinrichtung, die als *Base Transceiver Station* (BTS) bezeichnet wird, und aus der dazugehörigen Steuerung (Base Station Controller, BSC), die mehrere BTS anhand der A_{bis}-Schnittstelle entsprechend steuern kann und die Verbindung zum Vermittlungssystem *Network and Switching Subsystem* (NSS) schafft. Eine BTS erkennt man auf Masten, Türmen und Häusern anhand der montierten Antennen. Jeder Netzbetreiber hat über zehntausend davon, über das Land verteilt, angebracht.

Abb. 5–8 GSM-Antennen auf einem Mast

Die Kommunikation zwischen den *Base Station Controllern* (BSC) und dem Vermittlungssystem wird über die A-Schnittstelle ausgeführt. Ein NSS besteht im Wesentlichen aus den regional lokalisierten *Mobile Switching Centers* (MSC) und einem zentralen Gateway (GMSC), das die MSCs über Glasfaserkabel oder Richtfunkstrecken miteinander verbindet. Die runden Antennen für die Richtfunkstrecken befinden sich meist gemeinsam mit der länglichen GSM-Antenne am gleichen Mast.

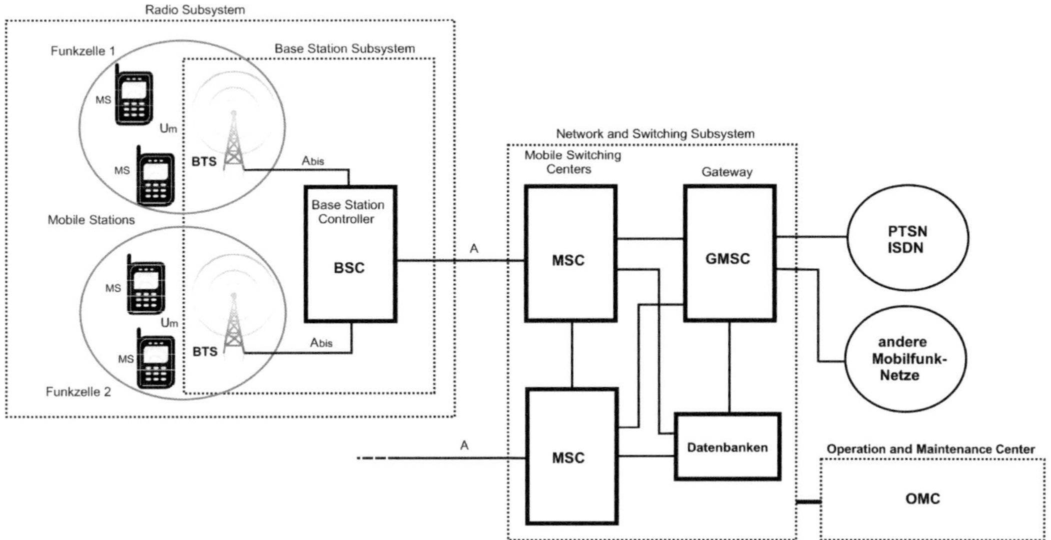

Abb. 5-9 Prinzipieller Aufbau des GSM-Netzes

Die A_{bis}-Schnittstelle (OSI-Schicht 1) – zwischen BTS und BSC – teilt 64-kbit/s-Kanäle in mehrere Subkanäle auf, wobei hier oftmals herstellerspezifische Verfahren eingesetzt werden. Die A-Schnittstelle (OSI-Schichten 1 bis 3) – zwischen BSC und MSC – wird oft als PCM30-System realisiert, die ISDN-gemäß bis zu 30 Kanäle in einen seriellen Bitstrom multiplext. Alternativ wird an dieser Stelle auch eine SDH-Verbindung (155 MBit/s) eingesetzt. Der gesamte »Funkteil« des Netzes wird als *Radio Sub-System* bezeichnet (RSS).

Im *Network and Switching Subsystem* (NSS) wird der Übergang zu den anderen Netzen (Mobilfunk anderer Betreiber, ISDN, PSTN) geschaffen, und verschiedene Datenbanken sind hier für die mobilen Endgeräte, die Telefonnummern und die Teilnehmerdaten lokalisiert. Die Kontrolle und Wartung des Netzes wird vom *Operation and Maintenance Center* (OMC) ausgeführt, welches aus verschiedenen Einrichtungen besteht und auch für die Abrechnungen zuständig ist. Die Telekom betreibt in Deutschland ca. 10 dieser Center, 20.000 Basisstationen und 1000 *Network and Switching Subsystems* für die Vermittlung.

In einem GSM-Netz wird eine Vielzahl von unterschiedlichen Protokollen zwischen den einzelnen Komponenten (MS, BTC, BSC, MSC, GMSC) verwendet. Die Signalisierung ist dabei eine der komplexeren Vorgänge mit dem Aufbau, der Überwachung und dem Abbau der Verbindungen, was die Zellerkennung sowie die Authentifizierung beinhaltet, die innerhalb der OSI-Schichten 1 bis 3 stattfinden. Das *Message Transfer Protocol* (MT1–MT3) ist dabei für alle mobilen Funktionalitäten zuständig.

5.3.3 General Packet Radio Service (GPRS)

GSM ist für die reine Sprachübertragung entwickelt worden und stellt ein leitungsvermittelndes Netzwerk dar, welches sich grundsätzlich dadurch auszeichnet, dass zwischen zwei Teilnehmern ein exklusiver Kanal geschaltet wird. Dieser weist eine konstante Bandbreite und Verzögerungszeit auf, was letztendlich der Sprachqualität zugute kommt.

Datenanwendungen weisen demgegenüber variable Übertragungsraten auf, beispielsweise beim *Browsen* im Internet, wo für die Anforderung der Webseite eine hohe Bandbreite notwendig ist, beim Betrachten der Webseite allerdings nur eine geringe. Eine flexible Anpassung der Bandbreite ist bei einer Leitungsvermittlung nicht möglich, sodass diese bei Datenanwendungen nicht ausgenutzt werden kann, was bei den begrenzten Ressourcen der Luftschnittstellen nicht hinnehmbar ist. Besser ist es, wenn der Übertragungskanal nur während der eigentlichen Datenübertragung verwendet wird und ansonsten von anderen eingesetzt werden kann.

Wenn der Übertragungskanal nicht wie bei GSM in kleinere Kanäle für die einzelnen Benutzer aufgeteilt und fest zugeordnet wird, sondern wenn die Daten unterschiedlicher Benutzer stattdessen nacheinander über den (gesamten) Übertragungskanal gesendet werden, der die volle Bandbreite aufweist, dann erhält man eine *paketorientierte Übertragung*.

Um die Paketübertragung auch in GSM-Netzen verwenden zu können, ist der *General Packet Radio Service* (GPRS) eingeführt worden. Durch die flexible Bandbreitenzuteilung bei GPRS wird bis zu 171,2 kBit/s (acht Zeitschlitze) an Datenrate erreicht: Dies ist allerdings nur theoretisch möglich, weil für GPRS zusätzliche Fehlerschutzmechanismen implementiert werden müssen.

GPRS ist kein komplett neuer Standard, sondern ergänzt GSM um die Funktionalität der Paketübertragung. Hierfür musste der GSM-Backbone – praktisch das *Network and Switching Subsystem* – um ein parallel dazu arbeitendes, eigenständiges GPRS-System erweitert werden, welches üblicherweise einem ATM-Netz entspricht.

Das Pendant zum *Mobile Switching Center* (MSC) bei GSM ist ein *Serving GPRS Support Node* (SGSN) bei GRPS, der als Router mit Frame Relay über die Schnittstelle G_b mit den gegenüber GPRS funktional erweiterten *Base Station Controllern* arbeitet. Hierfür ist eine zusätzliche *Packet Control Unit* (PCU) bei den BTS notwendig, die die Flusssteuerung mit der Vergabe der Time Slots und eine Fehlerkorrektur durchführt. Zum Backbone hin wird die Verbindung mit einem Gateway (GGSN) über die Schnittstelle G_n hergestellt, die von dort (über G_i) in das Internet geroutet wird.

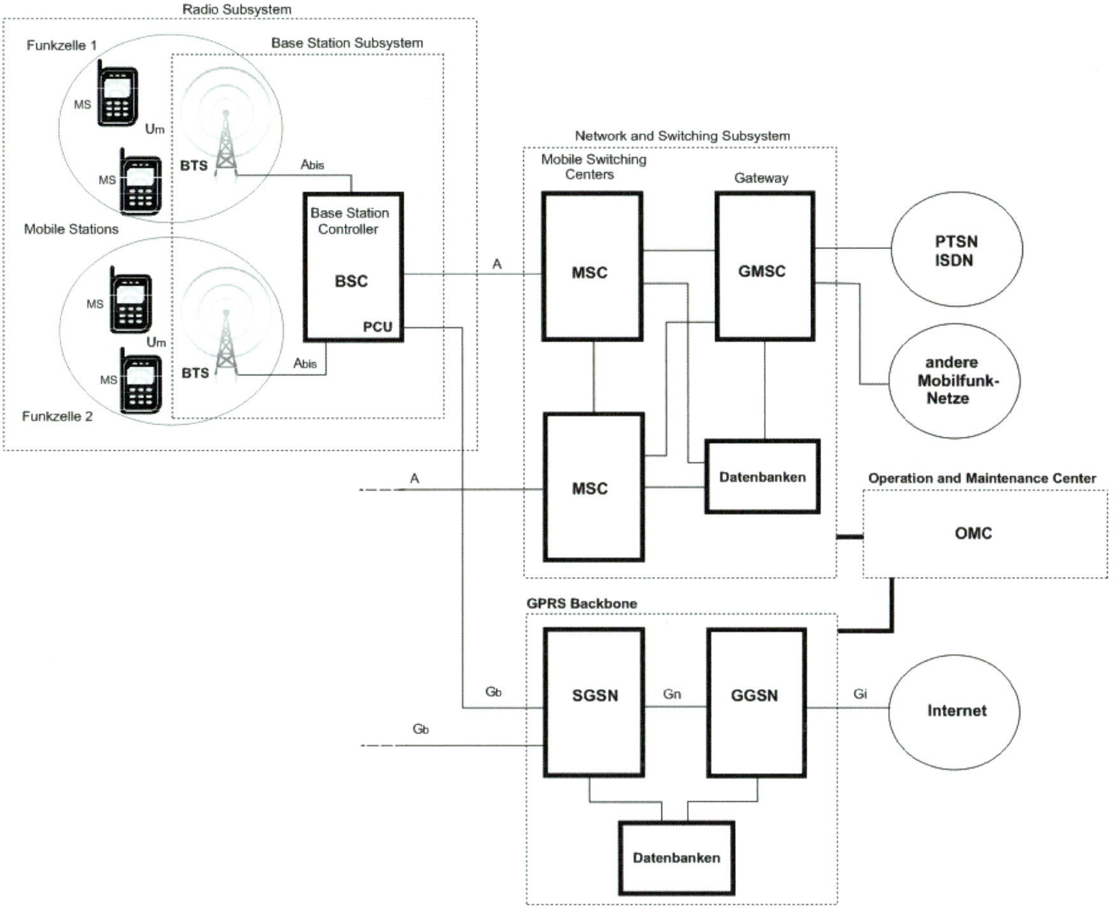

Abb. 5–10 Prinzipieller Aufbau des um GPRS erweiterten GSM-Netzes

Das GGSN vergibt temporäre IP-Adressen für die Teilnehmer und führt entsprechende Routing-Tabellen. Es ist für den Mobilfunkteilnehmer auch dann weiterhin zuständig, wenn er den Bereich eines SGSNs verlässt, was nur eine Änderung an der Routing-Tabelle bedeutet. Die Endgeräte müssen deshalb keine Konfigurationsveränderungen vornehmen, was die Interneteinwahl und -verbindung für den Anwender ohne Mobilitätsverlust gestaltet.

5.3.4 Enhanced Date Rates for GSM Evolution (EDGE)

GPRS ist eine Möglichkeit, die vorgegebenen Bandbreiten besser ausnutzen zu können. Eine weitere und effektivere Möglichkeit wird als *Enhanced Date Rates for GSM Evolution*, kurz EDGE, bezeichnet. Hiermit wird eine Erhöhung der Datenrate erreicht, indem an der Funkschnittstelle eine andere Modulationstechnik eingesetzt wird. Der

Kanal (GSM-Zeitschlitz, vgl. Abb. 5–7) wird dadurch besser ausgenutzt, sodass ein EDGE-Zeitschlitz die dreifache Kapazität eines GSM-Zeitschlitzes aufweist.

Während bei GSM, welches die Grundlage für GPRS bildet, eine Modulation nach dem *Gaussian Minimum Shift Keying* (GMSK) zum Einsatz kommt, bei der 1 Bit pro Symbol (1 Bit/Hz) transportiert werden kann, werden bei EDGE gleich 3 Bits pro Symbol (3 Bit/Hz) mithilfe der 8-PSK-Modulation (*8 Phase Shift Keying*) übertragen.

Weil EDGE lediglich die Funkschnittstelle gegenüber GSM/GPRS verändert, sind für die Nutzung Änderungen am *Base Station Subsystem* (BSS) sowie geeignete Mobilgeräte notwendig. Alle vier Netzbetreiber in Deutschland haben ihre Mobilfunknetze bereits seit einiger Zeit für EDGE aufgerüstet.

5.3.5 Universal Mobile Telecommunications System (UMTS)

GSM wurde in den Achtzigerjahren entwickelt und nachträglich mit GPRS und EDGE für Datenanwendungen ausgebaut. Die erreichbaren Datenraten entsprechen bei GPRS günstigstenfalls denen eines Modems (50 kBit/s) und bei EDGE höchstens 270 kBit/s, was für Internetanwendungen nicht mehr ausreichend ist.

Der nächste Schritt ist deshalb ein Netz, welches die Eigenschaften eines leistungsvermittelnden Sprachnetzes mit denen eines paketvermittelnden (multimedialen) Datennetzes unter Einsatz neuer Techniken vereinigt. Dies ist dann die dritte Generation eines Mobilfunknetzes, was daher auch *3G* genannt und genauer als *Universal Mobile Telecommunication System*, kurz UTMS, bezeichnet wird.

UMTS wird zwar weltweit eingesetzt, allerdings in unterschiedlichen Frequenzbereichen und mit unterschiedlichen Verfahren, sodass auch hiermit keine weltweite Kompatibilität gegeben ist. In Europa ist die Implementierung ULTRA-FDD (UMTS Terrestrial Radio Access – Frequency Division Duplex) von Bedeutung, die sechs Frequenzblockpaare mit jeweils 5 MHz in den Bereichen 1920 MHz bis 1980 MHz (Uplink) und 2110 MHz bis 2170 MHz (Downlink) reserviert.

WCDMA-Multiplexing

Die wesentliche Neuerung von UMTS gegenüber GSM ist eine neue Multiplextechnik (Codemultiplex), die als *Wideband Code Division Multiple Access* (WCDMA) bezeichnet wird. WCDMA spreizt die Signale über die gesamte Bandbreite von 5 MHz, wobei der Sender die zu übertragenden Bits mit einer Chipping-Sequenz zu einem Code verknüpft, der für jeden Benutzer speziell ist.

Diese unterschiedlich kodierten Signale aller Nutzkanäle ergeben ein Summensignal, welches permanent über den vollen Frequenzbereich des Uplink- und des Downlink-Bereichs übertragen wird. Weil die Übertragungsrate für jeden einzelnen Kanal nach Bedarf individuell angepasst werden kann, ergibt sich damit eine effiziente Ausnutzung der Bandbreite. Andererseits hat dies einen vergleichsweise hohen Stromverbrauch zur Folge.

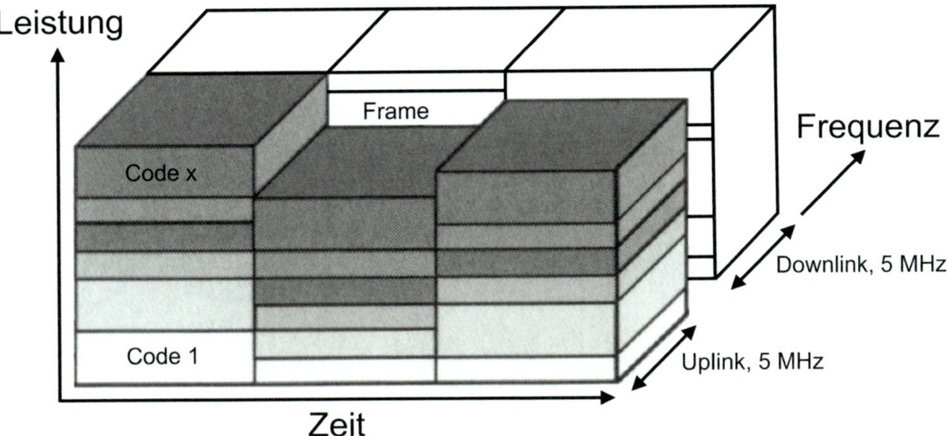

Abb. 5–11 Das Multiplexprinzip von UMTS

UMTS ist von der ITU-T seit 1992 unter IMT-2000 *International Mobile Telecommunications at 2000 MHz* spezifiziert. Dabei ist eine evolutionäre Umstellung von GSM/GPRS/EDGE auf UMTS vorgesehen, sodass zunächst die vorhergehende Netzwerktechnologie in Teilen verwendet wurde, um Schritt für Schritt bestimmte Einheiten durch neuere zu ersetzen, was in den sogenannten *Releases* festgehalten wird.

Netzarchitektur

Die Netzarchitektur wurde für UMTS neu definiert, was mit zahlreichen Neubenennungen der einzelnen Einheiten und der Schnittstellen einhergeht. Der prinzipielle Aufbau ist GSM allerdings sehr ähnlich.

Der Funkbereich wird nunmehr als *UMTS Terrestrial Radio Access Network* (UTRAN) bezeichnet. Die *Mobile Stations* werden jetzt als *User Equipments* (UE) bezeichnet und die *Base Station Controller* als *Node B* (Basisstation), die mit den *Radio Network Controllern* (RNC) im *Radio Network Subsystems* (RNS) kommunizieren. Das dahinter liegende *Core Network* (CN) entsprach zunächst (Release 99) dem GSM/GPRS-Netz und wurde mit dem Release 4 (aus 2001) zum *Bearer Independent Core Network* (BICN), welches die leitungs- und die paketvermittelnden Netze (Circuit Switched, Packet Switched) zusammenführt und statt mit Zeitschlitzen von 64 kBit/s mit IP-Paketübertragungen arbeitet.

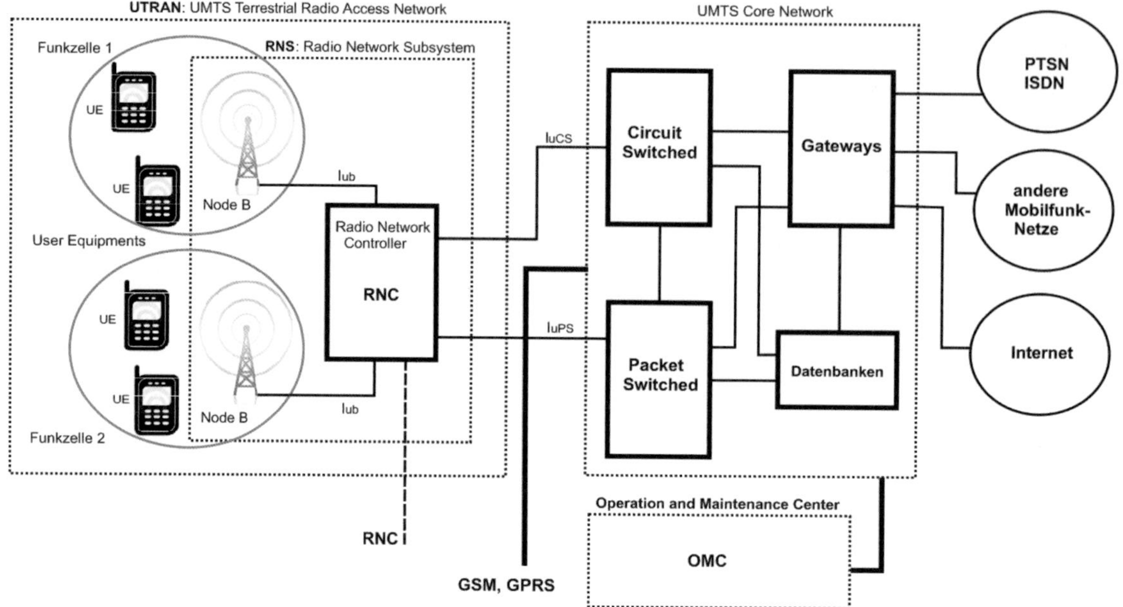

Abb. 5–12 Prinzipielle Architektur des UMTS-Netzes

Als UMTS-Funkzellen werden Makrozellen, Mikrozellen und Picozellen definiert. Makrozellen haben eine Reichweite von ca. 2 km bei einer Datenrate von maximal 144 kBit/s und ermöglichen eine flächendeckende Versorgung in Ballungsgebieten. Mikrozellen sind für 1-km-Umgebungen und für eine Datenrate von maximal 384 kBit/s definiert, die in Innenstadtbereichen angewendet werden, während Picozellen einen Durchmesser von bis zu 50 m bei maximal 2 MBit/s aufweisen. Picozellen werden bisher in Deutschland kaum angewendet und sind für die Versorgung in Flughäfen oder für einzelne Gebäude gedacht.

Grundsätzlich hängt die erreichbare Bandbreite sowohl von der Empfangssituation als auch von der Auslastung der Zellen ab. Die UMTS-Funkzellen können sich vom Prinzip her aber der gegenwärtigen Lastsituation in bestimmten Grenzen dynamisch anpassen. Wenn in einer Zelle gerade eine hohe Bandbreite gefordert ist, können benachbarte Zellen, die über freie Kapazitäten verfügen, einen Teil der Anwender übernehmen.

Die meisten Handys ab dem Baujahr 2004 unterstützen sowohl GSM als auch UMTS für Sprachverbindungen. Im Auslieferungszustand sind die Geräte üblicherweise so eingestellt, dass sie beide Verbindungen gleichermaßen nutzen können. Immer dann, wenn ein UMTS-Netz verfügbar ist, buchen sie sich auch dort ein, ansonsten wird auf das GSM-Netz zurückgegriffen.

Falls ein Handy (Smartphone) auch für Datendienste vorgesehen ist oder ein Surfstick (Mobilfunk-Interface in Form eines USB-Sticks) zum Einsatz kommen soll, ist genauer zu verifizieren, ob hierfür UMTS möglich ist und mit welchen Implementierungen (HSPA, HSPDA+) es eingesetzt werden kann oder ob nicht nur GPRS/EDGE möglich ist.

High Speed Packet Access (HSPA, HSDPA+)

Eine bedeutende Ausbaustufe von UTMS ist *High Speed Packet Access* (HSPA), die im Release 5 definiert ist. Mitunter trifft man auch auf die Bezeichnungen *HSDPA* und *HSUPA* was eine Unterteilung für die Downlink- (D) und für die Uplink-Richtung (U) definiert und zusammengefasst unter HSPA firmiert.

Statt maximal 384 kBit/s sollen bis zu 14,4 MBit/s (HSDPA) an Übertragungsrate zu erreichen sein, was in erster Linie durch eine angepasste Modulation und durch geteilte Transportkanäle realisiert wird. Bei guter Funkstreckenqualität wird statt des *Quadrature Phase Shift Keying* (QPSK, 2 Bit/Symbol) eine 16-QAM (Quadrature Amplitude Modulation) verwendet, die 4 Bit/Symbol darstellt. Dabei werden bis zu 15 Codes auf einem per TDMA gemultiplexten Kanal übertragen.

Für den wichtigeren Download-Link ist mit Release 7 eine weitere Steigerung der Datenrate möglich, was mithilfe von 64-QAM und der MIMO-Technik erreicht wird und dann als HSDPA+ bezeichnet wird.

Netzabdeckungen und Datenraten

Diese High-Speed-Zugänge erfordern entsprechende Erweiterungen und Aufrüstungen im UTRAN, die von den verschiedenen Netzbetreibern im Prinzip fast unbemerkt und laufend vorgenommen werden. Generell variiert die Verfügbarkeit und Netzabdeckung der verschiedenen Implementierungen in Anhängigkeit vom Gebiet und vom Betreiber deutlich.

T-Mobile und Vodafone weisen die höchste Netzabdeckung bei UMTS/HSDPA auf. Dies bedeutet jedoch nicht allgemein, dass nicht einer der anderen Anbieter in dem vom jeweiligen Anwender am häufigsten genutzten Gebiet zu bevorzugen ist, etwa aus Kostengründen oder weil kein anderer Betreiber das jeweilige Gebiet versorgt.

Standard	max. Datenrate (Download)
GSM	9,6 kBit/s
GPRS	171,2 kBit/s
EDGE	384 kBit/s
HSDPA	14,4 MBit/s
HSDPA+	21 MBit/s
LTE	50 MBit/s
LTE Advanced	1 GBit/s

Tab. 5–2 Datenraten der verschiedenen Mobilfunkstandards, die in der Praxis jedoch meist nicht erreicht werden

Vor einer Entscheidung für einen bestimmten Anbieter ist es deshalb unerlässlich, die Verfügbarkeit der Netze mit den jeweils angebotenen Ausbaustufen in Erfahrung zu bringen, wofür die Betreiber im Internet entsprechende Seiten mit Karten und Suchfunktionen anbieten. Providerübergreifend bieten auch einige Organisationen und Firmen (*https://www.4g.de/4g-lte-verfuegbarkeit/*) diesen Service an. Ob sich in der Praxis tatsächlich die gewünschte und versprochene Qualität ergibt, ist jedoch kaum vorhersagbar, sodass vor einer längerfristigen Vertragsbindung eine Testphase (mit Prepaid-Card oder -Stick) dringend zu empfehlen ist.

Abb. 5–13 UMTS wird von allen aktuellen Surfsticks unterstützt, die beispielsweise an den USB-Anschluss eines Notebooks angeschlossen werden können.

5.3.6 Long Term Evolution (LTE)

Der Übergang von GSM/GPRS zu UMTS/HSDPA verläuft in Form einer evolutionären Entwicklung, was längerfristig auch auf den neuen Standard mit der Bezeichnung *Long Term Evolution* (LTE) zutrifft, der diese Entwicklung gleich mit im Namen führt. LTE wird zur vierten Mobilfunkgeneration (4G) gerechnet.

Die Mobilfunkbetreiber Telekom, O2 und Vodafone haben im Jahr 2011 damit begonnen, ihre Mobilfunknetze mit LTE aufzurüsten und den Kunden die ersten Zugänge zu ermöglichen. Hierfür wird momentan entweder ein passender USB-Stick oder ein LTE-geeigneter Router benötigt. Dementsprechend ist LTE zunächst für Gegenden vorgesehen, in denen DSL nicht verfügbar oder nicht möglich ist, etwa auf dem flachen Land, wo eine feste Verdrahtung (DSL) zu kostspielig ist.

Eine der ersten Firmen, die LTE-Router anbieten, ist AVM mit der *FRITZ!Box 6840 LTE*, die außerdem WLAN-N, Gigabit-Ethernet, eine Telefonanlage mit DECT-Basisstation sowie Netzwerkspeicher (NAS) beinhaltet.

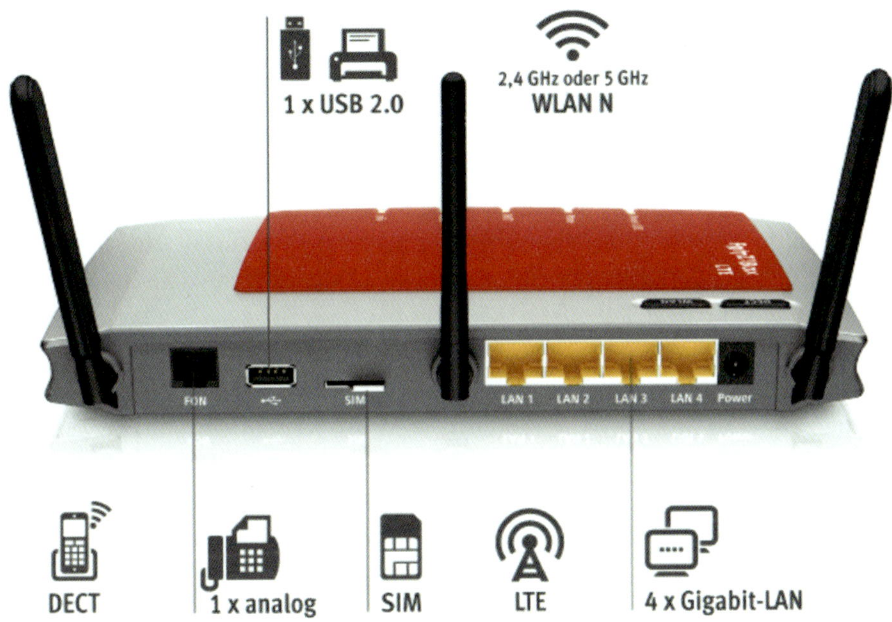

Abb. 5–14 Die FRITZ!Box 6840 LTE bietet den Breitbandzugang über die LTE-Funktechnologie.

LTE für Smartphones und andere Mobilgeräte wird erst mit dem weiteren Ausbau der notwendigen Infrastruktur praktikabel sein. LTE-Smartphones müssen abwärtskompatibel zu den vorherigen Standards (GSM, GPRS, EDGE, UMTS, HSDPA+) sein, was die Elektronik verkompliziert und den Stromverbrauch der Geräte erst einmal erhöht. LTE wurde im Jahre 2008 erstmalig definiert, weshalb die erste Spezifikation als *LTE Release 8* bezeichnet wird. Eine Weiterentwicklung firmiert unter *LTE Release 10* oder auch *LTE Advanced.*

LTE verwendet unterschiedliche Frequenzbänder, in Deutschland typischerweise bei 800 MHz, 2 GHz und 2,6 GHz. Weltweit sind unterschiedlichste Frequenzbänder für LTE möglich. Tab. 5–3 zeigt die für Europa gebräuchlichen.

Band	Downlink	Uplink	Abstand
7	2620–2690 MHz	2500–2570 MHz	50 MHz
3	1805–1880 MHz	1710–1785 MHz	20 MHz
1	2110–2170 MHz	1920–1980 MHz	130 MHz
20	781–821 MHz	832–862 MHz	10 MHz

Tab. 5–3 Die in Europa üblichen Frequenzbänder für LTE

Neuerungen gegenüber UMTS sind im Wesentlichen, dass LTE das erste vollständig paketorientierte Mobilfunknetz ist und hierfür das *Orthogonal Frequency Division Multiplexing* (OFDM) zum Einsatz kommt, mit dem ein »schneller« Datenstrom in viele einzelne »langsamere« aufgeteilt wird, die dann gleichzeitig übertragen werden.

Außerdem werden MIMO-Verfahren (Multiple Input Multiple Output) unterstützt, sodass LTE-fähige Geräte mindestens über zwei Antennen verfügen. Als Modulation wird 64-QAM in der Downlink-Richtung und 16-QAM in Uplink-Richtung eingesetzt, wie es bereits bei HSDPA+ praktiziert werden kann.

LTE-Architektur

Wie bei den anderen Mobilfunknetzen auch wird das Netz in ein Funknetz (Radio Network) und in ein Kernnetz (Core Network) aufgeteilt, wobei sich die wesentlichen Änderungen im *Radio Network* zeigen. Die Basisstationen werden dabei in Analogie zu UMTS als *eNodeB* (e = evolved = entwickelt/gewachsen) bezeichnet. Sie enthalten die Antenne und ein Radiomodul sowie ein Digitalmodul, welches als Interface zum *Core Network* fungiert. Der grundsätzliche Aufbau ist mit dem von UMTS verwandt, weshalb der LTE-Radio-Teil auch als eUTRAN gekennzeichnet wird.

Gleichwohl ist eine LTE-Basisstation (eNodeB) als eine eigenständige Einheit zu betrachten, weil es keinen *Radio Network Controller* (RNE) mehr gibt. Ein in der Basisstation vorhandener *Scheduler* verteilt die Ressourcen, passt die Übertragungen an die Kanalbedingungen an und wählt das jeweils geeignete Übertragungsschema (Modulation, Code-Rate, MIMO) für die Endgeräte aus. Somit kommt einer Basisstation – gegenüber den vorherigen Systemen – *die* tragende Rolle bei LTE zu, weshalb sie auch die komplexeste und damit teuerste Einheit im System darstellt. Sie kommuniziert über eine U_u-Schnittstelle direkt mit einer MME-Einheit (Mobility Management Entity) im *LTE Core Network* oder über das X2-Interface mit anderen Basisstationen, was zu einem schnellen *Handover* (Funkzellenwechsel) führt.

Wie bei den anderen Systemen auch werden bei LTE anhand verschiedener Datenbanken die notwendigen Informationen zu den Teilnehmern und Netzdiensten verwaltet. Für das Routing der IP-Pakete kommt ein sogenanntes *Serving Gateway* zum Einsatz. Das *Packet Data Network Gateway* verbindet das *LTE Core Network* mit den

Datennetzen (z. B. dem Internet) und ist für die Verwaltung der IP-Adressen zuständig, die den Clients zugeteilt werden müssen.

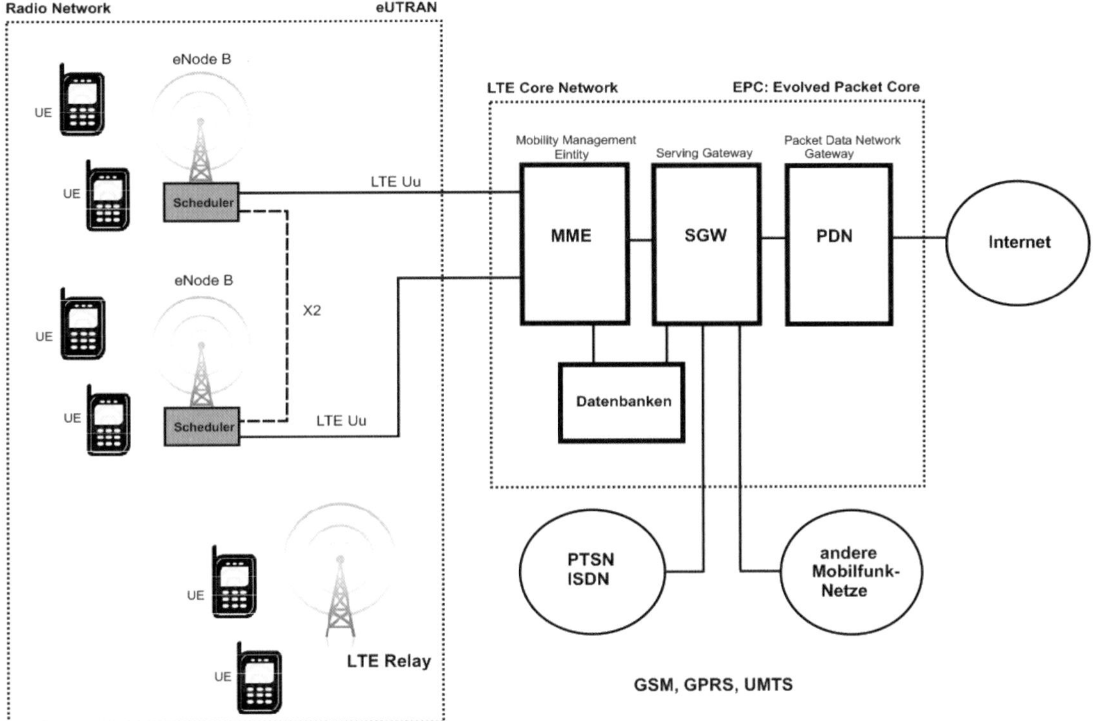

Abb. 5–15 Die LTE-Netzwerkarchitektur

Bei LTE gibt es einen völlig neuen Gerätetyp, der die Netzabdeckung kostengünstiger als einzelne Basisstationen sicherstellen kann: die LTE-Relay-Station. Es handelt sich dabei um eine Zwischenstation, die einen Netzknoten bildet und das empfangene Signal nach der Dekodierung in verbesserter Qualität zum Empfänger weiterleitet. Mithilfe dieser *Funk-Relays* (LTE Relay), die als Antennenstationen aufgebaut sind, lassen sich die Reichweiten und die Abdeckungen von Basisstationen ohne großen Aufwand verbessern, weil sie nicht per Kabel oder Richtfunkstrecke an das Kernnetz angeschlossen werden müssen. Die Basisstationen kommunizieren mit den Funk-Relays ebenfalls per LTE. Für die Endgeräte sind die Relay-Stationen »unsichtbar«, sodass keinerlei Konfigurationsmaßnahmen auf der Anwenderseite notwendig sind. Wie jede Basisstation ist ein Funk-Relay für eine eigene Zelle zuständig, die typischerweise einen Versorgungsradius von vier bis fünf Kilometern überstreicht.

LTE Advanced

Mit *LTE Release 10* (LTE Advanced) werden maximale Datenraten von 1 GBit/s in Downlink- und 500 MBit/s in Uplink-Richtung definiert. Erreicht wird dies durch die Bündelung von bis zu fünf üblichen Trägern (20 MHz). Dabei können sowohl benachbarte Träger als auch solche Träger gebündelt werden, die in verschiedenen Frequenzbändern (Spectrum Aggregation) liegen. Durch eine konsequente Anwendung der MIMO-Technik mit bis zu vier Antennen können mehrere Datenströme gesendet werden; beim LTE Release 8 ist in Uplink-Richtung nur ein Stream möglich. Neben diesen beiden Neuerungen sollen erweiterte Relay-Verfahren (Downlink und Uplink) sowie die Unterstützung von heterogenen Netzen mithilfe effizienter Zellenwechselverfahren höhere Bandbreiten und Datenraten bei geringer Latenz ermöglichen.

5.4 Touchscreens

Ein Touchscreen, wie er bei Tablets und Smartphones üblich ist, reagiert auf das Berühren mit dem Finger. Dabei kommen verschiedene Methoden für die Detektierung zum Einsatz. Bei der resistiven Methode ist das Display mit zwei leitfähigen Schichten versehen, sodass sich die beiden Schichten durch den Berührungsdruck punktuell miteinander verbinden. Die obere Schicht verformt sich dabei mechanisch. Eine der beiden Schichten ist an eine Gleichspannung gelegt. Die jeweilige Position des Fingers auf der Fläche wird dann mithilfe von Widerstandsänderungen (resistiv) und damit Spannungsänderungen ermittelt. Der durch den Druck entstehende Spannungsteiler liefert eine messbare Gleichspannung, woraufhin die andere speisende Schicht von der Gleichspannung getrennt, die zweite hiermit verbunden und noch einmal eine Spannung gemessen wird. Das gemessene Spannungsverhältnis bestimmt dabei die jeweilige Druckposition vom Display-Rand her. Falls beide Spannungen gleich sind, befindet sich der Druckpunkt am Display exakt der Mitte.

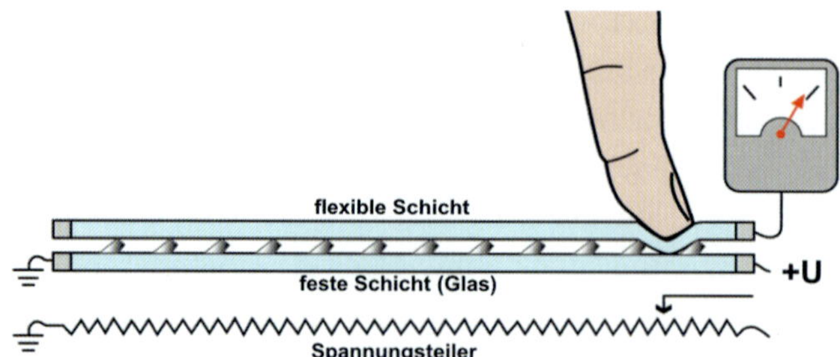

Abb. 5–16 Das Prinzip des resistiven Touchscreens

Das resistive Verfahren ist relativ ungenau, weshalb eine Gestenerkennung nur eingeschränkt möglich ist. Das Standardverfahren bei den meisten Geräten ist deshalb die kapazitive Methode, bei der zwei voneinander isolierte Ebenen mit einem leitfähigen Streifen- oder Rautenmuster (Detektionsnetz) versehen sind. Eine Ebene wird mit einer Wechselspannung versorgt, die andere dient als Sensorfläche, die auf der Rückseite des Deckglases angebracht wird. Bei aktuellen Geräten ist das Muster kaum mehr zu erkennen.

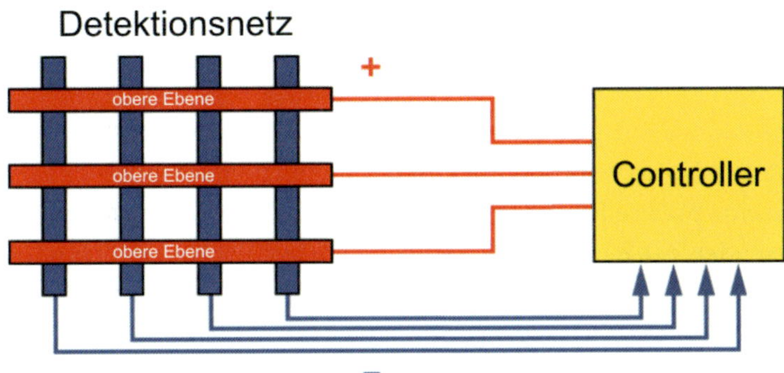

Abb. 5–17 Das Prinzip des kapazitiven Touchscreens

Die Detektierung des Berührungspunktes erfolgt über die Messung der Kapazität, weil sich zwischen den beiden Ebenen mithilfe des Netzes ein veränderlicher Kondensator bildet. Der Nachteil der kapazitiven Touchscreens ist, dass sie sich nur mit den Fingern bedienen lassen und nicht mit einem einfachen Stift, wie es bei den resistiven möglich ist. Es sind jedoch auch spezielle leitfähige Stifte für kapazitive Touchscreens erhältlich.

Die dritte gebräuchliche Variante sind induktive Touchscreens. Das hier angewendete Prinzip stammt von den Grafiktabletts, bei denen ein spezieller Stift notwendig ist. Dieser enthält eine Spule, mit deren Hilfe ein elektromagnetisches Feld erzeugt wird. Im Grafiktablett sind Leiterschleifen integriert, mit deren Hilfe aus der Feldstärke und anhand einer Vergleichstabelle die jeweilige Stiftposition für das Display ermittelt wird. Eine direkte Berührung der Oberfläche mit dem Stift ist nicht notwendig, sondern er darf sich auch in einem geringen Abstand darüber befinden. Mit dem Stift ist es möglich, recht präzise zu schreiben und zu zeichnen, wobei eine Berührung der Touchscreen-Oberfläche mit den Fingern keine Auswirkung hat.

Abb. 5–18 Induktive Touchscreens sind mit den Grafiktabletts bekannt geworden.

Eine Kombination aus kapazitiver und induktiver Technik wird beispielsweise beim Samsung Galaxy Note verwendet, bei dem die übliche Bedienung kapazitiv mit den Fingern und eine präzise Positionierung mit dem S-Pen per Induktion erfolgen kann, was mit passender Zeichen- und Schreibsoftware explizit unterstützt wird.

5.5 SIM-Karten

Jedes Mobiltelefon benötigt eine SIM-Karte (Subscriber Identity Module), die für die Identifizierung des Benutzers im Mobilfunknetz erforderlich ist. Sie wird direkt von den Mobilfunknetzbetreibern und verschiedenen Firmen angeboten, die entsprechende Verträge mit den Mobilfunkbetreibern abgeschlossen haben, sodass zahlreiche unterschiedliche Tarife und Abrechnungsverfahren möglich sind.

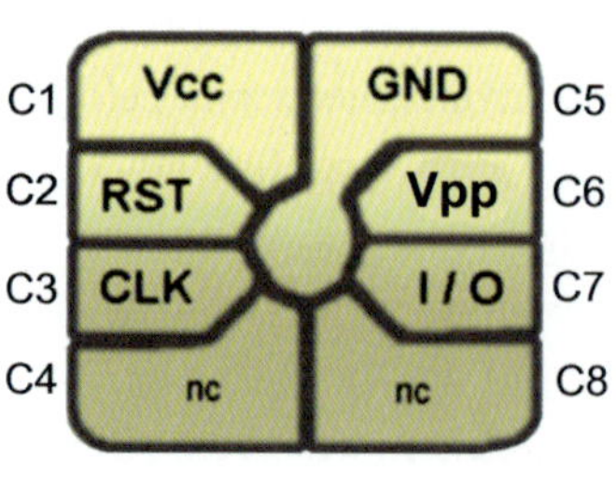

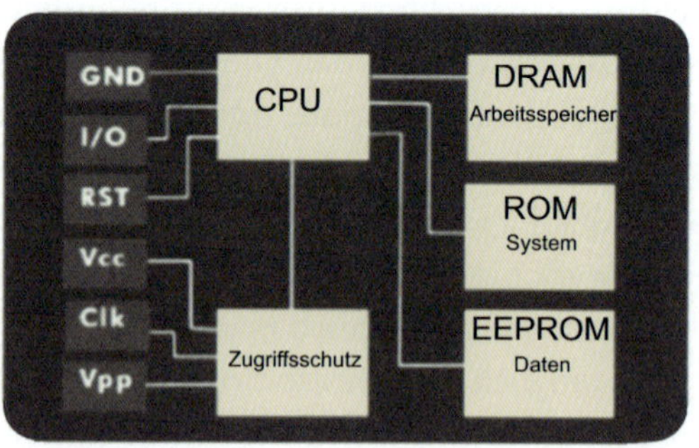

Abb. 5–19 Aufbau des SIM-Chips

Die SIM Card ist eine Chipkarte mit einer CPU und einem Speicher, der Informationen wie die Rufnummer und eine veränderbare PIN (Persönliche Identifikationsnummer) für den Kundenzugang enthält. Außerdem ist hier die *International Mobile*

Subcriber Identity (IMSI) abgelegt, die für jeden Kunden weltweit einmalig ist und der eindeutigen Kundenidentifizierung in einem Mobilfunknetz dient. Sie hat prinzipiell nichts mit der zugeordneten Telefonnummer zu tun. Falls dreimal die falsche PIN eingegeben wird, wird die SIM-Karte meist gesperrt (was jedoch vom jeweiligen Anbieter abhängt). Diese Sperre kann dann nur noch durch die Eingabe der PUK (Personal Unblockimg Key) wieder aufgehoben werden.

Die IMSI wird bei der Netzsuche und beim Einbuchen unverschlüsselt übertragen, sodass ein Mithören von Gesprächen und Datenübertragungen sowie die Bestimmung des Standorts aus der Dazugehörigkeit zu einer bestimmten Funkzelle möglich ist. Nicht zu verwechseln ist die IMSI mit der IMEI (International Mobile Station Equipment Identity), die nicht für die SIM-Karte, sondern für die eindeutige Identifizierung des jeweiligen Mobilfunkgerätes zuständig ist. Bei Android-Geräten sind diese Daten beispielsweise über »Einstellungen – Telefon-Identität« einsehbar.

Je nach Vertreiber der SIM Card sind hier verschiedene Verschlüsselungs- und Signalisierungsdaten sowie netz- und anbieterbezogene Daten gespeichert, die die Eigenschaften der Karte und somit der erlaubten Netzzugänge und Verwendungszwecke genauer definieren. Die Daten für ein Telefon- und Notizbuch sowie für die Short-Message-Service-Mitteilungen (SMS) und Listen für angerufene und empfangene Telefonnummern können ebenfalls auf der SIM-Karte gespeichert sein. Durch das Einstecken der eigenen SIM Card in ein anderes Mobilfunkgerät nimmt man somit die Identität und die wichtigsten Daten mit. Das heißt, das neue Smartphone stellt eigentlich nur ein anderes Gehäuse dar.

SIM Cards verfügen über acht Kontaktflächen (vgl. Abb. 5–14), die mindestens die in Tab. 5–4 angegebenen Signale führen. Die mit *nc* (no connection) oder mit *Reserviert* bezeichneten Kontakte werden möglicherweise ebenfalls verwendet, wobei jedoch nur die in Tab. 5–4 angegebenen Kontakte standardisiert und damit allgemeingültig sind.

Kontakt	Signal	Funktion	Kontakt	Signal	Funktion
C1	Vcc	Versorgungs-spannung	C5	GND	Masse
C2	RST	Reset für SIM-CPU	C6	Vpp	Programmierspannung
C3	CLK	Taktsignal	C7	I/O	Daten
C4	nc	Reserviert	C8	nc	Reserviert

Tab. 5–4 Signale einer SIM Card

Anhand der Kontaktanzahl der jeweiligen SIM-Fassung im Mobilfunkgerät lässt sich leicht erkennen, ob nur die üblichen sechs oder auch achtpolige Typen unterstützt werden. Die SIM-Kartenfassung ist in den Geräten mechanisch unterschiedlich ausgeführt, was dementsprechend auch eine unterschiedlich gute Befestigung bedeutet.

Bei einigen Geräten (Notebook, Tablet) wird die SIM Card in einen Schacht mit einer Verriegelung geschoben, wie es auch bei SD-Speicherkarten üblich ist. In Handys und Smartphones wird die Karte möglicherweise nur in einen ausgestanzten Schacht gelegt, wo sie mehr oder weniger gut einrastet, sodass der darüber befindliche Akku dafür Sorge trägt, dass die Karte in Position bleibt. Besser ist ein Klapprahmen aus Metall, in den die Karte zunächst hineingesteckt wird. Der Rahmen mit der Karte wird dann abgesenkt und rastet präzise in einer Metalhalterung ein. Mitunter ist dieses Prinzip nicht sofort zu erkennen, sodass die Karte fälschlicherweise nicht in den Rahmen eingesetzt, sondern (nur) durch ihn heruntergedrückt wird, was keinen zuverlässigen Kontakt ergibt und eigentlich auch nicht passen sollte.

Abb. 5–20 Bei diesem Smartphone wird die SIM-Karte in einen Rahmen gesteckt, der dann herunter in die Arretierung zu drücken ist.

Die Kontakte einer SIM-Karte sollten niemals angefasst werden (elektrostatische Aufladung). Sie können im Laufe der Zeit, insbesondere wenn die Karte des Öfteren gewechselt wird, anlaufen und somit verschmutzen. Dann ist eine Reinigung mit etwas Kontaktspray und einem Wattestäbchen anzuraten ist. Grundsätzlich sollte eine SIM-Karte bei Handys und Smartphones stets im ausgeschaltetem Zustand entnommen oder eingesetzt werden, Ausnahme sind einige Modelle, die über zwei SIM-Karten-Slots verfügen.

Die notwendige Versorgungsspannung (Vcc) einer SIM-Karte kann prinzipiell 5 V, 3 V oder 1,8 V betragen, was auf der SIM-Karte durch einen Aufdruck zwar kenntlich gemacht sein sollte, in der Praxis jedoch oftmals eben nicht angegeben ist. Bereits seit längerer Zeit werden eigentlich nur noch SIM-Karten geliefert, die für 1,8 V vorgesehen sind. Üblicherweise »verträgt« dieser Typ auch die höhere Spannung in einem älteren Handy. Umgekehrt funktioniert dies hingegen nicht: Eine 5-V- oder 3-V-Karte arbeitet nicht in einem modernen Smartphone.

Falls die jeweilige SIM-Karte nicht die korrekte Versorgungsspannung erhält, kann es zu einem hohen Stromverbrauch kommen, sodass sich der Akku übermäßig schnell entlädt. Dadurch können Fehlermeldungen sowie Abstürze auftreten. Mit einem SIM-Kartenleser und der entsprechenden Software lassen sich die SIM-Kartendaten auslesen, die dabei unverschlüsselt übertragen werden.

Abb. 5–21 Durch entsprechendes Herausbrechen wird es eine Mini- oder Micro-SIM-Karte.

SIM-Karten gibt es in verschiedenen Abmessungen, die von der ursprünglichen Scheckkartengröße (85,6 × 54 mm) bis hin zur neuesten Nano-SIM-Version (12,3 × 8,8 mm) reichen. Die gebräuchlichsten Typen sind die Mini- (25 × 15 mm) und die Micro-SD-Karte (15 × 12 mm). Elektrisch und funktionstechnisch betrachtet sind die verschiedenen SIM-Kartentypen – bis auf die ganz alten mit einem größeren Chip – identisch, sie unterscheiden sich nur durch das Plastik, das die Karte umgibt, sodass sich die Karten auch manuell (mit einer Schere) oder besser mit einem SIM-Kartenstanzer passend zuschneiden lassen.

Abb. 5–22 Wer es mit einer Schere nicht hinbekommt, nimmt einen SIM-Kartenstanzer zum Anpassen der erforderlichen Größe.

Teil 2

Installation und Konfiguration

Für PCs, Notebooks und Netbooks spielt das BIOS eine wichtige Rolle, denn es ist die erste Instanz, die den Kontakt mit der Hardware herstellt. Im BIOS-Setup kann ein Computer grundlegend konfiguriert und überprüft werden, was auch für die Analyse und Fehlersuche von besonderer Bedeutung ist. UEFI soll das althergebrachte BIOS ersetzen. Inwieweit dies in der Praxis funktioniert, ist im Kapitel 6 behandelt.

Jedes Computersystem benötigt für seine eigentliche Funktion ein Betriebssystem und Software, wobei es in der Handhabung und Leistungsfähigkeit verschiedener Windows-Versionen (Desktop und Server) und im Vergleich mit Linux und Android mehr oder weniger ausgeprägte Unterschiede gibt, die es gilt zu verstehen, um sie optimal einsetzen zu können, was Gegenstand des Kapitel 7 ist.

Alle Computer können in einem Netzwerk Informationen und Daten miteinander austauschen, sodass die Einrichtung der hierfür notwendigen Umgebung und deren Funktionalitäten entsprechendes Know-how erfordert, was im Kapitel 8 vorwiegend in Form von To-do-Listen vermittelt wird, um somit schnell zu Ergebnissen zu kommen.

6 BIOS-Setup und Diagnose

Das *BIOS* (Basic Input Output System) bildet die grundlegende Software für die Kommunikation mit der Hardware, die sich von PC zu PC stark voneinander unterscheiden kann. Es sind unterschiedliche Mikroprozessoren und Laufwerke, verschiedene Schnittstellen und andere Einheiten mehr anzutreffen. Welche Einheiten tatsächlich im PC vorhanden sind, ist per BIOS-Setup festzulegen, und das BIOS verwendet dann hierfür die im BIOS-Chip vorhandenen Routinen. Damit die getätigten BIOS-Festlegungen nicht nach dem Ausschalten des PC verloren gehen, werden sie in einem speziellen Speicherbaustein (CMOS-RAM) auf dem Mainboard gespeichert und bleiben erhalten, weil das CMOS-RAM an einen Akku oder eine Batterie (Knopfzelle) angeschlossen ist.

Bei neuen PCs wird bereits seit einiger Zeit EFI oder UEFI (Unified Extensible Firmware Interface) implementiert, welches nicht selten als BIOS-Nachfolger propagiert wird. Bei genauerer Betrachtung zeigt sich, dass UEFI nicht etwa das klassische BIOS komplett ersetzt, denn es bietet keine eigene Setup-Funktionalität und führt auch nicht den obligatorischen Selbsttest (POST) des System aus. UEFI bietet hierfür auf den ersten Blick nur die modernere Oberfläche, die sich auch mit der Maus bedienen lässt. Gleichwohl werden mit UEFI einige Limitierungen des klassischen BIOS beseitigt (z. B. die eingeschränkte Boot-Funktionalität bei hochkapazitiven Festplatten), was in der Praxis jedoch (noch) zu einigen Problemfällen führt, was im Abschnitt 7.6.6 behandelt wird.

Weil UEFI demnach als eine Ergänzung bzw. als Überbau des BIOS verstanden werden kann, werden zunächst die hierfür wichtigen Zusammenhänge erläutert, die sich in den wesentlichen Punkten seit vielen Jahren nicht geändert haben. Das BIOS hat zusammengefasst die folgenden wesentlichen Aufgaben:

- Durchführung des *Power on Self Test* (POST, Selbsttest): System zurücksetzen und die Hardware überprüfen
- BIOS-Routinen für die Kommunikation mit der Hardware initialisieren
- Automatische Detektierung von Hardware
- Bereitstellung des BIOS-Setups: Aufblenden der Meldung und Anwendereingriff zulassen

6.1 BIOS-Entwicklung

Der ursprüngliche PC besaß noch kein CMOS-RAM, welches die PC-Konfiguration speicherte, und demnach auch kein BIOS-Setup. Stattdessen wurde das Setup über kleine Schalter (DIP-Schalter) auf dem Mainboard und auch auf den einzelnen PC-Steckkarten (Grafikkarte, Speicherkarte) durchgeführt. Stand ein bestimmter Schalter in der On-Position, bedeutete dies beispielsweise, dass ein Diskettenlaufwerk vorhanden war. Stand der Schalter in der Off-Position, war eben keines vorhanden. Nach dem Einschalten des PC fragte der Mikroprozessor mit den Routinen im BIOS-ROM die jeweiligen Schalterstellungen ab, wodurch die jeweilige PC-Ausstattung festgestellt werden konnte.

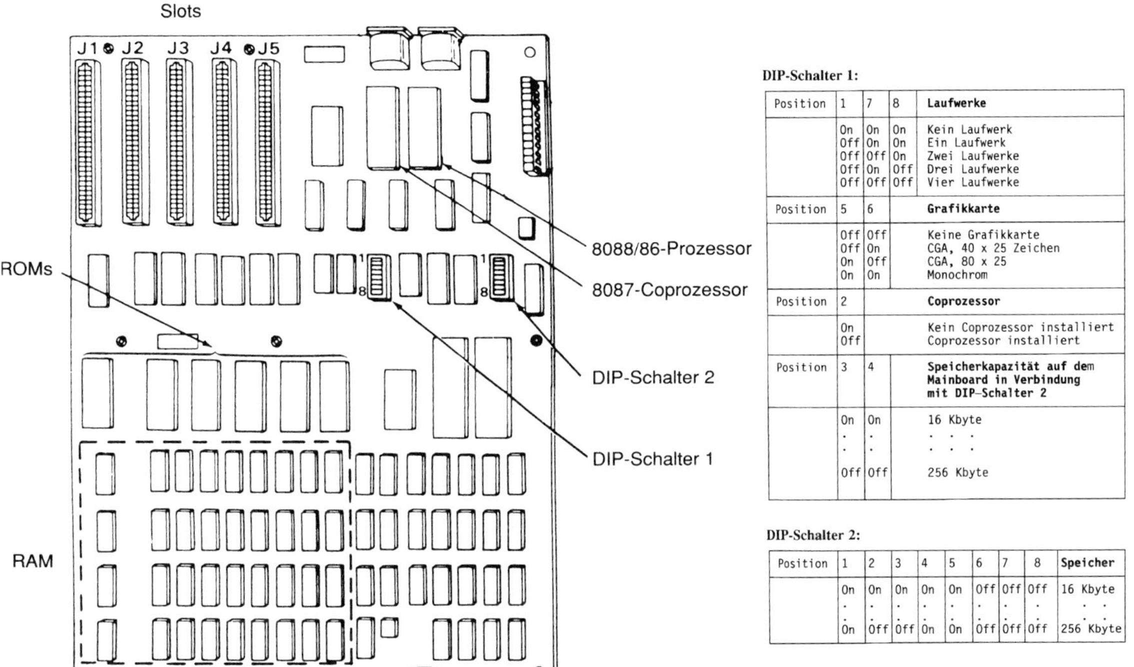

DIP-Schalter 1:

Position	1	7	8	**Laufwerke**
	On	On	On	Kein Laufwerk
	Off	On	On	Ein Laufwerk
	Off	Off	On	Zwei Laufwerke
	Off	On	Off	Drei Laufwerke
	Off	Off	Off	Vier Laufwerke
Position	**5**	**6**		**Grafikkarte**
	Off	Off		Keine Grafikkarte
	Off	On		CGA, 40 x 25 Zeichen
	On	Off		CGA, 80 x 25
	On	On		Monochrom
Position	**2**			**Coprozessor**
	On			Kein Coprozessor installiert
	Off			Coprozessor installiert
Position	**3**	**4**		**Speicherkapazität auf dem Mainboard in Verbindung mit DIP-Schalter 2**
	On	On		16 Kbyte
	.	.		. . .
	.	.		. . .
	Off	Off		256 Kbyte

DIP-Schalter 2:

Position	1	2	3	4	5	6	7	8	**Speicher**
	On	On	On	On	On	Off	Off	Off	16 Kbyte
	.	.	.	.	.	.	.	.	. .
	.	.	.	.	.	.	.	.	. .
	On	Off	Off	On	On	Off	Off	Off	256 Kbyte

Abb. 6–1 Bei den ersten Mainboards gab es noch keinen BIOS-Setup. Die Hardwareausstattung, wie Laufwerke oder Grafikadapter, wurde stattdessen per DIP-Schalter eingestellt.

Dies ist ein fehlerträchtiges und eher unkomfortables Verfahren, doch es wurde trotz aller Weiterentwicklungen der PC-Technik jahrelang weiter auf Einsteckkarten und Mainboards praktiziert. Erst mit dem PCI-Standard (*Peripheral Component Interconnect*) sind diese manuellen Einstellungselemente verschwunden, sodass Einsteckkarten automatisch vom BIOS konfiguriert werden können. Auf Mainboards sind manuelle Einstellungselemente (DIP-Schalter, Jumper) weiterhin lange Zeit üblich gewesen, wie etwa für die Festlegung von Taktfrequenzen und der Betriebsspannung für den Mikroprozessor. Stimmen die hiermit festgelegten Parameter für die eingesetzte CPU nicht, kann sie erst gar nicht starten und damit auch nicht mit dem BIOS kommunizieren und das Bild für das BIOS-Setup einblenden.

Das ursprüngliche BIOS war exklusiv für IBM und damit die Ur-PCs lizenziert worden. Obwohl IBM wichtige Details des PC von vornherein offenlegte und sogar Schaltpläne des PC und Listings der BIOS-Routinen in seinen technischen Handbüchern veröffentlichte – was die Entstehung von IBM-kompatiblen PC geradezu herausforderte –, wurde jede Firma, die das BIOS kopierte oder auch als Basis für eine eigene Version hernahm, verklagt, was zu recht beachtlichen Zahlungen an IBM führte. Firmen wie NEC, Panasonic, Sanyo oder auch Commodore gehörten dabei zu diesen »Übeltätern«. Die Hersteller der PC-Nachbauten, die selbstverständlich kompatibel zum Original sein sollten, mussten demnach eigene BIOS-Versionen entwickeln, was letztendlich das größte Problem beim PC-Design und auch den Schlüssel zur PC-Kompatibilität darstellt.

Damit dies auf legale Weise stattfinden konnte, ohne dass IBM eigene Routinen in einem BIOS eines anderen Herstellers entdecken konnte, wurden von mehreren Firmen beachtliche Anstrengungen unternommen. Eine Heerschar von College-Absolventen, bei denen man sich ziemlich sicher sein konnte, dass sie noch nie ein BIOS analysiert hatten, wurde quasi in Quarantäne gesteckt, erhielt alles, was sie benötigte, und entwickelte so in einzelnen Schritten eigene BIOS-Routinen, wobei den Einzelnen nicht unbedingt klar war, wofür sie da eigentlich programmierten. Nur wenige Leute waren eingeweiht und hatten das große Ziel vor Augen: in BIOS, welches nichts mit dem IBM-BIOS gemein hatte, aber kompatibel war, sodass ein DOS damit problemlos zurechtkam.

Die erste bekannte Firma, der dieses Kunststück gelangt, war Compaq, die von drei ehemaligen Mitarbeitern der Firma Texas Instruments gegründet worden war. Texas Instruments hatte zur damaligen Zeit recht erfolgreich programmierbare Taschenrechner (TI58, TI59 usw.) entwickelt. Der *Compaq Portable* aus dem Jahre 1983 enthielt das erste, nicht von IBM »abgekupferte« BIOS, und einer der Leute, die daran maßgeblich beteiligt waren, ist der Gründer der Firma Phoenix Technologies, die auch heute noch BIOS-Versionen entwickelt. 1984 wurde Phoenix Technologies am Markt recht bekannt, als das *Phoenix PC Compatibility Package* erschien, das aus Quellcode und verschiedenen Softwarewerkzeugen zur Erstellung eigener BIOS-Versionen bestand. Daraufhin entwickelten auch viele andere (Hardware-)Firmen ein BIOS, die sich nicht vom Preis für dieses Package abschrecken ließen, der 290.000 USD betrug.

Zwei Jahre später stellte die Firma AMI (*American Megatrends Incorporated*) ebenfalls ein eigenes BIOS und ein dazugehöriges Entwicklungs-Kit (BIOS Configuration Package, BCP) vor, welches die Hardwarehersteller verstärkt zur softwaremäßigen Anpassung ihrer Mainboard-Designs einsetzten. Gegenüber dem Phoenix-Package war es einfacher zu handhaben, und das BIOS-Setup der bekanntesten AMI-BIOS-Version (HiFlex-BIOS) erschien auch logischer und zudem optisch ansprechender (erstmals farbig). Im Jahre 1991 waren über 80 % aller PCs (80486) mit einem AMI-BIOS ausgestattet.

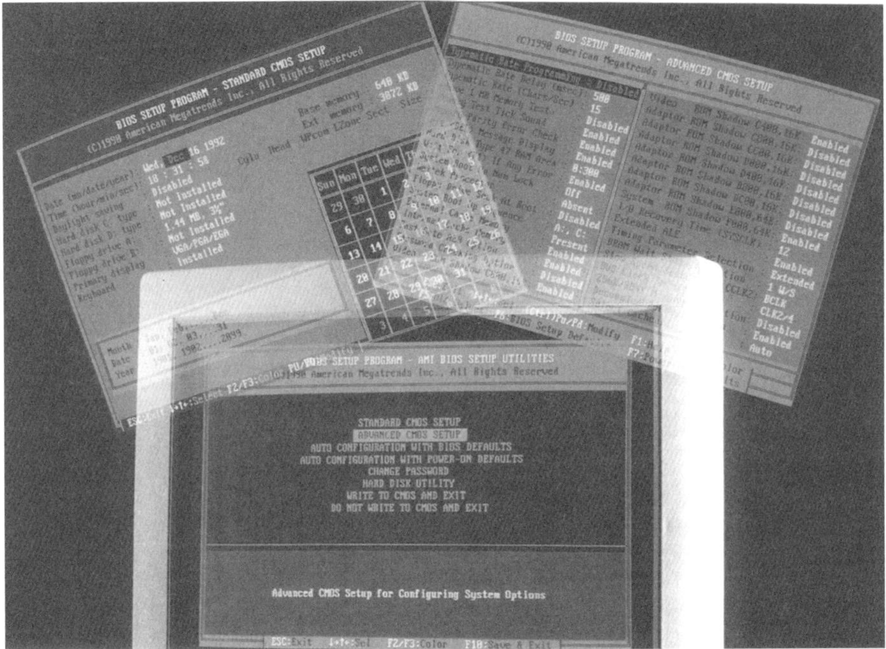

Abb. 6–2 Das AMI-HiFlex-BIOS hat im Erscheinungsbild und Bedienungskomfort Maßstäbe gesetzt.

Neben Phoenix und AMI war auch die dritte bekannte BIOS-Firma seit Mitte der Achtzigerjahre aktiv: Award. Deren BIOS-Versionen hing aus Anwendersicht – also für das BIOS-Setup – das gleiche Manko an wie den Versionen von Phoenix: Sie waren sehr knapp gehalten oder auch unübersichtlich; die verschiedenen Setup-Seiten waren uneinheitlich, und von optischer Gestaltung konnte keine Rede sein.

```
              AWARD SOFTWARE CMOS SETUP

   DATE (MM/DD/YY)           6/ 4/92
   TIME (HH:MM:SS)           20:34:37

   DISKETTE 1                1.2M
   DISKETTE 2                1.4M
                                       CYLS.  HEADS  SECTORS  PRECOMP
   DISK 1                      2        615      4       17      300
   DISK 2                    NONE

   VIDEO                     EGA/VGA

   BASE MEMORY                640
   EXTENDED MEMORY           1408

   ERROR HALT                HALT ON ALL ERRORS
   SHADOW RAM                DISABLE
   SPEED SELECT              NO CHANGE



   ↑ ↓ ↵ MOVES BETWEEN ITEMS,  → SELECTS VALUES
 F10 RECORDS CHANGES, F1 EXITS, F2 FOR COLOR TOGGLE
```

Abb. 6–3 Spartanisch: Ein BIOS-Setup der Firma Award in früheren Jahren

Die Firma Award schaffte es jedoch frühzeitig, mit der Einführung von PCI auch ein passendes BIOS zur Verfügung zu haben. Darüber hinaus hatte man von AMI offensichtlich gelernt, denn die BIOS-Setup-Seiten waren von nun an in ihrer optischen Erscheinung an die anwenderfreundlicheren von AMI angelehnt. Im Gegenzug stellte die Firma AMI etwas später ihr WIN-BIOS vor, welches von der Oberfläche her stark an Windows 3.1 erinnerte und sich auch mit einer Maus bedienen ließ. Demnach ist die Möglichkeit, dass sich ein UEFI-BIOS (siehe auch Abschnitt 2.1) mit der Maus bedienen lässt, nichts Neues.

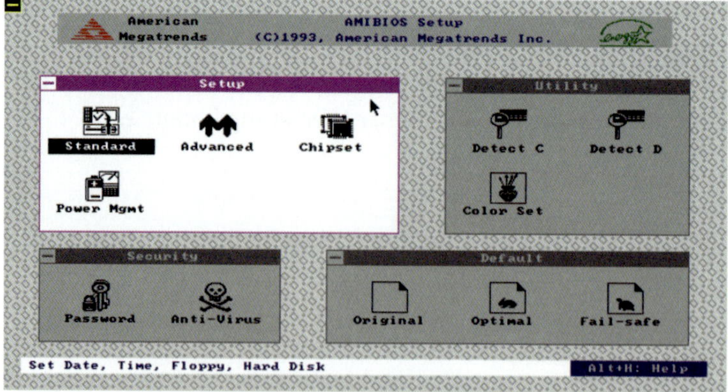

Abb. 6–4 Das AMI-WIN-BIOS verfügt über eine grafisch gestaltete Oberfläche und lässt sich auch mit einer Maus bedienen.

Die Firma Award hatte im Grunde genommen für fast jedes Chipset rechtzeitig eine BIOS-(Roh-)Version parat, sodass es nicht verwundert, dass dementsprechend auch so gut wie jeder Mainboard-Hersteller mit einem Award-BIOS arbeitet und dieses (mithilfe des Award BIOS Package) jeweils an seine Hardware anpassen kann. Im Jahre 1998 wurde die Firma Award in Phoenix Technologies integriert, sodass es nunmehr als zweiten bekannten BIOS-Hersteller nur noch AMI gibt. Phoenix konzentriert sich in den letzten Jahren mehr auf BIOS-Versionen für Notebooks und auch Grafikchips, während die Award-Abteilung weiterhin BIOS-Versionen für alle möglichen Chipsets und Mainboard-Hersteller produziert.

Von der Funktion und Stabilität her kann man prinzipiell keinen Unterschied bei den BIOS-Versionen der verschiedenen Hersteller ausmachen, und letztendlich ist der Mainboard-Hersteller für die optimale Anpassung an sein Mainboard-Design verantwortlich. Daher ist dieser auch die erste Anlaufstelle bei vermeintlichen BIOS-Problemen (wie man es auch eindrucksvoll den jeweiligen Internetseiten entnehmen kann) und nicht etwa der BIOS-Hersteller selbst.

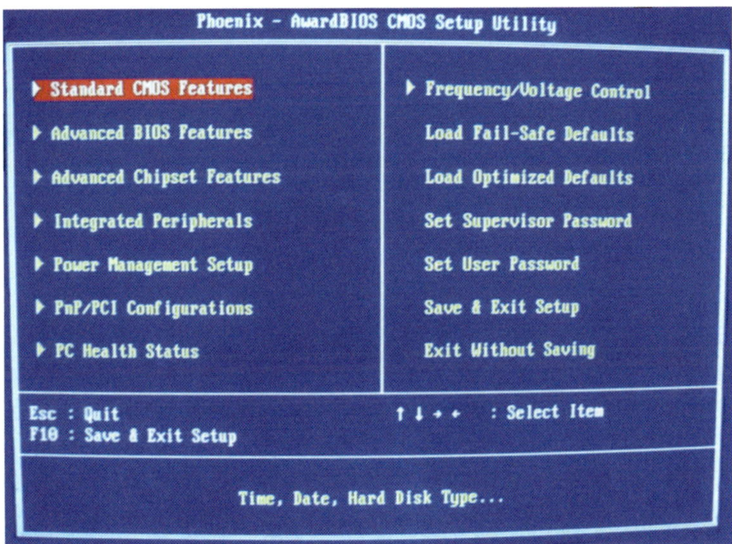

Abb. 6–5 Das Eingangsmenü zu den einzelnen Setup-Seiten bei einem BIOS-Setup der Firma Phoenix-Award (Award Workstation BIOS), welches für unzählige Mainboards eingesetzt wird.

Der Vollständigkeit halber sei erwähnt, dass es noch weitere BIOS-Hersteller gab (Mr. BIOS, Quadtel, Chips&Technologies), die jedoch von Award/Phoenix und AMI verdrängt worden sind.

Was im jeweiligen BIOS-Setup an Optionen zur Verfügung steht, unterliegt ebenfalls der Verantwortung des Mainboard-Herstellers, wobei man im Allgemeinen aber davon ausgehen kann, dass AMI- und Phoenix-BIOS-Setup-Versionen nicht derart viele Einstellungsmöglichkeiten bieten, wie es bei den Award-Standardversionen der Fall ist.

Einerseits kann dies gewissermaßen als Selbstschutz verstanden werden, denn es schränkt Fehleinstellungen durch den Anwender ein, welche durchaus zu einem »toten« PC führen können. Andererseits wird möglicherweise PC-Leistung verschenkt oder bestimmte Hardwareeinheiten sind überhaupt nicht zum Funktionieren zu bewegen. Je mehr sich einstellen lässt, desto größer ist die Gefahr, eine unpassende Option zu aktivieren oder auch eine unglückliche Kombination von Setup-Parametern einzustellen, was die merkwürdigsten PC-Probleme nach sich ziehen kann.

Aus der Praxis lässt sich aber konzedieren, dass man eigentlich dann am besten fährt, wenn möglichst viele Optionen vorhanden sind und man auch tatsächlich versteht, was diese im Einzelnen bedeuten und zur Folge haben. Eine Schwierigkeit besteht allerdings darin, dass die unterschiedlichsten Funktionen – sogar wenn sie für dieselbe Option stehen – mit den verschiedensten Bezeichnungen versehen werden, die keineswegs selbsterklärend sind. In den Manuals zu den Mainboards ist oftmals nur zu lesen, dass sich die jeweilige Option ein- und ausschalten (enable/disable) lässt, ohne deren Bedeutung auch nur annähernd zu erläutern. Auch die Umschaltung der Sprache im BIOS führt meist nicht zu näheren Erkenntnissen. Das Eindeutschen der englischen Fachbegriffe trägt nicht selten eher zur Verwirrung bei, etwa wenn aus *BIOS Features* in der Übersetzung *BIOS Funktionen* wird.

Mit UEFI hat sich dies keineswegs verbessert, sondern es ist eher noch schlimmer geworden. Von einheitlichen oder gar standardisierten Bezeichnungen kann hier keine Rede sein, was im Abschnitt 6.6 genauer behandelt wird.

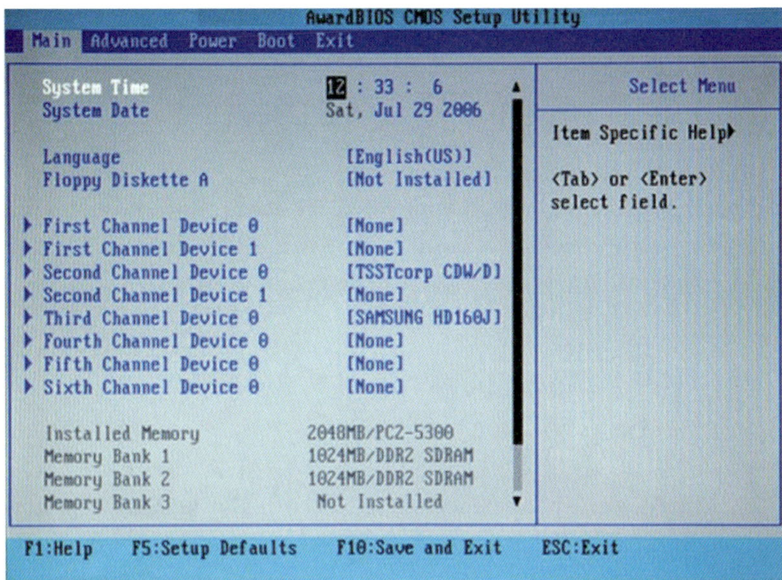

Abb. 6–6 Ein Award-BIOS-Setup kann auch mit einem Phoenix-Layout versehen sein, was dann unter »Award-Medallion-BIOS« firmiert.

Abb. 6–7 Ein UEFI-BIOS-Setup sieht zwar moderner aus, ist bei den Setup-Optionen aber auch nicht selbsterklärend.

Erfreulicherweise sind im Laufe der Zeit aber immer mehr Automatismen im BIOS implementiert worden, etwa für die automatische Parameterkonfigurierung der eingesetzten Speichermodule, wofür jedes Modul über einen speziellen Speicherchip (SPD-EEPROM) verfügt, der die jeweiligen Betriebsparameter enthält, die das BIOS auslesen und entsprechend einstellen kann. Die richtigen Betriebsparameter aktueller CPUs werden ebenfalls automatisch vom BIOS festgelegt, und die angeschlossenen SATA-Laufwerke werden korrekt erkannt, sodass dem BIOS-Setup aus Benutzersicht nicht mehr die Bedeutung wie in früheren Zeiten zukommt.

6.2 Speicherbausteine

In jedem PC befindet sich ein Speicherbaustein, der die Firmware des Systems – das BIOS – enthält. Bei älteren PC ist das BIOS möglicherweise sogar in mehreren speziellen Chips untergebracht, deren Inhalt nicht veränderbar ist. Falls eine neue Version benötigt wird, die beispielsweise neuere Laufwerke unterstützt, dann müssen die Bausteine ausgetauscht werden. Befinden sich zwei ROMs im System, dann ist das eine meist mit EVEN oder LOW und das andere mit ODD oder HIGH bezeichnet. Neuere Mainboards verwenden nur einen einzigen Speicherbaustein für das BIOS, der über einen 8-Bit-Bus, der auch als X-Bus oder *Peripheral Bus* bezeichnet wird, an die Southbridge oder den (I/O-)Firmware-Hub des Chipsatzes angeschlossen oder auch in diesen Chips mit integriert ist.

Abb. 6–8 Bei älteren Mainboards befindet sich das BIOS in zwei Speicherbausteinen.

Der BIOS-Chip entspricht einem EEPROM (*Electrically Erasable Programmable Read Only Memory*) oder einem Flash-Speicher; beide Typen sind elektrisch löschbar. Die »normalen« ROMs sind demgegenüber nicht löschbar, da das Programm praktisch in den Chip »eingebrannt« ist. Die elektrisch löschbaren Speicherbausteine kann man sich vereinfacht gesehen als Kombination aus einem RAM, welches sowohl gelesen als auch beschrieben werden kann, und aus einem Nur-Lese-Speicher (ROM), dessen Inhalt demnach nach dem Abschalten der Versorgungsspannung erhalten bleibt.

Nur durch UV-Licht eines speziellen Löschgeräts sind hingegen die EPROMs löschbar, die ein Fenster besitzen, welches meist mit dem BIOS-Aufkleber (vgl. Abb. 6–8) zugedeckt ist. Diese EPROMs werden ebenfalls als BIOS-Speicherbausteine verwendet. Letzteres trifft jedoch nur für ältere Mainboards zu, denn die Flash-Memories enthalten außerdem Plug&Play-Informationen, die vom System automatisch aktualisiert werden, was bei der Verwendung von PROMs oder EPROMs nicht möglich ist.

Die Flash-Speicher sind eine Weiterentwicklung der EEPROMs und verwenden daher im Prinzip auch die gleiche Technologie. Die zusätzliche Dekodierlogik, mit der sich der Inhalt blockweise und nicht immer nur komplett ändern lässt (wie z. B. bei EPROMs), ein Zustandsautomat (State Machine) für die Programmierung und Ladungspumpen für die Erzeugung der Programmierspannung sind in einem EEPROM teilweise und bei einem Flash-Speicher komplett in den Baustein selbst integriert. Die EEPROMs benötigen daher – je nach Typ – etwas an Zusatzlogik, die auf dem Mainboard realisiert ist, während Flash-Memories ohne diese auskommen. Wie es in der Abb. 6–9 gezeigt ist, verfügen die Flash-Speicher über unterschiedliche Bauformen, wobei der oberste Baustein sich in einer Fassung befindet, was im Notfall (defektes BIOS) nützlich sein kann, weil der Chip dadurch austauschbar ist.

Abb. 6–9 Verschiedene Bauformen von Flash-Speichern, die das BIOS enthalten

Ob sich auf dem Mainboard ein EEPROM oder ein Flash-Speicherbaustein befindet, ist aus diesem Grunde für ein BIOS-Update (siehe Abschnitt 6.4.8) im Prinzip nicht weiter von Bedeutung. Wichtig ist jedoch – neben der Unterstützung durch ein geeignetes Writer-Programm – die jeweilige Programmierspannung, die typischerweise entweder 12 V oder 5 V beträgt, was vom jeweiligen Bausteintyp abhängig ist.

Der Chip, der für die Speicherung der BIOS-Setup-Daten zuständig ist, wird traditionell als *CMOS-RAM* bezeichnet. Obwohl die Technik heutzutage eine andere ist, hat sich dieser Begriff für den BIOS-Datenspeicher etabliert. Die Bezeichnung NVRAM (Non Volatile RAM) wird hierfür eher selten verwendet, obwohl sie passender erscheint. Auch eine aktuellere Technik ändert nichts daran, dass für den Datenerhalt, während der PC ausgeschaltet ist, eine Spannungsversorgung notwendig ist, die mit einem Akku oder auch mit einer Batterie funktioniert. Ursprünglich befindet sich das CMOS-RAM zusammen mit einer Echtzeituhr in einem Chip, der von einem Akku versorgt wird. Eine Ladeschaltung sorgt dabei für das Aufladen des Akkus, wenn sich der PC am Stromnetz befindet.

Abb. 6–10 Der Akku ist für die Versorgung des CMOS-RAM-Chips (HD14681) mit der integrierten Echtzeituhr notwendig.

Die Spannung des Akkus oder der Batterie muss mindestens 3 V (typischerweise bis 3,6 V) betragen, damit der Inhalt des CMOS-RAMs nicht verloren geht, was durchaus vorkommt, wenn der PC über längere Zeit nicht eingeschaltet wurde und der Akku bereits etwas altersschwach ist. In diesem Fall sind die Einstellungen, die im BIOS-Setup vorgenommen wurden, auf die Defaultwerte (Voreinstellungen) zurückgesetzt worden, und die Uhr funktioniert ebenfalls nicht korrekt.

Hat der Computer einmal sein Gedächtnis verloren, was auf einen mittlerweile gealterten Akku oder auch einen Fehler in der Ladeschaltung hindeutet, ist ein neues BIOS-Setup durchzuführen. Vielfach ist ein »müder« Akku unmittelbar zu erkennen, wenn sich beispielsweise an den Polen Kristalle gebildet haben oder sie auch grün/blau angelaufen sind. Ein eindeutiges Indiz für einen defekten Akku ist dies allerdings nicht, gleichwohl sollten die Kontakte von den Verschmutzungen befreit werden, wozu man am besten etwas Kontaktspray und einen Wattestab oder etwas Ähnliches verwendet. Die Überprüfung des Akkus kann leicht mit einem Voltmeter vorgenommen werden; die beiden Pole sind entsprechend mit »+« und »-« beschriftet. Die Spannungsmessung muss aber bei ausgeschaltetem PC durchgeführt werden, denn andernfalls würde der Akku durch das PC-Netzteil (über das Mainboard) gespeist werden, und man misst die Ladespannung und nicht die Spannung des Akkus selbst.

Stellt man fest, dass der Akku tatsächlich eine zu geringe Spannung aufweist, kann man ihn relativ einfach ersetzen. Ein geübter »Löter« mag sich nicht scheuen, auf dem Mainboard herumzulöten und den defekten Akku herauszuhebeln, doch davor sei gewarnt, denn das Mainboard ist in Mehrlagentechnik ausgeführt (Multilayer, d.h., die Leiterbahnen befinden sich nicht nur auf den beiden Platinenseiten, sondern auch übereinander in mehreren Lagen, typischerweise als 4-fach-Multilayer). Sehr leicht könnten bei dieser Prozedur darunterliegende Leiterbahnen beschädigt werden, und das Mainboard wäre damit unwiederbringlich defekt. Besser ist es, die Kontakte, die auf dem Mainboard festgelötet sind, nicht anzugehen, sondern sie stehen zu lassen und die Lötfahnen am Akku einfach mit einem Seitenschneider abzukneifen. Auf diese beiden Kontakte lötet man dann den neuen Akku einfach auf, wobei natürlich unbedingt die richtige Polung beachtet werden muss.

Falls der Ersatz des Akkus (längerfristig gesehen) nicht zum Erfolg geführt hat und der PC immer noch sein »Gedächtnis verliert«, liegt vermutlich ein Fehler in der Ladeschaltung vor. An dieses Problem sollte sich nur ein geübter Bastler heranwagen. Meist ist eine defekte Diode oder ein Kondensator, die sich in unmittelbarer Nähe des Akkus befinden, der »Übeltäter«.

Auf den meisten Mainboards wird man heute keinen speziellen Baustein als CMOS-RAM/Clock-Chip mehr entdecken können, denn er ist im Chipsatz selbst integriert. Zum Erhalt der Dateninformation (BIOS-Setup) wird bei diesen Boards kein Akku, sondern eine (etwas größere) Knopfzellenbatterie verwendet, die eine Spannung von typisch 3 V liefert. Als Lebensdauer werden hierfür mindestens drei Jahre angegeben (meist findet sich allerdings überhaupt keine Angabe im Manual zum Mainboard). Wenn man BIOS-Setup-Speicherprobleme und/oder eine falsch gehende Uhr feststellt, sollte die Spannung der Knopfzellenbatterie im ausgebauten Zustand mit einem Voltmeter kontrolliert werden. Selbstverständlich wird der PC von der 230 V-Netzspannung getrennt, bevor im Innern irgendwelche Arbeiten vorgenommen werden.

Abb. 6–11 Für die »Pufferung« des CMOS-RAM und der Echtzeituhr wird heutzutage meist eine Knopfzellenbatterie verwendet, die sich einfach austauschen lässt.

Die Knopfzelle lässt sich bei einem üblichen PC-Mainboard meist recht einfach lokalisieren und zum Messen oder Ersetzen herausnehmen, was bei einem Notebook weit schwieriger sein kann. Falls sich die Batterie dort nicht hinter einer Klappe verbirgt, ist es hierfür ist meist zu zerlegen (siehe Abschnitt 10.3).

Abb. 6–12 Geradezu vorbildlich ist der Zugang zu den wichtigen Komponenten – eben auch zu der Knopfzelle – bei diesem Medion-Notebook, wofür nur der Rückwanddeckel abzunehmen ist.

Außerdem befindet sich die Batterie dann nicht auf dem Mainboard, sondern irgendwo am Rand und ist mit einem Kabel verbunden. Damit es zu keinem Kurzschluss mit der Elektronik kommt, ist die Batterie mit einem Schrumpfschlauch als Isolierung überzogen. Diese »verschweißte« Knopfzelle ist mitunter als Ersatzteil für das jeweilige Notebook erhältlich, die jedoch auch durch eine gewöhnliche ersetzt und entsprechend »eingepackt« werden kann, wofür sich der Einsatz einer entsprechenden Fassung empfiehlt, die meist weiterverwendet werden kann.

Abb. 6–13 Bei Notebooks ist die Knopfzelle oftmals flexibel im Gehäuse untergebracht und entsprechend isoliert.

6.3 Löschen des Passworts und des kompletten CMOS-RAMs

In einigen Fällen ist es nötig, das CMOS-RAM zu löschen. Dafür gibt es im Wesentlichen zwei Gründe:

- Der PC ist im BIOS-Setup aus irgendeinem Grunde völlig »verkonfiguriert« worden und startet nicht mehr korrekt.
- Man hat das Passwort vergessen, kann daher den PC nicht starten und kommt auch nicht an das BIOS-Setup heran.

Der erste Fall tritt in der Praxis seltener auf und ist eher bei nicht ausgereiften BIOS-Versionen möglich. Gleichwohl kommt er vor und stellt sich als sehr ärgerlich dar, denn der PC ist nicht mehr einzusetzen, was auch auf den zweiten Fall zutrifft. Die Lösung des Problems ist in beiden Fällen gleich: Das CMOS-RAM muss gelöscht werden.

Der PC kann vielfach mit einem Passwort geschützt werden, was meist über den Punkt PASSWORD SETTING im BIOS-Setup erfolgt. Des Weiteren kann unter SECURITY OPTION oder einem ähnlich lautenden BIOS-Setup-Eintrag festgelegt werden, ob eine Passwortabfrage bei jedem Booten (SYSTEM) oder nur beim Aufruf des BIOS-Setups (SETUP) erfolgen soll. Diese *Security Option* ist der einfachste Weg, den PC vor fremden Zugriffen zu schützen.

Allerdings kommt es auch vor, dass ein Kollege ein PC-Passwort festgelegt hat – das man natürlich nicht kennt; oder man hat ein gebrauchtes Mainboard mit aktiviertem Passwort erworben, oder man hat es auch schlicht einfach vergessen, was schon mal vorkommt, wenn das Passwort nur für das BIOS-Setup aktiviert ist.

6.3.1 Löschen des Passworts

Falls es zunächst allein darum geht, das Passwort zu verändern, damit man (wieder) an den PC herankommt, könnten zunächst die vom BIOS-Hersteller vorgesehenen Default-Passwörter ausprobiert werden. Diese sind in der Regel dann aktiv, wenn im BIOS-Setup zwar PASSWORD ENABLE aktiviert, aber kein neues Passwort eingegeben worden ist. Die bekanntesten *Default-Passwörter* lauten wie folgt:

AMI-BIOS:

- AMI
- AMIBIOS
- AMI_SW (Eingabe: AMI?SW)
- A.M.I.

- BIOS
- HEWITT RAND
- LKWPETER
- PASSWORD

Award/Phoenix-BIOS:

- ALFAROME
- aLLy
- awkward
- AWARD_SW (Eingabe: AWARD?SW)
- AWARD_PW (Eingabe: AWARD?PW)
- BIOSTAR
- HLT
- j256
- j262
- lkwpeter
- LKWPETER
- SER
- SKY_FOX
- Syxz
- 589589
- 589721

Auf einigen Mainboards gibt es einen Jumper mit einer Bezeichnung wie *Clear Password*, und wenn der Jumper (für einige Minuten) in die entsprechende Position gesetzt wird, wird nur das Passwort und nicht etwa der komplette CMOS-RAM-Inhalt gelöscht (siehe dazu Abschnitt 6.3.2).

Beim Award-BIOS wird nicht direkt das Passwort abgespeichert, sondern lediglich eine 2-Byte-Prüfsumme, und aus diesem Grunde sind prinzipiell mehrere Möglichkeiten gegeben, bei denen die Eingabe als gültiges Passwort interpretiert wird.

Das BIOS ermittelt beim Booten eine Prüfsumme über die Daten im CMOS-RAM und vergleicht diese mit der im CMOS-RAM abgelegten Checksumme (Adressen: 2E, 2F). Falls diese Werte nicht übereinstimmen, werden automatisch die BIOS-Default-Daten geladen (ohne Passwort). Demnach wird einfach ein beliebiges Byte in das CMOS-RAM geschrieben, um diesen Effekt auszulösen, was natürlich nur dann funktionieren kann, wenn der PC bootet, das Passwort also nur für den BIOS-Setup festgelegt wurde. Eine Veränderung der CMOS-RAM-Checksumme kann mit dem DOS-Programm DEBUG beispielsweise wie folgt ausgeführt werden:

```
debug
o 70, 2E
o 71, 0
q
```

Ein weiteres Verfahren, welches nach dem gleichen Prinzip (Checksumme stimmt nicht) ausprobiert werden kann, beruht darauf, dass die aktuelle Hardwarekonfiguration verändert wird. Beispielsweise entfernt man ein Speichermodul, und beim erneuten Hochlaufen des PC erscheint die Meldung *CMOS Mismatch – Press F1 for Setup*, wodurch man bei einigen Versionen dann auch ohne Passwortabfage in das Setup gelangt und das Passwort dann *disablen* kann. Das funktioniert nicht mit allen PCs, oftmals aber bei PCs mit AMI-BIOS.

6.3.2 Löschen des kompletten CMOS-RAM-Inhalts

Das Passwort löscht man mit Sicherheit, wenn gleich der komplette Inhalt des CMOS-RAMs gelöscht wird. Hierfür ist auf einigen Mainboards ein spezieller Jumper vorgesehen, und wenn dieser für einige Zeit von der Position *Normal* in die Position *Discharge* oder *Clear* gebracht wird, wird der gesamte CMOS-RAM-Inhalt auf die Standardwerte zurückgesetzt. Es ist keine Seltenheit, dass der Jumper bis zu 30 Minuten in der Discharge-Stellung stecken muss, bis das CMOS-RAM sein Gedächtnis verloren hat. Nach dieser Prozedur ist der Jumper natürlich wieder zu entfernen bzw. in die Ursprungsstellung zu bringen.

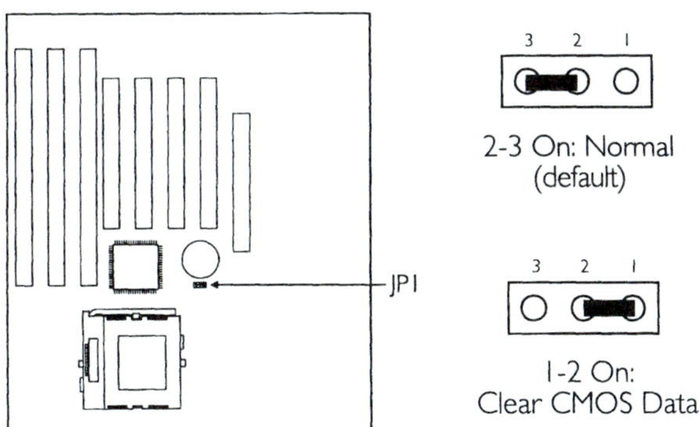

Abb. 6–14 Bei diesem Mainboard wird der Jumper JP1 umgesetzt, woraufhin das CMOS-RAM gelöscht wird.

Es kommt jedoch auch vor, dass eben kein entsprechender Jumper auf dem Mainboard vorgesehen ist. In solch einem Fall ist es am einfachsten, den Batterieanschluss (vgl. Abb. 6–13) abzuziehen oder die Batterie für einige Zeit herauszunehmen.

6.4 Setup

Wie eingangs erläutert, gibt es für die Optionen im BIOS-Setup keinen Standard, was sich auch mit UEFI (siehe Abschnitt 6.2) nicht ändert, das – je nach Hersteller – mit den unterschiedlichsten Oberflächen ausgestattet sein kann, die nicht selten eher an ein Spiel und nicht an eine Konfigurationsoberfläche erinnern, was das Verstehen und die Orientierung nicht gerade erleichtert.

Immerhin haben Award/Phoenix und AMI aufgrund ihrer jahrzehntelangen BIOS-Erfahrung verschiedene Setup-Funktionen etabliert, die als grundlegende Funktionen zu verstehen sind und eigentlich immer auftauchen. Sie können grob den folgenden Kategorien zugeordnet werden, die auf der BIOS-Setup-Hauptseite (Abb. 6–15) angezeigt werden:

- **Standard CMOS-Setup:** Datum, Uhrzeit, (S)ATA-Laufwerke, Halt-Option, System-Information
- **Advanced BIOS Features:** Boot-Optionen, Boot Sector Protection, Boot Sequence
- **Advanced Chipset Feature:** Spezielle Optionen des jeweiligen Chipsets
- **Integrated Peripherals:** USB-, LAN-, Audio-, SATA-Controller
- **Power Management Setup:** Sleep Modes, Restore Options, Wakeup Events
- **PNP/PCI Configurations:** Video Controller, PCI Slots IRQs
- **PC Health Status:** Betriebsdaten, CPU-Temperatur, Spannungen, Lüfterdrehzahlen
- **Frequency/Voltage Control:** FSB-Frequenz, CPU-Optionen, DRAM-Timing
- **Load Optimized Defaults:** Laden von Voreinstellungen (OK/Cancel)
- **BIOS Setting Password:** Festlegen eines Passworts für den BIOS-Setup-Zugang
- **Save & Exit Setup:** Einstellungen speichern und Setup verlassen
- **Exit Without Saving:** Setup verlassen, ohne die Veränderungen zu speichern

Seit geraumer Zeit kann man bei den BIOS-Versionen bei üblichen PCs im Erscheinungsbild (Bildaufbau, Menüstruktur, Tastenfunktionen) kaum oder auch gar keinen Unterschied mehr zwischen einem BIOS von AMI oder von Award feststellen, wie es beispielsweise ein Vergleich der Abb. 6–5 (Award-BIOS) mit der Abb. 6–15 (AMI-BIOS) zeigt.

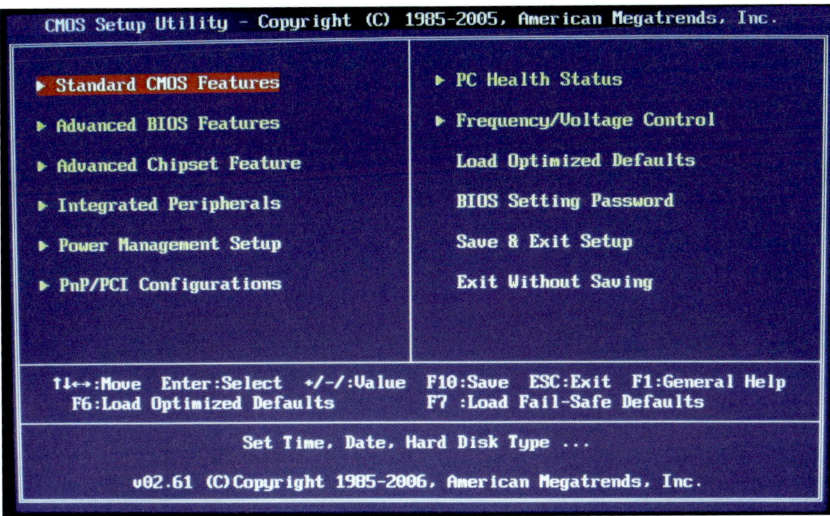

Abb. 6–15 Ein verbreitetes AMI-BIOS, wie es beispielsweise mit dem MSI-Mainboard für den AMD Phenom von MSI für Medion-PCs eingesetzt wird

Die Unterschiede zeigen sich im Detail bei den jeweils zur Verfügung gestellten einzelnen Parameteroptionen, die sich durch den Chipset- bzw. den Mainboard-Hersteller ergeben. Welche Option sich an welcher Stelle in welchem Menü befindet, spielt prinzipiell keine Rolle. Wichtig ist hingegen, welche Optionen (noch) überhaupt relevant sind. Nicht selten sind auch bei aktuellen PCs noch Einstellungen etwa für einen COM- und einen Parallel-Port, für PCI-Slots oder auch für Diskettenlaufwerke oder ATA-Devices zu finden, obwohl diese Hardware gar nicht (auf dem Mainboard) eingebaut ist.

Wie erwähnt erlauben die mittlerweile zum Standard gehörenden »Automatiken« für die CPU- und Speichererkennung, dass hierfür in den seltensten Fällen manuelle Korrekturen im BIOS-Setup notwendig sind. Durch die Vereinheitlichung auf den USB, SATA und PCIe und die damit verbundene automatische Hardwareerkennung, sind auch die einstellbaren Parameter für die Peripherieschnittstellen weit weniger geworden.

Bei älteren PC-Systemen, die mit einer Vielzahl unterschiedlichster Komponenten bestückt sein konnten, sodass ein optimaler BIOS-Setup eine Wissenschaft für sich war, war geradezu eine Unmenge an Optionen einstellbar. Sie füllten ganze Bücher, was sich im Internet noch auf vielen Seiten nachvollziehen lässt, die in den meisten Fällen jedoch keinerlei aktuellen Bezug mehr haben.

Aus diesen Gründen werden in den folgenden Abschnitten lediglich diejenigen BIOS-Setup-Optionen näher betrachtet, die bei modernen PCs und Notebooks von Bedeutung und deren Funktionen nicht gleich offensichtlich sind.

6.4.1 Der BIOS-Setup-Aufruf und die wichtigen Tasten

Das BIOS-Setup kann nach der Aufblendung einer BIOS-Meldung wie *Press DEL to enter Setup* oder ähnlich aufgerufen werden. Die DEL-Taste entspricht dabei der ENTF-Taste auf einer deutschen Tastatur, und je nach BIOS-Hersteller sind auch andere Tasten bzw. Tastenkombinationen möglich, um an das BIOS-Setup zu gelangen, was zwar vielfach auch angezeigt wird – verlassen kann man sich darauf aber nicht.

Abb. 6–16 Während der Initialisierung wird eine Meldung für den Aufruf des BIOS-Setups angezeigt.

Insbesondere bei Notebooks und PCs von Markenherstellern (Acer, Lenovo, Dell) erscheint mitunter überhaupt keine derartige Anzeige. Außerdem kann sich diese Anzeige via BIOS-Setup auch unterdrücken lassen, und bei einigen Mainboards (z. B. von Intel) ist auch zunächst ein Jumper umzusetzen, damit ein BIOS-Setup-Aufruf überhaupt möglich ist. Tab. 6–1 zeigt die gebräuchlichsten Tasten bzw. Tastenkombinationen, um das BIOS-Setup aufzurufen.

Taste(n)	Hersteller
Alt + F1	Diverse
Alt + ↵	Diverse
Alt + Strg + F1	Diverse
Entf	Award, AMI, Phoenix
F1	AMI
F2	Phoenix
F10	Diverse
F12	Phoenix (Notebooks)
Strg + ↵	Diverse

Taste(n)	Hersteller
Strg + Alt + E	Award
Strg + Alt + Esc	Phoenix
Strg + Alt + S	Award, Phoenix
Strg + Alt + ↵	Diverse

Tab. 6–1 Gebräuchliche Tasten(-kombinationen) für den Aufruf des BIOS-Setups

Welche Tasten für die Navigation im jeweiligen BIOS-Setup vorgesehen sind, ist meist offensichtlich (vgl. z. B. Abb. 6–15 unten). Man sollte aber daran denken, dass im BIOS-Setup noch kein deutscher Tastaturtreiber geladen ist und einige Tasten dadurch nicht ihrer deutschen Beschriftung entsprechen, sondern der englisch/amerikanischen. Die Angaben in Tab. 6–2 liefern hier die notwendige Orientierung.

Bezeichnung im BIOS-Setup	Entspricht bei deutscher Tastatur
Ctrl	Strg
Del	Entf
Home	Pos1
Ins	Einfg
PD	Bild↓
PU	Bild↑
Y	Z
_	?

Tab. 6–2 Im BIOS-Setup haben einige Tasten eine andere Bedeutung, als deren Beschriftung angibt.

6.4.2 CPU-Einstellungen

Für den Prozessor sind im BIOS-Setup drei wesentliche Parameter von Bedeutung:

- die CPU-Spannung, die Core Voltage (Vcore), die in sehr kleinen Stufen (von z. B. 25 mV) explizit an die eingesetzte CPU angepasst wird
- der Systemtakt (*System Clock/Bus Clock*, BCK), der vom Mainboard-Design vorgegeben wird und aus dem verschiedene Takte, wie für die Speichermodule, das Chipset (Timer), die PCIe-Slots und den Prozessor (External Clock) abgeleitet werden
- ein Multiplikator (*CPU Clock Ratio*), der, mit dem Systemtakt multipliziert, die spezifizierte CPU-Frequenz ergibt

Bei aktuellen CPUs findet die korrekte Einstellung der *Core Voltage* und des Multiplikators automatisch statt. Der jeweilige Prozessor signalisiert hierfür über spezielle Leitungen (VID, *Voltage Identification*) die jeweils notwendige Spannung, die dann vom Chipset entsprechend eingestellt wird.

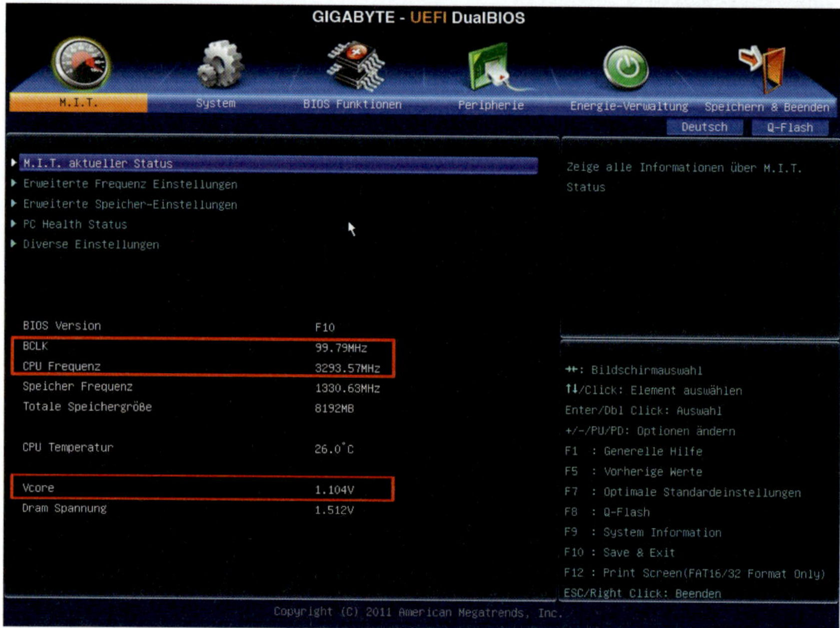

Abb. 6–17 Die notwendige Core-Spannung (Vcore) und die CPU-Frequenz können automatisch eingestellt werden.

Der richtige Wert für den Multiplikator ist prinzipiell ebenfalls über spezielle Pins (CPUID) der CPU vom Chipset detektierbar. Oftmals ist eine CPU jedoch mit einem festen Multiplier versehen, sodass sie nicht höher als vorgesehen getaktet werden kann.

Je nach Mainboard und BIOS-Setup lassen sich diese Automatiken auch abschalten und die Werte vom Anwender (in bestimmten Grenzen) manipulieren, was häufig praktiziert wird, um den Prozessor mit einer höheren Frequenz (Overclocking) zu betreiben als vorgesehen, weil man sich daraus einen Performancegewinn verspricht. Wenn der Takt erhöht wird, ist auch meist die Core-Spannung zu erhöhen. Bei aktuellen Prozessoren rechtfertigt der eventuelle Performancegewinn jedoch kein Overclocking, weil dann meist eine erhöhte Wärmeabfuhr notwendig ist und der Prozessor durchaus Schaden nehmen kann.

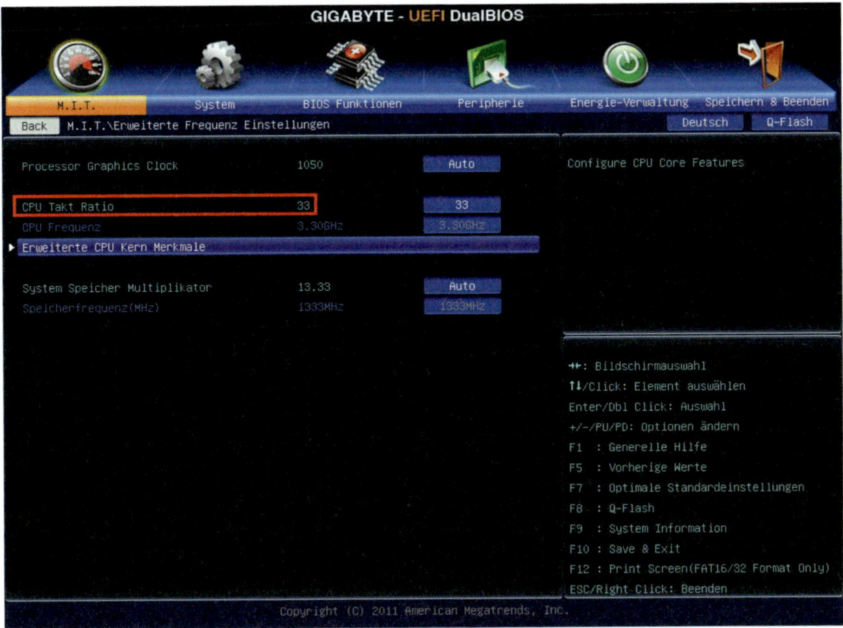

Abb. 6–18 Der Multiplikator (»CPU Takt Ratio«) für die CPU ergibt mit dem Systemtakt multipliziert die CPU-Frequenz.

Der Systemtakt ist möglicherweise (eher seltener) ebenfalls geringfügig manipulierbar, wobei dann nicht nur die CPU, sondern auch andere Komponenten mit einem erhöhten Takt arbeiten, was zu einem instabilen und fehlerhaften Betrieb außerhalb der Spezifikationen führen kann. Im Fehlerfall ist dann nicht immer klar, welche Komponente (CPU, Speicher, Grafik) für einen PC-Absturz verantwortlich ist. Die Angaben für den Systemtakt sind nicht immer einheitlich und eindeutig.

Traditionell beträgt der Systemtakt 100 MHz. Gleichwohl kann dieser Takt auch mit 200 MHz oder sogar 400 MHz angegeben sein, obwohl man es jedes Mal mit einem *echten* Takt von 100 MHz zu tun hat, weil auf beiden Flanken des Taktes getriggert wird (DDR-Prinzip, siehe auch Abschnitt 2.5) oder auch weil zwei Taktsignale verschachtelt werden, was dann als *Quad Data Rate* (QDR) bezeichnet wird und von Intel mit dem Pentium 4 eingeführt worden ist. Dabei wird angegeben, dass pro Taktschritt gleich vier Datenpakete übertragen werden und der Systemtakt deshalb mit FSB400 (Front Size Bus) oder auch mit FSB533 (Grundtakt von 133 MHz) ausgewiesen wird. Die entsprechende Anzeige und Berechnung des notwendigen Faktors bei den drei unterschiedlichen Angabemöglichkeiten für den Systemtakt wird in den BIOS-Setups und den meisten Testprogrammen korrekt durchgeführt, damit sich dadurch die richtige CPU-Taktfrequenz ergibt.

Takte (System, Clock Ratio) auf einen geringeren Wert einzustellen, als er spezifiziert ist, birgt kein Risiko für den Prozessor. Es kann im Fehlerfall sogar hilfreich sein, um etwa Ursachenforschung bei einem instabil arbeitenden PC zu betreiben.

Mitunter wird von den (CPU)-Herstellern auch eine Turbo-Frequenz angegeben, was dementsprechend auch als Option und/oder Anzeige in einem BIOS-Setup auftauchen kann. Grundsätzlich handelt es sich dabei nicht um eine verlässliche (einzustellende) Größe, sondern um eine dynamische Übertaktungsfunktion – bei Intel auch als Turbo-Boost, bei AMD als Turbo Core bezeichnet –, die im Bedarfsfall automatisch in Kraft treten kann. Dies ist dann möglich, wenn nicht alle Kerne eines Prozessors ausgenutzt werden und die spezifizierte *Thermal Design Power* (TDP, siehe auch Tab. 2–4), die innerhalb des Prozessors mit einem Sensor gemessen wird, deshalb noch nicht erreicht wird. Wenn das Betriebssystem eine hohe Leistung verlangt, kann die CPU dann den Takt innerhalb bestimmter Grenzen und Energiezustände erhöhen.

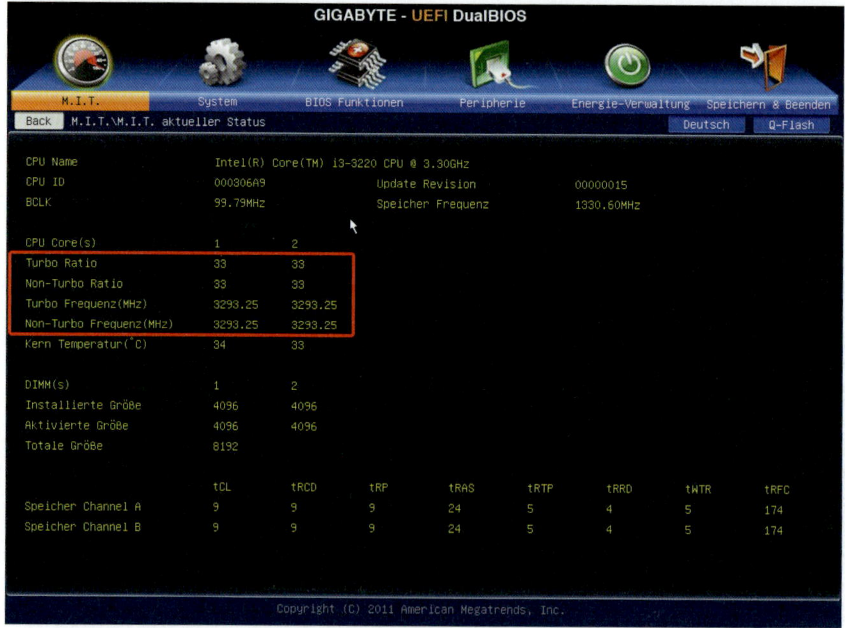

Abb. 6–19 Die Turbo-Frequenz entspricht hier bei beiden Kernen der Normalfrequenz, weil im BIOS-Setup keine hohe Leistung abverlangt wird.

6.4.3 Speichereinstellungen

Was für die Spannungen und Takte des Mikroprozessors im vorherigen Abschnitt erläutert ist, gilt in ähnlicher Art und Weise für den DRAM-Speicher, der eine bestimmte Spannung und Taktfrequenz verlangt, die mithilfe eines Multiplikators aus dem Systemtakt gewonnen wird.

Die für die DIMMs (siehe Abschnitt 2.5) notwendigen Betriebsparameter werden vom BIOS aus einem SPD-EEPROM der Module gelesen und automatisch eingestellt. Wie beispielsweise in Abb. 6–19 für die beiden DIMMs erkennbar ist, ist eine ganze Reihe von Timing-Parametern angeführt. Je nach BIOS-Version kann der Automatikmodus abgeschaltet werden, und es sind dann (einige) der SDRAM-Parameter manuell bestimmbar (Abb. 6–20).

Für den PC-Experten war die manuelle Konfigurierung von Speicherchips in früheren Zeiten geradezu eine Herausforderung, weil die Automatik noch nicht so »ausgefeilt« war wie bei den aktuellen PCs. So war es mitunter nötig, für eine stabile PC-Arbeitsweise einige Werte im Timing zu verändern. Auch die Vorstellung, dass eine manuelle Einstellung von Parametern einen schnelleren PC ermöglicht, war zumindest ein Grund, die Automatik nicht zu verwenden.

Heutzutage ist es bei aktuellen Komponenten empfehlenswert, den Auto-Modus einzuschalten, der mit den zum Mainboard passenden DIMMs (siehe Abschnitt 2.5) die bestmögliche Einstellung und damit die optimale Leistung bietet. Wenn sich dadurch ein stabil funktionierendes System ergibt, bringt es keinen Vorteil, die einzelnen Parameter manuell einzustellen.

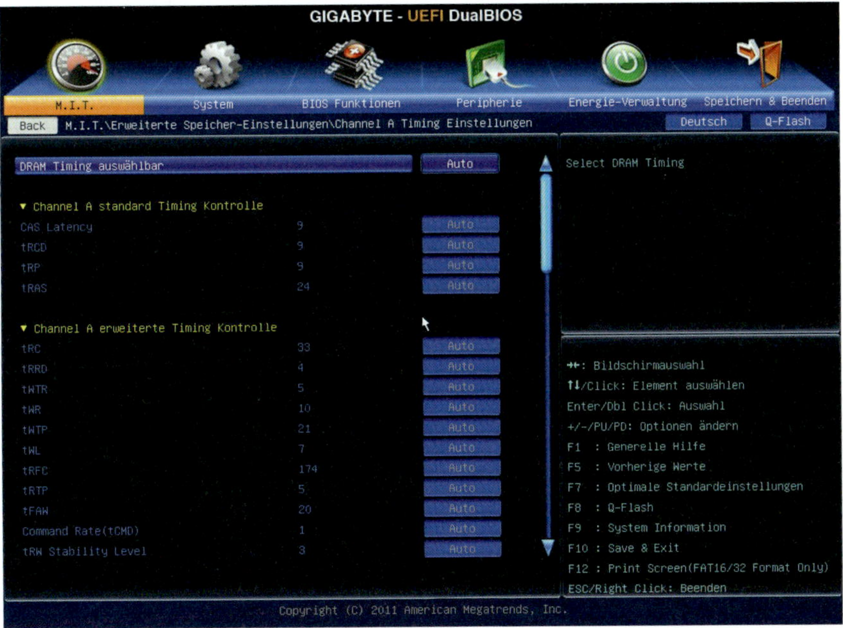

Abb. 6–20 Wenn das DRAM-Timing nicht per Auto-Modus absolviert wird, sind die einzelnen Parameter von Bedeutung.

Gleichwohl kann auch ein halbwegs aktuelles Mainboard mit bestimmten Speichermodulen nicht zurechtkommen, was sich etwa durch unvermittelte Abstürze des Betriebssystems äußert. Möglichweise tritt dieses Phänomen erst nach längerer Betriebsdauer auf, weil sich die Module mittlerweile erwärmt haben, sodass sich die physikalischen Daten dadurch (leicht) verändern und die festgelegten Speicherparameter nicht mehr korrekt sind. Ein ähnliches Phänomen kann sich auch im Laufe der Zeit ergeben. Die Module mögen vielleicht jahrelang einwandfrei im Auto-Modus funktioniert haben, zeigen aber plötzlich Speicherfehler, was sich mitunter gleich durch ein akustisches Signal (Beep-Beep-Beep) beim Einschalten des PCs bemerkbar macht. Die Module sind quasi gealtert und lassen sich dann durch eine manuelle Einstellung der Parameter meist noch ohne Probleme weiterverwenden.

Ein RAM-Baustein wird durch Adressleitungen angesprochen. Die Speicherzellen im Innern sind dabei in Spalten und Zeilen angeordnet. Zum Adressieren einer bestimmten Zelle werden zwei Adressen benötigt: eine für die Zeile und eine für die Spalte. Um die Anzahl der Anschlüsse am RAM-Baustein gering zu halten, werden die Adressen über gemeinsame Anschlüsse gesendet, und die Unterscheidung in Zeile und Spalte erfolgt mit Signalen, die die Bezeichnung *RAS* (*Row Address Strobe*) und *CAS* (*Column Address Strobe*) führen. In internen Zwischenspeichern (Buffers) werden die beiden Teiladressen gespeichert und adressieren somit das Memory-Array.

Prinzipiell gibt zwei Möglichkeiten, wie Speicherzugriffe erfolgen können. Die erste ist im *Normalmodus*, der sich dadurch auszeichnet, dass von der CPU eine Adresse angelegt und dann ein Datenbyte (Einzeltransfer) geschrieben oder gelesen wird. Daneben gibt es den schnelleren *Burst-Modus*, bei dem nur eine einzige Adresse von der CPU zu schreiben ist, auf die gleich ein kompletter Datenblock folgt. Die darauf folgenden Adressen werden vom Speicher selbstständig generiert. In welcher Form der Speicherzugriff gerade durchgeführt wird, kann weder vom Programm noch vom Anwender in irgendeiner Art und Weise beeinflusst werden, denn dies hängt davon ab, welche Daten gerade benötigt werden, und die können direkt hintereinander (Burst) oder aber auch verstreut im Speicher liegen, was dann Einzeltransfers erfordert. Ein Burst ist so gesehen der Idealfall einer Übertragung, und wenn es um die Kennzeichnung von Datenübertragungsraten geht, wird dabei oftmals vom Burst-Modus ausgegangen, auch wenn es nicht angegeben wird.

Zwischen den beiden Zugriffen (RAS und CAS) muss eine bestimmte Zeit verstreichen, bis die gewünschte Zeile im Speicherchip komplett eingelesen worden ist. Diese Zeit wird als *RAS-to-CAS-Delay* (t_{rcd}) bezeichnet und als Anzahl der Taktzyklen (2 oder 3 Takte) angegeben. Danach muss noch die sogenannte CAS-Latenzzeit (*CAS Latency*, t_{cl}) abgewartet werden, die ebenfalls als Anzahl der Taktzyklen angegeben wird, bis die Daten am Ausgang des SDRAMs zur Verfügung stehen.

Der dritte wichtige SDRAM-Parameter ist die *RAS Precharge Time* (t_{rp}), die dafür benötigt wird, auf eine neue Zeile umzuschalten. Diese Zeit entfällt, wenn keine neue Zeile angesteuert werden muss, weil sich die Daten innerhalb einer Seite (Page) befinden. Mindestens diese drei Parameter (t_{tcl}, t_{rcd}, t_{rp}) werden von den Herstellern für das Timing als weitere Unterscheidungsmerkmale innerhalb einer Modulklasse (Typ, Takt, Speedklasse) angegeben. In den BIOS-Setups können noch weitere Parameter auftauchen. Es ist jedoch schwierig und läuft meist auf Ausprobieren hinaus, welche Parameter im Fehlerfall – und nur dann sollte man heutzutage nicht den Auto-Modus verwenden – wie zu verändern sind. In Tab. 6–3 sind noch einige Optionen, die in den unterschiedlichsten BIOS-Setups bei den Speichermoduleinstellungen vorhanden sein können, angeführt und kurz erläutert.

BIOS-Setup-Eintrag	Bedeutung/Funktion	Bevorzugte Einstellung
1T Command Rate	Modul-Option für optimierten SDRAM-Kommandozugriff	Disabled, ohnehin nur wirksam bei einem einzigen eingesetzten Modul
Bank Interleaving	Versetzter, zeitlich überlappender und damit schnellerer Zugriff auf Speicherbänke	Enabled
Bank x/y DRAM Timing	Unterschiedliches Timing für die verschiedenen Speicherbänke konfigurieren	Auto
DRAM Burst Refresh	Es können bis zu vier Refresh-Zyklen zwischengespeichert werden.	Enabled
Page Idle Timer	Angabe, nach wie vielen Takten eine angewählte Page geschlossen werden soll	8–32, je nach Speichergröße; je kleiner desto besser
Precharge Time	RAS-Precharge-Time für das Umschalten auf eine neue Zeile	Möglichst niedrig
RAS Active Time	Anzahl der Takte für das automatische Schließen einer Speicherbank	7 (schnell), 2 (langsam)
RAS-to-CAS Delay	Zeit, bis die Zeile im Speicherchip komplett eingelesen worden ist	Möglichst niedrig
SDRAM CAS Latency	CAS-Latenzzeit, bis die Daten am Speicherausgang zur Verfügung stehen	Möglichst niedrig
SDRAM Configuration by SPD	Automatik-Modus ein- oder ausschalten	Je nach Situation

BIOS-Setup-Eintrag	Bedeutung/Funktion	Bevorzugte Einstellung
SDRAM Cycle Length	CAS-Latenzzeit, bis die Daten am Speicherausgang zur Verfügung stehen	Möglichst niedrig
SDRAM ECC Setting	Fehlerkorrekturmechanismus bestimmen	Enabled ECC
SDRAM Idle (Cycle) Limit	Angabe, nach wie vielen Takten eine angewählte Page geschlossen werden soll	8–32, je nach Speichergröße
SDRAM MA Wait State	Zusätzlichen Wartezyklus festlegen	0 Clock oder Fast
SDRAM PH Limit	Pause zur Auffrischung der Zeilenadresse	64 Cycles
SDRAM RAS Precharge Time	Zeit für das Umschalten auf eine neue Zeile	Möglichst niedrig
SDRAM RAS to CAS Delay	Zeit, bis die Zeile im Speicherchip komplett eingelesen worden ist	Möglichst niedrig
SDRAM RAS# Timing	Angabe der drei Werte für CL, t_{rcd} und t_{rp}	Möglichst niedrig
SDRAM Tras Timing oder TRAS Timing	Anzahl der Takte für das automatische Schließen einer Speicherbank	7 (schnell), 2 (langsam)
SDRAM Trcd Timing oder TRCD Timing	Zeit, bis die Zeile im Speicherchip komplett eingelesen worden ist	Möglichst niedrig
SDRAM TRP SRAS Precharge oder SDRAM Trp Timing	RAS Precharge Time für das Umschalten auf eine neue Zeile	Möglichst niedrig

Tab. 6–3 Typische Speicheroptionen in den BIOS-Setups

6.4.4 Betriebsparameter – PC Health

Vielfach ist über die BIOS-Setup-Hauptseite eine Anzeige zugänglich, die nähere Informationen über einige kritische Systemdaten preisgibt. Je nach BIOS-Version können an dieser Stelle auch Grenzwerte festgelegt werden, bei deren Überschreitung das BIOS einen Alarm auslöst oder den PC automatisch herunterfährt. Mitunter ist auch ein spezieller Sensor eingebaut (Case Open Detect), der beim Öffnen des Gehäuses auslöst, sodass der PC dann nicht verwendet werden kann.

Abb. 6–21 Es empfiehlt sich die CPU- und Lüfterkontrolle zu aktivieren.

Die üblichen Parameter sind dabei die folgenden:

- **Health Shutdown Temperature**: Hier kann die Temperatur (typischerweise 60–95 °C) bestimmt werden, bei deren Überschreitung der PC abschalten soll.
- **Current CPU Temp.**: die aktuelle CPU-Temperatur, die direkt auf dem Chip (Die) gemessen wird
- **Current System Temp.**: die aktuelle Temperatur im PC-Gehäuse, die mit einem Temperatursensor gemessen wird. An welcher Stelle sich dieser Sensor befindet, kann aber unterschiedlich realisiert worden sein (am CPU- oder auch am Speichersockel, am/im PC-Netzteil usw.), sodass ohne das Studium der Mainboard-Unterlagen nicht klar wird, welche Temperatur hier eigentlich gemessen wird.
- **Current CPU FAN Speed**: Die Umdrehungszahl (in Umdrehungen pro Minute) des CPU-Kühlers wird hier dargestellt.
- **Current POWER FAN Speed**: Die Umdrehungszahl des Kühlers im PC-Netzteil wird hier dargestellt.
- **Vcore**: die Spannung für den CPU-Kern (Core); dies ist die Spannung, die sich unter Umständen auch im Setup festlegen lässt und auch meist beim Boot angezeigt wird.
- **3,3V**: die Spannung von +3,3 V, die für die Systemelektronik (Teile des Chipsets, Speicher) zuständig ist

- **5V**: die Spannung von +5 V, die für die Systemelektronik (Teile des Chipsets, Bussysteme) und die Laufwerke zuständig ist
- **12V**: die Spannung von +12 V, die in erster Linie für Laufwerke, Lüfter und auch spezielle Einheiten (z. B. Modem) zuständig ist

Je nach BIOS- und Mainboard-Typ werden möglicherweise noch weitere Überwachungsdaten dargestellt, wobei zumindest die CPU- und Lüfterkontrolle aktiviert werden sollte, damit die CPU im Fehlerfall nicht durchbrennt, etwa weil der Kühler abgefallen ist.

6.4.5 Laufwerks- und Boot-Optionen

Wie erwähnt werden SATA-Festplatten automatisch erkannt, sodass hierfür nicht mehr viel im BIOS-Setup festzulegen ist, außer vielleicht, dass der SATA-Controller natürlich eingeschaltet sein muss. Die SATA-Einstellungen sind meist nicht auf einer BIOS-Setup-Seite zu finden, wo es um die Laufwerke geht, sondern auf einer Seite wie Integrated Peripherals oder OnBoard Devives oder eben Peripherie.

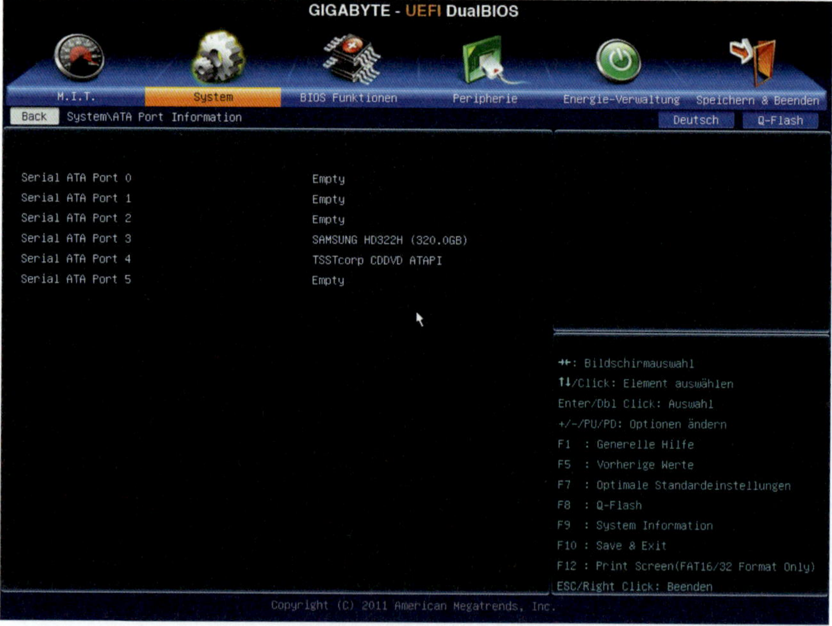

Abb. 6–22 Wenn alle SATA-Laufwerke erkannt worden sind, sind sie richtig angeschlossen und können eingesetzt werden.

Möglicherweise ist auch noch eine SATA-Modusauswahl zu finden, wie es in Abb. 6–23 gezeigt ist. Der Unterschied zwischen den beiden Betriebsarten ist lediglich der, dass die Festplatten bei AHCI mithilfe des *Native Command Queuing* (NCQ) angesprochen werden, sodass ATA-Befehle in einer optimierten Reihenfolge ausgeführt werden können, was die Datentransferrate möglicherweise erhöht. Bei der IDE-Betriebsart gibt es diese Funktion nicht.

Weil es aber nicht schadet, stattdessen den AHCI-Modus (Advanced Host Controller Interface) zu aktivieren, sollte man dies auch ruhig tun, was allerdings vor der Installation des Betriebssystems durchgeführt werden sollte, denn bei Windows sind vor einer nachträglichen Umschaltung zunächst Änderungen in der Registry notwendig, was zusätzlichen Aufwand bedeutet, der aber möglicherweise keine merkliche Beschleunigung bringt, sodass dieser Aufwand dann oftmals nicht lohnenswert erscheint.

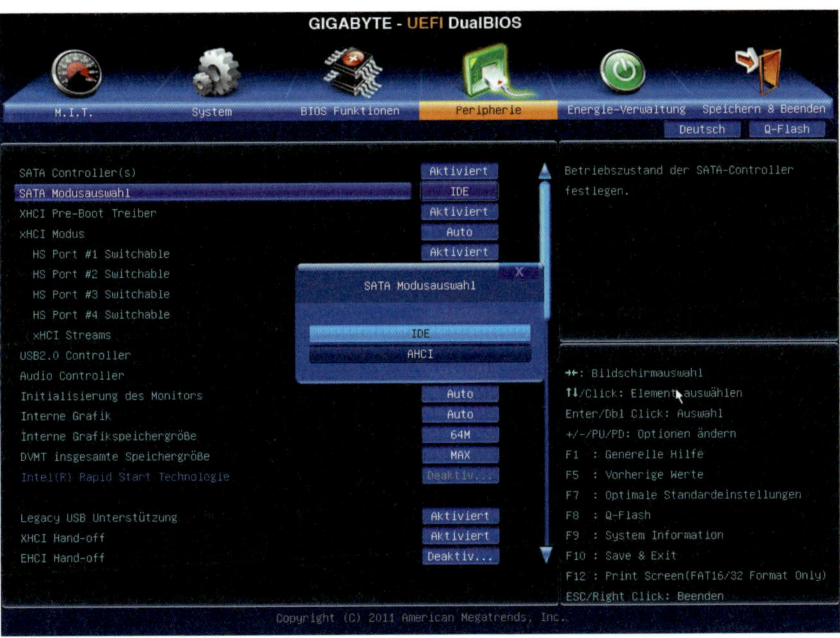

Abb. 6–23 Für Laufwerke sind nur noch die SATA-Optionen von Bedeutung.

Diskettenlaufwerke (Floppy Drives) sind schon seit Längerem obsolet, obwohl hierfür immer noch Einträge in den BIOS-Setups auftauchen, selbst wenn auf dem Mainboard kein FDD-Anschluss mehr vorhanden ist. In solch einem Fall empfiehlt es sich, diesen Controller abzuschalten, was genauso für andere nicht vorhandene Komponenten gilt (wie etwa eine serielle und eine parallele Schnittstelle). Möglicherweise lässt sich vom BIOS ein nicht vorhandenes Diskettenlaufwerk emulieren, was für ältere Betriebssysteme vorgesehen ist, die beispielsweise einen Treiber von einem Laufwerk A: (Diskettenlaufwerk) aus erwarten.

Für die Festlegung der Boot-Laufwerke und die Reihenfolge, in der auf den Datenträgern nach einem Boot-Medium gesucht werden soll, gibt es oftmals ein separates Boot-Menü, welches sich beim Start über eine bestimmte Taste (z. B. F12) aufrufen lässt. Auf jeden Fall lassen sich die Boot-Optionen aber im BIOS-Setup festlegen, beispielsweise unter ADVANCED BIOS FEATURES oder unter BIOS FEATURES oder ähnlichen Bezeichnungen.

Insbesondere durch UEFI kommt den *Boot Devices* eine neue wichtige Bedeutung zu, die entscheidend dafür ist, wie sich das vorhandene oder auch das noch zu installierende Betriebssystem verhält, was in Abschnitt 6.6.2 ausführlich beschrieben ist. Nach der Installation wird man in den meisten Fällen die Festplatte als erstes Boot-Laufwerk, gefolgt vom DVD-Laufwerk oder von einem *USB-Device* (z. B. SD Card Reader) festlegen.

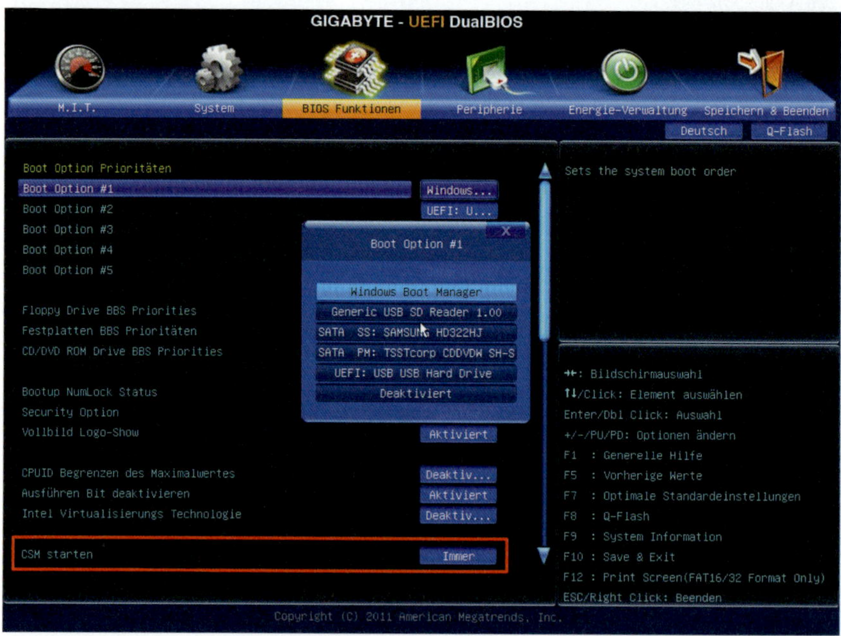

Abb. 6–24 Festlegen der Boot-Reihenfolge (#1 bis #5) anhand der zur Verfügung stehenden Laufwerke sowie des bereits installierten Boot-Managers.

Das *Compatibility Support Module* (CSM) ist ein wichtiger Bestandteil in UEFI, damit sich auch nicht UEFI-konforme Betriebssysteme einsetzen lassen, sodass diese Option (CSM STARTEN in Abb. 6–24) nicht auf DEAKTIVIERT stehen darf.

Eine nützliche Option ist Boot Sector Protection. Der Boot-Sektor der Festplatte ist besonders durch Virenbefall gefährdet, da hier abgelegte Viren den Datenträger unbrauchbar machen können. Einen gewissen Schutz vor diesem Virentypus bietet es, diese Option einzuschalten, wobei eine neu eingerichtete Festplatte vom BIOS als virenfrei angenommen wird und dann eine Warnung erscheint, sobald eine (beliebige) Software schreibend auf den Boot-Sektor zugreift.

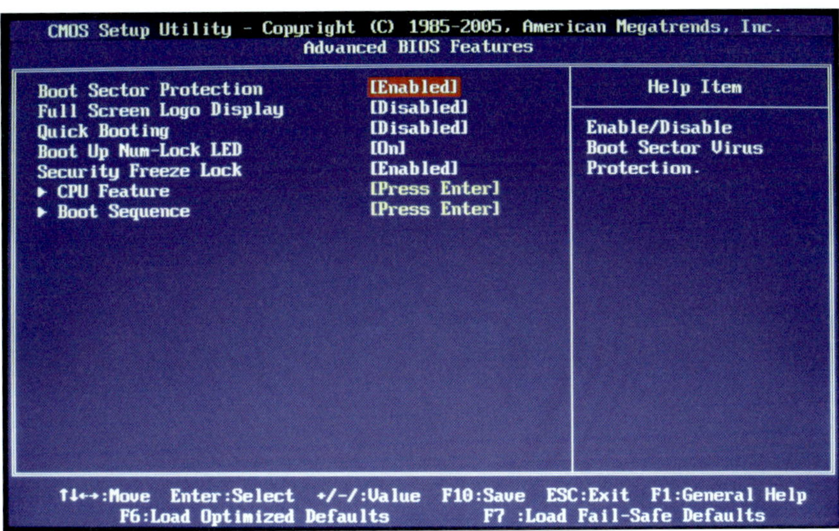

Abb. 6–25 Einen Schutz für das Schreiben auf den Boot-Sektor wird durch *Boot Sector Protection* zur Verfügung gestellt.

Der rechte Block der Tastatur kann entweder für die Eingabe von Zahlen verwendet werden oder zur Cursorsteuerung mit den Pfeil- und Bildtasten. Die Umschaltung zwischen beiden Betriebsarten erfolgt über die NUM-Taste auf der Tastatur. Ist NUM (Number) eingeschaltet, leuchtet die entsprechende Anzeige auf der Tastatur, und der Tastenblock dient zur Zahleneingabe. Wird es gewünscht, dass diese Betriebsart sofort nach dem Booten eingestellt wird, die natürlich mit der NUM-Taste jederzeit wieder rückgängig gemacht werden kann, wird der Menüpunkt *Boot Up NumLock Status* auf ON geschaltet.

Das Aktivieren von Quick Booting oder auch Quick POST hat zur Folge, dass ein verkürzter Selbsttest des PC beim Booten durchgeführt wird, was etwas Zeit einspart. Der Nachteil kann jedoch sein, dass etwa Fehler im DRAM-Speicher nicht erkannt werden, weil er nur unzureichend überprüft wird, was dann unter Windows zu Schutzverletzungen führen kann. In der Praxis hat es sich bewährt, zunächst keinen *Quick Boot oder Quick POST* zu aktivieren, und erst, wenn feststeht, dass der PC so weit funktioniert, sollte er freigeschaltet werden.

6.4.6 Peripherie-Optionen – Integrated Peripherals

Was sich an Komponenten auf dem Mainboard einschalten und konfigurieren lässt, hängt natürlich von der jeweiligen Ausstattung ab. Abb. 6–23 zeigt ein typisches Beispiel, wovon der SATA-Controller im vorigen Abschnitt bereits behandelt wurde. Audio, LAN und USB sowie eine OnBoard-Grafik (interne Grafik) sind weitere übliche Komponenten, die im einfachsten Fall lediglich ein- oder eben ausgeschaltet werden können.

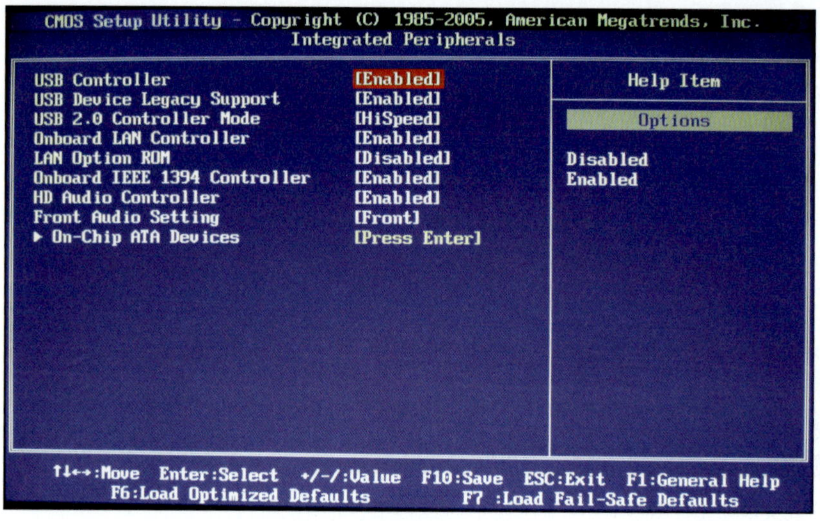

Abb. 6–26 Bei den Integrated Peripherals sind in Abhängigkeit vom Mainboard unterschiedliche Komponenten aktivierbar und zu konfigurieren.

Bei aktuellen BIOS-Versionen sind für den USB eine ganze Reihe von Optionen möglich, wozu die Modi XHCI und EHCI gehören. Beim SATA-Controller gibt es den AHCI-Modus (*Advanced Host Controller Interface*), der bei dem gezeigten BIOS (Abb. 6–23) lediglich eine optionale Funktion erlaubt. Demgegenüber sind die Host-Controller-Interface-Optionen für den USB weitreichender, denn sie spezifizieren den jeweiligen USB-Standard (vgl. Abschnitt 3.6), wie er in Tab. 6–4 angegeben ist.

Bezeichnung	Bedeutung	Standard
OHCI	Open Host Controller Interface	USB 1.0
UHCI	Universal Host Controller Interface	USB 1.1
EHCI	Enhanced Host Controller Interface	USB 2.0
XHCI	Extensible Host Controller Interface	USB 3.0

Tab. 6–4 Der Zusammenhang zwischen den üblichen USB-Bezeichnungen in den BIOS-Setups und den USB-Standards

Prinzipiell existiert eine Abwärtskompatibilität bei den verschiedenen USB-Standards und den damit möglichen Übertragungsarten. In der Praxis zeigt sich allerdings, dass eine USB-Maus oder -Tastatur (USB 1.x) oder ein USB-Stick (USB 2.0) nicht unbedingt an einem USB-3.0-Anschluss funktionieren, sodass sich im BIOS für einzelne USB-Ports eine bevorzugte Betriebsart oder die Option zum Umschalten (switchable) in einen bestimmten vom Gerät angeforderten Modus konfigurieren lässt. Das Betriebssystem verlässt sich dann auf diese Einstellungen, sodass beispielsweise einem USB-3.0-Port die erweiterte Funktionalität genommen wird, damit sich hier problemlos ein USB-Stick nach der Version 2.0 verwenden lässt. Wenn sich unter Windows Probleme mit dem Einsatz von USB-Devices ergeben, kann dies durchaus an einer im BIOS festgelegten USB-Konfiguration liegen. Die Legacy-USB-Unterstützung (USB Legacy Support) erlaubt bei dem BIOS aus Abb. 6–23, dass sich Tastatur und Maus auch an USB-2.0- und USB-3.0-Ports mit Betriebssystemen (z. B. DOS) einsetzen lassen, die diese Standards nicht explizit unterstützen, sodass die Eingabegeräte so behandelt werden, als wenn sie an die traditionellen PS/2-Buchsen (Legacy Devices) angeschlossen wären.

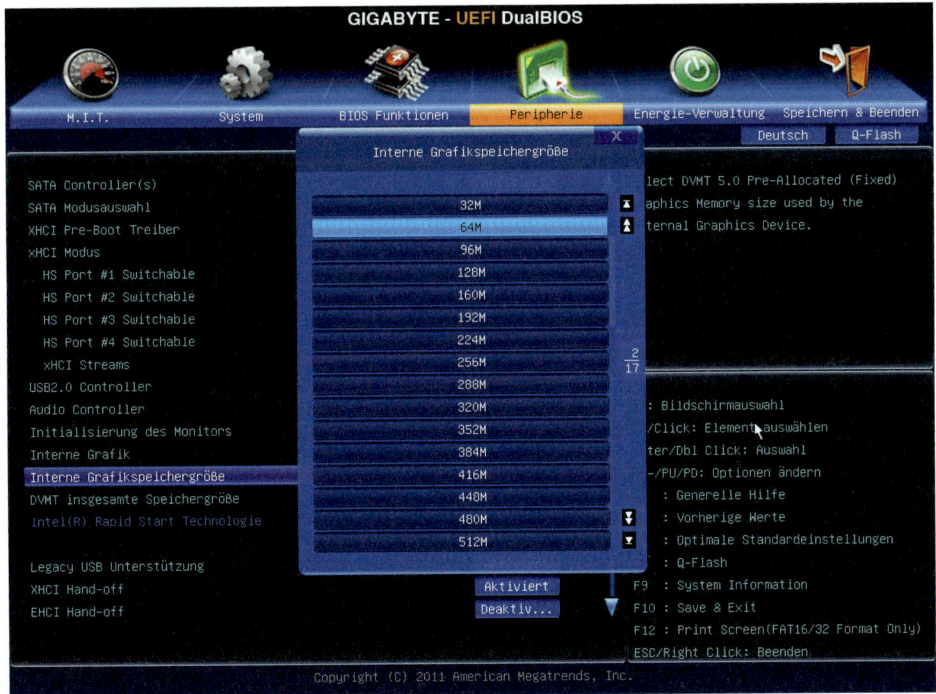

Abb. 6–27 Festlegen der Speichergröße für den OnBoard-Grafikchip

Falls sich auf dem Mainboard ein Grafikchip befindet, sind hierfür im BIOS-Setup auch Einstellungen zu finden. Im einfachsten Fall gibt es lediglich die Möglichkeit der Ab- oder Umschaltung, damit von vornherein eine separate PCIe-Einsteckkarte für die Ausgabe zuständig ist. Eine Umschaltung während des Betriebs ist nicht möglich. Bei vielen OnBoard-Grafiklösungen ist kein separater Speicher wie bei den Grafikkarten vorhanden, sodass der Grafikkartenspeicher vom Systemspeicher (SDRAM) »abgezwackt« wird. Wie groß dieser Speicher sein muss, hängt davon ab, ob der PC als Office-PC oder auch für grafikintensivere Applikationen (CAD, Video) eingesetzt werden soll. Im zweiten Fall ist die Größe zu erhöhen, was letztlich auf ein Ausprobieren (Abb. 6–27) hinausläuft, denn wenn der Systemspeicher zu knapp wird, können eben auch bei gewöhnlicher Benutzung (Office-Programme) merkliche Verzögerungen auftreten. Für detailreiche Spiele, die hohe Anforderungen an den Grafikchip und den Grafikspeicher stellen, sind die OnBoard-Grafiklösungen nicht geeignet.

6.4.7 Power Management

Die Power-Management-Funktionen zielen allgemein darauf ab, dass bei eingeschaltetem, aber momentan nicht benutztem PC einige PC-Komponenten komplett abgeschaltet oder in einen Stromsparmodus umgeschaltet werden können. Um tatsächlich Strom einsparen zu können, müssen zahlreiche Komponenten, wie das Netzteil des PC, der Monitor, die CPU, die Festplatte und das Mainboard, explizit mit dem BIOS hierfür ausgelegt sein.

Weil es bei einem PC geradezu eine Unmenge an Kombinationsmöglichkeiten von unterschiedlicher Hard- und Software gibt, stellt sich das Power-Management ganz allgemein immer noch als etwas problematisch und auch uneinheitlich dar. Vielfach werden diese Funktionen bei einem PC überhaupt nicht verwendet, um so einer Reihe von Problemen von vornherein aus dem Weg zu gehen.

Bei Notebooks ist Stromsparen geradezu unabdingbar, denn der Akku sollte natürlich möglichst lange vorhalten, sodass die Stromsparfunktion hier schon seit langer Zeit ohne Probleme anwendbar ist. Warum dies bei üblichen PCs eben nicht so einfach zu realisieren ist, liegt an der Universalität eines PC, wo die Hardware eben nicht unveränderlich ist wie bei einem Notebook. Unter dem Begriff *Power Management* sind bei Computern die folgenden Mechanismen zu unterscheiden:

- einfache Abschaltfunktionen für einzelne Einheiten (Festplatte, Monitor): Im BIOS-Setup werden hierfür bestimmte Abschaltzeiten vorgegeben.
- kombinierte Power-Management-Stufen (Doze, Standby, Suspend), die bei Aktivierung im BIOS-Setup gleich mehrere PC-Einheiten betreffen
- unterschiedliche CPU-Stromsparfunktionen (Taktreduzierung, Sleep-Mode), die im BIOS bestimmt werden können

- spezielle BIOS-Funktionen (z. B. DPMS) für den Monitor
- unterschiedliche »Aufwachmechanismen« (Events: über Schnittstellen, Geräte, IRQs), die im BIOS-Setup festzulegen sind
- einfache Abschaltfunktionen in Windows (unter Systemsteuerung/Energieverwaltung) für Festplatte und Monitor: Geräte »wachen« durch die Betätigung der Maus und/oder der Tastatur wieder auf.
- *Advanced Power Management* (APM) mit verschiedenen Stufen, das im BIOS eingestellt wird und unabhängig vom Betriebssystem arbeiten kann. Üblicherweise übernimmt aber das Betriebssystem einige der APM-Funktionen.
- *Advanced Configuration and Power Management* (ACPI), welches im BIOS-Setup zu aktivieren ist und ab Windows 98SE unterstützt wird. ACPI ist die intelligenteste Form des Power-Managements, wie man es bei Notebooks gewohnt ist. Das Power-Management ist hiermit erstmalig in standardisierter Form vom BIOS in das Betriebssystem verlagert worden.

Diese Aufzählung macht deutlich, dass die unterschiedlichsten Features unter dem Begriff *Power Management* (PM) auftauchen können, was zunächst vom Baujahr des Mainboards bzw. der BIOS-Version abhängt. Die Spannbreite reicht von simplen Abschaltvorgängen für einzelne Einheiten bis hin zu Gesamtkonzepten wie ACPI, die recht tiefgreifende Veränderungen in der Hard- und Software gegenüber einfacheren PM-Funktionen voraussetzen.

```
                     ROM PCI/ISA BIOS (2A69KA1A)
                       POWER MANAGEMENT SETUP
                        AWARD SOFTWARE, INC.

Power Management      : Disable          ** Reload Global Timer Events **
PM Control by APM     : Yes              VGA Active Monitor     : Enabled
Video Off Method      : DPMS             IRQ[3-7,9-15],NMI      : Enabled
Video Off After       : Standby          IRQ 8 Break Suspend    : Disabled
CPU Fan Off Option    : Suspend -> Off   IDE Primary Master     : Disabled
Modem Use IRQ         : NA               IDE Primary Slave      : Disabled
                                         IDE Secondary Master   : Disabled
Doze Mode             : Disable          IDE Secondary Slave    : Disabled
Standby Mode          : Disable          Floppy Disk            : Disabled
Suspend Mode          : Disable          Serial Port            : Enabled
IDE HDD Power Down    : Disable          Parallel Port          : Disabled
Throttle Duty Cycle   : 62.5%            Mouse Break Suspend    : Yes

Power Button Override: Disabled
Resume by Ring        : Disabled         ESC : Quit         ↑↓→← : Select Item
Resume by LAN         : Disabled         F1  : Help         PU/PD/+/- : Modify
Resume by Alarm       : Enabled          F5  : Old Values   (Shift)F2 : Color
 - Date (of Month)    :  0               F6  : Load BIOS  Defaults
 - Time (hh:mm:ss)    :  7: 0: 0         F7  : Load Setup Defaults
```

Abb. 6–28 Derart kompliziert anmutende Power-Management-Einstellungen sind nur noch bei alten PCs zu finden.

Was die Angelegenheit mitunter unübersichtlich macht, ist die Tatsache, dass man sowohl im BIOS-Setup als auch unter Windows verschiedene Energiesparfunktionen aktivieren kann und dann nicht immer klar ist, wer nun eigentlich die Festplatte abgeschaltet hat: das BIOS oder Windows.

Eine standardisierte Grundlage für Stromsparmechanismen wie den Standby-Modus (Suspend To RAM) oder auch den Ruhezustand (Suspend to Disk) bildet ACPI, das bereits seit Windows Millennium Bestandteil eines Windows-Betriebssystems ist. Damit Windows bei einer Neuinstallation die für die Stromsparmechanismen notwendigen ACPI-Funktionen sicher implementiert, muss ACPI im BIOS-Setup aktiviert sein. Bei den aktuellen BIOS-Versionen taucht ACPI jedoch nicht mehr im BIOS-Setup auf, was dann bedeutet, dass auch keine Einschaltung notwendig ist und das Power Management vom ACPI-fähigen Betriebssystem übernommen wird, wozu alle aktuellen Systeme gerechnet werden können.

ACPI kennt fünf grundlegende Stufen des Power Management, die in Tab. 6–5 angegeben sind. Das Anhalten der CPU wird vom Chipset mit einem speziellen Signal (STPCLK) durchgeführt. Genau genommen werden lediglich die Prozessorregister eingefroren, wodurch der Stromverbrauch drastisch sinken kann. Je nach dem Verhältnis der High- zur Low-Pegel-Zeit des STPCLK-Signals, das man ggfs. im BIOS-Setup unter einem Eintrag wie MANUAL THROTTLE RATIO oder THROTTLE DUTY CYCLE (vgl. Abb. 6–28) einstellen kann, verringert sich der CPU-Stromverbrauch. Diese Funktion – auch als *Speed Step Technology* bezeichnet – kommt auch dann automatisch durch ACPI gesteuert zum Einsatz, wenn die CPU etwa zu heiß wird. Im S1-Modus werden der Monitor und die Festplatte abgeschaltet, das Netzteil bleibt eingeschaltet, die CPU und die Caches (L1, L2) bleiben initialisiert. Ob auch der CPU-Lüfter im S1-State weiterlaufen soll, kann oftmals in einem eigenen Menüpunkt im BIOS-Setup festgelegt werden.

Bezeichnung	Funktion/Wirkung
S1	Die CPU wird vom Chipset angehalten; schnelle Reaktivierung.
S2	Die CPU und der Cache werden vom Chipset angehalten.
S3	Suspend to RAM: wie S2, und Teile der Mainboard-Elektronik werden abgeschaltet, PCI-Karten halten einen Minimalbetrieb aufrecht.
S4	Suspend to Disk: Der Systemzustand wird auf der Festplatte gespeichert, der PC kann abgeschaltet werden.
S5	PC ist prinzipiell ausgeschaltet.

Tab. 6–5 Die ACPI-Power-Management-Zustände

In der zweiten ACPI-Stufe werden zusätzlich die Caches eingefroren, sodass das Aufwachen aus diesem Zustand länger dauert, weil der Register- und Cache-Inhalt erst wieder restauriert werden muss. Im S3-Zustand werden Teile der Mainboard-Elektronik abgeschaltet, und geeignete PCIe-Karten schalten teilweise ebenfalls ab, wobei sie mit einer Hilfsspannung vom Bus weiterversorgt, also nicht komplett abgeschaltet werden. Das RAM hält den fixierten Systemzustand fest, sodass es über eine Standby-Versorgung weiterhin mit Strom versorgt werden muss. Bei älteren ATX-Systemen kann dies zu Problemen führen, wie etwa, dass der PC nicht mehr aufwacht, weil die Standby-Versorgung möglicherweise unterdimensioniert ist.

Damit das RAM nicht die Daten verliert, weil es kein externes Refresh-Signal mehr erhält, arbeitet das RAM im Self-Refresh-Modus. Für die Verwendung von ACPI-S3 wird eine 5-V-Standby-Spannung (5 VSB) benötigt. Das Netzteil muss hierfür laut ATX-Spezifikation 2.01 mindestens 500 mA liefern können. Ältere ATX-Netzteile bieten jedoch oftmals nur 100 mA, sodass der S3-Modus dann möglicherweise nicht funktioniert. Einige Mainboards verlangen jedoch 720 mA oder sogar noch mehr Strom über die Standby-Leitung.

Ein weit höherer Stromspareffekt ergibt sich mit dem S4-Modus *Suspend to Disk*, bei dem der Systemzustand auf der Festplatte gespeichert wird und der PC danach per Power-Taster abgeschaltet werden kann. Ein Aufwachen per Event (LAN, Modem) ist daher aus dem S4-Zustand nicht möglich. Generell gilt: Je niedriger das Energieniveau absinkt, desto länger dauert dann auch die Regenerierung des Systems. Der S3-Zustand stellt gewissermaßen einen praktikablen Kompromiss aus möglichst niedrigem Stromverbrauch und Geschwindigkeit bei der Systemwiederherstellung dar.

Der S5-Modus ist nachträglich zu ACPI hinzugefügt worden. In ihm ist das System prinzipiell ausgeschaltet. Es kann per (speziellem) Taster oder Tastenkombination (Notebook) wieder eingeschaltet werden kann, was möglicherweise auch per Netzwerk (Wake On LAN) oder durch einen anderen im BIOS-Setup einstellbaren Event (Abb. 6–29) erfolgen kann. Das Netzteil ist im S5-Zustand nicht komplett ausgeschaltet und liefert weiterhin eine Spannung (5 VSB).

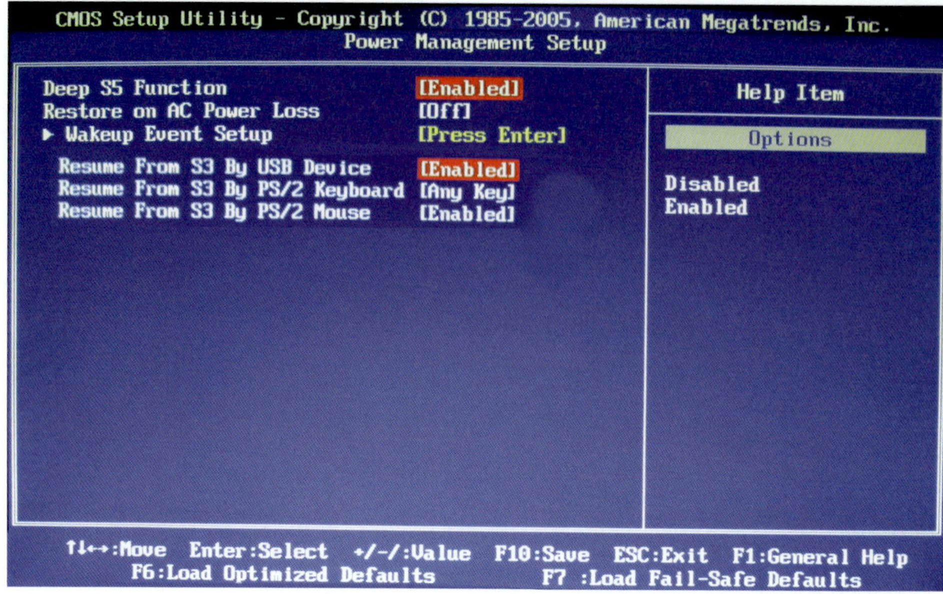

Abb. 6–29 Bei diesem BIOS gibt es die Möglichkeit, für das Aufwachen aus dem S5-Zustand verschiedene Geräte und bei der Tastatur auch bestimmte Tasten festzulegen.

Bei einem erworbenen Komplett-PC sollte man davon ausgehen können, dass ACPI korrekt funktioniert (bei einem Notebook sowieso). Allerdings braucht im Prinzip nur eine einzige Komponente, z. B. eine Grafikkarte, nachträglich ersetzt zu werden – und wenn dann der dazugehörige Treiber nicht auf dem aktuellen ACPI-Stand ist, funktioniert bereits die Funktion *Suspend to Disk* (Ruhezustand) oder auch eine andere ACPI-Funktion nicht mehr.

Die Bezeichnungen für ACPI und die Stromsparmechanismen sind in den BIOS-Setups und bei den verschiedenen Windows-Versionen nicht einheitlich, was die ganze Angelegenheit etwas unübersichtlich macht. Bei Windows sind die entsprechenden Einstellungsmöglichkeiten unter EIGENSCHAFTEN VON ENERGIEVERWALTUNG bzw. EIGENSCHAFTEN VON ENERGIEOPTIONEN zu finden. Windows Vista erweitert die bekannten Optionen noch um konfigurierbare *Energiesparpläne*, und die Option ENERGIE SPAREN, die bei den Vorgängerversionen als *Ruhezustand* bezeichnet wurde, versetzt den PC in den Suspend-to-Disk-Modus. Bei Windows-Systemen wird üblicherweise keine separate Partition für die Systemspeicherung verwendet. Standardmäßig ist für die Speicherung die Datei hiberfil.sys vorgesehen, die sich im Hauptverzeichnis des Bootlaufwerks befindet und deren Größe der des Arbeitsspeichers entspricht. Das Vorhandensein dieser Datei ist Voraussetzung für die Nutzung des Ruhezustands.

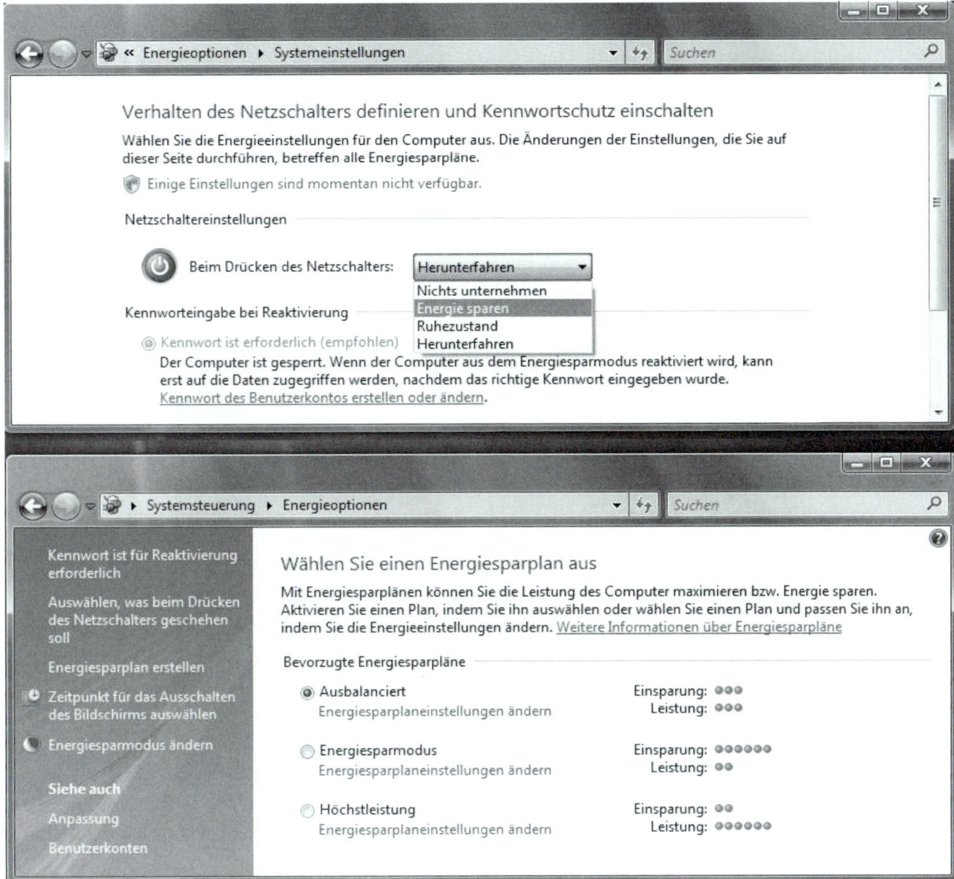

Abb. 6–30 Konfigurieren der Energieoptionen bei Windows

6.4.8 Updates

Bei allen heutigen PCs ist es üblich, dass sich das BIOS in einem Flash-Speicherbaustein befindet, der im Gegensatz zu einem ROM mit spezieller Software neu beschrieben werden kann. Diese Software ist bei aktuellen Boards mit (UEFI-BIOS) integriert ist oder wird von einer Diskette, CD oder einem USB-Speicher aus ausgeführt.

Seit Flash-Speicher für das BIOS verwendet werden, kann man allerdings feststellen, dass es ab diesem Zeitpunkt geradezu eine Flut von BIOS-Updates gibt, was wohl auch daran liegt, dass die BIOS-Versionen unter immensem Zeitdruck entwickelt werden müssen und sich dadurch Fehler einschleichen, die durch (schnell) folgende Versionen wieder zu bereinigen sind. Dieser Umstand ist auch der häufigste Grund dafür, warum sich ein BIOS-Update überhaupt empfiehlt. Auf den Internetseiten der Mainboard-Hersteller ist zu jeder BIOS-Version eine Datei zu finden, die näher beschreibt, was im Einzelnen bei den verschiedenen Versionen geändert worden ist.

Man sollte sich davor hüten, »nur so aus Spaß« die BIOS-Software zu aktualisieren, denn es kann durchaus passieren, dass danach gar nichts mehr funktioniert, weil der PC ohne korrektes BIOS »tot« ist. Falls man mit der Funktion der vorhandenen BIOS-Version zufrieden ist, sollte man deshalb keinen weiteren Gedanken auf ein BIOS-Update verschwenden. Einige Hersteller (z. B. Gigabyte, MSI) statten ihre Mainboards mit einem Dual BIOS aus, wie es in den Setup-Bildern (ab Abb. 6–17) für das *Gigabyte UEFI Dual BIOS* zu erkennen ist, sodass im Fehlerfall ein zweites BIOS zur Verfügung steht, mit dem man das erste auch wieder reparieren kann.

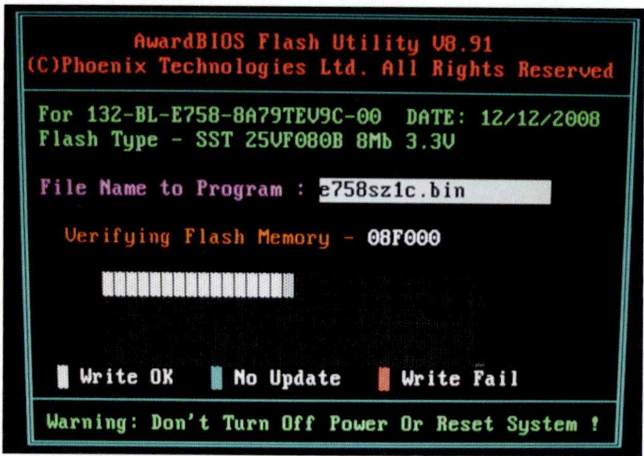

Abb. 6–31 Die Datei wird in das Flash-BIOS programmiert.

Die BIOS-Version muss explizit für das vorhandene Mainboard (Chipset) ausgelegt sein, und keinesfalls darf eine vermeintlich *ähnliche* Version verwendet werden. Außerdem kann auch ein BIOS-Update nicht zaubern und Funktionen zutage fördern, für die die Hardware nicht elektrisch ausgelegt ist. Jeder Mainboard-Hersteller stellt eigene Programme und Tools für die Durchführung eines BIOS-Updates zur Verfügung, wobei es keine Seltenheit ist, dass ein bestimmtes Programm auch nur für eine bestimmte Mainboard-Revision bestimmt ist. Einen allgemeinen Standard gibt es hier nicht, und es ist darauf zu achten, dass man auch genau die für das jeweilige Mainboard passende Software zur Verfügung hat.

Ein Programm, das die Programmierung des Flash-Speichers durchführt, ist beispielsweise *AWDFlash.exe* der Firma Award (Abb. 6–31) oder auch der *Flash Memory Writer* der Firma ASUS, wenn es sich eben um ein Mainboard dieser Firma handelt. Für Mainboards, die mit einem AMI-BIOS arbeiten, heißt das entsprechende Writer-Programm *AMIFlash.exe*, und je nach BIOS- oder Mainboard-Hersteller können diese Programme auch anders lautende Bezeichnungen führen. Typischerweise werden die folgenden Dateien benötigt, die man auf einem bootfähigen Medium unterbringt:

- **PFLASH.EXE:** Das ist das Flash-Memory-Writer-Programm.
- **README oder FILELIST.TXT:** eine Textdatei mit Anleitungen und zusätzlichen Informationen zur Software
- **TX5Ixxxx:** die BIOS-Datei, meist mit der Endung bin

Besonders einfach zu handhaben sind die sogenannten *Live-BIOS-Updates.* Hiermit ist es möglich, eine neue BIOS-Version für sein Mainboard aus dem Internet zu laden, sobald sie verfügbar ist, und ein nachfolgendes *Flashen* (Neuschreiben des BIOS-Inhalts) ist hiermit ebenfalls möglich. Diese Funktionalität wurde zunächst für Windows eingeführt, es gibt sie auch bei UEFI-BIOS-Versionen (siehe Abschnitt 6.6), wobei für den Download der BIOS-Datei eine aktive Netzwerkverbindung vorhanden sein muss. Andernfalls wird die BIOS-Datei per USB-Stick dem UEFI-BIOS zum Flashen »überreicht«.

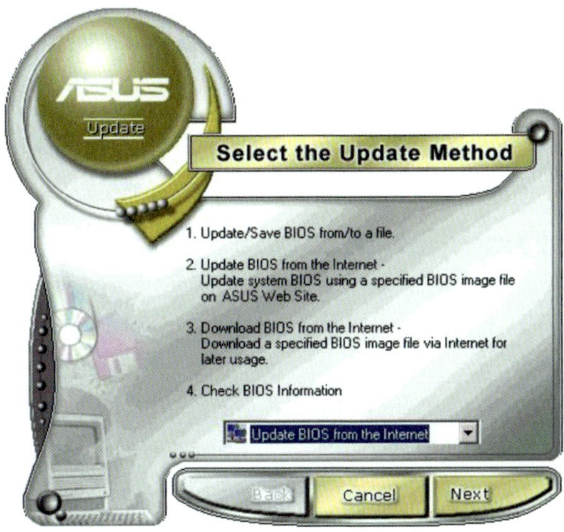

Abb. 6–32 Komfortabel funktioniert ein Live-Update unter Windows.

Der Programmiervorgang ist in den meisten Fällen ohne Probleme durchführbar. Wie erwähnt, sollten aber immer gute Gründe für eine Neuprogrammierung vorliegen, denn diese kann auch völlig daneben gehen, und eine erneute Möglichkeit der Programmierung ist nicht immer gegeben, denn nicht alle Mainboards kennen die Funktion *BIOS-Recovery*, die es erlaubt, bei fehlgeschlagener Programmierung wieder ein funktionierendes BIOS herzustellen. Grundsätzlich ist ein Stromausfall während der Ausführung des Flash-Vorgangs eine gefährliche Situation, die zu einem beschädigten BIOS führen kann.

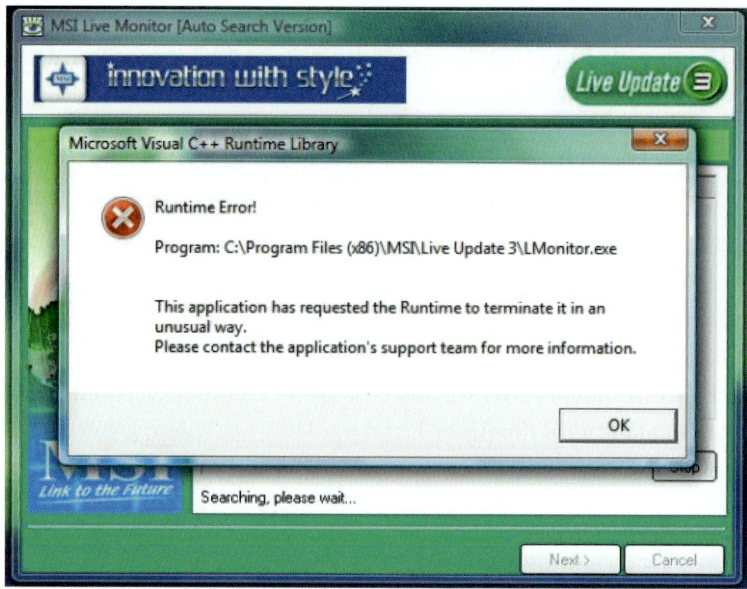

Abb. 6–33 Wie jedes Windows-Programm kann auch das Flash-Utility versagen, was dann fatale Auswirkungen haben kann.

6.5 Selbsttest und Fehlercodes

Der erste Schritt der PC-Initialisierung ist der PC-Selbsttest oder POST (Power On Self Test), der die einzelnen Bestandteile des PCs überprüft. Wird während dieses Tests ein Fehler festgestellt, sind drei Ausgabemöglichkeiten gegeben, die letztendlich von der »Tragweite« des jeweiligen Fehlers abhängen und somit voraussetzen, dass mehr oder weniger Hardwareeinheiten (bereits) funktionieren.

- direkte BIOS-Fehlermeldung wie beispielsweise *Cache Memory Bad* (Fehler im Cache-Speicher) oder *Parity Error* (nicht lokalisierbarer Speicherfehler)
- Ausgabe eines Beep-Codes: Das ist ein akustisches Signal, welches durch eine typische Tonfolge auf einen bestimmten Fehler hinweist. Drei kurze Töne signalisieren beispielsweise einen Fehler im DRAM-Speicher (Arbeitsspeicher).
- Jeder durchgeführte Test einer PC-Einheit wird durch die Ausgabe eines POST-Code an eine bestimmte I/O-Adresse (meist 80h) quittiert. Zur Anzeige dieser Codes benötigt man eine spezielle Einsteckkarte. Auf einer derartigen Karte befinden sich Leuchtdioden oder besser Siebensegmentanzeigen, die den jeweiligen Code abbilden. Bleibt auf der Anzeige beispielsweise der Code 49h stehen, bedeutet dies bei einem BIOS der Firma Phoenix/Intel, dass der PCI-Bus nicht

initialisiert werden konnte. Die POST-Codes werden von den verschiedenen BIOS-Herstellern definiert und werden zuweilen in dünnen Heftchen den Mainboards beigelegt. In einigen Fällen – wenn noch nicht einmal der Monitor angesprochen wird und dunkel bleibt, denn die Initialisierung der Grafikkarte erfolgt zu einem recht späten Zeitpunkt in der Initialisierungsabfolge – ist eine derartige Karte das einzige Hilfsmittel, um Fehlern auf die Spur zu kommen, auch wenn sich letztendlich nur herausstellt, dass ein Speichermodul nicht korrekt eingesteckt war.

Während eines korrekt verlaufenden Selbsttests werden sogenannte Interrupt-Vektoren initialisiert, die daraufhin für die softwaretechnische Verbindung von BIOS und Betriebssystem verantwortlich sind. Dabei wird als letzter Schritt des POST der Interrupt 19 (Urlader) ausgelöst, der für das folgende Booten des Betriebssystems zuständig ist.

6.5.1 Direkte BIOS-Fehlermeldungen

Die BIOS-Fehlermeldungen sind naturgemäß leichter zu interpretieren als die Beep- und POST-Codes. Außerdem fallen diese direkten Fehlermeldungen bei den verschiedenen BIOS-Herstellern auch nicht sehr unterschiedlich aus.

Tab. 6–6 integriert verschiedene Versionen. Die Aufstellung gilt somit für eine Vielzahl von unterschiedlichen PCs. Diese *non fatal errors* sind auf unterschiedliche Art und Weise zu beseitigen, wie es im Folgenden bei den einzelnen Fehlermeldungen beschrieben ist. Obwohl diese Fehler von den Firmen als *non fatal error* bezeichnet werden, sind derartige Fehler jedoch nicht immer einfach zu beseitigen, wenn sich etwa herausstellt, dass ein Fehler im Interrupt-Controller vorliegt, was ein defektes Chipset vermuten lässt. Das ist nicht reparabel und erfordert dann ein neues Mainboard.

Fehlermeldung	Bedeutung	Diagnose/Abhilfe
8042 Gate-A20 Error	Die Gate-A20-Leitung kann nicht korrekt geschaltet werden, d. h., die Umschaltung zwischen Real- und Protected-Mode ist nicht möglich.	Ist nur bei älteren PCs möglich, die einen Speichermanager verwenden, der nicht korrekt arbeitet. Sonst nicht behebbarer Fehler.
Address Line Short	Eine Adressleitung ist nicht in Ordnung.	Nicht behebbar; Fehler auf dem Mainboard bzw. im Chipsatz.
BIOS ROM Checksum Error – System Halted	Die aktuell festgestellte Prüfsumme im BIOS-ROM ist nicht korrekt, und das System wird angehalten.	Das BIOS-ROM ist defekt. Flash-Update ausführen.
Bus Timeout NMI at Slot n	Die Karte im Slot n erzeugt eine Zeitüberschreitung, was einen NMI ausgelöst hat.	Die betreffende Einsteckkarte entfernen und ersetzen, möglicherweise kann die Veränderung des Bus-Timings (Wait States u. Ä.) im BIOS-Setup hier noch Abhilfe schaffen.
Cache Memory Bad	Der Cache-Speicher ist defekt.	Ist nur bei älteren PCs möglich, die einen externen Cache besitzen. Bei aktuellen PCs bedeutet es, dass die CPU einen Fehler aufweist und zu ersetzten wäre.
C: Drive Error oder auch D: Drive Error	Das betreffende Laufwerk (Festplatte) reagiert nicht.	BIOS-Setup ausführen und die Laufwerke automatisch erkennen lassen. Verkabelung und Master/Slave-Konstellation kontrollieren bei PATA.
CH2 Timer Error	Der Timer 2 ist defekt.	Nicht behebbar; Fehler auf dem Mainboard bzw. im Chipsatz.
CMOS Battery Low oder auch CMOS Battery Failed	Der Akku bzw. die Batterie für das CMOS-RAM ist leer.	Evtl. Jumper auf dem Mainboard (Normal/Discharge) kontrollieren, Spannung (3,3 V) überprüfen und Batterie ggfs. ersetzen.
CMOS Checksum Failure	Die Checksumme des CMOS-RAM-Inhalts weicht von der aktuell detektierten Summe ab.	BIOS-Setup durchführen und Daten neu abspeichern; CMOS-RAM oder auch Batterie/Akku defekt.
CMOS Display Mismatch	Es wurde ein falscher Grafikadapter erkannt. Mitunter funktioniert die Umschaltung zwischen OnBoard- und PCIe-Grafik nicht korrekt.	Der erkannte Grafikkartentyp stimmt nicht mit der BIOS-Setup-Einstellung überein. BIOS-Setup durchführen und evtl. eingesteckte Grafikkarte kontrollieren.
CMOS Memory Mismatch	Die erkannte Speichergröße weicht von der im CMOS-RAM gespeicherten ab.	BIOS-Setup durchführen, Speichermodule versuchsweise tauschen, Kontrolle der Speichermodule auf Typ und Zugriffszeit hin.
CMOS Options Not Set	Fehler im CMOS-RAM	Ungültige Werte; BIOS-Setup durchführen.

Fehlermeldung	Bedeutung	Diagnose/Abhilfe
CMOS Time and Date Not Set	Die Uhrzeit und das Datum sind nicht eingestellt.	BIOS-Setup durchführen.
Disk(ette) Boot Failure	Die Diskette im Laufwerk ist nicht bootfähig.	Diskette entfernen (Boot von C:), Diskette formatieren.
Diskette Drive Reset Failed	Das Diskettenlaufwerk wurde nicht korrekt erkannt.	Anschluss und Laufwerk überprüfen. Das Diskettenlaufwerk oder das Kabel oder der Controller sind defekt; das Laufwerk im BIOS-Setup abschalten.
Display Switch Not Proper oder auch Display Adapter Failed	Der Grafikkartentyp stimmt nicht mit dem im BIOS-Setup angegebenen Typ überein. Mitunter funktioniert die Umschaltung zwischen OnBoard- und PCIe-Grafik nicht korrekt.	Jumper auf dem Mainboard kontrollieren, korrekten Typ im BIOS-Setup angeben. Eingesteckte Grafikkarte kontrollieren.
DMA #1 Error oder DMA #2 Error	Fehler in einem der DMA-Controller	Chipset defekt; nicht behebbar.
DMA Bus Timeout	Fehler in der DMA-Übertragung	Ein Gerät beansprucht den Bus zu lange, evtl. Einsteckkarte entfernen; andernfalls nicht behebbarer Fehler.
Extended RAM Failed	Fehler im DRAM-Speicher	Wenn man an das BIOS-Setup herankommt, die Parameter probeweise auf die schlechtesten Werte einstellen; andernfalls Module austauschen.
Fail Safe Timer NMI Inoperal	Fehler bei der Non-Maskable-Interrupt-Verarbeitung	Einsteckkarten probeweise entfernen. Falls sich keine Änderung ergibt, liegt meist ein Mainboard-Defekt vor, der nicht zu beheben ist.
FDD Controller Failure	Fehler im Controller für die Diskettenlaufwerke	Laufwerkskabel überprüfen, BIOS-Setup kontrollieren, Controller ersetzen bzw. abschalten.
Gate-A20 Error	Die Gate-A20-Leitung kann nicht korrekt geschaltet werden, d. h., die Umschaltung zwischen Real- und Protected-Mode ist nicht möglich.	Ist nur bei älteren PCs möglich, die einen Speichermanager verwenden, der nicht korrekt arbeitet. Sonst nicht behebbarer Fehler.
Hard Disk Failure	Es liegt ein Festplattenfehler vor.	BIOS-Setup-Einstellung kontrollieren, probeweise von CD oder USB Stick booten und versuchen, auf die Platte zuzugreifen. Falls dies nicht gelingt, ist die Festplatte defekt.
Hard Disk Install Failure	Die Festplatte wird nicht gefunden.	BIOS-Setup-Einstellung für Festplatte und Controller kontrollieren (siehe auch »Hard Disk Failure«).

Fehlermeldung	Bedeutung	Diagnose/Abhilfe
HDD Controller Failure oder auch Fixed Disk Error	Fehler im Festplatten-Controller	Kabel überprüfen, BIOS-Setup kontrollieren.
I/O Card Parity Error at xxxxx	Fehler auf einer Einsteckkarte	Feststellen, welche Karte die Adresse xxxxx verwendet, und ggf. ersetzen.
INTR #1 Error oder INTR #2 Error	Fehler in einem der Interrupt-Controller	Chipset defekt; nicht behebbar.
Invalid Configuration oder auch Invalid NVRAM	Ungültige CMOS-RAM Konfiguration	BIOS-Setup durchführen und Daten neu abspeichern, möglicherweise ist das CMOS-RAM defekt. Dann ist der Fehler meist nicht behebbar.
KB/Interface Error	Tastaturfehler	Tastatur richtig anschließen (Verwechslung mit PS/2-Mausport?). Tastaturtest im BIOS-Setup abschalten, andere Tastatur probieren.
Keyboard Error	Tastaturfehler, Tastatur nicht angeschlossen oder defekt (s. o.).	Gegenstände von der Tastatur entfernen. Klemmt eine Taste? Tastaturtest im BIOS-Setup abschalten, andere Tastatur probieren.
Keyboard is Locked	Der (Schlüssel-)Schalter am PC ist verriegelt.	Den PC-Schlüsselschalter in On-Position (Unlocked) bringen.
Keyboard Stuck Failure	Tastaturfehler	Gegenstände von der Tastatur entfernen. Klemmt eine Taste? Tastaturtest im BIOS-Setup abschalten, andere Tastatur probieren.
Memory Error, Memory Test Error und andere Memory-Fehlermeldungen	Fehler im DRAM-Speicher	Wenn man an das BIOS-Setup herankommt, die Parameter probeweise auf die schlechtesten Werte einstellen. Möglicherweise unzulässige Mischung unterschiedlicher Modultypen; Module austauschen.
NMI Error	Ein nicht maskierbarer Interrupt ist unzulässigerweise aufgetreten.	Einsteckkarten und Speichermodule überprüfen; sonst nicht behebbarer Mainboard-Fehler; tritt oftmals bei Überhitzung auf.
No Boot Device oder auch No Boot Sector	Es wurde keine bootfähige Einheit gefunden.	Boot-Reihenfolge (Boot Sequence) im BIOS-Setup überprüfen, ggf. Laufwerke mit System formatieren.
No ROM BASIC	Kein ROM-BASIC?	Systemfehler, der unterschiedliche Ursachen haben kann; stammt ursprünglich vom Original-IBM-PC. Alle Fehler, für die es keine spezielle Ausgabe gibt, erzeugen (immer noch) diese Meldung.
No Timer Tick	Kein Impuls vom Timer	Mainboard-Fehler; nicht behebbar.
NVRAM Cleared by Jumper	Der Inhalt des CMOS-RAMs wurde gelöscht.	Jumper auf dem Mainboard von der Discharge- in die Normal-Stellung setzen.

Fehlermeldung	Bedeutung	Diagnose/Abhilfe
Off Board Parity Error	Speicherfehler, Parity-Fehler auf einer Speicherkarte (nicht auf dem Mainboard)	Die Einsteckkarte selbst und die verwendeten RAMs oder Module auf korrekten Sitz hin überprüfen; Karte defekt.
Offending Address not Found	Es wurde ein Problem in der Adressierung entdeckt.	Kann von einer defekten Hardwareeinheit (Einsteckkarte, Mainboard, Speicher) herrühren. Karte und Module überprüfen und ggf. ersetzen; Mainboard defekt.
On Board Parity Error	Parity-Fehler im Hauptspeicher auf dem Mainboard	Module auf korrekten Sitz hin überprüfen, ggf. Parity-Check im BIOS-Setup abschalten, Timing-Parameter (z. B. Refresh, RAS) im BIOS-Setup ändern, Bausteine auf Typ und Zugriffszeit hin überprüfen, versuchsweise die Module in anderen Steckplatz einstecken. Bausteine ersetzen.
Operation System not Found	Es wurde kein Betriebssystem (kein Boot-Sektor) gefunden.	Boot-Reihenfolge (Boot Sequence) im BIOS-Setup überprüfen, ggf. Laufwerk formatieren und Betriebssystem installieren.
Override Enabled – Defaults Loaded	Fehler in der PC-Konfiguration, und daher werden automatisch die BIOS-Voreinstellungen aktiviert.	BIOS-Setup neu ausführen und die Konfiguration abspeichern. Möglicherweise steht ein Jumper auf dem Mainboard (Recovery o. Ä.) nicht in der korrekten Stellung.
Parity Error ???	Ein nicht lokalisierbarer Parity-Fehler ist im Systemspeicher oder im Bussystem (PCI) aufgetreten.	Module und Karten auf korrekten Sitz hin überprüfen, ggf. Parity-Check im BIOS-Setup abschalten; Timing-Parameter (z. B. Refresh, RAS) im BIOS-Setup ändern, Bausteine auf Typ und Zugriffszeit hin überprüfen, versuchsweise die Module in anderen Steckplatz einstecken. Bausteine ersetzen. Möglicherweise auch Fehler im Chipsatz, was nicht behebbar ist.
Parity Error at xxxxx	Ein Parity-Fehler ist im Systemspeicher oder im Bussystem (PCI) an der Adresse xxxx aufgetreten.	Versuch, die Adresse einer Einheit zuzuordnen und diese dann entsprechend zu behandeln (siehe auch *»Parity Error???«*).
Press a Key to Reboot	Es ist ein Neustart notwendig, da ein (Boot-)Fehler vorliegt, was durch die Betätigung irgendeiner Taste erfolgt.	BIOS-Setup ausführen und Boot-Laufwerke überprüfen.
Press ESC to Skip Memory Test	Manueller Abbruch des Speichertests möglich	Es liegt kein Fehler vor, der Speichertest kann an dieser Stelle aber durch die Betätigung der ESC-Taste beendet werden.

Fehlermeldung	Bedeutung	Diagnose/Abhilfe
Press <F1> to Disable NMI, Press <F2> to Reboot	Fehlerhafte NMI-Verarbeitung	Start ohne NMI möglich (Taste F1) oder Neuboot mit F2-Taste, was in den meisten Fällen aber nicht funktioniert und auf einen Mainboard-Fehler hindeutet, wenn der Speicher und die Einsteckkarten in Ordnung sind.
Press <F1> to Resume, Press <F2> to Setup	Eine Einheit (Tastatur, Laufwerk) konnte nicht identifiziert werden.	Nach dem Betätigen der F1-Taste wird der Fehler ignoriert, und mit der Taste F2 wird das BIOS-Setup aufgerufen, das man dann ausführen sollte.
Previous Boot Incomplete – Default Configuration Used	Fehler in der PC-Konfiguration, und daher werden automatisch die BIOS-Voreinstellungen aktiviert.	BIOS-Setup neu ausführen und die Konfiguration abspeichern.
Real Time Clock Error	Fehler in der Echtzeituhr	Kann durch das Stellen der Uhr im BIOS-Setup möglicherweise behoben werden. Falls keine Veränderung eintritt und sich der Uhrenchip im Chipset befindet, noch die Batterie kontrollieren; sonst ist das Chipset defekt, was ein nicht behebbarer Fehler ist.
RAM (Parity) Error	Fehler im DRAM-Speicher	Wenn man an das BIOS-Setup herankommt, die Parameter probeweise auf die schlechtesten Werte einstellen; möglicherweise unzulässige Mischung unterschiedlicher Modultypen; Module austauschen.
ROM Bad At xxxxx	Fehler in einem BIOS-ROM	Einheit anhand der Adresse xxxxx (z. B. Boot-ROM einer Netzwerkkarte, SCSI-Controller) lokalisieren und die Konfiguration überprüfen. Falls die Adresse von einer Einsteckkarte verwendet wird, Karte versuchsweise ausbauen und dann ggf. ersetzen. Gehört die Adresse zum System-BIOS auf dem Mainboard, ist es defekt. Ist es in einem Flash-PROM abgelegt, kann noch ein neues BIOS Abhilfe schaffen.
Shadow RAM Failed	Fehler bei der Einrichtung von Shadow-RAM	Abschalten von *Shadow* im BIOS-Setup. Wenn keine Veränderung eintritt, liegt ein DRAM-Fehler vor (siehe dort). Es ist möglich, dass eine Einsteckkarte mit eigenem BIOS die Einrichtung des Shadow-RAMs verhindert, auf das man aber auch verzichten kann.

Fehlermeldung	Bedeutung	Diagnose/Abhilfe
Switch Memory Failure	Speicherfehler	Überprüfung der Speichermodule auf Typ und Zugriffszeit hin und, falls das BIOS-Setup aufgerufen werden kann, hier die Speicherparameter auf die schlechtesten Werte einstellen.
System Battery is Dead	Die Batterie für das CMOS-RAM ist leer.	Batterie ersetzen und Setup ausführen.
System CMOS Checksum Bad	Die Checksumme des CMOS-RAM-Inhalts weicht von der aktuell ermittelten Summe ab.	BIOS-Setup durchführen und Daten neu abspeichern; CMOS-RAM oder auch Akku defekt.
Time-of-Day Clock Stopped	Fehler in der Echtzeituhr	Kann durch das Stellen der Uhr im BIOS-Setup möglicherweise behoben werden. Falls keine Veränderung eintritt und sich der Uhrenchip im Chipset befindet, noch die Batterie kontrollieren; sonst Chipset defekt, was ein nicht behebbarer Fehler ist.
Timer Chip Counter Failed oder auch Timer Interrupt Controller Bad	Fehler im Timer-Chip	Chipset defekt; nicht behebbar.

Tab. 6–6 Bedeutung der direkten BIOS-Fehlermeldungen und Vorschläge zum Beheben der Fehler

6.5.2 Beep-Fehlermeldungen

Unter der Voraussetzung, dass die Versorgungsspannungen in Ordnung sind, der Lautsprecher ebenfalls funktioniert und auch tatsächlich angeschlossen ist, kann ein Fehler oft auch anhand eines akustischen Signals (Beep-Code) ermittelt werden, das im Fehlerfall automatisch ausgegeben wird. Es gibt dabei recht unterschiedliche Tonfolgen, die nicht immer leicht zu identifizieren sind und die sich auch bei den jeweiligen BIOS-Herstellern unterscheiden. Die ausführlichsten Beep-Codes liefert das Phoenix-BIOS. Bei diesen Codes bilden jeweils drei Beep-Signalfolgen einen Code, wobei keine Unterscheidung nach langen und kurzen Tönen stattfindet. Man muss dabei schon sehr genau hinhören und am besten Morse-Erfahrung haben, um die Töne korrekt interpretieren zu können. Auf die Unterschiede bei den Beep-Codes der verschiedenen Hersteller wird deshalb auch nicht näher eingegangen. Tab. 6–7 gibt einen Überblick zu den gebräuchlichsten und (fast) allgemeingültigen Beep-Codes. Der bekannteste Code ist der dreimalige kurze Ton (»beep, beep, beep«), der dann ertönt, wenn mit dem DRAM-Speicher etwas nicht in Ordnung ist.

Signal	Bedeutung/Ursache
kein Ton	Netzteil defekt
Dauerton	Eine Spannung des Netzteils ist nicht in Ordnung.
langer Ton	DRAM-Fehler
langer Ton, kurzer Ton	Mainboard-Fehler
langer Ton, zwei kurze Töne	Grafik-Controller- oder Bildspeicher-Fehler
ein kurzer Ton	Laufwerks- oder Grafik-Controller-Fehler, auch DRAM-Fehler möglich
drei kurze Töne	DRAM-Fehler, der häufigste Fehler
vier kurze Töne	Fehler im Timer-Baustein
fünf kurze Töne	Prozessor-Fehler
sechs kurze Töne	Tastaturcontroller-Fehler (8042), Gate-A20-Fehler
neun kurze Töne	ROM-Fehler

Tab. 6–7 Allgemein gebräuchliche Beep-Codes und ihre jeweilige Bedeutung

6.5.3 POST-Codes

Während des Selbsttests des PC wird jeder erfolgreich absolvierte Schritt durch die Ausgabe eines speziellen Codes an eine bestimmte I/O-Adresse (meist 80h) quittiert. Zur Anzeige dieser Codes wird traditionell eine spezielle Einsteckkarte (POST-Code-Karte, Abb. 6–37) benötigt. Auf einer POST-Code-Karte befinden sich Leuchtdioden oder – besser für die leichtere Identifizierung – Siebensegmentanzeigen, die den jeweiligen *Power On Self Test Code* abbilden. Jeder Code steht für einen bestimmten Testschritt, was bedeutet, dass der betreffende Test nicht bestanden worden ist, wenn der dazugehörige POST-Code in der Anzeige stehen bleibt.

Bei einigen Mainboards befindet sich eine Schaltung für diese Fehleranzeige auch gleich mit auf dem Mainboard, und typischerweise wird hier anhand von vier Leuchtdioden (Diagnostic LED Function) der aktuelle Systemzustand signalisiert, wodurch auf grundlegende Fehler geschlossen werden kann. Seltener wird auf den Mainboards eine Siebensegment-Anzeige montiert. Dies ist eher bei den teureren Modellen üblich, wie sie beispielsweise in Serversystemen eingesetzt werden.

Display	BIOS Operation	Display	BIOS Operation
Amber Amber Amber Amber	Power on, starting BIOS	Amber Amber Amber Green	Undefined
Green Amber Amber Amber	Recovery mode	Green Amber Amber Green	Undefined
Amber Green Amber Amber	Processor, cache, etc.	Amber Green Amber Green	Undefined
Green Green Amber Amber	Memory, auto-size, shadow, etc.	Green Green Amber Green	Undefined
Amber Amber Green Amber	PCI bus initialization	Amber Amber Green Green	Undefined
Green Amber Green Amber	Video	Green Amber Green Green	Undefined
Amber Green Green Amber	IDE bus initialization	Amber Green Green Green	Undefined
Green Green Green Amber	USB initialization	Green Green Green Green	Booting operating system

Abb. 6–34 Die Bedeutung der vier Zustandsanzeigen bei einem Intel-Mainboard

Diese Leuchtdioden sind bei den Mainboards mitunter an recht ungünstigen Stellen montiert und leider auch nicht immer von außen zu erkennen, was somit (indirekt) auch deutlich macht, dass bei derartigen Diagnosearbeiten der PC ein ernsthafteres Problem hat und er auseinanderzunehmen ist. Die Bedeutungen der Codes und die farbliche Signalisierung derselben sind bei den OnBoard-Lösungen unterschiedlich. Hierfür ist kein Standard auszumachen, im Gegensatz zu den ausführlicheren POST-Codes, die mithilfe einer POST-Code-Karte zu ermitteln sind.

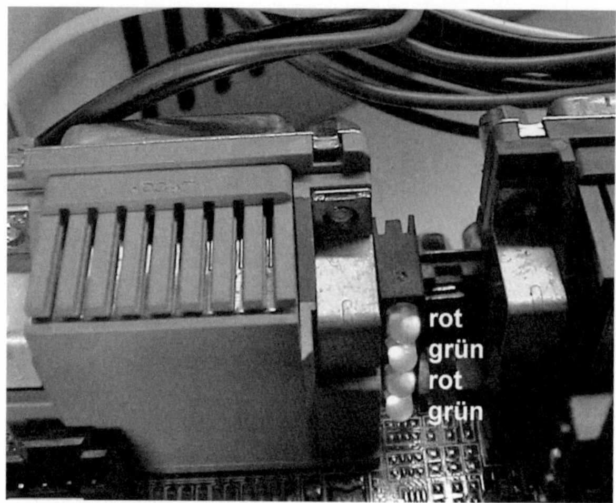

Abb. 6–35 Die Diagnostic LEDs bei einem Mainboard der Firma MSI

Die POST-Codes werden üblicherweise von den verschiedenen BIOS-Herstellern wie beispielsweise AMI, Award oder Phoenix definiert, und nicht etwa vom Mainboard- oder PC-Hersteller. Je nach BIOS-Hersteller haben die Codes unterschiedliche Bedeutungen, und sie sind zuweilen auch in den dünnen Mainboard-Heften zu finden. Prinzipiell macht es für die Analyse der POST-Codes keinen Unterschied, um welchen PC-Typ es sich handelt und welcher Prozessortyp verwendet wird.

Es kommt durchaus vor, dass ein BIOS – auch eines bekannten Herstellers – Codes ausgibt, die von denjenigen abweichen, die in den Tabellen von den Herstellern aufgeführt werden. In der Praxis stellt sich dies jedoch nicht als Problem dar, da der Fehler meist in der Nähe der bekannten Codes liegt. Die POST-Codes haben schon seit Jahren (und somit seit Prozessorgenerationen) dieselbe Bedeutung, und neuere Testschritte werden nur zögerlich hinzugefügt bzw. veröffentlicht. Tab. 6–8 enthält eine allgemein gehaltene Zuordnung der POST-Codes, mit deren Hilfe ein Fehler näher eingekreist werden kann.

Fehlertyp	AMI	Award	Phoenix
CPU	08h, C0h, 37h	01h, 02h, 1Ah, 45h	01h, 04h, 0Ah, 12h, 50h
Cache	C6h	09h, 3Eh	0Bh, 0Ch, 17h, 3Ah, 68h
DRAM	3Bh, 50h	08h, 30h-32h	20h, 2Ch, 2Eh, 5Ch, 60h
Mainboard/ Chipset/Bus	04h-06h, 2Ah, 38h, 3Ch, 8Ch, ACh	03h, 08h, 20h-2Fh, BFh	06h, 08h, 0Eh, 49h, 7Ch
Laufwerke	E0h, EAh	33h, 41h, 42h	0Fh, 20h, 8Ch, 8Fh, 90h
Grafik	2Ch, 34h	05h, 0Dh, 0Eh,	48h, 4Ah

Tab. 6–8 POST-Codes für eine grobe Fehlerlokalisierung

Jeder der drei bekannten BIOS-Hersteller hat im Laufe der Zeit – in Abhängigkeit von einer bestimmten BIOS-Version – eine Vielzahl von Codes definiert, für die entsprechende Listen veröffentlicht worden sind, auf die hier jedoch nicht explizit eingegangen werden soll.

Die neueren AMI-BIOS-Versionen kennen ein sogenanntes *Checkpoint Display*. Nach der Initialisierung der Minimalgrafik ist es hiermit möglich, dass in der rechten unteren Ecke des Monitors POST-Codes abgebildet werden können. Wenn der Mainboard-Hersteller diese Möglichkeit freigibt, ist diese Option im BIOS-Setup mitunter auch ein- und auszuschalten.

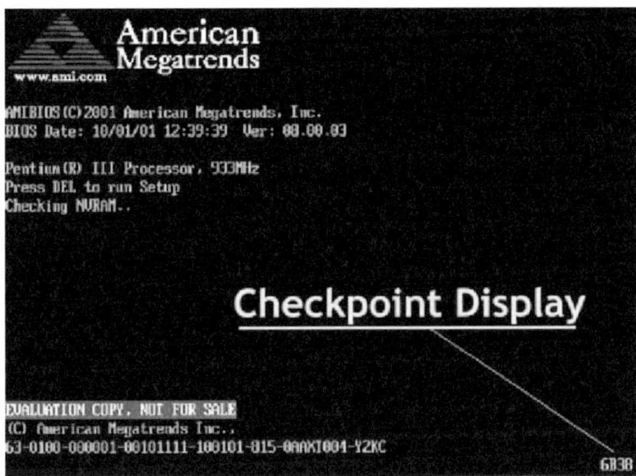

Abb. 6–36 Ab dem AMI BIOS 8 ist die Möglichkeit vorgesehen, dass POST-Codes auch auf dem Monitor abgebildet werden können.

POST-Code-Karten werden in einen PCI-Slot eingesetzt. Das bedeutet, dass sie bei PC, die über keinen PCI-Slot, sondern nur noch über PCIe-Slots verfügen, nicht mehr verwendet werden können. Ein Adapter, der eine Verbindung von einem PCIe-Slot auf einen PCI-Slot herstellt, wo sich dann eine PCI-POST-Karte aufstecken lässt, funktioniert mit POST-Code-Karten nicht, und über PCIe-Slots werden generell keine POST-Codes ausgegeben.

Abb. 6–37 Eine PCI-POST-Code-Karte (Eigenentwicklung) im Werkstatteinsatz. Sie signalisiert die vorhandenen Spannungen über vier LEDs und zeigt hier einen Laufwerksfehler über den Code 96 an.

6.5.4 Testfunktionen und -programme

Die drei zuvor behandelten Fehlerausgabemechanismen sind grundlegender Natur und funktionieren, bevor überhaupt ein Betriebssystem geladen worden ist. Testprogramme, die unter einem Betriebssystem arbeiten, existieren in einer Vielzahl von Ausführungen mit mehr oder weniger nützlichen Funktionen. Diese können natürlich nur mit einem funktionierenden Betriebssystem ausgeführt werden und setzen nicht selten auf Windows- statt auf BIOS-Funktionen auf. Dies setzt eben auch ein mit den notwendigen Treibern funktionierendes Windows voraus, sodass grundlegende Fehler eigentlich nicht auftreten und demnach auch nicht entdeckt werden können.

Gleichwohl sind einige Testprogramme hilfreich, um etwa die genaue PC-Ausstattung festzustellen, die sich weder im BIOS noch aus den Unterlagen zum PC und/oder den verbauten Komponenten feststellen lässt. Hierfür erweist sich das Programm CPUID CPU-Z als nützlich, das weit mehr als den eingesetzten Prozessor, sondern eine Vielzahl von Komponenten mit ihren Kenndaten ermitteln kann.

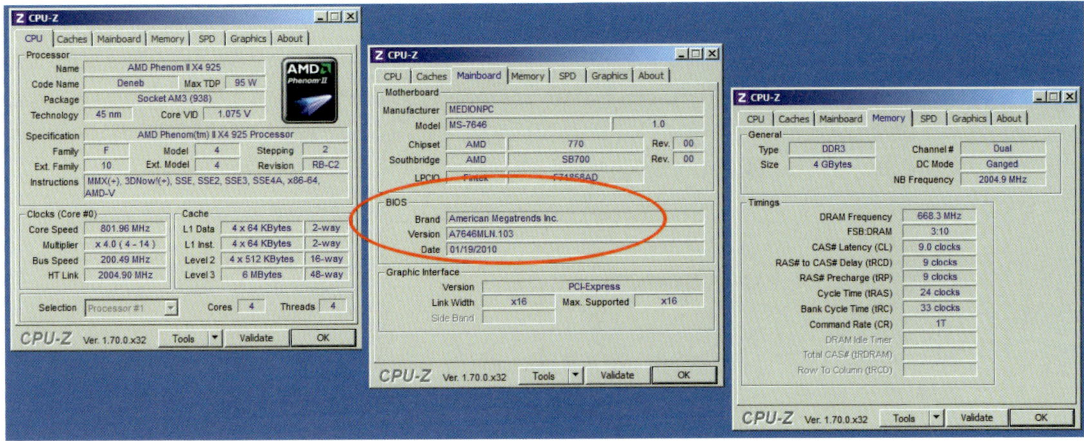

Abb. 6–38 Das Programm CPUID CPU-Z ermittelt zuverlässig und schnell wichtige PC-Kenndaten, wozu auch Angaben zum BIOS zählen.

Traditionell existieren auch im BIOS grundlegende Testfunktionen, die demnach direkter an der Hardware als jedes Testprogramm angesiedelt sind. Hierzu gehört der PC-Health-Status (siehe Abschnitt 6.4.4), der die Betriebsspannungen, die CPU-Temperatur, die Lüfterumdrehungszahlen und möglicherweise noch einige weitere Daten in Echtzeit erfasst. Während in früheren Zeiten oftmals auch noch andere BIOS-Testfunktionen – etwa für den Speicher oder die Festplatten – bei Standard-PCs implementiert waren, hat man jahrelang darauf verzichtet, und es scheint so, als dass erst wieder mit UEFI solche Funktionen verstärkt vorgesehen werden.

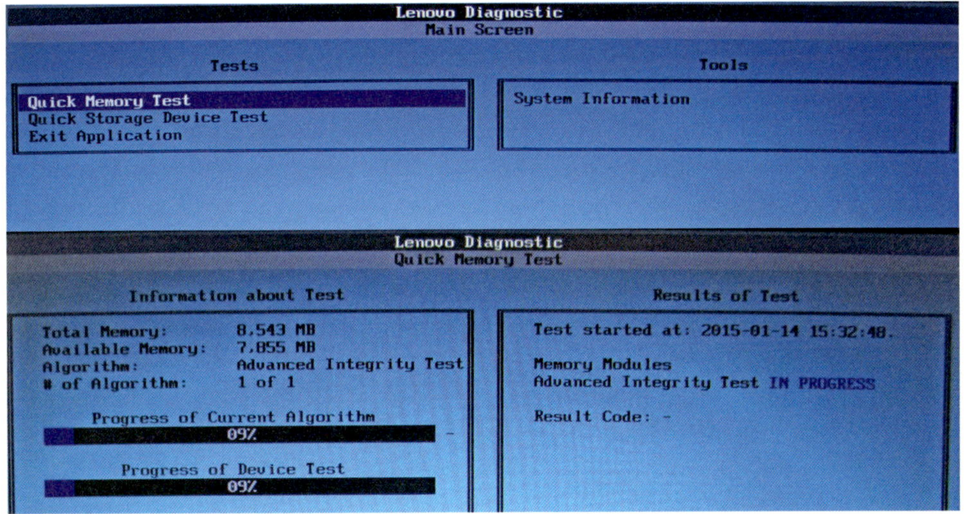

Abb. 6–39 Einige Notebooks von Lenovo verfügen im BIOS über verschiedene Diagnosefunktionen, etwa für die Überprüfung des DRAM-Speichers.

Bei Servern und insbesondere bei Notebooks, die ohnehin besonders angepasste BIOS-Versionen verwenden, kommt es hingegen weit häufiger vor, dass man im BIOS verschiedene Funktionen zur Hardwareanalyse findet. Abb. 6–39 zeigt ein Beispiel bei einem Lenovo-Notebook (ThinkPad S430), das mit einem UEFI-BIOS (Secure-Core Tiano) von Phoenix arbeitet.

6.6 UEFI-Funktionen

Mit dem *Universal Extensible Firmware Interface* (UEFI) soll das althergebrachte BIOS ersetzt werden. Dieses Vorhaben geht auf eine Initiative der Firma Intel zurück, die bereits seit den Neunzigerjahren versucht, eine BIOS-Alternative zu etablieren. Denn dem BIOS liegen IBM-Patente zugrunde, für deren Nutzung nach wie vor Lizenzgebühren zu entrichten sind. Außerdem gibt es im BIOS eine ganze Reihe von Einschränkungen, die – insbesondere bei 64-Bit-Architekturen – nicht mehr zeitgemäß erscheinen.

Intel gelang es jedoch nicht, seinen Entwurf namens EFI gegen den Widerstand der BIOS- und Mainboard-Hersteller zu etablieren, sodass ein Firmenkonsortium aus Firmen wie AMI, AMD, Phoenix, Apple, Dell, Microsoft und anderen ein universelles Firmwarekonzept entwickelte, das seit 2006 als UEFI bezeichnet wird.

6.6.1 Eigenschaften

Als Vorteile von UEFI gegenüber dem traditionellen BIOS werden ein schnellerer und ein sicherer Boot (mit *Secure Boot), eine* optimale Verwaltung von Bootloadern für unterschiedliche Betriebssysteme, eine benutzerfreundliche Setup-Oberfläche, die sich mit der Maus bedienen lässt und mit zusätzlichen nützlichen Tools aufwarten kann, sowie die Aufhebung der Partitionsgrenze für Laufwerke von ca. 2 TByte genannt.

Dem Benutzer wird zunächst die neue Oberfläche auffallen, die beispielsweise in Abb. 6–17 und den folgenden gezeigt ist. Je nach Mainboard-Hersteller sieht diese Oberfläche anders aus, und es werden hier auch unterschiedliche optionale Programme mit untergebracht.

Ein Umschalten auf ein traditionelles Design (z. B. Abb. 6–14 und Abb. 6–15) ist üblicherweise nicht vorgesehen. Ein UEFI-BIOS muss allerdings nicht zwangsläufig über ein derart aufwendiges, buntes Design verfügen, sondern kann auch ganz konventionell aussehen, wie Abb. 6–40 für ein Phoenix-BIOS bei einem Lenovo-Notebook zeigt.

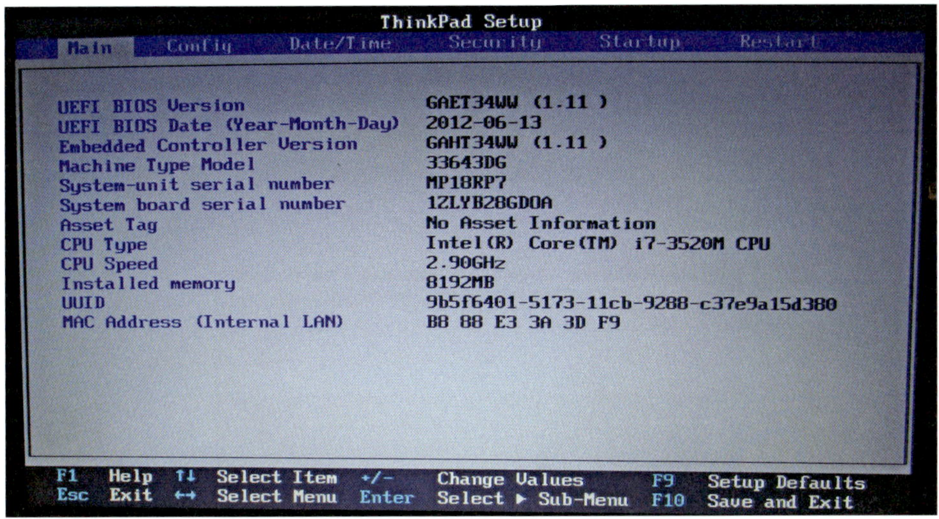

Abb. 6–40 Ein aktuelles UEFI-BIOS von Phoenix

Während die klassischen BIOS-Routinen nur (noch) für den Boot des Betriebssystems notwendig sind und dann eigene Hardwaretreiber geladen und anschließend eingesetzt werden, müssen UEFI-kompatible Systeme für bestimmte Komponenten bzw. Funktionen keine eigenen Treiber mehr mitbringen. Inwieweit dies tatsächlich praktiziert wird, ist für den Benutzer nicht ersichtlich und äußert sich auch nicht in einem theoretisch möglichen Performancegewinn. Umgekehrt bedeutet dies aber auch, dass UEFI tatsächlich eigene Treiber (etwa für die Laufwerke sowie für USB-Geräte und Netzwerkadapter) liefern muss, woran es vielfach immer noch hapert.

Um nicht mit der etablierten BIOS-Kompatibilität zu brechen, ist ein *Compatibility Support Module* (CSM) als ein wichtiger Bestandteil in UEFI integriert worden, denn ein Betriebssystem muss wie beim traditionellen BIOS auf die implementierten Funktionen aufsetzen können. Wenn ein Betriebssystem nicht explizit – wie etwa die 64-Bit-Versionen ab Windows Vista und die Windows-Server-Versionen – für UEFI ausgelegt ist, kann es eben nicht mit UEFI, sondern nur traditionell mit der klassischen BIOS-Funktionalität umgehen.

Standardmäßig beträgt die maximale Partitionsgröße mithilfe des *Master Boot Records* (MBR) bei den aktuellen Windows-Versionen 2,19 TByte. Im UEFI-Modus wird statt des MBR eine GUID *Partition Table* (GPT) verwendet, die theoretisch bis zu 9,4 ZByte (1 Zettabyte entspricht 1 Milliarde Terabyte) verwalten kann.

6.6.2 Konfiguration und Installation

Um Windows im UEFI-Modus zu installieren, ist diese Option im BIOS-Setup (Abb. 6–41) für das Installationslaufwerk zu aktivieren und als DVD-Laufwerk dasjenige auszuwählen, bei dem der Eintrag »UEFI« vor dem jeweiligen Typ steht. Die entsprechende UEFI-Unterstützung ist nur bei den Windows-Versionen mit 64-Bit-Architektur nutzbar.

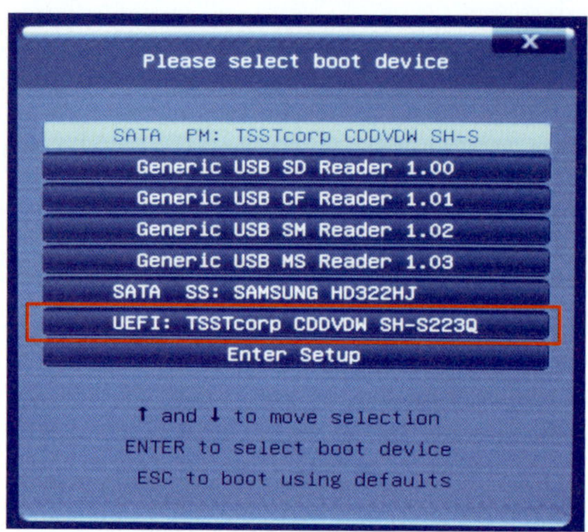

Abb. 6–41 Bei der Installation eines Betriebssystems muss man sich entscheiden, ob dies für den UEFI-Modus oder für den konventionellen Modus passieren soll. Je nach Auswahl wird mit unterschiedlichen Treibern für das DVD-Laufwerk gestartet.

Außerdem ist im BIOS zu bestimmen, ob der Boot auf konventionelle Art und Weise erfolgen soll, was als *Legacy* bezeichnet wird, oder per UEFI. In der Stellung BOTH (Abb. 6–42) sind beide Möglichkeiten gegeben, und das BIOS entscheidet dann selbst anhand des Boot-Sektors, welche Betriebsart vorliegt bzw. möglich ist und dabei auch eine festgelegte Boot-Priorität beim Start beachtet.

Wenn man sich für den Einsatz von UEFI bei der Installation entschieden hat, gibt es kein Zurück mehr. Das heißt, es ist auf jeden Fall eine Neuinstallation des Betriebssystems notwendig, um das System wieder konventionell mit einem MBR betreiben zu können. Das gilt auch für die umgekehrte Konstellation. In der Praxis zeigt sich, dass unter Betriebssystemen, die explizit für den Einsatz mit UEFI bestimmt sind (z.B. 64-Bit-Windows 8) einige Systemtools nicht mehr funktionieren, wie etwa die Erstellung eines Systemabbildes (Abschnitt 7.1.6). Die Verwaltung von mehreren Bootloadern, um etwa eine bestimmte Linux-Version neben Windows betreiben zu können, ist im UEFI-Modus zudem mit Schwierigkeiten verbunden, sodass sich bestimmte Konstellationen nicht umsetzen lassen, die im Legacy-Betrieb kein Problem darstellen.

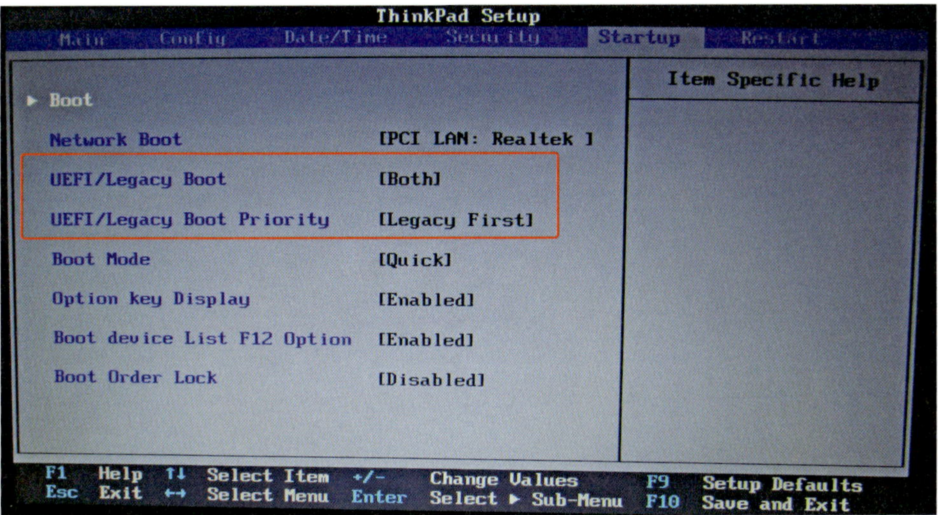

Abb. 6–42 Hier wird festgelegt, ob das Booten auf konventionelle Art und Weise (Legacy) oder per UEFI erfolgen soll.

6.6.3 UEFI-Firmware

In der UEFI-Firmware kann spezieller *EFI Byte Code* (C-ähnlicher Code) ausgeführt werden, sodass hier ein (Mini-)Betriebssystem mit einer Kommandozeilenstruktur (Shell) vorhanden ist, das verschiedene Software ausführen sowie über eine grafische Oberfläche verfügen kann, wenn der Mainboard-Hersteller das vorsieht.

Phoenix hat beispielsweise ein Mini-Linux (HyperSpace) für den UEFI-Einsatz entwickelt. Hierfür kreieren die Mainboard-Hersteller eigene Software, wie die bunten Setup-Oberflächen, Media-Player, Webbrowser oder auch Spiele, und es ist eine automatische Aktualisierung der Firmware (*Click BIOS*) über das Internet möglich. Demnach ist dann auch ein aktiver Netzwerk-Stack vorhanden, was dem Einschleusen schadhaften Codes (Trojaner) ganz neue Möglichkeiten eröffnet und von Sicherheitsexperten massiv kritisiert wird. Dass vor dem Laden des Betriebssystems eine neue ausführbare Instanz vorhanden ist, erscheint deshalb nicht ungefährlich, gibt den Herstellern jedoch auch neue Methoden an die Hand, den Benutzer zu reglementieren, etwa um bestimmte Installationen und Aktionen zu kontrollieren und bei Bedarf zu unterbinden.

Um zu verhindern, dass sich Schadsoftware vor dem Booten des eigentlichen Betriebssystems einrichten kann, wurde eine Funktion mit der Bezeichnung *Secure Boot* in UEFI implementiert. Wenn dieser Modus (im BIOS-Setup) aktiviert ist, können nur noch digital signierte UEFI-Bootloader installiert werden, wie der Windows-8-Bootmanager *bootmgfw.efi* aus dem Verzeichnis *\efi\Microsoft\boot* auf der EFI-System-Partition (ESP) der Festplatte oder der Bootloader *bootx64.efi* auf der

Windows-Setup-DVD. Durch ein aktiviertes *Secure Boot* wird andererseits jedoch verhindert, dass sich dann einige andere Systeme, wie ältere Windows- oder auch bestimmte Linux-Versionen, installieren lassen.

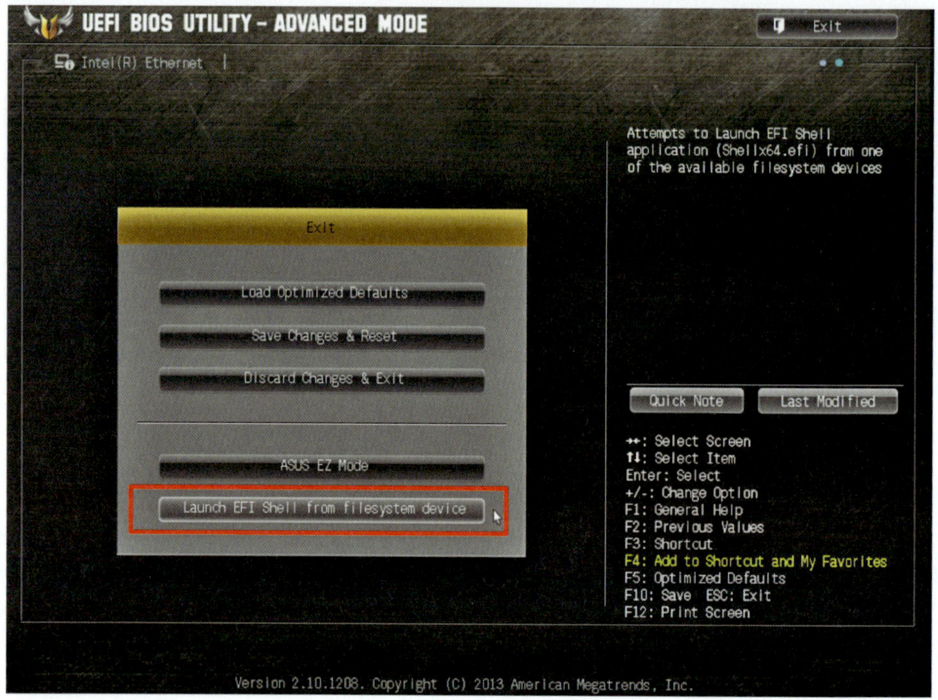

Abb. 6–43 Bei diesem Mainboard von Asus lässt sich die EFI-Shell aufrufen.

Auch ohne ein spezielles Mini-Linux erlaubt die EFI-Shell das Absetzen von Befehlen, beispielsweise für die Anzeige von Speicher- (`map`) und PCI/PCIe-Einheiten (`devices`) oder der Daten im CMOS-RAM (`dumpstore`), und es bietet die Möglichkeit, Dateien zu kopieren (`cp`), zu verschieben (`mv`) oder auch zu löschen (`rm`). Ob und welche Kommandos implementiert sind, liegt im Ermessen des Herstellers. Der Aufruf der Shell ist üblicherweise direkt aus dem EFI-Boot-Menü (Abb. 6–43) heraus möglich, wenn der Mainboard-Hersteller diesen Zugang implementiert hat.

Die EFI-Shell ist im *EFI Developer Kit* (UDK 2014) enthalten, das als Open Source beispielsweise unter *http://tianocore.github.io/* bezogen werden kann. Das *EFI Developer Kit* ist eine Tool-Sammlung zum Entwickeln, Testen und Debuggen von UEFI-Treibern. Für die Benutzung ist das ZIP-File des Kits ist in ein Verzeichnis (UEFI) zu entpacken. Dort findet man die UEFI-Shell unter *UEFI\Edk (...)\Edk\Other\Maintained\Application\UefiShell\bin\x64*. Benötigt wird ein mit FAT32 formatierter USB-Stick, der nicht bootfähig sein muss. Dort wird das Verzeichnis *efi* mit dem Unterverzeichnis *boot* angelegt und die Datei *Shell_Full.efin* hierhin kopiert und in *BOOTX64.efi* umbenannt, woraufhin der PC beim Neustart vom Stick mit dem Laden der Shell startet.

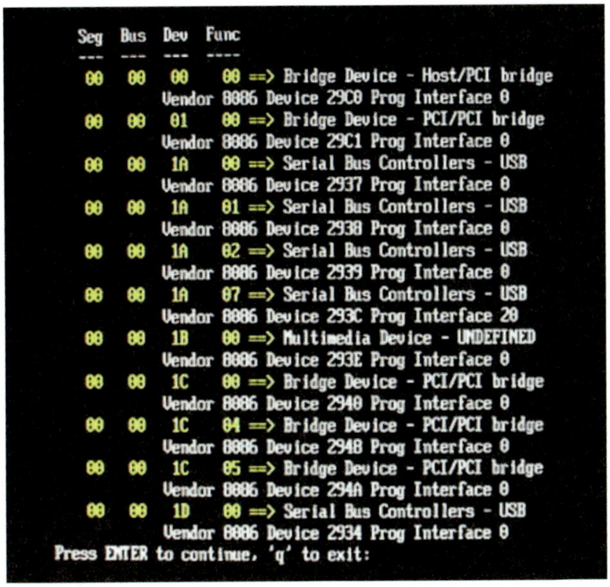

```
Seg  Bus  Dev  Func
---  ---  ---  ----
 00   00   00   00 ==> Bridge Device - Host/PCI bridge
          Vendor 8086 Device 29C0 Prog Interface 0
 00   00   01   00 ==> Bridge Device - PCI/PCI bridge
          Vendor 8086 Device 29C1 Prog Interface 0
 00   00   1A   00 ==> Serial Bus Controllers - USB
          Vendor 8086 Device 2937 Prog Interface 0
 00   00   1A   01 ==> Serial Bus Controllers - USB
          Vendor 8086 Device 2938 Prog Interface 0
 00   00   1A   02 ==> Serial Bus Controllers - USB
          Vendor 8086 Device 2939 Prog Interface 0
 00   00   1A   07 ==> Serial Bus Controllers - USB
          Vendor 8086 Device 293C Prog Interface 20
 00   00   1B   00 ==> Multimedia Device - UNDEFINED
          Vendor 8086 Device 293E Prog Interface 0
 00   00   1C   00 ==> Bridge Device - PCI/PCI bridge
          Vendor 8086 Device 2940 Prog Interface 0
 00   00   1C   04 ==> Bridge Device - PCI/PCI bridge
          Vendor 8086 Device 2948 Prog Interface 0
 00   00   1C   05 ==> Bridge Device - PCI/PCI bridge
          Vendor 8086 Device 294A Prog Interface 0
 00   00   1D   00 ==> Serial Bus Controllers - USB
          Vendor 8086 Device 2934 Prog Interface 0
Press ENTER to continue, 'q' to exit:
```

Abb. 6–44 Anzeige der PCI/PCIe-Devices mit der EFI-Shell

Die meisten UEFI-Funktionen sind für den Benutzer nicht sichtbar, wenn man von einer grafischen Oberfläche einmal absieht, die wie viele andere UEFI-Eigenschaften als optional zu betrachten ist. Bei Licht betrachtet, handelt man sich mit UEFI jedoch Kompatibilitäts- und Sicherheitsprobleme ein, die es in der Legacy-Betriebsart nicht gibt. UEFI ist eher für die Firmware-Entwickler interessant, die ihren Programmcode universell einsetzbar gestalten können, und für die Hersteller, die Lizenzgebühren sparen und dem Anwender auf einfache Art und Weise unerwünschte Restriktionen auferlegen können.

7 Betriebssysteme und Software

Ein Betriebssystem bietet bei einem Computer einerseits die Softwareroutinen zur Hardwarekommunikation. Andererseits liefert es dem Benutzer eine bedienbare Kommunikationsschnittstelle, auf die die hierfür passenden Programme aufsetzen. Jahrelang war Microsoft mit einer Windows-Version unangefochtener Marktführer bei den Betriebssystemen für Personal Computer und den verwandten Notebooks. Durch die Verbreitung der Tablets und Smartphones, die die klassischen Computersysteme teilweise funktional ersetzen und auch neue Anwendungen etablieren (Apps, soziale Netze), sind die Betriebssysteme Android von Google und iOS von Apple auf dem Vormarsch. Beide Systeme basieren auf speziell angepassten Linux-Versionen.

7.1 Windows

Das ursprüngliche Windows basiert auf dem Betriebssystem MS-DOS (Microsoft Disc Operating System), welches für den ersten PC in einer 8-Bit-Architektur entwickelt wurde. Bis zu Windows-Version 3.11 war Windows im Grunde genommen nicht viel mehr als ein DOS-Aufsatz mit einer farbigen Benutzeroberfläche (GUI), die sich mit einer Maus bedienen lässt. Diese Windows-Systeme booten alle mit dem DOS und installieren für bestimmte Komponenten (Speicher, Grafik, Controller) spezielle 16-Bit- oder 32-Bit-Treiber.

Windows 95 war die erste Version, die eine verbesserte 32-Bit-Unterstützung mitbrachte. Bei den vorherigen Versionen wurde mithilfe der Win32-API lediglich eine Erweiterung der eigentlich nur 16 Bit breiten Architektur vorgenommen. Bis zu den Nachfolgern Windows 98 und Me war weiterhin ein DOS für den Start und für einige (Hardware-)Routinen notwendig.

Mitte der Neunzigerjahre startete Microsoft eine zweite Architektur-Linie. Sie war für professionelle Anwendungen (Netzwerkserver) vorgesehen und realisierte ein konsequentes echtes 32-Bit-Design, welches unter NT (*New Technology*) firmierte. Mit dem NT-Server trat Microsoft erstmalig als Konkurrenz zum damals marktbeherrschenden Netzwerkbetriebssystem Netware der Firma Novel auf, das letztlich vom NT-Server und den darauf folgenden Windows-Server-Versionen verdrängt worden ist.

Jahr	Version	Architektur	GUI	Dateisysteme
1985–1994	Windows 1.0/3.11	DOS, 16 Bit, 32 Bit	Programm-Manager	FAT16
1992-1994	Windows for Workgroups 3.1/3.11	DOS, 16 Bit, 32 Bit	Programm-Manager	FAT16
1993-1995	Windows NT 3.1/4.0	32 Bit (NT)	Programm-Manager	NTFS, FAT16
1995	Windows 95	DOS, 32 Bit	Win 95	FAT16
1998	Windows 98	DOS, 32 Bit	Win 95 erweitert	FAT16, FAT32
1999	Windows ME	DOS, 32 Bit	Win 98 erweitert	FAT16, FAT32
2000	Windows 2000	32 Bit (NT)	Win 95 erweitert	FAT16, FAT32, NTFS
2001	Windows XP	32 Bit (NT)	Luna	FAT16, FAT32, NTFS
2003	Windows Server 2003	32/64 Bit	Win 2000/Luna	FAT16, FAT32, NTFS
2007	Windows Vista	32/64 Bit	Aero	FAT16, FAT32, NTFS
2008	Windows Server 2008	32/64 Bit	Win/Aero	FAT16, FAT32, NTFS
2009	Windows 7	32/64 Bit	Aero erweitert	FAT32, NTFS
2012	Windows 8	32/64 Bit	Modern UI	FAT32, NTFS
2012	Windows Server 2012	64 Bit	Modern UI	FAT32, NTFS
2015	Windows 10	32/64 Bit + ARM	Modern UI	FAT32, NTFS, ReFs

Tab. 7–1 Windows-Versionen im Überblick

Für Disketten wird das FAT12-Dateisystem (*File Allocation Table*) eingesetzt, welches mit DOS eingeführt wurde und auch heute noch gültig ist. Optische Laufwerke benutzen als Dateiformat CDFS (*Compact Disc File System*), das mit der CD-ROM für Audio und Video eingeführt wurde und Bestandteil der ISO-9660-Spezifikation ist, also nicht auf Windows-Systeme beschränkt ist. Das Gleiche gilt für das *Universal Disc Format* (UDF), das das Standarddateisystem für DVDs und Blu-ray-Discs ist und das CDFS-Format in Teilen ersetzt.

7.1.1 Installation

Traditionell wird ein Betriebssystem mithilfe einer CD oder DVD installiert. Bei aktuellen Computern, insbesondere bei den portablen Geräten, gibt es jedoch oftmals kein optisches Laufwerk mehr. Stattdessen ist es möglich, ein externes Laufwerk einzusetzen, welches üblicherweise an eine USB-Buchse angeschlossen wird. Im BIOS-Setup muss die Möglichkeit vorgesehen sein, von einem externen USB-Gerät booten zu können, wofür möglicherweise auch ein extra Boot-Menü zur Verfügung steht, das nach dem Einschalten (Taste) eingeblendet und über eine spezielle Taste (z. B. F12) aufgerufen werden kann.

Bei der verwendeten CD/DVD muss es sich um eine bootfähige Version handeln, wenn eine komplette Neuinstallation und kein Update aus einem laufenden System heraus stattfinden soll. Bei dem zu einem Computer mitgelieferten Datenträger handelt es sich oftmals nicht um eine vollwertige Betriebssystemversion, sondern um eine, die nur den Originalzustand des PC wieder herstellen kann, bei dem sich die systemspezifischen Daten auf einer separaten Partition (Recovery) der Festplatte befinden. Bei einem Festplattenschaden kommt man damit aber nicht weiter, weil diese Partition auch nicht mehr erreichbar ist. Deshalb ist es stets sinnvoll, zuvor ein Backup (Anfertigung eines Systemwiederherstellungsdatenträges) des voll funktionsfähigen Systems anzulegen.

Möglicherweise liegt auch eine DVD (MSDN-Versionen) vor, die mehrere Windows-Betriebssysteme (als Images) enthält, weshalb aus dem auszuwählenden System erst eine bootfähige Version anzufertigen ist, etwa mit einem Brennprogramm wie Nero Burning ROM (RECORDER – IMAGE BRENNEN).

Wenn es sich um eine neue Festplatte handelt (der Begriff *Festplatte* soll hier stellvertretend für eine HDD oder eine SSD stehen, was für die Installation keinen Unterschied macht), ist diese leer und enthält auch keine Partition, die erst während der Installation automatisch angelegt wird. Standardmäßig beträgt die maximale Partitionsgröße mithilfe des *Master Boot Records* (MBR) bei den aktuellen Windows-Versionen 2,19 TByte. Im UEFI-Modus wird statt des MBR eine *GUID Partition Table* (GPT) verwendet, die theoretisch bis zu 9,4 ZByte (1 Zettabyte entspricht 1 Milliarde Terabyte) verwalten kann. Um Windows im UEFI-Modus zu installieren, ist diese Option im BIOS-Setup zu aktivieren (siehe Abschnitt 6.6.2) und als DVD-Laufwerk dasjenige auswählen, bei dem der Eintrag UEFI vor dem jeweiligen Typ steht. Die entsprechende UEFI-Unterstützung kann nur bei den Windows-Versionen mit 64-Bit-Architektur genutzt werden.

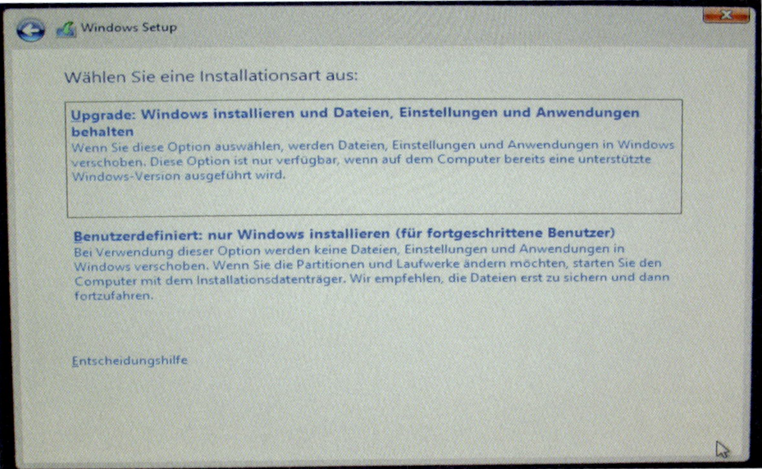

Abb. 7–1 Windows 8 erkennt ein bereits vorhandenes Windows und bietet dann eine Upgrade-Möglichkeit an. Für eine komplette Neuinstallation ist Benutzerdefiniert« auszuwählen.

War die für die Installation zu verwendende Festplatte bereits in Betrieb, ist auf ihr mindestens eine Partition vorhanden. Windows kann während der Installation erkennen, ob hier bereits eine (ältere) Windows-Version installiert ist. Es bietet dann die Option (Upgrade) an und installiert das neue System neben dem alten und für die Auswahl zusätzlich einen Bootmanager (Multiboot).

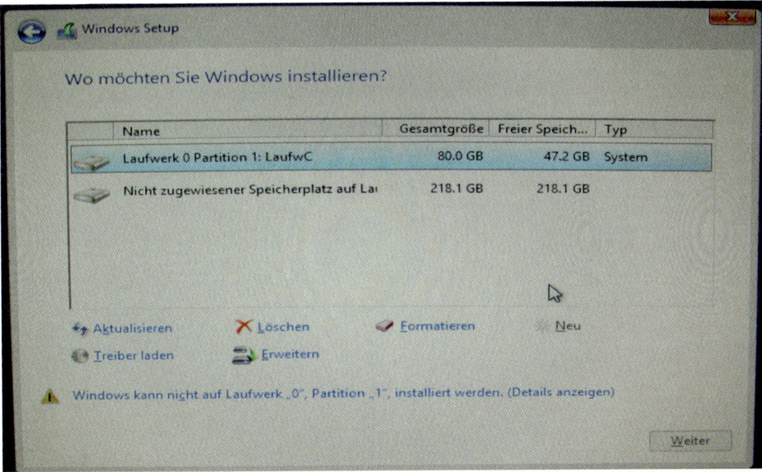

Abb. 7–2 Bei der eingesetzten Festplatte ist nicht genügend Speicherplatz für die Installation vorhanden. Er entsteht erst durch das Löschen der Partition 1.

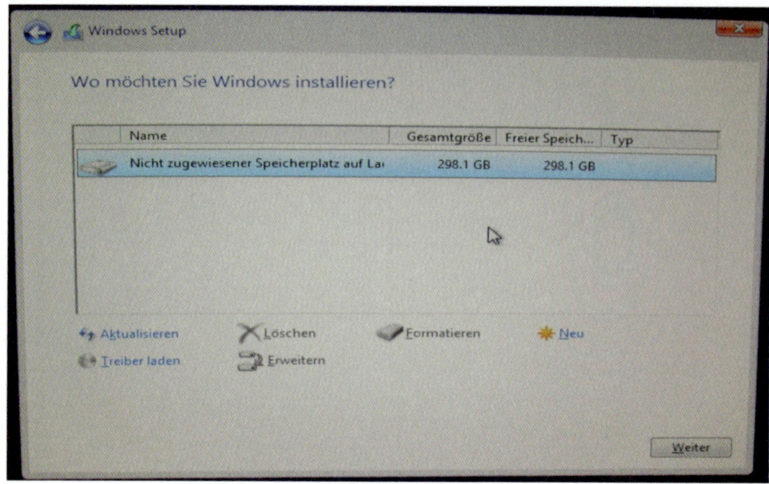

Abb. 7–3 Der nicht zugewiesene Speicherplatz für die Windows-Installation steht jetzt bereit.

Prinzipiell benötigt jede Windows-Version eine eigene Umgebung auf einer separaten Partition. Bei der Installation wird stets auch ein Bootloader installiert, wobei es bei der Installation eines älteren Windows-Systems nach einem neueren zum Überschreiben des Boot-Sektors kommt. Dies hat zur Folge, dass das neuere System danach nicht mehr starten kann. Dasselbe Problem kann auch beim Einsatz von Linux neben Windows auftreten. Im Bedarfsfall ist es deshalb am besten, eine Linux-Version erst nach der Installation einer Windows-Version »aufzuspielen«, denn die üblichen Linux-Versionen erkennen die Windows-Boot-Sektoren, tasten diese nicht an und installieren einen Bootmanager, der später die Auswahl zwischen Linux und Windows anbietet.

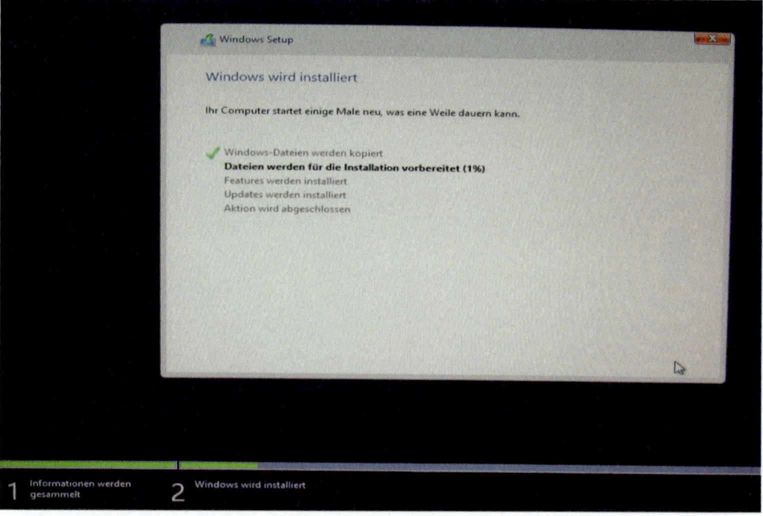

Abb. 7–4 Windows 8 wird installiert.

7.1.2 Windows mit vertrauter Umgebung

Mit Windows 8 wurde die sogenannte Kacheloberfläche eingeführt, die standardmäßig kein Startmenü bietet, sodass der Umsteiger selbst die Option zum Herunterfahren eines PCs erst nach längerer Suche findet. Mit diesem recht radikalen Bruch der Bedienung, die für Touch-Geräte optimiert ist, können sich routinierte Windows-Anwender mitunter nur schlecht anfreunden. Die Bedienung eines üblichen Notebooks, eines Desktop-PC und eines Servers mit *Windows Server 2012*, das die gleiche Basis wie Windows 8 aufweist, ist damit recht unpraktisch.

Auch beim Windows Server gibt es die mit Windows 8 eingeführte Charms-Leiste (allerdings keine Kacheln), die standardmäßig am rechten Bildrand verschiedene Schaltflächen (z. B. Suchen, Geräte, Einstellungen) sowie die Anzeige von Datum und Uhrzeit auf dem Desktop bietet. Die hiermit möglichen Anwendungen führen letztlich stets zu den in Windows ohnehin implementierten Funktionen. Die Charms-Leiste, die mit Win+C oder durch Führung des Cursors in die rechte obere oder untere Bildschirmecke aufgerufen werden kann, bietet demnach nur eine andere Art der Bedienung, also des Zugangs zu den Windows-Funktionen. Der vermisste Schalter zum Herunterfahren ist beispielsweise in der Charms-Leiste als Ein/Aus-Option zu finden.

Abb. 7–5 Die Kacheloberfläche mit rechts aufgeklappter Charms-Leiste

Bei aller Kritik, die Microsoft für Windows 8 begegnet ist, ist es letztlich wie bei jeder neuen Windows-Version so, dass eine gewisse Phase der Umgewöhnung notwendig ist, bis man die vertrauten Funktionen wiederfindet, wobei die wichtigsten wie die

Systemsteuerung, Computer (Dieser PC) oder die Netzwerkeinstellungen in den wesentlichen Punkten denen entsprechen, die schon vor sehr langer Zeit – trotz Ergänzungen, Umbenennungen, Verschiebungen und neuem Look – in Windows implementiert worden sind.

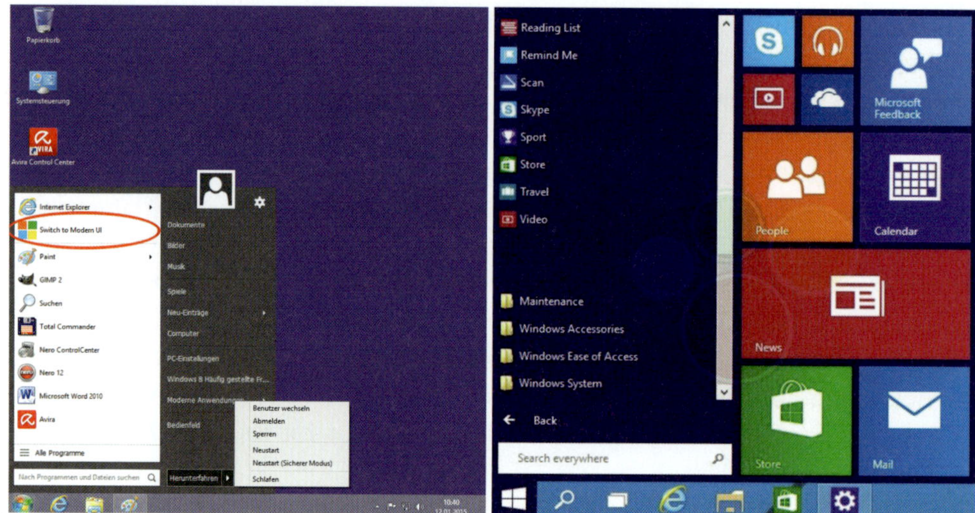

Abb. 7–6 Windows 8 wie gewohnt mit Start-Menü, welches man auf Modern UI umschalten kann (links). Bei Windows 10 gibt es eine Kombination aus Startmenü und Kacheloberfläche (rechts).

Um sich etwas besser zurechtzufinden, lässt sich der Desktop über Anpassen - Desktopsymbole ändern (Rechtsklick auf den Desktop) wieder mit den Optionen Computer (Dieser PC), Benutzerdateien, Systemsteuerung und Netzwerk auf dem klassischen Desktop positionieren, der sich von der Kacheloberfläche aus über den Pfeil nach unten und die Auswahl einer Windows-Anwendung (aus Windows-System oder auch Windows-Zubehör) sichtbar machen lässt.

Für die Wiederbeschaffung des Start-Menüs und der Taskleiste als zentrale Anlaufpunkte ist für Windows 8 separate Software wie *Start Menu 8* oder *Classic Shell* notwendig, um die vertraute Windows-Darstellung und Bedienungsweise wiederherzustellen. Für Windows 8.1 ist zudem ein Update erhältlich, welches eine *Classic Shell* hinzufügt.

Bei Windows 10 wird die Kacheloberfläche mit einem traditionell wirkenden Startmenü kombiniert (Abb. 7–6, rechts). Gleichwohl unterscheidet nach wie vor der Funktionsumfang zwischen dem bei Windows 10 überarbeiteten *Modern UI* und der klassischen Darstellung mit Startmenü und Systemsteuerung. Bei der *Datenträgerverwaltung* und den Punkten für die Installation und Reparatur gibt es keine nennenswerten Änderungen zwischen Windows 8 und Windows 10.

7.1.3 Datenträgerverwaltung

Bei den aktuellen Windows-Installationsverfahren werden alle auf der Festplatte vorhandenen Partitionen angezeigt, also auch »artfremde« wie Ext3 oder Ext4 von Linux und nicht nur die Windows-üblichen wie NTFS oder FAT32. Im Bedarfsfall lassen sich die vorhandenen Partitionen an dieser Stelle löschen um Platz für das neue System zu schaffen. Zur bekannten Datenträgerverwaltung gelangt man über SYSTEMSTEUERUNG – SYSTEM UND SICHERHEIT – VERWALTUNG – FESTPLATTENPARTITIONEN ERSTELLEN UND FORMATIEREN.

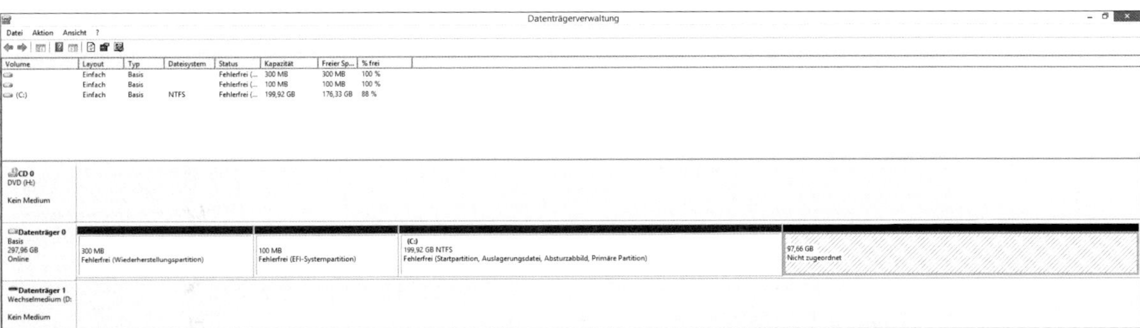

Abb. 7–7 Die Startpartition C: soll verkleinert werden, um ein neues Laufwerk erstellen zu können.

Nach der Systeminstallation ist hiermit in der Datenträgerverwaltung erkennbar (siehe Abb. 7–7), dass der Datenträger (die Festplatte) in eine EFI-Systempartition (100 MB) ohne Laufwerkszuordnung und in eine NTFS-Partition (primäre Partition, Datenpartition) aufgeteilt ist, der typischerweise der Laufwerksbuchstabe C: zugewiesen wurde, und es sind noch 97 GByte an nicht zugeordnetem Speicher vorhanden. Grundsätzlich ist es sinnvoll (siehe auch Abschnitt 7.1.4), für die eigenen wichtigen Daten eine eigene Partition anzulegen, die dann einem anderen Laufwerk als C: entspricht. Im Folgenden wird dies beispielhaft durchgeführt:

1. Selektierung der NTFS-Partition (primäre Partition).
2. Gegebenenfalls das Volume verkleinern (hier: Laufwerk C: verkleinern)
3. Angabe des neuen Speicherplatzes in MByte (zu verkleinernder Speicherplatz)
4. Kontrolle der daraus resultierenden Werte und *Verkleinern* selektieren.
5. Es erscheint ein neuer, nicht zugeordneter Bereich.
6. *Neues einfaches Volume* wählen, woraufhin ein Assistent startet, der vorschlägt, das Volume komplett auf den zur Verfügung stehenden Speicherbereich auszudehnen.

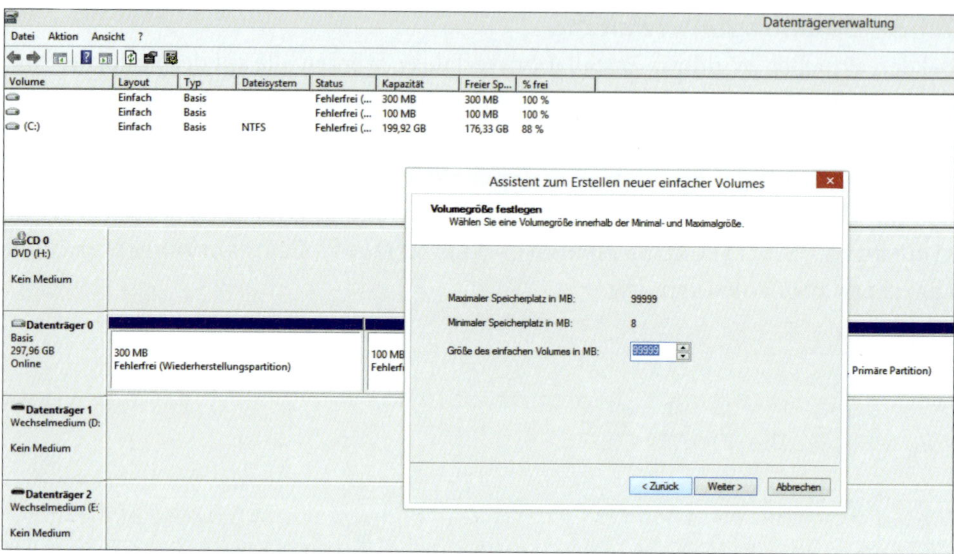

Abb. 7–8 Anlegen des neuen Volumes

7. Falls nicht nur ein zusätzliches Laufwerk, sondern mehrere angelegt werden sollen, ist dies bei der Angabe der Volumengröße an dieser Stelle entsprechend zu berücksichtigen.
8. Nach der Betätigung von Weiter wird das Volume in der gewählten Größe angelegt, und es kann hierfür ein Laufwerksbuchstabe ausgesucht werden.
9. Im letzten Schritt kann das Volume, welches jetzt als Partition geführt wird, formatiert werden, damit hieraus ein verwendbares Laufwerk entsteht. Windows macht – in Abhängigkeit von der Speichergröße – automatisch Vorgaben für das Dateisystem (meist NTFS) und die Größe der Zuordnungseinheit (Cluster), die als Standard eine Größe von 4 kByte aufweist. Üblicherweise sind die automatischen Vorgaben auch die passenden, wobei als Volume-Bezeichnung eine eigene Bezeichnung (»Datenlaufwerk« o. Ä.) angegeben werden sollte.
10. Der Vorgang wird nach der Selektierung von FERTIGSTELLEN abgeschlossen.

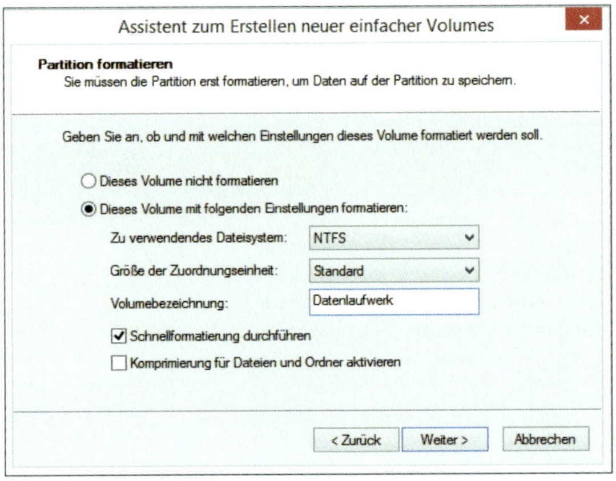

Abb. 7–9 Formatierung des neuen Laufwerks

Falls der gewünschte Laufwerksbuchstabe (z.B. *D:*) nicht zur Auswahl (Punkt 8) angeboten wird, sondern ein späterer Buchstabe, ist er durch ein bereits vorhandenes Laufwerk belegt. Oft handelt es sich dabei um einen Card Reader, der dann gleich für jeden Kartenschacht einen Laufwerksbuchstaben einnimmt. Wenn dies geändert werden soll, empfiehlt es sich, den zum Card Reader gehörenden USB-Port im BIOS-Setup zu deaktivieren oder das dazugehörige USB-Kabel vom Mainboard »abzuhängen«, ohne den Card Reader zu starten, und den gewünschten Laufwerksbuchstaben festzulegen. Danach wird der Card Reader wieder aktiviert. Er belegt nun die darauffolgenden Buchstaben.
Bei der Angabe und der Anzeige der Kapazitätswerte fällt auf, dass offensichtlich mit unterschiedlichen Bezugsgrößen gearbeitet wird, was mitunter zur Verwirrung führt. Falls beispielsweise bei der Angabe des *neuen Speicherplatzes in MByte* (Punkt 3) ein Wert von 100000 angegeben wird, was 100.000 MByte (also 100 GByte) entspricht, werden nur 97.656 MByte (unter Punkt 4) angezeigt, was daran liegt, dass einmal 1 kByte mit 1000 Byte und einmal 1 kByte mit 1024 gerechnet wird. Letzteres ist zwar datentechnisch korrekt, die glatten Dezimalwerte sind jedoch einfacher zu erfassen und anzuwenden, was automatisch umgesetzt wird.

Die Datenträgerverwaltung ist seit Windows Vista komfortabel zu handhaben, sodass recht einfach Partitionen (Volumes) gelöscht, angelegt und erweitert und somit Laufwerke entsprechend verwaltet und angepasst werden können. Bei den älteren Windows-Versionen ist eine zusätzliche (bootfähige) Software notwendig, um diese Aufgaben erledigen zu können. Bekannte Programme hierfür sind der *Paragon Festplatten Manager, Acronis Disk Director* und insbesondere das frei verfügbare *GParted Live*, welches auf einem Debian-Linux basiert und alle möglichen Dateisysteme unterstützt.

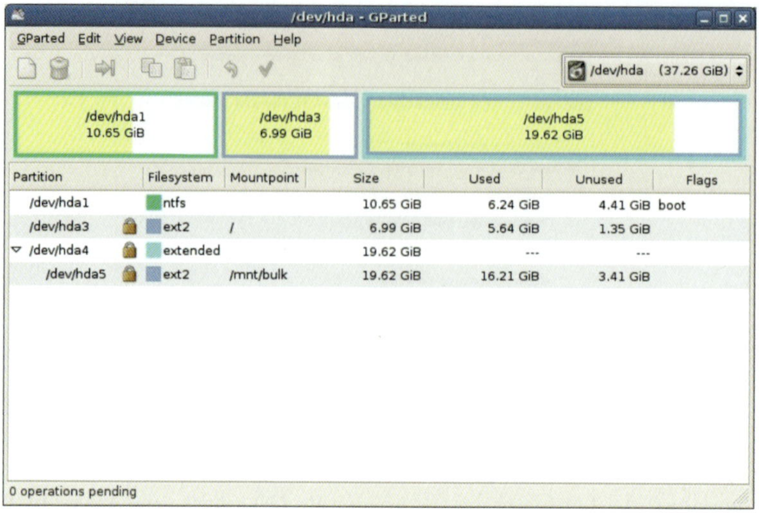

Abb. 7–10 Ein universelles Werkzeug für das Anlegen und Verändern von Partitionen ist »GParted Live« mit eigener Boot-Funktionalität.

7.1.4 Systemwiederherstellung

Es gibt verschiedene Methoden der Systemwiederherstellung bei einem PC oder Notebook, wobei bei Letzterem der jeweilige Hersteller meist zusätzliche eigene Tools zur Verfügung stellt. Eine separate DVD, welches das auf dem Computer installierte System im Original enthält, gehört mittlerweile meist nicht mehr zum Lieferumfang eines Computers. Wenn überhaupt, gibt es eine Recovery-CD dazu, die den Originalzustand des Computers wiederherstellen kann und lediglich mit einer bestimmten PC-Serie funktioniert.

Egal ob eine Recovery- oder Betriebssystem-DVD genutzt wird: Es läuft auf eine Neuinstallation mit dem Verlust der getätigten Einstellungen und der selbst installieren Programme hinaus. Grundsätzlich ist dies nicht problematisch, zumal eine Neuinstallation – gerade bei Windows – wieder für ein geordnetes System sorgt, denn das System wird im Laufe der Zeit durch Programminstallationen und -deinstallationen, nicht gelöschte (temporäre) Dateien und verschiedene Einstellungsoptionen immer langsamer.

Problematisch wäre hingegen der Verlust der eigenen Werke, wie von Dokumenten, Zeichnungen oder Tabellen. Deshalb ist es nach der Inbetriebnahme eines neuen Computers oder bei der Selbstinstallation eines Betriebssystems ratsam, für die eigenen Daten eine eigene Partition – ein eigenes Laufwerk – anzulegen (siehe Abschnitt 7.1.3). Danach legt man die Daten an dieser Stelle ab, anstatt es dem Betriebssystem und den Programmen mehr oder weniger selbst zu überlassen, wo die Daten landen. Bei einer Neuinstallation des Betriebssystems läuft man dann nicht Gefahr, diese wichtigen Daten zu verlieren. Falls sich im Computer nur ein einziges Systemlaufwerk befindet, sind bei einem Laufwerkskomplettschaden auch alle hierauf befindlichen Partitionen verschwunden. Deshalb sollten die eigenen Daten idealerweise nicht nur auf einer separaten Partition, sondern auf einem separaten Laufwerk untergebracht sein – zumindest als Kopie auf einem Netzwerklaufwerk eines Servers oder NAS-Geräts. Die üblichen Methoden und Maßnahmen im Problemfall sind:

- System und Sicherheit – Wartungscenter – Computer auf einen früheren Zeitpunkt zurücksetzen ist bei Windows-Systemen üblicherweise standardmäßig aktiviert.
- Insbesondere bei Markengeräten ist möglicherweise eine separate Partition vom Hersteller angelegt worden, die für die Systemwiederherstellung (in den Original-Auslieferungszustand) einzusetzen ist, was vom BIOS aus gesteuert wird.
- System und Sicherheit – Sicherung des Computers erstellen muss bei Windows zunächst eingerichtet werden und entspricht einem Backup auf einem separaten Medium.
- Anwendung eines herstellerspezifischen Programms für die Erstellung eines Systemwiederherstellungsdatenträgers, der später – im Fehlerfall – zum Einsatz kommt.
- Verwendung der zum jeweiligen Computer gehörenden Recovery-DVD, die den Computer in den Original-Auslieferungszustand versetzt.
- Komplette Neuinstallation mit einer Original-Betriebssystem-DVD. Die passenden Gerätetreiber sind möglicherweise separat – von den jeweiligen Hardwareherstellern – zu beschaffen, was insbesondere bei Notebooks, die eben nicht durchgehend standardisierte Hardwarekomponenten einsetzen, schwierig oder sogar unmöglich werden kann.

Die *Systemwiederherstellung* ist bereits seit Windows XP bekannt und beispielsweise über Start – Alle Programme – Zubehör – Systemprogramme oder im Wartungscenter (Systemsteuerung – System und Sicherheit) zu erreichen, wie es auch für Windows 8 gültig ist.

Üblicherweise ist die Systemwiederherstellung zumindest für das Laufwerk C: aktiv und zeichnet in bestimmten Abständen Wiederherstellungspunkte auf, was automatisch nach (größeren) Updates oder Installationen erfolgt und auch manuell ausgelöst werden kann, was dann über Computer – Eigenschaften – Computerschutz – Erstellen zu erledigen ist.

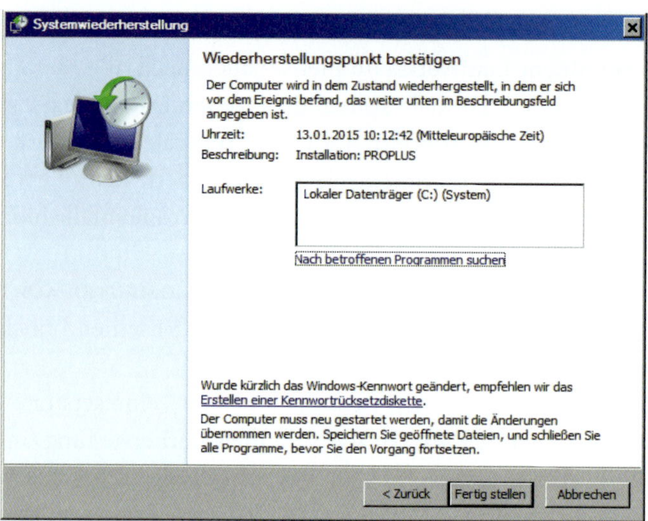

Abb. 7–11 Nach der Bestätigung wird das System über »Fertig stellen« auf den Stand des Wiederherstellungspunktes zurückgesetzt.

Ein Wiederherstellungspunkt stellt ein Systemabbild zu einem bestimmten Zeitpunkt dar, der idealerweise einem Zustand entspricht, bei dem der Computer wunschgemäß und einwandfrei funktioniert (hat). Selbstverständlich existieren auch Wiederherstellungspunkte, bei denen der Computer eine Fehlfunktion aufweist, was eben in der Natur der Sache liegt. Deshalb kann es sein, dass im Fehlerfall um mehrere Punkte zurückgegangen werden muss, was mit dem Verlust der dazwischen liegenden Installationen und Konfigurationsarbeiten verbunden ist, dafür jedoch wieder zu einem funktionierenden PC führen sollte.

7.1.5 Sicherungsreparaturdatenträger

Die Wiederherstellungspunkte werden im System – mithin der Systemfestplatte –aufgezeichnet. Falls diese defekt ist, kann es demnach auch kein Zurück mehr geben, was eine komplette Neuinstallation (siehe Abschnitt 7.1.1) des Betriebssystems bedeutet, falls nicht zuvor eine Kopie des konfigurierten Systems auf einem anderen Datenträger angefertigt worden ist.

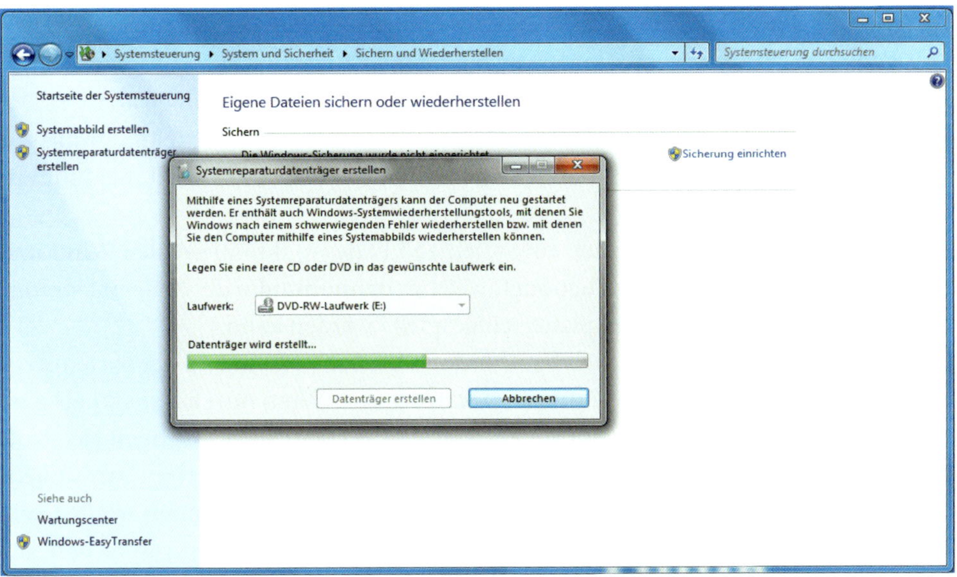

Abb. 7–12 Herstellung einer CD als Systemreparaturdatenträger

Unter SYSTEMSTEUERUNG – SYSTEM UND SICHERHEIT gibt es den Punkt *Sichern und Wiederherstellen* mit der Option *Systemreparaturdatenträger erstellen*. Bei Windows 8 befindet sich diese Möglichkeit im Wartungscenter unter WIEDERHERSTELLUNG -WIEDERHERSTELLUNGSLAUFWERK ERSTELLEN. Windows 8 bietet lediglich die Möglichkeit, einen USB-Stick oder auch eine USB-Festplatte als Datenträger einzusetzen, während die Vorgängerversionen auch eine CD bzw. DVD beschreiben können. Die Daten auf einem Systemreparaturdatenträger umfassen typischerweise ca. 300 MByte.

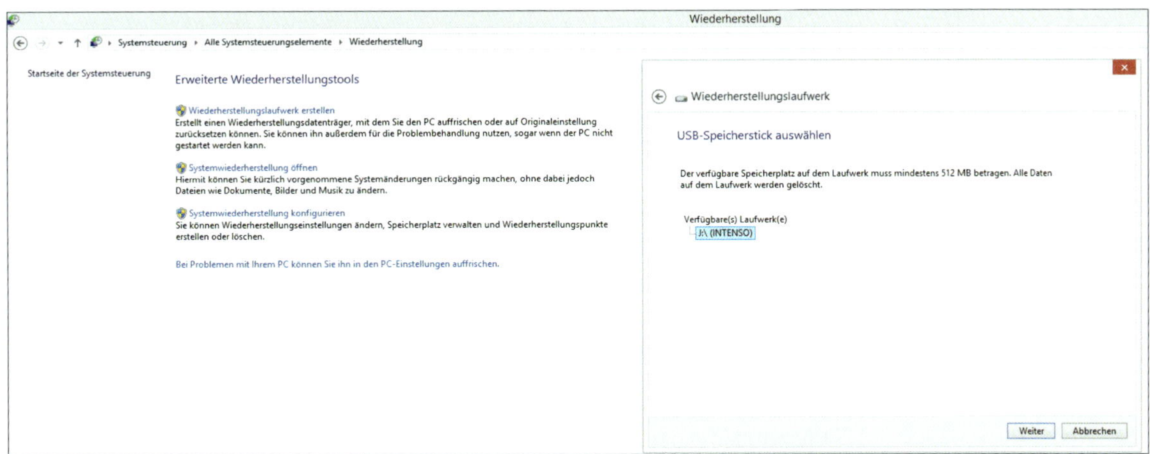

Abb. 7–13 Erstellung eines Wiederherstellungslaufwerks auf einem USB-Stick unter Windows 8.

7.1.6 Systemabbild

Den Windows-Versionen ist gemeinsam, dass sie mit einem *Systemreparaturdatenträger* (bzw. Wiederherstellungslaufwerk) lediglich ein Windows reparieren können. Der PC lässt sich hiermit starten, sodass die Microsoft-Systemwiederherstellungstools zur Anwendung kommen können, was bei einer defekten Festplatte jedoch nicht funktionieren kann.

In solch einem Fall wird zusätzlich ein Systemabbild des funktionierenden Windows-Systems auf einem Datenträger benötigt, welches dann mithilfe des *Systemreparaturdatenträges* auf einer neuen Festplatte »eingespielt« werden kann.

Auch diese Option befindet sich bei Windows bis zur Version 7 in der Systemsteuerung unter System und Sicherheit – Sichern und Wiederherstellen als Systemabbild erstellen. Dies kann auf Festplatte, DVD oder auch auf einem Netzlaufwerk erfolgen, wobei der Anwender die zu sichernden Laufwerke (Partitionen) auswählen kann, falls die Windows-Vorgabe nicht direkt übernommen werden soll. Die Daten des Systemabbildes werden in einer komprimierten Form gespeichert, die ungefähr einem Zehntel der Originalgröße entspricht. Die notwendige Speichergröße wird vor der Sicherung von Windows ermittelt und als ungefährer Wert angezeigt.

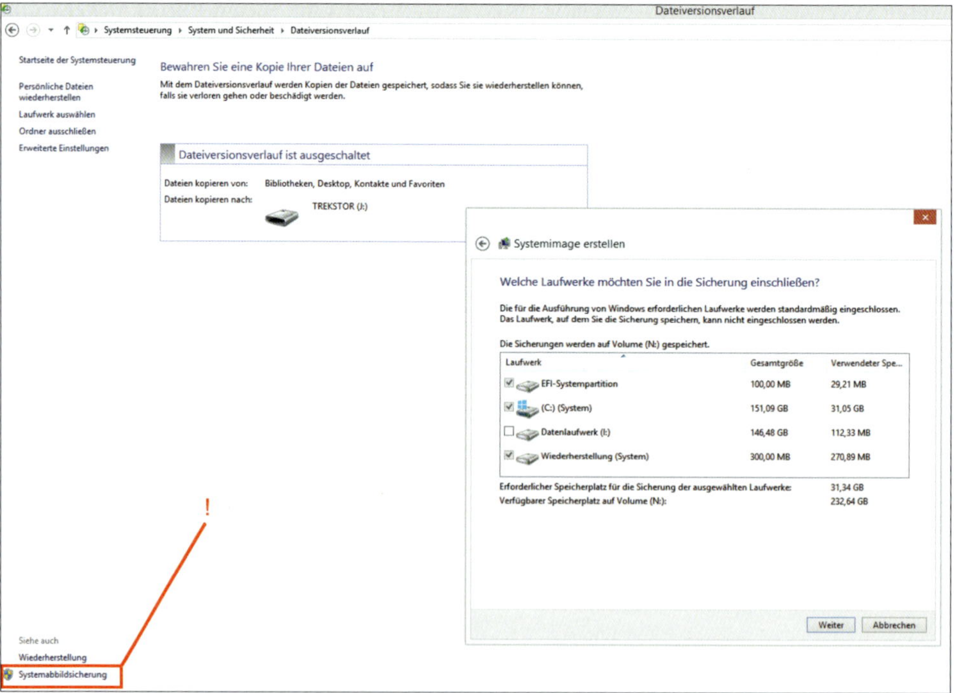

Abb. 7–14 Systemabbildsicherung bei Windows 8

Bei Windows 8 ist die Funktion für die Erstellung eines Systemabbildes ebenfalls vorhanden, und zwar unter SYSTEMSTEUERUNG – SYSTEM UND SICHERHEIT – DATEIVERSIONSVERLAUF SPEICHERN – SYSTEMABBILDSICHERUNG, wobei sich die Systemabbildsicherung auf der Seite ganz unten in der linken Ecke befindet, was man sehr leicht übersieht.

Falls die Festplatte mit einer *GUID Partition Table* (GPT) arbeitet und dementsprechend eine EFI-Systempartition (100 MByte) vorhanden ist, wird die Erstellung eines Systemabbildes jedoch mit einer Fehlermeldung abgebrochen, die besagt, dass nicht genügend Speicherplatz auf dem Datenträger zur Verfügung steht. Dabei spielen die tatsächliche Größe und der Datenträgertyp keine Rolle: Es handelt sich um einen Fehler, der selbst bei der Windows-Version 8.1 und den letzten Updates (Stand 2/15) noch immer nicht von Microsoft behoben worden ist. Falls die Partition hingegen konventionell mithilfe des *Master Boot Records* (MBR) verwaltet wird, tritt dieser Fehler nicht auf.

7.1.7 Installation vom USB-Stick

Falls kein optisches Laufwerk für die Systeminstallation zur Verfügung steht, lässt sich Windows auch von einem USB-Gerät (vorzugsweise von einem USB-Stick) aus installieren. Hierfür wird zunächst ein Image des Systems als ISO-Datei benötigt, welches prinzipiell wie ein Systemabbild behandelt wird. Microsoft stellt sowohl für die verschiedenen Windows-7- als auch für die Windows-8-Versionen im Internet die passenden Images zur Verfügung. Installieren und aktivieren kann man das Windows natürlich nur mit einer gültigen Lizenz(nummer). Der USB-Stick muss mindestens über eine Größe von 4 GByte verfügen und als Laufwerk mit einer Partitionstabelle angelegt sowie mit FAT32 formatiert sein.

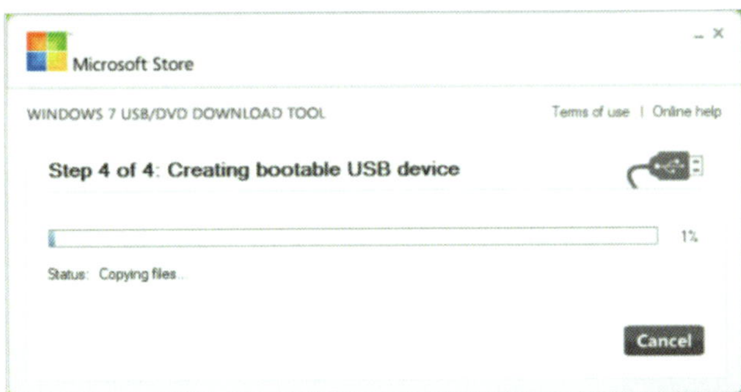

Abb. 7–15 Die Anfertigung eines bootfähigen USB-Sticks für die Windows-Installation funktioniert am einfachsten mit einem speziellen Tool.

Diese Aufgaben können von einem speziellen Programm wie dem *Windows USB/ DVD Download Tool* oder mithilfe der Datenträgerverwaltung (siehe Abschnitt 7.1.3) durchgeführt werden. Das Volume muss außerdem mit einem bestimmten Namen (z. B. »Win7 für Windows 7«) sowie mit einem Laufwerksbuchstaben versehen werden. Das ISO-Image wird dann anschließend einfach auf den Stick kopiert, welches auch den notwendigen Bootloader bietet.

Bei den 64-Bit-Versionen mit UEFI-Modus funktioniert dieses Verfahren nicht so einfach, denn hierfür muss der Bootloader (*bootmgfw.efi*) explizit für UEFI, für 64 Bit und für das Booten von USB statt von einem optischen Laufwerk aus vorgesehen sein und den Namen *bootx64.efi* haben. Die benötigte Datei kann aber aus einem lauffähigen 64-Bit-Windows im UEFI-Modus kopiert, in *bootx64.efi* umbenannt und an die Stelle des vorhandenen Bootloaders (*bootmgfw.efi*) kopiert werden, wenn es keine andere Möglichkeit gibt.

7.2 Windows Server

Das erste Windows-Betriebssystem, welches explizit für Serveranwendungen konzipiert ist, wird als *Windows NT Server* bezeichnet. Prinzipiell handelt es sich dabei um das auch als Desktop-System bekannte *Windows New Technology* (NT) plus diverser zusätzlicher Funktionen und Tools für die Anwender- und Systemverwaltung. Als aktuelles Serversystem bietet Microsoft *Windows Server 2012* in verschiedenen Versionen an. welches löst die Vorgängerversionen *Windows Server 2008* und *Windows Server 2003 ab, dessen Support Mitte des Jahres 2015 von Microsoft eingestellt wird.*

Abb. 7–16 Ein typisches Serversystem in Rackbauweise

Als Hardware werden von Microsoft mindestens ein 64-Bit-Prozessor mit 1,4 GHz und 512 MByte RAM, 32 GByte Festplattenspeicher, eine DirectX9-Grafik sowie ein DVD-Laufwerk für die Installation angegeben. Wie immer bei solchen Vorgaben sind diese unvollständig und zu tief gegriffen. Ein Windows-Server braucht für den produktiven Einsatz mindestens eine leistungsfähige Mehrkern-CPU (XEON) mit ausreichend RAM (>16 GByte) und Festplattenspeicher (SAS >1 TByte), mindestens zwei Gigabit-Ethernet-Anschlüsse, ein RAID-System, eine Backup-Lösung sowie eine USV (unterbrechungsfreie Stromversorgung). Das Netzteil im Gehäuse sollte zudem redundant ausgeführt sein, und das RAID-System (RAID5, RAID6) sollte das Auswechseln von (defekten) Festplatten im laufenden Betrieb ermöglichen.

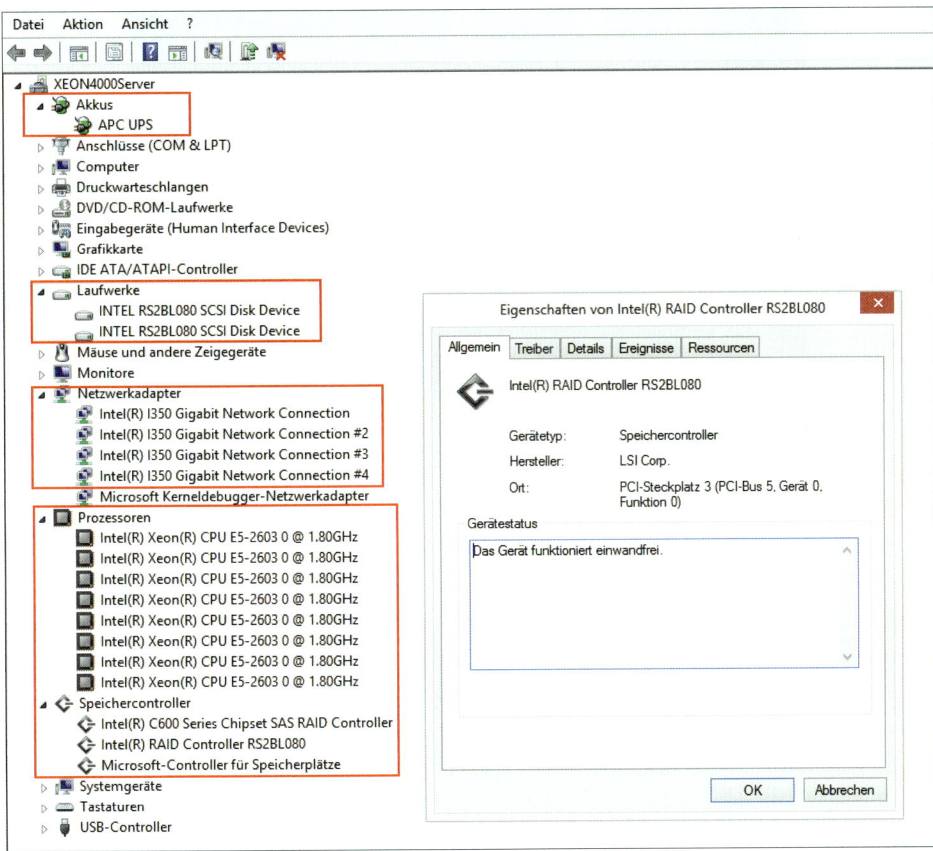

Abb. 7–17 Auch von der Hardwareseite her verfügt ein Server über besondere Komponenten gegenüber einem Standard-PC.

Windows Server 2012 verwendet die von Windows 8 her bekannte ModernUI-Oberfläche mit Charms-Leiste. Optional kann das System auch ohne grafische Oberfläche mit der Windows-Eingabeaufforderung sowie der Power Shell administriert werden.

Abb. 7–18 Die Start-Oberfläche des Servers, die sich anhand der Optionen in der unteren Leiste anpassen lässt.

Die grundsätzliche Installation und Bedienung unterscheidet sich nicht von der für ein Desktop-System, wenn man vom (Hardware-)RAID-System absieht, welches einen speziellen Treiber – für die Installation – benötigt, der das Festplattenarray dem System gegenüber als eine große Festplatte erscheinen lässt. Die Systemsteuerung, die Netzwerkeinstellungen sowie weitere Windows-typische Dinge sind demnach vergleichbar oder sogar identisch mit denen der Desktop-Versionen. Die ersten Schritte für die Inbetriebnahme und den Test eines Servers sind wie folgt:

- Administrator und einen üblichen lokalen Benutzer mit Passwörtern festlegen
- Grundlegende Einstellungen: IP-Adressen
- Dienste und Protokolle: Client for Microsoft Network
- Name und Arbeitsgruppe (bzw. Domäne) einstellen
- Zum Test in der Netzwerkumgebung browsen: Andere Clients werden angezeigt
- Server von einem PC aus im Netzwerk anzeigen lassen

7.2.1 Serververwaltung

Fast alle typischen Funktionen für das Administrieren eines Servers sind im Server-Manager zusammengefasst, der beispielsweise über die bisherige Startleiste aufgerufen werden kann. Der Server-Manager ist die zentrale Anlaufstelle, um Serverdienste und -funktionen zu installieren und zu konfigurieren.

Ab *Windows Server 2008* werden Dienste und Funktionen zu sogenannten *Rollen* zusammengefasst, die unterschiedliche Konfigurationen und Dienste verwalten und somit eine Spezialisierung (z. B. Datei-, Druck-, Mail-, Webserver) des Servers auf eine vergleichsweise einfache Art und Weise ermöglichen. Weil sich diese Rollen mit den dazugehörigen Diensten, Funktionen und Schnittstellen relativ einfach aktivieren lassen, läuft man allerdings auch Gefahr, den Server zu »überfrachten«. Denn die Rollen verbergen die Komplexität der dazugehörigen Serverfunktionalitäten vor dem Administrator, und viele Einstellungen stehen in Wechselwirkung miteinander, was im Detail oftmals erst dann ersichtlich wird, wenn etwas nicht wie gewünscht funktioniert. Das »Abtauchen« in die Details wird dann zu einem zeitaufwendigen Unterfangen wird, welches detailliertes Fachwissen erfordert.

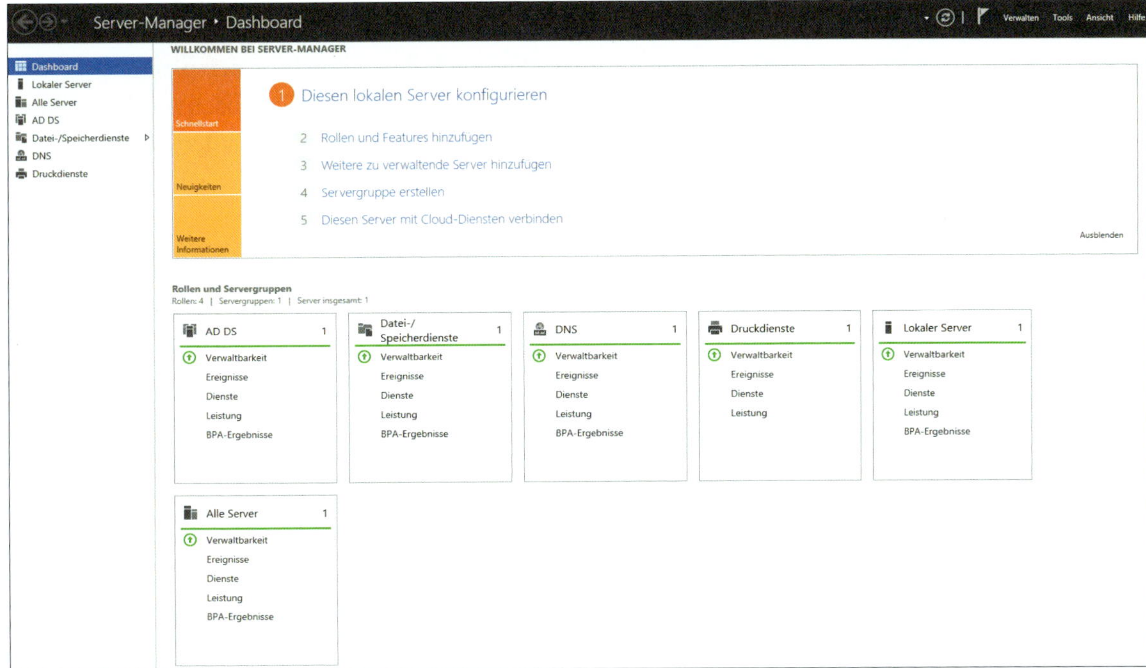

Abb. 7–19 Im Dashboard beginnt üblicherweise die Serverkonfiguration mit dem Server-Manager.

Was im Einzelnen zu konfigurieren ist, hängt natürlich vom gewünschten Einsatzzweck ab. Als Beispiel soll ein Server konfiguriert werden, der eine Domäne begründet (Active Directory), an der sich einzurichtende Benutzer mit ihren PCs anmelden können, die sich in dieser Domäne befinden. Die Benutzer sollen auf dem Server über einen eigenen Speicherplatz verfügen, einen Bereich erhalten, der als gemeinsames Netzlaufwerk fungiert und die (Netzwerk-)Drucker benutzen können, die mithilfe des Servers verwaltet werden. Dies ist eine übliche Konfiguration, auf deren Basis sich später weitere Funktionalitäten aufsetzen lassen. Für die genannten Aufgaben werden die folgenden Rollen und Dienste benötigt:

- Lokaler Server
- Active Directory-Domänendienste
- Anwendungsserver
- Datei- und Speicherdienste
- DNS-Server
- Druck- und Dokumentdienste

Über START – SERVERMANAGER – VERWALTEN – ROLLEN UND FEATURES HINZUFÜGEN wird die Konfigurierung eingeleitet. Die bereits aktivierten Rollen tauchen im Dashboard in der linken Spalte auf, sodass auch direkt von hier aus spätere Änderungen und Anpassungen initiiert werden können. Dabei wird vielfach auf bereits von den üblichen Windows-Versionen her bekannte Funktionen (Systemeigenschaften, Firewall etc.) verzweigt.

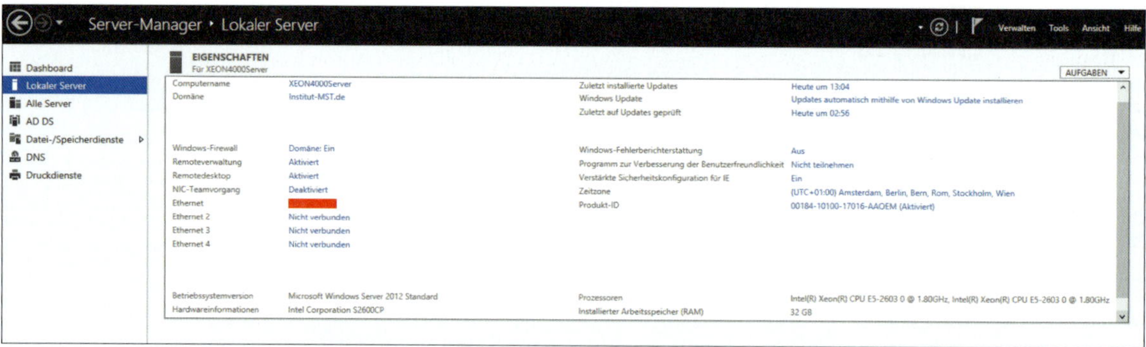

Abb. 7–20 Über die Eigenschaften lassen sich wesentliche Einstellungen für den Server einsehen und durchführen.

Es sollten natürlich nur diejenigen Rollen installiert werden, die man auch benötigt, und erst später sollten im Bedarfsfall weitere Rollen hinzugefügt werden, wenn sich das System bereits in seiner grundlegenden Funktionsweise bewährt hat. Zum Entfernen von Rollen und Features kommt ein eigener Assistent zum Einsatz, der als Option unter ROLLEN UND FEATURES HINZUFÜGEN zu finden ist.

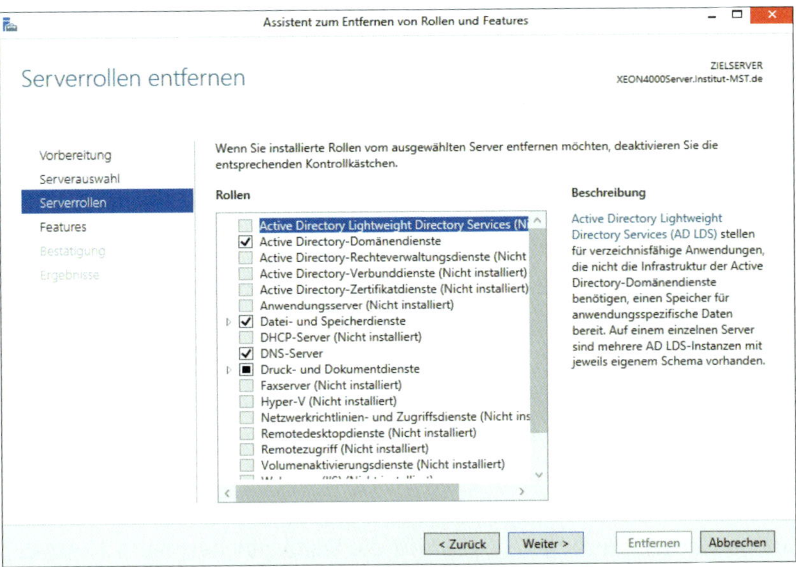

Abb. 7–21 Das Entfernen von Serverrollen funktioniert mit dem Aufzeigen von Abhängigkeiten, die im letzten Schritt zusammengefasst dargestellt werden, sodass die Konsequenzen deutlich werden.

7.2.2 Active Directory Domain Services

Neben dem lokalen Server, der ohne (weitere) Rollen nichts anderes ist als ein gewöhnlicher PC, sind *Active Directory* (AD Domain Services) sowie der *Domain Name Service* (DNS) die beiden wichtigen Rollen.

Dies ist vereinfacht dargestellt deswegen notwendig, damit sich die Clients später nicht an einer Arbeitsgruppe, sondern an einer Domäne anmelden (können). Während dies mit Windows NT- sowie 9x/Me-Clients möglich ist, funktioniert dies nicht mit den Home-Editionen von Windows XP/Vista/7/8, sondern erst mit den Professional- bzw. den Business-Versionen.

Das Domänenprinzip ist bereits mit Windows NT eingeführt worden und wurde mit Windows Server 2000 konsequent weiter ausgebaut. Es seitdem als *Active Directory* bezeichnet. Das Prinzip der Domänen gewährt den zugelassenen Anwendern nach einmaliger Anmeldung über den Server den Zugriff auf unterschiedlich lokalisierte Ressourcen im Netzwerk, z. B. auf Server, Verzeichnisse sowie auch auf Drucker, Router und andere Einheiten, was letztendlich in speziellen Objekten im Active Directory gespeichert und verwaltet wird. Der Anwender findet dies dann in Form seiner (eigenen) netzwerkübergreifenden Benutzerumgebung vor, die in einem eigenen Profil gespeichert wird.

Dem Administrator werden für die Active Directory-Verwaltung eine Reihe verschiedener Tools – etwa über die *Microsoft Management Console* (MMC) – zur Verfügung gestellt, was eine zentrale Administration erlaubt und auch für größere Netzwerke mit über hundert oder auch tausend PCs und/oder Benutzern noch praktikabel ist. Über *Alle Server* (Abb. 6–20) sind alle zur Domäne gehörenden Server sichtbar und bei entsprechender Konfiguration auch zu administrieren.

Beim Active Directory handelt es sich – wie es die Bezeichnung impliziert – um einen Verzeichnisdienst, der eine Zuordnungsliste für Netzobjekte führt. Es basiert auf vier wesentlichen Komponenten:

- *Domain Name System* (DNS) für die Namensauflösung
- *Lightweight Directory Access Protocol* (LDAP) als Zugriffsprotokoll auf X.500-Verzeichnisse
- Kerberos als Protokoll für die Benutzerauthentifizierung
- *Common Internet File System* (CIFS) für die Dateispeicherung in Netzwerken

Die Entscheidung pro oder contra Domäne bzw. Arbeitsgruppe fällt in einem professionellen Umfeld zugunsten einer Domäne aus, weil nur diese Struktur eine verlässliche Benutzer- und PC-übergreifende Netzwerkadministration erlaubt, bei der außerdem zentrale Sicherheitsmechanismen zur Anwendung kommen können.

Die Einrichtung des Active Directory ist deshalb eine ganz grundlegende Konfigurationsmaßnahme mit sehr weit reichenden Konsequenzen, die der typische Anwender eher selten und auch nur der erfahrene Administrator (hinlänglich) durchschauen kann. Sie sollte als erste Aktion in der Serververwaltung angewendet werden, weil darauf folgende Konfigurationen das Active Directory als Basis verwenden. Es ist später – in Abhängigkeit von den jeweiligen Diensten und Einstellungen – nicht immer möglich, die grundlegende Struktur ohne Datenverlust zu verändern, wie es etwa bei verschlüsselten Daten der Fall ist. Außerdem kann das Anlegen und Aktualisieren des Active Directory Stunden oder auch Tage dauern, was wiederum von der jeweiligen Netzwerkarchitektur abhängig ist.

Das Praktische am Server-Manager ist, dass sich sowohl AD DS als auch DNS mit allen dafür notwendigen Funktionen per Serverrolle leicht installieren und aktivieren lassen. Es sind (zunächst) nur relativ wenige Angaben notwendig. Vom Assistenten wird abgefragt, ob der Domänencontroller für eine neue Domäne oder zusätzlich für eine bereits bestehende Domäne verwendet werden soll. Durch die Anwahl des ersten Punktes wird eine komplett neue Domänenstruktur erstellt. Der Server wird damit zum Primary Domain Controller (PDC). Microsoft unterscheidet zwischen einer *Domänenstruktur* und einer *Domänengesamtstruktur*, was im Original als Tree und Forest, also übersetzt als »Baum« und »Wald« bezeichnet wird. In einer Domänengesamtstruktur kann es mehrere Domänen geben, so wie es in einem Wald mehrere Bäume gibt.

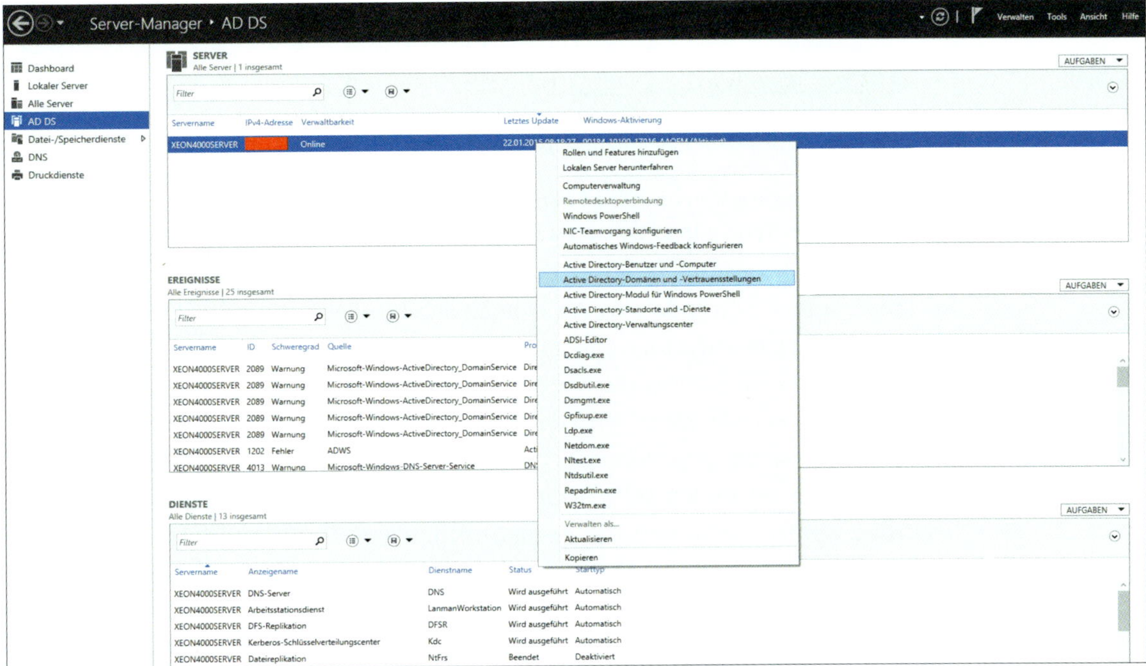

Abb. 7–22 Aus dem Server-Manager heraus kann über die Eigenschaften (rechte Maustaste) zu den bereits von den vorherigen Windows-Server-Versionen her bekannten Funktionen gewechselt werden, die hier für die weiterführende AD DS-Konfiguration aufgeklappt wurden.

Nach der Angabe eines NetBIOS-Domänennamens, eines Datenbank- und Protokollordners für die Active Directory-Datenbank (was standardmäßig als C:\WINDOWS\NTDS vorgegeben wird) sowie des Pfades für das sogenannte Systemvolume sind die wesentlichen Festlegungen für die Installation des Active Directory getroffen. Das Systemvolume stellt einen Ordner (C:\WINDOWS\SYSVOL) für die Speicherung der öffentlichen Domänendaten dar, der automatisch auf alle Domänencontroller in der Domäne repliziert wird.

Für eine genauere Anpassung stehen nach wie vor die von den vorherigen Windows-Server-Versionen her bekannten Funktionen zur Verfügung, die sich kontextsensitiv für die weiterführende Konfiguration aus der jeweiligen »Server-Rolle« heraus aufrufen lassen (Abb. 7–22).

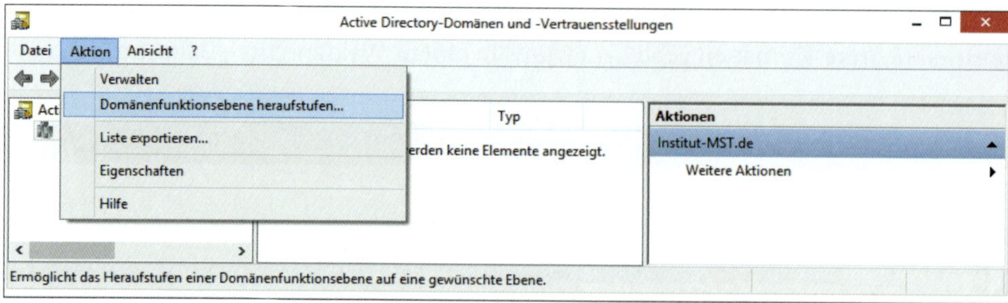

Abb. 7–23 Wenn es (später) ins Detail gehen muss, sind nach wie vor die entsprechenden Server-Tools vorhanden, etwa um die Domäne herunterzustufen.

In einer Domäne ist mindestens ein Domänencontroller notwendig. Dies ist ein Server, der die Active Directory-Datenbank enthält. Bei der Einrichtung von AD DS kann der Server in eine bereits bestehende oder in eine neu anzulegende Domäne aufgenommen werden. Dabei wird der Server automatisch zum ersten Domänencontroller der neu angelegten Domäne.

Aus Sicherheitsgründen sollten mehrere Domänencontroller in einem Netzwerk betrieben werden, denn falls der einzige vorhandene Domänencontroller ausfallen sollte, wären damit auch die Daten der Domänenstruktur (die Datenbank) verloren. Die Migration von einer Domäne auf eine andere wird zwar durch verschiedene Programme und Assistenten unterstützt (Active Directory Migration Tool), setzt jedoch eine intensive Beschäftigung mit der Active Directory-Thematik voraus, was hier nicht Gegenstand der weiteren Betrachtungen sein kann.

In kleineren (Büro-)Umgebungen kommt man mit einem neuen Serversystem am schnellsten zum Ziel, wenn es entweder in eine bestehende Domäne integriert wird oder wenn es – falls der Server als neuer erster Domänencontroller fungieren soll – eine neue Domäne begründet, was gegenüber der Migration der kompletten AD-Struktur einfacher durchzuführen ist. Die zusätzliche Arbeit, die Anwender und weitere Ressourcen dann neu konfigurieren zu müssen, lässt die bestehende AD-Struktur unangetastet, sodass der neue Server quasi parallel dazu konfiguriert werden kann, ohne dass es während des Arbeitsbetriebs zu Wechselwirkungen durch die Migrationsvorgänge kommen kann.

7.2.3 Domain Name Service

Da man üblicherweise nicht direkt über IP-Adressen kommuniziert, sondern über Namen, gibt es hierfür das System der Domänennamen (**D**omain **N**ame **S**ystem, DNS) und einen dazugehörigen Server, der eine entsprechende Umsetzung vornimmt – den DNS-Server. In einer »name-address« können unterschiedlich viele Domänen enthalten sein. Die einzelnen Domänen (frz. = Gebiet, Bereich) werden durch einen

Punkt voneinander getrennt, wobei die Anzahl der Computer bei einer Domänenbezeichnung von links nach rechts zunimmt. Für das Beispiel aus Abb. 7–24 bedeutet dies: *dembo* entspricht dem Computer mit der gültigen IP-Adresse, *hlt* entspricht der Abteilung (Subnetz), *tu-harburg* der Einrichtung, und *de* steht für Deutschland.

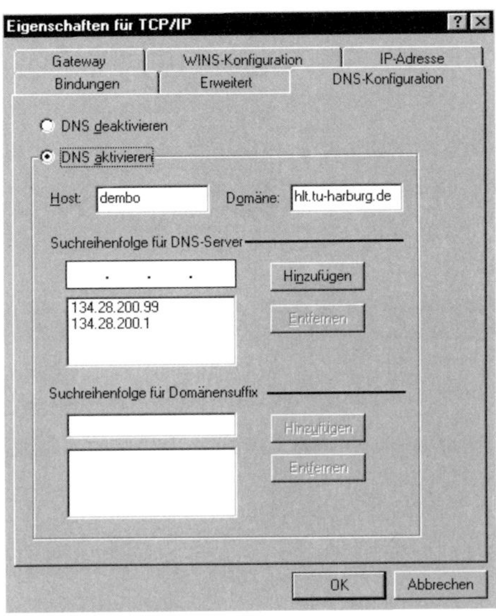

Abb. 7–24 Die Domänen/Host-Zuordnung mit DNS-Server-Angaben bei einem älteren Windows-Client zeigt den Aufbau der DNS-Struktur, die bei den aktuellen Windows-Versionen automatisch mit dem Computernamen gebildet wird.

Somit ist eine vollständige Umsetzung der IP-Adresse in einen eindeutigen Namen gegeben. Neben der einfacheren Handhabung gegenüber den IP-Adressen ergibt sich ein weiterer Vorteil, denn die IP-Adresse kann sich durchaus einmal ändern (Umstellung, Umzug in ein anderes Gebäude o. Ä.), wobei der Name jedoch erhalten bleibt und sich damit »nach außen hin« nichts verändert. Den zuständigen DNS-Server sowie einige Optionen kann man sich mit dem Befehl NSLOOKUP anzeigen lassen.

Falls kein Zugriff auf einen DNS-Server möglich ist, kann die Zuordnung von IP-Adressen zu Host-Namen lokal mithilfe einer anzulegenden HOSTS-Datei vorgenommen werden, wodurch die konfigurierten Host-Namen dann unter Windows zur Verfügung stehen. Jede Windows-Version verfügt über eine entsprechende Datei, die mit einem üblichen Editor den eigenen Bedürfnissen angepasst werden kann. Die von Microsoft mitgelieferten HOST-Dateien (z. B. host.sam) sind nur als Beispieldateien zu verstehen und müssen auf jeden Fall mit den eigenen Angaben versehen werden. Nach der Bearbeitung ist die Datei dann im gleichen Verzeichnis, allerdings ohne die Endung »sam«, zu speichern.

Neben DNS gibt es für die Auflösung von Computernamen in IP-Adressen außerdem noch den *Windows Internet Name Service (WINS)*. WINS ist jedoch im Gegensatz zu DNS nicht UNIX-konform, sondern allein für Windows-Systeme vorgesehen, die NetBIOS-Computernamen in IP-Adressen umsetzen. DNS setzt stattdessen die Host-Namen in IP-Adressen um, die damit zu einem Bestandteil der Gesamtbezeichnung (plus Domänenname) werden. Auch bei der Verwendung von NetBIOS-Computernamen ist es, falls kein WINS-Server verfügbar ist, möglich, diese Funktion mithilfe einer Zuordnungsdatei (LMHOSTS) ausführen zu lassen. Das Prinzip ist das gleiche wie beim DNS. Beide Verfahren mit den separaten Dateien sind nur als Notbehelf zu verstehen, und bei aktuellen Implementierungen wird im LAN ein PC oder auch ein Router die DNS-Funktion übernehmen können.

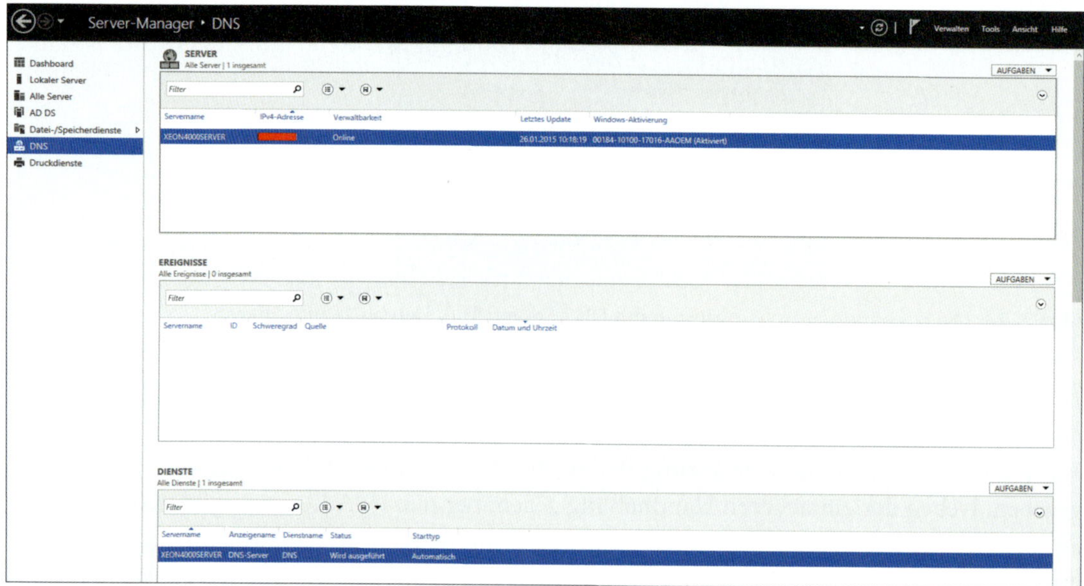

Abb. 7–25 Der DNS-Server ist festgelegt, und es sind keine (unerwünschten) Ereignisse aufgetreten.

Ein detektierbarer DNS-Server (Kontrolle z.B. mit nslookup) ist die Voraussetzung für den korrekten Ablauf einer Active Directory-Installation (siehe den vorigen Abschnitt). Je nach Windows-Server-Version stoppt die Installation mit einer Fehlermeldung oder verzweigt automatisch zu den DNS-Einstellungen, wenn sich hiermit ein Problem ergeben sollte. Fehlfunktionen im Active Directory beruhen oftmals auf fehlerhaften DNS-Angaben oder einem grundsätzlichen DNS-Problem, das sich nicht selten in Phänomenen äußert, für die ganz andere Ursachen vermutet werden.

Falls der einzurichtende Server derjenige sein soll, bei dem sich die Anwender standardmäßig anmelden, um Zugang zur Domäne zu erhalten, wird er bei den Clients per IP-Adresse üblicherweise als erster DNS-Server festgelegt und ist somit die erste Anlaufstelle für die Namensauflösung im Netz. Demnach wird für die Auflösung eines Namens im LAN zunächst bei diesem DNS-Server nachgeschaut, bevor ein weiterer DNS-Server kontaktiert wird, der sich außerhalb des LANs befindet. Zuletzt wird dann ein allgemeiner DNS-Server im Internet für die Namensauflösung eingesetzt. Der DNS-Server für den DNS-Server, der bei den üblichen Windows-Netzwerkeinstellungen (Eigenschaften für Internetprotokoll) festgelegt wird, ist er selbst, gefolgt von einem anderen, der sich im eigenen LAN oder eben in einem übergeordneten Netz befindet.

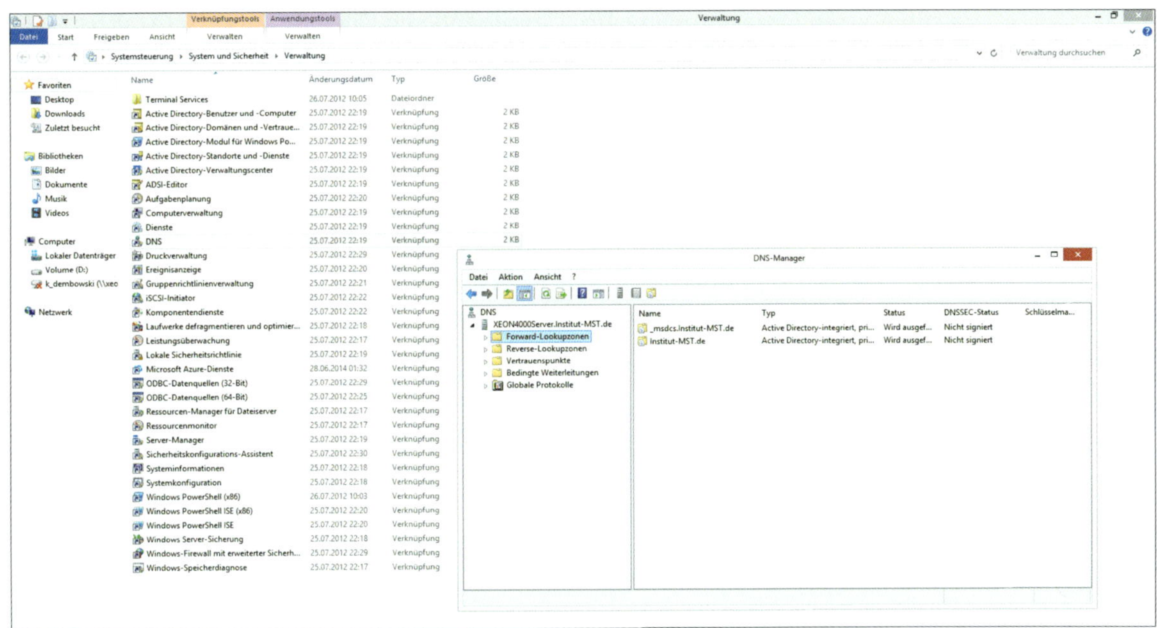

Abb. 7–26 Statt über den Server-Manager lassen sich die einzelnen Tools – hier DNS – auch weiterhin aus der Verwaltung heraus aufrufen.

Nach der DNS-Einstellung sollte das Browsen mit einem Client im Netzwerk nunmehr auch den neu konfigurierten Server sichtbar werden lassen, wobei der Client-PC (zunächst) GESAMTES NETZWERK – MICROSOFT WINDOWS-NETZWERK durchsuchen muss, um den neuen Server zu entdecken. Dies trifft insbesondere dann zu, wenn sich der Client-PC (noch) in einer Arbeitsgruppe oder einer anderen Domäne befindet, was bei einem Durchsuchen in der NETZWERKUMGEBUNG – ARBEITSGRUPPENCOMPUTER ANZEIGEN nur zur Anzeige der hier zugeordneten Clients und nicht zur Anzeige des neuen Servers führt, der möglicherweise eine neue Domäne in das LAN einbringt.

Eine Benutzeranmeldung von einem Client aus ist bei dem jetzigen Konfigurationsstand noch nicht möglich, denn hierfür müssen die Benutzer erst eingerichtet werden, was in Abschnitt 7.2.5 behandelt wird.

7.2.4 Active Directory-Sicherung

Ein *Backup Domain Controller* (BDC) enthält (nur) Sicherheitskopien der Verzeichnislisten sowie der Benutzer- und der Anmeldedaten, die in regelmäßigen Abständen automatisch über das Netzwerk aktualisiert werden, was bereits mit Windows NT Server eingeführt wurde. Ab Windows Server 2000 verfügen hingegen alle Controller in einer Domäne über eine beschreibbare Kopie der Active Directory-Datenbank. Dabei werden Veränderungen automatisch an alle anderen Domain Controller *repliziert*. Mit Replizieren ist gemeint, dass ein Abgleich zwischen mindestens zwei Datenbanken ausgeführt wird, wobei es sich bei genauerer Betrachtung nicht um ein Original und um Kopien davon handelt, sondern das Original und die Replik können als völlig identisch betrachtet werden.

Falls ein DNS-Server ausfällt, kann der dazugehörige Domänencontroller nur noch eine gewisse Zeit die Auflösung von Namen und Einträgen durchführen, und zwar so lange, wie die Clients die Werte hierfür in ihrem Cache halten. Das tun sie standardmäßig eine Stunde (TTL: *Time To Live*). Deshalb sollten mindestens zwei DNS-Server in einer Domäne betrieben werden und die Client-Einstellungen auch auf beide DNS-Server verweisen.

Da der Domänencontroller nicht selten auch die Funktion eines DNS-Servers übernimmt, verschärft sich die Situation bei einem Geräteausfall. Außerdem gibt es trotz Replikation der Active Directory-Datenbank stets einen Server, der allein als sogenannter *Betriebsmaster* (auch als *Rollenmaster* bezeichnet) fungiert.

Die von ihm durchgeführten Aufgaben werden unter *Flexible Single Master Operations* (FSMOs) subsumiert. Ein kurzer Ausfall des Domänencontrollers mit FSMO-Funktion erfordert keine unmittelbaren Maßnahmen, sondern nur dann, wenn er absichtlich oder auch unabsichtlich (im Fehlerfall) für Stunden oder Tage vom Netz geht. Dann ist die Funktion des Rollenmasters auf einen anderen Domänencontroller zu übertragen, was mithilfe der MMC oder auch einem Befehlszeilentool (*ntdsutil*, NT Directory Service Utility) durchgeführt werden kann.

Wichtig ist, dass der ausgefallene Rollenmaster nie wieder an das Netz gehen darf, weil es andernfalls mit dem jetzt aktiven Rollenmaster zu massiven Problemen in der Active Directory-Struktur kommt.

Um einem Problemfall mit einem möglicherweise notwendigen Neuaufbau des Active Directory vorzubeugen, muss die Datenbank unbedingt gesichert werden. Dies ist auch beim Einsatz von mehreren Controllern, die über eine Replik der Datenbank verfügen, zu empfehlen. Microsoft sieht die Verwendung von mindestens drei Domänencontrollern in einer Domäne vor, was bei kleineren Netzwerken selten praktikabel ist. Weil der Rollenmaster nur einmal in seiner Gesamtfunktionalität im Netzwerk vorhanden ist, sollte zumindest er regelmäßig gesichert werden.

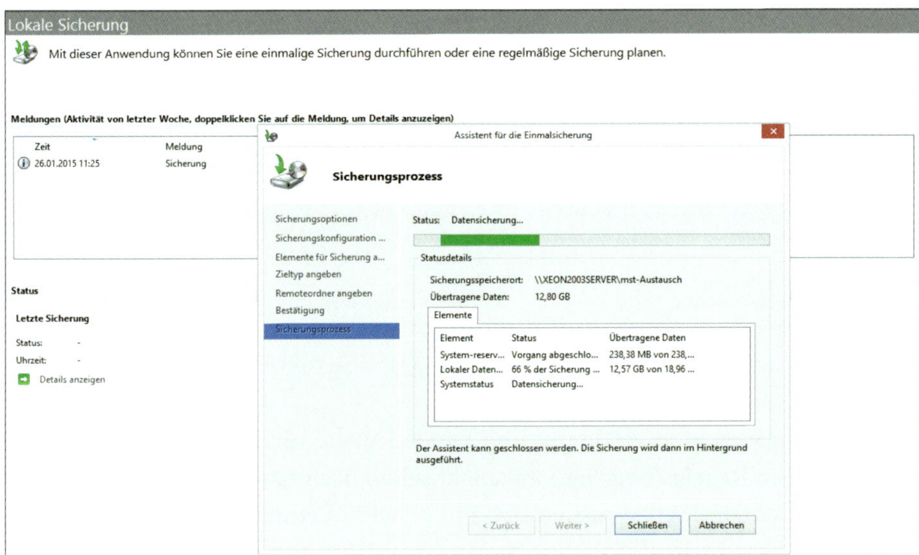

Abb. 7–27 Sichern der wichtigsten Daten auf einer Netzwerkfreigabe

Windows Server bietet standardmäßig ein Backup-Programm, welches auch für die Sicherung des Active Directory eingesetzt werden kann. Bei Windows Server 2012 ist die Windows Server-Sicherung hierfür zuständig, die möglicherweise über Verwalten – Rollen und Features hinzufügen (rechts oben im Dashboard) noch nachzuinstallieren ist. Als Backup-Medium kann eine separate Partition auf dem Server selbst, ein über USB oder Firewire (IEEE1394) anschließbares Laufwerk oder auch eine Netzwerkfreigabe eingesetzt werden. Grundsätzlich müssen für das Active Directory *SYSVOL* und *Ntds.dit* gesichert werden, die im *System State* oder *Systemstatus* enthalten sind. Das Backup-Programm erlaubt die Konfiguration für die Durchführung einer automatischen Sicherung nach einem festzulegenden Zeitplan, was zumindest für das System und den Systemstatus eingestellt werden sollte.

7.2.5 Benutzereinrichtung

Die Einrichtung der Benutzer erfolgt bei Windows Server anders als bei einer typischen Client-Konfiguration. Im Active Directory ist ein Benutzer letztendlich auch nur ein Objekt. Das bedeutet, er ist nicht als lokaler Benutzer, sondern als Mitglied im Active Directory zu konfigurieren, was über Active Directory-Benutzer und -Computer (im Servermanager unter Tools) sowie über den Aufruf von Aktion, gefolgt von der Eingabe Neu - Benutzer eingeleitet wird.

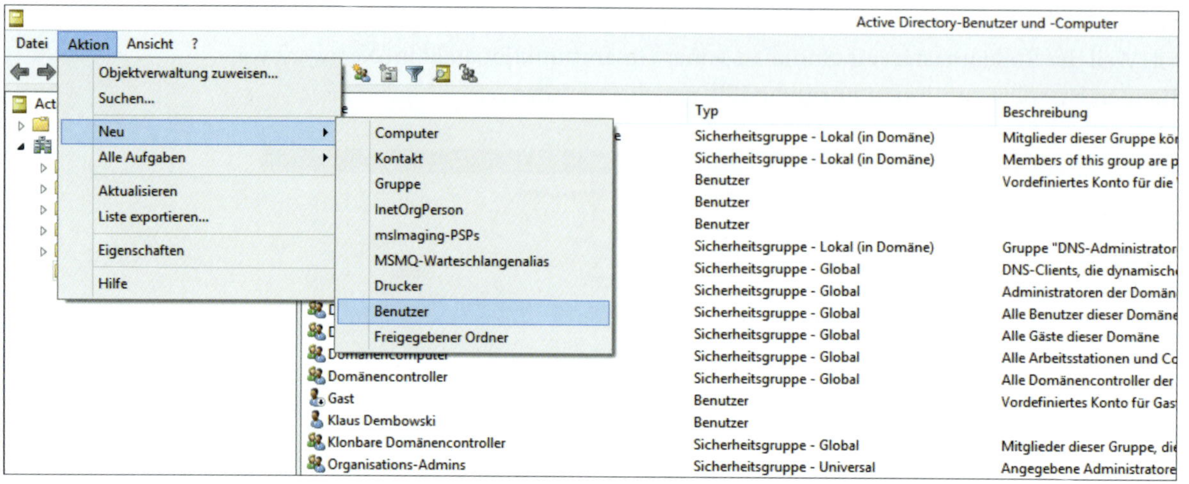

Abb. 7–28 Einrichten von Benutzern im Active Directory

Die Benutzerangaben sind eindeutig und werden meist für alle üblichen Benutzer nach den gleichen Regeln festgelegt, was nicht selten nach bestimmten Schemata der jeweiligen Firma oder des Instituts erfolgt. Ein üblicher Benutzer gehört stets zu einer Gruppe, die natürlich ebenfalls selbst bestimmt werden kann (Neu - Gruppe) und auch konfigurierbare Eigenschaften aufweisen kann. Standardmäßig gehört jeder neu angelegte Benutzer zur Gruppe *Users* der jeweiligen Domäne. Um einen Benutzer anzulegen sind der Name des Benutzers, der Benutzeranmeldename und das Kennwort anzugeben, wofür einige Optionen möglich sind (siehe Abb. 7–29).

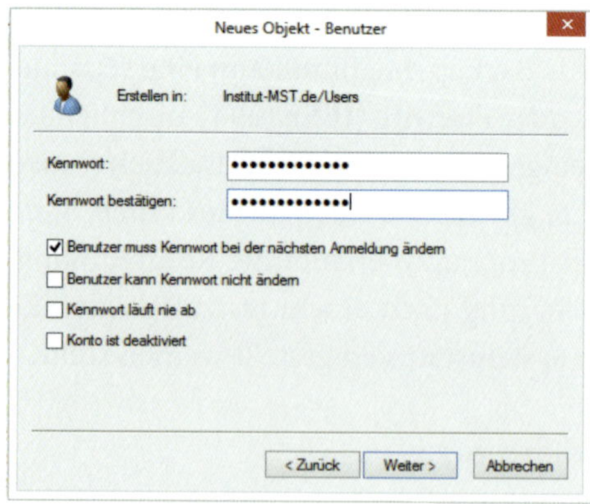

Abb. 7–29 Der neue Benutzer wird erstellt.

Besondere Anforderungen werden an das Kennwort gestellt, welches den zugrunde gelegten Kennwortrichtlinien entsprechen muss. Diese können bei Bedarf über die Gruppenrichtlinienverwaltung eigenen Vorstellungen angepasst werden. Die

Grundeinstellung setzt für das Kennwort mindestens sechs Zeichen voraus, wobei die Groß- und Kleinschreibung der Zeichen von Bedeutung ist. Standardmäßig ist für die Kennwörter die sogenannte *Komplexitätsvoraussetzung* aktiviert, womit dann für das Kennwort die folgende Richtlinie gilt:

- Es darf weder den Namen noch einen Teil des Benutzernamens enthalten.
- Es muss mindestens sechs Zeichen lang sein.
- Ein Client kann nur einmal am Tag geändert werden.
- Es müssen Zeichen aus drei von den folgenden vier Kategorien enthalten sein:
  - Großbuchstaben A–Z
  - Kleinbuchstaben a–z
  - Zahlen 0–9
  - nicht alphanumerische Zeichen (!, $, #, %)

7.2.6 Benutzer verwalten

Die Benutzer können, wie bereits gezeigt, über Active Directory-Benutzer und -Computer angelegt, selektiert, konfiguriert und auch gelöscht werden. Nach der Anwahl eines konfigurierten Benutzers können die Konfigurationsdaten des selektierten Anwenders noch genauer spezifiziert werden, wozu die Mitgliedschaft in Gruppen, zulässige Anmeldezeiten oder auch die Verwendung von Zertifikaten zählen.

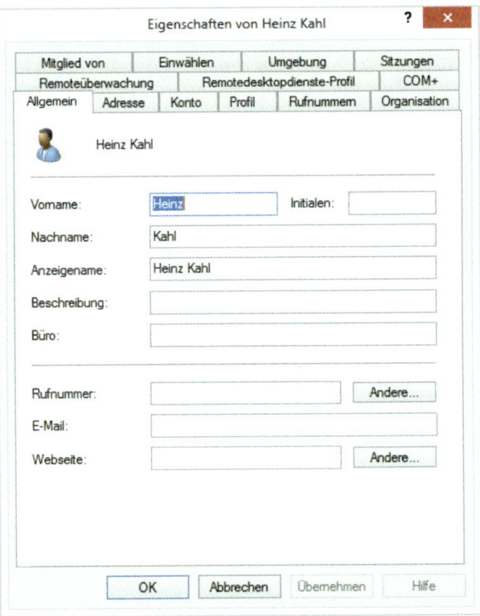

Abb. 7–30 Über die »Eigenschaften« können die Benutzer genauer spezifiziert und konfiguriert werden.

Wenn ein Benutzer gelöscht wird (Rechtsklick auf den Benutzernamen), bleibt sein Verzeichnis mit den darin enthaltenen Daten erhalten, sodass es dann manuell zu löschen ist, was üblicherweise die Aufgabe des Administrators ist, der die Benutzer anlegt und deren Rechte konfiguriert.

Bei einem Löschversuch kann es jedoch passieren, dass eine Fehlermeldung auftaucht, die besagt, dass der Zugriff verweigert wird und nur der Besitzer, den man wahrscheinlich gerade gelöscht hat, Änderungen an diesen Daten vornehmen darf.

Demnach muss der Administrator erst zum Besitzer der zu löschenden Daten deklariert werden, was über EIGENSCHAFTEN (Rechtsklick auf das betreffende Benutzerverzeichnis), die Anwahl von SICHERHEIT – ERWEITERT – BESITZER und dann mit dem Button ÄNDERN eingeleitet wird. Hier erfolgt dann ein Suchvorgang. Für diesen ist zumindest der Anfangsbuchstabe des zukünftigen Besitzers (»a« wie Administrator) unter GEBEN SIE DEN ZU VERWENDENDEN OBJEKTNAMEN EIN anzugeben und danach den Administrator auszuwählen, der daraufhin (nach einer Sicherheitsabfrage des Systems) tatsächlich das Verzeichnis mit den Daten löschen kann.

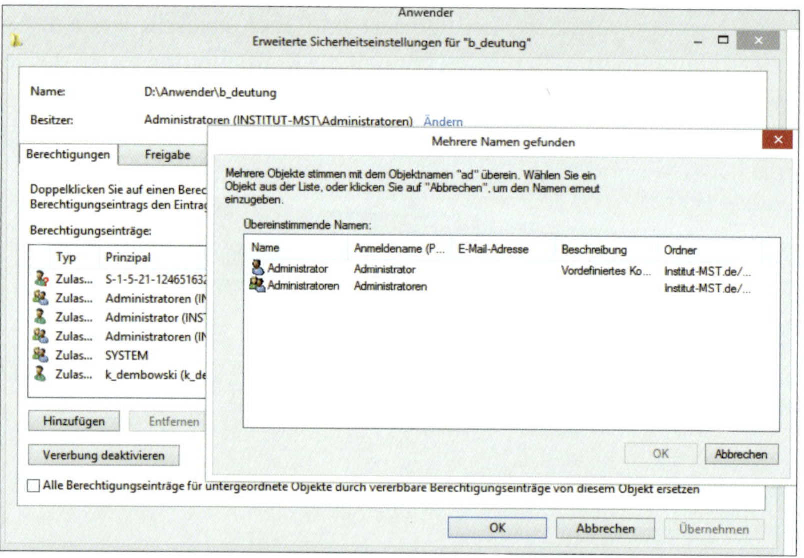

Abb. 7–31 Der Administrator erhält das Recht, die Daten und das Verzeichnis des Benutzers »b_deutung« zu löschen, weil er ebenfalls zum Besitzer dieser Daten wird.

Wichtig ist in diesem Zusammenhang, dass dann auch tatsächlich alle Verzeichnisse und Daten des betreffenden Benutzers gelöscht werden, wozu auch die serverbasierten Profildaten gehören. Falls dieser Benutzer später aus irgendeinem Grunde mit dem gleichen Benutzeranmeldenamen erneut eingerichtet werden soll, werden die Daten aus dem gleichnamigen alten Profil verwendet. Weil der neue Benutzer jedoch intern eine andere ID führt, wird dies zumindest bei der Anmeldung an einem Client zu einer Fehlermeldung führen, die besagt, dass das Profil nicht gelesen werden kann, und dann wird ein neues Profil (lokal) angelegt. Deshalb sind im Bedarfsfall nicht nur die Anwender-, sondern auch die Profildaten eines Benutzers zu löschen.

7.2.7 Client-Anmeldung

Der im Active Directory eingerichtete Benutzer kann sich daraufhin an einem Client anmelden, der zur konfigurierten Domäne gehört. Damit die PCs bzw. die Benutzer zum Zugriff auf den Server berechtigt sind, muss der betreffende PC zu der gewünschten Domäne gehören, was sich über SYSTEMSTEUERUNG – SYSTEM UND SICHERHEIT – SYSTEM – EINSTELLUNGEN ÄNDERN festlegen lässt und Administratorrechte auf dem jeweiligen PC erfordert.

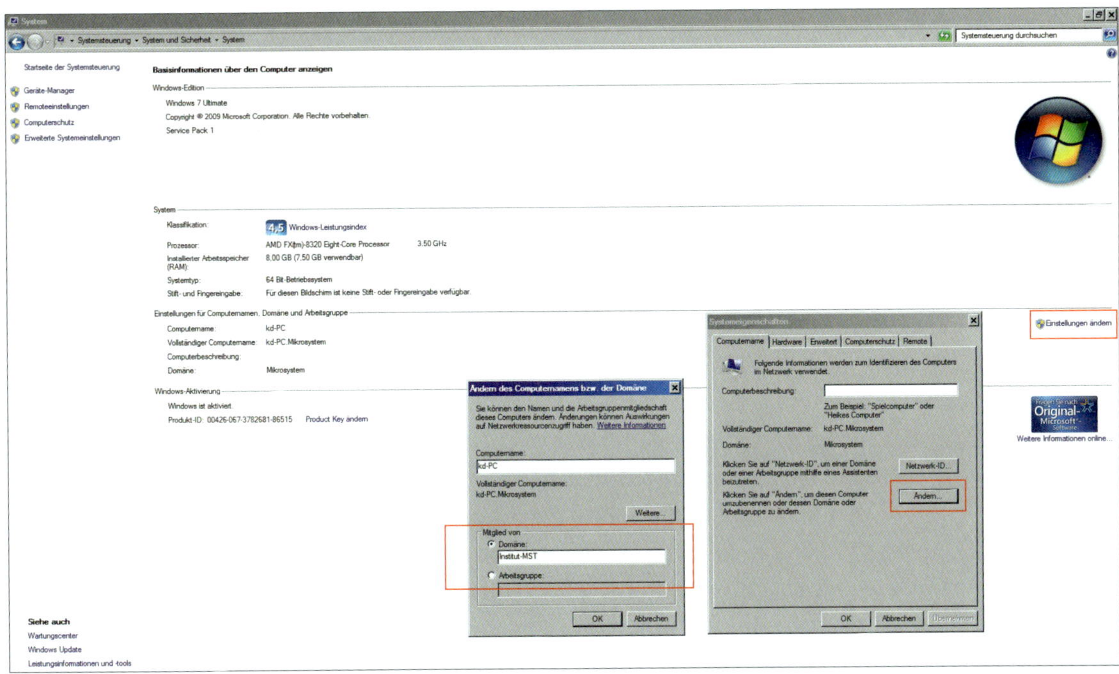

Abb. 7–32 Der PC wird der neuen Domäne zugeordnet, an die man sich im nächsten Schritt anmelden muss. Der Vorgang wird dann durch einen Windows-Neustart abgeschlossen.

Der Server wurde bisher lediglich für die Anmeldung verwendet und stellt noch keinerlei Ressourcen zur Verfügung. Das Mindeste an Ressourcen ist zunächst ein Benutzerverzeichnis für die Datenspeicherung, was im folgenden Kapitel eingerichtet wird.

Falls die bisher erläuterten Schritte in der angegebenen Art und Weise durchgeführt wurden, sollten sich die eingerichteten Benutzer von verschiedenen PCs aus am Active Directory anmelden können, denn Ausschlusskriterien oder besondere Anforderungen, die sich über PROGRAMME – VERWALTUNG und die Anwahl des entsprechenden Dienstes in vielen Facetten konfigurieren lassen, sind hier nicht definiert worden.

Die (automatisch) in die Domäne aufgenommenen Computer sind auf dem Server unter ACTIVE DIRECTORY BENUTZER UND COMPUTERS – COMPUTERS und die Benutzer unter ACTIVE DIRECTORY BENUTZER UND COMPUTERS – USERS. Falls hier die erwarteten Eintragungen zu finden sind, sollte auch das Anmelden über Clients am Active Directory korrekt funktionieren und nicht etwa eine Fehlermeldung wie die folgende erscheinen:

DAS SYSTEM KANN SIE NICHT ANMELDEN, DA DIE DOMÄNE NICHT VERFÜGBAR IST.

Grundsätzlich kann natürlich die Domäne tatsächlich nicht verfügbar sein, weil der Server vom Client aus nicht erreichbar oder der eingegebene Benutzer nicht bekannt ist. Häufiger ist diese Meldung jedoch eher als stellvertretend für alle möglichen Ursachen zu interpretieren. Typischerweise liegt die Ursache dann am DNS oder auch am DHCP.

Ein DHCP-Problem kann leicht durch eine manuelle Vergabe der IP-Adressen ausgeschlossen werden. Beim DNS – quasi dem grundlegenden Active Directory-Dienst – gibt es Reihe von möglichen Ursachen. Wenn die Konfiguration jedoch wie hier von Grund auf ohne spezielle Einstellungen vorgenommen wurde, stimmt meist etwas mit dem angegebenen DNS-Server (falsche Adresse, ausgefallen etc.) nicht. Für die Problemanalyse kann auf den Clients und dem Server standardmäßig das von Windows und Linux mitgelieferte Befehlszeilentool *Name Server Lookup* (nslookup) eingesetzt werden. Es ermittelt den DNS-Server und die dazugehörende IP-Adresse, was auch umgekehrt funktioniert und somit die Zuständigkeiten für die Namensauflösung zweifelsfrei offenbart. Um Probleme mit dem DNS möglichst zu vermeiden, sollte der erste DNS-Server mit demjenigen Server, der das Active Directory (Domänencontroller) führt, identisch sein, also die gleiche IP-Adresse verwenden, wie es in Abschnittt 7.2.3 erläutert ist. Bei den Client-Einstellungen sollte dies dann der erste – der bevorzugte – DNS-Server sein.

7.2.8 Serververzeichnisse

Jeder Benutzer soll über ein eigenes Verzeichnis auf dem Server verfügen. Dieses wird bei den Eigenschaften (vgl. Abb. 6–30) des jeweiligen Anwenders unter PROFIL – BASISORDNER angegeben, etwa als \\XEON4000SERVER\ANWENDER\%USERNAME%.

Abb. 7–33 Festlegen des Basisordners und des Profilpfads

Der Servername lautet hier *xeon4000server*, das Hauptverzeichnis *Anwender*, und statt des jeweiligen Anwendernamens wird hierfür der Platzhalter *%username%* angegeben, der dann automatisch beim Erstellen des Benutzerprofils durch den jeweiligen Benutzernamen ersetzt wird. Damit wird sichergestellt, dass der Anwender so weit korrekt konfiguriert wird und dass auch ein entsprechendes Benutzerverzeichnis angelegt wird.

Das Hauptverzeichnis *Anwender*, das üblicherweise nicht auf der Systempartition, sondern auf einer eigenen Partition (Laufwerk D:) liegen sollte, wird genauso wie das Verzeichnis *Profile* manuell angelegt, wobei die jeweiligen Berechtigungen für den Zugriff eine wichtige Rolle spielen.

Auf dem (lokalen) Client-PC wird durch Active Directory das vor dem Serverpfad unter Verbinden von: spezifizierte Laufwerk (Abb. 6–33) für den Benutzerlink verwendet. Die obige Pfadangabe verweist auf den Server, sodass der Benutzer nach der Anmeldung unter seinem Arbeitsplatz (Computer) sein Netzlaufwerk vorfindet.

Für das Profil wird hier ebenfalls ein separater Pfad, prinzipiell wie für den Anwender, als \\xeon4000server\Profile\%username% unter Benutzerprofil – Profilpfad angegeben. Dieser Pfad wird nach dem Anklicken von Übernehmen ebenfalls automatisch auf der Festplatte des Servers erstellt, sobald sich der Benutzer zum ersten Mal anmeldet.

Die Berechtigungen für den Zugriff auf diese beiden Pfade (Basisordner, Profil) werden standardmäßig mit verschiedenen Typen (Administratoren, User der

Domäne, Jeder, System) belegt. Dabei sollte nach der Datenübernahme auch der jeweilige Anwender automatisch in der Liste SICHERHEIT auftauchen, wobei er hier über alle Rechte (Vollzugriff) verfügt.

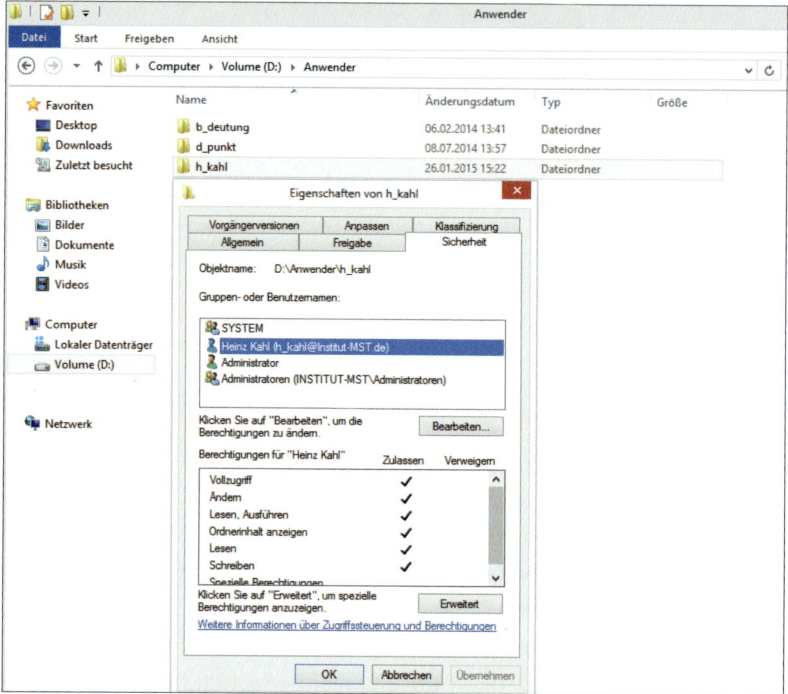

Abb. 7–34 Die Kontrolle der Berechtigungen für ein bestimmtes Benutzerverzeichnis

Es ist üblicherweise unerwünscht, dass Anwender auf fremde Verzeichnisse zugreifen können. Deshalb können nicht erwünschte Benutzer oder auch Gruppen unter SICHERHEIT manuell entfernt bzw. die Berechtigungen auf *Verweigern* geschaltet werden.

Grundsätzlich empfiehlt es sich, die Berechtigungen, die für die Verzeichnisse gelten, von vornherein auf eine sinnvolle und durchschaubare Struktur zu setzen, damit beim Neuanlegen eines Benutzers keine nachträglichen manuellen Veränderungen an den Berechtigungen mehr durchgeführt werden müssen.

In Abb. 7–35 ist ein Beispiel für eine Konfiguration für zwei Anwender (h_kahl, b_deutung) gezeigt, denen jeweils ein eigenes Anwenderverzeichnis zur Verfügung steht, welches wie oben gezeigt (Abb. 7–33) automatisch angelegt wurde.

Da die Benutzer Mitglieder der Domäne sind, können sie außerdem mit allen Rechten auf das Verzeichnis *Datenpool* zugreifen, das typischerweise zum Datenaustausch der Benutzer untereinander eingesetzt wird. Des Weiteren können sie mit Leserechten auf das Verzeichnis *Program Files* zugreifen, wo nur die Administratoren über einen Vollzugriff verfügen.

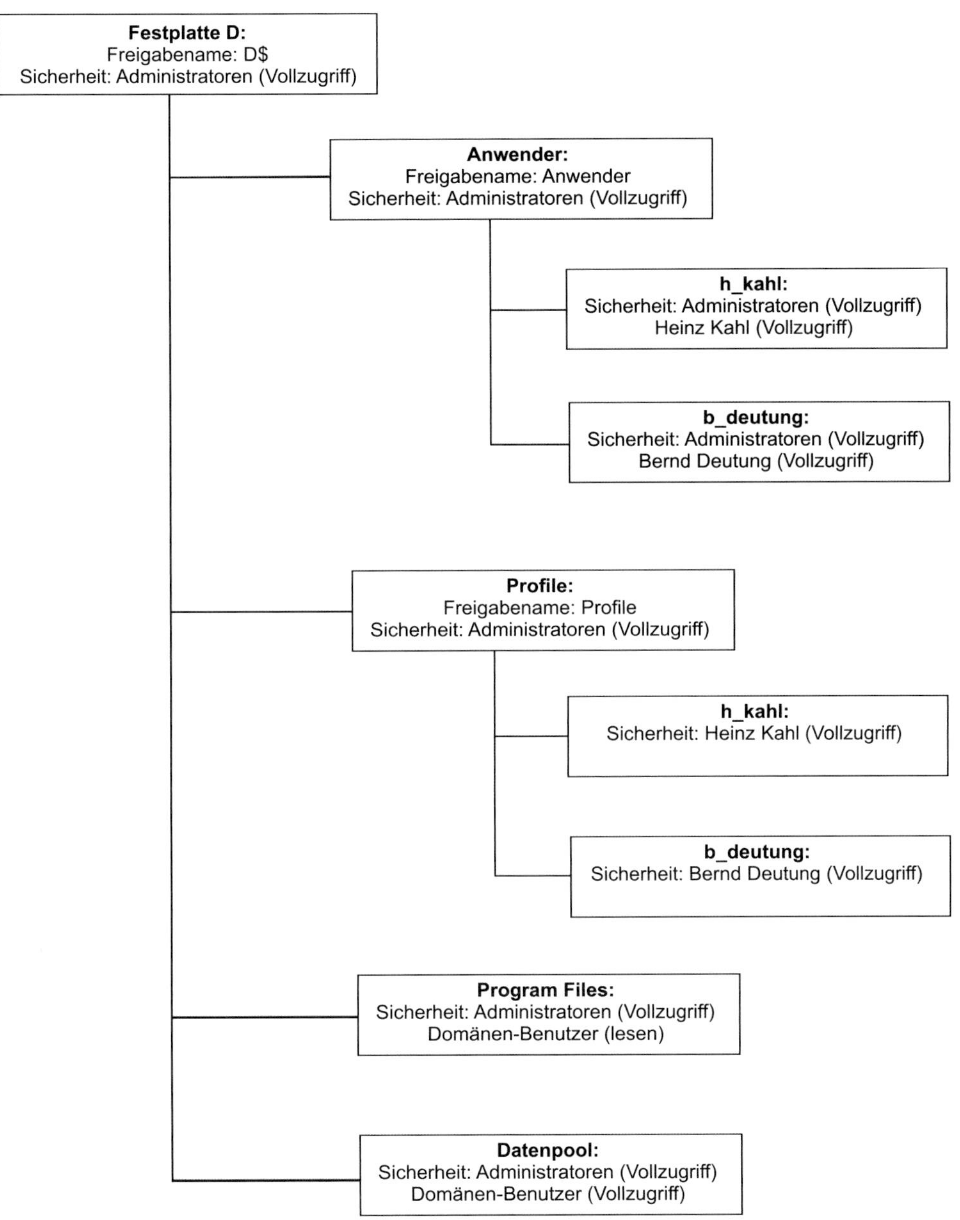

Abb. 7–35 Eine beispielhafte Organisation für Verzeichnisse auf dem Server

Grundsätzlich ist zu beachten, dass Unterverzeichnisse die Eigenschaften bzw. die Berechtigungen des übergeordneten Verzeichnisses erben können, was bei der Konfigurierung daran zu erkennen ist, dass die geerbten Einstellungsoptionen grau hinterlegt und damit an dieser Stelle nicht veränderbar sind, sondern nur an der übergeordneten Stelle.

Dieser Sachverhalt lässt sich in Abb. 7–35 anhand der Administratoren verifizieren, die nur einmal mit Vollzugriff direkt bei den Eigenschaften der Festplatte D ($-Zeichen, damit das Verzeichnis unsichtbar ist) konfiguriert wurden und deshalb an die untergeordneten Verzeichnisse (Anwender, Profile, Program Files, Datenpool) weitervererbt wurden. Die einzelnen Benutzerverzeichnisse dürfen keinesfalls über Eigenschaften von Anwender – Freigabe freigegeben werden, sondern werden allein über die Pfadangaben bei Active Directory Benutzer und Computers – Users entsprechend spezifiziert.

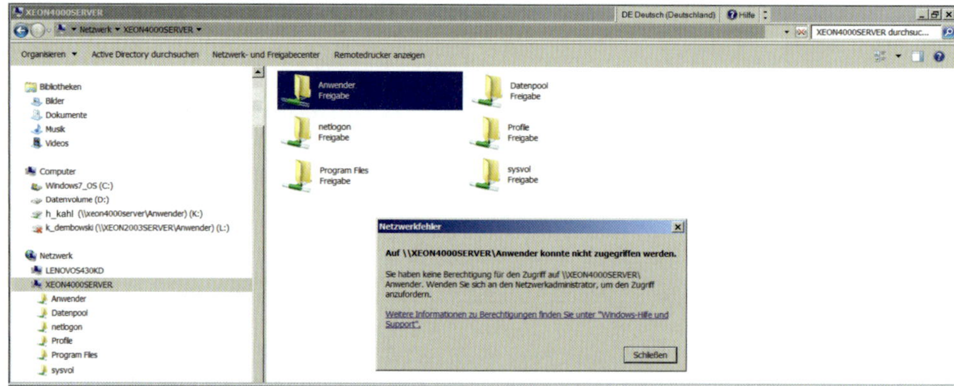

Abb. 7–36 Der Anwender (h_kahl) kann nur auf sein eigenes Verzeichnis auf dem Server zugreifen sowie auf die für Domänenbenutzer freigegebenen Verzeichnisse.

Lediglich die Festplatte (D:, das Wurzelverzeichnis) sowie die Unterverzeichnisse *Anwender* und *Profile* werden freigegeben, weil andernfalls die spätere (automatische) Konfigurierung sowie das Lesen und das Schreiben der Profile nicht funktioniert. In Abb. 7–35 ist auf einem Client gezeigt, dass der Anwender h_kahl, der Mitglied in der Domäne ist, auf dem Server ein eigenes Verzeichnis besitzt, welches ihm automatisch unter *Netzlaufwerke* bzw. unter *Computer* zur Verfügung steht. Über das übergeordnete Verzeichnis *Anwender* ist ihm hingegen kein Zugriff möglich. Mithilfe der Windows-Funktion Netzlaufwerk verbinden können neben dem eigenen Verzeichnis weitere Verzeichnisse, wie eben *Programm Files* (\\xeon4000server\Program Files) und *Datenpool* (\\xeon4000server\Datenpool), verbunden werden, die ab dann unter *Computer* zur Verfügung stehen, wofür der Anwender Domänenbenutzer sein muss.

Als weitere Server-Verzeichnisse »sieht« der Benutzer, wenn er in der Netzwerkumgebung auf dem Server browst, standardmäßig noch *Netlogon* und *Sysvol*. In *Sysvol* wird eine Kopie von den öffentlichen Dateien der Domäne gespeichert. Dort existiert das Unterverzeichnis *Scripts*, in dem Anmeldescripts (BAT, CMD, VBS, EXE) abgelegt werden können. Es wird automatisch als *Netlogon* angezeigt, sodass Scripts bei der Anmeldung automatisch ausgeführt werden können, die Meldungen für die Benutzer oder auch Service Packs und Programminstallationen ermöglichen.

7.2.9 Profile

Der *Profilpfad* verweist auf einen Ordner, in dem das jeweilige Benutzerprofil gespeichert wird. Standardmäßig ist hier kein Pfad angegeben, was bedeutet, dass dann nur mit lokalen Profilen gearbeitet werden kann. Empfehlenswert ist stattdessen ein serverbasiertes Profil, was eben durch eine Pfadangabe, die sich auf den Server bezieht, erreicht wird, wie es im vorigen Abschnitt (vgl. Abb. 7–33) erläutert wurde. Ein derartiges *Roaming Profile* sorgt dafür, dass ein Benutzer an jedem Domänen-PC eine möglichst identische Benutzerumgebung vorfinden kann.

Generell können die Profile manuell oder auch über eine Gruppenrichtlinie konfiguriert werden. Im einfacheren Fall – wie hier beschrieben – wird keine spezielle Gruppenrichtlinie verwendet, sodass lediglich die standardmäßig festgelegten Profileigenschaften zum Tragen kommen. Beim erstmaligen Anmelden über den Account in der Domäne wird vom Server automatisch ein neues Standardbenutzerprofil angelegt, welches vom Server auf den Client kopiert wird. Dieses Profil kann auf dem Client anhand benutzerspezifischer Einstellungen angepasst werden und wird vor dem Herunterfahren des Clients automatisch zurück auf den Server geschrieben. Prinzipiell besteht die zurückgeschriebene Profilinformation aus einer Mischung der Benutzer- mit der jeweiligen PC-Konfiguration.

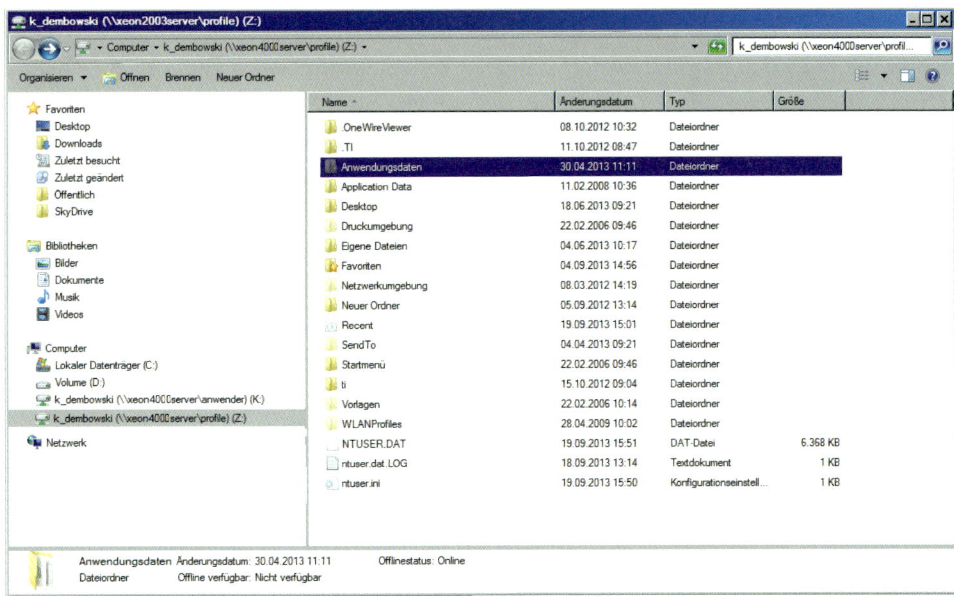

Abb. 7–37 Nur der Benutzer selbst kann seine Profildaten auf dem Server ansehen, anpassen und ggf. löschen.

Das jeweilige Profilverzeichnis auf dem Server ist zunächst (bei der ersten Anmeldung) leer. Die Profildaten werden erst nach der Abmeldung des Benutzers in das jeweilige Verzeichnis geschrieben und stehen bei der nächsten Anmeldung dann von dort aus zur Verfügung. Die wesentlichen Bestandteile eines Benutzerprofils sind:

- Einstellungen und Verknüpfungen des Desktops
- die Daten unter Eigene Dateien
- verknüpfte Netzlaufwerke
- Outlook- und Internet-Explorer-Einstellungen (Favoriten, Adressbuch etc.)

Neben einem serverbasierten Profil gibt es auf einem PC immer auch noch ein lokales Profil (*C: – Benutzer – x_xxxxx*), das dann geladen wird, wenn man sich nicht in einer Domäne, sondern lokal oder in einer Arbeitsgruppe anmeldet.

Generell empfiehlt es sich, das serverbasierte Profil möglichst klein zu halten (max. 1 GByte), denn die PC-Boot- bzw. Ladezeiten hängen maßgeblich von der Profilgröße ab. Es kann passieren, dass ein Profil aufgrund seiner Größe nicht auf einen PC kopiert werden kann, weil der Festplattenspeicherplatz dort nicht mehr ausreicht. Dann erscheint eine Windows-Fehlermeldung und es wird stattdessen ein lokales Profil geladen. Deshalb sollten auch möglichst keine Daten unter *Eigene Dateien*, sondern stattdessen auf dem eigenen Netzlaufwerk (*\\xeon40000server\Anwender\x_xxxxxxx*) gespeichert werden, dessen Inhalt nicht Bestandteil des serverbasierten Profils ist.

Optimal sind serverbasierte Profile, wenn die PCs sowohl von der Hardware- als auch von der Softwareseite her möglichst identisch sind, was in der Praxis nicht immer der Fall ist. Weil Programme lokal installiert werden, kommt es vor, dass beispielsweise Office auf dem einen PC installiert ist und auf einem anderen eben nicht. Wenn der Anwender auf einem PC mit Office angemeldet war, wird diese Information in das serverbasierte Profil geschrieben, und wenn dieses später von einem anderen PC ohne Office wieder geladen wird, befindet sich auf dem Desktop ein leeres Symbol (toter Link) für Office. Aus diesem Grunde sollten generell keine Desktop-Verknüpfungen zu Programmen herstellt werden. Unter START – ALLE PROGRAMME sind bei einen üblichen Windows-PC hingegen nur diejenigen Programme zu finden, die auch tatsächlich auf dem jeweiligen PC installiert sind.

Als nachteilig kann sich die Verwendung serverbasierter Profile dann erweisen, wenn von einem Benutzer unterschiedliche Windows-Versionen, Internetbrowser und Mail-Programme verwendet werden, weil die Formate und Parameter unterschiedlich sein können.

An die Daten seines serverbasierten Profils (*\\xeon4000server\Profile\x_xxxxxxx*) kommt jeder Anwender selbst heran (Abb. 7–37), und er kann dieses anpassen, kopieren oder auch löschen. Ein gut funktionierendes Profil sollte sicherheitshalber kopiert werden, damit es im Fehlerfall wieder auf den Server zurückgespielt werden kann.

Ein scheinbar defekter PC (Programme und Verzeichnis sind verschwunden, Programme stürzen ab etc.) kann möglicherweise allein durch das Laden eines korrekten serverbasierten Profils wieder einwandfrei funktionieren. Natürlich ist es auch umgekehrt möglich, dass ein Benutzer aufgrund eines defekten serverbasierten Profils an gar keinem PC mehr arbeiten kann. Durch PC- und Benutzerwechsel lässt aber leicht selbst herausfinden, ob das Benutzerproblem lokal oder durch den Server begründet ist.

Vielfach gibt es Anwendungen auf unterschiedlichen PCs, bei denen stattdessen lokale Profile zum Einsatz kommen sollen, d. h., der Anwender findet dann auf jedem PC ein anderes Profil vor. Die standardmäßige Verwendung eines serverbasierten Profils kann vom Systemadministrator für einen bestimmten Benutzer dann natürlich abgeschaltet werden.

7.2.10 Kontingente

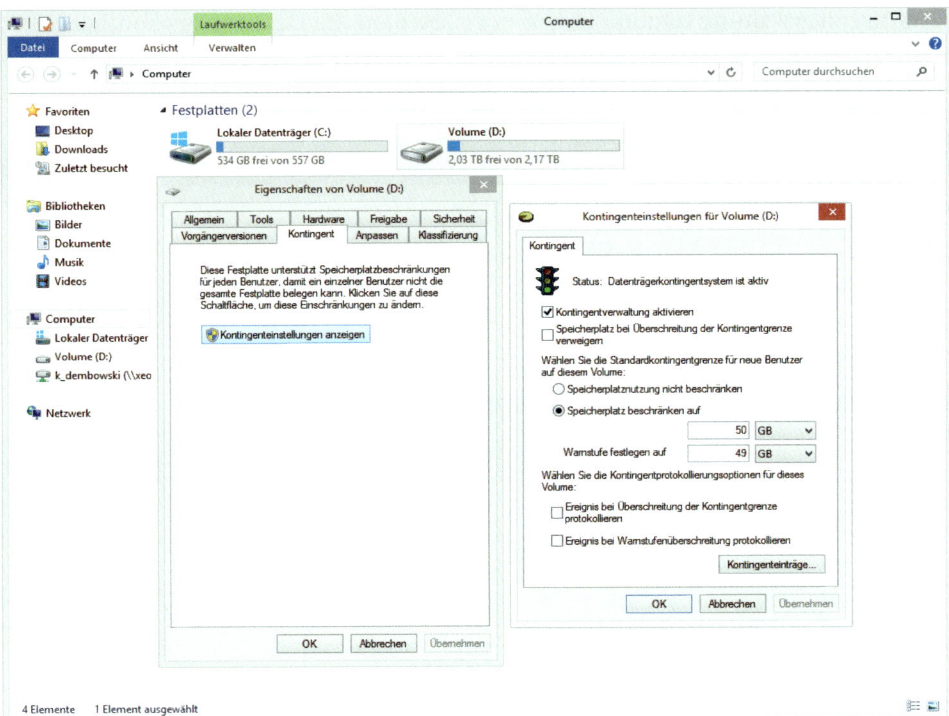

Abb. 7–38 Aktivierung der Kontingentverwaltung auf dem Server und die Beschränkung des Serverplatzes, die für jeden neu angelegten Benutzer gilt.

Durch die Kontingentverwaltung lässt sich den Benutzern eine maximale Datenmenge individuell zusichern bzw. für sie reservieren. Für den jeweiligen Benutzer wird die Summe aus seinen Daten, die ihm zugeordnet sind – ihm also gehören –, im unkomprimierten Zustand berechnet. Seine Daten können dabei in unterschiedlichen Verzeichnissen oder auch aus unterschiedlichen Gruppen stammen und sich sogar auf mehreren Servern (DFS) in der Domäne verteilt befinden.

Die Kontingentverwaltung kann direkt über die *Eigenschaften* des selektierten Laufwerks (rechte Maustaste) und Anwahl von *Kontingent* erfolgen. An dieser Stelle muss die Kontingentverwaltung zunächst aktiviert werden, bevor der Speicherplatz beschränkt und die Warnstufe festgelegt werden kann, was danach für alle neu anzulegenden Benutzer gültig ist.

Eine Übersicht über die Kontingente und damit auch über den von den Benutzern belegten Speicherplatz wird nach einem Klick auf KONTINGENTEINTRÄGE angezeigt. Eine Meldung wegen eines überschrittenen Speicherplatzes oder auch eine vorzeitige Warnung wird ohne zusätzliche Maßnahmen allerdings weder an die Benutzer noch an den Administrator gehen, allein die Anzeige gibt die entsprechende Information preis.

Um automatisch entsprechende Hinweise zu erhalten und/oder Maßnahmen einleiten zu können, kann ein Skript verwendet werden. Einfacher lässt sich dies mit der Kontingentverwaltung (Quota) über den Assistenten des Dateiservers konfigurieren, wobei die zuvor getroffenen grundlegenden Einstellungen übernommen werden.

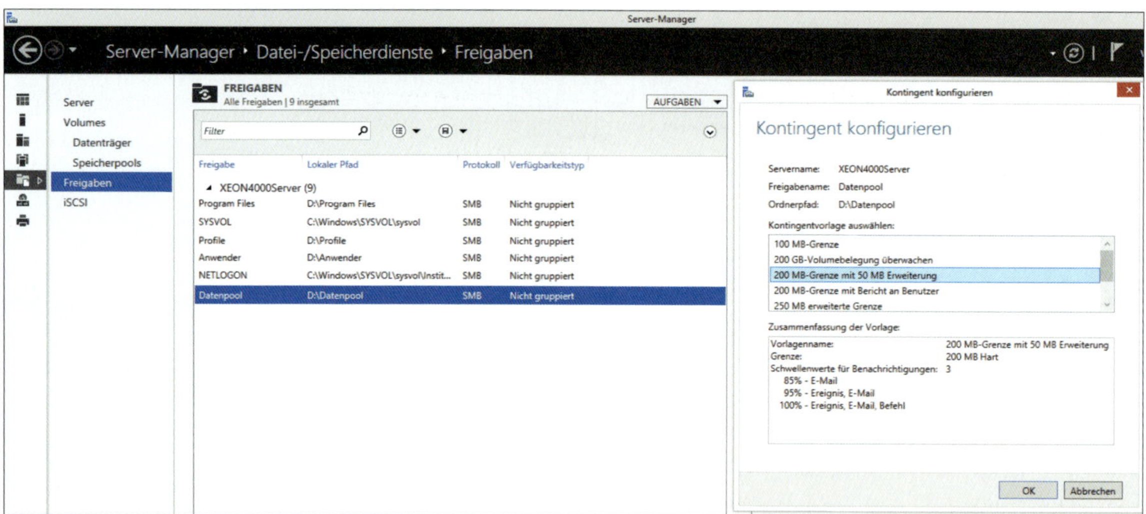

Abb. 7–39 Der Dateiserver bietet eine komfortablere Kontingent- und Freigabeverwaltung.

Der Service des Dateiservers (Datei-/Speicherdienste) erlaubt im Wesentlichen die Organisation von Freigaben, die Analyse und Änderung von Laufwerkseigenschaften (der Festplatten) sowie die Kontingentverwaltung.

7.3 Linux

Linux geht auf eine Entwicklung von Linus Torvalds zurück, der Anfang der Neunzigerjahre als Student ein eigenes UNIX-Betriebssystem für PCs mit einem 80386-Prozessor – den ersten 32-Bit-Intel-Prozessor – programmieren wollte, weil Windows die neuen Möglichkeiten des Prozessors nicht nutzen konnte. Für damals aktuelle Großrechner und spezielle Workstations, für die Funktionen wie Multiuser und Multitasking eine Selbstverständlichkeit waren, wurde das Betriebssystem UNIX eingesetzt. Linus Torvalds entwickelte basierend auf der UNIX-Architektur einen quelloffenen, kostenlosen Kernel für ein eigenes UNIX, eben Linux. Es war gewissermaßen das erste Open-Source-Projekt, an dem sich immer mehr Programmierer und Enthusiasten beteiligten, sodass aus den zahlreichen Arbeiten und Programmen ein richtiges Betriebssystem entstanden ist, das mittlerweile auf den unterschiedlichsten Plattformen läuft.

7.3.1 Versionen im Überblick

Linux wird als Betriebssystem für Computer, aber auch in WLAN- und DSL-Routern, Geräten der Unterhaltungselektronik und in zahllosen Embedded Systems eingesetzt. Gleichwohl beträgt der Anteil bei üblichen PCs und Notebooks noch nicht einmal 2 Prozent, was aber nichts daran ändert, dass sich Linux hierfür hervorragend eignet und auch auf älteren Systemen, die beispielsweise noch mit Windows XP arbeiten, als sicheres Ersatzsystem fungieren kann. Von der Oberfläche und der Bedienung her muss Linux den Windows-Systemen in nichts nachstehen, es ist zudem kostenlos, und es gibt eine Unmenge von Programmen für alle erdenklichen Aufgaben. Es existiert jedoch nicht *das Linux*, sondern viele spezielle an die jeweilige Hardware anpasste Versionen mit völlig unterschiedlichen Merkmalen sowie sogenannte Linux-Distributionen, die bestimmte Desktops mit verschiedenen Programmsammlungen kombinieren und unterschiedliche Mechanismen für die Hardwareunterstützung sowie die Programminstallation anwenden.

Diese Vielfalt wirkt mitunter abschreckend, und es tauchen immer wieder neue Linux-Distributionen auf, die nach relativ kurzer Zeit auch wieder verschwinden, sodass möglicherweise keine Weiterführung (Updates etc.) eines mittlerweile vertrauten Systems gegeben ist, was ebenfalls als problematisch angesehen werden kann.

Aktuell sind ca. 350 Linux-Distributionen verfügbar, die alle über den gleichen Stamm – Linux – verfügen. Vom Debian-Ast leiten sich bekannte Systeme wie Knoppix (davon wieder Kanotix ...) und Ubuntu (davon wieder Kubuntu, Mint ...) ab. Vom Slackware-Ast sind Slax und insbesondere die SUSE-Systeme verbreitet, und der dritte große Ast ist Red Hat mit Systemen wie Caldera, Mandrake, Fedora und Mageia. Dazwischen sind zahlreiche weitere Distributionen angesiedelt, die mehr oder weniger spezialisiert (ARM Arch) sind und sich auch für ältere und leistungsschwächere Computer (Antix, Puppy) eignen.

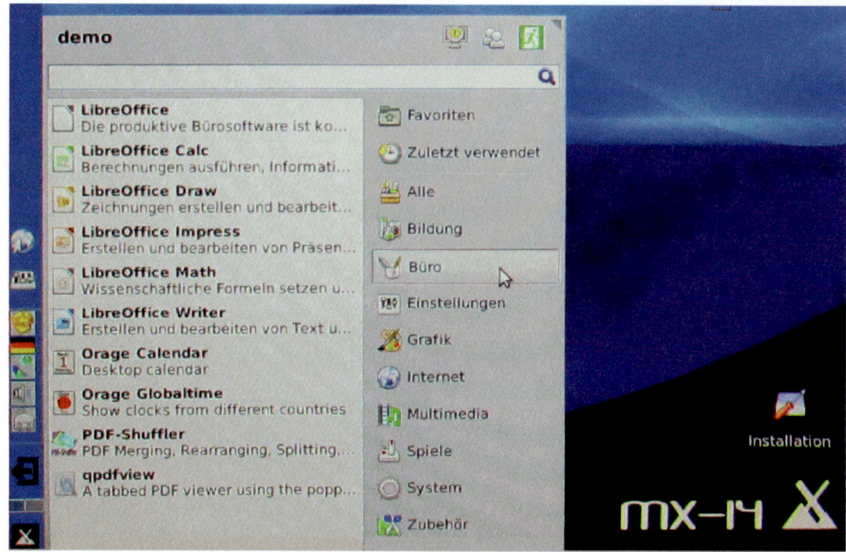

Abb. 7–40 Antix, hier zum Ausprobieren in der Live-Demo-Version mit XFCE-Desktop, bietet standardmäßig eine gute Auswahl an Programmen und arbeitet auch auf älteren Computern recht flott.

Mit Systemen wie Ubuntu, OpenSUSE oder Linux Mint kann man eigentlich kaum etwas falsch machen; die Details erschließen sich ohnehin erst beim konkreten Umgang mit dem jeweiligen System. Fedora ist nicht besonders einsteigerfreundlich, dafür ist es jedoch stets aktuell und wartet mit einigen (optisch) gelungenen Funktionen auf. Mageia ist eine relativ neue Version für Endanwender auf Red-Hat-Basis, die entweder mit KDE- oder Gnome-Oberfläche konfiguriert werden kann. Sie wird von ehemaligen Mandriva-Mitarbeitern entwickelt. Mandriva war von einigen Jahren eine äußerst beliebte Distribution, weil sie sehr anwenderfreundlich ausgelegt ist. Manjaro ist ebenfalls recht neu, wird aber schon sehr häufig eingesetzt. Es basiert auf Arch-Linux und wird in Deutschland, Frankreich und Österreich entwickelt. Als Desktops werden standardmäßig KDE und XFCE zur Verfügung gestellt. Manjaro wirkt sehr aufgeräumt und benutzerfreundlich, sodass sich auch traditionelle Windows-Benutzer hiermit recht schnell zurechtfinden.

OpenSUSE ist der frei verfügbare Ableger der SUSE-Linux-Familie und war eine lange Zeit das führende Linux-System in Europa, was nicht zuletzt an der komfortablen grafischen Oberfläche liegt, die mit YaST (Yet another Setup Tool) eine zentrale Systemkonfigurierung bietet, die in dieser Form bei anderen Systemen nicht existiert.

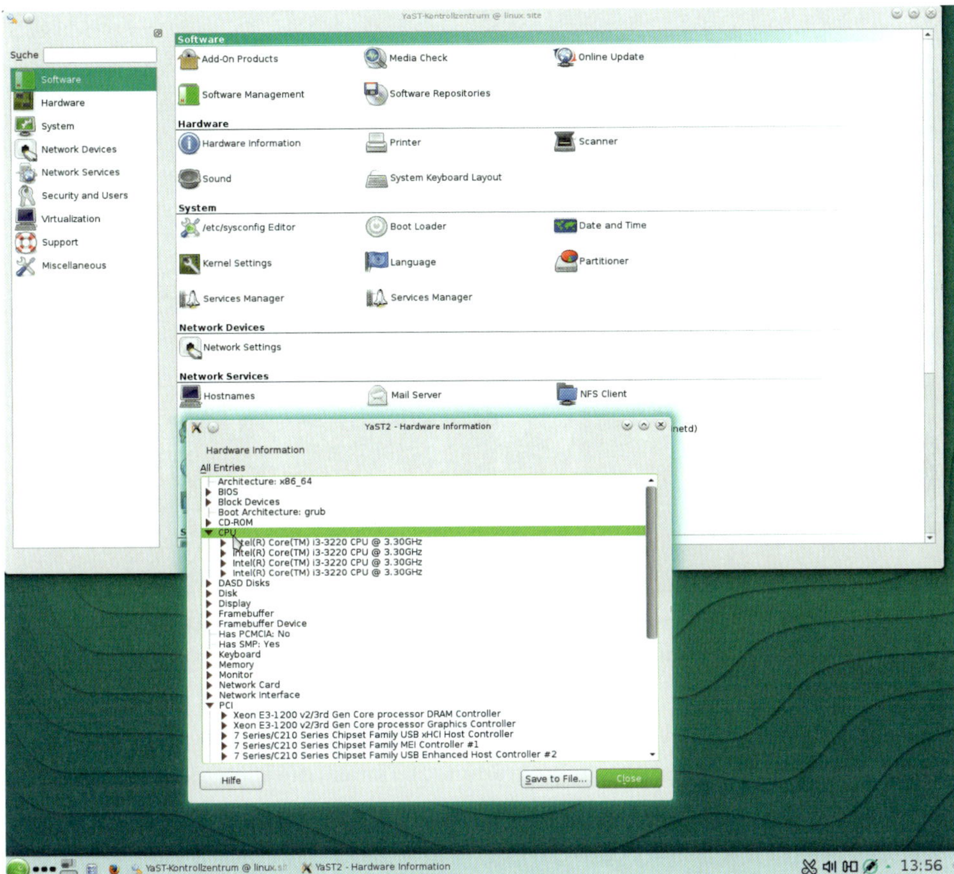

Abb. 7–41 Das YaST-Kontrollzentrum mit KDE-Desktop bildet eine zentrale Anlaufstelle für die Konfiguration und zeigt ausführliche Hardwareinformationen.

Die Debian-Ableger, insbesondere in Form von Ubuntu, dominieren momentan bei Einsteigern und Umsteigern, die schnell ein funktionierendes System benötigen und sich mit der Hardware und der Konfigurierung eher nicht beschäftigen möchten. Von Ubuntu gibt es stets eine LTS-Version (Long Term Support), die für mindestens fünf Jahre unterstützt wird, was oftmals ein Kriterium für den Einsatz in Firmen ist. Die übliche Benutzeroberfläche (Unity) von Ubuntu ist etwas gewöhnungsbedürftig, weil es links nur ein Startpanel mit relativ wenigen Programmen und Funktionen (Papierkorb, Firefox, Dateimanager, Amazon, Suchen) und keinen »Aufklappmechanimuss« gibt, wie er von den Windows-Menüs her bekannt ist. Am oberen rechten Bildrand ist jedoch eine Task-Leiste vorhanden, mit deren Hilfe bestimmte Einstellungen, wie etwa für die Netzwerke, schnell erreichbar sind.

Abb. 7–42 Jemand, der GParted für die Partitionierung sucht, interessiert sich wohl auch für G.G. Anderson – meint jedenfalls Unity.

Statt entsprechender Programmmenüs kommt der Suchfunktion eine besondere Bedeutung zu, um auch installierte Programme zu finden, die entsprechend der eingegebenen Buchstaben auftauchen. Gesucht wird bei aktiver Netzwerkverbindung auch im Internet, was nicht unbedingt die Übersichtlichkeit fördert. Dass man laufend bei Amazon und eBay landet, ist beabsichtigt, denn diese Firmen sponsern (zumindest) diese Oberfläche. Unity soll ein puristisches Bedienungskonzept für Einsteiger bieten und besonders für kleine Bildschirme (Netbooks) geeignet sein. Allerdings benötigt Unity eine relativ hohe Rechenleistung.

Aufgrund der häufig geäußerten Kritik an der Unity-Oberfläche ist Anfang 2015 der Ubuntu-Mate-Desktop erschienen, der das Bedienkonzept der früheren Ubuntu-Versionen zurückbringt. Ubuntu Mate (auch als LTS-Ausgabe) benötigt lediglich 512 MByte RAM und ca. 7 GByte an freiem Speicherplatz, sodass es auch für ältere PCs geeignet ist.

7.3.2 Installation

Für das »gefahrlose« Ausprobieren einer Linux-Distribution stehen verschiedene Live-Systeme zur Verfügung (im Grunde gibt es sie von allen fast allen populären Distributionen). Live-Systeme laufen komplett von einer DVD ab, sodass keinerlei Veränderungen am vorhandenen Betriebssystem erfolgen. Auf diese Weise kann leicht beurteilt werden, inwieweit die im Computer vorhandene Hardware und man selbst mit der jeweiligen Version zurechtkommen.

Viele Datenrettungs- oder auch Partitionierungstools (z. B. GParted Live, siehe auch Abschnitt 7.1.3) verwenden Linux, um Veränderungen an einem (beschädigten) System vornehmen zu können. Vielfach reicht eine gewöhnliche Linux-Live-DVD, wie sie oftmals Computerzeitschriften beiliegt, aus, um etwa wichtige Daten aus einer beschädigten Windows-Installation zu kopieren oder auch hartnäckige Schadsoftware zu beseitigen.

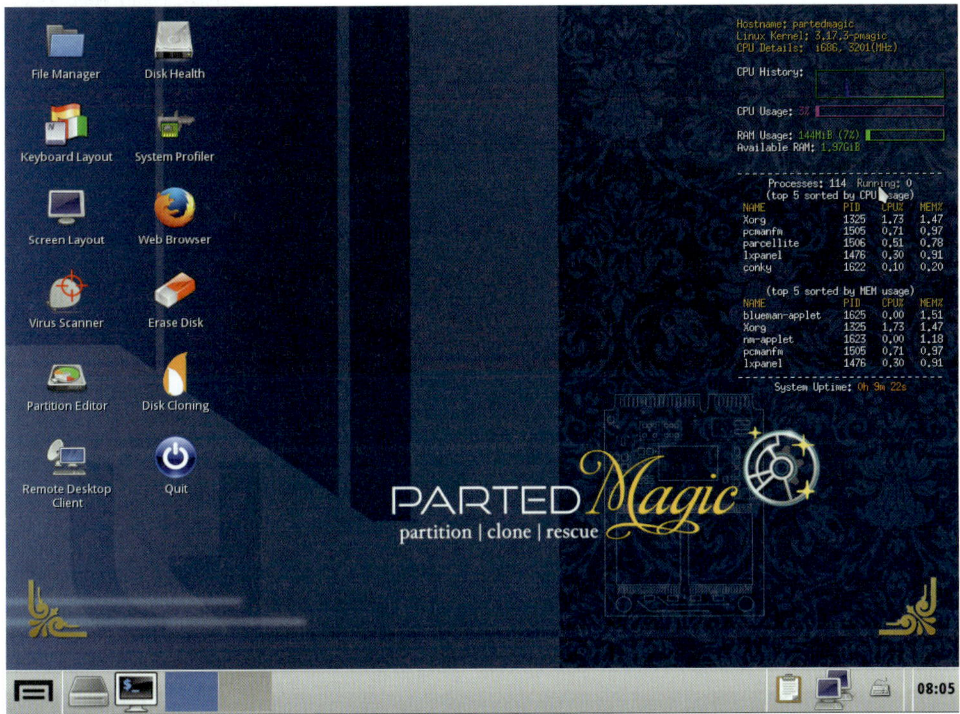

Abb. 7–43 Parted Magic ist eine Linux-Live-Distribution mit GParted für die Partitionsverwaltung sowie weiteren nützlichen Service-Tools.

Aktuelle Linux-Distributionen sind sowohl als 32-Bit- als auch als 64-Bit-Versionen erhältlich, wobei es nach wie vor Schwierigkeiten mit dem UEFI-Modus (siehe Abschnitt 6.6) geben kann. Üblicherweise ist eine Distribution auch mit einer bestimmten Oberfläche (Desktop) gekoppelt, wenn nicht während der Installation eine Auswahl angeboten wird. Eine deutsche Sprachunterstützung ist bei allen verbreiteten Linux-Systemen gegeben, auch wenn sie möglicherweise – etwa bei OpenSUSE – nachzuinstallieren ist.

Abb. 7–44 Wer das System zunächst nur ausprobieren möchte (»Try Fedora«), kann dies mit einem Live-System von einer DVD aus tun, ohne dass eine Installation notwendig ist. Die üblichen Systeme bieten außerdem einen einfachen Weg, um das System auf der Festplatte zu installieren.

Gnome und KDE (Kool Desktop Environment) sind die bekanntesten Desktops mit unterschiedlichem Menüaufbau und unterschiedlichen Konfigurationsmöglichkeiten sowie verschiedenen Tools (Dateimanager, Browser, Office-Programme). KDE stammt aus Deutschland und hat in Europa die größte Verbreitung, während Gnome der beliebteste Desktop in Amerika ist. KDE gilt allgemein als schwieriger zu bedienen, kennt dafür jedoch mehr Konfigurationsmöglichkeiten. Letztlich ist es aber Geschmackssache, mit welchem System man besser zurechtkommt. Unity und Mate (s. o.) sind relativ neue Desktop-Systeme, und XFCE sowie LXDE, was für *Leightweight X11 Desktop Environment* steht, sind gerade für ältere Computer interessant, weil sie sehr ressourcenschonend arbeiten und ohne besondere grafische Effekte auskommen.

Für die Linux-Distribution der Wahl existiert üblicherweise ein Image, welches auf eine CD oder DVD als Boot-Medium »gebrannt« wird, um hiermit die Installation auszuführen. Falls kein optisches Laufwerk eingesetzt werden kann, kommt ein USB-Stick zum Einsatz, der mithilfe eines Tools wie *Unetbootin*, *Universal USB Installer* oder *Imagewriter* (für SUSE) und dem zu schreibenden Image zum bootfähigen Medium (CDFS-Format) formatiert wird.

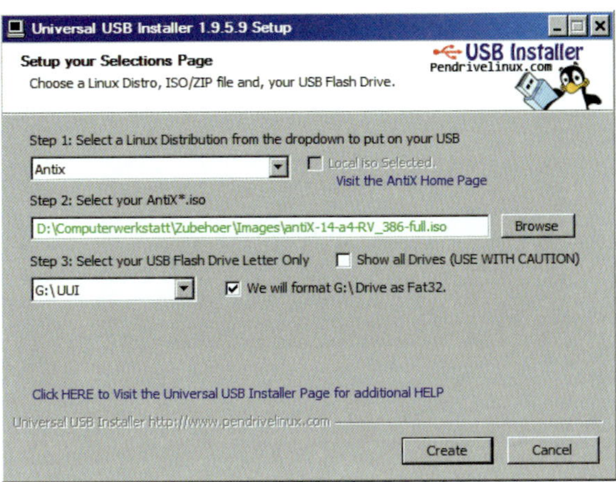

Abb. 7–45 Einstellen des USB-Installer-Programms für das Schreiben von Antix-Linux auf einen USB-Stick

Das Programm *Universal USB Installer* funktioniert ohne Installation und besteht lediglich aus einer einzigen ausführbaren Datei (*.exe). Im ersten Schritt ist aus einer Dropdown-Liste die gewünschte Distribution auszuwählen, dann den Ort angeben, wo das dazugehörige Image zu finden ist, und den USB-Stick selektieren, auf den die Daten geschrieben werden sollen. Als Distributionen stehen in der Liste eine Vielzahl von Systemen zur Verfügung, wobei auch verschiedene Rescue- (z. B. Acronis) und Antivirus-Versionen (z. B. Avira) selektiert werden können und automatisch eine Verbindung in das Internet hergestellt werden kann, um die passende ISO-Datei (Image) zu beschaffen.

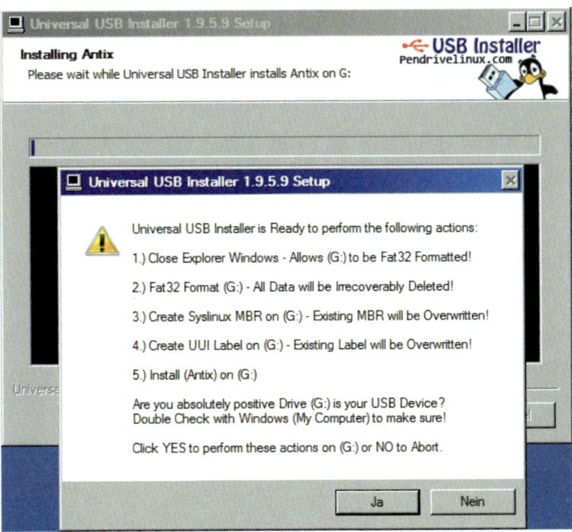

Abb. 7–46 Zusammenfassung der folgenden Schritte

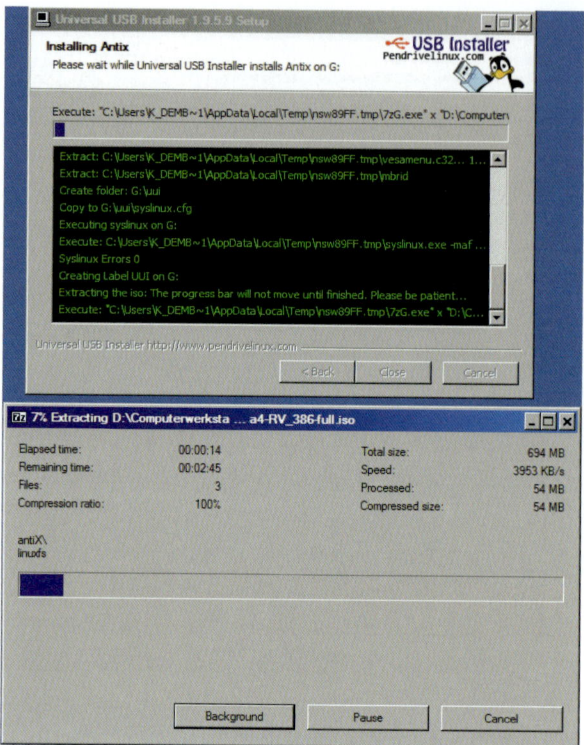

Abb. 7–47 Der Universal USB Installer entpackt das Image und schreibt die Daten auf den Stick, woraufhin dieser bootfähig ist, sodass Linux vom USB-Stick aus installiert werden kann.

Die Installation eines aktuellen Systems verläuft mit Standardhardware (wozu auch übliche Notebooks zu rechnen sind) in der Regel völlig unproblematisch. Dabei erfolgt eine Abfrage der Zeitzone, der Sprache und des Tastaturlayouts, und es ist ein Benutzername mit Password anzugeben sowie ein Computername (Hostname). Der Hostname lässt sich nicht immer nachträglich über den Desktop ändern (über ein Terminal geht es immer, siehe Abschnitt 7.3.4), daher sollte bei diesem Schritt der Name sinnvoll gewählt werden.

Die Installation ist meist nach wenigen Minuten beendet. Je nach Zustand der eingesetzten Festplatte (neue Festplatte oder eine mit bereits vorhandenem Betriebssystem) taucht am Anfang der Installation möglicherweise noch eine Frage dahingehend auf, ob das vorhandene System überschrieben und/oder ob der gesamte Speicherplatz verwendet oder ob ein Bootmanager installiert werden soll.

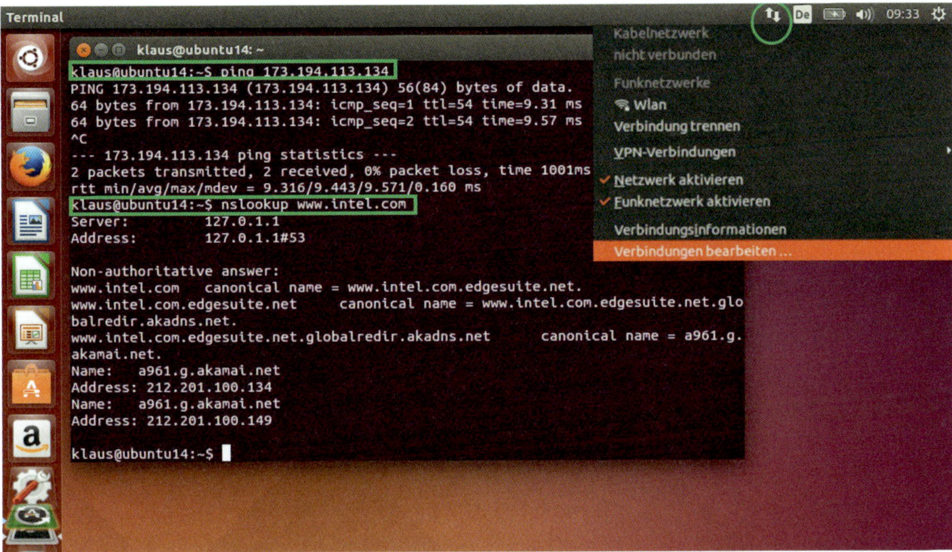

Abb. 7–48 Aus der obigen Taskleiste lassen sich die Netzwerkeinstellungen aufrufen und einstellen. Ein Ping auf eine IP-Adresse von Google funktioniert wie auch die DNS-Umsetzung, was hier anhand der Überprüfung mit nslookup gezeigt ist.

Nach dem ersten Booten führt der erste Weg üblicherweise zu den Netzwerkeinstellungen, um die IP-Einstellungen manuell vorzunehmen oder die DHCP-Automatik zu kontrollieren. Mit *ping* und *nslookup* im Terminal zeigt sich, dass die Netzwerkeinstellungen (siehe auch Abschnitt 8.7) korrekt sind und sich daraufhin fehlende Treiber und Updates aus dem Internet beschaffen lassen.

Das Browsen in einer Windows-Netzwerkumgebung ist mit Linux-Clients im Prinzip genauso möglich wie mit Windows-Clients, was auch für den Zugriff auf einen Windows-Server gilt, wie er in Abschnitt 7.2 konfiguriert worden ist. Selbstverständlich ist hierfür eine Anmeldung an der jeweiligen Domäne mit dem gültigen Benutzerpasswort notwendig. Die Daten in den Windows-Server-Verzeichnissen können jedoch standardmäßig nicht gelesen werden, weil sich die Netzwerkdateisysteme zwischen Linux und Windows unterscheiden. Außerdem werden die Linux-Clients von Windows nicht »gesehen«. Damit ein Datenaustausch möglich ist, benötigen die Linux-Clients einen Samba-Server, der eine Umsetzung der Netzwerkdateisysteme ermöglicht und Windows-PCs einen Festplattenspeicherplatz oder auch Drucker in Form von sogenannten *Shares* zur Verfügung stellen kann, die im Windows-Sinne den Freigaben entsprechen.

7.3.3 Linux-Orientierung und Befehle

Die verschiedenen Linux-Distributionen haben wie erläutert alle einen gemeinsamen Linux-Kern, der in Abhängigkeit von der jeweiligen Distribution über unterschiedliche Programme, Werkzeuge und besondere Ausstattungsmerkmale auf dem Desktop verfügt. Was jedoch (fast) immer gleich ist, ist das Verhalten des Systems im Terminalfenster oder *Konsolenmodus*, bei dem es keine grafische Oberfläche gibt, weshalb sich dieser Modus nicht nur für den Experten, sondern auch in Problemfällen oder für grundlegende Konfigurierungsmaßnahmen empfiehlt. Deshalb werden in diesem Kapitel einige nützliche Linux-spezifische Dinge zusammengefasst dargestellt.

- **Kommandozeilen-Historie:** Die eingegebenen Kommandozeilen werden in einer Command-History-Liste geführt, sodass sie ganz einfach über die Betätigung der Pfeil-Auf-Taste »↑« erneut zur Verfügung stehen. Die Liste reicht mit ca. 100 Einträgen über verschiedene Sessions hinweg und ist als Datei *bash_history* unter */home/pi* zu finden. Mit der Pfeil-Ab-Taste »↓« bewegt man sich in der Liste wieder in Vorwärtsrichtung.

- **Kommandozeilen-Komplettierung:** Kommandos sowie auch Pfade und Dateinamen müssen nicht stets ausgeschrieben werden, sondern es reicht die Eingabe der Anfangsbuchstaben und die Betätigung der TAB-Taste, woraufhin eine automatische Vervollständigung vorgeschlagen wird.

- **Hilfe:** Zu fast jedem Linux-Befehl existiert eine Hilfedatei, die dadurch aufgerufen wird, indem dem Kommando das Kürzel »man« vorangestellt wird (z. B. MAN DF).

- **Programme oder Ausführung beenden:** Je nach Befehl bzw. Programm gibt es hierfür verschiedene Tastenkombinationen. Fast immer funktioniert die Kombination STRG+C.

- **Terminal/Konsole wechseln:** Linux unterstützt gleichzeitig mehrere Terminalsitzungen, zwischen denen mithilfe von STRG+ALT+F1 (erstes Terminal) bis STRG+ALT+F6 (sechstes Terminal) umgeschaltet werden kann. Das Ausloggen aus dem jeweiligen Terminal kann über STRG+D erfolgen.

- **Starten und Beenden des Desktops:** Mit STARTX wird der Desktop gestartet. Die Selektierung von LOGOUT oder EXIT oder einem entsprechenden Menüpunkt bei den Ausschaltoptionen beendet ihn.

- **Ausführungsrechte:** Einige Befehle lassen sich nur mit Root-Rechten ausführen, die der gewöhnliche Benutzer nicht ausführen kann. Um nur für die Ausführung bestimmter Befehle Superuser-Rechte zu erlangen, wird dem jeweiligen Befehl

SUDO vorangestellt, was für »**s**uper **u**ser **do**« steht. Um für eine Sitzung dauerhaft Root-Rechte zu erhalten, nutzt man den Befehl SUDO -S.

- **Beenden mit Reboot:** Um Linux zu beenden und unmittelbar danach einen Neuboot auszuführen, ist SUDO REBOOT einzugeben oder die Tastenkombination STRG+ALT+ENTF zu drücken, wobei dies nur im reinen Textmodus (also nicht unter einem Desktop) praktikabel ist.

Viele Arbeiten lassen sich unter Linux im Terminalmodus, also ohne grafische Oberfläche, durchführen, was meist schneller vonstattengeht. Für diese grundlegenden Linux-Operationen sind eigentlich nur recht wenige Befehle wirklich wichtig, die mit einigen Beispielen in Tab. 7–2 angegeben sind.

```
klaus@mate: ~
Datei  Bearbeiten  Ansicht  Suchen  Terminal  Hilfe
klaus@mate:~$ lsusb -t
/:  Bus 04.Port 1: Dev 1, Class=root_hub, Driver=xhci_hcd/4p, 5000M
/:  Bus 03.Port 1: Dev 1, Class=root_hub, Driver=xhci_hcd/4p, 480M
/:  Bus 02.Port 1: Dev 1, Class=root_hub, Driver=ehci-pci/2p, 480M
    |__ Port 1: Dev 2, If 0, Class=Hub, Driver=hub/6p, 480M
        |__ Port 5: Dev 3, If 0, Class=Mass Storage, Driver=usb-storage, 480M
        |__ Port 6: Dev 4, If 0, Class=Mass Storage, Driver=usb-storage, 480M
/:  Bus 01.Port 1: Dev 1, Class=root_hub, Driver=ehci-pci/2p, 480M
    |__ Port 1: Dev 2, If 0, Class=Hub, Driver=hub/6p, 480M
        |__ Port 6: Dev 3, If 0, Class=Human Interface Device, Driver=usbhid, 1.
5M
klaus@mate:~$ cat /proc/cpuinfo
processor       : 0
vendor_id       : GenuineIntel
cpu family      : 6
model           : 58
model name      : Intel(R) Core(TM) i3-3220 CPU @ 3.30GHz
stepping        : 9
microcode       : 0x15
cpu MHz         : 3300.000
cache size      : 3072 KB
physical id     : 0
siblings        : 4
core id         : 0
cpu cores       : 2
apicid          : 0
initial apicid  : 0
fdiv_bug        : no
f00f_bug        : no
coma_bug        : no
fpu             : yes
fpu_exception   : yes
cpuid level     : 13
```

Abb. 7–49 Anzeige der USB-Geräte und der CPU-Informationen im Terminal

Befehl/Tasten	Funktion	Einige Optionen und Beispiele

cat	Dateiinhalte anzeigen	`cat /proc/cpuinfo`
		Informationen über den Prozessor anzeigen
		`cat /etc/hosts`
		Anzeige der Netzwerk-Hosts

cd \verzeichnis	Wechseln in das Verzeichnis	`cd ..` geht ein Verzeichnis zurück (hoch). `cd ~` geht in das Hauptverzeichnis. Zu beachten ist der Abstand zwischen cd und dem folgenden Zeichen!
chgrp	Ändern der Gruppenzugehörigkeit von Dateien oder Verzeichnissen	`chgrp donald /home/kd/*` Alle Dateien im Verzeichnis /home/kd werden der Gruppe *donald* zugeordnet.
chmod	Zugriffsrechte für Dateien und Verzeichnisse ändern	`chmod g+x test` Ausführungsrecht (x) der Datei `test` der Gruppe (g) zuweisen (+)
chown	Eigentümer von Dateien ändern	`chown gruppe1 *.doc` Alle doc-Dateien werden als der *gruppe1* zugehörig deklariert.
clear	Terminalbildschirm löschen	–
cp	Kopieren von Dateien	`cp datei1 datei2` Die Datei1 wird in die Datei2 kopiert. `-b`, falls die Zieldatei bereits besteht, wird eine Sicherheitskopie erstellt.
df	Zeigt den freien Speicherplatz an.	`-h`, einfach lesbar in k-, M- oder GByte `-k`, Anzeige in kByte `-T`, zeigt auch den Typ (Filesystem) an.
free	Zeigt die RAM-Größe der CPU an.	`-h`, einfach lesbar in k-, M- oder GByte `-m`, Anzeige in MByte
kill	Beenden von hängenden Prozessen	`kill 1222` Beendet den Prozess mit der PID (Prozess-ID) 1222.
ls	Inhalt des aktuellen Verzeichnisses anzeigen	`-a`, versteckte Dateien mit anzeigen `-l`, erweiterte Anzeige, mit Zugriffsrechten
lshw	Informationen über die Hardware anzeigen	`lshw -enable TEST`, Test aktivieren `lshw -short`, Anzeige in Kurzform
lsusb	Anzeigen der USB-Geräte	`lsusb -t`, in Baumstruktur `lsusb -v`, ausführlich
lspci	Anzeigen der PCI-Geräte	`lsusb -h`, Anzeige der Hilfe; es gibt sehr viele Optionen.
mkdir *verzeichnis*	Anlegen eines Verzeichnisses	`mkdir Texte` Anlegen des Verzeichnisses *Texte*

Befehl/Tasten	Funktion	Einige Optionen und Beispiele
mount	Einhängen (Mounten) von Dateisystemen. Die Voreinstellungen sind in der Datei //_ zu finden.	`mount /mnt/cdrom` Mounten einer CD im Verzeichnis /_/_
nano	Einfacher Editor	`nano /etc/hostname` Öffnen der Datei Hostname mit dem Editor
pwd	Anzeige des aktuellen Pfads	(falls der Überblick über das aktuelle Verzeichnis verloren gegangen sein sollte)
rm `datei`	Löschen von Dateien	Das Löschen erfolgt ohne vorherige Sicherheitsabfrage, und es gibt keine Undelete-Funktion!
rmdir *verzeichnis*	Löschen eines Verzeichnisses	`rmdir Texte` Löschen des Verzeichnisses *Texte*; es muss dazu aber leer sein.
tail	Anzeige der letzten Zeilen einer Datei	`-f` Kontinuierliche Anzeige, bis die Ausgabe über STRG+C beendet wird. Hilfreich zur Analyse von Log-Dateien.
top	Zeigt die aktuellen CPU-Prozesse an.	`-n zahl` Zahl = Anzahl der Wiederholungen
tree	Anzeige des Verzeichnisbaums (muss zusätzlich installiert werden)	`-d`, es werden nur die Verzeichnisse und nicht die Dateien angezeigt
umount	Unmounten (Abhängen) von Dateisystemen; die Voreinstellungen sind in der Datei `/etc/fstab` zu finden.	`umount /mnt/CD-ROM` Unmounten der CD im Verzeichnis `/mnt/cdrom` (Das erste »n« des Wortes »unmount« ist im Befehl _ tatsächlich nicht vorhanden.)

Tab. 7–2 Wichtige Befehle und Tastenkombinationen für die Bedienung von Linux auf Konsolenebene

Ein empfehlenswertes Programm für alle möglichen Aufgaben im Text-Modus ist der *Midnight Commander* (Aufruf mit MC). Er ist ein typischer Dateimanager für das Anlegen, Kopieren, Löschen und Umbenennen von Dateien und Verzeichnissen sowie für das Editieren von Dateiattributen. Falls jemand noch aus DOS-Zeiten den bekannten Norton Commander oder einen Windows-Ableger davon (Windows-, Total-Commander) kennt, kommt dieser auch sofort mit dem Midnight Commander zurecht, mit dem sich im Übrigen recht komfortabel Dateiattribute und Besitzrechte ändern lassen.

Abb. 7–50 Der Midnight Commander ist ein sehr praktischer Dateimanager mit einer Vielzahl von nützlichen Funktionen.

Von »Haus« aus ist der Midnight Commander nicht installiert (siehe auch Abschnitt 7.3.6). Er lässt sich bei aktiver Internetverbindung jedoch mit der folgenden Zeile ganz einfach nachinstallieren:

```
klaus@mate:~ $ sudo apt-get install mc
```

Für das Installieren von `tree` (s. o.) gilt entsprechend:

```
klaus@mate:~ $ sudo apt-get install tree
```

7.3.4 Verzeichnisstruktur

Wie jedes Betriebssystem kennt auch Linux Dateien und Verzeichnisse, wobei hier Ähnlichkeiten zu DOS nicht von ungefähr kommen, denn DOS stellt gewissermaßen ein stark reduziertes UNIX dar – und Linux ist eine UNIX-Variante.

DOS kennt allerdings weder Multitasking noch einen Multiuser-Betrieb und bringt standardmäßig auch keinerlei Netzwerkunterstützung mit. Außerdem unterliegt Linux nicht der 8.3-Bezeichnungskonvention (bei der die Bezeichnung einer Datei nur aus maximal acht Buchstaben plus einer dreistelligen Endung wie etwa *.doc* oder *.com* bestehen darf), und es wird generell zwischen Groß- und Kleinschreibung unterschieden, was DOS- und auch Windows-Anwender als Linux-Einsteiger immer wieder zu fehlerhaften Angaben verleitet.

Spezielle Endungen (Extensions) für ausführbare Dateien gibt es bei Linux nicht; ausführbare Dateien werden hier durch einen Stern (*) gekennzeichnet. Ein weiterer wichtiger Unterschied zu DOS ist die Angabe von Pfaden bzw. Unterverzeichnissen. Um unter DOS zu einem Unterverzeichnis *Briefe* im Verzeichnis *Texte* zu wechseln, wäre `cd texte/briefe` einzugeben, während dies unter Linux mit `cd \Texte\Briefe` zu erledigen ist. Statt des Schrägstrichs »/« wird also der Backslash »\« verwendet. Diese Striche sollte man auf keinen Fall verwechseln, da dies schwerwiegende Konsequenzen haben kann, etwa bei der verzeichnisweisen Umbenennung von Dateien oder bei der Veränderung von Dateiattributen.

Tab. 7–3 zeigt die bei Linux vorhandenen Verzeichnisse mit einer kurzen Erläuterung zu den wesentlichen Inhalten. In Abhängigkeit von der jeweiligen Distribution kann es noch weitere Verzeichnisse geben, oder es sind möglicherweise auch einige nicht vorhanden. Manche Verzeichnisse können auch leer sein, was für das grundlegende Verständnis aber keine Rolle spielt.

Verzeichnis	Bedeutung	Funktion/Inhalt
/..	Verzeichnis	Das Hauptverzeichnis, das alle anderen als Unterverzeichnisse enthält
/bin	Binary	Enthält die für alle Benutzer zugänglichen Befehle sowie Binärfiles für den Desktop.
/boot	Boot	Boot-Sektor-Informationen und die Kernel-Dateien. Im Grunde genommen sind hier alle Daten zu finden, die für den Systemstart benötigt werden.
/dev	Devices	Hier sind die Gerätedateien (Treiber) der Linux-Distribution abgelegt. Sie erlauben den direkten Zugriff auf bestimmte Hard- und Softwarefunktionen.
/etc	Et cetera	Enthält Informations- und Konfigurationsdateien, wie z. B. für die Hardware- und Benutzerverwaltung und die verschlüsselten Passwörter.
/home	Home Directories	Dieses Verzeichnis enthält für jeden im System eingerichteten Benutzer ein eigenes Unterverzeichnis.
/lib	Library	Hier sind die verschiedenen Bibliotheken zu finden, die erst dann (zur Laufzeit) geladen werden, wenn sie von einer Anwendung benötigt werden.
/lost+found	Lost and Found	Dient als »Papierkorb« für Dateien, die noch im System vorhanden sind, aber deren Verzeichniseinträge gelöscht worden sind. Der direkte Zugriff ist automatisch nur dem User *root* gestattet.
/media	Media	Ein spezielles Verzeichnis für das Mounten von Wechseldatenträgern, wie USB-Sticks oder CD/DVD-Laufwerken
/mnt	Mount	Dies ist das allgemeine Verzeichnis für die Aufnahme von Dateisystemen, die im System »gemountet« werden.
/opt	Optional	Hier wird zusätzliche Software gespeichert, die nicht direkter Bestandteil des Betriebssystems ist.

Verzeichnis	Bedeutung	Funktion/Inhalt
/proc	Processes	Enthält Informationen über die Konfiguration (z. B. CPU-Typ, USB-Devices) und laufende Prozesse, die von Programmen ausgewertet werden können.
/root	Root	Das Verzeichnis des Benutzers *root*
/run	Run	In diesem Verzeichnis werden zur Laufzeit benötigte Daten abgelegt, die in */tmp* nicht sicher genug sind, weil sie dort versehentlich gelöscht werden könnten.
/sbin	System Binary	Programme für die System- und Benutzerverwaltung sowie diverse Systemdienste, die für die Administration (root) vorgesehen sind.
/selinux	Security Enhanced	Optionale spezielle Sicherheitsprogramme. Typischerweise ist dieses Verzeichnis leer.
/srv	Services	Hier befinden sich Daten, die von Diensten des Systems stammen. Falls keine Server-Dienste wie ein Web- oder FTP-Server genutzt werden, ist das Verzeichnis leer.
/tmp	Temporary	Ein temporäres Verzeichnis für die vorübergehende Ablage von Daten.
/usr	User	In diesem Verzeichnis ist der größte Anteil der installierten Software zu finden. Die hier lokalisierten Unterverzeichnisse wie */usr/bin* oder */usr/lib* entsprechen in ihren Funktionen in großen Teilen denjenigen Verzeichnissen, die auch direkt zugänglich sind, und ergänzen sich gewissermaßen.
/var	Variables	Dieses Verzeichnis enthält Konfigurationsdateien und auch veränderbare Anteile des Betriebssystems.

Tab. 7–3 Verzeichnisse unter Linux und was sie im Wesentlichen beinhalten

Das Kommando TREE (Abb. 7–51) stellt den Verzeichnisbaum dar, der in Abhängigkeit von dem Verzeichnis, von dem aus er gerade aufgerufen wird, mehr oder weniger ausführlich erscheint, wobei es auch hierfür wieder einige Optionen gibt (siehe MAN TREE). Beispielsweise werden durch die Option -D nur die Verzeichnisse, nicht jedoch die darin befindlichen Daten angezeigt.

Die Textausgabe ist bei vielen Befehlen oftmals länger als eine Bildschirmseite, sodass der Text möglicherweise seitenweise »vorbeirauscht«, was auch für die Tree-Ausgabe gilt. Damit eine Ausgabe seitenweise erfolgt, kann dem jeweiligen Befehl das Zeichen »|« (ALT GR + <) nachgestellt werden, woraufhin die Anzeige nach jeder Seite anhält (MORE) und erst durch eine Tastenbetätigung die nächste Seite erscheint.

```
• klaus@mate: /
Datei Bearbeiten Ansicht Suchen Terminal Hilfe
.
├── bin
├── boot
│   └── grub
│       ├── fonts
│       ├── i386-pc
│       ├── locale
│       └── themes
│           └── ubuntu-mate
├── cdrom
├── dev
│   ├── block
│   ├── bsg
│   ├── bus
│   │   └── usb
│   │       ├── 001
│   │       ├── 002
│   │       ├── 003
│   │       └── 004
│   ├── char
│   ├── cpu
│   ├── disk
│   │   ├── by-id
│   │   ├── by-label
│   │   ├── by-path
│   │   └── by-uuid
│   ├── dri
│   ├── fd -> /proc/self/fd
│   ├── input
│   │   ├── by-id
│   │   └── by-path
│   ├── mapper
│   ├── net
│   ├── pts
│   ├── shm -> /run/shm
│   ├── snd
│   │   └── by-path
--Mehr--
```

Abb. 7–51 Seitenweise Anzeige des Verzeichnisbaumes mit »tree«

7.3.5 Zugriffsrechte

Zur Anzeige eines Verzeichnisinhalts kann der Befehl LS (vgl. auch Tab. 7–2) verwendet werden, der auch einige Optionen kennt. Nach der Eingabe von LS -L erhält man eine erweiterte Anzeige, beispielsweise in der folgenden Form:

```
drwxr-xr-x    2 mate   mate    4096    Jan   11    14:34   Bilder
drwxr-xr-x    3 mate   root    4096    Feb   18    14:45   Media
drwxrw-xr-x   2 mate   mate    4096    Jul   20    20:12   opt
drwx------    2 mate   root    16384   Sep   18    14:44   lost+found
```

An dieser Darstellung kann man eine ganze Reihe von Eigenschaften ablesen:

Erstes Zeichen (Typ):
d = Verzeichnis (Directory)
- = Datei (Data)
l = Verknüpfung (Link)

Der Beispielanzeige nach handelt es sich jeweils um Verzeichnisse. Nach der Typangabe folgt unmittelbar die sogenannte *Rechtemaske*, die jeweils drei Stellen umfasst und die Rechte des Eigentümers, der Gruppe und aller weiteren Anwender (Andere) kennzeichnet:

Rechtemaske:
r = Leseerlaubnis
w = Schreiberlaubnis
x = Ausführungsrechte bei einer Datei bzw. das Recht zum Verzeichniswechsel bei einem Verzeichnis

Eine Maske der Form -RWX -R-- --- bedeutet demnach, dass der Eigentümer die Datei (-) lesen, beschreiben und ausführen (RWX) kann, dass die Gruppe diese Datei nur lesen kann (R--) und dass alle anderen Benutzer mit dieser Datei gar nichts anfangen (---) können.

Beispiel für eine Rechtemaske bei einer Datei:

Typ	Eigentümer			Gruppe			Andere		
-	r	w	x	r	-	-	-	-	-

Beispiel für eine Rechtemaske bei einem Verzeichnis:

Typ	Eigentümer			Gruppe			Andere		
d	r	w	x	r	-	x	r	-	-

Mit Verzeichnissen und Links funktioniert dies analog zu einer Datei, lediglich der Typ ist dann ein anderer (D oder L). Ein X kennzeichnet in diesem Fall, dass die jeweiligen Benutzer (Eigentümer, Gruppe, Andere) in dieses Verzeichnis wechseln können.

Die auf die Rechtemaske folgende Zahl gibt die Anzahl der Verzeichniseinträge an, unter denen die Datei ansprechbar ist. Falls die Zahl größer Eins ist, existieren Verknüpfungen, die auf diese Datei verweisen. Danach folgen der Eigentümer- und der Gruppenname sowie die Größe der Datei in Byte. Die letzten Einträge kennzeichnen das Datum und die Uhrzeit der letzten Änderung, und schließlich auch den Datei- oder eben auch den Verzeichnisnamen.

Jede Datei gehört demnach einem bestimmten Benutzer, und was andere mit dieser Datei anfangen können, wird eindeutig durch die Zugriffsrechte definiert. Für die Veränderung der Zugriffsrechte (oder auch der Attribute im DOS/Windows-Sinne) einer Datei gibt es den Befehl CHMOD (*change mode*), für die Veränderung des Besitzers den Befehl CHOWN (*change owner*) und für die Veränderung der Gruppenzugehörigkeit CHGRP (change group). Die Rechtezuordnung lässt sich auch komfortabel mit dem Midnight Commander (Abb. 7–50) oder einen anderen Dateimanager vornehmen.

Die Veränderungen können jedoch nur vom Eigentümer oder vom Benutzer *root* durchgeführt werden. Sie sollten stets mit Bedacht bei definitiv bekannten Dateien durchgeführt werden, denn die Rechteveränderung kann im Nachhinein durchaus zu Systemfehlern führen (keine Datenaktualisierung mehr möglich o. Ä.), wenn etwa aus Versehen alle Daten in einem Verzeichnis dem Zugriff des alleinigen Benutzers root entzogen werden oder schreibgeschützte Dateien danach nicht mehr geschützt sind.

Bei dieser Rechtezuordnung bleibt der sogenannte Superuser (sudo) unberücksichtigt, denn er ist gewissermaßen nachträglich in Linux eingeführt worden, was keinen direkten Einfluss auf die Rechtezuordnung im Dateisystem zur Folge hat. Mit SUDO können ganz bestimmte Befehle für deren Ausführung mit Root-Rechten versehen und deshalb ausgeführt werden.

7.3.6 Paketmanager und Installationen

Für das Betriebssystem Linux gibt es Programme und Tools für alle erdenklichen Aufgaben und Anwendungen. Einiges an Software wird bereits automatisch während der Installation mitinstalliert, wobei einige Programme möglicherweise nicht benötigt werden und stattdessen andere Programme wünschenswert sind. Dabei sind – je nach betreffender Software – einige Abhängigkeiten zu berücksichtigen, d. h., ein bestimmtes Programm setzt das Vorhandensein eines anderen Programms, einer Bibliothek oder eines bestimmten Projekts voraus. Dieser Umstand machte das Softwaremanagement in früheren Linux-Zeiten doch recht beschwerlich, zumal sich der Anwender im Fehlerfall auch noch mit dem Compiler und dem Linker beschäftigen musste.

Diese Zeiten sind erfreulicherweise vorbei, denn alle aktuellen Linux-Distributionen verfügen über einen sogenannten *Paketmanager*, der das Herunterladen von Programmen aus dem Internet und deren Installation nebst Beachtung der jeweiligen Abhängigkeiten automatisiert, sodass sich das Softwaremanagement als sehr einfach und schnell darstellt. In dieser Form wäre es mit Windows nicht denkbar.

Der Paketmanager der Debian- und damit der Ubuntu-Distributionen wird als *Advanced Packaging Tool* (apt) bezeichnet und für die Installation von Software mit APT-GET gestartet, wie es bereits im vorigen Abschnitt bei der Installation von TREE und dem *Midnight Commander* praktiziert worden ist. APT-GET bedient sich dabei eines vordefinierten Pools oder *Repository*. Der Link dorthin, wobei es mehrere davon – auch lokale – geben kann, wird in einer Liste (*sources.list*) geführt, die unter *etc/apt* zu finden ist. Neben der Installation von Paketen können mit dem *apt-get-Manager* auch Pakete gelöscht und aktualisiert werden.

```
klaus@mate: ~
Datei  Bearbeiten  Ansicht  Suchen  Terminal  Hilfe
klaus@mate:~$ cat /etc/apt/sources.list
#deb cdrom:[Ubuntu MATE 14.04.1 _Trusty Tahr_ - final i386 (20141111)]/ trusty m
ain restricted

# See http://help.ubuntu.com/community/UpgradeNotes for how to upgrade to
# newer versions of the distribution.
deb http://de.archive.ubuntu.com/ubuntu/ trusty main restricted
deb-src http://de.archive.ubuntu.com/ubuntu/ trusty main restricted

## Major bug fix updates produced after the final release of the
## distribution.
deb http://de.archive.ubuntu.com/ubuntu/ trusty-updates main restricted
deb-src http://de.archive.ubuntu.com/ubuntu/ trusty-updates main restricted

## N.B. software from this repository is ENTIRELY UNSUPPORTED by the Ubuntu
## team. Also, please note that software in universe WILL NOT receive any
## review or updates from the Ubuntu security team.
deb http://de.archive.ubuntu.com/ubuntu/ trusty universe
deb-src http://de.archive.ubuntu.com/ubuntu/ trusty universe
deb http://de.archive.ubuntu.com/ubuntu/ trusty-updates universe
deb-src http://de.archive.ubuntu.com/ubuntu/ trusty-updates universe

## N.B. software from this repository is ENTIRELY UNSUPPORTED by the Ubuntu
## team, and may not be under a free licence. Please satisfy yourself as to
```

Abb. 7–52 Die Sources-Liste ist bei Ubuntu Mate recht umfangreich.

Die Suche nach bestimmten Paketen ist zwar ebenfalls möglich, allerdings muss der jeweilige Name hierfür bekannt sein, was oftmals nicht der Fall ist. Für die Suche wird nicht APT-GET, sondern APT-FILE eingesetzt, das ebenfalls auf einer Datenbank basiert und zunächst zu installieren ist:

```
klaus@mate:~ $ sudo apt-get install apt-file
```

In Tab. 7–4 sind die APT-GET- und APT-FILE-Funktionen mit Beispielen als Überblick angegeben. Grundsätzlich sollten vor jeder Programminstallation zunächst die Softwaredatenbank sowie die Paket- und Abhängigkeitsliste aktualisiert werden, weil sich andernfalls aufgrund veralteter Daten und Pakete eine Installation nicht wie gewünscht ausführen lässt.

Pakete/Software	Erläuterung/Beispiel
Installieren: `sudo apt-get install mc`	Der Midnight Commander mc wird installiert.
Deinstallieren: `sudo apt-get purge mc`	Der Midnight Commander mc wird deinstalliert.
Softwaredatenbank aktualisieren: `do apt-get update`	Paketliste vom zentralen Server herunterladen und lokale `apt-get`-Liste aktualisieren. Dieser Befehl sollte vor jeder Programminstallation ausgeführt werden.

Pakete/Software	Erläuterung/Beispiel
Programme aktualisieren: `sudo apt-get upgrade`	Aktualisierung der bereits mit `apt-get` installierten Programme
Löschen temporärer Dateien: `sudo apt-get autoclean`	Die während eines Aktualisierungsvorgangs angelegten und nicht mehr notwendigen Dateien werden gelöscht.
Löschen überflüssiger Dateien: `sudo apt-get autoremove`	Dateien, die aufgrund geänderter Abhängigkeiten nicht mehr benötigt werden, werden gelöscht.
Datenbank aktualisieren: `sudo apt-file update`	Paket- und Abhängigkeitsliste für `apt-file` aktualisieren.
Pakete nach Namen suchen: `sudo apt-file -l search pci`	Suchen nach Paketen, die PCI betreffen.

Tab. 7–4 Umgang mit Software-(Paketen) mithilfe von von »apt-get« und »apt-file«

Bei der Suche mit `apt-file` ist zu beachten, dass der Suchbegriff keineswegs in den Namen der gefundenen Dateien vorkommen muss. Vielmehr haben diese Dateien »irgendetwas« mit dem Suchbegriff zu tun, der in einer dazugehörigen Bibliothek oder vielleicht auch nur als Aufruf in einer der gefundenen Dateien vorkommt. Demnach ist APT-FILE zwar nützlich, erspart es einem jedoch nicht, sich mit den Programmen und Daten näher zu beschäftigen.

7.4 Android

Im Jahr 2003 wurde die Firma *Android Incorporated* gegründet, deren Gründer bereits über Erfahrungen in der Entwicklung von Betriebssystemen (DangerOS) für mobile Geräte und speziell für Smartphones verfügten. Im Laufe der Entwicklung und der Suche nach Investoren für ein neues System (Android) kam der Kontakt mit der Firma Google zustande. Google erwarb Android im Jahr 2005 und propagierte es als umfassende Plattform für mobile Geräte, die aus einem Betriebssystem, einer Benutzerschnittstelle und Anwendungen besteht.

Android wurde dann kontinuierlich in Kooperation mit der *Open Handset Alliance* (OHA) weiterentwickelt, die sich aus über 80 Softwarefirmen, Mobilfunk- und Halbleiterherstellern, beispielsweise T-Mobile, HTC und Qualcomm, zusammensetzt. Die erste Version erschien im Jahr 2008, fast gleichzeitig mit der Veröffentlichung des *Android Software Development Kit* (SDK) für Entwickler, der Freigabe als Open-Source-Plattform und des *Android Market* für den Vertrieb von Anwendungssoftware (Apps).

Seitdem werden kontinuierlich neue Android-Versionen veröffentlicht, die insbesondere unter ihren jeweiligen Codenamen (Tab. 7–5) bekannt sind. Je nach Alter und Typ des Smartphones oder Tablets ist eine bestimmte Android-Version installiert, die möglicherweise herstellerspezifische Anpassungen beinhaltet, was – wie generell das jeweilige Chipset – einen maßgeblichen Einfluss auf die Update-Möglichkeiten hat. Falls die Hersteller keine aktualisierte Android-Version für ein bestimmtes Gerät mehr auf den Markt bringen wollen, weil sie lieber neue Geräte verkaufen, besteht immer noch die Möglichkeit, eine alternative Firmware (Custom ROM) einzusetzen, um somit auch noch ältere Geräte mit aktuellen Features auszustatten. Mehr dazu folgt in Abschnitt 7.4.5.

7.4.1 Versionen

Ab der Version Gingerbread (V2.3.x) sind eine Vielzahl von Updates und Versions-Upgrades veröffentlich worden, wobei sich einige wichtige Schritte nur in einer untergeordneten Versionszahl ausdrücken, wie beispielsweise der *USB-Host-Modus*, der seit der Honeycomb 3.1-Version (10/2011) eine allgemeine Android-Unterstützung erfährt, oder *Bluetooth Low Energy* (Bluetooth Smart), das seit der Jelly-Bean-Version 4.3 (7/2013) genutzt werden kann. Mit der Android-Version *Wear* steht seit 2014 eine spezielle Version für Smartwatches und Wearables zur Verfügung.

2008	2009	2010	2011	2012	2013	2014
V1.0	V1.1 V1.5: Cupcake V1.6: Donut V2.0: Eclair	V2.2: Froyo V2.3.x: Gingerbread	V3.x: Honeycomb V4.x: Ice Cream Sandwich	V4.1.x, V4.2.x, V4.3.x: Jelly Bean	V4.4.x: KitKat	V4.4.x: KitKat V4.4.W: Wear V5.0.x Lollipop

Tab. 7–5 Android-Versionen im Überblick

7.4.2 Architektur

Android ist explizit für den Online-Betrieb ausgelegt, sei es mit Mobilfunk (Abschnitt 5.3) oder auch mit WLAN (Abschnitt 3.7). Von essenzieller Bedeutung für dieses System ist außerdem, dass sich Anwendungen einfach aus dem Market laden und installieren lassen und Inhalte direkt auf dem Gerät gespeichert werden können.

Android basiert auf dem Linux-Kernel 2.6 und ist wie Apples iOS, das ebenfalls Linux-Wurzeln aufweist, ein eigenständiges Betriebssystem, sodass es keine gemeinsame Codebasis mit Linux mehr gibt. Android ist im Gegensatz zu iOS, welches von Apple sehr geschützt und abgeschirmt wird, immer noch ein quelloffenes System. Der Kernel ist vollständig als Open Source (GPL) lizenziert, während für die Bestandteile, die sich außerhalb des Kernels befinden, eine weniger restriktive Lizenz (z. B. LGPL oder Apache) gültig ist, die es den Herstellern erlaubt, Anpassungen und Modifikationen vorzunehmen, ohne dass sie dazu verpflichtet sind, den dazugehörigen Quellcode offenzulegen.

Der Linux-Kernel bietet die grundlegende Software zum Booten und für die Hardwarekommunikation (wie Gerätetreiber) oder Funktionen für das Power Management, das durch Android-spezifische Komponenten noch erweitert wird, um den Stromverbrauch weiter senken zu können. Einige der Hardwaretreiber firmieren unter *Closed Source*, d.h., diese Treiber sind herstellerspezifisch (etwa wie für die Kamera, die Videowiedergabe oder GSM) und arbeiten außerhalb des Kernels.

Auf den Kernel setzen verschiedene Bibliotheken auf, die sowohl dem Anwender als auch dem Entwickler eine gewisse Grundfunktionalität bieten. Zu diesen Bioblio-theken gehört eine optimierte 3D-Grafikbibliothek (*OpenGL ES*), es werden Fonts (Schriften und Zeichen), Display- und verschiedene Medienfunktionen zur Verfügung gestellt, und es gibt die SQLite-Bibliothek für Datenbankfunktionen sowie die WebKit-Bibliothek zum Rendern von HTML im Webbrowser. Für eine abgesicherte Kommunikation ist zudem ein *Secure Socket Layer* (SSL) standardmäßig vorhanden.

Statt einer Standard-C-Bibliothek (Glibc) wird mit Rücksicht auf den Strom- und Speicherverbrauch und für eine möglichst hohe Verarbeitungsgeschwindigkeit eine spezielle, in Teilen aber Glibc-kompatible Bibliothek namens *Bionic* verwendet, die deutlich kleiner als die Glibc ist.

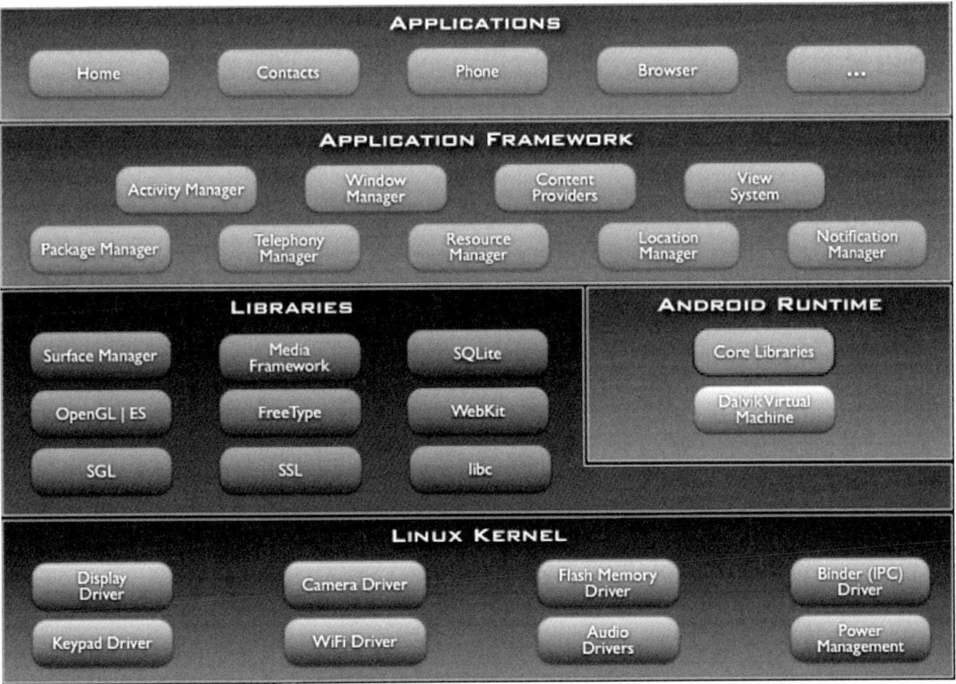

Abb. 7–53 Architektur des Android-Betriebssystems

Die für Android vorgesehenen Applikationen (Apps) und Services werden in der Programmiersprache Java geschrieben. Die Apps werden jedoch nicht als typische Java-Applikationen ausgeführt, weil Android hierfür keine entsprechenden Bibliotheken und auch keine übliche virtuelle Java-Maschine einsetzt. Stattdessen werden die Apps in der virtuellen Maschine *Dalvik* (Android Runtime) ausgeführt, deren Ressourcenbedarf weit geringer ist, was für kleine mobile Computer ein wichtiges Kriterium ist. Des Weiteren gehen die Entwickler dadurch auch lizenzrechtlichen Problemen aus dem Weg.

Mit Dalvik ist es möglich, verschiedene Bibliotheken mit anderen Programmiersprachen wie C/C++ entwickeln zu können, die durch Dalvik dann importiert werden können, wie es auf ähnliche Art und Weise auch mit den DLLs (*Dynamic Linked Libraries*) bei Windows praktiziert wird. Gleichwohl sind die Apps (**.apk*) bezüglich ihrer Syntax äquivalent zu Java, und vielfach ist es sogar möglich, Java-Libraries als Sourcecode direkt in die Apps zu importieren. Näheres zur Applikationserstellung und Hardwarekommunikation mit Android ist im Abschnitt 12.6 angegeben.

Jede Android-Anwendung läuft als ein eigener Prozess in einer separaten *Dalvik Virtual Machine*, wobei die Programme jedoch Teile anderer Anwendungen nutzen können. Wie andere Betriebssysteme auch arbeitet Android mit einer virtuellen Speicherverwaltung, bei der der physikalische Speicher über Tabellen auf virtuelle Speicheradressen abgebildet wird. Eine Anwendung arbeitet stets in einem geschützten Speicherbereich (Sandbox) und verfügt über ein eigenes Verzeichnis mit dem jeweiligen Package-Namen. Eine Besonderheit ist, dass Android für jede installierte Anwendung einen eigenen Linux-User anlegt.

Der Zugriff auf die Ressourcen erfolgt mithilfe der Application-Framework-Schicht (vgl. Abb. 7–53), die eine ganze Reihe von Managerfunktionen sowie *Content-Provider* beinhaltet. Allgemein bietet das *Application Framework* dem Entwickler einen abstrakten Zugriff von den Apps aus auf die standardisiert dargestellten Systemressourcen. Verschiedene Content-Provider können durch die Apps genutzt oder auch von ihnen zur Verfügung gestellt werden. Beispielsweise werden die Daten des Telefonbuches über einen Content-Provider für die App-Nutzung bereitgestellt.

Nachdem eine Android-App durch Java in einen Byte-Code und anschließend in einen Dalvik-Code übersetzt wurde, wird sie zusammen mit den Ressourcen (Text, Bilder, Oberfläche) zu einem APK-Paket zusammengefasst, welches daraufhin installiert werden kann und vom Package-Manager entsprechend verarbeitet wird. Jede App definiert ihre Komponenten anhand einer Manifestdatei, die dem Package-Manager die jeweils benötigte Android-Version, die einzelnen Bestandteile der App, die notwendigen Rechte und den Ressourcenbedarf mitteilt.

Bei der Installation einer App überprüft Android, ob sie über eine gültige digitale Signatur verfügt, sodass der Entwickler hiermit identifiziert werden kann. Für die

Sicherheit der App und des dazugehörigen Schlüssels bzw. Zertifikats, welches nicht von einer Zertifizierungsstelle signiert sein muss, ist der Entwickler selbst verantwortlich. Wenn die App erfolgreich validiert worden ist, untersucht Android eine dazugehörige Konfigurationsdatei, die die Zugriffsrechte für die App bekannt gibt. Je nach Einstellung des Android-Systems und der Art der App kann die Installation verweigert oder erst auf Rückfrage vom Anwender manuell gestattet werden, was davon abhängt, welche Manipulationen bzw. Berechtigungen am System durch die App verursacht werden (sollen). Vielfach verlassen sich die Benutzer darauf, dass eine Warnung bei der Installation übergangen werden kann, sodass sich auf diesem Weg leicht unerwünschte Software und Schadsoftware einschleusen lässt.

Abb. 7–54 Ob eine App derart weitreichende Rechte benötigt, sollte stets genauer hinterfragt werden, denn es könnte (wie hier) ein Trojaner sein, der sich im System einnisten möchte.

Die Apps können sich aus verschiedenen Komponenten zusammensetzen, wobei die *Activity* die wichtigste ist, die an ein *User Interface* gebunden ist und vom Benutzer der App gestartet wird. Dieser kann eine Activity stets mit dem Back- oder auch Home-Button verschwinden lassen und zu einem anderen Zeitpunkt wieder hervorholen. Android sorgt automatisch dafür, dass der dazugehörige Speicherbereich freigegeben oder behalten wird, damit er beim nächsten Aufruf wieder zurückgeschrieben werden kann. Dabei spielt das Multithreading eine wichtige Rolle, um quasi fließende Übergänge zwischen den Softwarekomponenten zu gewährleisten und um dafür zu sorgen, dass das User Interface auf keinen Fall blockiert wird.

Eine Activity kann über mehrere *Views* verfügen, die jeweils aus unterschiedlichen Textfeldern, Bildern und Buttons bestehen. Sowohl die Views als auch die komplette App kann von Android in den Hintergrund befördert oder auch beendet werden, wenn sie nicht mehr benötigt werden und/oder der Speicher knapp werden sollte. Bei einem erneuten Aufruf der Activity muss sie folglich neu initialisiert werden oder ihr Abbild ist aus dem Speicher wiederherzustellen. Unterstützt werden Apps durch die Services, die im Vergleich zu Views weitreichendere Rechte besitzen, um mit dem System und der Hardware zu interagieren. Services ergänzen eine Activity und führen ohne User Interface bestimmte Aufgaben im Hintergrund aus, etwa den Aufbau einer Internetverbindung bei einer E-Mail-App.

Android generiert bei der Arbeit verschiedene Systemnachrichten (*Intents*), die den aktuellen Status prozessübergreifend bekannt geben. Der Entwickler kann diese Nachrichten mithilfe von Broadcast-Receivern empfangen und dann situationsbezogen darauf reagieren. Derartige Intents können auch selbst entwickelt und für die App-Steuerung eingesetzt werden.

Bei Android kommen – wie generell bei Linux – verschiedene Dateisysteme parallel zum Einsatz. Für die Speicherung von Anwenderdaten wird traditionell ein spezielles System mit der Bezeichnung YAFS (*Yet Another Flash File System*) eingesetzt, welches sich insbesondere für Flash-Speicher (NAND) eignet. Außerdem wird das *Extended File System* (EXT2, EXT3, EXT4) verwendet, das für Linux-Systeme als Standard zu betrachten ist.

Typischerweise sind bei Android-Geräten fünf bis sechs verschiedene Dateisysteme (*/proc/filesystems*) für die physikalische Speicherung aktiv, wobei es sich bei dem größten Teil (von insgesamt ca. 15 bis 20 unterstützten Systemen) um Dateisysteme handelt, die sich auf *virtuelle Devices* beziehen und die deshalb mit dem Attribut *nodev* versehen sind. Informationen über die Konfiguration, den Kernel und über Prozesse werden mit einem proc-Dateisystem verarbeitet, welches nur einen Root-Zugriff erlaubt, und das insbesondere von Windows her bekannte System FAT32 (VFAT unter Linux/Android) wird für SD-Karten und OnBoard-Speicher wie eMMC (Embedded Multimedia Card) eingesetzt. Einige Hersteller, beispielsweise Samsung, verwenden auch eigene Dateisysteme, beispielsweise das *Robust Fat Filesystem* (RFS).

7.4.3 Kopieren und Backup

Um Daten zwischen einem Android-Gerät und einem PC auszutauschen, nutzt man am besten eine USB-Verbindung, wofür am Smartphone oder Tablet eine Micro- oder auch Mini-USB-Buchse und am PC eine A-Buchse vorgesehen ist. Näheres zum USB und zu den Besonderheiten bei Smartphones und Tablets ist in den Abschnitten 3.6 und 4.5.1 zu finden.

Die kleinen USB-Stecker sind nicht immer so einfach in die passende Buchse einzuschieben – nicht nur, weil sich die Micro- und die Mini-USB-Connectoren so ähnlich sehen, was immer wieder zu Verwechslungen bei den passenden Verbindungskabeln führt, sondern auch, weil nicht immer die jeweilige Einsteckrichtung zu erkennen ist. Um nicht durch wiederholtes Probieren die Buchse im Smartphone zu verbeulen, empfiehlt es sich, eine Markierung oben (oder unten) am Stecker anzubringen, was sich bei schwarzen Kabeln mit einem Klecks Tippex leicht bewerkstelligen lässt. Die Buchsen in den Geräten sind keineswegs mit der gleichen Orientierung eingebaut, auch wenn es sich um den gleichen Typ handeln sollte.

Die Android-Geräte werden vom PC standardmäßig als Wechseldatenträger, also als USB-Sticks erkannt, sodass die Daten auf die übliche Art und Weise ausgetauscht werden können. Bei den Android-Geräten ist hierfür die Option USB-DEBUGGING zu aktivieren, die sich je nach Version und Modell an verschiedenen Stellen finden lässt, etwa über APPS – EINSTELLUNGEN – ANWENDUNGEN – ENTWICKLUNG. Bei einem aktuellen Windows-PC ist (zunächst) keine besondere Software notwendig, höchstens bei Windows XP, welches noch nicht automatisch mit derartigen Datenträgern umgehen kann, sodass hierfür ein spezieller Treiber vom Hersteller des Android-Geräts benötigt wird.

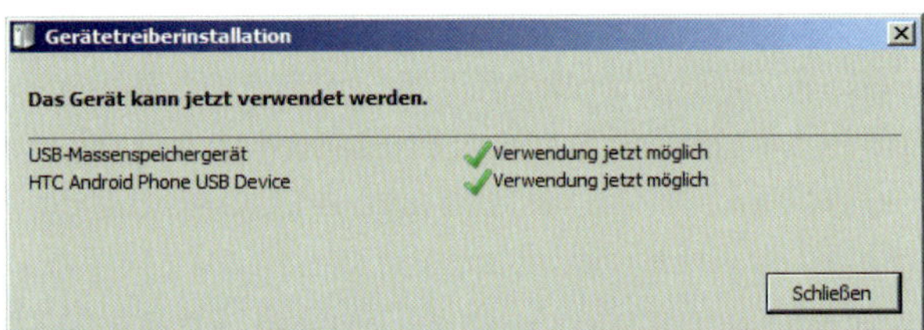

Abb. 7–55 Der Windows-PC hat das angeschlossene Smartphone erkannt.

Möglicherweise ist nach dem Einschalten der USB-Debugging-Funktion ein Neustart (mit einem kompletten Ausschalten) des Android-Gerätes notwendig, damit Windows es als Datenträger erkennen kann. Das Android-Gerät kann beim Erkennen einer USB-Verbindung mit einem PC nach dem zu verwendenden Verbindungstyp fragen, wofür es typischerweise die Optionen NUR LADEN, SYNC., FESTPLATTE, USB-VERBINDUNG (mobiles Netzwerk für PC freigeben) und INTERNET-DURCHGANG (über den PC mit dem Internet verbinden) gibt.

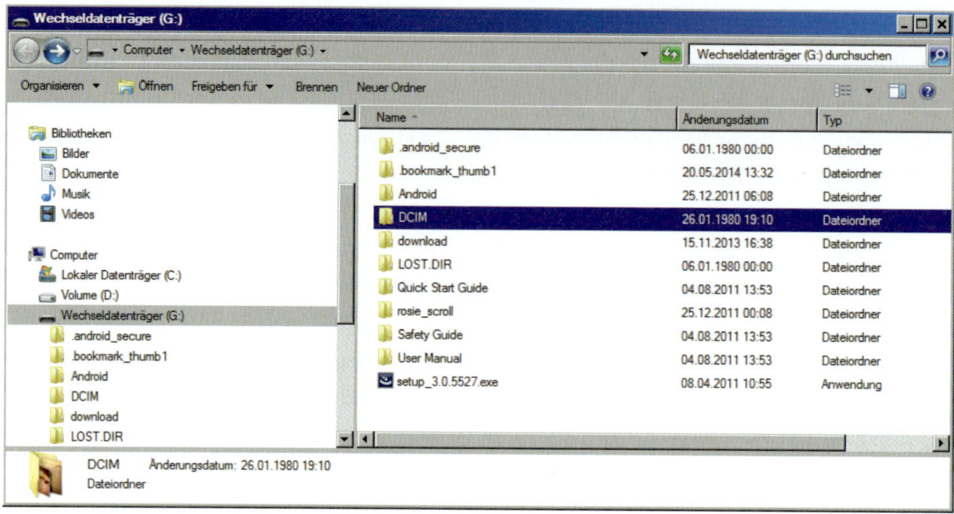

Abb. 7–56 Das Android-Smartphone wird von Windows als üblicher Wechseldatenträger angesehen, sodass das Hin- und Herkopieren von Daten, wie etwa von Fotos im DCIM-Verzeichnis, keinen besonderen Aufwand erfordert.

Falls für das Android-Gerät ein Treiber für das Betriebssystem oder eine spezielle Software vorhanden ist, lassen sich die Daten auf den Geräten miteinander synchronisieren und spezielle Funktionen nutzen, z. B. das Neuschreiben der Firmware und Ähnliches. Im Grunde genommen hat jeder Hersteller hierfür eine Lösung parat, beispielsweise bietet HTC den *HTC Sync Manager* und Samsung das Programm *Kies*, welches eine der umfassenderen Lösungen ist.

Neben dem direkten Kopieren von Daten auf einen PC, was als sicherste und zuverlässigste Methode gilt, gibt es auch spezielle Backup-Optionen, wofür möglicherweise bereits standardmäßig eine entsprechende App auf dem jeweiligen Gerät installiert ist. Fast jeder Smartphone-Hersteller betreibt eigene Backup-Lösungen, wie etwa Sony, LG, HTC und Samsung. Was dabei im Einzelnen gesichert wird, ist allerdings nicht immer zweifelsfrei zu erkennen.

Als Speichermedium ist zunächst die SD-Card geeignet, weil hier die Daten – im Gegensatz zu den Daten im internen Gerätespeicher – auch nach einem Rücksetzen auf die Werkseinstellungen erhalten bleiben. Ab Android 4.0 gibt es standardmäßig in den Einstellungen den Punkt Speicher – Verschiedenes, mit dem sich Multimediadaten (Musik, Fotos, Videos) auf die SD-Karte oder per USB-Kabel direkt auf einen PC übertragen lassen.

Abb. 7–57 Das Programm »Kies« für Geräte der Firma Samsung bietet eine Reihe nützlicher Funktionen.

Ein Nachteil der herstellerspezifischen Lösungen ist, dass sich die Daten nicht auf Geräte eines anderen Herstellers übertragen lassen, weshalb es eine ganze Reihe von geräteunabhängigen Backup-Lösungen mit einem unterschiedlichen Leistungsumfang und für verschiedene Android-Versionen gibt. Apps wie *MyBackup* (ab Android 1.5), *Super Backup* (ab Android 2.01) oder *Helium Desktop* (ab Android 4.0) erlauben recht genaue Einstellungen dazu, was (Fotos, Musik, Videos, Kontakte, Anruflisten, Lesezeichen, SMS, Kalendereinträge, Einstellungen, Homescreen, Wecker, Wörterbücher, Musik-Playlisten, Apps, Daten) im Einzelnen wo gesichert werden soll (SD-Card, Computer, Cloud).

In Abhängigkeit von den zu sichernden Daten – beispielsweise für Einstellungen und System-Apps – sind Root-Rechte (siehe Abschnitt 7.4.4) für das Kopieren bzw. Sichern notwendig, wie etwa bei *Titanium Backup Root* oder *Clockwork Mod Recovery,* welches zudem ein vollständiges System-Image sichern kann. Das Tool *Holo Backup* gestattet ebenfalls eine Image-Sicherung, allerdings ohne System-Apps. Dafür benötigt es auch keine Root-Rechte und funktioniert ohne Installation unter Windows und Linux.

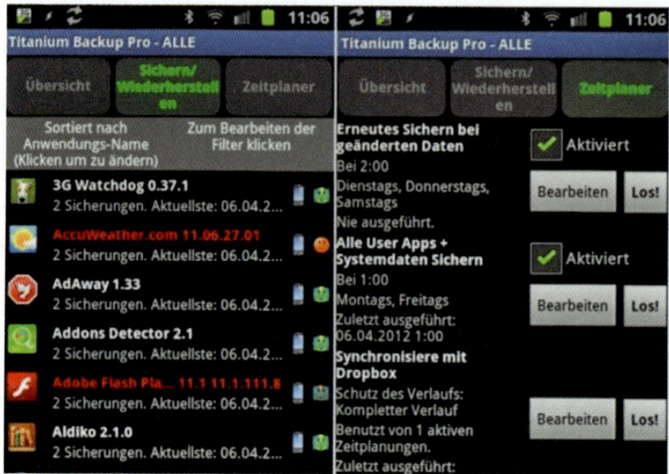

Abb. 7–58 »Titanium Backup« ist eine umfassende Backup-Lösung, die jedoch Root-Rechte (Superuser) erfordert.

Das Speichern von Daten bei einem Cloud-Dienst (Dropbox, SkyDrive, Google Drive) ist ebenfalls eine gängige Maßnahme, auch wenn der Datenschutz – nach deutschen bzw. europäischen Aspekten – dabei keineswegs sichergestellt ist. Daher sollten hier keine Passwörter und private Daten abgelegt werden, weil die Übertragung oftmals sogar unverschlüsselt erfolgt.

7.4.4 Geräte rooten

Bei Windows gibt es den *Administrator* und bei Linux den *Superuser* oder *Root*, denen ein voller Systemzugriff gestattet ist. Weil Android von Linux abstammt, gibt es auch hier einen Nutzer *Root*, der standardmäßig deaktiviert ist, weil das Arbeiten des Benutzers mit Root-Rechten aus Sicherheitsgründen nicht vorgesehen ist. Android verfügt jedoch nicht über eine Benutzerverwaltung wie die anderen Systeme, sondern für jede installierte Anwendung wird ein eigener Benutzer (siehe Abschnitt 7.4.2) angelegt, der eine User-ID führt, und es werden die jeweiligen Rechte für ihn festlegt, sodass die Root-Aktivierung bei Android eigentlich die Lese- und Schreibrechte auf die Apps und Services verändert.

Dem Vorteil, nahezu alle möglichen Systemmanipulationen inklusive kompletter Backups als Root oder Superuser vornehmen zu können, wie etwa auch vorinstallierte Apps oder Werbe-Apps (Bloatware) löschen zu können oder auch Funktionen nachzurüsten, steht zunächst der Nachteil gegenüber, dass bei einem »gerooteten« Smartphone die Gerätegarantie erlischt. Die Gewährleistung bleibt allerdings bestehen, denn sie ist eine gesetzliche Pflicht, die der Verkäufer einhalten muss, wenn der Kunde einen Mangel am Gerät feststellt, der schon zum Zeitpunkt des Kaufs bestand.

Die Garantie ist eine freiwillige Leistung des Herstellers oder Verkäufers, die dem Kunden die Funktionsfähigkeit der Ware über einen bestimmten Zeitraum garantiert. Stellt dieser einen Defekt fest, der bereits zum Zeitpunkt des Kaufs bestand, greift daher die Garantie, die von vielen Herstellern bei einem »gerooteten« Gerät verweigert wird. Die Hersteller verfahren in solchen Fällen jedoch nicht einheitlich. HTC beispielsweise gibt an, dass die Garantie bestehen bleibt, wenn der Defekt nicht durch das Rooten entstanden ist. Das Rooten ist zwar nicht komplett rückgängig zu machen, gleichwohl empfiehlt es sich, bei Garantieansprüchen so viel wie möglich von dem, was man mit Root bewerkstelligt hat, wieder zu beseitigen.

Wenn man als Root unterwegs ist, muss man sich über die Gefahren im Klaren sein, die damit einhergehen können, denn nicht nur unbeabsichtigte Aktionen können das Gerät »lahm« legen, sondern bestimmte Schadsoftware kann einen höheren Schaden verursachen, als wenn sie nur auf eine übliche Benutzerumgebung treffen würde.

Die Ausführung eines Root-Vorgangs kann auch schiefgehen, wobei man hier zwischen einem *Soft-Brick* und einem Hard-Brick unterscheidet. Die Bezeichnung *Brick* soll kennzeichnen, dass das Gerät bei einem derartigen Fehler nur noch den Nutzen eines Ziegelsteins hat. Ein Soft-Brick ist lediglich ein Softwarefehler, der dazu führt, dass das Gerät nicht mehr richtig startet, was sich meist durch ein Rücksetzen auf die Werkseinstellungen oder die Installation einer neuen Firmware beheben lässt. Seltener ist ein Hard-Brick, bei dem das System so weit zerstört wurde, dass überhaupt kein Zugriff mehr auf das Gerät möglich ist und auch keine Rettungsmaßnahme mehr greifen kann.

Es gibt leider keine einheitliche Methode, um unter Android Root-Rechte zu erlangen. Fast jedes Tablet oder Smartphone verlangt eine andere Vorgehensweise. Vor dem Beginn der Prozedur sollte klar sein, aus welchem Grunde man die Root-Rechte benötigt und was man damit anfangen will, denn sowohl für das Backup als auch für das Entfernen von Bloatware existieren Lösungen, die Root-Rechte benötigen, aber auch welche, die eben keine Root-Rechte voraussetzen. Wer bestimmte Systemfunktionen steuern möchte, etwa um den Prozessor für einen niedrigeren Stromverbrauch (Undervolting u. Ä.) einzustellen, kommt um die Root-Funktionalität allerdings nicht herum.

Im Internet gibt es eine Vielzahl von Anleitungen für das Rooten von Android-Geräten, etwa auf *http://www.android-hilfe.de/* oder *http://www.xda-developers.com/* oder *http://www.androidcentral.com/root*, die sich generell für die Beschaffung von Informationen rund um Android eignen und auch zahlreiche Foren bieten.

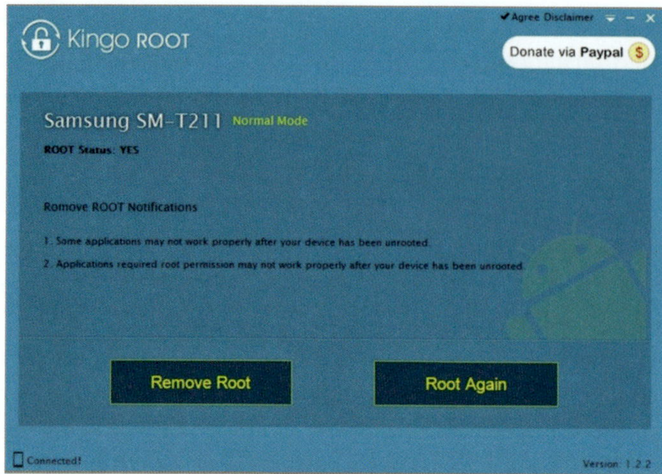

Abb. 7–59 »Kingo ROOT« kann das Gerät auch wieder in den normalen (ungerooteten) Zustand versetzen.

Einige Programme, wie etwa *Towelroot* oder *Framaroot*, funktionieren mit unterschiedlichen Android-Geräten (Samsung, LG, Huawei) wie eine übliche App, sodass der Vorgang dann einfach durchzuführen ist. *Kingo Root* (Abb. 7–59) ist ein Windows-Programm, das den Root-Vorgang ebenfalls für verschiedene Android-Geräte (mit nur einem Mausklick) ausführen kann. Wie üblich muss hierfür die Option `USB-Debugging` bei dem Android-Gerät aktiviert sein. Eine illustrierte Anleitung für das Programm macht es auch Einsteigern leicht, die Root-Funktionalität herzustellen. Ähnlich funktioniert das Programm *UnlockRoot (Pro)*, wofür die *Android ADB Drivers* des Android SDKs zu installieren sind.

Abb. 7–60 Die Superuser-Anfrage taucht bei einem »gerooteten« Gerät meist automatisch auf.

Ob man tatsächlich Root-Rechte erlangt hat, stellt man am besten dadurch fest, indem eine App aufgerufen wird, die eben Root-Rechte benötigt, oder indem man die App *Root Checker* (z. B. bei Google Play) ausprobiert, die explizit die Root-Funktionalität ausweist. Üblicherweise wird beim Root-Vorgang eine App wie *SuperSU* oder *Superuser* mitinstalliert, die als Steuerungsinstanz fungiert, ähnlich wie die Benutzerkontensteuerung bei Windows. Wenn eine Anwendung Root-Rechte anfordert, wird dann ein Warnhinweis mit einer Anfrage angezeigt, sodass die Einwilligung vom Benutzer an dieser Stelle gegeben oder nicht erteilt kann, was somit keine großen Risiken birgt.

7.4.5 Alternative Firmware – Custom ROMs

Laufend erscheinen neue Android-Versionen, was meist mit der Vorstellung neuer Geräte einhergeht, für die die Hersteller eine begrenzte Zeit lang noch Updates für kommende Android-Versionen zur Verfügung stellen. Nicht selten erscheint ein Smartphone bereits nach kürzester Zeit als »altes Eisen«, weil die aktuellen Modelle demgegenüber moderner aussehen, aktuellere Apps bieten und sich flüssiger und womöglich auch anders bedienen lassen.

Als Alternative zur Firmware von Google und den Geräteherstellern bieten sich verschiedene sogenannte Custom ROMs an, wobei diese Software nichts mit der ROM-Technologie (*Read Only Memory*) zu tun hat. Custom ROMs (CRs) gibt es in Hülle und Fülle. Sie sind explizit für ein bestimmtes Gerät vorgesehen, wobei die jeweilige Seriennummer des Gerätes möglicherweise auch noch von Bedeutung ist. Die Qualität von Custom ROMs ist sehr unterschiedlich, wovon man sich in den einschlägigen Internetforen der Android-Communities (s. o.) einen Eindruck verschaffen kann.

Grundsätzlich werden die Custom ROMs nicht etwa von Enthusiasten neu geschrieben, sondern die Ausgangsbasis ist eine Original-Android-Version, die als Open Source (*Android Open Source Platform*) verfügbar ist, oder es wird eine Original-Firmware-Version des Geräteherstellers zugrunde gelegt. Diese alternativen Firmware-Versionen sind völlig legal und richten in den seltensten Fällen einen nicht wieder behebbaren Schaden an.

Je nach Intention verfolgt eine Custom-ROM-Version einen bestimmten Schwerpunkt, seien es zusätzliche spezielle Funktionen oder eine sehr »schlanke« Version, die nur mit dem Nötigsten ausgestattet ist, dafür aber auch auf älteren Modellen noch flott arbeitet und/oder weniger Strom verbraucht.

Die meisten Custom ROMs sind aus dem CyanogenMod-Projekt hervorgegangen. Es gibt sie für sehr viele Android-Geräte (*http://www.cyanogenmod.org/devices*), und sie gelten als ausgereift. Sie sind in den meisten Fällen im Speicherbedarf deutlich genügsamer als die vergleichbaren herstellerspezifischen Android-Versionen. Aus lizenzrechtlichen Gründen sind die Google Apps aber nicht automatisch mit dabei.

Daneben gibt es zahlreiche weitere Custom-ROM-Versionen (Paranoid Android, MIUI, Pac-Man usw.), die ganz unterschiedliche Ansätze verfolgen, die man sich bei Interesse genauer ansehen sollte, wofür die drei oben angegebenen Android-Internetadressen wieder eine gute Ausgangsbasis bieten. Unter *http://www.androidpit.de* ist außerdem eine *Custom ROM Comparison Database* abgelegt, die eine detaillierte, wenn auch nicht immer aktuelle Übersicht über die einzelnen Funktionen bietet, und unter *http://www.giga.de* ist ein nützlicher Auswahltest für die (erste) Version eines den eigenen Ansprüchen möglichst nahe kommenden Custom-ROMs zu finden.

Abb. 7–61 Die Erscheinungsbilder beliebter Custom ROMs

Vor dem »Einspielen« eines Custom ROMs sollten ein Backup des Systems (siehe Abschnitt 7.4.3) angefertigt werden. Im laufenden Betrieb ist es nicht möglich, die Firmware zu aktualisieren, denn sie wird ja gerade benutzt. Deshalb kann die Recovery-Funktion von Android hierfür eingesetzt werden, die ein neues System von der SD-Karte in den Flash-Speicher schreiben kann. Typischerweise tritt die Recovery-Funktion dann in Aktion, wenn ein heruntergeladenes System-Update ausgeführt werden soll.

Um beliebige Firmware-Images installieren zu können, ist meist zusätzliche Software wie *ClockworkMod Recovery* (CWM) notwendig. CWM lässt sich von der *ROM Manager App* (Abb. 7–62) aus installieren, die eine ganze Reihe von nützlichen Funktionen für das Laden und die Verwaltung von ROMs – der Firmware – bietet. Der *ROM Manager* enthält außerdem eine Backup-und-Restore-Funktion, die die aktuelle Firmware auf die SD-Karte sichern kann, sodass sich das Originalsystem wiederherstellen lässt, falls die Custom-ROM-Version doch nicht beibehalten werden soll.

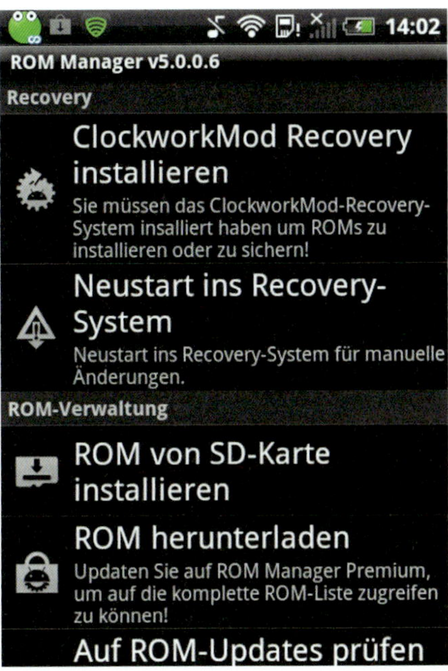

Abb. 7–62 Der ROM-Manager erlaubt einen recht komfortablen Umgang mit alternativen Android-Versionen.

Für die Installation von CWM sind Root-Rechte notwendig. Das Tool wird während des Boot-Vorgangs des Android-Geräts gestartet, also bevor Android geladen ist. Es ist also keine gewöhnliche App und erlaubt den Gerätezugriff auch dann, wenn schwerwiegende Systemfehler vorliegen, sodass die Restore-Funktion zur Reparatur einsetzbar ist.

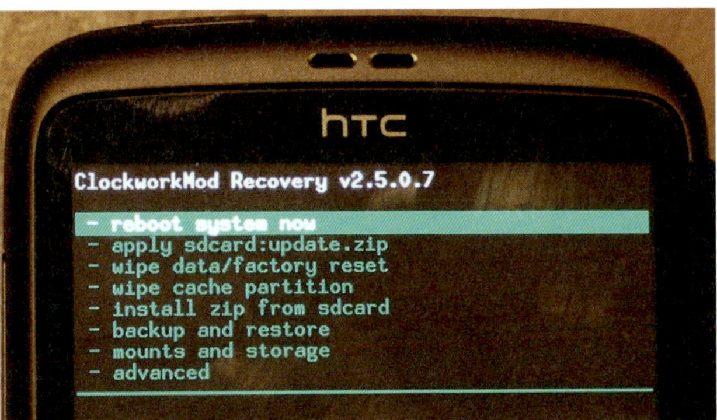

Abb. 7–63 »ClockworkMod Recovery« wird während des Boot-Vorganges geladen und verschiedene Operationen für die Firmware ausführen zu können.

Bei Geräten (z. B. von Google, Sony, Samsung), die über einen Fastboot-Modus verfügen, der über eine bestimmte Tastenkombination aufgerufen wird, lässt sich von einem PC aus mithilfe eines Fastboot-Tools direkt ein alternatives Betriebssystem in den Flash-Speicher des Android-Geräts schreiben. Das kann beispielsweise mit der Samsung-Software *Kies* (Abb. 7–57) durchgeführt werden.

Neben dem praktischen Fastboot-Modus gibt es bei einigen Geräten (Motorola, HTC) ebenfalls einen speziellen Bootloader, der gewissermaßen das Gegenteil bewirkt, denn er verhindert den Austausch des Recovery-Systems und gestattet nur vom Hersteller signierte Firmware-Versionen. Aber auch für dieses Problem finden sich in den Android-Foren gerätespezifische Lösungen, beispielsweise in Form der Software *Revolutionary*, die den Schutzmechanismus (@SecureFlag) aushebelt und dann *ClockworkMod Recovery* (s. o.) installiert, sodass die Vorgehensweise für die Installation von Custom-Firmware von da ab eigentlich immer gleich ist.

Nach dem Download der für das jeweilige Gerät passenden Zip-Datei mit dem Custom-ROM-Inhalt wird sie in *update.zip* umbenannt und auf der SD-Karte gespeichert. Das Umbenennen ist nur dann notwendig, wenn dem Android-Gerät die Custom-Firmware als übliches Update »untergeschoben« werden kann (s. o.). Falls ohnehin *ClockworkMod Recovery* (CWM) als alternative Recovery-Funktion notwendig ist, ist dies nicht notwendig, denn CWM erlaubt beliebige Zip-Dateinamen.

Der Recovery-Vorgang wird daraufhin beim Einschalten über eine bestimmte zu drückende Tastenkombination, wie LEISER + POWER *(HTC)* oder LAUTER + HOME + POWER (Samsung), am Android-Gerät ausgelöst oder von einem PC aus, der mit dem Android-Gerät über USB verbunden ist. Hierfür sind dann wieder die *Android ADB Drivers* notwendig.

Der Flash-Vorgang kann mehrere Minuten dauern. Wenn der Vorgang nicht korrekt absolviert wird und die neue Version nicht auftauchen sollte, ist das zwar ärgerlich, jedoch meist nicht kritisch, zumindest, wenn das vorherige System entsprechend gesichert worden ist, welches sich dann wieder (mit CW) zurückspielen lässt.

Alternative Android-Versionen installieren:

- Gerät rooten (geräteabhängig, nicht immer notwendig).
- Backup des Systems (zumindest der persönlichen Daten) durchführen.
- Der Akku sollte voll aufgeladen sein (Eine Spannungsunterbrechung während des Flash-Vorgangs ist unbedingt zu vermeiden).
- Klären wie sich der Recovery-Modus beim jeweiligen Gerät aufrufen lässt (Tastenkombination).
- Beschaffung der für das jeweilige Gerät passenden Custom-ROM-Version.

- Installation der ROM Manager App mit ClockworkMod Recovery als alternatives Recovery-System, wenn das »Einspielen« der Custom-Firmware nicht über den standardmäßig implementierten Recovery-Mechanismus funktioniert.
- Speichern der Custom-ROM-Version auf der SD-Karte.
- Recovery-Funktion ausführen.

8 Netzwerke und Internetzugang einrichten

In diesem Kapitel wird in komprimierter Form dargestellt, welche Dinge zu tun sind, um verschiedene Geräte funktionstechnisch in ein Netzwerk zu integrieren. Dabei geht es in erster Linie um die grundlegende Konfigurierung, damit die Geräte eine Verbindung zum Internet oder auch zu anderen WLAN-Einheiten herstellen können. Optimierungen werden nicht, Sicherheitseinstellungen lediglich rudimentär behandelt, um die Vorgänge so einfach wie nur irgend möglich zu halten. Die hier angegebenen Schritt-für-Schritt-Anleitungen eignen sich damit insbesondere für die erste Inbetriebnahme und als Hilfe bei der Fehlersuche.

8.1 xDSL-Router

Im einfachsten Fall wird für die Verbindung zwischen einem PC und dem Internet lediglich ein xDSL-Modem benötigt, was meist einem ADSL-Modem entspricht. Die Abb. 8–2 und Abb. 8–3 zeigen, wie die Verbindungen hierfür herzustellen sind.

8.1.1 Versionen und Funktionsprinzip

Die Standardtechnologie für den Internetanschluss stellt ADSL dar, was für *Asymmetrical Digital Subscriber Line* steht. Das Prinzip von ADSL ist, dass man die analoge Signalübertragung – für die Sprache und die konventionelle Modemübertragung – unverändert lässt (im Bereich von 300 bis 4000 Hz) und darüber (ab ca. 130 kHz) ein spezielles Modulationsverfahren (QAM, Quadratur-Amplituden-Modulation) einsetzt, welches wie bei einem konventionellen Modem in einer analogen Datenübertragung auf den Leitungen resultiert. Deshalb ist es möglich, ADSL an einem herkömmlichen analogen Anschluss zu verwenden.

In Abb. 8–1 sind die Frequenzbänder angegeben, die laut dem ITU-Standard für POTS (*Plain Old Telephone System*, das herkömmliche Telefon), ISDN und ADSL verwendet werden.

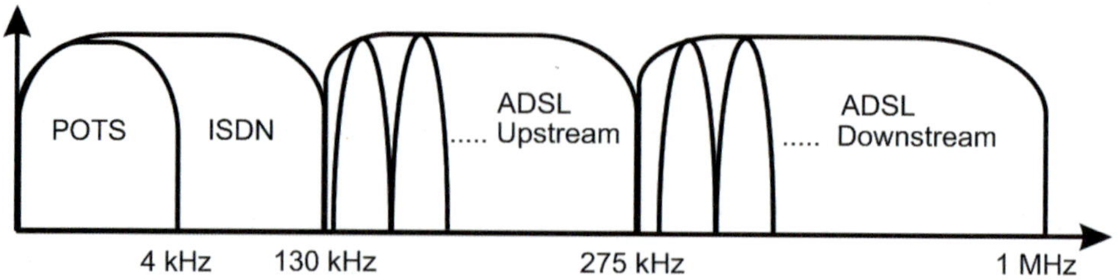

Abb. 8–1 Die genutzten Frequenzbänder für die Sprachübertragung sowie für ISDN und ADSL

ADSL ist nur eine (asymmetrische) Variante des Digital-Subscriber-Line-Verfahrens. »Asymmetrisch« deshalb, weil die Datenübertragungsrate in Kundenrichtung (Downstream) und aus Kundenrichtung (Upstream) unterschiedlich ist. Es gibt eine ganze Reihe anderer DSL-Implementierungen, was in allgemeiner Form als xDSL bezeichnet wird, wobei das »x« die jeweilige DSL-Technologie kennzeichnet. Es liegt im Ermessen des jeweiligen Anbieters, welche Datenübertragungsraten er anbietet. In Tab. 8–1 sind die bekannten Realisierungen mit ihren typischen Maximalwerten angegeben.

Kürzel	Bezeichnung	max. Datenrate	max. Reichweite
HDSL	High Bitrate DSL	2 MBit/s	5 km
ADSL	Asymmetrical DSL	8 MBit/s (Downstream) 0,2 MBit/s (Upstream)	5 km
ADSL2+	Asymmetrical DSL Version 2	24 MBit/s (Downstream) 1 MBit/s (Upstream)	5,2 km
SDSL	Single Pair DSL	2 MBit/s	3,5 km
VDSL	Very High Bitrate DSL	52 MBit/s (Downstream) 2,3 MBit/s (Upstream)	300 m

Tab. 8–1 Die gebräuchlichsten xDSL-Varianten mit den wichtigsten Kenndaten

ADSL nutzt den Frequenzbereich bis 1 MHz (Abb. 8–1), der in 256 einzelne Träger mit jeweils einer Nutzbandbreite von 4 kHz aufgeteilt ist. Für die reine Datenübertragung bleiben 190 Träger übrig, weil einige für spezielle Aufgaben, wie etwa der Transport des Pilottons, notwendig sind. Hiermit erkennen das ADSL-Modem und die Gegenstelle (DSLAM), dass sie gegenseitig erreichbar sind. Die Datenübertragung findet mit einem Verfahren statt, das *Discrete Multi-Tone Frequency Signal Modulation* (DMT) heißt.

Zur Trennung der Telefon- von den Datenfrequenzen kommt ein sogenannter *Splitter* zum Einsatz. Am Splitter wird das Telefon angeschlossen, an einer anderen Buchse ein spezielles ADSL-Modem, welches die Verbindung mit einem oder mehreren PCs (über einen Switch oder Router) herstellt. Die Leitung, die von der Vermittlungsstelle ins Haus gelangt, wird hier als *Amtsleitung* bezeichnet, auch wenn das Amt in seiner ursprünglichen Form, als die Post das Monopol über sämtliche Telefonanschlüsse innehatte, nicht mehr existiert.

Seit dem Jahr 2002 ist die Telekom nur noch für die Technik bis zum Splitter verantwortlich, d. h., der Kunde kann ein ADSL-Modem nach Wahl einsetzen, welches oftmals mit einem Switch und/oder WLAN-Router in einem Gerät kombiniert ist. Die meisten DSL-Anbieter stellen die benötigte Hardware für die Vertragslaufzeit kostenlos zur Verfügung.

Die Schnittstelle zwischen dem Splitter und dem Modem firmiert unter der Bezeichnung UR2 (*Universal Remote*). Dieser Telekom-Standard beschreibt das Zusammenspiel eines DSL-Modems mit dem DSLAM (*DSL Access Multiplexer*) in der Vermittlungsstelle. Weiterentwicklungen von ADSL sind ADSL2 und ADSL2+, die abwärtskompatibel zum ersten Standard sind. Geräte, die den neueren ADSL-Versionen entsprechen, können Störungen und Übersprechen durch eine Trennung von Modulation und Framing (Datenrahmen, Datentelegramm) besser begegnen.

Generell tauschen das ADSL-Modem und die Vermittlungsstelle beim »Trainieren« der Verbindung verschiedene Parameter über die Leitungsbeschaffenheit, die Trägerverfügbarkeit und die mögliche Datenrate aus. Daraufhin einigen sie sich auf synchronisierte Frames, die fortan den Kommunikationspfad bilden und die Nutzdaten transportieren. Falls später eine Störung bei den genutzten Trägern auftritt, gehen die Framestruktur und damit die Daten verloren, sodass daraufhin eine neue Trainingsphase einsetzen muss, falls die Fehlerkorrektur die Daten nicht wiederherstellen kann.

Bei ADSL2 sorgt das Verfahren der *Seamless Rate Adaption* dafür, dass sich die Kanalnutzung und die Datenrate bei auftretenden Störungen anpassen können, ohne dass die Frames gestört werden und der Kommunikationspfad zum Erliegen kommt. Dadurch sind höhere Datenraten zu erreichen, bzw. ADSL2 lässt sich dann als ADSL auch auf schlechteren Leitungen nutzen.

ADSL2+ erlaubt höhere Datenraten (24 MBit/s), wofür der Frequenzbereich auf 2,2 MHz verdoppelt wurde. Der Downstream- und der Upstream-Bereich können somit jeweils 1,1 MHz umfassen. Alle DSL-Zugänge, die mehr als 8 MBit/s bieten, entsprechen heutzutage üblicherweise ADSL2+. Weil diese Version abwärtskompatibel zu ADSL2 ist, gibt es hier keine Kompatibilitätsprobleme. Aktuelle ADSL-Modems unterstützen meist alle drei Versionen und lassen sich in der vom Provider zur Verfügung gestellten Verbindungsart verwenden.

8.1.2 Verkabelung herstellen

Ein Splitter an einer üblichen Telefonleitung ist rein passiv aufgebaut und benötigt demnach keine Spannungsversorgung. Für die in Europa üblichen xDSL-Versionen (ADSL, VDSL) wird stets ein passender Splitter benötigt, wenn das klassische Telefonsignal ebenfalls auf derselben Leitung geführt wird, was bei VDSL aber eher selten der Fall ist. Die Amtsleitung (Amt) führt in den Splitter hinein, und als Anschlüsse stehen auf der Frontplatte des Geräts meist drei TAE-Buchsen zur Verfügung. Die Amtsleitung kann direkt auf die beiden Klemmen (Kontakte a, b) im Splitter geführt werden oder von einer vorhandenen TAE-Dose aus mit dem mitgelieferten Kabel auf die Anschlussbuchse (RJ11) gesteckt werden.

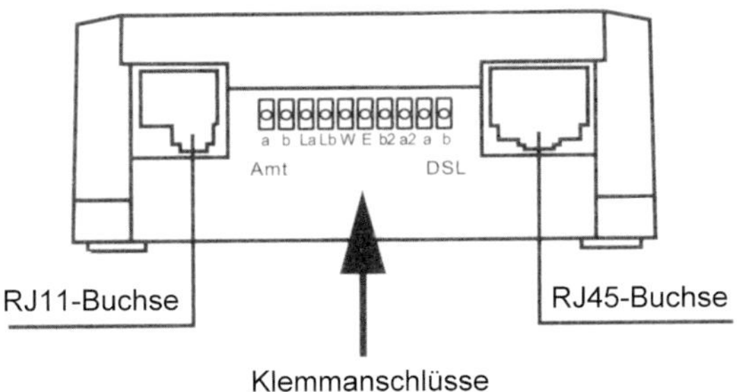

Abb. 8–2 Anschlüsse eines Splitters

Das ADSL-Modem wird mit der RJ45-Buchse des Splitters verbunden, wofür das vorgesehene Kabel auf der einen Seite einen RJ45-Stecker besitzt und auf der anderen Seite zum Modem hin einen RJ11-Stecker. Diese Bauweise soll einen Falschanschluss möglichst vermeiden, denn die DSL-Pakete sollen auch von einem Laien in Betrieb zu nehmen sein. Die Verbindung zwischen Splitter und ADSL-Modem führt nur zwei (UR2) Leitungen; es ist gewissermaßen die vom Sprachsignal abgetrennte Amtsleitung.

Da ein ADSL-Modem über eine RJ45-Buchse verfügt, wie sie auch bei Netzwerkkarten gebräuchlich ist, passt hier ein gewöhnliches Twisted-Pair-Kabel (Patch-Kabel) hinein, mit dem die Verbindung zur Netzwerkkarte des PCs oder einem Switch/Router hergestellt wird.

ISDN-Geräte können an den TAE-Buchsen des Splitters nicht direkt verwendet werden, sondern es ist ein NTBA-Adapter (Abb. 8–3) dazwischenzuschalten.

Demnach ist DSL auch nicht als kompletter Ersatz für ISDN zu sehen, sondern eher als Ergänzung. Für die Internetbenutzung kommt DSL und für Dateitransfer oder Fax das ISDN zum Einsatz. ISDN stellt als leitungsorientierte Technik stets definierte Teilnehmer-zu-Teilnehmer-Verbindungen her, die als sicher betrachtet werden können, während DSL nur eine Verbindung zur Vermittlungsstelle bietet und keine direkten Verbindungen zu anderen DSL-Teilnehmern aufbauen kann.

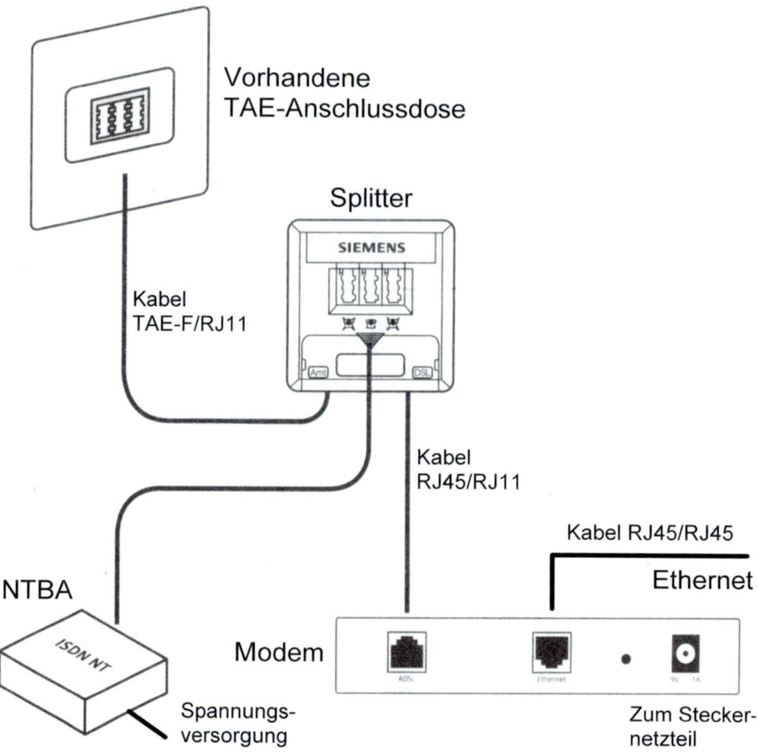

Abb. 8–3 Die Verschaltung der ADSL-Installation, wobei ISDN optional ist

8.1.3 Setup und Konfigurierung

Bei Heiminstallationen ist das ADSL-Modem in ein Kombigerät integriert, welches außerdem einen Switch für den Anschluss mehrerer PCs sowie ein WLAN-Interface (WLAN Access Point) und möglicherweise noch weitere Einheiten (Telefonanlage, Firewall) beinhaltet, was oftmals vereinfacht unter *ADSL-Router* oder auch *ADSL-Gateway* firmiert.

Nach der Verkabelung ist eine grundlegende Einstellung notwendig, die bei allen Geräten im Prinzip ähnlich ist, sei es ein ADSL-, VDSL - oder auch ein Kabelmodem, wie es bei den Breitbandangeboten der Kabelnetzbetreiber eingesetzt wird. Zur Konfigurierung gehören die Festlegung der Daten des jeweiligen Providers unter WAN-INTERFACE und eine Angabe, wie die IP-Adressenvergabe für das LAN erfolgen soll: automatisch per DHCP oder manuell, sodass in diesen Fall auch dem ADSL-Router eine feste IP-Adresse zugeteilt werden muss.

Auch wenn es zunächst umständlicher erscheinen mag, können Fehler im Netzwerk bei festen privaten IP-Adressen leichter gefunden und beseitigt werden, weil eben genau bekannt ist, welche Einheit welche IP-Adresse besitzt, was sich bei stationären Geräten wie PCs, Netzwerkdruckern oder auch konfigurierbaren Switches empfiehlt, während mobile Einheiten wie Smartphones oder Netbooks, die nur zeitweise im (W)LAN präsent sind, vorteilhafter mithilfe von DHCP eingerichtet und verwendet werden.

Der jeweilige DSL-Provider liefert meist ein eigenes Gerät mit, welches zumindest für die erste Inbetriebnahme der Internetverbindung unbedingt verwendet werden sollte. Im Fehlerfall besteht der Provider üblicherweise darauf, dass das ursprünglich mitgelieferte Gerät angeschlossen sein muss, wenn etwa die Leitung zu überprüfen ist, weil keine Verbindung zustande kommt.

Jedes Gerät verfügt über bestimmte Grundeinstellungen, die dokumentiert sein sollten, etwa über welche IP-Adresse der Router von Haus aus verfügt, damit man mit einem daran angeschlossenen PC die Konfigurierung vornehmen kann:

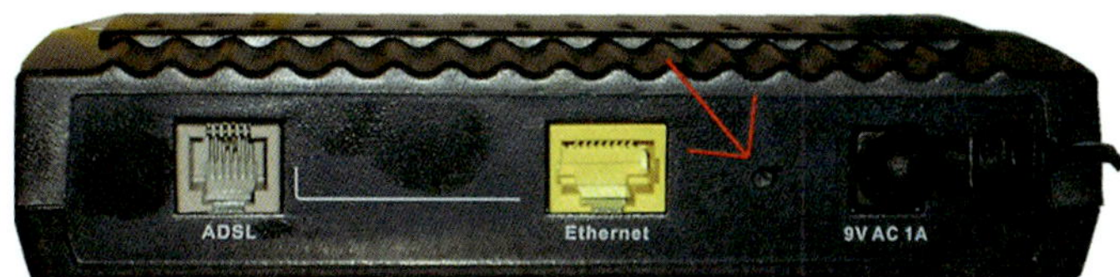

Abb. 8–4 Dieser ADSL-Router verfügt nur über zwei Anschlüsse, die mit dem Splitter (ADSL) und einem PC (Ethernet) zu verbinden sind. Durch einen Druck auf den markierten Reset-Button wird das Gerät in seinen Ausgangszustand versetzt.

1. Mitgeliefertes Kabel zur Verbindung mit dem Splitter anschließen.
2. ADSL-Router und den PC mit üblichem Netzwerkkabel (ab CAT-5) verbinden.
3. Netzteil anschließen und/oder Netzspannung anschalten: Die Power-LED am ADSL-Router leuchtet. Wenn nicht, dann Spannungsversorgung kontrollieren. Ist eventuell das Netzteil defekt?
4. PC manuell mit einer IP-Adresse einstellen, die im gleichen Netz liegt wie die IP-Adresse des ADSL-Modems. Bei Windows 7 z. B. über NETZWERK- UND FREIGABECENTER – LAN-VERBINDUNG – EIGENSCHAFTEN – NETZWERK – INTERNETPROTOKOLL VERSION 4 – EIGENSCHAFTEN – ALLGEMEIN – FOLGENDE IP-ADRESSE VERWENDEN.
5. IP-Adresse des ADSL-Modems im Internetbrowser angeben. Jetzt sollte sich ein Anmeldungsfenster oder Menü öffnen. Wenn nicht, dann zu Schritt 6, sonst zu Schritt 7. Wichtig ist, dass tatsächlich die IP-Adresse (z. B. 192.168.1.1) und nicht der möglicherweise vorhandene Name des ADSL-Modems angegeben wird.
6. Ping-Befehl auf die IP-Adresse des ADSL-Modems absetzen, wenn Antwort soweit okay ist. Falls keine Antwort erscheint, LAN-Kabel kontrollieren.

7. Erneuter Versuch, über die IP-Adresse das Menü des ADSL-Modems zu öffnen. Wenn kein Erfolg, dann ist der Internetbrowser bzw. seine Einstellungen nicht in Ordnung. Vorgang mit anderem PC, anderem Betriebssystem oder anderem Browser versuchen.
8. Anmelden am ADSL-Modem mit dem vom Hersteller/Provider angegebenen Namen und Passwort. Wird die Anmeldung verweigert, stimmt der Anmelde-Account nicht. Den richtigen Account beim Hersteller/Provider erfragen.
9. Nun öffnet sich ein Menü wie das aus Abb. 8–5. Zunächst zu den WAN-Einstellungen navigieren (Abb. 8–6). Standardmäßig ist hier oftmals der Bridge Mode aktiviert, was für die erste Verbindungsaufnahme auch so belassen oder explizit so eingestellt werden sollte.

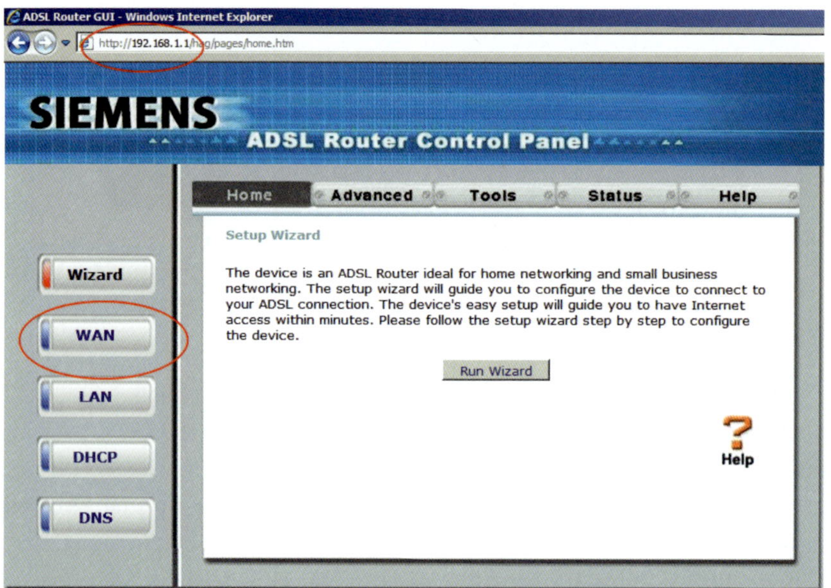

Abb. 8–5 Die Verbindung ist über die IP-Adresse im LAN hergestellt worden. Anstatt den Wizard zu verwenden, sollte zunächst die WAN-Seite aufgerufen werden.

Oftmals wird zum Router ein separates Setup-Programm mitgeliefert, oder in der Firmware des Routers ist ein Konfigurationsassistent (Wizard, siehe Abb. 8–5) implementiert, der die Einstellung erleichtern soll. Mitunter bewirken diese Tools genau das Gegenteil und führen eben nicht gleich zu einer funktionierenden Konstellation, sondern machen die ganze Angelegenheit zu einer undurchsichtigen Prozedur, die man sich besser gleich ersparen sollte, denn die grundlegenden Einstellungen, damit die Einwahl funktioniert, sind schnell erledigt.

Bei einem »verkonfigurierten« ADSL-Router gibt es immer noch die Möglichkeit, einen kompletten Reset auszuführen, was meist durch einen Reset-Button (Abb. 8–4) ausgelöst wird, der mit einem spitzen Gegenstand, wie einer aufgebogenen Büroklammer, betätigt wird. Der Button ist für ein paar Sekunden zu drücken, bis die LEDs am ADSL-Router ihre Anzeige verändern.

Bei einem »verkonfigurierten« Windows 7 ist es hingegen nicht so einfach, wieder einen geordneten Zustand für den Netzwerkzugang herzustellen, denn einige Einstellungen bleiben im System, obwohl sie nicht (mehr) direkt sichtbar sind. Ein Rückgängigmachen ist hier also nur bedingt möglich, sodass auf die verschiedenen Assistenten verzichtet werden sollte und stattdessen ebenfalls eine manuelle Konfigurierung vorzuziehen ist, wie es im folgenden Abschnitt 8.2 gezeigt ist.

10. Damit die Einstellung übernommen wird, den *Apply Button* (Abb. 8–6) betätigen.

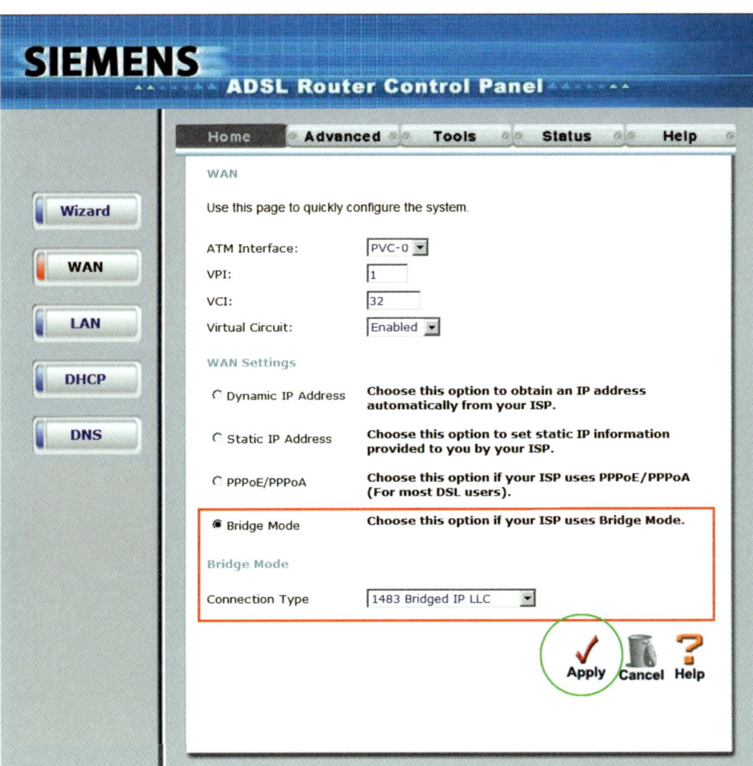

Abb. 8–6 Der Bridge Mode verlangt die wenigsten Parameter, sodass dieser (zunächst) festgelegt werden sollte. Die ATM-Parameter spielen keine Rolle, nur die WAN Settings.

11. Zur Kontrolle die LAN-Seite aufrufen (Abb. 8–7). An dieser Stelle wird später die endgültige IP-Adresse eingestellt.

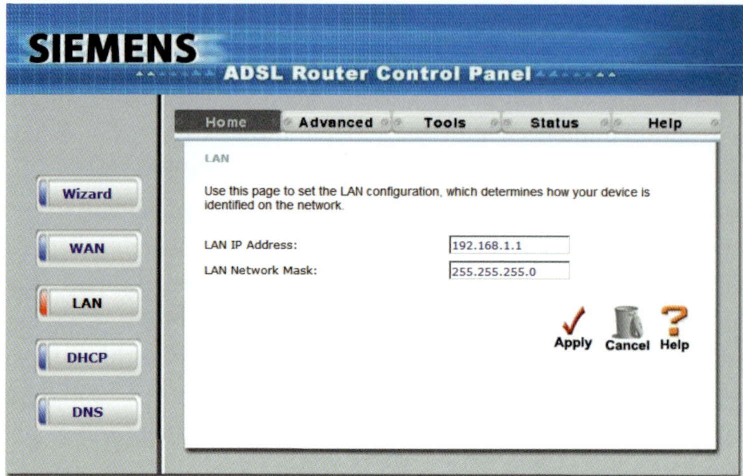

Abb. 8–7 Zur Kontrolle wird die LAN-Seite aufgerufen, die die gültige IP-Adresse mit der dazugehörigen Netzwerkmaske zeigt.

12. In der Zwischenzeit – seit dem ersten Einschalten – könnte bereits die DSL-Verbindung aktiviert sein, was anhand einer Leuchtdiode am Gerät selbst (ADSL Link/ACT, Abb. 8–9) oder auf der Status-Seite (Abb. 8–8) zu kontrollieren ist. Falls kein Link zustande kommen sollte und die Anschlüsse korrekt sind, ist der Provider zu kontaktieren, der die Leitung überprüfen muss.

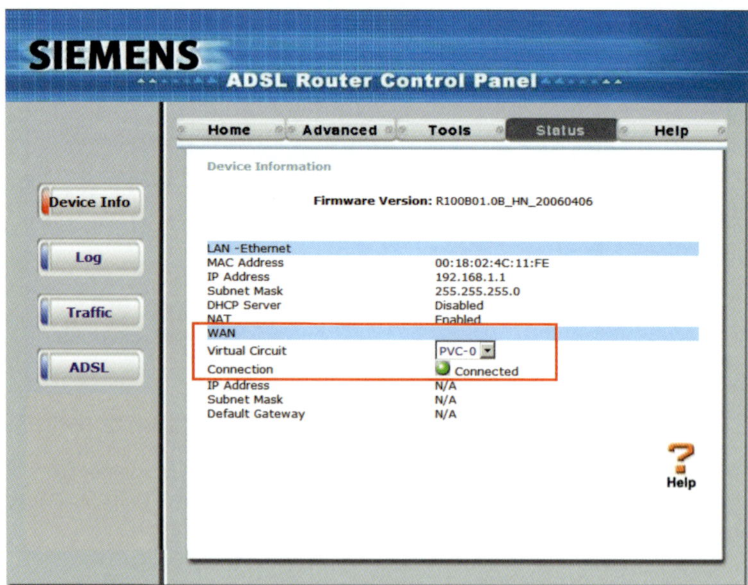

Abb. 8–8 Die DSL-Verbindung ist etabliert, was an der grünen LED (Connected) zu erkennen ist.

13. Damit ist die grundlegende ADSL-Router-Konfigurierung abgeschlossen, und auf dem PC muss jetzt eine neue Verbindung eingerichtet werden, was im NETZWERK- UND FREIGABECENTER ausgelöst wird. Es ist eine Breitbandverbindung festzulegen (Abb. 8–10).

LED	Bedeutung
1: Power	Die LED leuchtet, wenn die Spannung vorhanden ist, d.h. das Steckernetzteil die notwendige Spannung liefert.
2: Status	Die LED leuchtet, wenn das Modem betriebsbereit ist.
3: ADSL Link/Act	Die LED blinkt beim Verbindungsaufbau und lechtet konstant, wenn die Verbindung etabliert ist.
4: Ethernet Link/Act	Die LED leuchtet konstant, wenn eine LAN-Verbindung besteht, und blinkt, wenn Daten ausgetauscht werden.

Abb. 8–9 Jedes ADSL-Modem (Router) verfügt über verschiedene Leuchtdioden, die den aktuellen Zustand signalisieren.

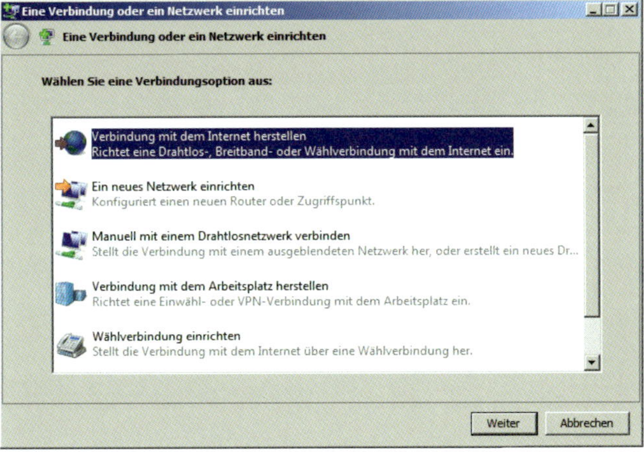

Abb. 8–10 Für die im ADSL-Router eingestellte Verbindung per Bridge Mode ist eine Breitbandverbindung anzulegen.

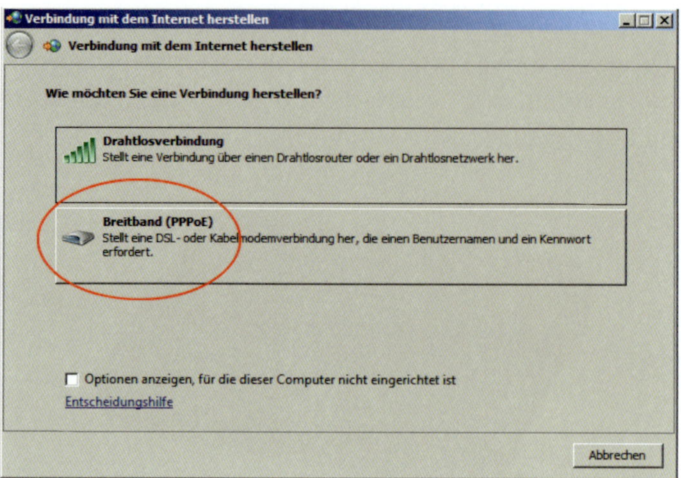

Abb. 8–11 Die Verbindung erfolgt über DSL (PPPoE).

14. Im nächsten Schritt (Abb. 8–12) werden die Angaben für den Benutzernamen und das Kennwort verlangt. Diese Daten muss der Provider (ISP, Internet Service Provider) bekannt gegeben haben. Sie können (später) über den Account beim Provider geändert werden.
15. Durch die Betätigung der Schaltfläche VERBINDEN (Abb. 8–12) wird versucht, die Verbindung aufzubauen (Abb. 8–13). Der Vorgang sollte nicht manuell abgebrochen werden, auch wenn er ein paar Minuten dauern sollte. Üblicherweise sind es jedoch nicht mehr als 30 Sekunden.

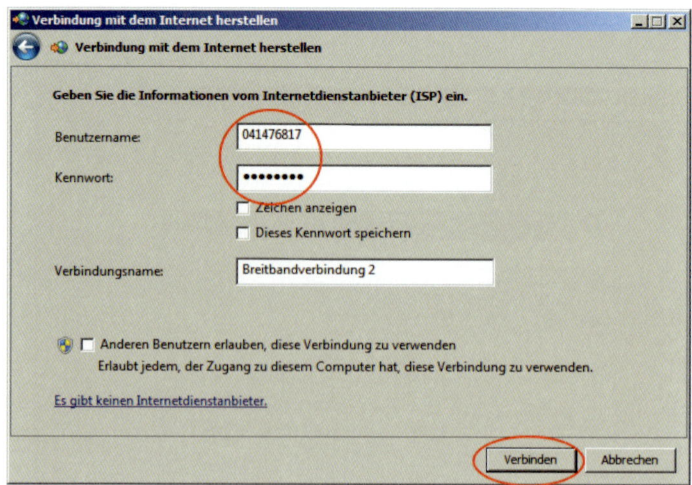

Abb. 8–12 Eingabe der Benutzerdaten; danach auf »Verbinden« klicken

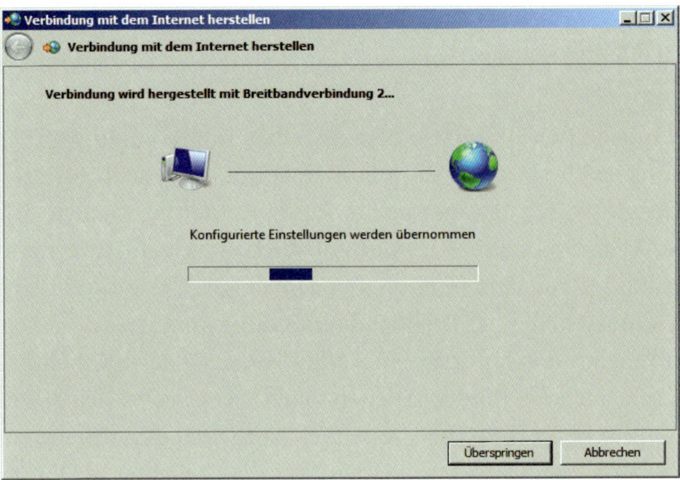

Abb. 8–13 Die angegebenen Daten wurden übernommen, und es wird versucht, eine Verbindung herzustellen.

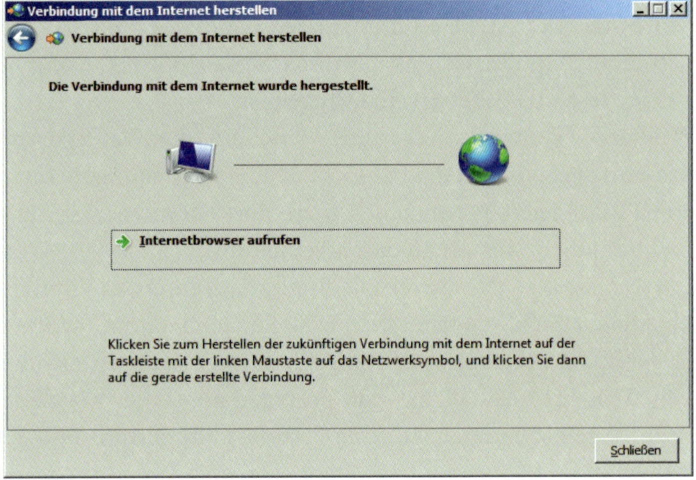

Abb. 8–14 Die Verbindung ist erfolgreich hergestellt worden.

16. Nachdem die Breitbandverbindung hergestellt worden ist (Abb. 8–14), kann ohne weitere Konfigurationsmaßnahmen der Internetbrowser aufgerufen werden, sodass ein Zugriff auf das Internet durch die Angabe einer Internetseite (z. B. *http://www.google.de/*) möglich sein sollte. Falls dies nicht funktionieren sollte, ist zu kontrollieren, ob die DSL-Verbindung vorhanden ist. Dann weiter mit Schritt Nr. 12.
17. Wenn Windows oder ein anderes Betriebssystem die bestehende DSL-Verbindung (siehe Abb. 8–8, LED »Connected«) als Breitbandverbindung akzeptiert hat, wird am ADSL-Router meist eine weitere Leuchtdiode aufleuchten, die eine Bezeich-

nung wie LINK trägt. Funktionstechnisch ist sie mitunter auch mit der Ethernet-LED (Abb. 8–9) kombiniert oder wird auch einfach mit INTERNET bezeichnet.

Die gezeigte Vorgehensweise funktioniert eigentlich immer ohne große Probleme und empfiehlt sich generell für die erste Inbetriebnahme oder auch für die Fehlersuche. Dabei wird der ADSL-Router aber gar nicht als Router verwendet, dessen Aufgabe es ist schließlich ist, zwischen zwei unterschiedlichen Netzen zu vermitteln, wie eben zwischen einem LAN und dem Internet. Bei dem obigen Beispiel war lediglich ein einziger PC angeschlossen, der per Breitbandverbindung kommuniziert. Der verwendete ADSL-Router fungiert damit nur als ein ADSL-Modem. Gleichwohl können die meisten ADSL-Geräte auch als Router arbeiten, auch wenn sie vielleicht nur über einen einzigen LAN-Anschluss (Ethernet, Abb. 8–4) verfügen, denn hier kann ein Switch mit mehreren Ports angeschlossen werden. Bei den beliebten ADSL-Kombigeräten (z.B. der Fritz!Box von AVM) ist ein Switch gleich mit eingebaut, was aber nichts am Prinzip ändert.

Die verschiedenen Computer im LAN verwenden dann (weiterhin) ihre üblichen privaten IP-Adressen. Der ADSL-Router verfügt dabei über eine IP-Adresse, die in diesem Bereich ebenfalls gültig ist, und vermittelt in das Internet, wofür bei den Computern seine IP-Adresse als Gateway einzutragen ist.

Die Einwahldaten (Benutzer, Kennwort) sind auf der Konfigurationsseite des ADSL-Routers einzugeben. In Abb. 8–15 sind die Einstellungen für den Router-Modus (PPPoE/PPPoA) gezeigt, und auch wenn dort *For most DSL users* zu lesen ist, wird damit nicht deutlich, was genau damit gemeint ist.

Außerdem treten weitere Parameter, die konfiguriert werden können, zutage, die bei den verschiedenen ADSL-Geräten der Hersteller auch unterschiedlichste Bezeichnungen tragen können. Eine optimale Einstellung ist deshalb oft nur durch Ausprobieren zu erreichen. Im Idealfall hat der Provider für seine mitgelieferten Geräte funktionierende Voreinstellungen getroffen, sodass immerhin eine grundlegende Funktion gegeben ist.

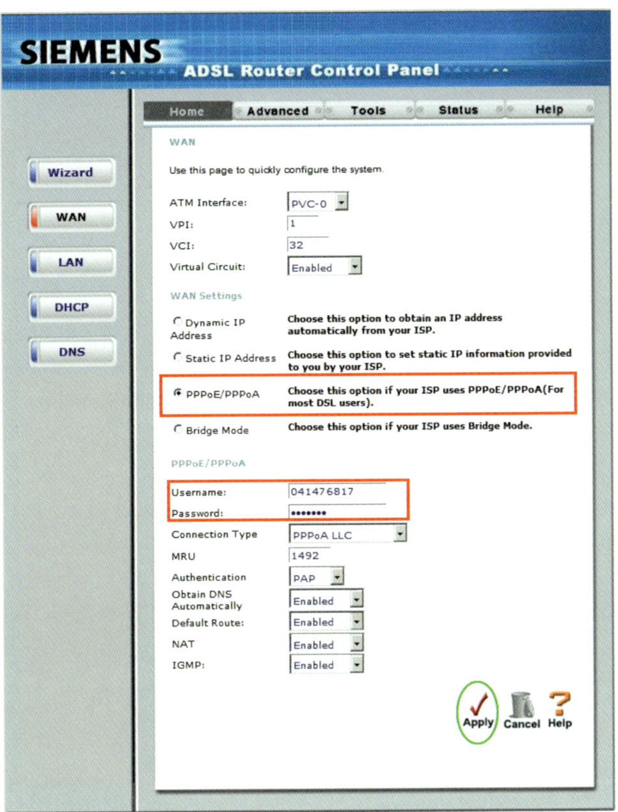

Abb. 8–15 Die WAN-Einstellungen für den Router-Modus

8.2 Windows-Computer

Die Netzwerkeinstellungen sind bei den verschiedenen Windows-Versionen sehr ähnlich und bei den grundlegenden Optionen, die hier behandelt werden, sogar identisch, auch wenn unterschiedliche Wege dorthin führen und mehr oder weniger Optionen zur Verfügung stehen.

Ab Windows Vista ist das Netzwerk- und Freigabecenter die zentrale Stelle für die Konfigurierung, während man bei den Vorgängerversionen am einfachsten über die Eigenschaften der Netzwerkumgebung (rechte Maustaste) und Auswahl der LAN-Verbindung (Eigenschaften von LAN-Verbindung) zu den wichtigsten Einstellungen gelangt.

1. NETZWERK- UND FREIGABECENTER aufrufen (Abb. 8–16).

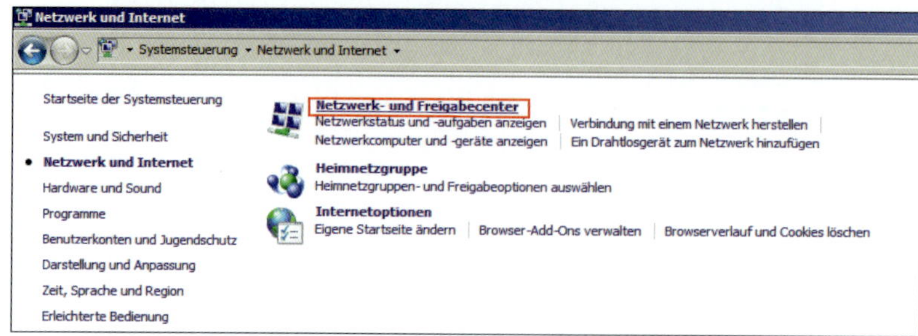

Abb. 8–16 Bei Windows 7 sind die Netzwerkeinstellungen über Netzwerk- und Freigabecenter zu selektieren.

2. Zur Ansicht der bereits angelegten Verbindungen und zur Konfigurierung den Punkt ADAPTEREINSTELLUNGEN ÄNDERN auswählen (Abb. 8–17).

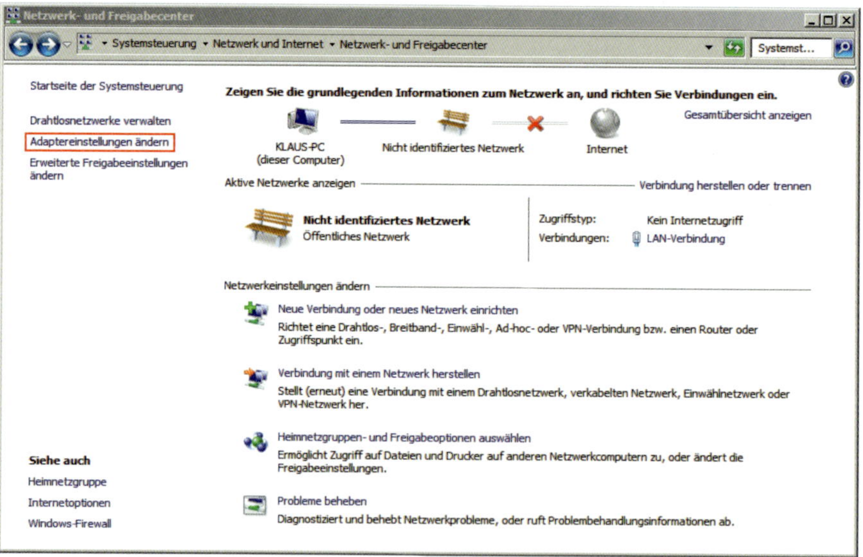

Abb. 8–17 Der PC befindet sich in einem nicht identifizierten Netzwerk und hat keine Verbindung zum Internet.

Nähere Informationen über die bereits vorhandenen Verbindungen werden über ADAPTEREINSTELLUNGEN ÄNDERN angezeigt.

3. Unter NETZWERKVERBINDUNGEN tauchen daraufhin die bereits festgelegten Netzwerkverbindungen (Abb. 8–18) auf. Alle, die nicht benötigt werden, sollten an dieser Stelle gelöscht werden, weil sie sich – wie etwa eine nicht mehr notwen-

dige Breitbandverbindung – im laufenden Betrieb hin und wieder melden. Dies wird nicht nur bei der PC-Benutzung als störend empfunden, sondern kann auch die Konfiguration neuer Verbindungen behindern oder sogar ausschließen. Deaktivierte und nicht konfigurierte Netzwerkverbindungen werden an dieser Stelle mit einem roten Kreuz markiert.

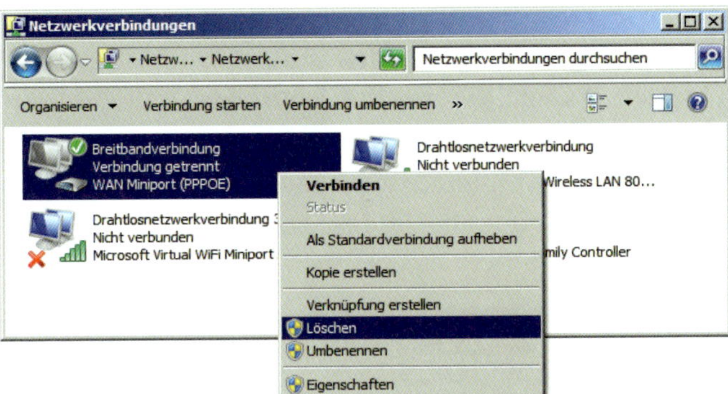

Abb. 8–18 In der Darstellung der Netzwerkverbindungen sollten überflüssige gelöscht werden.

4. Nach der Auswahl der zu konfigurierenden LAN-Verbindung wird deren Status angezeigt (Abb. 8–19).

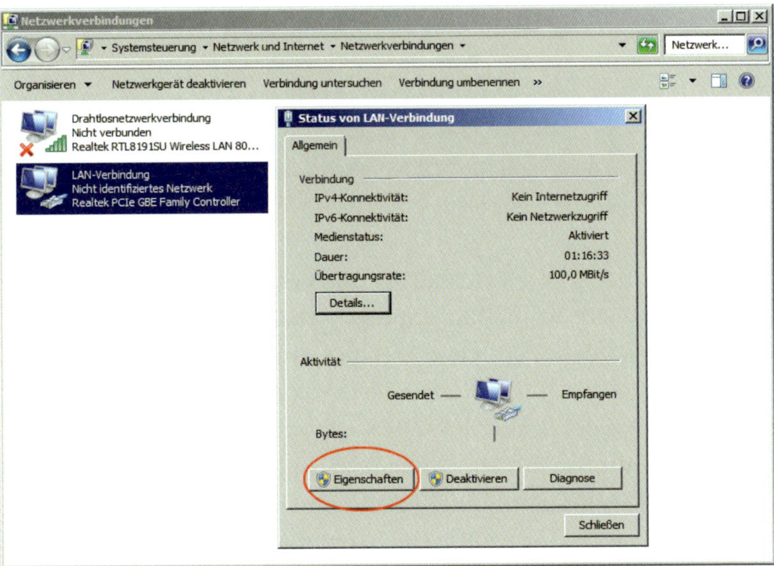

Abb. 8–19 Der Status der LAN-Verbindung besagt, dass der Adapter aktiviert ist.

5. Aufruf und Anzeigen der Eigenschaften von LAN-Verbindung (Abb. 8–19 und Abb. 8–20). An dieser Stelle kann eine Vielzahl von Elementen für die Verbindung aktiviert sein, standardmäßig sind es alle (von Client für Microsoft-Netzwerke bis Antwort für Verbindungsschicht-Topologieerkennung). Für den Aufbau eines LANs mit Internetverbindung sind allerdings nur drei davon notwendig, alles andere ist optional und dient beispielsweise der Darstellung der Netzwerktopologie. Deshalb sollten bis auf den Client für Microsoft-Netzwerke, die Datei- und Druckerfreigabe und das Internetprotokoll Version 4 alle anderen deaktiviert werden. Bis auf diese drei Elemente können alle anderen durch Entfernen des dazugehörigen Hakens vor dem jeweiligen Eintrag auf deaktiviert geschaltet werden. Falls diese drei Optionen aus irgendeinem Grund nicht vorhanden sein sollten, kann dies einfach mithilfe des Installieren-Buttons nachgeholt werden.

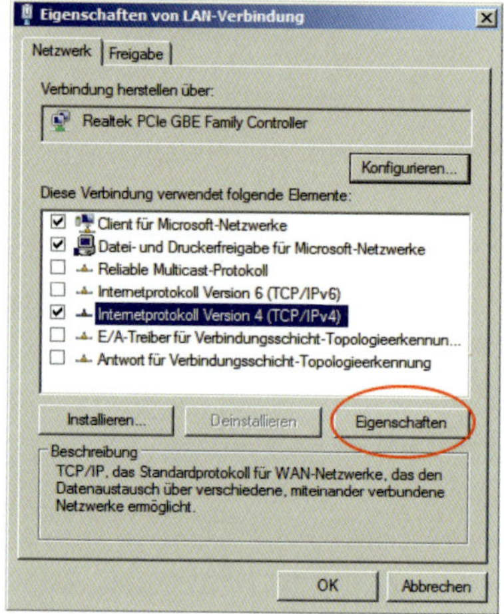

Abb. 8–20 Mehr als diese drei Elemente werden nicht benötigt, wobei die Eigenschaften von Internetprotokoll Version 4 von Bedeutung sind.

6. Auswahl des Elements Internetprotokoll Version 4 und Anklicken von Eigenschaften (Abb. 8–20), woraufhin die Eigenschaften der LAN-Verbindung (Abb. 8–21) angezeigt werden. Wie bereits erwähnt, empfiehlt es sich, die Adresse manuell zu vergeben. Sie muss im gleichen Netz wie der ADSL-Router (vgl. Abb. 8–7) liegen. Die Adresse des Routers (192.168.1.1) wird hier unter Standardgateway angegeben. Die Adresse für den Domain Name Server (Bevorzugter DNS-Server) ist optional, wenn der Router selbst den DNS-Server finden kann, wofür es meist eine separate Option beim ADSL-Router gibt (vgl. Abb. 8–15, Obtain DNS Automatically: Enabled). Nicht selten gibt es damit jedoch Probleme, sodass es sicherheitshalber nicht schadet, unter Bevorzugter DNS-Server einen gültigen (externen) anzugeben.

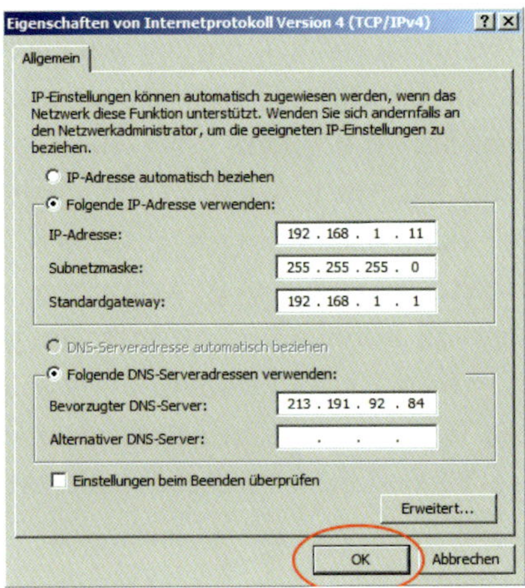

Abb. 8–21 Die IP-Adresse wird manuell vergeben.

7. Die LAN-Einstellungen werden mit OK abgeschlossen. Die Netzwerkverbindung ist jetzt so weit funktionsfähig, dass ein Ping vom PC auf den ADSL-Router die entsprechenden Antworten liefern muss und das Bild im Netzwerk- und Freigabecenter (Abb. 8–22) ein funktionierendes Netzwerk zeigt. Falls dies nicht funktionieren sollte, sind die Netzwerkverbindung und die Einstellungen beim ADSL-Router zu überprüfen. Außerdem kann ein Ping an einen anderen PC (mit einer anderen gültigen IP-Adresse) im Netz weiteren Aufschluss über die Fehlerursache bieten.

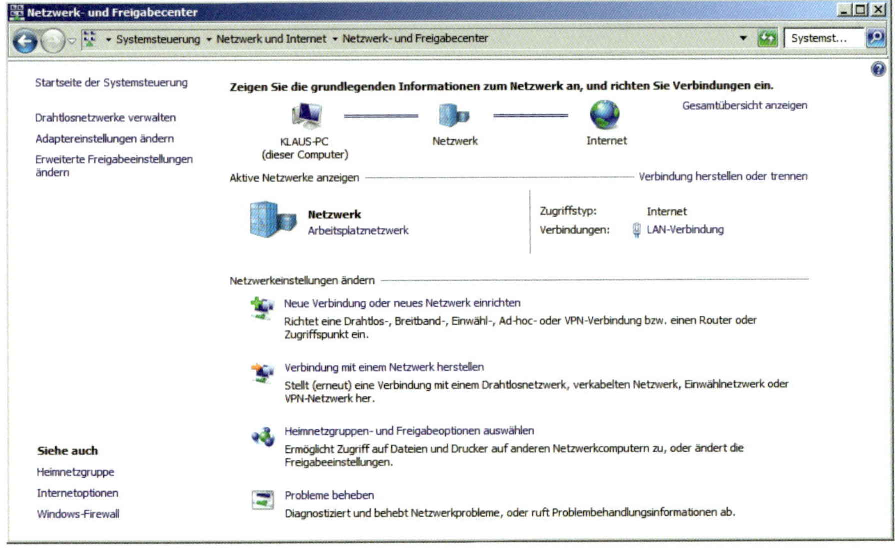

Abb. 8–22 Das Netzwerk ist funktionsfähig und mit dem Internet verbunden.

Auch wenn es sicherheitstechnisch leichtsinnig erscheinen mag, sollte bei Problemen mit der LAN-Verbindung die (Windows-)Firewall vorübergehend deaktiviert werden (z. B. Windows-Firewall im NETZWERK- UND FREIGABECENTER) und erst nach erfolgreicher Konfigurierung (Schritt 9) wieder eingeschaltet werden. Insbesondere die Firewall bei Windows 7 kann Verbindungen verhindern (siehe Abschnitt 8.2.1).

Damit alle PCs in der Netzwerkumgebung auftauchen und entsprechende Freigaben sowie Verbindungen von Dateien und Ordnern möglich sind, ist es notwendig, dass neben der DATEI- UND DRUCKERFREIGABE FÜR MICROSOFT-NETZWERKE (Abb. 8–20) alle beteiligten PCs zur gleichen Arbeitsgruppe oder Domäne gehören, wobei die Windows-Home-Versionen sich lediglich einer Arbeitsgruppe, aber keiner Domäne anschließen können.

8. In der Systemsteuerung über SYSTEM UND SICHERHEIT – SYSTEM – COMPUTERNAME und ÄNDERN (Abb. 8–23) den Namen der Arbeitsgruppe angeben, zu der der betreffende PC gehören soll.

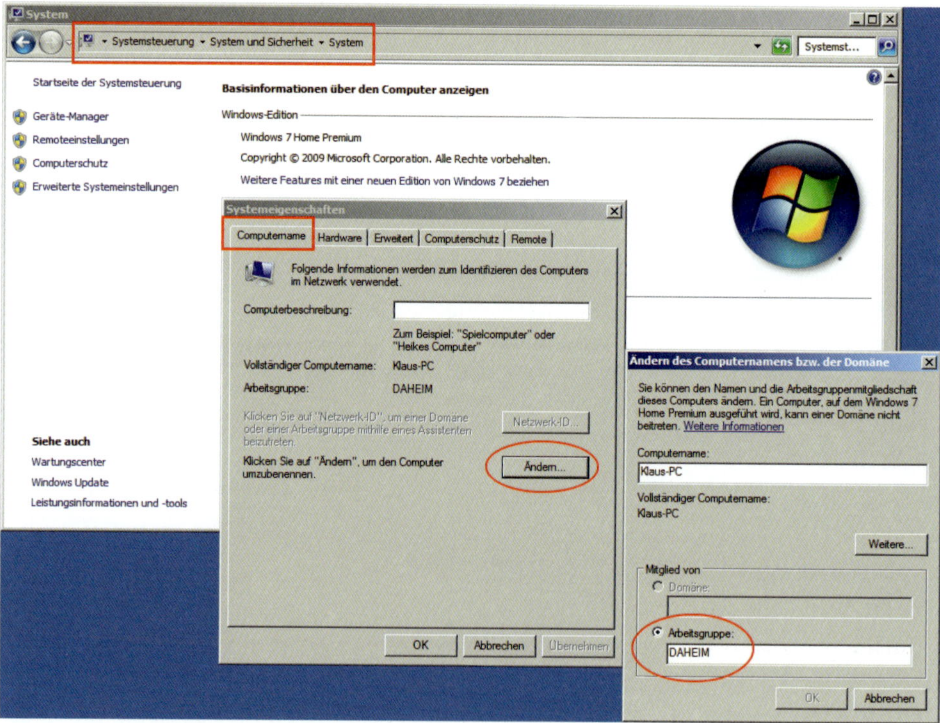

Abb. 8–23 Alle PCs eines LANs müssen zur gleichen Arbeitsgruppe gehören, die an dieser Stelle anzugeben ist.

9. Gegebenenfalls die Kategorie des Netzwerks ändern (Abb. 8–24) und/oder die Windows-Firewall anpassen. Hierfür ist unter AKTIVE NETZWERKE ANZEIGEN (Abb. 8–22) der Punkt unter NETZWERK (z. B. Arbeitsplatznetzwerk) anzuklicken. Auch wenn die auftauchende Seite den Titel NETZWERKADRESSE FESTLEGEN trägt (Abb. 8–24), wird hier keine Adresse, sondern ein Standort bestimmt, der die Einstellung der Firewall festlegt.

Abb. 8–24 Das Festlegen des Standortes bestimmt den jeweiligen Sicherheitsstandard der Firewall, was unterschiedliche Verbindungen zulässt.

8.2.1 Firewall und Network Location Awareness

Microsoft hat mit jeder neuen Windows-Version neue Automatiken für die Einstellung von Netzwerken eingeführt, was einerseits für den Anwender zu einer Vereinfachung und andererseits zu einer möglichst sicheren Konfigurierung führen soll. In der Praxis treten dabei oftmals Probleme im Zusammenhang mit der *Firewall* oder auch den *Heimnetzwerken* auf, insbesondere dann, wenn PCs mit unterschiedlichen Windows-Versionen oder auch mit Computern, die andere Betriebssysteme verwenden, kommunizieren sollen. Wie es zu sehen war, wurden im vorigen Abschnitt für die Konfigurierung bewusst keinerlei Automatiken von Windows verwendet, sondern alle Einstellungen manuell vorgenommen, was in diesem Zusammenhang nach wie vor die effektivste Methode ist und schnell zu einer funktionierenden Konstellation führt.

Mit Windows 7 sind die Firewall-Funktionen erweitert worden. Dabei können die Regeln der Windows-Firewall den drei Profilen *Privat, Domäne* und *Öffentlich* zugeordnet werden. Hierfür setzt Windows ab Vista eine Funktion mit der Bezeichnung *Network Location Awareness* (NLA) ein, die angeschlossene Netzwerke den Kategorien Öffentliches, Domänen-, Arbeitsplatz- und Heimnetzwerk automatisch zuordnet, wie es in den Abb. 8–17 und Abb. 8–22 sowie zusammenfassend in Abb. 8–24 zu erkennen ist.

Mithilfe dieser Zuordnung wird die Firewall automatisch eingestellt, was nicht unproblematisch ist, denn ein *Nicht identifiziertes Netzwerk* führt dazu, dass die Firewall Windows abschottet und sich deshalb noch nicht einmal zwei Windows-7-PCs im Netzwerk finden können, obwohl sie beide am selben Switch angeschlossen sind und keine Internetverbindung besteht.

Ein domänenbasiertes Netzwerk wird anhand des Domänen-Controllers – üblicherweise ist das der Server – erkannt, wofür die Firewall die entsprechenden Profilregeln aktiviert. Die anderen Netzwerke werden hingegen mithilfe einer Gateway-Adresse identifiziert, die in den meisten Fällen von einem ADSL-Router stammt. Fehlt diese Instanz in einem Netzwerk, wird es als *Nicht identifiziertes Netzwerk* ausgewiesen. Das Gateway muss im Netz tatsächlich existieren, und es funktioniert nicht, wenn stattdessen die eigene IP-Adresse bei den TCP/IP-Einstellungen eingegeben wird.

8.2.2 Heimnetzwerk

Das *Heimnetzwerk* stellt eine Besonderheit dar, da es sich vom Einsatz her maßgeblich von einem Arbeitsplatz- (Arbeitsgruppe) oder Domänennetzwerk (Domänen-Controller) unterscheidet. Es wurde mit Windows 7 eingeführt und stellt quasi eine spezielle Variante eines Arbeitsgruppennetzwerks dar. Mit dem Heimnetzwerk soll die Konfiguration eines Netzwerks für den Heimgebrauch erleichtert werden, was insbesondere die Einrichtung von Freigaben betrifft. Die in Heimnetzwerken organisierten PCs können sich automatisch erkennen und verbinden, was den Datenaustausch untereinander prinzipiell vereinfacht. Allerdings werden dabei automatische Freigaben (für die Gruppe *HomeUsers*) erzeugt, was nicht unmittelbar ersichtlich wird, und ein Rückgängigmachen der Zuordnungen und Einstellungen ist nicht rückstandsfrei möglich.

Außerdem ist mit dem Heimnetzwerk keine unmittelbare Koexistenz mit Computern möglich, die Windows XP oder Vista oder auch ein anderes Betriebssystem verwenden. Prinzipiell ist dies zwar mit einigen Tricks zu erreichen, es schafft jedoch recht unübersichtliche Verhältnisse in einem LAN. Verbindungen mit anderen Netzen sind ebenfalls nicht standardmäßig vorgesehen, sodass die manuelle Konfigurierung der Option *Heimnetzwerke* meist vorzuziehen ist.

8.3 WLAN einrichten

Viele ADSL-Router verfügen über einen integrierten WLAN-Adapter, sodass auch Smartphones und Tablet-PCs, die vom Prinzip her über keinen LAN-Anschluss verfügen, einen Internetzugang erhalten können. Die grundlegenden ADSL-Einstellungen sind weiter oben in Abschnitt 8.1.3 erläutert.

1. Verbindung mit einem PC zum ADSL-Router herstellen und anmelden.
2. Die Wireless- oder WLAN-Einstellungen aufrufen.
3. Einen Namen für das WLAN (hier »4Home«) vergeben und die voreingestellten Parameter für das Frequenzband und die Kanäle zunächst übernehmen (Abb. 8–25).

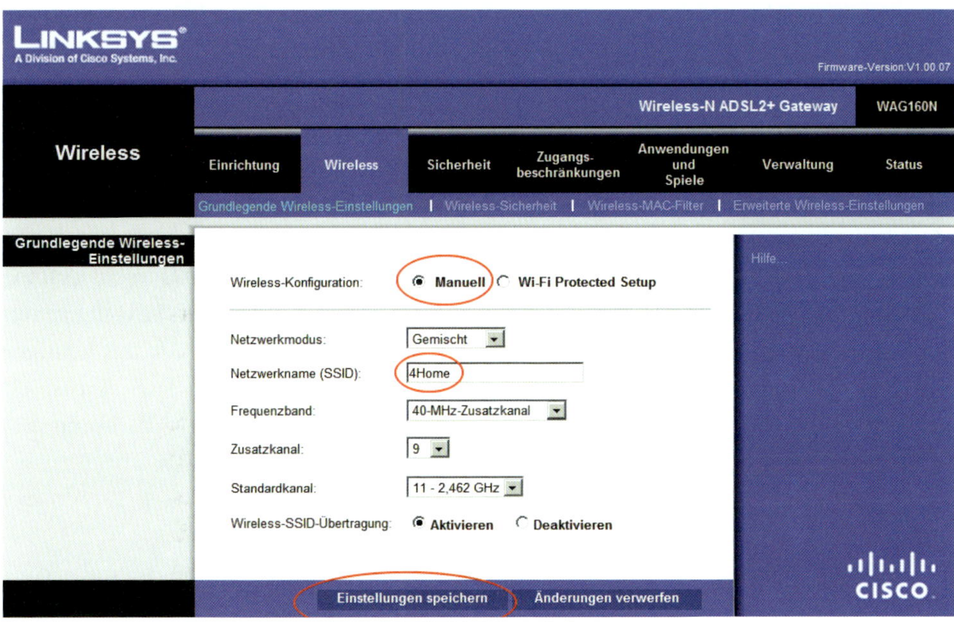

Abb. 8–25 Die grundlegenden Einstellungen für das WLAN

4. Die Einstellungen speichern und WIRELESS-SICHERHEIT selektieren.
5. Für den Sicherheitsmodus und die Verschlüsselung sind die gewünschten Methoden sowie ein *vorläufiger gemeinsamer Schlüssel* (Abb. 8–26) anzugeben. Abschließend die Einstellungen speichern. MAC-Filter und ERWEITERTE WIRELESS-EINSTELLUNGEN sind zunächst nicht notwendig und sollten deshalb auch nicht aktiviert werden.

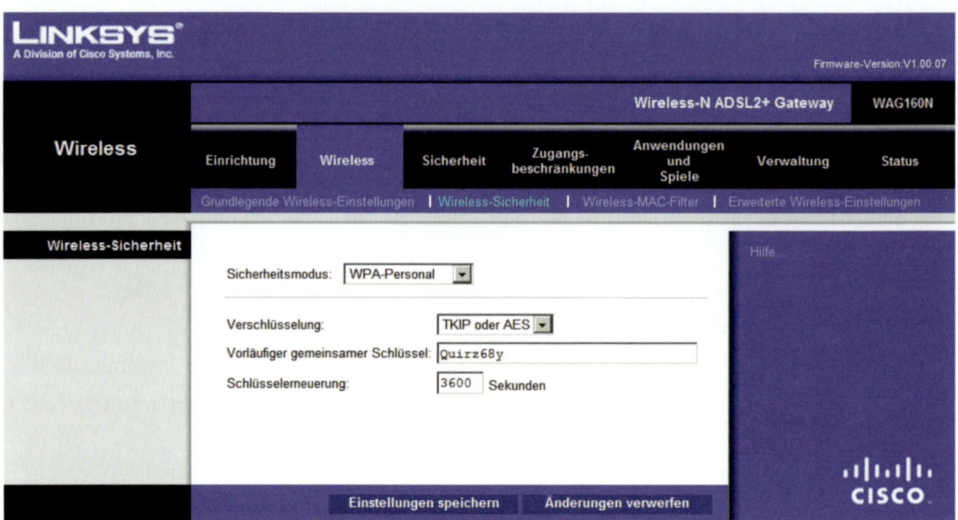

Abb. 8–26 Festlegen der Sicherheitseinstellungen

Bei der Einstellung der WLAN-Sicherheit hängt es davon ab, welche Methoden von den per WLAN zu verbindenden Clients unterstützt werden. Weil dies oftmals nicht von vornherein bekannt ist, sondern erst später bei der Konfigurierung ersichtlich wird, sollte hier zunächst eine Methode gewählt werden, die sicherheitstechnisch nicht zu »hoch greift«. Prinzipiell bestimmt die Einheit mit den ältesten (und unsichersten) Optionen, welche Methode für das WLAN gemeinsam zur Anwendung kommen kann. Es ist deshalb gut zu überlegen, ob für Einheiten, deren Optionen aus heutiger sicherheitstechnischer Sicht nicht mehr ausreichen, entsprechende Updates eingespielt werden können. Nur in Ausnahmefällen – zum ersten Test der WLAN-Verbindung – sollte das WLAN ohne Sicherheitsmodus (Abb. 8–27) betrieben werden.

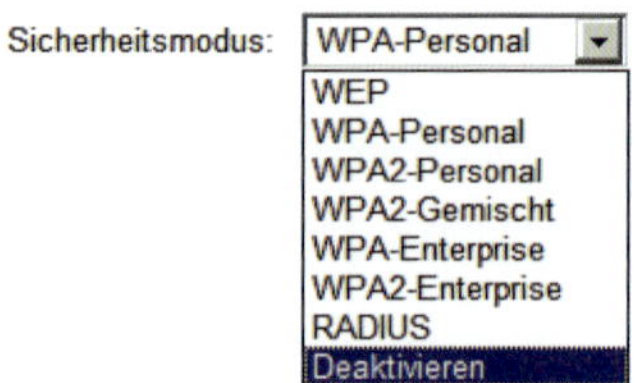

Abb. 8–27 Jeder ADSL/WLAN-Router kennt neben verschiedenen Sicherheitsmodi auch die Funktion ohne Sicherheit.

Für die Überprüfung der WLAN-Funktionalität empfiehlt sich aus Gründen der Flexibilität ein PC, ein Notebook oder ein Netbook mit einer Windows-Version, welches in der Nähe des Routers zu positionieren ist.

6. Auf dem zu verbindenden Windows-PC mit WLAN-Adapter sollte sichergestellt werden, dass Letzterer aktiv und nicht abgeschaltet ist (Abb. 8–28). Beispielsweise ist dies am WLAN-Symbol in der Taskleiste zu erkennen. Falls kein Einschalten des WLAN-Adapters möglich sein sollte, ist der Treiber hierfür in der Systemsteuerung zu überprüfen. Oftmals gibt es bei Netbooks auch einen separaten Schalter, der für das Ein- und Ausschalten des WLAN-Adapters zuständig ist.

Abb. 8–28 Das WLAN ist eingeschaltet und betriebsbereit.

7. Aufruf der Drahtlosen Netzwerkverbindung, beispielsweise durch einen Klick auf das WLAN-Symbol in der Taskleiste, woraufhin der Status der Verbindung (Abb. 8–29) mit dem Namen (hier: 4Home) angezeigt wird, der beim Router angegeben wurde. Die Signalstärke sollte dabei ausreichend sein. Wenn dies nicht der Fall ist oder das Netzwerk überhaupt nicht erkannt wird, stimmt mit dem Router etwas nicht, dessen Einstellungen daraufhin noch einmal (s. o.) zu überprüfen sind.

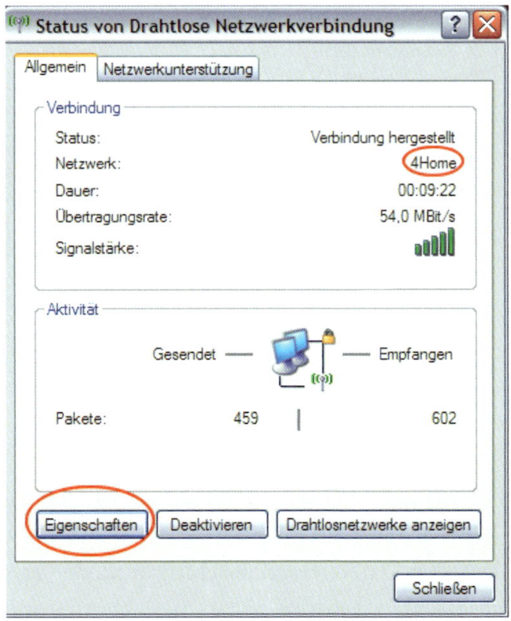

Abb. 8–29 Das WLAN verfügt über eine hervorragende Signalstärke.

8. Auswahl der Eigenschaften von Drahtlose Netzwerkverbindungen. (Abb. 8–29). Hier sind die Windows-typischen Elemente zu finden (vgl. Abb. 8–20), und wie in Abschnitt 8.2 erläutert wurde, müssen hier lediglich drei davon aktiviert werden. Die IP-Adresse sollte auch hier manuell angegeben werden und muss im gleichen Netz wie der ADSL-Router und die IP-Adressen der anderen PCs liegen.
9. Auswahl von Drahtlosnetzwerke (bei Eigenschaften von Drahtlose Netzwerkverbindungen). Hier taucht wahrscheinlich bereits automatisch das eigene WLAN auf, ansonsten ist dies über Drahtlosnetzwerke anzeigen zu initiieren. Möglicherweise sind hier mehrere WLANs (auch das der Nachbarn) zu finden, woraufhin das eigene (hier: 4Home) über Eigenschaften auszuwählen ist.

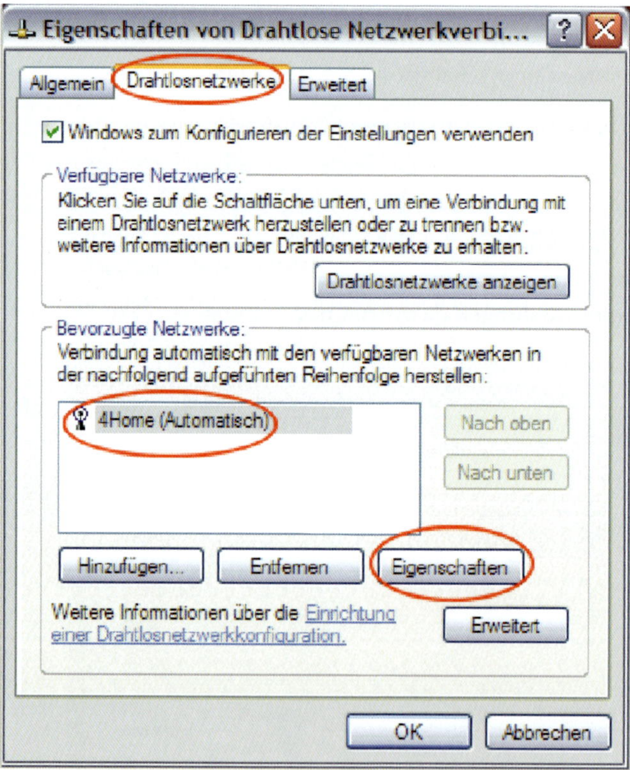

Abb. 8–30 Auswahl des zu konfigurierenden WLAN

10. Wichtig sind nun die Angaben unter Zuordnung, wie die Netzwerkauthentifizierung, was beim Router als Sicherheitsmodus (Abb. 8–26) bezeichnet wird, sowie der Typ der Datenverschlüsselung und der zuvor vergebene Netzwerkschlüssel. Diese Daten müssen mit denen beim Router übereinstimmen,

wobei es nicht immer ersichtlich wird, welche Parameter mit den unterschiedlichen Bezeichnungen eigentlich gemeint sind. Falls die Parameterabstimmung (zwischen Router und Client) nicht korrekt zu sein scheint, weil das WLAN zwar gefunden wird, jedoch keine funktionierende Verbindung hergestellt werden kann, sollte die grundsätzliche Funktionsfähigkeit des WLANs überprüft werden, wobei das WLAN (kurzzeitig) ohne Sicherheitsmodus (NETZWERKAUTHENTIFIZIERUNG: OFFEN) betrieben werden kann. Dabei ist ebenfalls zu beachten, ob tatsächlich eine manuelle Vergabe der IP-Adresse (Punkt 8) beim Client vorgesehen ist oder ob dies per DHCP erfolgen soll, sodass diese Option beim Router auch aktiviert sein muss.

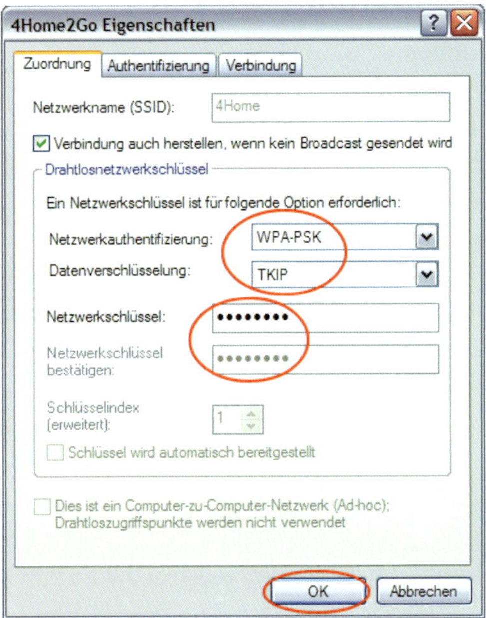

Abb. 8–31 Festlegen der WLAN-spezifischen Daten

11. Die einfachste Methode zur Funktionsüberprüfung ist die Verbindungsaufnahme des Notebooks mit dem Internet durch den Aufruf des Browsers. Falls dies nicht funktionieren sollte, ist ein Ping-Befehl auf die Adresse des Routers abzusetzen. Führt dies ebenfalls nicht zum Erfolg, können die vorherigen Schritte nicht erfolgreich absolviert worden sein und sind demnach zu wiederholen. Ein Ping vom LAN auf die IP-Adresse des Netbooks kann ebenfalls weiteren Aufschluss über die Fehlerursache bieten.

Alle Windows-Clients, die sich im gleichen Netz wie der ADSL/WLAN-Router und in der gleichen Windows-Arbeitsgruppe befinden (wobei es keine Rolle spielt, ob sie per Kabel oder per WLAN integriert werden), tauchen gemeinsam in der Netzwerkumgebung auf, woraufhin Freigaben und Verbindungen zwischen den einzelnen Computern konfiguriert werden können. Probleme ergeben sich dabei meist durch nicht passende Einstellungen der Firewall (siehe Abschnitt 8.2.1).

8.4 Tablet-PC mit Android

Wenn sichergestellt ist, dass der ADSL/WLAN-Router – das WLAN – einwandfrei funktioniert, ist es relativ einfach, auch andere Clients, wie Tablet-PCs oder Smartphones, damit zu verbinden.

Während Geräte mit dem Betriebssystem iOS (Abschnitt 8.6), die ausschließlich von der Firma Apple hergestellt werden, sowohl in der Menüstruktur als auch in den Konfigurationsmöglichkeiten (fast) identisch sind, ist dies bei den Smartphones und Tablet-PCs, die mit dem »alternativen« System Android arbeiten, nicht der Fall. Dies ist nicht verwunderlich, weil es erstens verschiedene Versionen davon gibt und weil zweitens jeder Hersteller seine eigenen Vorstellungen mit einbringen und umsetzen kann. Deshalb können auch die für die Netzwerkkonfigurierung zur Verfügung stehenden Optionen und die Einstellungen unterschiedlich sein. Beispielsweise gibt es Geräte, die eine Option wie WLAN – ERWEITERT unterstützen, wo eine manuelle IP-Adresseneinstellung möglich ist, sonst wird automatisch DHCP verwendet. Die manuelle IP-Adresseneinstellung kann in Abhängigkeit von Hersteller und Gerätetyp möglicherweise auf andere Art und Weise vorgenommen werden; mitunter ist diese Option auch gar nicht vorgesehen. Deshalb wird im Folgenden eine einfache Möglichkeit mit einem Android-Tablet gezeigt, welches mit DHCP konfiguriert wird, was eigentlich immer funktioniert, wenn der ADSL/WLAN-Router zuvor korrekt eingestellt worden ist.

Wie im vorigen Abschnitt erläutert wurde, ist es am einfachsten, wenn das WLAN bereits mit einem Windows-Client seine Funktionstüchtigkeit bewiesen hat. Feste IP-Adressen werden für diese Clients nicht festgelegt, sondern sie müssen vom ADSL/WLAN-Router zugeteilt werden. Ob dies das explizite Einschalten von DHCP FÜR DAS WLAN erfordert oder ohne weiteres Zutun automatisch erfolgt, hängt vom jeweiligen Router ab. Beim verwendeten Linksys-Modell reicht es aus, wenn DHCP bei den *LAN-Netzwerkeinstellungen* aktiviert wird (Abb. 8–32), was dann sowohl für das WLAN als auch für das kabelgebundene LAN(!) gilt. Eine separate DHCP-Einstellungsmöglichkeit (LAN, WLAN) wäre zu bevorzugen, um eindeutige Zuordnungen herstellen zu können. Eine gewisse Übersicht ist jedoch durch die explizite Festlegung einer *Start-IP-Adresse* zu schaffen, sodass alle mobilen Clients dann in einem bestimmten Bereich liegen.

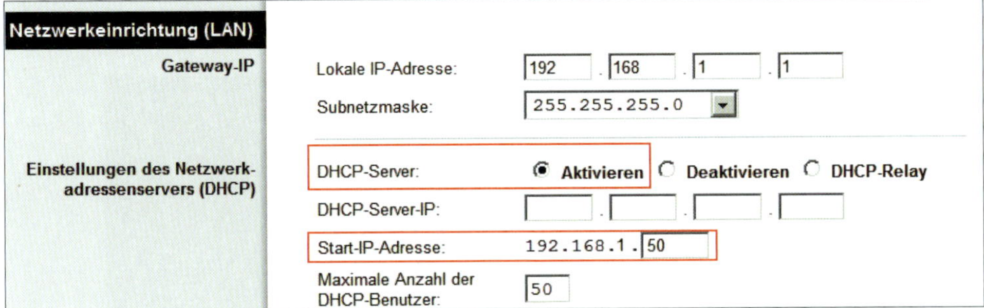

Abb. 8–32 DHCP muss für die mobilen Clients (WLAN) beim Router aktiviert sein, was beim Linksys-Router unter »LAN« geführt wird.

1. Selektieren von EINSTELLUNGEN und DRAHTLOS UND NETZWERKE auf dem Android-Client. Einen Haken bei der Option WLAN AKTIVIEREN setzen. Damit wird der Netzwerkadapter beim Tablet-PC aktiviert, woraufhin die Suche nach verfügbaren WLANs (Scan, Abb. 8–34) beginnt. Falls das gewünschte WLAN nicht gefunden wird, ist der dazugehörige ADSL/WLAN-Router nicht in Betrieb.

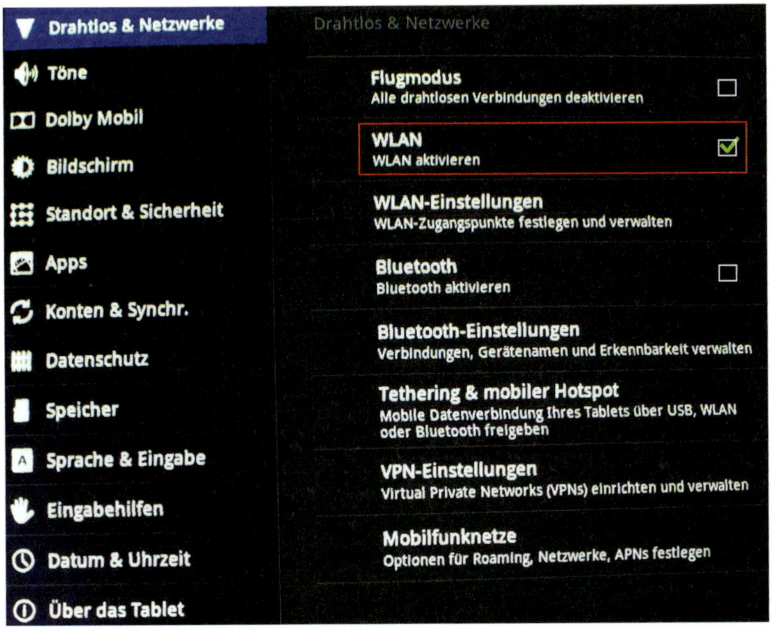

Abb. 8–33 Das WLAN wird aktiviert, woraufhin die Suche startet.

2. Die gefundenen WLANs werden angezeigt. Über WLAN-EINSTELLUNGEN und WLAN-NETZWERK HINZUFÜGEN kann explizit nach einem WLAN gesucht werden, dessen SSID hierfür einzugeben ist. Unter WLAN-NETZWERKE werden all diejenigen WLANs angezeigt, die jemals mit diesem Tablet verbunden gewesen sind.

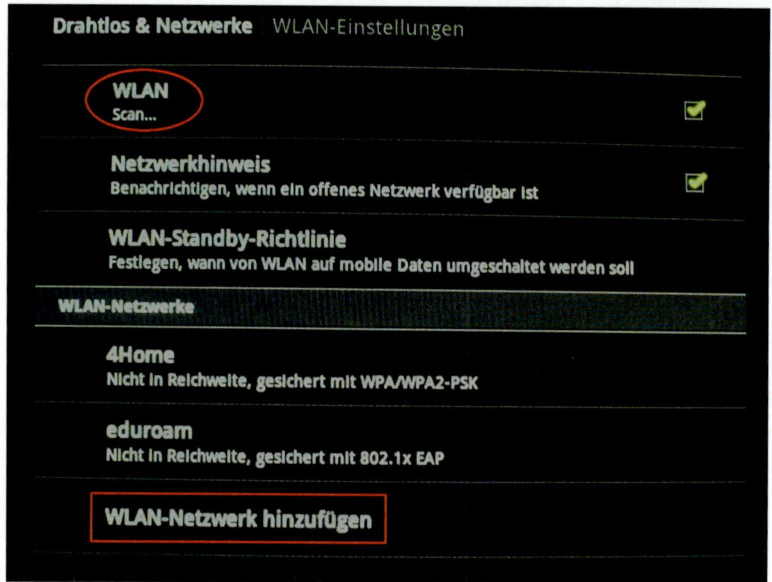

Abb. 8–34 Ein WLAN soll hinzugefügt werden.

3. Das gewünschte WLAN selektieren oder explizit eingeben, die Daten (SICHERHEIT, PASSWORT) hierfür eingeben und den Vorgang mit SPEICHERN abschließen (Abb. 8–35).

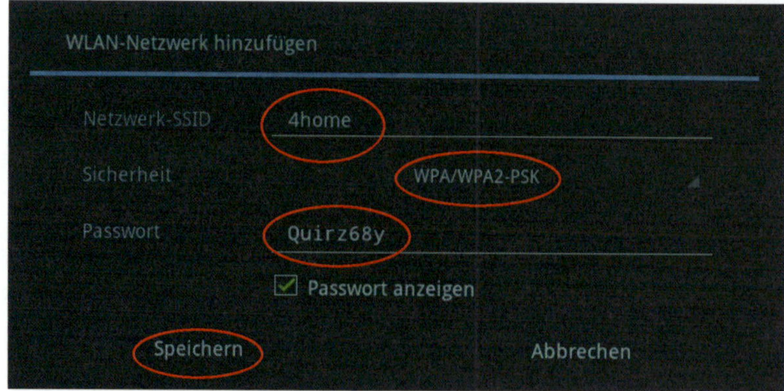

Abb. 8–35 Der WLAN-Zugang wird mit den zum ADSL-Router passenden Daten konfiguriert.

4. Wenn das betreffende WLAN angelegt worden ist, können diese Parameter nachträglich eingesehen und auch verändert werden, was allerdings bei den verschiedenen Android-Clients unterschiedlich gelöst wird, sodass es bei notwendigen Änderungen oftmals einfacher ist, das WLAN zu selektieren, ENTFERNEN auszulösen und es daraufhin mit den passenden Daten wieder neu anzulegen. Beim verwendeten Medion Tablet MD99000 erhält man durch das Drücken auf den jeweiligen Netzwerkeintrag nur die Optionen ENTFERNEN und ABBRECHEN. Wann man etwas länger drückt, erscheinen hingegen die Punkte NETZWERK ENTFERNEN und NETZWERK ÄNDERN, sodass dann die Parameter eines bereits angelegten Netzes verändert werden können, wie die Umschaltung zwischen DHCP und manueller IP-Adresseneinstellung (Abb. 8–36).

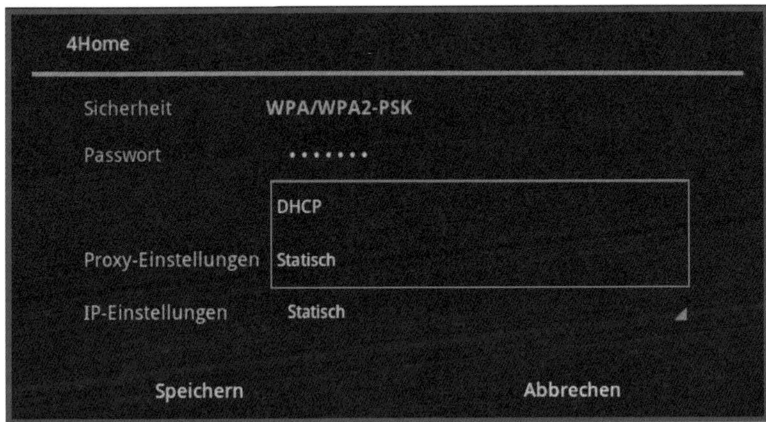

Abb. 8–36 Optional können die Einstellungen für das WLAN geändert werden.

5. Kurze Zeit nach der Eingabe der Daten (Abb. 8–35) sollte das WLAN mit dem Status VERBUNDEN unter WLAN-NETZWERKE (Abb. 8–37) auftauchen.

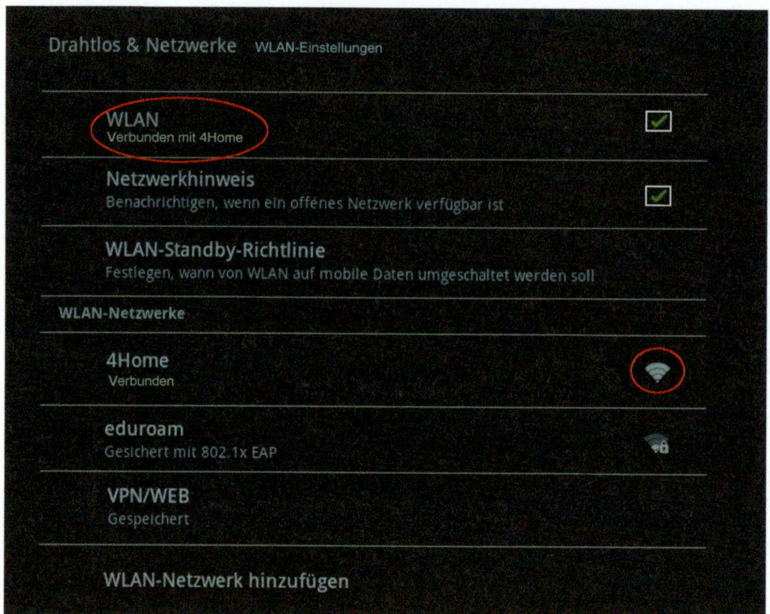

Abb. 8–37 Das WLAN ist verbunden, und die Signalstärke ist hervorragend.

6. Falls keine Verbindung zustande kommen sollte, ist das Menü vom ADSL/WLAN-Router für eine Überprüfung aufzurufen. Jeder gebräuchliche Router kennt eine Funktion, um seine verbundenen WLAN-Clients anzuzeigen, die – je nach Modell – in unterschiedlichen Menüs untergebracht sein kann. Bei dem hier verwendeten Modell der Firma Linksys (WAG160N) ist die besagte Liste über WIRELESS – WIRELESS-MAC-FILTER – LISTE DER WIRELESS-CLIENTS einsehbar, und an dieser Stelle sollte auch der Tablet-PC (als *unknown*, Abb. 8–38) erscheinen. Falls dies nicht der Fall ist, aber andere Wireless-Clients angeführt werden, wie etwa das zuvor konfigurierte Netbook, dann ist der Fehler bei der Konfigurierung des Tablet-PC zu suchen.

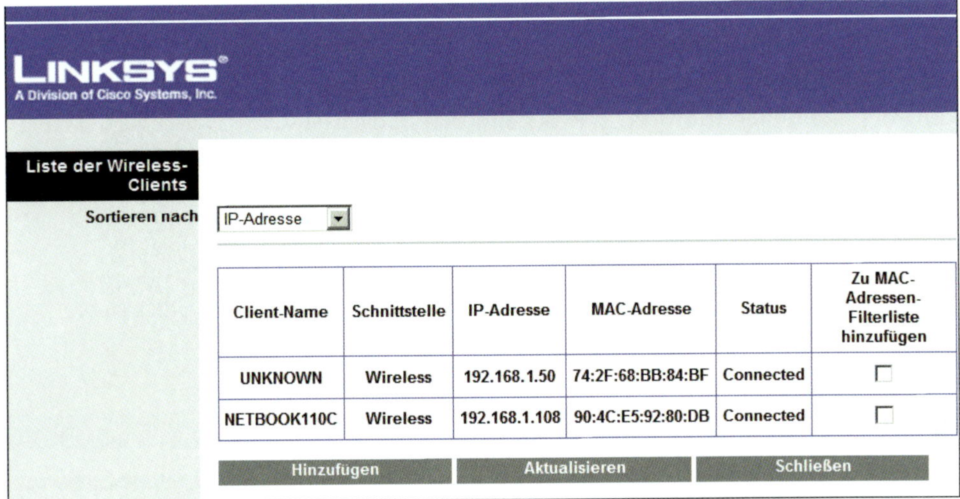

Abb. 8–38 Zwei Clients haben sich mit dem ADSL-Router über das WLAN verbunden.

Die gezeigte einfache Möglichkeit, mit einem Tablet-PC – oder auch mit einem Smartphone – eine WLAN-Verbindung aufzubauen, ist in sicheren Umgebungen wie zu Hause oder am Arbeitsplatz üblicherweise mit keinem zusätzlichen Sicherheitsrisiko verbunden. Anders ist die Situation, wenn allgemein zugängliche WLAN-Hotspots zum Verbindungsaufbau genutzt werden sollen. Dabei kann man sich keineswegs sicher sein, dass die Verbindung tatsächlich mit dem angegebenen Hotspot hergestellt worden ist und nicht etwa mit einem Smartphone, welches sich als Hotspot ausgibt, denn der Android-Client überprüft lediglich den Hotspot-Namen. Das Ausspionieren von Daten ist damit sehr einfach möglich.

Deshalb sollte in unsicheren Umgebungen stattdessen eine VPN-Verbindung angelegt werden, weil die Daten dabei verschlüsselt werden. Android bringt hierfür alle aktuellen Möglichkeiten mit. Das *Tethering*, welches Datenverbindungen für andere Geräte freigeben kann, sowie Bluetooth sollten in solchen Umgebungen ebenfalls nicht aktiviert sein.

8.5 Computer mit Mac OS

Die Netzwerkkonfigurierung von Computern der Firma Apple, wie iMac oder MacBook bzw. Powerbook, die mit dem Betriebssystem Mac OS X arbeiten, ist recht einfach durchzuführen. Nennenswerte Unterschiede aufgrund der verschiedenen Versionen gibt es dabei nicht, und standardmäßig wird auch IPv6 unterstützt.

Grundsätzlich werden die Netzwerkeinstellungen in sogenannten *Netzwerkumgebungen* ausgeführt, sodass der Wechsel von Standorten (Arbeitsplatz, Zuhause), die unterschiedliche Netzwerkfestlegungen benötigen, keine Neu- oder Umkonfigurierung der Computer erfordert. Wie bei anderen Betriebssystemen auch wird TCP/IP als Netzwerkprotokoll verwendet. Das herstellereigene Apple Talk wird hingegen seit der Version 10.6 nicht mehr unterstützt.

1. Auswahl des Apfel-Menüs und von SYSTEMEINSTELLUNGEN.
2. Auswahl von NETZWERK unter INTERNET & DRAHTLOSE KOMMUNIKATION (Abb. 8–39).

Abb. 8–39 Auswahl und Aufruf der Netzwerkeinstellungen

3. Im linken Teil der daraufhin erscheinenden Netzwerk-Seite (Abb. 8–40) werden die vorhandenen Netzwerkschnittstellen aufgeführt. Für LAN-Verbindungen ist der ETHERNET-Eintrag und für WLAN-Verbindungen AIRPORT zu selektieren. Ab OS X 10.8 wird von Apple stattdessen WLAN als Bezeichnung verwendet, was jedoch nichts am Prinzip ändert. Oben auf der Seite ist dann noch eine Bezeichnung für die UMGEBUNG festzulegen.

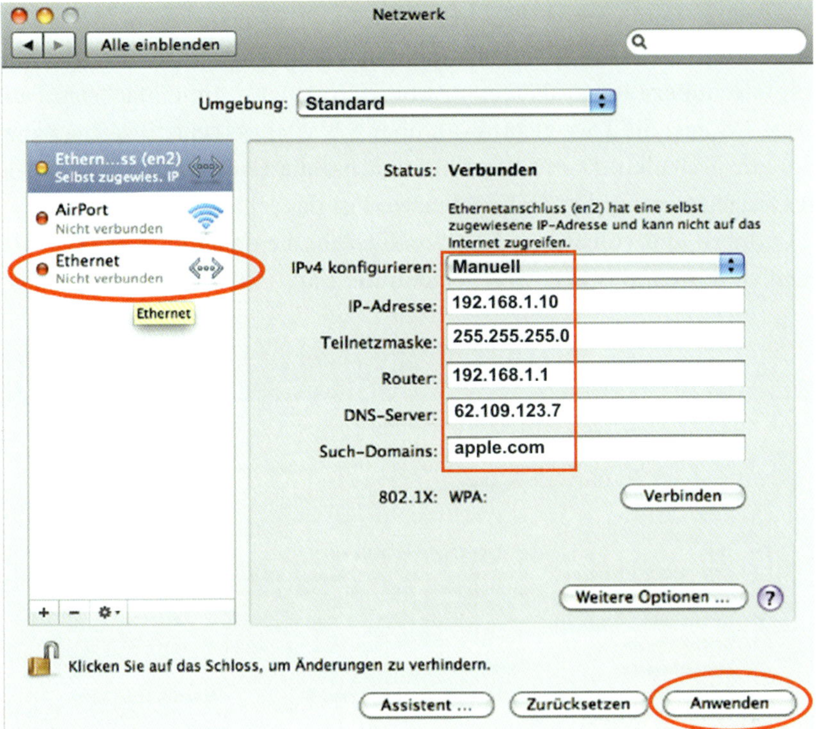

Abb. 8–40 Manuelles Festlegen der IP-Adressen

4. Nach der Auswahl des Punktes ETHERNET wird als erste Option abgefragt, welche Methode (DHCP, DHCP mit manueller Adresse, BootP, Manuell) für die Zuteilung der IP-Adresse verwendet werden soll. Die jeweiligen Vor- und Nachteile sind bereits behandelt worden. Praktikabel ist in den meisten Umgebungen entweder (reines) DHCP oder MANUELL (Abb. 8–40).
5. Jetzt erfolgt die Festlegung der IP-Adresse, der Teilnetzmaske (Subnet Mask), der Router-IP (Gateway) sowie eines DNS-Servers, wie es auch bei Windows (Abschnitt 8.2) üblich ist. Abweichend davon kann bei Mac OS an dieser Stelle auch noch eine *Such-Domain* bestimmt werden. Die hier angegebene Bezeichnung ist für die schnelle Auswahl von häufig benutzten Internetseiten gedacht. Falls an dieser Stelle *Apple.com* spezifiziert wird, reicht es aus, im Webbrowser *Store* anzugeben, um somit gleich bei *store.apple.com* zu landen.
6. Die weiteren Optionen (IPv6, 802.1X, Proxies) können in den meisten Fällen zunächst unberücksichtigt bleiben. Wichtig ist an dieser Stelle nur noch, dass nach dem Abschluss der Einstellungen auf ANWENDEN angeklickt wird, woraufhin die Parameter in Kraft treten und sich der Status der Verbindung in VERBUNDEN ändert.

Apple-Computer können wie Windows-Computer gemeinsam in Arbeitsgruppen organisiert werden und Ressourcen untereinander freigeben und verbinden, was bei Apple (wie unter Linux) als *mounten* bezeichnet wird. Im einfachsten Fall reicht es bei Mac OS aus, die DATEIFREIGABE über SYSTEMEINSTELLUNGEN – FREIGABEN (Sharing) einzuschalten. Damit können zunächst die Gastverzeichnisse der lokalen Benutzer freigegeben werden. Empfehlenswert ist das separate Anlegen von freizugebenden Ordnern und von ausgewiesenen Nutzern, die dann auf diese OS-X-Freigaben zugreifen dürfen, was über BENUTZER unter FREIGABEN festgelegt werden kann.

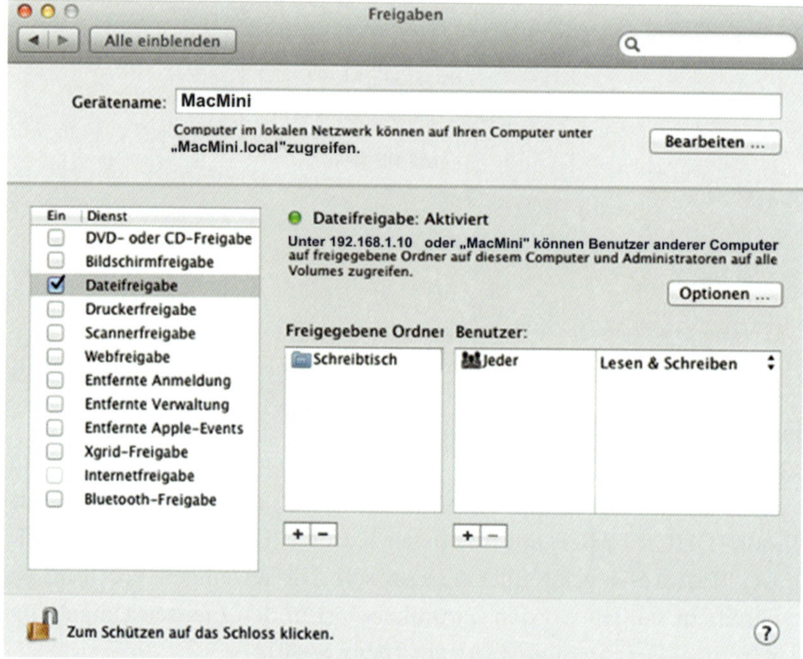

Abb. 8–41 Hier gibt der Apple-Computer (MacMini) den Ordner »Schreibtisch« für jeden Benutzer zum Lesen und Schreiben frei.

Eine Anmeldung an einem (Windows-) Server ist ebenfalls möglich, was beispielsweise über BENUTZER – SYSTEMSTEUERUNG und die *Startobjekte* zu konfigurieren ist. Grundsätzlich unterscheidet OS X nicht wie Windows zwischen Mitgliedern von Arbeitsgruppen und Mitgliedern von Domänen.

Damit eine Anmeldung eines OS-X-Clients an einer Windows-Domäne (Active Directory) möglich ist, sind auf beiden Seiten (Client und Server) einige Anpassungen notwendig, die insbesondere beim Einsatz von *Roaming Profiles* nicht gerade trivial sind. Deshalb ist das Anmelden eines Macs an einer Windows-Arbeitsgruppe bzw. an einer Windows-Domäne, die von OS X aber nur als Arbeitsgruppe erkannt und verwendet werden kann, die üblichere Methode.

Die von Windows her bekannten Tools, die insbesondere für die Fehlersuche im Netzwerk hilfreich sind (beispielsweise Ping oder Lookup), gibt es auch bei Mac OS, und zwar praktischerweise zusammengefasst unter NETZWERKDIENSTPROGRAMM, was über PROGRAMME – DIENSTPROGRAMME zu finden ist.

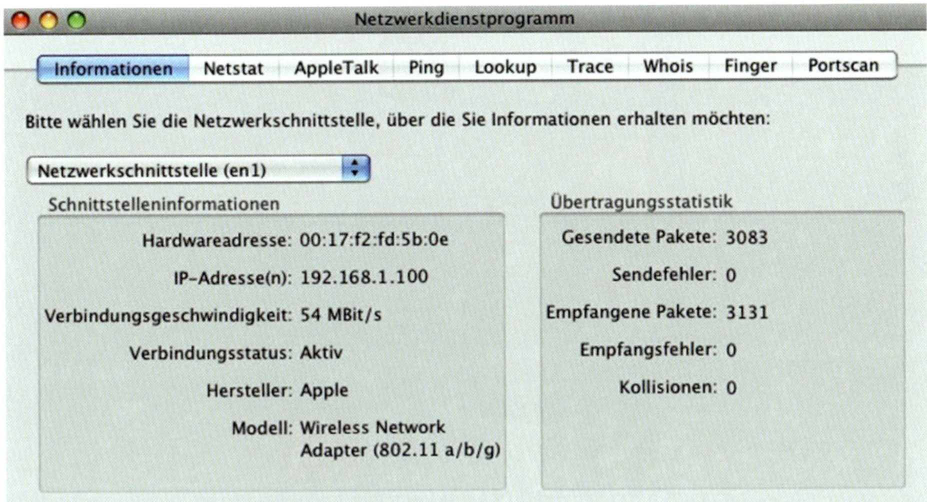

Abb. 8–42 Alle wichtigen Netzwerk-Tools sind bei Mac OS im Netzwerkdienstprogramm untergebracht.

8.6 Geräte mit iOS

Das Betriebssystem iOS wird auf den mobilen Geräten der Firma Apple, also dem iPhone, dem iPod touch und dem iPad, eingesetzt. Auch wenn sie sich von der Funktionalität her voneinander unterscheiden und verschiedene iOS-Versionen installiert sein mögen, ist die Netzwerkkonfigurierung prinzipiell die gleiche. Je nach iOS-Version kann es aber unterschiedlich (komplizierte) Wege hierfür geben. Im Folgenden ist die Methode gezeigt, die eigentlich immer funktioniert.

Abb. 8–43 Bei allen Geräten mit iOS-Betriebssystem gelangt man über Einstellungen zur WLAN-Konfigurierung.

Damit der iOS-Client eine Funkverbindung aufnehmen kann, wird dementsprechend ein WLAN-Access-Point bzw. ein ADSL-Router mit WLAN-Interface oder ein Computer (PC, Apple) mit einem WLAN-Interface benötigt. Im folgenden Beispiel soll eine direkte WLAN-Verbindung zwischen einem iOS-Client und einem Windows-PC aufgenommen werden. In einer derartigen Computer-zu-Computer-Konstellation wird das WLAN-Interface eines Windows-PC üblicherweise als Drahtloses Ad-hoc-Netzwerk verwendet, was zuvor entsprechend anzulegen ist. Ausgangspunkt ist bei Windows Eine Verbindung oder ein Netzwerk einrichten. Falls wie in Abb. 8–10 keine *drahtlose Ad-hoc-Verbindung* zur Konfigurierung angeboten wird, ist der WLAN-Adapter des Computers deaktiviert. Er muss nun zunächst eingeschaltet bzw. zu aktiviert werden.

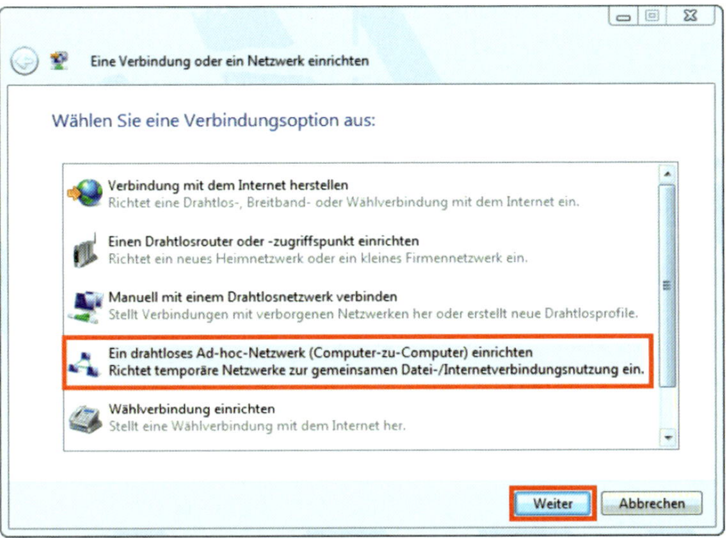

Abb. 8–44 Das drahtlose Ad-hoc-Netzwerk kann für den Datenaustausch unterschiedlicher Clients verwendet werden.

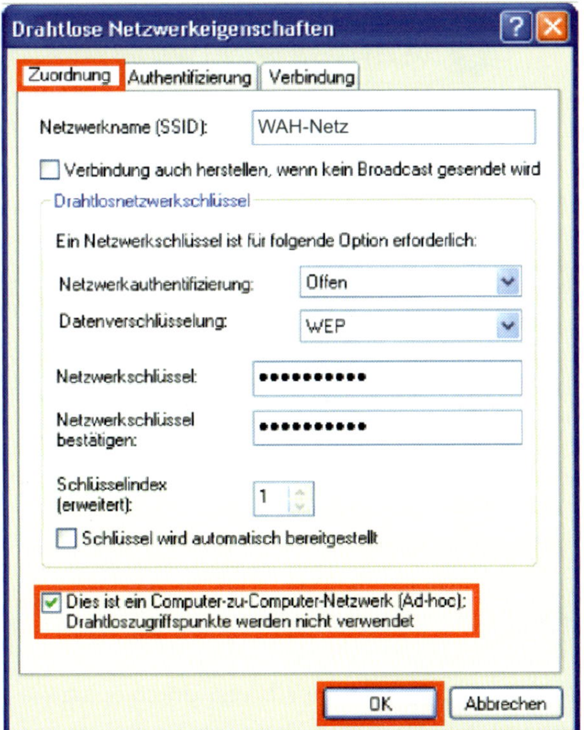

Abb. 8–45 Das Computer-zu-Computer-Netzwerk ist unter Windows angelegt.

Die weitere Konfigurierung erfolgt Windows-typisch mit den Angaben für einen Sicherheitstyp (WEP, WPA) und zu einem Schlüssel, wie es in Abschnitt 8.3 gezeigt ist. Zu beachten ist allerdings, dass für Windows-Ad-hoc-Verbindungen im Gegensatz zum Infrastrukturmodus andere Sicherheitstypen in Verbindung mit Clients gelten, sodass zunächst WEP (Abb. 8–45) auszuprobieren ist, bevor strengere Maßnahmen festgelegt werden.

1. Anlegen eines Ad-hoc-Netzwerks oder Konfigurieren eines WLAN-Routers (ADSL) als »Gegenstation« für die iOS-Clients.
2. Positionieren des Clients in der Nähe des WLAN-Zugriffspunkts.
3. Selektieren von EINSTELLUNGEN und WI-FI oder WLAN auf dem iOS-Client (Abb. 8–46).

Abb. 8–46 Aufruf der WLAN-Einstellungen

4. Wi-Fi (WLAN) lässt sich gegebenenfalls erst durch Schieben des Symbols von »O« auf »I« einschalten (Abb. 8–47). Dann werden im Bereich NETZWERK WÄHLEN die erkannten WLANs angezeigt. Hier ist das gewünschte – zuvor konfigu-

rierte – Netz auszuwählen, welches hier zum Beispiel mit *WAH-Netz* bezeichnet wurde (vgl. auch Abb. 8–45).

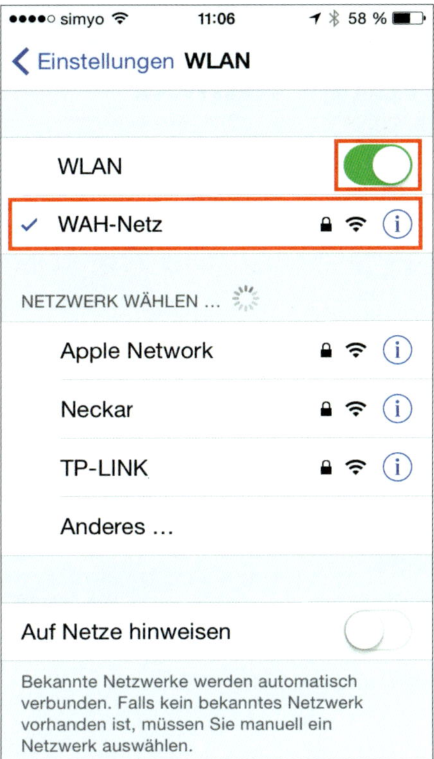

Abb. 8–47 Auswahl des gewünschten WLANs

5. Die gewählte Verschlüsselung wird meist automatisch erkannt, sodass nur noch der Schlüssel – das Kennwort – von *WAH-Netz* einzugeben und Verbinden anzutippen ist (Abb. 8–48).

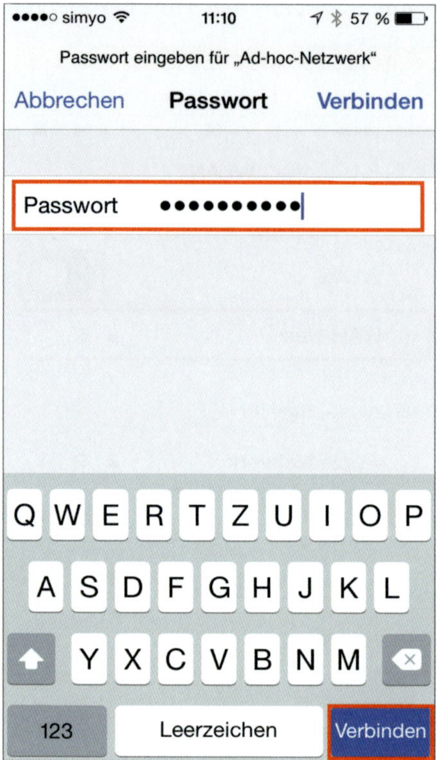

Abb. 8–48 Kennwort eingeben und verbinden

6. Der iOS-Client kann jetzt bereits mit dem Computer oder dem Router verbunden sein, was durch einen Haken am Netzwerkeintrag zu erkennen ist.
7. Zur Kontrolle ist der blaue Punkt mit dem weißen Rechtspfeil beim WAH-Netz-Eintrag (Abb. 8–47) zu selektieren, woraufhin unter IP-Adresse die Optionen *DHCP*, *BootP* und *Statisch* erscheinen. In Abhängigkeit vom Verbindungstyp empfiehlt es sich, entweder eine feste Adresse (Statisch) mit den weiteren üblichen Optionen (vgl. auch Abb. 8–40) anzugeben, etwa beim Ad-hoc-Netzwerk, oder aber DHCP einzuschalten, wie es mit einem Router (WLAN-Access-Point) üblich ist.

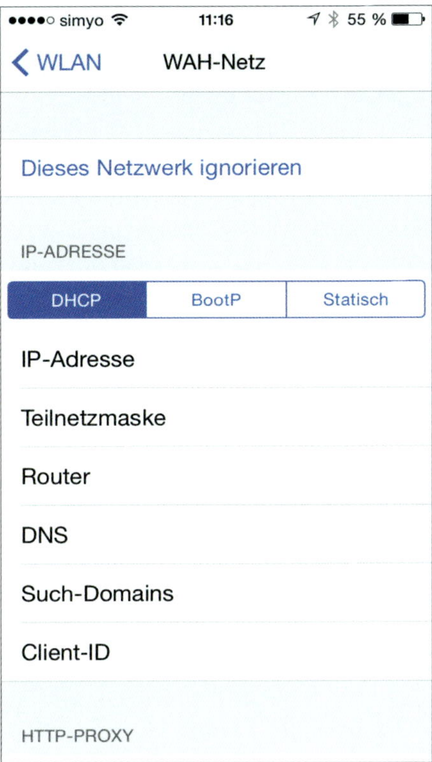

Abb. 8–49 Bei der Auswahl von »DHCP« ist nichts weiter einzugeben; bei »Statisch« sind alle Parameter hingegen manuell festzulegen.

8. Spätestens jetzt sollte die Verbindung zustande kommen, womit die Konfigurierung abgeschlossen wäre. Falls keine Verbindung möglich ist, sind die Einstellungen des WLAN-Kommunikationspartners (Access Point/ADSL-Router bzw. der PC/Notebook mit WLAN-Interface) zu überprüfen, wie es in den vorigen Abschnitten gezeigt wurde.

8.7 Linux-Computer

Es gibt eine ganze Reihe von unterschiedlichen Linux-Distributionen, die sich sowohl im Erscheinungsbild und im Funktionsumfang als auch von den Konfigurationsmöglichkeiten her unterscheiden. Gemeinsam ist allen aktuellen Linux-Versionen allerdings, dass sie nicht nur grafisch orientierte Desktops bieten, die nicht selten an das Windows-Lock&Feel angelehnt sind, sondern dass sich auch die Konfigurierung stark vereinfacht hat und keine (mitunter kryptisch anmutenden) Tools auf der Kommandozeilenebene (im Terminal) mehr eingesetzt werden müssen. In den letzten Jahren hat sich insbesondere Ubuntu sehr stark entwickelt und bewährt, welches es im Folgenden als Beispiel für die Netzwerkkonfigurierung bei Linux verwendet wird.

1. Aufruf von System – Einstellungen – Netzwerkverbindungen, woraufhin ein Fenster mit allen möglichen Netzwerkverbindungen und den Bezeichnungen *Kabelgebunden*, *Funknetzwerk*, *Mobiles Breitband*, *VPN* und *DSL* auftaucht. Mindestens diese fünf Verbindungstypen werden standardmäßig für die Konfigurierung angeboten, auch wenn die hierfür notwendige Hardware (WLAN-Adapter, SIM-Karte) im Computer möglicherweise gar nicht vorhanden ist.
2. Für eine LAN-Verbindung ist *Kabelgebunden* zu selektieren, für die Verbindung mit einem WLAN die Option *Funknetzwerk*.

Abb. 8–50 Von den fünf theoretisch möglichen Netzwerkverbindungen wird der Ethernet-Adapter verwendet, dessen Einstellungen zu bearbeiten sind.

3. Um das LAN zu verwenden, muss unter Name ein Eintrag wie *Auto eth0* (Abb. 8–50) zu finden sein, womit der erste Ethernet-Adapter des Systems gemeint ist. Falls hier kein Eintrag steht, kann im System über Hinzufügen nach einem LAN-Adapter gesucht werden, der dann durch die Betätigung von Anwenden ... für das LAN benutzt werden kann. Wird hingegen kein Ethernet-Adapter erkannt, ist entweder keiner im Computer vorhanden oder Linux konnte ihn nicht identifizieren, sodass über Kabelgebunden keine LAN-Verbindung aufgebaut werden kann.
4. Durch die Auswahl des Adapters (*Auto eth0*) und das Anklicken von Bearbeiten werden die Konfigurationsoptionen für den Adapter angezeigt. Wichtig sind zunächst allein die IP4-Einstellungen.

5. Bei den IP4-Einstellungen sind DHCP und MANUELL die beiden üblichen Methoden, wobei bei der Auswahl von DHCP nichts weiter anzugeben ist, sondern nur noch auf ANWENDEN … zu klicken ist.

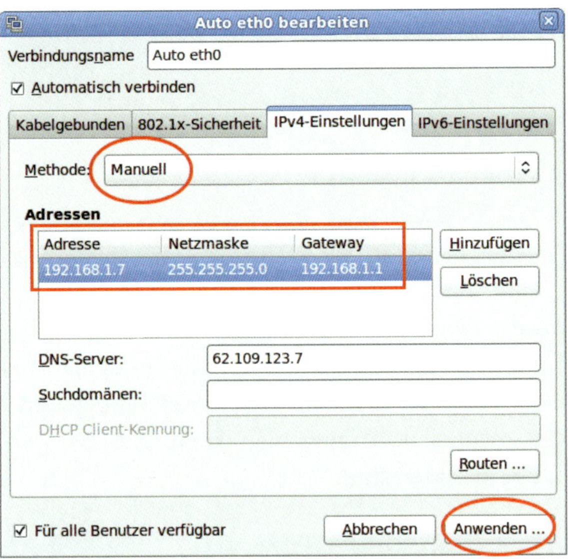

Abb. 8–51 Manuelle Festlegung der Parameter für den eth0-Adapter

6. Bei der manuellen Eingabe (Abb. 8–51) ist zu beachten, dass die IP-Adresse, die Netzmaske und die IP-Adresse des Gateways (Routers) in einer zusammenhängenden Zeile (hintereinander) anzugeben sind, (optional) gefolgt von der IP-Adresse eines DNS-Servers. Falls man aus Versehen den HINZUFÜGEN-Button mehr als einmal angeklickt hat, werden unter ADRESSEN weitere Zeilen für die drei Adressangaben aufgemacht, sodass hier auch entsprechende Angaben erwartet werden und der ANWENDEN …-Button solange inaktiv geschaltet bleibt und die Einstellungen nicht erfolgreich gespeichert werden können. In solch einem Fall sind die Leerzeilen per LÖSCHEN wieder zu entfernen.
7. Die Einstellungen für das Funknetzwerk lassen sich im Nu durchführen, wenn hierfür DHCP und ein funktionierender WLAN-Access-Point (im ADSL-Router) verwendet werden. Grundsätzlich ist die gleichzeitige Verwendung eines WLANs und eines LANs von einem Computer zum gleichen Kommunikationspartner (Access Point/ADSL-Router) nicht zulässig. Zur WLAN-Konfigurierung ist FUNKNETZWERK anzuklicken, woraufhin die automatisch gefundenen bzw. die bereits einmal verwendeten WLANs (Abb. 8–52) angezeigt werden.

Abb. 8–52 Auswahl der Funknetzverbindung 1, die bearbeitet werden soll

8. Die Bearbeitung der *Funknetzverbindung 1* umfasst die Angabe des WLAN-Netzwerknamens (SSID), wobei auch hier wieder das in den vorherigen Abschnitten verwendete *4home* vom ADSL/WLAN-Router verwendet wird, sodass bei MODUS die Option INFRASTRUKTUR auszuwählen ist (Abb. 8–23) und die Angaben mit ANWENDEN zu übernehmen sind.

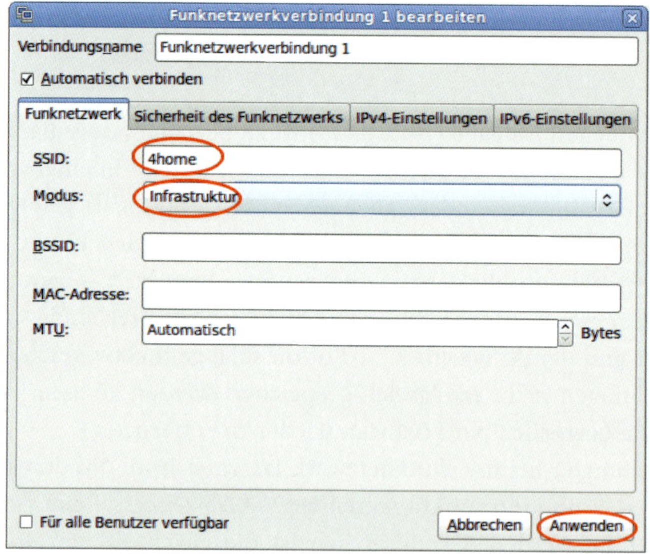

Abb. 8–53 Bearbeiten der Angaben zum Funknetzwerk 1

9. Unter SICHERHEIT DES FUNKNETZWERKS sind die Angaben für die Sicherheit (WPA & WPA2 Personal) mit dem dazugehörigen Passwort einzutragen (vgl. die Angaben in Abb. 8–35), und unter IPV4-EINSTELLUNGEN ist nur noch AUTOMA-

TISCH (DHCP) beim Punkt METHODE zu wählen, was jeweils mit ANWENDEN wieder zu übernehmen ist. Damit ist die WLAN-Konfigurierung abgeschlossen.

10. Für den Funktionstest empfiehlt sich wieder der Aufruf des Internetbrowsers. Falls damit keine Internetverbindung zustande kommen sollte und der ADSL-Router (wie zuvor des Öfteren behandelt) nicht die Fehlerursache sein kann (weil andere Clients damit einwandfrei funktionieren), dann sollte die Proxy-Einstellung überprüft werden. Beim Standardbrowser *Firefox* geht dies über BEARBEITEN – EINSTELLUNGEN – VERBINDUNG (festlegen, wie Firefox sich mit dem Internet verbindet) – EINSTELLUNGEN und dann KEIN PROXY.

Die bekannten Netzwerktools, die sich insbesondere für den Test und die Fehlersuche eignen, wie Ping, Traceroute oder auch Lookup, existieren auch für Linux/Ubuntu, und zwar wie bei OS X (Abschnitt 8.5) zusammengefasst in einer Anwendung. Bei Ubuntu ist sie unter SYSTEM – SYSTEMVERWALTUNG – NETZWERKDIAGNOSE zu finden.

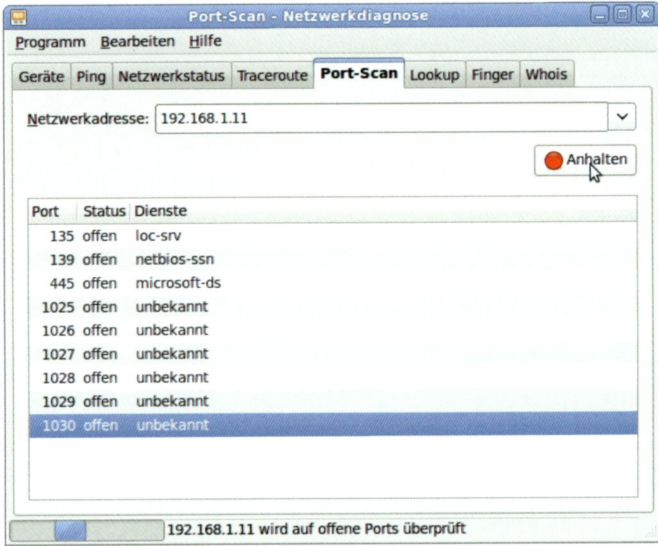

Abb. 8–54 Ubuntu bietet für die Netzwerkdiagnose die üblichen Tools, wozu auch ein Port-Scanner gehört, der hier die offenen Ports eines anderen PCs mit Windows 7 ermittelt.

Teil 3

Reparieren und Aufrüsten

Der Aufbau eines PC, eines Notebooks, eines Tablets und eines Smartphones scheint auf den ersten Blick völlig verschieden zu sein. Gleichwohl sind es alle Computer, die über einen Mikroprozessor, DRAM- sowie Festwertspeicher, verschiedene Schnittstellen (USB, Bluetooth, WLAN) und ein standardisiertes Betriebssystem verfügen. Bevor versucht wird, ein System auseinanderzunehmen, um etwas zu reparieren, ist eine möglichst genaue Analyse des Problems wichtig und die Kenntnis, mit welchen Methoden sich auftretende Fehler erkennen und beheben lassen.

9 Systemanalyse mit Fehlersuchbäumen

An einem üblichen PC lässt sich aufgrund seines modularen Aufbaus weit mehr reparieren und austauschen als bei Smartphones oder Tablets, was aber nicht bedeutet, dass nicht auch bei diesen Geräten eigene Reparaturversuche unternommen werden können. Wildes Herumexperimentieren führt dabei selten zum Erfolg, sondern eine strukturierte besonnene Vorgehensweise, bei der sich nicht selten herausstellt, dass die Ursache eher trivial war und sich ohne großen Aufwand beheben ließ.

Als äußerst hilfreich für eine strukturierte Fehlersuche erweisen sich Fehlersuchbäume, damit auch der nicht so technisch versierte Anwender den Überblick behält und relativ schnell die Ursache des Problems ermitteln kann. Auf dem Einleger zu diesem Buch sind eine ganze Reihe von Fehlersuchbäumen zu finden, die hier teilweise aus dem Text hergeleitet werden, sofern die dazu wichtigen Informationen nicht an anderer Stelle im Buch zu finden sind, was entsprechend kenntlich gemacht ist.

9.1 Hardware- oder Softwarefehler?

Diese entscheidende Frage ist mitunter nur schwer zu beantworten, wenn das Gerät nicht »komplett tot« ist. Was in solch einem Fall zu tun ist, wird in Abschnitt 9.6 näher erläutert. Wichtig ist für diese grundlegende Analyse, was mit dem Gerät seit dem letzten Mal, als es einwandfrei funktioniert hat, passiert ist. Oftmals hat man in Erinnerung, dass das Gerät ohne eigenes Zutun plötzlich und völlig unerwartet nicht mehr richtig funktioniert. Nicht selten stellt sich am Ende einer Fehlersuche heraus, dass zwischenzeitlich sehr wohl etwas am Gerät verändert wurde, nur hat man nicht die Verbindung zwischen den beiden Ereignissen gesehen. Typischerweise ist neue Software installiert worden, was nicht unbedingt durch den Anwender selbst, sondern auch per automatischer Updatefunktion passiert sein kann.

Für alle Betriebssysteme sind verschiedene Testprogramme erhältlich, die eine mehr oder weniger ausführliche Überprüfung des Systems ermöglichen. Tools wie *Tune Up Utilities* oder *WinOptimizer* versprechen darüber hinaus ein optimales und schnelleres Windows. In echten Problemfällen sind sie jedoch keine Hilfe, sondern können die Situation sogar noch verschlimmern, weil eben zusätzliche Software installiert wird. Generell sollte im Problemfall zunächst keinerlei Software installiert werden, sondern es sollte versucht werden, mit den jeweiligen »Bordmitteln« des Betriebssystems genauere Kenntnisse über die mögliche Ursache zu erlangen, wie es noch genauer erläutert wird.

9.1.1 Virenbefall?

Ein Virenbefall ist natürlich auch möglich, was bei Linux, iOS und Android eher unwahrscheinlich ist, bei Windows-Systemen jedoch bei ungewohntem merkwürdigen PC-Verhalten stets mit ins Kalkül zu ziehen ist. Ein Virenscanner mit automatischer, mindestens täglicher Updatefunktion muss bei Geräten mit Windows auf jeden Fall installiert sein. Auch wenn meist von einem Virenscanner gesprochen wird, erkennt die Software typischerweise verschiedene Schädlinge (wie Trojaner, Rootkits und Malware), und der Begriff *Virus* wird allgemein (wie hier auch) als Synonym für Schadsoftware verwendet. Normalerweise sollte der im Hintergrund laufende Wächter bei einem auftretenden Virus Alarm schlagen. Hin und wieder sollte dennoch ein manueller Virenscan eingeleitet werden, und wenn dann Schadsoftware detektiert wird, liegt bereits etwas im Argen und der PC kann bereits seit längerer Zeit befallen sein.

Schadsoftware wird allerdings auch dann nicht immer erkannt, weil sie als normale Software erscheint, jedoch als Malware einzustufen ist und möglicherweise den Windows-PC blockiert, was dann ein ganz offensichtliches Problem darstellt. Besonders verbreitet sind Schädlinge, die als System-Tools vermelden, dass auf dem PC Viren und/oder Spyware erkannt worden ist und der PC aus Sicherheitsgründen blockiert wird. Zur Aufhebung ist laut Anzeige eine kostenpflichtige Schutzsoftware zu installieren. Möglicherweise wird auch vermeldet, dass angeblich illegale Software aus dem Netz bezogen wurde, was als GEMA-, GVU- oder BKA-Trojaner bekannt ist. Üblicher Virenscannersoftware entzieht sich dieser Schädlingstyp oftmals, sodass dessen Beseitigung zwar etwas aufwendiger ist, keinesfalls sollte aber Geld – letztlich an den Verursacher – für eine vermeintliche Lösung des Problems gezahlt werden.

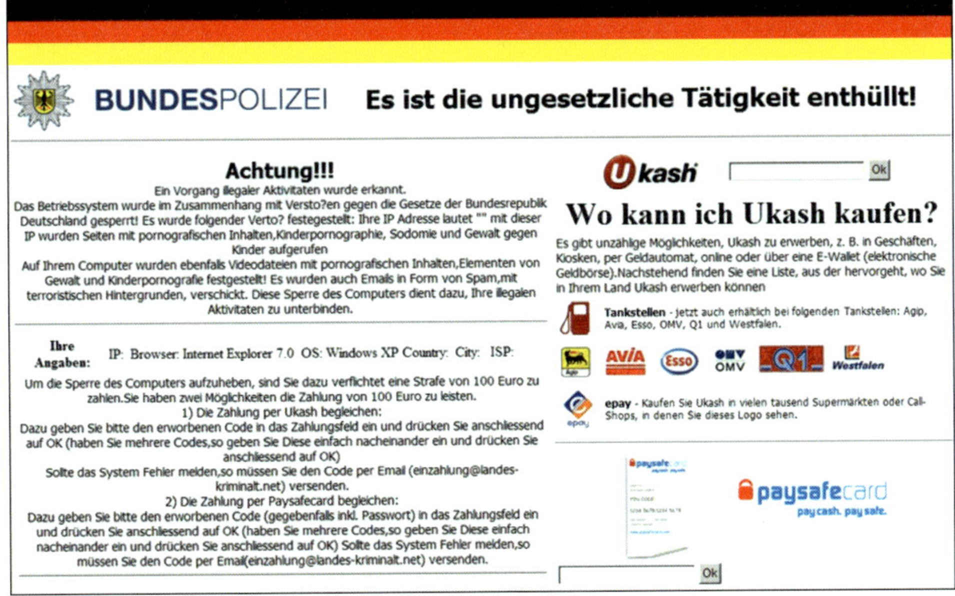

Abb. 9–1 Nicht immer ist Schadsoftware so auffällig.

Für die Beseitigung eines derartigen Schädlingstyps ist – wenn möglich – im abgesicherten Modus (siehe Abschnitt 9.4) zu starten und sind die Programme unter SYSTEMKONFIGURATION – SYSTEMSTART (msconfig), die automatisch beim Boot geladen werden, zu kontrollieren. Außerdem ist die Registry (regedit) nach entsprechenden Einträgen zu durchsuchen und ggf. zu löschen. Mittlerweile stellen bekannte Virenscannerhersteller (z. B. Avira, Kaspersky) für die Beseitigung dieses speziellen Schädlingstypus eigene Boot-Images zum Download für die Anfertigung einer Boot-CD zur Verfügung (siehe auch Abschnitt 7.3.2). Gleichwohl taucht fast täglich neue Schadsoftware auf, für die es noch keine befriedigende automatische Beseitigungsmethode gibt, sodass die Systemwiederherstellung (siehe Abschnitt 7.1.4) ein probates Mittel ist, um den Computer wieder in einen früheren Zustand zurücksetzen zu können.

9.2 Hardware und Gerätetreiber

Für die Computerhardware sind spezielle Softwaretreiber notwendig. Bei jedem aktuellen Betriebssystem gibt es hierfür eine Instanz, die die entsprechende Verwaltung vornimmt und verschiedene Werkzeuge für die Installation und Konfiguration vorsieht.

9.2.1 Windows-Gerätemanager

Bei Windows ist dies der GERÄTEMANAGER (Systemsteuerung – Hardware und Sound), der die einzelnen Komponenten in einer Baumstruktur darstellt. Über die EIGENSCHAFTEN lassen sich zu jeder Komponente detaillierte Informationen (wie die Belegung von PC-Ressourcen) anzeigen, wozu auch die Version der Treibersoftware zählt. Wenn die Treiber an dieser Stelle ohne Warnung oder Fehler ausgewiesen sind, kann man davon ausgehen, dass die Komponenten softwaretechnisch korrekt im System implementiert sind. An dieser Stelle lassen sich einzelne Komponenten bei Bedarf auch deaktivieren und der dazugehörige Treiber wechseln oder aktualisieren. Das (vorübergehende) Deaktivieren einer Komponente ist immer dann sinnvoll, wenn ein Gerätekonflikt auftritt oder ein bestimmtes Gerät bewusst nicht verwendet werden soll, etwa das WLAN-Interface bei einem Desktop-PC, der stattdessen den kabelgebundenen Ethernet-Anschluss zu verwenden hat. Ein aktivierter WLAN-Adapter versucht standardmäßig, eine IP-Adresse per DHCP zu beziehen und eine Verbindung aufzubauen, was zu Verzögerungen beim Netzwerkzugriff und letztlich auch zu Sicherheitsproblemen führen kann.

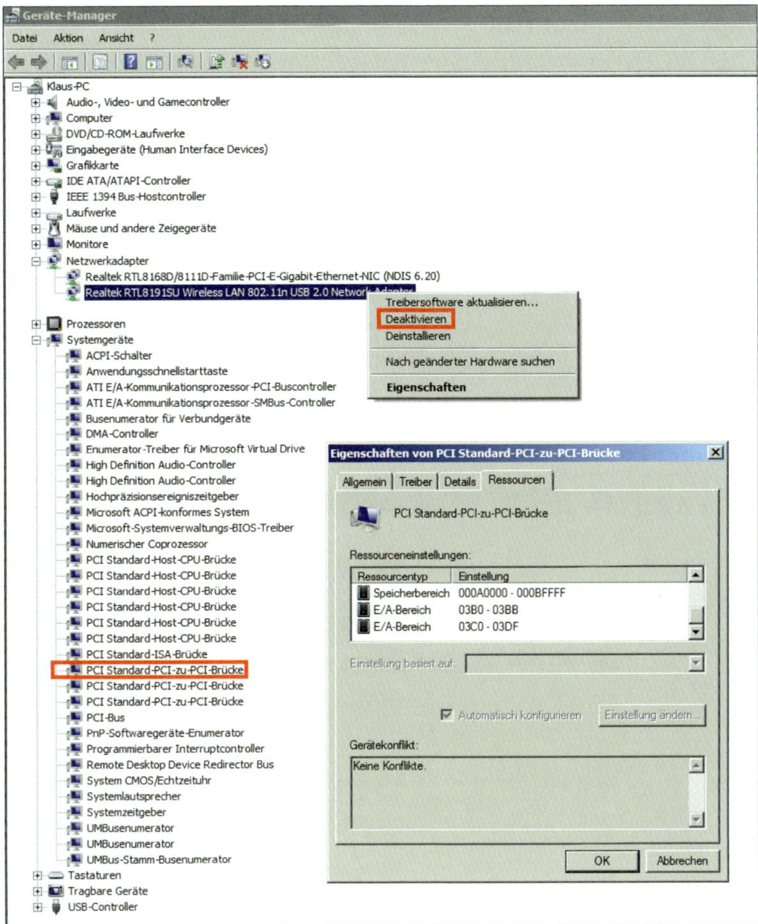

Abb. 9–2 Dem Windows-Gerätemanager gilt bei einem vermuteten Problemfall mit einer Hardwarekomponente stets der erste Blick. Hier lassen sich Einheiten auch abschalten und die jeweilige Ressourcenbelegung einsehen.

Ein Gerätekonflikt liegt dann vor, wenn zwei Komponenten die gleichen PC-Ressourcen (E/A-Bereich, Speicherbereich, Interrupt-, DMA-Kanal) für sich beanspruchen, was in früheren Zeiten fast regelmäßig auftrat, heutzutage jedoch aufgrund der automatischen Mechanismen (Plug & Play) bei PCI, PCIe, SATA und dem USB kaum noch passiert. Da man die PC-Ressourcen für eine Komponente nicht mehr mit Jumpern festlegt, muss man sich darauf verlassen, dass das Betriebssystem und der Gerätetreiber die passenden Parameter untereinander aushandeln. Wenn dies nicht korrekt funktioniert, sollte ein neuer Gerätetreiber das Problem beseitigen.

9.2.2 Linux-Kontrollzentrum

Bei Linux sind die Hardwareeinstellungen in verschiedenen Dateien und Verzeichnissen (/proc, /var) zu finden (siehe Abschnitt 7.3), die sich mit einem üblichen Editor lesen und auch verändern lassen. In Abhängigkeit von der Distribution ist möglicherweise eine Gerätemanager-ähnliche Software (z. B. Hardwarekontrollzentrum) gleich mit dabei, die sich natürlich auch nachinstallieren lässt, wie beispielsweise *Hardinfo* oder *Sysinfo*. Standardmäßig bietet SUSE-Linux mit dem YaST-Kontrollzentrum immer noch eine der besten Lösungen für die Analyse und die Konfiguration von Hard- und Software, weil hiermit eine zentrale Anlaufstelle auch für Problemfälle zur Verfügung steht. Ubuntu hat hier im Laufe der Zeit jedoch aufgeholt, sodass hier ebenfalls eine komfortable und logisch organisierte System- und Einstellungsverwaltung implementiert ist.

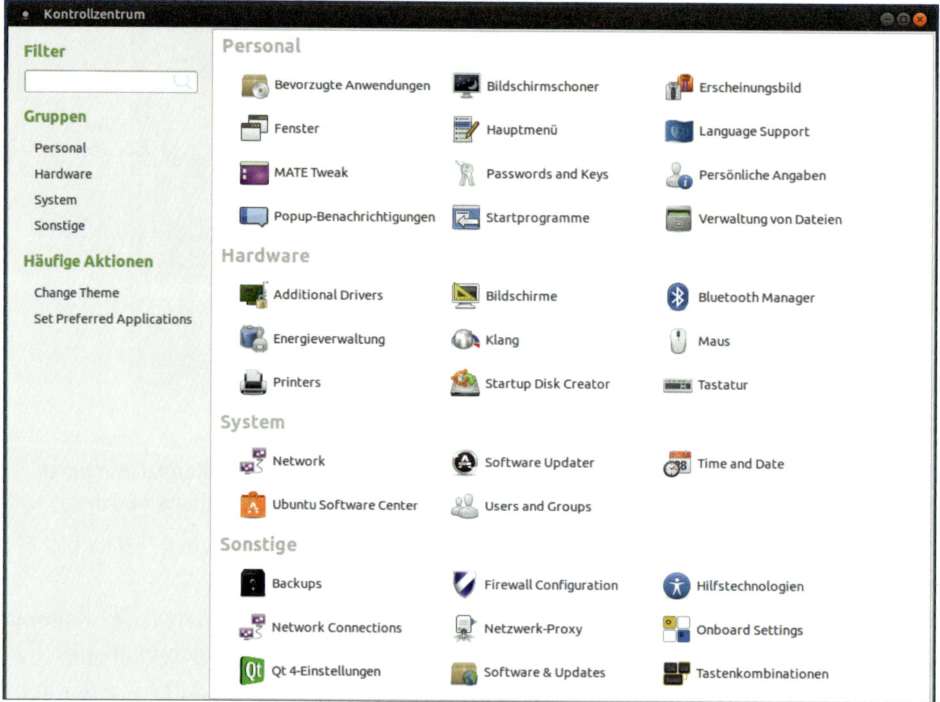

Abb. 9–3 Das Kontrollzentrum bei Ubuntu-Mate

Mithilfe der Kommandozeilenbefehle `lsusb` und `lspci` lassen sich die USB- und die PCI-Geräte anzeigen, was üblicherweise mit jeder aktuellen Distribution standardmäßig funktioniert. Dasselbe gilt für das Programm `lshw`, das sehr detaillierte Informationen über die Computerausstattung anzeigen kann und mit Root-Rechten ausgeführt wird. Für einen schnellen Überblick gibt man ein:

```
sudo lshw -short
```

Ausführlich kann die Ausgabe mit

```
sudo lshw > hardware.txt
```

in eine Textdatei gelenkt werden – oder in eine HTML-Datei mit:

```
sudo lshw –html > hardware.html
```

```
klaus@mate:~$ sudo lshw -short
[sudo] password for klaus:
H/W-Pfad        Gerät      Klasse         Beschreibung
=======================================================
                           system         To be filled by O.E.M. (To be filled
/0                         bus            B75M-D3V
/0/0                       memory         64KiB BIOS
/0/4                       memory         64KiB L1 Cache
/0/5                       memory         512KiB L2 Cache
/0/6                       memory         3MiB L3 Cache
/0/7                       memory         8GiB Systemspeicher
/0/7/0                     memory         4GiB DIMM DDR3 Synchron 1333 MHz (0,8
/0/7/1                     memory         DIMMProject-Id-Version: lshwReport-Ms
/0/7/2                     memory         4GiB DIMM DDR3 Synchron 1333 MHz (0,8
/0/7/3                     memory         DIMMProject-Id-Version: lshwReport-Ms
/0/43                      processor      Intel(R) Core(TM) i3-3220 CPU @ 3.30G
/0/43/3.1                  processor      Logische CPU
/0/43/3.2                  processor      Logische CPU
/0/43/3.3                  processor      Logische CPU
/0/43/3.4                  processor      Logische CPU
/0/43/3.5                  processor      Logische CPU
/0/43/3.6                  processor      Logische CPU
```

Abb. 9–4 Anzeige der erkannten Hardware mit lshw, wofür Root-Rechte und die (nochmalige) Angabe des Passworts notwendig sind.

9.2.3 Android-Einstellungen

Bei Android finden sich unter *Einstellungen* auch einige Angaben zur Hardware und zu Einstellungsmöglichkeiten etwa für Bluetooth, WLAN, zum Speicher und zum Akku. Aufgrund der Linux-Verwandtschaft lassen sich in den Verzeichnissen /dev und /etc verschiedene Gerätedateien (Treiber) und Konfigurationsdateien finden, die sich jedoch nur mühsam dem Benutzer erschließen. Deshalb ist man bei Android zunächst auf die Möglichkeiten unter *Einstellungen* (Speicher, Akku) angewiesen, wo typischerweise unter TELEFONINFO – HARDWAREINFORMATIONEN oder auch unter *Geräteinformationen* noch Details zur jeweiligen Hardware zu finden sind, was von der jeweiligen Android-Version und dem jeweiligen Gerät abhängig ist.

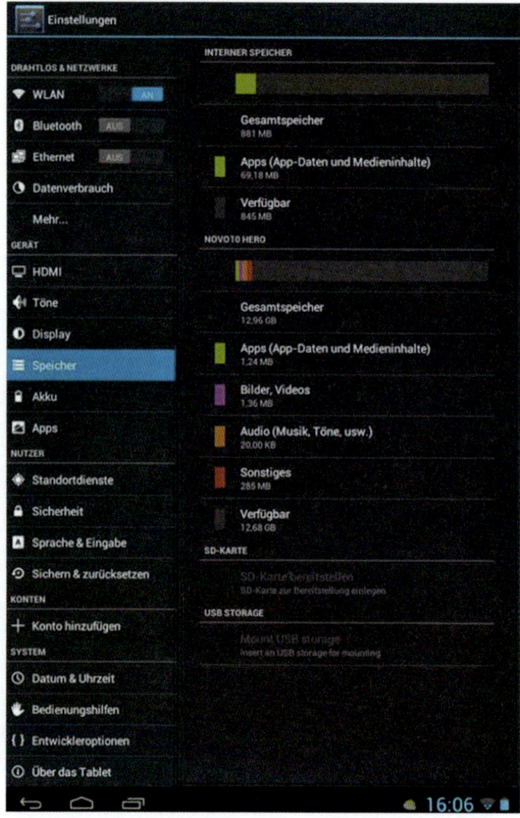

Abb. 9–5 Die Option »Einstellungen« bietet eine zentrale Übersicht zur Hardware und zur aktuellen Auslastung und erlaubt verschiedene grundlegende Festlegungen.

Selbstverständlich kann man sich auch eine spezielle App, wie beispielsweise das *Quick Control Panel*, installieren, um verschiedene Einstellungen einsehen und vornehmen zu können. Das von den PCs her bekannte Programm CPU-Z ist mittlerweile auch für Android erhältlich und eignet sich demnach auch für die Analyse von Tablets und Smartphones.

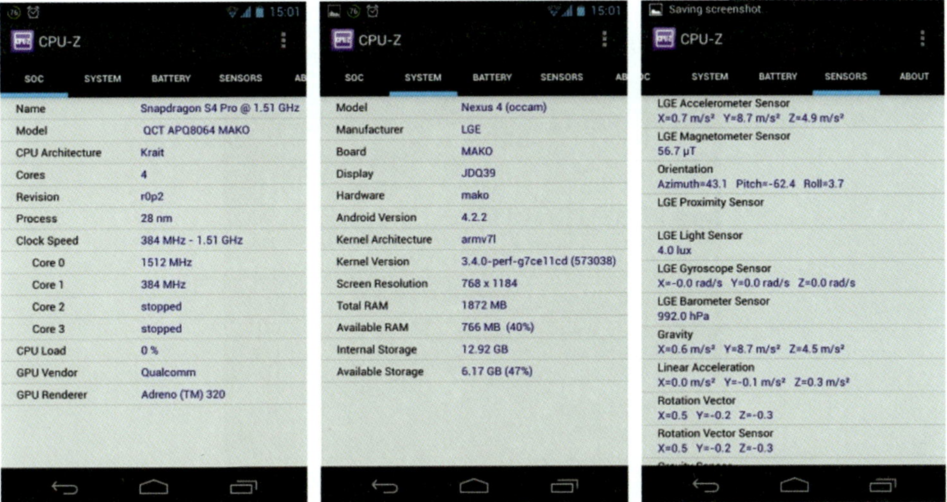

Abb. 9–6 Das Programm CPU-Z liefert nicht nur ausführliche Informationen über den Prozessor und das Gerätemodell, sondern auch über die Sensoren.

9.2.3.1 Steuerbefehle

Android bietet prinzipiell die Möglichkeit, bestimmte Funktionen durch Steuerbefehle zutage fördern zu können, die aber vornehmlich für den Mobilfunkanbieter und Servicetechniker bestimmt sind, denn es kann durchaus passieren, dass das System abstürzt oder sogar gelöscht wird. Die Befehle werden als Ziffernfolge wie eine Telefonnummer eingegeben, etwa als *#0*#, was bei einem Samsung Galaxy ein Service-Menü öffnet.

Falls ein Smartphone einen Code nicht unterstützt, wird idealerweise nur eine Meldung ausgegeben (wie *Verbindungsproblem oder ungültiger MMI-Code)* und kein Schaden angerichtet. Bei Smartphones von LG und HTC führt die Eingabe von *#*#3424#*#* zu einem Funktionstestprogramm (Abb. 9–7) mit dem sich die LEDs, das Display, die Kamera, der Akku und weitere Komponenten überprüfen lassen.

Es gibt eine Vielzahl dieser Codes, wovon die wenigsten allgemeingültig sind, sondern von der Android-Version, dem jeweiligen Gerät und auch vom Mobilfunkanbieter – mit Prepaid-Karten gibt es oftmals Einschränkungen – abhängig sind.

Die GSM-Codes (Global System for Mobile Communication) sind einheitlich und funktionieren immer gleich. Dabei werden Befehle in das GSM-Netz gesendet, um etwa eine Rufumleitung (##004# = Zielrufnummer löschen) beim Netzbetreiber einzustellen.

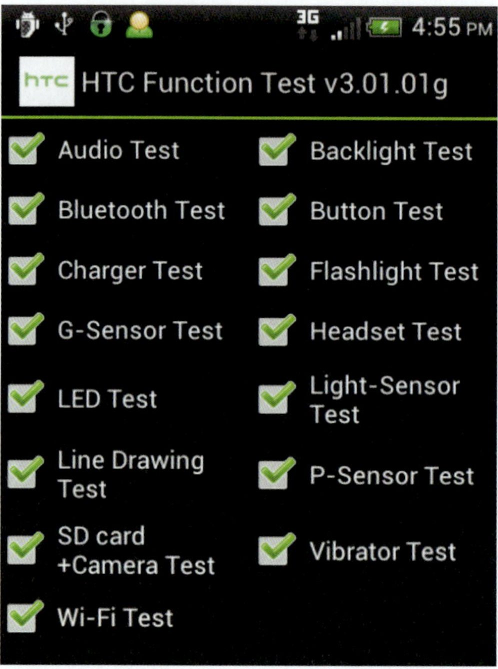

Abb. 9–7 Das interne Testprogramm wird durch einen Steuerbefehl aufgerufen und erlaubt die interaktive Überprüfung der Sensoren und anderer Komponenten.

Die USSD-Codes (Unstructured Supplementary Service Data) sind ebenfalls Befehle, die im GSM-Netz gültig sind, sodass auch hierfür stets ein Anruf zu tätigen ist. Die USSD-Codes beginnen immer mit einem Stern und enden mit einer Raute, wie etwa bei dem Code *100#, der beispielsweise für die Anzeige des Prepaid-Guthabens bei T-Mobile Xtra-Cards verwendet werden kann. Die USSD-Codes sind nicht allgemeingültig, sondern hängen vom jeweiligen Betreiber des Mobilfunknetzes ab.

Andere Codes werden direkt auf dem Gerät ausgeführt, wozu die MMI-Codes (Machine Interface) gehören, die in erster Linie vom jeweiligen Gerät und der Android-Version abhängig sind. Diese Handy-Codes sehen auf den ersten Blick wie USSD-Codes aus, sie sind jedoch mit mehreren Sternen und Rauten aufgebaut. In Tab. 9–1 sind einige Beispiele gezeigt.

Code/Tasten	Bedeutung
	HTC
*#06#	Seriennummer (IMEI) abfragen
##3424#*#*	Service-Menü
##4636#*#*	Erweiterte Informationen
##7262626#*#*	FieldTest

Code/Tasten	Bedeutung
##3424#*#*	Funktionstest
##8255#*#*	GTalk Service Monitor
*2767*3855#	Reset, alle Daten werden gelöscht
Volume Down + Power	Bootmenü (wenn Gerät ausgeschaltet ist)
Back + Power	Fastboot (wenn Gerät ausgeschaltet ist)
Menü + Power	Abgesicherter Modus (wenn Gerät ausgeschaltet ist)
Samsung	
*#06#	IMEI-Nummer anzeigen
#0#	Service-Menü
*#9999#	Softwareversion anzeigen
*#1111#	Softwareversion
*#1234#	Firmwareversion
*#2222#	Hardwareversion
*#92782#	Geräteversion/Modell (Wap)
*#0228#	Batteriestatus/Temperatur
*#2255#	Anrufliste
*#2263#	Netzauswahl
*#0782#	RealTimeClock (RTC) auslesen und anzeigen
*#0011#	Anzeige des GSM-Status
*#0589#	Test Lichtsensor
*#7353#	Hardwareschnelltest
*#9090#	Service-Mode UART/USB
#5239870#	PreConfig-Menü
*#197328640#	Service-Menü
*#5737425#	Java-Modus
*#232337#	Bluetooth MAC-Adresse
*#4777*8665#	GPRS De-/aktivieren
*2767*3855#	Full-Reset (zurücksetzen auf Auslieferungszustand)
Sony	
*#06#	Seriennummer (IMEI) anzeigen
*#7465625#	SIM-Lock Status (Gerät ohne SIM-Karte einschalten)
*#7353273#	Firmwareversion abfragen
*#7353273#	Service-Menü

Tab. 9–1 Codes für den Gerätetest und für andere Funktionen bei Smartphones

Wer genauer in die Android-Architektur für die Fehlersuche oder auch für die Programmentwicklung einsteigen will, findet im kostenlosen Android SDK eine Vielzahl von nützlichen Tools (Android Debug Bridge, Device Manager, Systrace), worauf in Kapitel 12 noch näher eingegangen wird.

9.2.4 Protokolldateien

Jedes aktuelle Betriebssystem schreibt automatisch Protokolldateien von aufgetretenen Aktionen. Diese Ereignis- oder Logdateien können näheren Aufschluss darüber bieten, was für Aktionen aufgetreten sind, und möglicherweise werden Fehler hier direkt ausgewiesen. Bei Windows gibt es eine ganze Reihe von Logdateien, wobei die *Ereignisanzeige* die erste Anlaufstelle ist, die sich über SYSTEMSTEUERUNG – SYSTEM UND SICHERHEIT – VERWALTUNG aufrufen lässt.

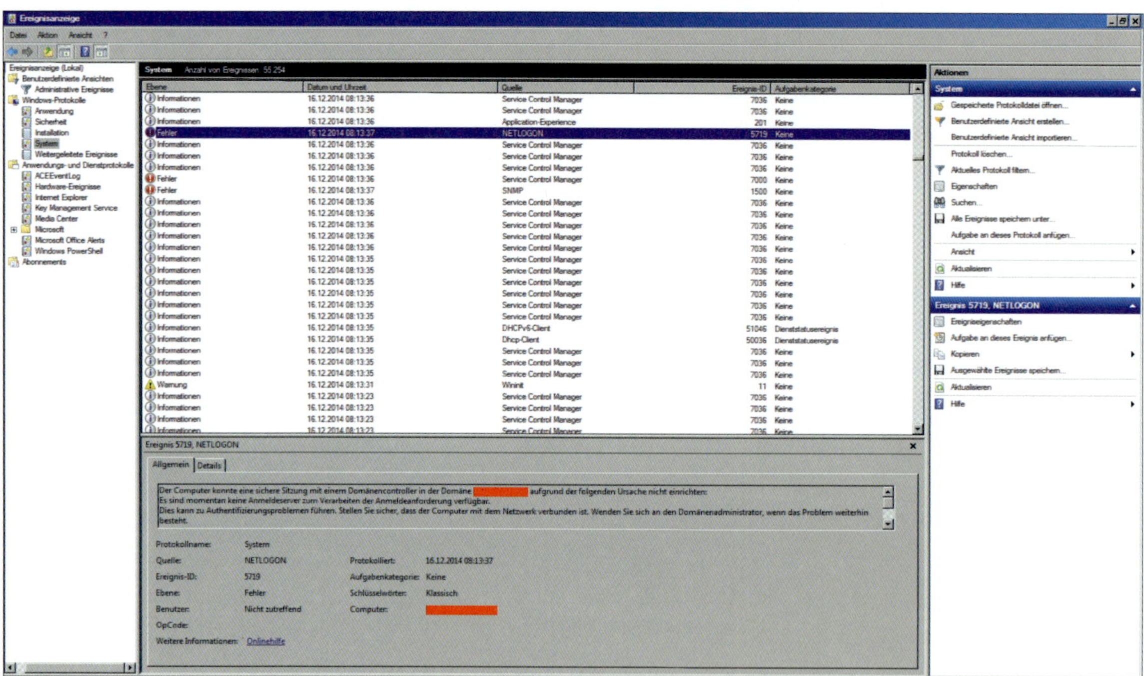

Abb. 9–8 Die Windows-Ereignisanzeige wertet verschiedene Protokolldateien aus, was sich für die Fehleranalyse nutzen lässt.

Bei Linux werden Logs üblicherweise in `/var/log` geschrieben, wobei hier verschiedene Unterverzeichnisse existieren können, die spezielle Logdateien (wie beispielsweise *samba* für den Samba-Server oder *acpid* für die Energieverwaltung) enthalten. Die Linux-Logdateien sind Textdateien, die mit jedem üblichen Editor geöffnet werden können. Je nach Desktop-System können verschiedene Tools dabei sein, um die

Logs komfortabler (wie bei Windows) anzeigen und auswerten zu können. Bei Ubuntu existiert beispielsweise ein Systemprotokollbetrachter (ANWENDUNGEN – SYSTEMWERKZEUGE, Abb. 9–9).

Abb. 9–9 Die Ereignisse sind im Systemprotokollbetrachter nach bestimmten Gruppen sortiert, um etwa das Boot-Verhalten analysieren zu können.

Bei Android existieren die Dateien *log* und *logcat* (system/bin), in denen sich verschiedene Einträge finden lassen, die meist nicht direkt lesbar und für den Anwender üblicherweise auch nicht aussagekräftig sind, weil hier im Grunde jede App irgendwelche Informationen hineinschreiben kann. Was die Daten im Einzelnen bedeuten, mag mitunter nur dem Entwickler der App bekannt sein. Für die Untersuchung von Android-Logfiles kommt man deshalb nicht um eine spezielle Software herum. Mit der kostenlosen App *Log Collector* kann das Log beispielsweise analysiert und übertragen werden, und mit *aLogCat* wird der Prozess visualisiert, was momentan an Informationen geschrieben wird.

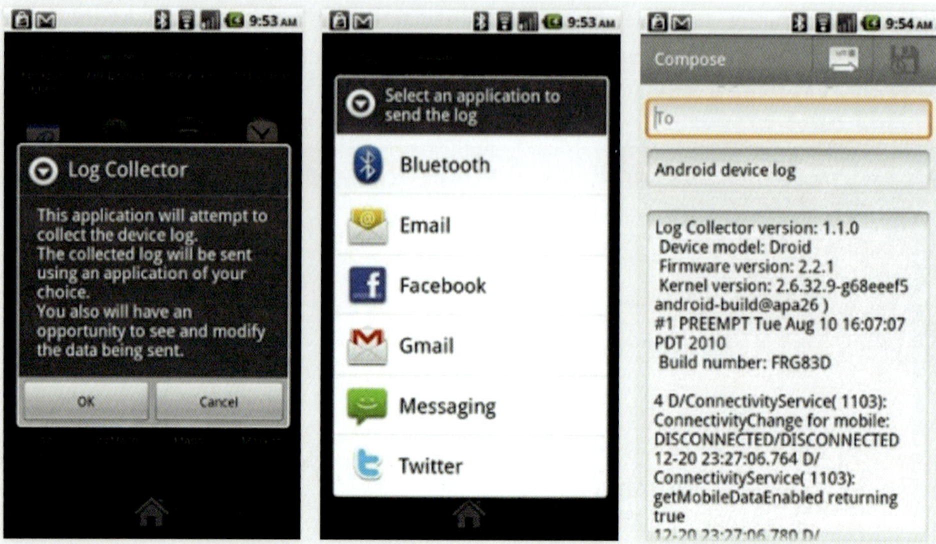

Abb. 9–10 Mit dem Log Collector werden die Android-Protokolldaten eingesammelt und übertragen.

9.3 Abgesicherter, Recovery Mode und Sicherer Modus

Wenn Windows abstürzt und/oder nicht mehr startet, empfiehlt sich ein Boot im abgesicherten Modus. Für Linux und Android gibt es diese Möglichkeit ebenfalls, wie es weiter unten erläutert ist.

9.3.1 Abgesicherter Windows-Modus

Der abgesicherte Modus wird nach der Absolvierung der BIOS-Meldungen über die Taste F8 aufgerufen oder mit SHIFT + F8 bei Windows 8. Im abgesicherten Modus werden lediglich die Treiber und Dienste geladen, die für die grundsätzliche Computerfunktion notwendig sind. Wenn auch dieser Modus nicht funktionieren sollte, empfiehlt sich bei Windows der Einsatz der *Computerreparaturoptionen*, die nach einem Boot von CD mit einer Original-Windows-CD oder einem Systemreparaturdatenträger (Abschnitt 7.1.4) zur Verfügung stehen.

Die Option *Abgesicherter Modus mit Netzwerktreibern* lädt zusätzlich die Netzwerkunterstützung, um etwa fehlende Treiber aus dem Internet beschaffen zu können. Aus praktischen Erwägungen sollte dieser erweiterte Modus eher nicht verwendet werden, weil es zunächst nur darum gehen sollte, ob der PC so weit durchstartet und dass die Einträge im Gerätemanager (Abb. 9–2) in Ordnung und keine »Treiberleichen« vorhanden sind, die dann zu löschen wären. Mitunter reicht es bereits aus, wenn Windows nach dem erfolgereichen Start im abgesicherten Modus gleich wieder heruntergefahren und im *Normalen Modus* erneut gestartet wird.

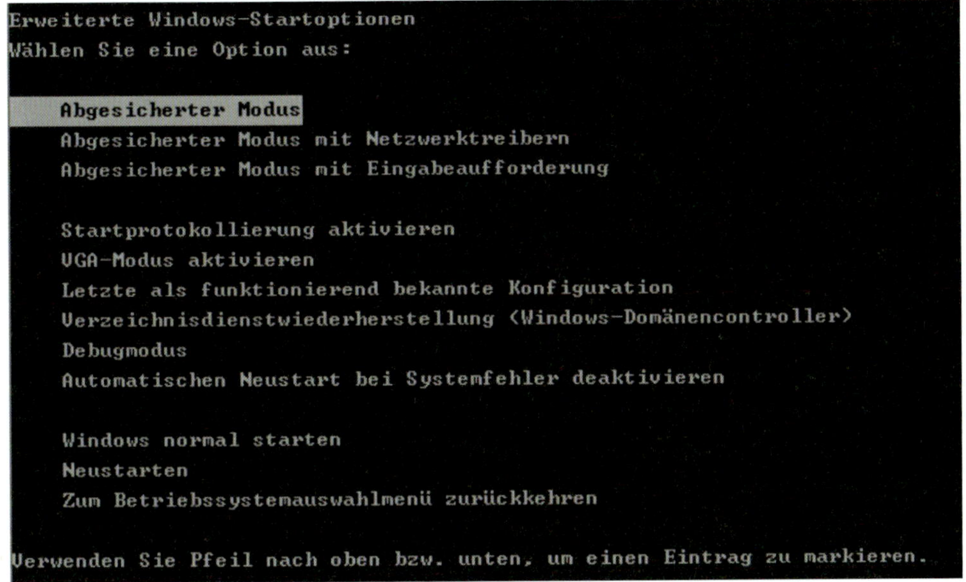

Abb. 9–11 Den abgesicherten Modus gibt es bei Windows in dieser Form bereits seit Windows 95. Wenn ein Start im abgesicherten Modus, aber nicht im normalen Modus funktioniert, liegt meist ein Softwareproblem vor.

Die im abgesicherten Modus verwendeten Treiber sind üblicherweise Minimaltreiber mit eingeschränkter Funktion, die von Microsoft stammen und garantiert funktionieren, wenn eben auch mit Einschränkungen, etwa dass die Auflösung lediglich 800 × 600 Pixel in 256 Farben beträgt. Wenn im abgesicherten Modus – bis auf eine eingeschränkte Funktionalität – keine Fehlfunktionen festzustellen sind, kann man davon ausgehen, dass die Basiseinheiten korrekt funktionieren und es sich sehr wahrscheinlich um ein Treiberproblem handelt, das sich durch eine Aktualisierung, mitunter auch durch den Einsatz eines anderen (älteren) Treibers, beheben lässt. Die häufigsten Probleme tauchen dabei mit Grafikkarten (von AMD) und mangelhaften Chipsatztreibern auf.

9.3.2 Reparaturoptionen

Seit Windows Vista ist neben dem eigentlichen Windows-System standardmäßig ein Rettungssystem installiert (Win RE, Recovery Environment), welches sich in der Recovery-Partition befindet und eine Reihe von nützlichen Optionen für den Notfall bereitstellt. Die Anzeige laut Abb. 9–1 ist bei vorhandenem Win RE um den zusätzlichen Eintrag *Computer reparieren* erweitert. Nach der Selektierung dieser Option wird das Rettungssystem gebootet, der Tastaturtyp abgefragt, und es ist das Kennwort eines (lokalen) Benutzers, der über Administratorrechte verfügt, anzugeben, woraufhin die verschiedenen Reparaturfunktionen (Systemwiederherstellungstools) erscheinen.

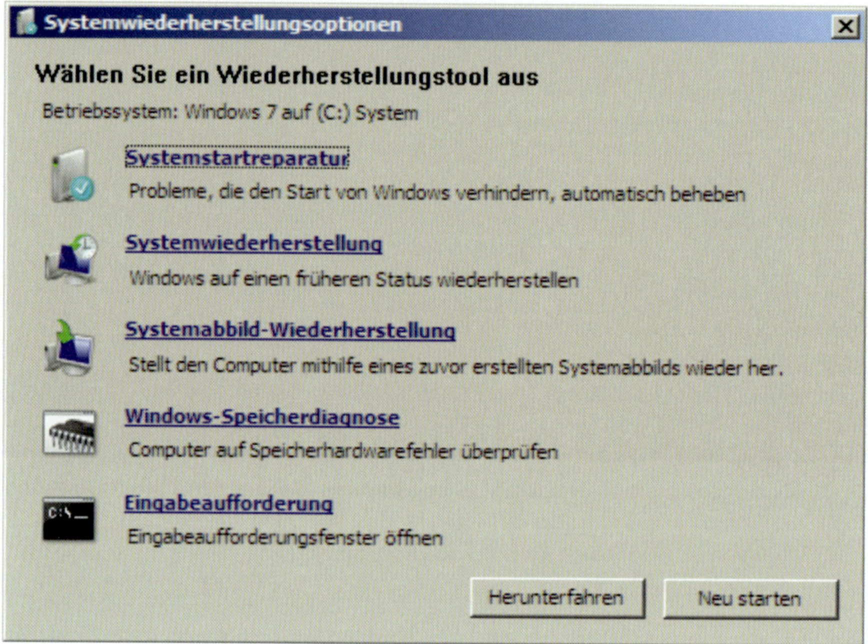

Abb. 9–12 Die Optionen für die Systemwiederherstellung mit Win RE

Zunächst sollte eine Systemstartreparatur versucht werden, bei der alle wichtigen Startdateien neu geschrieben werden. Falls dies nicht zum Erfolg führt und Windows bei einem Neustart wieder versagt, kann Windows auf einen abgespeicherten Wiederherstellungspunkt zurückgesetzt werden, der aus der erscheinenden Liste auszuwählen ist, und als letzter Versuch empfiehlt sich die Wiederherstellung mit einem Systemabbild (Abschnitt 7.1.4), das zuvor auf einem Datenträger abgespeichert worden ist.

Mit Windows 8 wurde nicht nur die Tastenkombination für den Aufruf geändert, sondern auch das Rettungssystem erweitert und vereinfacht. Der Aufruf des abgesicherten Modus ist ab Windows 8 mitunter etwas schwieriger, wenn nicht der richtige Zeitpunkt mit dem wiederholten Drücken von SHIFT + F8 nach dem Aufblenden der BIOS-Meldung und dem Windows-Start getroffen wird. In solch einem Fall wird am besten ein Windows-Neustart ausgeführt, wobei die SHIFT -Taste gedrückt und eben `Neustart` gewählt werden muss, woraufhin ein Bildschirm mit den Optionen *Fortset-*

zen, *PC ausschalten*, *Gerät verwenden* (DVD, USB, Netzwerk) und *Problembehandlung* erscheint.

Die Selektierung der *Problembehandlung* führt zu den Funktionen *PC auffrischen*, *Originaleinstellung wiederherstellen* und *Erweiterte Optionen* und zu den *Starteinstellungen*, bei denen `Neu Starten` auszuwählen ist. Im Grunde genommen sind an dieser Stelle (Abb. 9–13) die gleichen Möglichkeiten gegeben wie bei den vorherigen Windows-Versionen (Abb. 9–12).

Abb. 9–13 Die erweiterten Optionen ab Windows 8

Auf der dann erscheinenden Seite (Abb. 9–14) taucht neben anderen Optionen auch die Möglichkeit für den Start im abgesicherten Modus (4) auf, der hier ausgelöst werden kann. Die weiteren hier möglichen Optionen entsprechen im Wesentlichen wieder denen der vorherigen Windows-Versionen (Abb. 9–11).

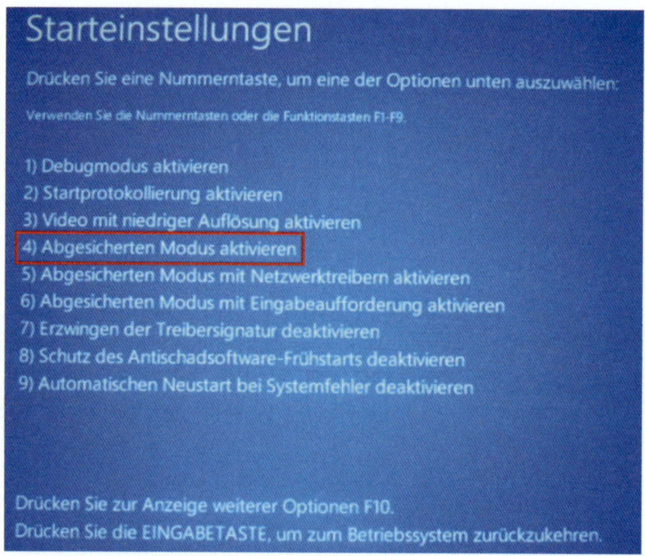

Abb. 9–14 Neben den bereits bekannten Startoptionen bietet Windows noch einige weitere Optionen (7, 8) für die Problembehandlung.

Wie erwähnt, sind unter der Problembehandlung (Abb. 9–15) die »neuen« Funktionen *PC auffrischen* und *Originaleinstellung wiederherstellen* vorgesehen. Sie erlauben es, das System im Problemfall schnell und einfach wiederherzustellen, wobei kein Systemabbild auf einem Datenträger oder ein Wiederherstellungspunkt benötigt wird. Beim »Auffrischen« werden Systemdateien ersetzt, wobei zwar die Benutzerdaten, jedoch nicht die selbst installierten Programme, die Netzwerkeinstellungen und der Desktop erhalten bleiben.

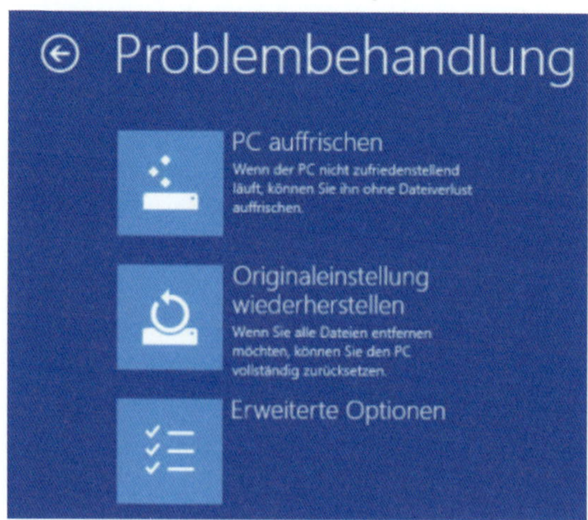

Abb. 9–15 Die Problembehandlung

Die »Originaleinstellung wiederherstellen« bedeutet im Grunde genommen eine Neuinstallation des Systems mit dem Löschen aller Programme und Daten, wofür keine System-DVD und auch kein sonstiger Datenträger benötigt wird. Eine Original-DVD oder ein Systemabbild ist erst dann erforderlich, wenn das System so weit beschädigt ist, dass der Bootmanager und damit auch nicht mehr Win RE funktionieren.

Ein generelles Windows-Problem ist, dass der Bootmanager aus irgendeinem Grunde nicht mehr korrekt arbeitet, was leicht durch Installationsversuche für ein zweites Betriebssystem passiert sein kann. In vielen Fällen reicht es dann aus, wenn an der Eingabeaufforderung (z. B. Abb. 9–12, Abb. 9–13) Folgendes eingegeben wird:

```
bootrec /fixmbr
```

womit ein Neuschreiben des *Master Boot Records* (MBR) erfolgt.

9.3.3 Linux Recovery Mode

Auch wenn bei Linux Start- und Absturzprobleme des Systems seltener vorkommen, treten sie auf. Grundsätzlich lässt sich Linux auch ohne grafische Oberfläche starten, sodass es dann möglich ist, alle wesentlichen Komponenten im Konsolenmodus zu überprüfen, woraufhin als Fehlerursache dann nur noch das Grafiksystem übrig bleibt, was bedeutet, dass die Grafikkarte und/oder der Monitor in einem nicht korrekten Modus (Auflösung, Farbanzahl, Frequenzen) arbeiten, aber prinzipiell nicht völlig defekt sind, sonst hätte es ja auch kein Bild im Konsolenmodus gegeben.

Außerdem kennen die meisten Linux-Distributionen (Ubuntu-Ableger) mittlerweile einen *Recovery-Modus*, der bei massiven Fehlern automatisch aktiviert wird oder beim Booten im Bootmanager (Grub) selektiert werden kann. Über »Selbstheilungskräfte«, wie Windows sie scheinbar hat (s.o.), indem manchmal nur im abgesicherten Modus gestartet werden muss und der normale Modus fürderhin wieder funktioniert, verfügt Linux nicht. Mit den Konsolenkommandos (Abschnitt 7.3.2) inklusive den Updatefunktionen lässt sich die Fehlerursache dann meist beheben, schlimmstenfalls werden die eigenen wichtigen Dateien kopiert und eine Neuinstallation ausgeführt.

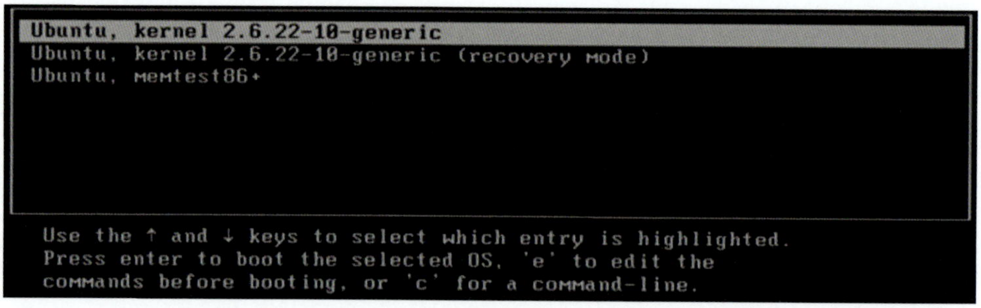

```
Ubuntu, kernel 2.6.22-10-generic
Ubuntu, kernel 2.6.22-10-generic (recovery mode)
Ubuntu, memtest86+

Use the ↑ and ↓ keys to select which entry is highlighted.
Press enter to boot the selected OS, 'e' to edit the
commands before booting, or 'c' for a command-line.
```

Abb. 9–16 Die meisten Linux-Distributionen kennen auch einen Recovery Mode und bieten möglicherweise noch Optionen für den Systemtest an, wie hier memtest86+ für die Speicherüberprüfung.

Hilfestellungen bieten außerdem Linux-Live-Systeme (für Disk oder USB-Stick), wie Porteus oder GRML, die verschiedene Werkzeuge für das Kopieren, die Datenrettung (Photorec), die Reparatur und Anpassung von Partitionen (Gparted, Testdisk) sowie von Laufwerken bieten und auch eine genaue Überprüfung des DRAM-Speichers (Memtest86) erlauben. Selbstverständlich eignen sich diese Tools auch für die Reparatur von Windows-Systemen.

9.3.4 Sicherer Modus bei Android

Grundsätzlich gibt es auch bei Android ab der Version 4.1 einen abgesicherten Modus, der bei einem fehlerhaften Boot oder »hängenden« System gute Dienste leisten kann. Die Wahrscheinlichkeit, dass hier ein Hardwaredefekt, außer den in Abschnitt 9.5 erläuterten Möglichkeiten, vorliegt, ist relativ gering.

Meist ist eine bestimmte App als Übertäter zu entlarven. Im abgesicherten oder sicheren Modus werden ausschließlich die ab Werk installierten Apps aktiviert, und andere lassen sich dann problemlos deinstallieren, sodass sich mittels Ausschlussverfahren die Problem-App ermitteln lässt.

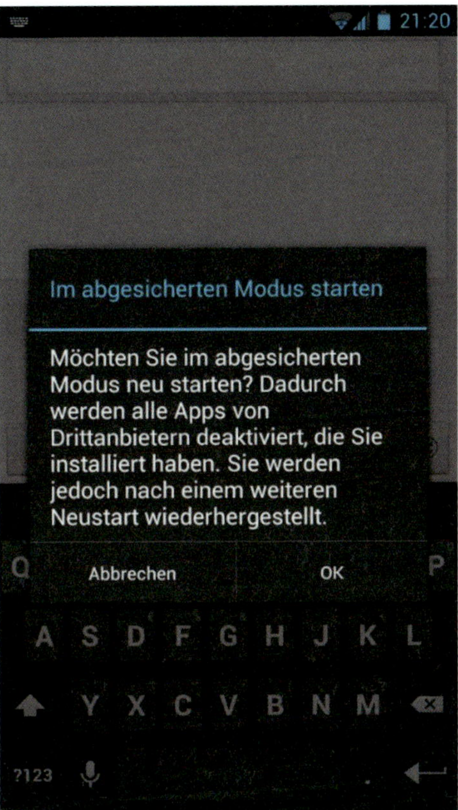

Abb. 9–17 Android unterstützt ebenfalls einen abgesicherten Modus.

Wie bei Android-Systemen üblich *kann* der abgesicherte Modus vom jeweiligen Gerätehersteller für die Nutzung des Anwenders vorgesehen sein oder aber auch nicht. Allgemein lässt sich der abgesicherte Modus dadurch aufrufen, dass der Ausschalt-Button beim Tablet oder Smartphone länger betätigt (gedrückt gehalten) wird, woraufhin eine Abfrage erscheint, ob ein Neustart im abgesicherten Modus erfolgen soll. Bei Geräten von HTC ist die Leiser-Taste gedrückt zu halten, sobald das HTC-Logo erscheint. Bei Geräten von Samsung ist nach dem Auftauchen des Samsung-Logos und dem Leuchten der Soft-Key-Tasten die Menü-Taste zu drücken, bis das Gerät gebootet hat und dann die Meldung *Sicherer Modus* erscheint. Über Steuerbefehle oder Codes, von denen einige in Tab. 9–1 angegeben sind, lässt sich ein Android-Gerät möglicherweise ebenfalls im sicheren Modus starten.

9.4 Mechanische und elektrische Fehler

Wenn ausgeschlossen werden kann, dass es sich um einen Softwarefehler handelt, was mit den vorherigen Abschnitten geklärt sein sollte, kann es sich nur noch um einen Hardwarefehler handeln, was im Prinzip ein großes Gebiet eröffnet, sowohl in elektrischer als aber auch in mechanischer Hinsicht. Mechanische Fehler sind nicht immer so offensichtlich wie ein beschädigtes Display, was der häufigste Fehler bei Smartphones ist.

9.4.1 Display-Halterung reparieren

Bei Notebooks sind häufig die Scharniere, die für das Auf- und Zuklappen des Displays vorhanden sind, nach einiger Zeit schwergängig. Dies lässt sich durch ein Schmiermittelspray, wie etwa das bekannte *WD40*, in gewissen Grenzen beheben und bewahrt einen möglicherweise davor, dass die Scharniere etwas später sich noch schwerer bewegen lassen und auch die Platine, mit der sie verbunden sind, beschädigt wird.

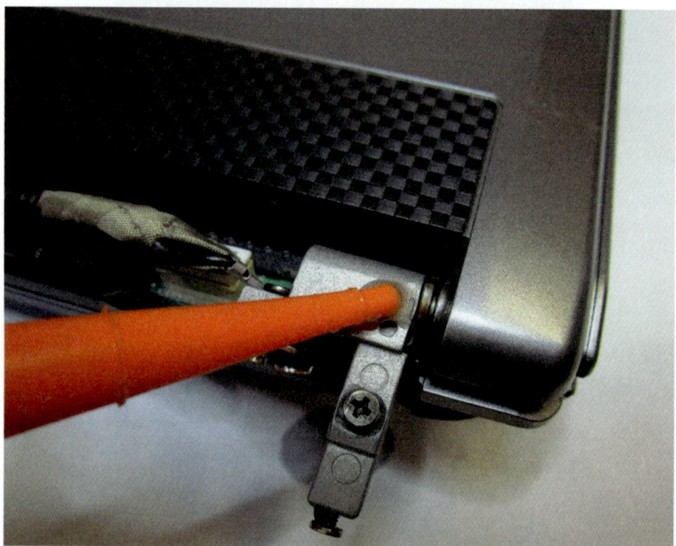

Abb. 9–18 Der Display-Klappmechanismus bei Notebooks neigt zum Klemmen und Ausreißen aus der Gehäusebefestigung, sodass hier rechtzeitig etwas Schmierung einem mechanischen Schaden vorbeugen kann.

Das Gegenteil von schwergängigen oder klemmenden Scharnieren sind zu lockere, sodass das Display nicht mehr richtig fixiert werden kann. In beiden Fällen sind meist neue Halterungen notwendig. Hierfür Ersatz zu bekommen, gelingt meist nur bei bekannten Modellen von Markenherstellern, andernfalls muss man hier einem Schaden mit einer entsprechenden Schmierung vorbeugen oder im Schadensfall etwas improvisieren. Die beiden Scharniere mit Selbsthaltung (Gelenke) sind meist über zwei Stangen mit dem Display-Rahmen verschraubt, weshalb der Display-Rahmen zunächst zu entfernen ist, damit man sich die Halterung näher ansehen kann.

Abb. 9–19 Zum Entfernen des Display-Rahmens sind einige Schrauben zu entfernen, die sich hinter Abdeckkappen befinden.

Mitunter sind die Gelenke mit jeweils einer Plastikkappe (auch noch) am Notebook-Gehäuse abgedeckt, die dann als Erstes – meist durch Abhebeln – zu Entfernen wäre. Als Werkzeug eignet sich für beide Maßnahmen ein Plastikwerkzeug (Abschnitt 10.1), das einem Gitarrenplektrum ähnlich sieht. Je nach Modell kann der Display-Abdeckrahmen auch mit Schrauben befestigt sein, die mit kleinen Kappen abgedeckt sind.

Abb. 9–20 Abhebeln des Display-Rahmens

Abb. 9–21 Der Display-Rahmen wird abgenommen.

Abb. 9–22 Das Display-Gelenk ist am Display-Rahmen befestigt.

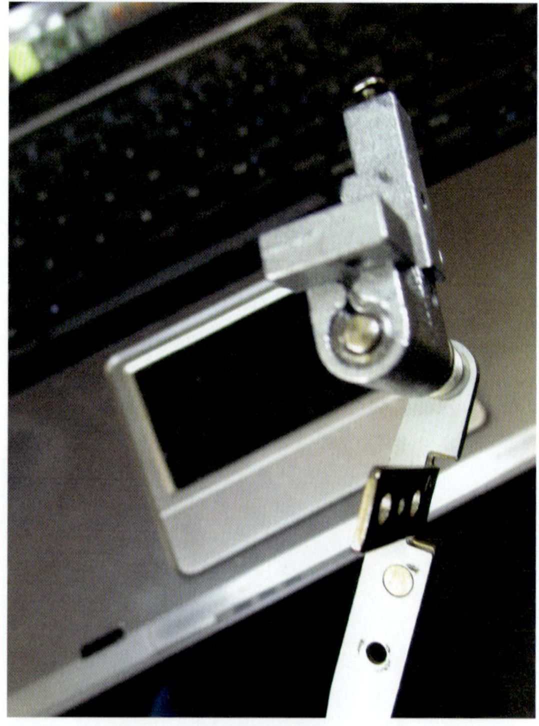

Abb. 9–23 Die ausgebaute Stange mit dem Gelenk

Die Stangen mit den Gelenken bilden oftmals eine Einheit (Abb. 9–23), und wenn man hierfür Ersatz bekommt, ist es natürlich das Einfachste, weil sie lediglich am Display-Rahmen angeschraubt sind, sodass ein Austausch dann meist schnell erledigt ist.

Das Gangbarmachen oder auch Fixieren ausgeleierter Gelenke ist im ausgebauten Zustand oftmals möglich, was einige mechanische Arbeiten (wie das Festsetzen von Federn oder Sprengringen) und mitunter auch eine Eisensäge erfordert, um ein widerwilliges Gelenk aufzuschneiden.

Auch wenn es mitunter nicht so aussieht, sind mechanische Beschädigungen am Gehäuse und an den Display-Gelenken vielfach mit etwas Geschick und Zweikomponentenkleber so weit zu reparieren, dass das Notebook weiterverwendet werden kann.

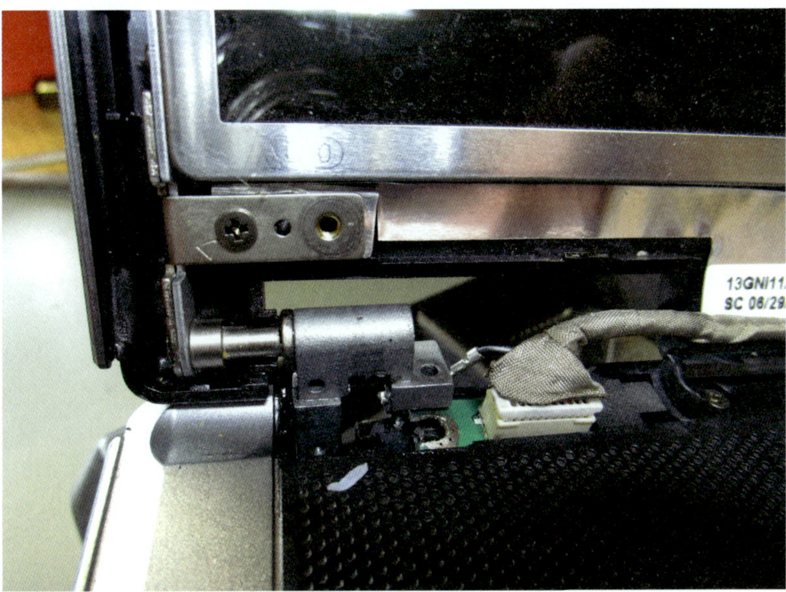

Abb. 9–24 Kein hoffnungsloser Fall, wenn das Display noch einwandfrei funktioniert, wofür die Verbindung mit dem Flachstecker zuständig ist, der fest sitzen muss. Das Display-Gelenk ist aus dem Gehäuse gebrochen, wodurch sich auch die Masseverbindung auf der Platine gelöst hat.

Abb. 9–25 Das klemmende Gelenk wurde aufgesägt (1), das Massekabel auf die Platine gelötet (2) und die Gelenkhalterung mit Zweikomponentenkleber am Gehäuse befestigt (3).

9.4.2 Elektrische Fehler beheben – Vorgehensweise

Im Gegensatz zu mechanischen Fehlern sind elektrische oftmals nicht so offensichtlich und können in vielfältigen Erscheinungsformen auftreten, wobei die eigentliche Ursache nicht selten von anderen Phänomen verdeckt wird, weshalb der ersten Klärung, ob ein Hardware- oder ein Softwarefehler vorliegt, eine große Bedeutung zukommt. Des Weiteren sollte stets auf die folgenden Punkte geachtet bzw. zur Fehlersuche und -behebung wie folgt verfahren werden:

- Kontrolle der Spannungsversorgung. Läuft das Netzteil nach dem Einschalten an? Reagiert ein Laufwerk? Ist nur das Mainboard tot? Die genaue Vorgehensweise wird in den folgenden Abschnitten erläutert.
- Werden nach dem Einschalten optische und/oder akustische Warnungen ausgegeben? Wie dann weiter zu verfahren ist, ist in Abschnitt 6.5 beschrieben.
- Treten ungewöhnliche Betriebsgeräusche auf? Dies sollte zur Überprüfung der Betriebsparameter (CPU-Temperatur usw.) sowie der Lüfter und der Festplatte (regelmäßiges Klicken oder Klopfgeräusche) führen.

- Aufschrauben des Computers, um das Innenleben zu kontrollieren. Vorher den Netzstecker aus dem Computer ziehen! Staub und Schmutz (auch in den Lüftern) mit einem Pinsel und Sauger entfernen.
- Kontrolle der Anschlüsse und des festen Sitzes vorhandener Einsteckkarten. Mitunter reicht es, die Stecker abzuziehen und nach evtl. Reinigung wieder fest aufzustecken. Einsteckkarten nach dem Lösen der Befestigungsschrauben herausziehen. (Achtung: Bei der Grafikkarte gibt es mitunter am Slot noch eine zu lösende Verriegelung!) Reinigen der Kontaktleiste mit Spiritus auf einem Wattestäbchen.
- Insbesondere auf dem Mainboard und der Grafikkarte nach aufgeblähten oder geplatzten Kondensatoren Ausschau halten.

9.4.3 Schadhafte Kondensatoren

Auf einem Mainboard sind meist eine Vielzahl von Elektrolytkondensatoren eingebaut, die für die verschiedenen Spannungsversorgungen notwendig sind und recht hohe Ströme verkraften müssen. Im Laufe der Zeit können sie sich in ihren Kapazitätswerten, insbesondere durch hohe Temperaturen und Überspannungsspitzen, derartig verändern, dass sie bisweilen gar keinen Kapazitätswert mehr aufweisen, sodass sie funktionslos sind und die Schaltung deshalb nicht mehr funktioniert. Es kommt auch vor, dass sie einen Kurzschluss bilden und das PC-Netzteil dann abschaltet.

Abb. 9–26 Dieser Kondensator auf einer Grafikkarte ist aufgebläht und nicht mehr funktionsfähig.

Schadhafte Kondensatoren treten immer häufiger als Fehlerursachen auf, häufig auch auf Grafikkarten und in LCD-Monitoren (geplante Obsoleszenz). Die fehlerhaften Elektrolytkondensatoren zu entlarven, bleibt meist dem erfahrenen Elektroniker vorbehalten, der sie ausbauen und nachmessen muss. Mitunter erkennt man sie aber auch mit bloßem Auge, denn sie sind aufgebläht oder auch komplett geplatzt, was nicht selten mit einem lauten Knall einhergeht.

Abb. 9–27 Hier muss es geknallt haben, denn der SMD-Kondensator in der Elektronik einer Festplatte ist komplett aufgeplatzt.

Abb. 9–28 Auch Folienkondensatoren können aufquellen – wie hier in einem PC-Netzteil, welches man grundsätzlich nicht reparieren, sondern ersetzen sollte.

9.4.4 Gerätereparaturmöglichkeiten im Überblick

Grundsätzlich lässt sich bei einem üblichen PC aufgrund seines modularen Aufbaus weit mehr reparieren und austauschen als bei allen anderen hier behandelten Typen, wie es die folgende Aufstellung zeigt:

- **Personal Computer**: Monitor, Tastatur, Maus, Einsteckkarten (PCIe, Grafik, Schnittstellen), DRAM-Speicher, Festwertspeicher, optisches Laufwerk, Lüfter, Prozessor, internes Netzteil, Mainboard
- **Notebook**: Externes Netzteil, Akku, Einsteckkarten (MiniCards, PCMCIA), DRAM-Speicher, Festwertspeicher, optisches Laufwerk, Tastatur, Lüfter, Prozessor
- **Tablet**: SIM- und SD-Karte, externes Netzteil, Akku, Display, Kamera, Mikrofon
- **Smartphone**: SIM-Karte, externes Netzteil, Akku, Display

Demnach bleiben für ein Tablet und ein Smartphone im Vergleich mit einem Standard-PC weit weniger Reparaturmöglichkeiten. Der Austausch einer SIM-Karte und auch der einer Flash-Karte ist recht einfach möglich. Die Erweiterung des Festwertspeichers (Flash) bei einem Tablet oder einem entsprechend ausgelegten Smartphone ist demnach ebenfalls leicht auszuführen, indem man das fragliche Bauteil durch eines mit höherer Kapazität ersetzt.

Die externen Steckernetzteile sind im Schadensfall auch durch kompatible Typen und nicht nur durch die Originalmodelle des jeweiligen Herstellers ersetzbar, wie es in Abschnitt 3.8.4 erläutert ist, was mitunter auch für den Austausch eines defekten Akkus gilt. Je nach Modell kann es hiermit jedoch bereits Schwierigkeiten geben, denn es gibt Smartphones, die intern derartig »verbaut« sind, dass der Austausch einer Komplettzerlegung gleichkommt. Außerdem haben die Akkus, insbesondere in den Tablets, spezielle Bauformen, und wenn der Hersteller hierfür keinen Ersatz anbietet, bleibt selbst die Suche im Internet mitunter ohne Erfolg.

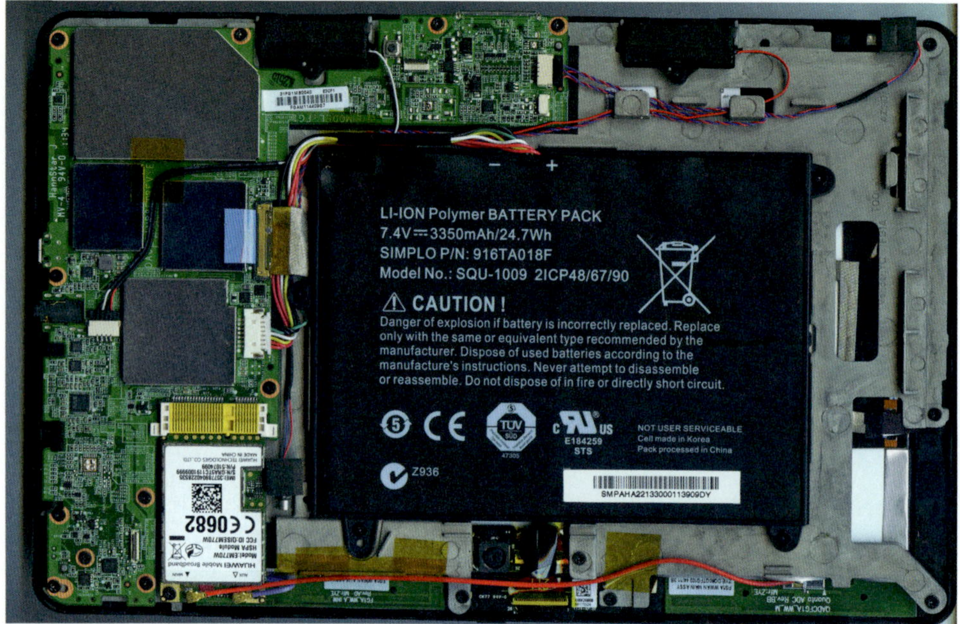

Abb. 9–29 Für diesen speziellen Akku in einem Lifetab gibt es bei Medion direkten Ersatz.

Grundsätzlich ergeben sich enorme Unterschiede zwischen Tablets und Smartphones bezüglich der Austauschbarkeit von defekten Teilen. Außerdem stellt sich die Ersatzteilbeschaffung als problematisch dar. Auch wenn der Austausch einer Kamera oder eines Mikrofons in einem (größeren) Tablet sich vom Bastler bewältigen lassen würde, sind die genauen Bauteiltypen vielfach nicht in Erfahrung zu bringen.

Bei Displays und den Gläsern für Smartphones und Tablets ist die Lage immerhin etwas erfreulicher, denn einige Firmen haben sich auf den Vertrieb und auch den Einbau dieser Komponenten, die oftmals als Nachbauten aus China stammen, spezialisiert und zeigen die Vorgehensweise anhand eigener Videos im Internet. Nur relativ wenige Smartphone- und Tablet-Hersteller stellen eigene ausführliche Serviceanleitungen in das Internet.

Wie in Abschnitt 11.1 erläutert wird, nimmt die Firma iFixit hierfür eine wichtige Rolle ein und bietet auch Ersatzteile und Werkzeuge für die Smartphone- und Tablet-Reparatur an. Wie diese für ein bestimmtes Gerät jeweils ausgeführt wird, zeigt iFixit anhand detaillierter Reparaturanleitungen.

9.4.5 Geräte, Buchsen und Kontakte reinigen

Neben den in der obigen Liste angeführten Komponenten ist bei einem Hardwarefehler nicht zwangsläufig ein Ersatzteil notwendig, denn mitunter kann das Gerät bzw. eine bestimmte Einheit davon leicht wieder gangbar gemacht werden, was insbesondere für Buchsen und Anschlüsse gilt. Staub und Schmutz in einer Audiobuchse können durchaus die Tonausgabe oder die Tastenfunktion am Smartphone verhindern oder dafür sorgen, dass der USB-Stecker nicht mehr passt, weil hier aus Versehen Krümel oder andere Dinge, die man in der Tasche hat, »hineingewandert« sind.

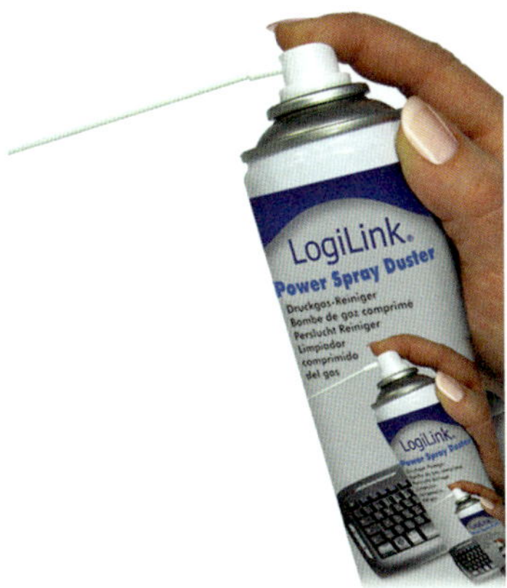

Abb. 9–30 Druckluftspray eignet sich insbesondere für die Reinigung von kleinen Buchsen und Tastaturen.

Wenn man Glück hat, muss man das Gerät noch nicht einmal öffnen (Kapitel 10) und kann den Schmutz mit Luft (Druckluftreiniger in der Sprayflasche) hinausbefördern. Nicht selten gerät der Schmutz dabei weiter in das Gerät hinein, wo er dann möglicherweise aber nicht weiter stört.

Abb. 9–31 Selbst in gut verschlossenen Geräten wie in einem Notebook sammelt sich im Laufe der Zeit Staub an, der die Luftzirkulation behindern kann, sodass er generell zu entfernen ist.

In die richtige Richtung (hinaus) bewegt sich der Schmutz durch das Absaugen mit einem Staubsauger. Für übliche Staubsauger gibt es kleine Schlauchvorsätze (Abb. 9–32) mit einer Düse oder Bürste, die sich insbesondere für die Reinigung des PC-Innern eignen. Im Laufe der Zeit sammelt sich hier mit ziemlicher Sicherheit Staub an, was so weit gehen kann, dass die Lüfter sich nicht mehr richtig drehen wollen. Die kleinen Staubsauger mit der Spannungsversorgung über den USB-Anschluss mögen auf den ersten Blick ganz praktisch sein, sollten aber keinesfalls von dem Computer versorgt werden, den man gerade zu reinigen gedenkt, denn der ist auf jeden Fall bei derartigen Arbeiten vom Stromnetz zu trennen.

Abb. 9–32 Das Heraussaugen von Staub und Schmutz funktioniert mit einem Staubsauger immer noch am besten.

Bei kleinen Tastern kommt man mit einem Staubsauger meist nicht weiter, sondern hier kann eine »leichte Brise« mit Kontaktspray die Lösung sein. Dabei muss man aufpassen, dass das Gerät nicht zu viel von dem Spray abbekommt, deshalb sollte auf jeden Fall das Sprühröhrchen zur Strahlkonzentration verwendet und sachte dosiert werden. Als Kontaktspray werden eine Vielzahl unterschiedlicher Produkte angeboten, die mehr oder weniger schmieren und möglicherweise einen Film zurücklassen, was zur Schmierung relativ großer Teile sinnvoll sein mag, bei kleinen Schaltern und Tastern jedoch die elektrische Leitung behindern kann, sodass Tuner-Spray hierfür besser geeignet ist, weil es rückstandslos verdunstet.

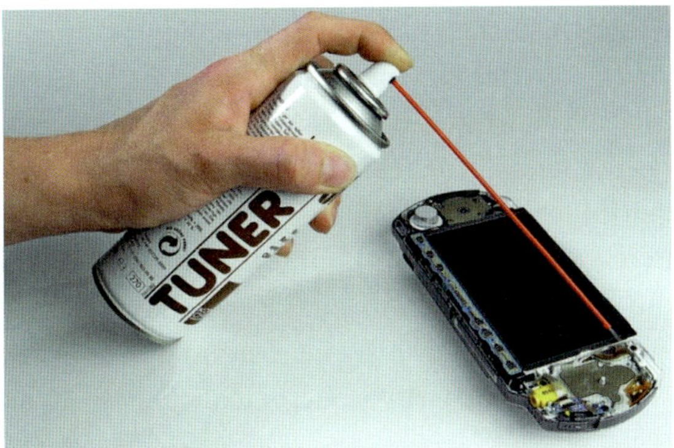

Abb. 9–33 Für die Reinigung und Gangbarmachung kleiner Tasten eignet sich Tuner-Spray.

9.5 Das Gerät schaltet sich nicht ein

Ob PC, Notebook, Tablet oder Smartphone – es kommt vor, dass sich ein Gerät nicht mehr einschalten lässt, was unterschiedliche Ursachen haben kann und demnach auch unterschiedliche Vorgehensweisen für die Fehleranalyse und -beseitigung erfordert, was sich am deutlichsten anhand von Fehlsuchbäumen zeigen lässt.

9.5.1 Smartphone

Ein Smartphone hat wie ein Tablet nur eine einzige Bedientaste – den Ein/Ausschaltknopf. Wenn sich das Smartphone nach dem Drücken nicht einschaltet, steht man oftmals etwas ratlos da, zumal wenn es zuvor doch einwandfrei funktioniert hat. Das Aufladen des Akkus ist deshalb die erste übliche Maßnahme, um sicher zu sein, dass die Spannungsversorgung in Ordnung ist (siehe Fehlersuchbaum »Smartphone startet nicht« auf dem Einleger).

Beim Aufladen sollte die LED am Smartphone wie üblich leuchten (orange/rot) und die Farbe wechseln (zu Grün), wenn der Ladevorgang beendet ist. Dann sollte der Akku definitiv voll sein und das Smartphone sich einschalten lassen. Gleichwohl ist es möglich, dass sich das Smartphone selbst nach dem Vollladen nicht mehr einschalten lässt, weil die Elektronik zuvor einen tiefentladenen Akku detektiert hat und weiterhin davon ausgeht, dass dies der Fall ist. Im Grunde genommen ist dies eine Fehlfunktion, die durch ein Update des Systems möglicherweise behoben werden kann – wenn das Gerät wieder läuft, versteht sich.

Falls es beim jeweiligen Smartphone möglich ist, den Akku zu entnehmen, sollte man dies tun und ihn erst nach einigen Minuten wieder in das Gerät einsetzen, damit das Smartphone »keine Erinnerung« mehr an den vorherigen Zustand haben kann. Bei Smartphones, bei denen der Akku fest verbaut ist, kann diese recht zuverlässig funktionierende Methode natürlich nicht zur Anwendung kommen. Stattdessen ist es nur möglich, die Power-Taste bis zu einer Minute lang zu drücken, was eine entsprechende Neuinitialisierung bewirken kann. Mitunter funktioniert es auch, den Vorgang nach einer längeren Pause erneut auszuführen.

Wenn sich das Smartphone zwar einschalten lässt, dann jedoch nicht korrekt hochfährt, bleibt als weitere Maßnahmen der Boot im *Sicheren Modus*, wie es in Abschnitt 9.4.5 erläutert ist, und als letzte Maßnahme das Rücksetzen auf die ursprüngliche Einstellung, wofür es in Android meist selbst eine Option gibt (Zurücksetzen, Werkseinstellung, Factory Reset) oder auch ein Steuerbefehl (Tab. 9–1) angewendet werden kann.

9.5.2 Tablet

Die einzelnen Maßnahmen bei einem nicht korrekt startenden Tablet sind ähnlich wie die bei einem Smartphone, zumal wenn hier ebenfalls Android als Betriebssystem zum Einsatz kommt. Bei einem Tablet sind oftmals nicht so deutliche, bisweilen auch gar keine LEDs für die Anzeige des Akkuladezustandes vorhanden, was auch auf Smartphones zutreffen kann. Die verschiedenen Symbole, die hierfür möglicherweise auf dem Display angezeigt werden, sind demgegenüber weniger verlässlich, denn sie werden durch eine Software gesteuert, während die LEDs direkt in der elektronischen Ladeschaltung lokalisiert sind und somit unabhängig von der Software funktionieren.

Abb. 9–34 Schematische Ladezustandsanzeigen sind nicht immer verlässlich.

Um den Ladezustand des Akkus exakt überprüfen zu können, ist das Tablet zu öffnen, was nicht immer so einfach ist (siehe Abschnitt 10.4), und die Spannung mit einem Voltmeter zu überprüfen, wobei man aufpassen muss, dabei keinen Kurzschluss mit den dünnen Messspitzen zu verursachen, weil die einzelnen Leitungen meist dicht beisammen an einem mehrpoligen Stecker angeschlossen sind.

Im Fehlersuchbaum (»Tablet startet nicht« auf dem Einleger) wird von einer Akkuspannung von 7,4 V ausgegangen, d.h., bei einem derartigen Typ sind prinzipiell zwei Li-Ion-Akkuzellen in Reihe geschaltet (siehe Abschnitt 3.8.2). Die Spannung muss jedoch nicht zwangsläufig 7,4 V betragen – obwohl dies für Tablets ein häufiger Wert ist –, sodass die zulässigen Minimalspannungen dann andere Werte aufweisen können.

9.5.3 Notebook

Ein Notebook verfügt im Gegensatz zu den vorherigen Geräten meist über einen speziellen Reset-Knopf, der im Notfall, wenn das Gerät scheinbar keinen Mucks mehr von sich gibt, wahre Wunder wirken kann. Ob überhaupt eine derartige *Notrücksetztaste* vorhanden ist und wo sie sich genau befindet, hängt vom jeweiligen Notebook-Typ ab. Es gibt auch Modelle, bei denen eine bestimmte Tastenkombination die Rücksetzfunktion übernimmt (siehe Fehlersuchbaum auf dem Einleger: »Notebook startet nicht«).

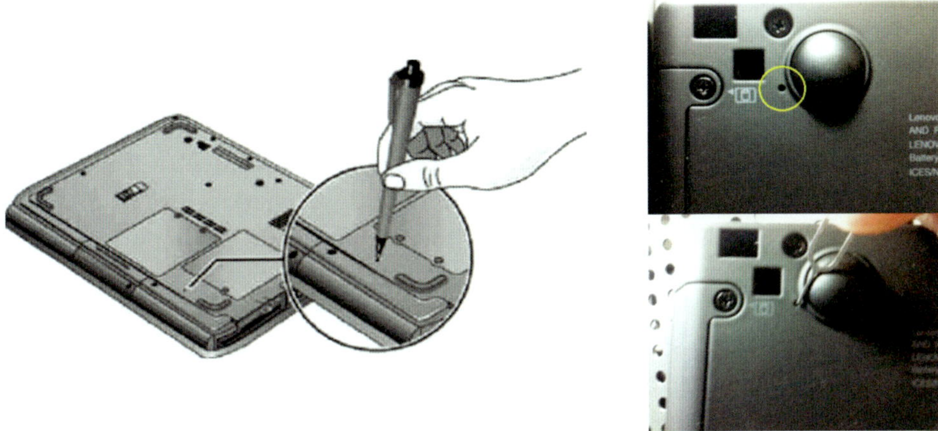

Abb. 9–35 Eine Notfall- oder Systemrücksetztaste ist bei vielen Notebooks (von hier von HP und Lenovo) zu finden. Sie ist für mehrere Sekunden mit einem spitzen Gegenstand, wie etwa mit einem Stift oder einer abgebogenen Büroklammer, zu drücken.

Falls sich keine Rücksetzmöglichkeit finden lässt, wäre noch das Entfernen der Knopfzelle, die für die Pufferung des CMOS-RAM-Bausteins sorgt (Abschnitt 6.3) eine Möglichkeit, was meist das Öffnen des Notebooks (Abschnitt 10.3) bedeutet. Damit sollte das Notebook sein Gedächtnis über die fehlerhafte Systemkonfiguration definitiv verlieren und die Voreinstellung mit einem Neustart aktivieren.

9.5.4 Personal Computer

Die Analyse- und Fehlerbeseitigungsmöglichkeiten sind bei üblichen PCs am umfangreichsten, weil sich hier viele Standardkomponenten ersetzen lassen, wie es in diesem Buch in den entsprechenden Kapiteln erläutert ist (siehe Fehlersuchbaum »PC startet nicht« auf dem Einleger).

Abb. 9–36 Neben dem Ein-/Ausschalter gibt es bei einem PC-Netzteil möglicherweise noch einen Netzspannungswahlschalter, der auf 230 V stehen muss.

Um die Ausgangsspannungen eines PC-Netzteils (Abschnitt 2.9) mit einem Voltmeter überprüfen zu können, muss es logischerweise eingeschaltet sein, wofür es normalerweise an das Mainboard angeschlossen ist, sodass das Netzteil auf Tastendruck vom Power-On-Taster (PS-ON) an der PC-Frontplatte aktiviert werden kann. Wenn das Netzteil oder das Mainboard defekt sein sollte, funktioniert dies nicht. Außerdem sollte das PC-Netzteil auch ohne Last – die im Betrieb durchaus zu hoch sein kann, woraufhin es abschaltet – überprüfbar sein.

Hierfür ist am ATX-Stecker eine Brücke zwischen dem Signalanschluss PS-ON (meist grünes Kabel) und der Masse (schwarzes Kabel) einzusetzen, damit das Netzteil dann über den Schalter an der Rückseite (Abb. 9–36) oder durch das Verbinden mit der Netzspannung unmittelbar aktiviert wird. Die einzelnen Signale und Kontakte sind in Tab. 2–10 angegeben.

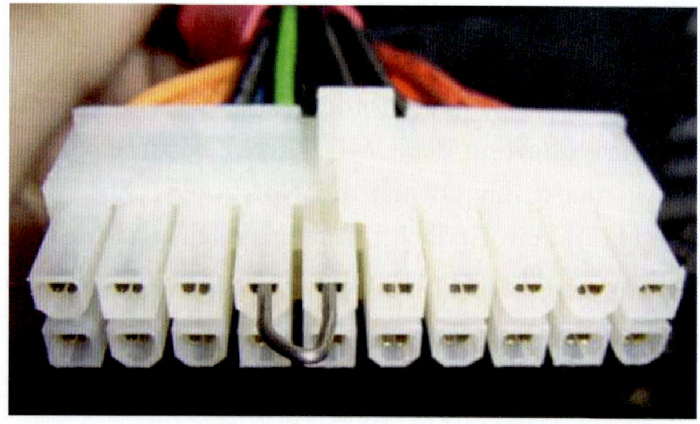

Abb. 9–37 Eine Brücke am 20-poligen ATX-Spannungsstecker zwischen Power On und Masse erlaubt das Anlaufen des PC-Netzteils.

Aber Achtung: Die Brücke keinesfalls bei eingestecktem Netzstecker einsetzen! Bei einer falschen Verbindung kann es durchaus zu einem Kurzschluss kommen, der für Mensch und Gerät gefährlich werden kann. Außerdem sollte das PC-Netzteil im Leerlauf nur für kurze Zeit arbeiten, weshalb es Sinn macht, bei der Überprüfung eine Last wie ein Laufwerk anzuschließen.

Falls das Netzteil bei diesem Test funktionieren sollte, was durch das Nachmessen der einzelnen Spannungen zu verifizieren ist, ist es grundsätzlich in Ordnung. Es kann jedoch für die aktuelle PC-Ausstattung in der Leistung zu knapp bemessen sein, wie in Abschnitt 2.9 näher ausgeführt ist.

Außerdem ist es möglich, dass der Power-On-Taster nicht funktioniert bzw. die Kabelverbindung von der PC-Frontplatte zum Mainboard nicht korrekt ist. Dies lässt sich mit am Mainboard angeschlossenem Netzteil ganz einfach dadurch feststellen, dass mithilfe eines Schraubendrehers eine kurzzeitige Überbrückung der Power-On-Kontakte erfolgt, (*Powertaster auf Funktion überprüfen* in Abb. 9–37), woraufhin das Netzteil anlaufen sollte. Falls nicht, kann der zuvor beschriebene Netzteiltest mit der Brücke im ATX-Stecker weiteren Aufschluss bieten. Falls das Netzteil anläuft, ist die Powertaster-Funktion nicht in Ordnung, was sich dann mithilfe eines Multimeters (als Durchgangsprüfer) dem Taster oder der Kabelverbindung oder einem Anschlussfehler zuschreiben lässt.

Abb. 9–38 Das Überbrücken der ATX-SW-Kontakte mit einem Schraubendreher muss dazu führen, dass das ATX-Netzteil anläuft.

Die Bezeichnung der beiden Signalkontakte für das Ein- bzw. Ausschalten des ATX-Netzteils ist bei Mainboards nicht einheitlich. Man findet hierfür Kennzeichnungen wie +PW/-PW, PS-ON, Pwr On, ATX-SW oder noch andere, wobei das Handbuch zum Mainboard zweifelsfrei darüber Auskunft geben sollte, welche Kontakte es genau sind. Der etwas geübte PC-Bastler erkennt die Kontakte jedoch auch direkt auf der Leiste am Rand des Mainboards, die auch das Signal für den Reset-Taster und die Status-LEDs führt.

9.6 Das Gerät stürzt im laufenden Betrieb ab

Der Fehlerfall, dass ein Gerät im laufenden Betrieb abstürzt, kann bei allen vier Typen auftreten, was vielfach in einem Softwareproblem (Treiber) begründet liegt, sodass die Mechanismen und Maßnahmen, die das jeweilige Betriebssystem ermöglicht, wie der abgesicherte oder der Recovery-Modus (Abschnitt 9.4) hier weiterhelfen. Schlimmstenfalls ist eine Neuinstallation des Betriebssystems (Kapitel 7) erforderlich.

Wenn dies alles nicht weiterführt, kann es sich »nur noch« um einen Hardwarefehler handeln, sodass es dann gilt, die schuldige Komponente ausfindig zu machen, wofür die entsprechenden Fehlersuchbäume auf dem Einleger zu finden sind.

9.6.1 Personal Computer und Notebook

Der Fehlersuchbaum auf dem Einleger »PC-Absturz im Betrieb« gilt sowohl für PCs als auch für Notebooks, wenn sie vom Netzteil und nicht von einem Akku versorgt werden, denn dieser kann sich im Betrieb natürlich so weit entladen, dass das Notebook im laufenden Betrieb abschaltet oder auch abstürzt.

Üblicherweise sollte rechtzeitig vor dem Abschalten aufgrund zu geringer Akkuenergie eine Warnmeldung auftauchen, was wegen eines Softwarefehlers jedoch unterbleiben kann. Wichtig ist in diesem Zusammenhang auch die Konfiguration der Energiesparoptionen (Standby, Power Down beim Zuklappen des Displays etc.) und dass die richtigen Treiber hierfür geladen sind, die bei Notebooks oftmals herstellerspezifisch sind und nicht den (Windows-)Standardtreibern entsprechen, sodass sie vom Notebook-Hersteller zur Verfügung gestellt werden müssen. Beim Wechsel auf ein neueres Betriebssystem kann der Fall auftreten, dass der Hersteller für das betreffende Notebook-Modell keine neuen Treiber mehr entwickelt hat, was deshalb *vor* einem Upgrade zu überprüfen wäre.

9.6.2 Tablet und Smartphone

Die Gründe für ein Abstürzen im laufenden Betrieb bei ausreichender Energieversorgung sind bei einem Tablet und bei einem Smartphone im Prinzip die gleichen, weshalb hierfür ein gemeinsamer Fehlersuchbaum angegeben ist (siehe Fehlersuchbaum auf dem Einleger: »Tablet oder Smartphone – Absturz im Betrieb«).

Wenn ein Hardwaredefekt unwahrscheinlich ist, ist das Problem meist in einer bestimmten App oder einer Systemeinstellung begründet, die sich mit ihr nicht verträgt, weshalb es das einfachste ist, diese App zunächst zu deinstallieren, um weiteren Aufschluss zu gewinnen. Falls das Problem (danach) bei einer anderen App ebenfalls auftritt, sollte ermittelt werden, was diese Apps gemeinsam haben, also ob sie beispielsweise versuchen, auf das Internet zuzugreifen, sodass der Fehler dann bei den Netzwerkeinstellungen zu suchen wäre.

9.7 Elektronikfehler identifizieren

Mit Elektronikfehlern sind hier Defekte an der Spannungsversorgung und an der Hauptplatine gemeint, wobei die korrekte Spannungsversorgung in Abschnitt 9.6 mitbetrachtet wird, sodass der Ein/Aus-Taster und das Netzteil bzw. der Akku als Fehlerquelle auszuschließen sind und es an dieser Stelle um die genauere Analyse der Komponenten geht, die sich auf der Hauptplatine befinden oder mit ihr verbunden sind. Damit geht einher, dass das Betriebssystem nicht korrekt geladen werden kann (siehe Fehlersuchbaum auf dem Einleger: »Elektronikfehler identifizieren«).

Bis auf den Zweig, der zur Grafikkarte und zum Monitor führt, der bei einem Notebook nun mal integriert ist, gilt der Plan auch für Notebooks. Bei Tablets und Smartphones bedeutet ein Elektronikfehler auf der Hauptplatine, dass sie ersetzt werden muss, was sich aus Kostengründen meist nicht lohnt und deshalb auch keine nähere Analyse sinnvoll erscheinen lässt.

10 Geräte öffnen und zerlegen

Das Öffnen von Geräten und damit die Inaugenscheinnahme des jeweiligen Innenlebens verschafft einen Überblick über den jeweiligen Aufbau, was für die (spätere) Fehleranalyse und die Abschätzung der möglichen Reparaturmaßnahmen von großem Wert sein kann. PCs werden mehr oder weniger individuell zusammengestellt und zusammengebaut, sodass sich beim Öffnen durchaus Konstruktionsfehler oder Schlampereien beim Zusammenbau offenbaren – etwa dass das Mainboard und die Lüfter nicht richtig befestigt sind oder die Erweiterungsslots aufgrund ungünstiger Kabelverlegung nicht nutzbar sind oder auch dass der eingesetzte Gehäusetyp die auf dem Mainboard vorhandenen Anschlüsse nicht zur Verfügung stellen kann.

Derartige Phänomene kann es weder bei Tablets noch bei Smartphones geben, die von der Konstruktion her gar keine bis wenige Ausstattungsvariationen erlauben und die sich nachträglich auch nicht ändern lassen, mit Ausnahme des Flash-Speichers (SD Card) und vielleicht des Funkmoduls bei einem Tablet.

Notebooks können jedoch mit unterschiedlichen Speichermodulen und Festwertspeichern ausgestattet sein, auch wenn es sich um das gleiche Modell handeln sollte, sodass ein Blick in das Innere durchaus nützliche Informationen zutage fördern kann. Eine Säuberung des Innenlebens und die Kontrolle der Anschlüsse sind im Fehlerfall zudem die ersten zu ergreifenden Maßnahmen, was zunächst ein sorgfältiges Öffnen des jeweiligen Geräts erfordert, ohne das es dabei beschädigt wird.

Die Modellvielfalt ist so groß, dass fast kein Modell exakt so ist wie ein anderes. Die in diesem Kapitel herangezogenen Beispielmodelle sind deshalb so ausgewählt worden, dass sie ganz typische Vertreter darstellen, sodass die Erläuterungen deshalb für zahlreiche Typen gelten.

10.1 Werkzeuge und Vorsichtsmaßnahmen

Grundsätzlich ist für das Aufschrauben das passende Werkzeug notwendig, d. h. verschiedene Schaubendreher, die möglichst genau zu den zu entfernenden Schrauben passen müssen. Bei einem PC macht es zumindest beim Öffnen des Gehäuses nicht viel aus, wenn statt des Kreuzschlitzschraubendrehers ein üblicher Schlitzschraubendreher verwendet wird, denn die Schauben sind verhältnismäßig groß, sodass ein »Vergniedeln« des Schraubenkopfes nicht so leicht passiert, es leidet höchstens der Schraubendreher. Auch wenn es auf den ersten Blick meist nicht auffällt, haben die Schrauben beim PC unterschiedliche Größen, die nicht DIN, sondern amerikanischen Maßen entsprechen, was auf jeden Fall stets zu beachten ist.

Abb. 10–1 Schrauben und Montagezubehör für PCs

Für die Schrauben an einem Notebook ist bereits Präzisionswerkzeug erforderlich, also mindestens drei Größen kleiner Kreuzschlitzschraubendreher (3, 2 und 1,5 mm). Für Tablets und Smartphones kommen dann Innensechskant- (Imbus) und Torx-Schrauben (Innenstern) bis auf eine typische Minimalgröße von 0,8 mm hinzu.

Wenn versucht wird, aus Ermangelung eines Torx-Schraubendrehers stattdessen mit einem Kreuzschlitzschraubendreher zu Werke zu gehen, ist die Schraube meist nicht mehr zu gebrauchen und ein Öffnen nicht mehr möglich, außer die betreffende Schraube lässt sich aufbohren, was aufgrund der Enge bei den Geräten und der Empfindlichkeit von Platinen und Elektronik kaum Aussicht auf Erfolg hat. Diese Schraubendrehertypen bilden gewissermaßen die Minimalausstattung, denn einige Hersteller (z. B. Apple) verwenden Spezialschrauben wie vom Typ *Pentalob*, *Robertson*, *Tri-Wing* oder *Torq*, was demnach Spezialwerkzeug erfordert.

Für die meisten Schraubentypen sind auch Bits erhältlich, wie sie bei Akkuschraubern standardmäßig verwendet werden. Mit einem Akkuschrauber sollte bei den Geräten jedoch keinesfalls zu Werke gegangen werden, weil dies viel zu grobmotorisch ist, selbst für PCs und Notebooks, wovon zahllose Beschädigungen zeugen, die auch von »Experten« in Werkstätten verursacht werden.

Abb. 10–2 Mit dem unpassenden Werkzeug ist eine Schraube schnell beschädigt, sodass sie sich dann nur noch mühsam oder gar nicht mehr lösen lässt.

Für die Arbeit ist eine freie saubere Fläche mit guter Beleuchtung sinnvoll. Ein Austausch von PC-Komponenten »mal eben«, womöglich unter dem Schreibtisch mithilfe einer Taschenlampe, geht meistens schief. Insbesondere bei Tablets und Smartphones hat man es mit sehr filigranen Schrauben und Komponenten zu tun, was viel Konzentration und eine ruhige Hand erfordert, wofür eine Lupe oder eine Lupenlampe hilfreich ist.

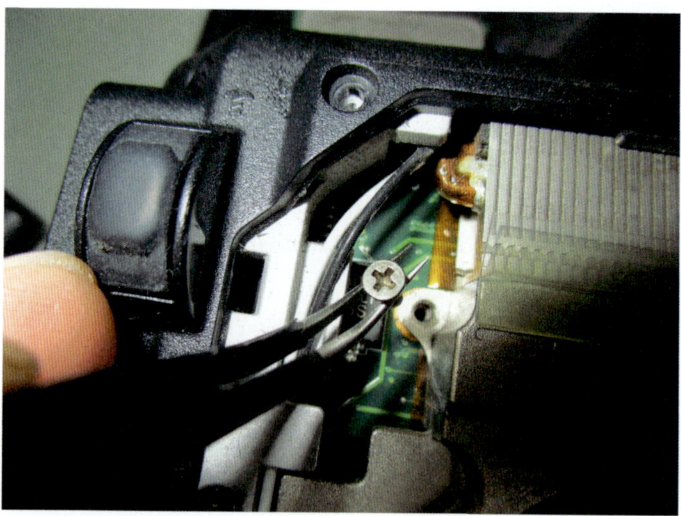

Abb. 10–3 Mit Schrauben sollte stets vorsichtig umgegangen werden, damit sie nicht aus Versehen in das Gerät fallen. Eine Pinzette ist am besten geeignet, um die Schrauben zu fassen und zu halten.

Wenn beispielsweise bei einem Notebook die Platte auf der Rückseite, die mit mehreren Schrauben befestigt ist, ausgebaut werden soll, um etwa an die Speichermodule zu kommen, sollten die Schrauben nach dem Lösen mit einer Pinzette herausgenommen (und sortiert in einen kleinen Behälter gelegt o. Ä.) werden, weil sie sonst beim Abheben des Deckels leicht hochfliegen und sich auf dem Tisch, schlimmstenfalls im Notebook, verteilen. Gelöste Schrauben sollten stets sofort aus einer Bohrung herausgenommen werden, weil sie andernfalls in Positionen rutschen können, aus denen man sie nur mit Mühe wieder herausbekommt. Ein Sortieren der herausgenommenen Schrauben nach dem jeweiligen Arbeitsschritt mit der Ablage auf einem weißen Blatt Papier und einer Beschriftung erleichtert den späteren Zusammenbau enorm.

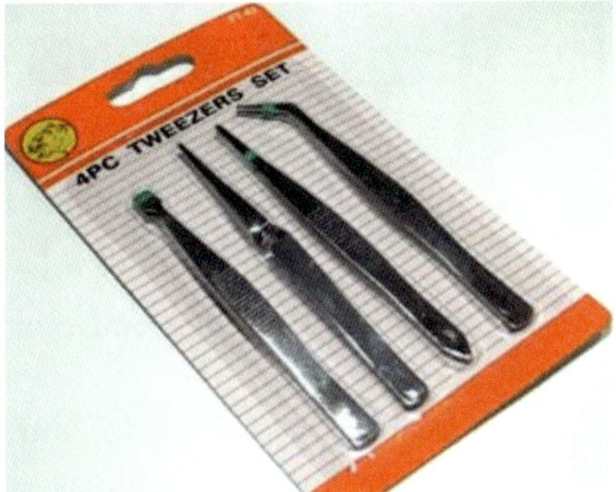

Abb. 10–4 Elektronik-Pinzetten, die meist recht preisgünstig sind, leisten für die Handhabung von Schrauben und kleinem Komponenten gute Dienste.

Bereits bei der Demontage des Notebook-Displays (siehe Abschnitt 9.5.3) ist ein spezielles »Plastikwerkzeug« zum Einsatz gekommen, das für das Öffnen von Tablets und Smartphones unerlässlich ist. Gitarrenspieler können hierfür auch ihre Plektrums einsetzen, die es in weit mehr Varianten gibt als die speziellen PVC-Gehäuseöffner, sodass auf dünnere und dickere Typen, die sich für das jeweilige Gerät als optimal erweisen, zurückgegriffen werden kann. Von diesen PVC-Gehäuseöffnern gibt eine Reihe verschiedener Typen, die auch in entsprechenden Kits angeboten werden.

Im Übrigen eignet sich ein gewöhnliches Plastikmesser bei flächig verklebten Teilen meist besser als die typischen Gehäuseöffner, weil sich die Kraft dabei etwas mehr verteilt, um etwa eine (dünne) Abdeckung entfernen zu können. Eine Plastikkarte, wie etwa eine abgelaufenen Kreditkarte, ist ebenfalls ein nützliches Werkzeug für das Öffnen von Tablets und Smartphones. Übliche metallische Schraubendreher sind hierfür tunlichst zu vermeiden, weil sie nicht nur das Gehäuse verkratzen, sondern auch tief in das Gerät eindringen und dabei intern Bauteile beschädigen können.

Beim Erweb von Ersatzteilen, wie einem Smartphone-Display, gehört mitunter Werkzeug dazu, welches qualitativ eher selten überzeugen kann, für den Austausch des jeweiligen Ersatzteils jedoch meist ausreichend ist.

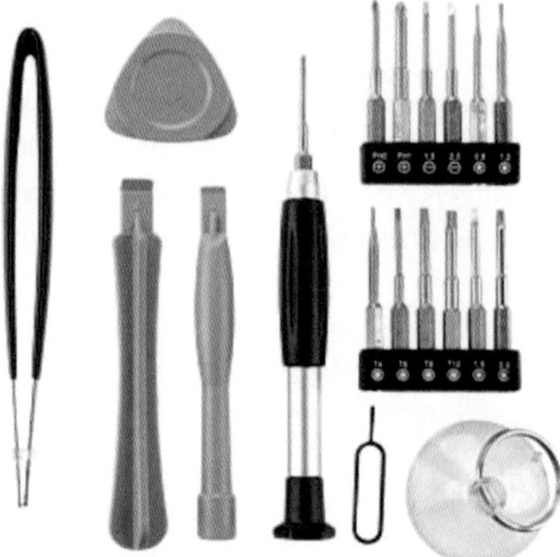

Abb. 10–5 Ein Reparatur-Kit für Handys und Tablets liefert das nötige Werkzeug als Set.

Für die Ableitung von statischer Energie, die wohl jeder von der Rolltreppe aus dem Kaufhaus kennt – wenn man sich zuvor über einen Kunststoffbelag aufgeladen hat –, werden spezielle ESD-Schutzarmbänder (Electronic Discharge) angeboten. Diese sind am Handgelenk zu befestigen und an die Erde (Masse) anzuschließen, wie etwa an einen Heizkörper oder eine Wasserleitung. Sie sind eigentlich überflüssig, wenn man grundsätzlich nicht direkt auf elektronische Bauelemente fasst und sich beim Herausnehmen von Platinen o. Ä. selbst entlädt, indem man ein geerdetes metallenes Gerät wie eine Schreibtischlampe berührt.

Vielfach wiegt ein ESD-Armband den (unerfahrenen) Bastler im falschen Glauben, dass nichts passieren kann, obwohl er gar nicht korrekt mit der Erde verbunden ist, zumal einige Bänder auch von fragwürdiger Qualität sind. Deshalb sollte man generell beim Umgang mit elektronischen Komponenten an die statische Energie denken, die problemlos ein Bauteil »zerschießen« kann. Beim Bestücken von Schaltungen wird man hingegen nicht auf ESD-Schutzmaßnahmen verzichten können, wofür dann aber auch der Tisch, ein spezieller Stuhl und das (Löt-)Werkzeug entsprechend geerdet werden.

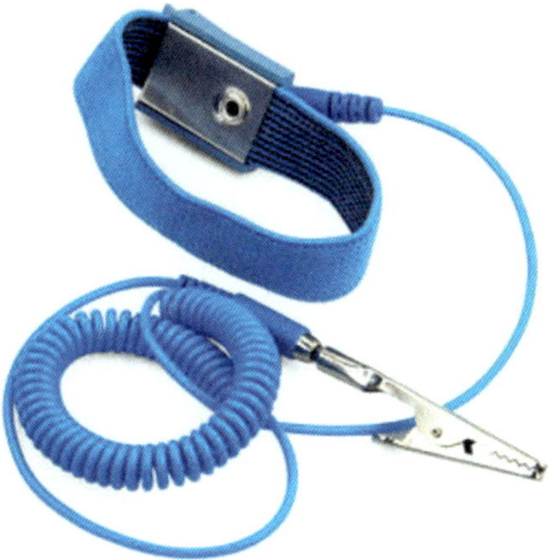

Abb. 10–6 Für den Hausgebrauch nicht notwendig und in der Handhabung unpraktisch sind die ESD-Schutzarmbänder.

Für die Messung der Spannungen von Akkus und Netzteilen ist ein Voltmeter notwendig, welches typischerweise als digitales Multimeter ausgelegt ist, also nicht nur Spannungen, sondern auch Ströme sowohl als DC (Gleichstrom) als auch als AC (Wechselstrom) sowie Widerstände messen kann. Praktisch ist es, wenn das Multimeter im Widerstandsmessbereich die Funktion eines akustischen Durchgangsprüfers hat, sodass bei einem Leitungsdurchgang ein Piepston ertönt und demnach ohne Blick auf die Anzeige eine Prüfung, etwa einer Kabelverbindung, möglich ist. Für Widerstandsmessungen darf grundsätzlich keine Spannung anliegen, also auch nicht beim »Durchpiepen« einer Schaltung, was ohnehin nicht empfehlenswert ist, weil das Messgerät in dieser Betriebsart einen Strom in die Schaltung einprägt, wodurch elektronische Bauelemente leicht zu zerstören sind.

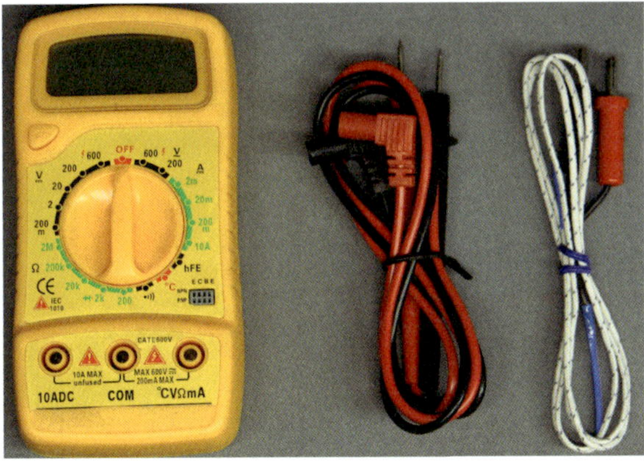

Abb. 10–7 Ein handliches Multimeter mit akustischem Durchgangsprüfer, Kondensator- und Transistortester sowie Temperaturfühler

Einen einzelnen Widerstand in einer Schaltung in seinem Wert bestimmen zu können, ist nicht möglich, weil er in der Schaltung mit anderen Komponenten verbunden ist, sodass hier Reihen-, Parallel- und Innenwiderstände von anderen elektronischen Bauelementen »mitspielen«. Zumindest muss ein Anschluss des zu überprüfenden Widerstandes hochgelegt, also kontaktmäßig von der Schaltung abtrennt werden, was dementsprechend auch für die Überprüfung von Kondensatoren gilt. Hierfür muss das Multimeter über einen eigenen Kapazitätsmessbereich verfügen, der bei den sehr preiswerten Modellen meist nicht eingebaut ist, genauso wenig wie ein Temperaturmessbereich, der dann mit dem als Zubehör gelieferten Sensor eine Temperaturmessung an Bauteilen erlaubt. Gerade für die Messung direkt an Steckerkontakten oder in Buchsen sind möglichst spitze (und auch kleine) Messspitzen nebst Kabel erforderlich, die meist nicht zum Lieferumfang des Messgerätes gehören, sodass sie separat zu erwerben sind.

Abb. 10–8 Kleine und Präzisionsmessspitzen sind für Messungen direkt an Steckern, Buchsen und Bauelementen unabdingbar.

Neben dem üblichen Werkzeug, wie den Schraubendrehern, Flachzangen und Seitenschneidern, gehört ein Lötkolben zur üblichen Ausrüstung, wobei es sich um ein temperaturregelbares Modell (als Lötstation) mit gut beschaffbaren und auswechselbaren Lötspitzen handeln sollte, die auch für die Lötung von SMD-Bauelementen (Surface Mounted Devices) geeignet sind.

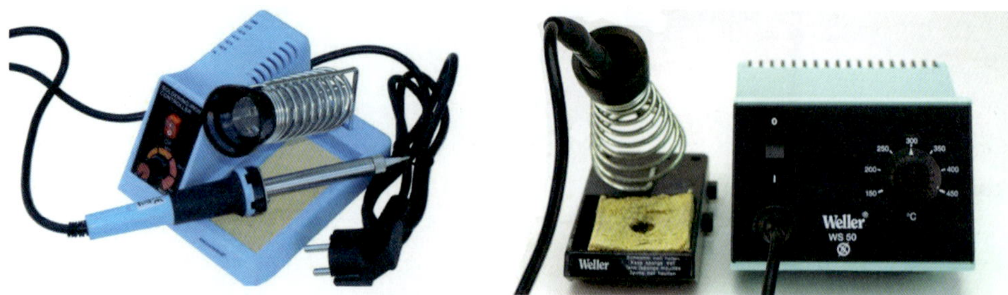

Abb. 10–9 Für gelegentliche Lötarbeiten muss es nicht gleich ein Klassiker, wie eine Weller-Lötstation (rechts) sein, sondern es reicht auch ein einfacheres regelbares Modell (links). Wichtig ist dabei die Qualität und Präzision der auswechselbaren Lötspitzen.

Nicht unwichtig ist insbesondere für Tablets und Smartphones die richtige Auflage, damit sie beim Arbeiten nicht wegrutschen oder verkratzen. Für den Heimgebrauch empfiehlt sich eine gewöhnliche Schaumstoffmatte als Unterlage. Der Profi verwendet eine mit einzelnen Fächern versehene Gummimatte (Abb. 10–10), wo sich praktischerweise die Schrauben und einzelnen Komponenten sortiert ablegen lassen. Ein Stück von einer Auto-Gummimatte kann prinzipiell die gleiche Aufgabe erfüllen.

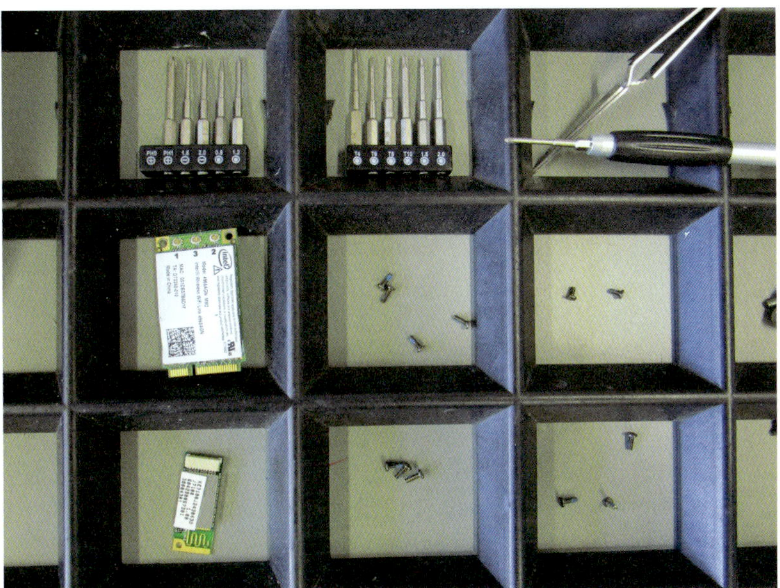

Abb. 10–10 Ohne die Geräteoberflächen zu beschädigen und geordnet kann man mit einer Werkstattmatte zu Werke gehen.

10.2 Personal Computer

Das Öffnen eines handelsüblichen PC ist im Gegensatz zu einem Tablet oder Smartphone keine große Sache und erfordert meist auch keinerlei Spezialwerkzeug. Ein Garantieverlust ist dabei nicht zu befürchten, denn ein PC ist von Haus aus dafür konstruiert, dass hier Erweiterungen mit Einsteckkarten oder auch deren Austausch (neue Grafikkarte) möglich sind, wie es in einigen Urteilen festgestellt worden ist.

Abb. 10–11 Durch das Lösen der zwei Kreuzschlitzschrauben lässt sich die Seitenwand abnehmen.

Die meisten PC-Gehäuse lassen sich nach dem Lösen von zwei Kreuzschlitzschrauben auf einer Seite öffnen. Bei den meisten Standard-Desktop-PCs ist dies die linke Seite, wenn man sich vor der PC-Frontplatte befindet. Die Gehäuseseitenwand lässt sich dann durch Aufklappen oder durch Schieben abnehmen, sodass man auf das Mainboard und die weiteren Komponenten schauen kann. Falls nur die Unterseite des Mainboards sichtbar ist, hat man die falsche Seitenwand erwischt, die zunächst nicht interessant ist. In der »richtigen« Seitenwand befinden sich meist die Luftlöcher, aus denen die Abwärme transportiert wird.

Es gibt einige PC-Modelle – etwa von der Firma Dell (Abb. 10–10) –, bei denen zum Öffnen kein Schraubendreher notwendig ist, weil sich die Seitenwand nach dem Lösen einer Verriegelung leicht aufklappen lässt, was sehr praktisch ist, wenn man es weiß und nicht stattdessen nach Schrauben sucht und vermutet, dass sie sich unter einer Plastikabdeckung befinden. Mitunter befindet sich auch auf der Gehäuseunterseite oder der Rückseite ein Schnappmechanismus, der das Öffnen des Gehäuses erlaubt.

Abb. 10–12 Durch einen Mechanismus wird die Klapptür des Gehäuses freigegeben, die sich dann ganz leicht öffnen lässt.

Arbeiten am PC, wie die Säuberung und Kontrolle der Anschlüsse sowie der Austausch von Speichermodulen, des Prozessors und von Erweiterungskarten, sind jetzt möglich. Je nach Gehäusetyp muss für den Ersatz des Mainboards und des Netzteils möglicherweise etwas weiter »vorgedrungen« werden, was gleichermaßen für die Laufwerke gilt, wenn sie nicht direkt im Gehäuse, sondern traditionell frontseitig in einem Laufwerksschacht eingebaut und verschraubt sind, wie es zumindest bei einem DVD-Laufwerk der Fall ist. Im einfachsten Fall ist die zweite Gehäuseseite ebenfalls abschraubbar, sodass man dann auch von dieser Seite an die Befestigungsschrauben der Laufwerke herankommt. Gehäuse mit Klapptür (Abb. 10–12) können die Laufwerke gewissermaßen in der Tür aufnehmen. Die Laufwerke sind dort nicht durch Schrauben fixiert, sondern befinden sich in einer speziellen Halterung, die sich auf Druck löst.

Abb. 10–13 Die Laufwerke sind (auf beiden Seiten) mit Kreuzschlitzschrauben am Laufwerkskäfig befestigt.

Bei einigen Gehäusen ist das Abschrauben der zweiten Seitenwand nicht möglich, weil sie an dieser Seite vernietet ist, was dann keineswegs bedeutet, dass die Nietverbindung aufzubohren ist, sondern dass es einen anderen Weg geben muss. Prinzipiell gibt es sogar mehrere Möglichkeiten. Oft befindet sich ein abnehmbarer Metallrahmen (Laufwerkskäfig) für die Laufwerke im Gehäuse, der nur vorn festgeschraubt ist und hinten (zur festen Seitenwand hin) eingerastet ist.

Abb. 10–14 Herausnahme des Käfigs mitsamt den Laufwerken

Der Metallrahmen kann auch hinter der Frontplatte befestigt (Abb. 10–16) sein, sodass diese abzunehmen ist. Die Frontplatte ist meist nicht geschraubt, sondern in Halterungen geklemmt, sodass die Platte nach vorn abgezogen werden kann, wenn die Halterungen mit einem Finger oder einem Schaubendreher oder einer Zange von innen gelöst werden.

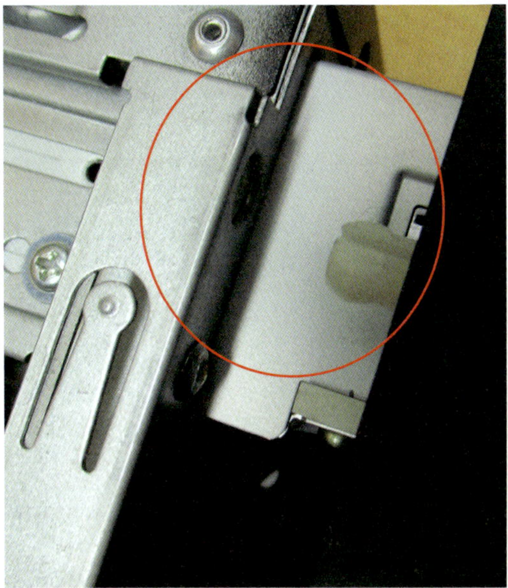

Abb. 10–15 Die Frontplatte ist hier mit Plastikstösseln befestigt, die zum Lösen von hinten mit einer Zange zusammenzudrücken sind, woraufhin sich die Frontplatte abnehmen lässt.

Abb. 10–16 Achtung Falle: Hier ist der Metallkäfig hinter der Frontplatte zusätzlich festgeschraubt.

Besondere Maßnahmen sind bei der Abnahme der Frontblende bei einigen Akoya-Modellen der Firma Medion gefordert. Hierfür ist zunächst die obere Blende zu entfernen, die an drei Punkten festgeklemmt ist, und zwar so stramm, dass hierfür ein Schlitzschraubendreher für das Hochhebeln notwendig ist. Dabei ist es wichtig, möglichst genau an den drei Stellen anzusetzen. Damit das Gehäuse nicht beschädigt wird, ist ein Lappen bei dieser Prozedur unterzulegen.

Abb. 10–17 Bei einigen PC-Modellen von Medion ist für das Abnehmen der Frontplatte zunächst die Blende an drei definierten Punkten mit Vorsicht abzuhebeln.

Nach dem Entfernen der kleinen Blende lässt sich die Frontplatte im PC-Innern an fünf Stellen an den Plastikhaltern entriegeln, sodass sie dann ganz einfach abgenommen werden kann, womit auch hier der Weg zu den Laufwerksschächten frei ist.

Abb. 10–18 Im Innern sind fünf Arretierungen zu lösen, wobei für die beiden hinteren (4 und 5) ein Schraubendreher zum Biegen notwendig ist.

10.3 Notebooks und Netbooks

Inwieweit ein Notebook geöffnet werden muss, hängt zunächst davon ab, was man zu tun gedenkt. Falls man lediglich an den SDRAM-Speicher oder an die Festplatte heran muss, ist dies möglicherweise ganz einfach, weil hierfür nur eine oder zwei Klappen auf der Rückseite abgeschraubt werden müssen, unter denen die Speichermodule oder die Festplatte direkt zugänglich sind, was von der jeweiligen Bauweise des Notebooks abhängig ist. Das Notebook sollte beim Öffnen spannungslos sein, d. h., das Netzteil darf nicht angeschlossen sein und der Akku ist zu entfernen, der sich oftmals durch die Betätigung einer Verriegelung vom Gerät abziehen lässt. Bei Geräten mit integriertem Akku (z. B. Lenovo Thinkpad Edge S430) ist dies natürlich nicht möglich, sodass man dann noch etwas vorsichtiger als sonst zu Werke gehen muss und kein Metallwerkzeug einsetzen sollte, das leicht einen Kurzschluss verursachen könnte.

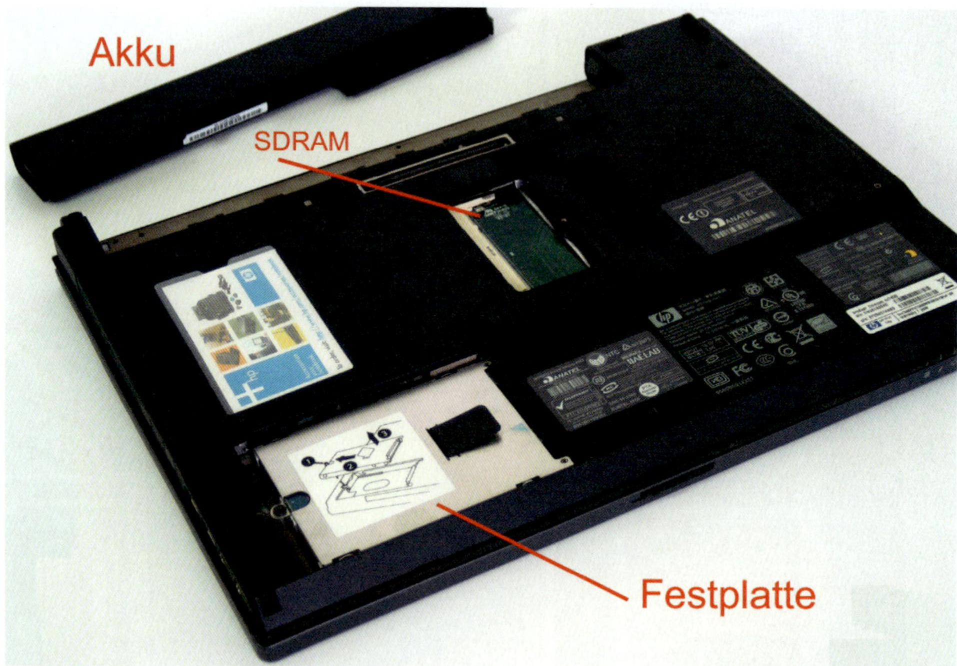

Abb. 10–19 Bei diesem Notebook von HP sind die Festplatte und das SDRAM direkt hinter zwei Abdeckungen zugänglich.

Bei den meisten Notebooks ist das Öffnen etwas aufwendiger, gleichwohl geht dies üblicherweise über das Lösen von Schrauben vonstatten und nicht über mechanische Arretierungen oder geklemmte Einzelteile, wie es bei den Smartphones und Tablets praktiziert wird. Im einfacheren Fall sind auf der Geräterückseite typischerweise vier bis sechs Schrauben zu lösen, woraufhin sich die Abdeckung abnehmen lässt und das Notebook-Innenleben freigegeben wird.

Abb. 10–20 Nach dem Lösen von sieben Schrauben lässt sich der Deckel bei diesem Notebook von Asus nach rechts schieben und abnehmen.

Flache Notebooks (Ultrabooks) und die kleineren Varianten wie die Netbooks sind demgegenüber meist auf eine andere Art und Weise zu öffnen, indem die Tastatur zu entfernen ist. Wie dies bei dem betreffenden Gerät funktioniert, ist selten offensichtlich; deshalb folgen hier zwei typische Beispiele anhand des Notebooks *Lenovo Thinkpad Edge S430* und des Netbooks *Acer Aspire One*.

Beim Lenovo Thinkpad sind auf der Rückseite zunächst zwei Schrauben zu entfernen, dann ist die Tastatur gelöst, die nach oben zum Display hin geschoben wird, sodass sie mit ihren »Befestigungsnasen« frei liegt. Die Tastatur hängt mit einem Flachbandkabel (Folienkabel) an einer entsprechenden Buchse und muss nicht unbedingt entfernt werden.

Die beiden SDRAM-Module befinden sich hinter einer Blechabdeckung, die deshalb zu entfernen ist. Von hier aus sind außerdem die Knopfzelle für das CMOS-RAM und das Mobilfunkmodul zugänglich. Die Festplatte ist seitlich in einen entsprechenden Schacht geschoben, sodass das Gehäuse für deren Austausch nicht geöffnet werden muss.

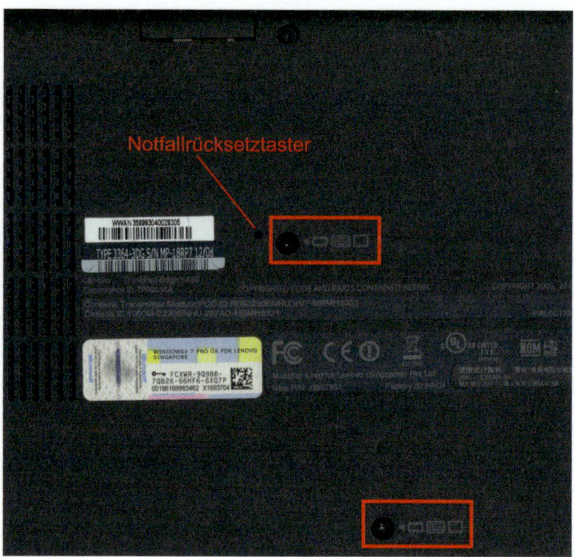

Abb. 10–21 Von den acht Schrauben auf der Rückseite des Notebooks sind nur zwei notwendig, um die Tastatur zu lösen. Die Symbole an den Schrauben besagen, dass sie für die Tastatur, das SDRAM und das Display zuständig sind.

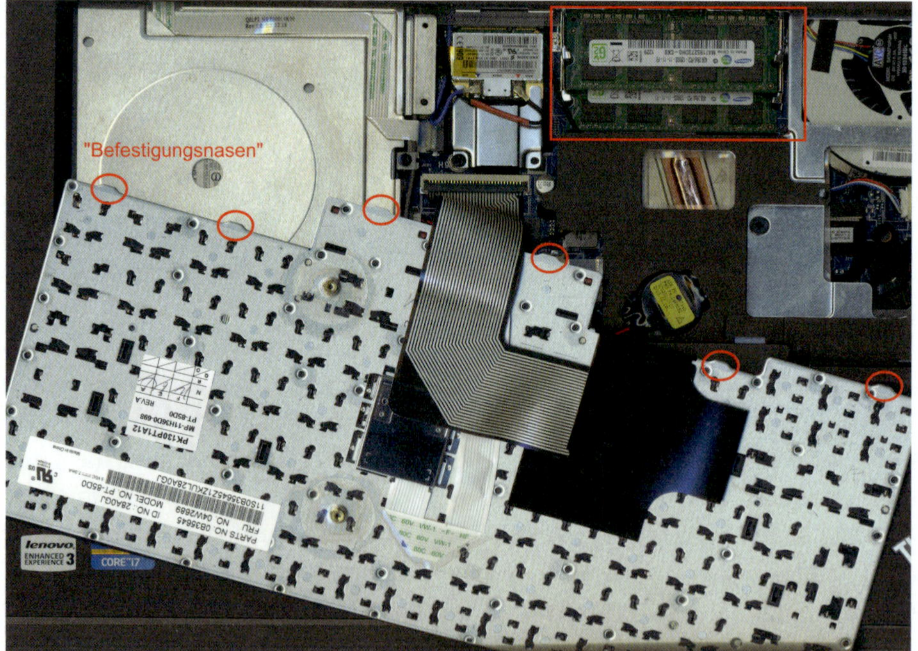

Abb. 10–22 Nach dem Entfernen der Tastatur und eines kleinen Abdeckblechs lassen sich die Speichermodule tauschen.

Das Netbook *Acer Aspire One* war eines der beliebtesten Netbooks, welches maßgeblich zum Erfolg dieser Gerätekategorie beigetragen hat und immer noch recht kompakt und robust wirkt. Als Speicher sind – je nach Ausführung – 512 MByte bis hin zu 4 GByte (DDR2 SODIMM) sowie HDDs oder SSDs mit Kapazitäten von 8 bis hin zu 750 GByte eingebaut, sodass es möglicherweise noch Aufrüstpotenzial gibt. Der Speicher von 512 MByte ist wie der Atom-Prozessor (N270) auf der Platine aufgelötet. Es steht jedoch ein Steckplatz für die Nachrüstung eines SODIMMs zur Verfügung.

Abb. 10–23 Das Netbook Aspire One von Acer ist ein typischer Vertreter dieser Gerätekategorie und lässt sich relativ leicht aufrüsten.

Beim *Acer Aspire One* existiert kein Schacht für Speichermodule oder eine Festplatte, weshalb es für Wartungsarbeiten oder den Austausch von Komponenten komplett zerlegt werden muss. Auf der Rückseite ist zwar eine Klappe vorhanden, hinter der sich bei den meisten Versionen aber keine Elektronik befindet, die ein Zusatzmodul (Mobilfunk) aufnehmen könnte.

Nach der Abnahme des Akkus sind auf der Geräterückseite zunächst sieben silberne Schrauben zu entfernen (Abb. 10–24), von denen sich zwei unter den hinteren selbstklebenden Gerätefüßen befinden, die abzuhebeln sind. Drei schwarze zu lösende Schrauben kommen nach dem Abziehen des Akkus zum Vorschein.

Abb. 10–24 Auf der Geräterückseite sind zehn Schrauben zu entfernen.

Als Nächstes ist die Tastatur zu entfernen, die oben am Gehäuse (zum Display hin) mit drei Halterungen sowie links und rechts mit jeweils einer Halterung fixiert ist und sich durch vorsichtiges Hebeln mit einem Schlitzschraubendreher nach oben und damit aus den Halterungen befördern lässt.

Abb. 10–25 An den drei oberen Punkten ist die Tastatur mit einem Schraubendreher hochzuhebeln, woraufhin sie sich herausnehmen lässt.

Die Tastatur ist mit einem Folienflachkabel an einem weißen Klemmstecker befestigt, dessen schwarzer Steg (mit dem Finger) nach oben zu drücken ist, sodass die Klemmung aufgehoben wird und das Kabel und somit die Tastatur entfernt werden kann. Am Folienkabel befindet sich eine blaue »Anschlussfahne«, die für das Anfassen gedacht ist, was insbesondere beim Wiedereinsetzen unter Zuhilfenahme einer Pinzette oder Zange notwendig werden kann, damit das Kabel nicht beschädigt wird.

Der schwarze Steg sollte dann wieder heruntergedrückt werden, damit hier nicht bei der weiteren Zerlegung ein Schaden entsteht. Diese Vorsichtsnahme sollte für alle derartigen Klemmverbindungen beherzigt werden.

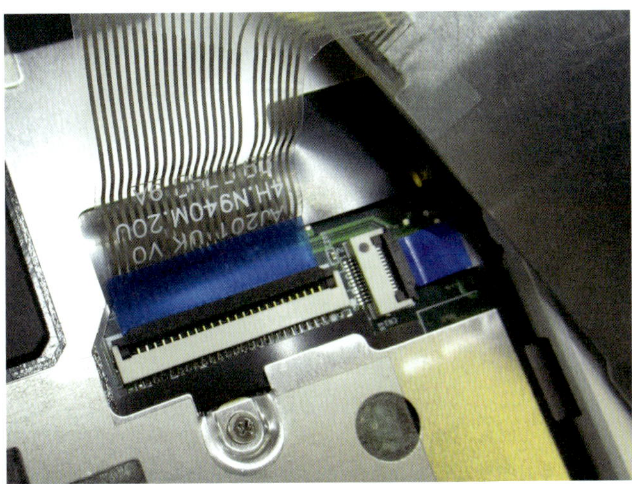

Abb. 10–26 Das breite Flachbandkabel ist für die Tastatur, das kleinere (rechts) für das Touchpad zuständig. Durch Hochdrücken des schwarzen Stegs der Klemmhalterungen werden die Kabel gelöst.

Danach sind sechs Schrauben (fünf schwarze, eine silberne) an den mit jeweils einem Pfeil auf dem Blech markierten Stellen zu entfernen. Der obere Gehäuseteil sollte sich dann abheben lassen, wobei die Klemmverbindung mit dem plektrumähnlichen Kunststoffwerkzeug durch Herumfahren am Schlitz zwischen den beiden Gehäuseteilen (oder mit einem kräftigen Fingernagel) gelöst wird, was zum Display hin etwas hakelig ist.

Eine weitere Folienflachkabelverbindung (Abb. 10–26) ist für das Touchpad vorhanden, die spätestens jetzt zu entfernen ist.

Abb. 10–27 Nach dem Entfernen der sechs Schrauben und der beiden Flachbandkabel lässt sich das Blech abnehmen.

Es folgt der Ausbau des Mainboards. Hierfür ist zunächst das WLAN-Modul abzuschrauben (eine Schraube) und rechts zur Seite zu legen; das Verbindungskabel muss nicht abgenommen werden. In der linken oberen Ecke ist das Mainboard unter einer Halterung für das Display-Scharnier geklemmt, sodass hier die beiden Schrauben zumindest gelockert werden müssen sowie noch eine weitere Schraube unten am Rand neben dem eben entnommenen WLAN-Modul entfernt werden muss.

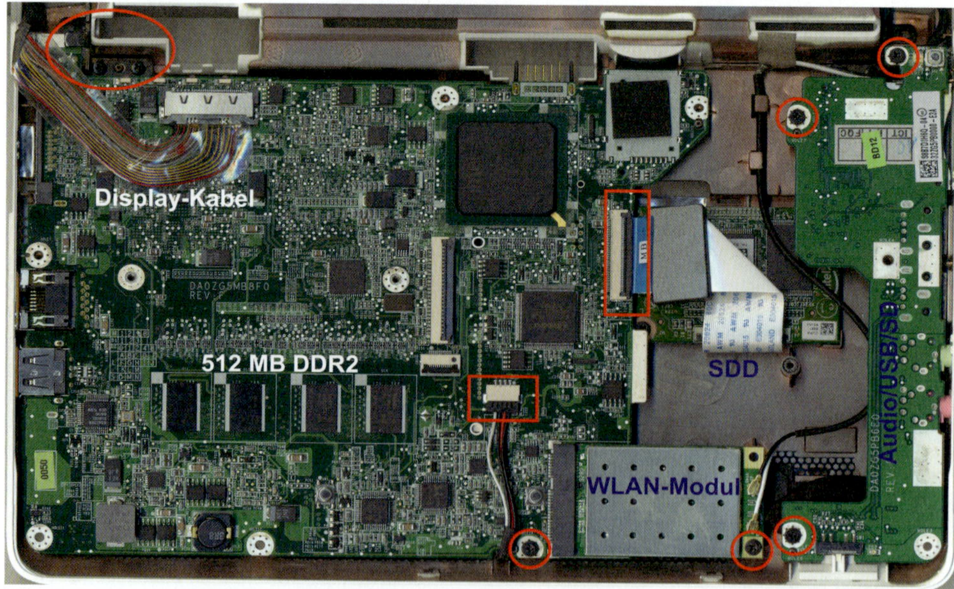

Abb. 10–28 Nachdem die Lautsprecher- und die SDD-Verbindung gelöst sind und das WLAN-Modul ausgebaut ist, sind die beiden Schauben oben beim Scharnier zu lockern und weitere vier Schrauben (drei davon an der Audio/USB/SD-Platine) zu entfernen.

Des Weiteren ist ein Folienflachkabel (rechts) zur HDD oder SDD sowie ein vierpoliges Kabel (weiß/schwarz/rot/schwarz) für die Lautsprecher aus den jeweiligen Buchsen zu entfernen. Bei Letzterem gibt es keinen Verriegelungsmechanismus. Der Stecker ist lediglich in die Buchse geschoben und muss mit etwas Kraft herausgezogen werden (nicht an den Kabeln ziehen, sondern nur am Stecker!).

Damit ist das Mainboard beweglich, es hängt aber noch über ein Kabelbündel an einer Platine (rechts), auf der sich die Audio- und USB-Buchsen sowie der SD-Kartenslot befinden. Diese Platine ist mit drei schwarzen Schrauben befestigt, und wenn diese entfernt worden sind, lassen sich beide Platinen zur Seite legen und umdrehen, sodass der Slot für das SODIMM (DDR2) zugänglich ist und sich ein Modul leicht nachrüsten lässt. Statt der mitunter nur 8 GByte großen SDD, die in einem speziellen Platinenformat ausgelegt ist, lässt sich zudem eine SATA-Festplatte oder -SDD im 2,5"-Format (Bauhöhe 9,5 mm) einsetzen.

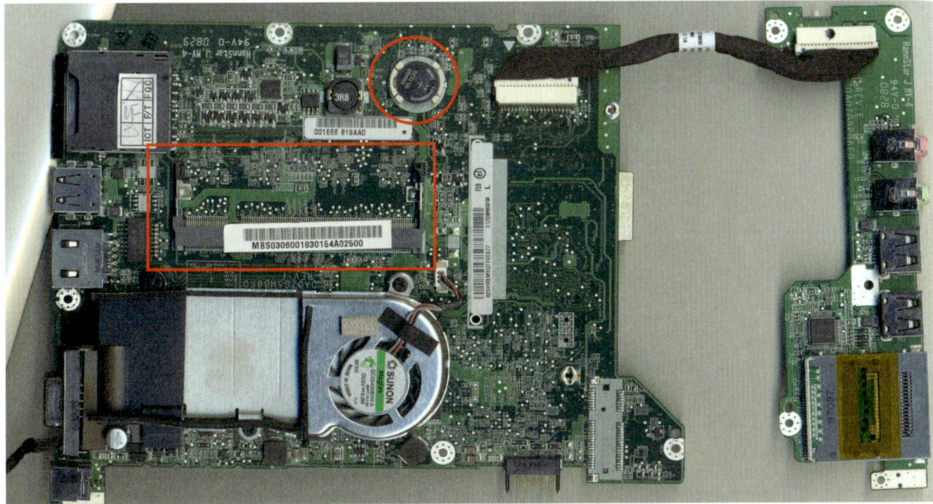

Abb. 10–29 Auf der Mainboard-Unterseite befindet sich die SODIMM-Steckfassung sowie die Knopfzelle für das CMOS-RAM.

Abb. 10–30 Das SODIMM ist schnell eingesetzt.

Der Zusammenbau ist unspektakulär, wenn man die Schrauben zuvor entsprechend (z. B. in kleinen Sortimentskastenschalen) geordnet weggelegt oder auch Fotos vom Zerlegevorgang aufgenommen hat. Allein beim Scharnier in der linken oberen Ecke muss man etwas auf das Display-Kabel achten, damit es beim Zusammensetzen der beiden Gehäuseteile nicht gequetscht wird, und die beiden *Folienflachkabel* müssen in ihren Sockeln natürlich wieder richtig festgesetzt werden.

10.4 Tablets

Für das Öffnen von Tablets ist ein Plastikwerkzeug (Opening Pick) unentbehrlich, welches typischerweise die Form eines Gitarrenplektrums aufweist (siehe Abschnitt 10.1). Eine Plastikkarte – aber nicht gerade die gültige EC-Karte – lässt sich hierfür auch einsetzen. Es gilt zunächst den Spalt zwischen den beiden Gehäuseteilen auszumachen. Falls der Spalt nicht komplett auf einer Linie um das Gerät herum verläuft, sondern eine (scheinbare) Überlappung der beiden Teile oder auch eine Abdeckung existiert, ist Vorsicht angesagt, denn dann kann es auch noch eine spezielle Befestigung oder eine Schraubverbindung geben, wie etwa beim *Samsung Galaxy Note* und ähnlichen Tablets.

Abb. 10–31 Das Ansetzen an einer Ecke hat meist den größten Erfolg.

Bei den meisten Tablets, wie bei den zunächst gezeigten von Medion, sind die beiden Gehäusehälften nur zusammengeschnappt. Typischerweise setzt man mit dem Plastikwerkzeug an einer Ecke des Gehäuses (Abb. 10–31) an und hebelt sich dann weiter um das Gerät herum vor. Falls sich das Gehäuse übermäßig biegen und es nicht weitergehen sollte, kommt man mit Gewalt nicht weiter und es ist doch noch eine Schraubverbindung ö. Ä. vorhanden, was allerdings eher selten vorkommt.

Abb. 10–32 Die Gehäusehalterungen werden durch das Herumfahren mit dem Opening Pick gelöst.

An den Buchsen eines Tablets lässt sich am besten erkennen, wie das Gehäuse zusammengesetzt ist (Abb. 10–33) und wie das Werkzeug anzusetzen ist, was sich ohne die Unterstützung einer guten Ausleuchtung und einer Lupe oftmals nur schwer feststellen lässt.

An den Buchsen kann es mitunter etwas klemmen, und die Halterungen können einem (zumindest beim erstmaligen Öffnen) einen hohen Widerstand entgegensetzen, wobei das Gehäuse an den bereits geöffneten Stellen wieder zuklappen kann, was sich durch das Einsetzen eines weiteren Plastikwerkzeugs oder einer Plastikkarte verhindern lässt.

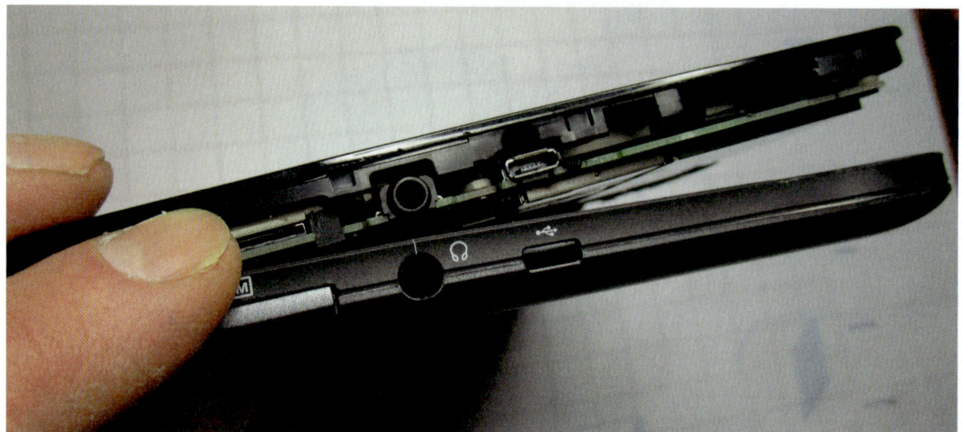

Abb. 10–33 Das Schlimmste ist überstanden, und das Tablet lässt sich öffnen.

Wenn die beiden Gehäuseteile voneinander getrennt sind, liegt das gesamte Innenleben offen vor, sodass sich die einzelnen Teile identifizieren und bei Bedarf ersetzen lassen.

Abb. 10–34 Die seitlichen Halterungen werden beim Öffnen mitunter etwas beschädigt, was die erneute Klemmung jedoch nicht verschlechtert.

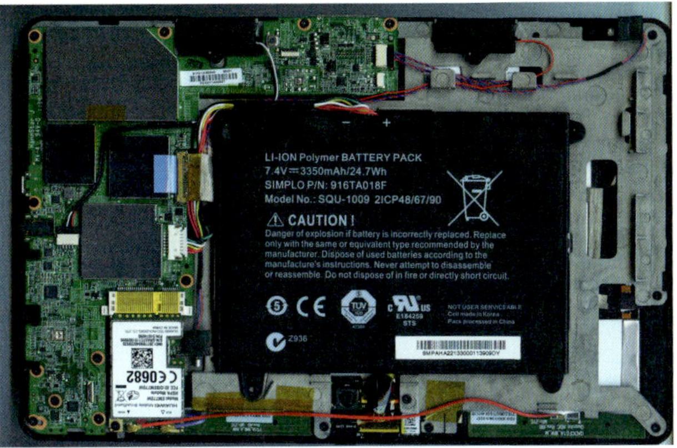

Abb. 10–35 Der Akku ist neben der Hauptplatine die zentrale Komponente eines Tablets.

Das *Samsung Galaxy Note 10.1* (GT-N8000) gilt als ausgereiftes und zuverlässiges Tablet, das standardmäßig mit einem Stift ausgestattet ist. Mithilfe dieses Stiftes lässt sich nicht nur das Tablet bedienen, sondern es lassen sich hiermit auch handschriftliche Notizen oder Zeichnungen und ähnliche Dinge anfertigen.

Das Tablet arbeitet mit einem ARM Cortex A9 mit integrierter Grafikeinheit (Exynos-Chip) und verfügt über einen internen Flash-Speicher von 16 GByte, der sich über eine SD-Card auf bis zu 64 GByte erweitern lässt. Um das Tablet öffnen zu können, muss auf der Rückseite zunächst eine mit Klebeband versehene silberfarbene Abdeckung mit einem Spatel oder Messer abgehebelt werden, woraufhin sechs Schrauben auftauchen. Davon müssen die drei silbernen Schrauben entfernt werden, woraufhin sich die beiden Gehäuseteile wieder unter Zuhilfenahme eines Opening Picks voneinander trennen lassen.

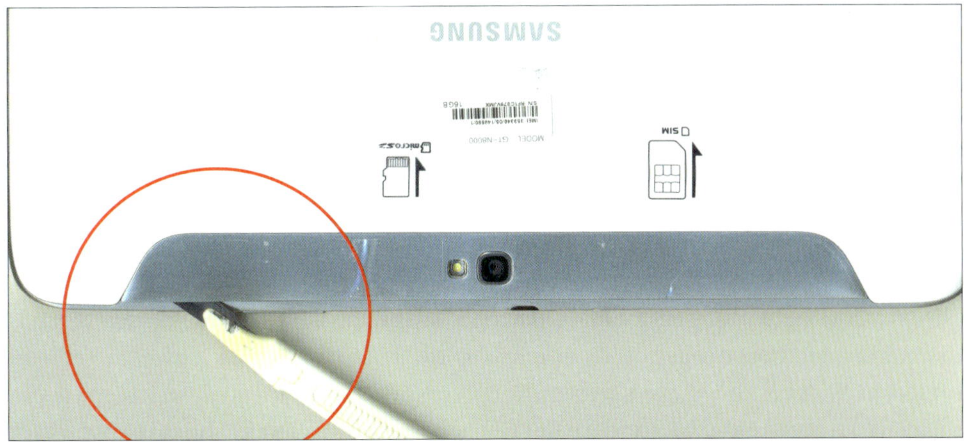

Abb. 10–36 Zunächst muss die geklebte Abdeckung auf der Rückseite mit einem Spatel oder Messer vorsichtig gelöst werden.

Abb. 10–37 Diese drei Schrauben sind zu entfernen, woraufhin sich das Tablet öffnen lässt.

Über den Akku verlaufen vier breitere und ein schmales Folienkabel, die für das Display, den Digitizer, ein Mikrofon und den Lade/USB-Adapter (Dock Connector) zuständig sind. Die breiten Folienkabel lassen sich wie üblich durch das Nachobendrücken des jeweiligen Stegs lösen (s. o.), wobei sich Klebefolie über den Anschlüssen befindet, die etwas nach hinten zu ziehen ist.

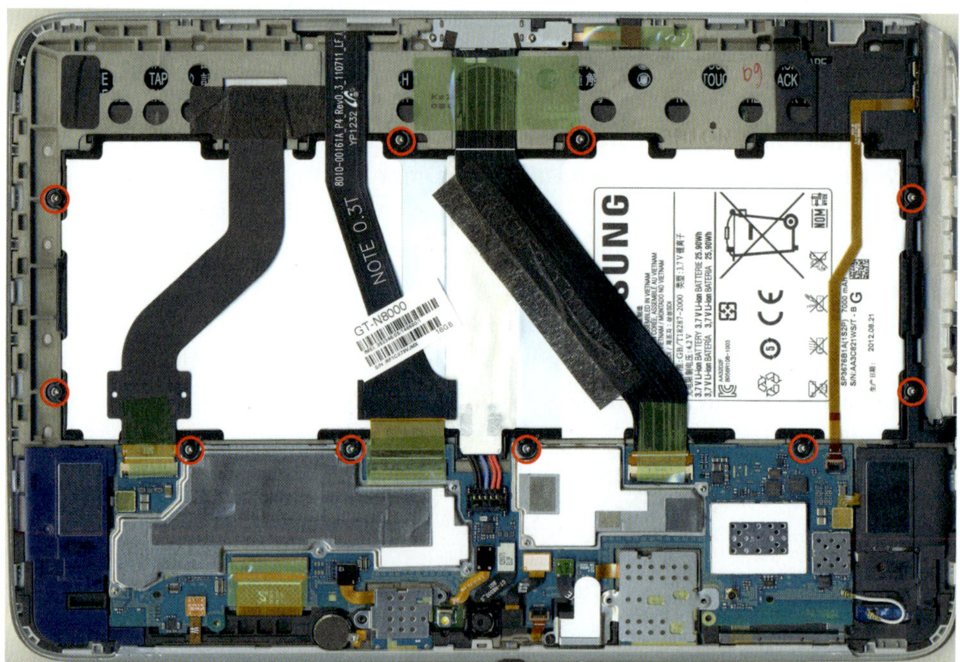

Abb. 10–38 Nach dem Lösen der vier Flachkabel, die über den Akku geführt und teilweise mit Klebeband fixiert sind, müssen noch zehn Schrauben entfernt werden, woraufhin der Akku entnommen werden kann.

Die schmale Verbindung ist ebenfalls in einem Klemmsockel befestigt, dessen Mechanismus erst auf den zweiten Blick offenbar wird, denn hier ist der schwarze Teil von hinten nach oben zu drücken und nicht das schmalere braune Teil, welches wie ein Bügel wirkt, aber keiner ist, sondern der feststehenden aufgelöteten Buchse entspricht.

Abb. 10–39 Öffnen der Klemmverbindung. Die Kabel müssen später wieder so weit hineingeschoben werden, dass der Strich auf dem Kabel mit dem auf der Platine übereinstimmt

Nach dem Lösen von zehn kleinen, silbernen Kreuzschlitzschrauben lässt sich der Akku ausbauen, der an eine Buchse angeschlossen ist, die den Stecker von oben aufnimmt; er ist hier also nicht hineingeschoben, sondern wird von oben in die Buchse eingesetzt (eingerastet) bzw. von oben entnommen, was vielleicht mit einem Werkzeug etwas unterstützt werden muss (nicht an den Kabeln ziehen!), wenn er zu fest sitzt.

Abb. 10–40 Der Akkustecker ist aus dem Anschluss nach oben herauszuhebeln.

An die Hauptplatine sind die einzelnen Einheiten, wie die beiden Kameras, der Vibrationsmotor, die Lautsprecher und die beiden Kartenslots (SIM und SD) über Folienflachkabel angeschlossen, sodass sich diese Komponenten einzeln auswechseln lassen, was sich als sehr reparaturfreundlich erweist.

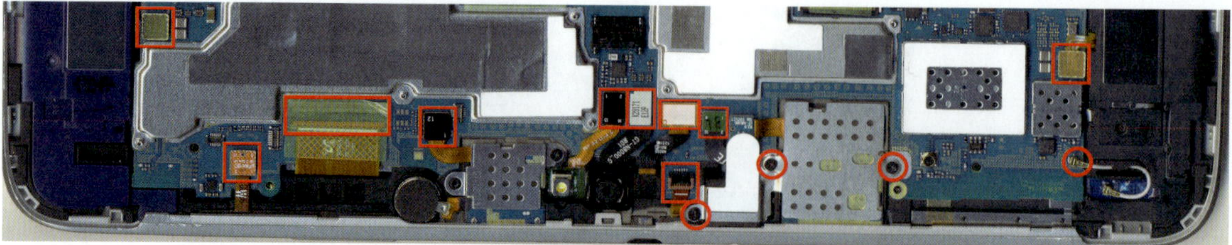

Abb. 10–41 Insgesamt zehn Klemmverbindungen, drei Schrauben und der Antennenanschluss sind noch zu entfernen.

Insgesamt sind acht dieser speziellen Fachstecker zu lösen, wobei die beiden für die Kameras und damit die Kameras selbst auch angeschlossen bleiben können; sie werden dann mit der Hauptplatine aus dem Gehäuse genommen, was die spätere Orientierung beim Wiedereinsetzen erleichtert. Die Kontakte dieser speziellen Stecker sind zwar sehr filigran, das spätere Wiederaufstecken geht jedoch erstaunlich einfach, weil die Kabellängen und die jeweilige Verlegung die richtige Position quasi vorgeben.

Außerdem sind noch ein Kabel für die Antenne (rechts in Abb. 10–41) und zwei übliche Folienflachkabel abzunehmen, wobei eines davon (links vom SIM-Slot) wieder der schmalen Variante mit dem braunen Buchsenteil (Abb. 10–39) entspricht. Nach dem Lösen von drei Schrauben am SIM-Kartenslot (beim weißen Aufkleber) lässt sich die Platine dann entnehmen. Die wichtige Elektronik befindet sich unter zwei Blechen, die mit vier (Prozessor und Controller) bzw. zwei Schrauben (Flash-Speicher) von der Platinenunterseite her befestigt sind.

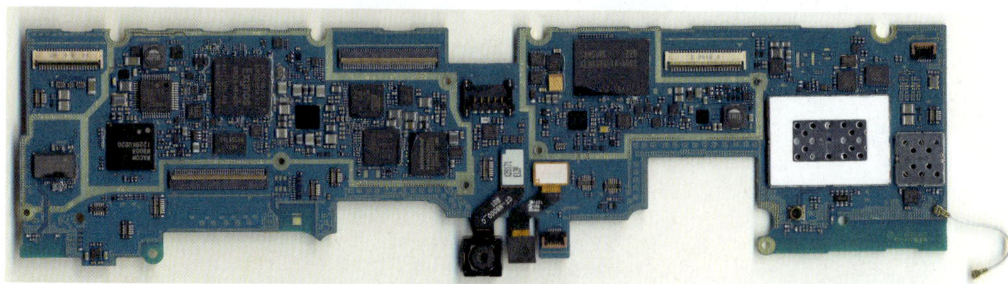

Abb. 10–42 Das Herzstück des Tablets, die freigelegte Hauptplatine mit den beiden Kameras

Für den Ersatz des Displays oder des Digitizers ist das Tablet weiter zu zerlegen, was zwar auch nicht kompliziert ist, jedoch einige weitere Schritte erfordert, wie den Ausbau des Dock-Connetors (zwei Schrauben plus Klebeband) mit dem daran hängenden Mikrofon und den beiden Lautsprechern, die in die beiden unteren Ecken des Gehäuses geklemmt sind. Dann kann das Display mit einem Plastikwerkzeug aus den seitlichen Halterungen gehebelt werden. Um das LCD, den Glasrahmen und den Digitizer zu separieren, müssen zwei durch Hitze zusammengeschmolzene Kunststoffstöpsel durch Abknipsen beschädigt werden, was für den späteren Halt des Displays jedoch nicht wichtig ist.

Beim Zusammenbau ist die gleiche bedachte Vorgehensweise in umgekehrter Reihenfolge notwendig, was sich zwar lapidar anhören mag, gleichwohl nun mal der Fall ist und was einfach seine Zeit dauert. Dabei ist beim Wiederaufsetzen der Rückwand zu beachten, dass sie zuerst unten einzuhaken und hierhin zu schieben ist, was etwas Kraft erfordert. Dann erst kann sie rundherum festgedrückt werden, bis die Halterungen hörbar einschnappen.

10.5 Handys und Smartphones

Bei Handys ist der Integrationsgrad der Komponenten nicht so hoch wie bei aktuellen Smartphones, sodass sich die älteren Mobilfunktelefone einfacher auseinandernehmen lassen. Der Austausch der SIM-Karte und des Akkus ist dabei meist ohne Aufwand und spezielles Werkzeug möglich, indem einfach die Rückwand abgenommen wird. Bei einigen Modellen (Abb. 10–43) ist hierfür eine gekennzeichnete Verriegelung oder Arretierung zu lösen, woraufhin sich der Deckel leicht abnehmen lässt.

Abb. 10–43 Einfacher und schneller geht es kaum: Verriegelung nach rechts ziehen und den Deckel abheben.

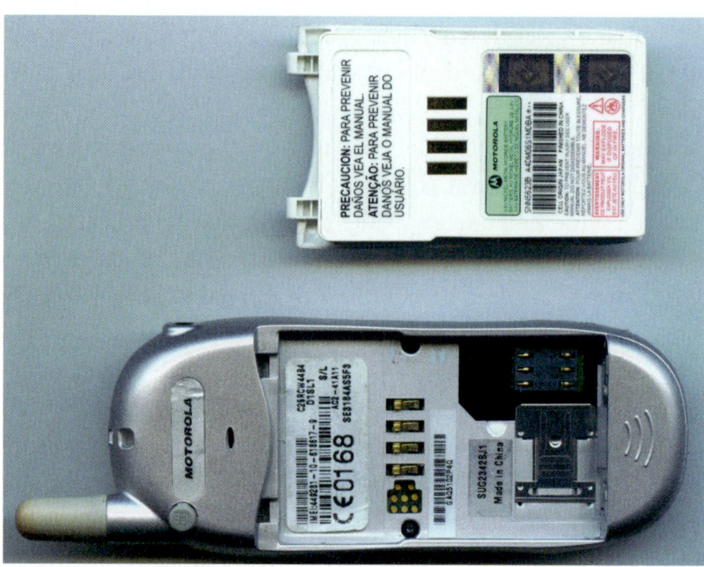

Abb. 10–44 Der NiMH-Akku ist mit dem Rückwanddeckel fest verbunden, sodass der Akku mit Deckel explizit zu diesem Motorola-Handy passen muss.

Die älteren Handys des einstigen Marktführers Nokia werden durch das Abhebeln der Rückwand geöffnet, was sich leicht mit dem Fingernagel durchführen lässt, wobei oben oftmals eine Verriegelung in das Gerät zu drücken ist. Die Frontseite des Handys ist lediglich aufgesteckt und über die Verriegelung mit der Rückwand verbunden.

Abb. 10–45 Nach dem Eindrücken der Verriegelung lassen sich Vorder- und Rückseite voneinander trennen und abnehmen.

Abb. 10–46 Um das Handy weiter zerlegen zu können, sind beim Nokia-Modell von der Frontseite sechs dieser Torx-Schrauben zu lösen.

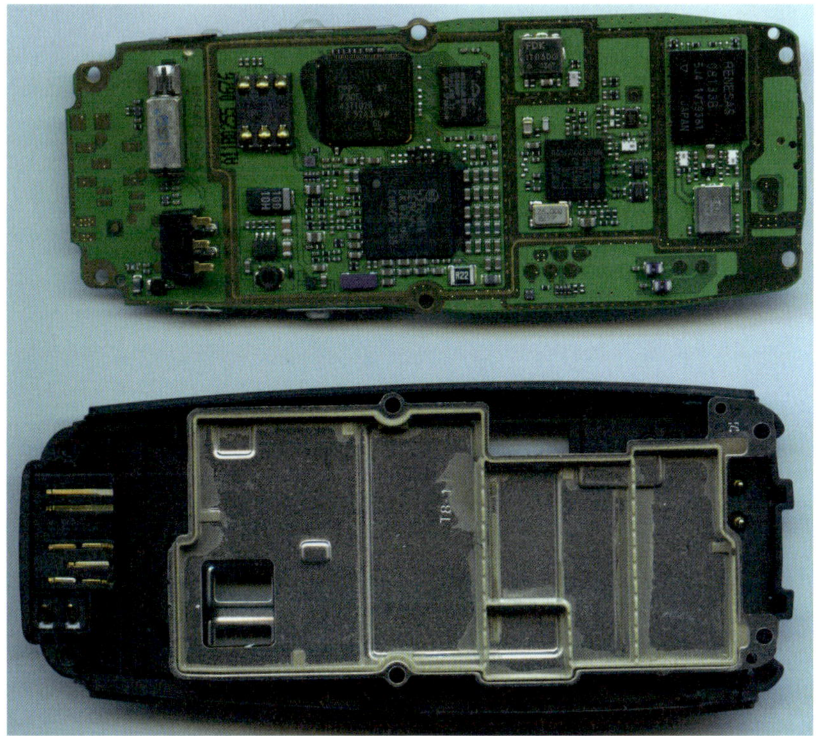

Abb. 10–47 Alle elektrischen Komponenten des Handys befinden sich auf der Platine, sodass sich keine Einzelteile ohne Entlöten ersetzen lassen.

Als Beispiel für ein zu zerlegendes Smartphone wird ein *HTC Wildfire S* verwendet. Die Rückwand kann mit einem (kräftigen) Fingernagel oder eben einem Kunststoffwerkzeug (Spudger) abgehebelt werden, wobei sich oben rechts im Gehäuse – wenn man das Gerät vor sich liegen hat – eine Einkerbung für das Ansetzen befindet. Eine spezielle Verriegelung gibt es hier nicht.

Abb. 10–48 Das Abnehmen der Rückwand ist meist ohne Werkzeug möglich, wenn man die Einkerbung beachtet.

Damit ist der Akku zugänglich, unter dem sich der SIM-Kartenslot mit der SD Card befindet. Als Nächstes sind fünf Schrauben zu entfernen, wobei es sich um vier Torx- und um eine Kreuzschlitzschraube handelt.

Auf der Schraube unten rechts (Abb. 10–49) befindet sich ein Siegel (ein kleiner Aufkleber), bei dessen Beschädigung die Garantie erlischt. Falls es noch nicht geschehen ist, müssen spätestens jetzt die SIM- und die SD-Karte aus ihren Halterungen entfernt werden.

Abb. 10–49 Nach dem Akku sind fünf Schrauben sowie die SIM- und die SD-Karte zu entfernen.

Nach dem Herausnehmen der Schrauben ist wieder mit dem plektrumähnlichen Werkzeug oder einem Spudger (Abb. 10–50) zwischen die beiden Gehäusehälften zu gehen, um jetzt die (zweite) Rückwand zu entfernen. Der Schlitz dazwischen ist nicht leicht zu erkennen, weil er sich eben nicht durch die beiden unterschiedlichen Farben (Schwarz, Silber) der Gehäusehälften ergibt, sondern die schwarze Rückwand ist hier am Rand ebenfalls silberfarben wie die Frontseite.

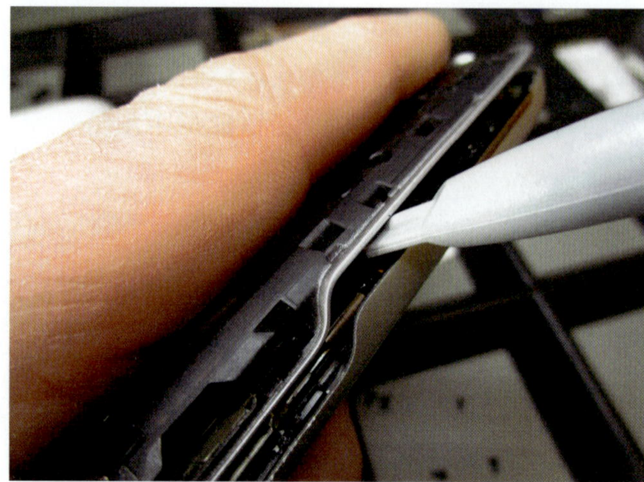

Abb. 10–50 Trennen der Gehäusehälften mit einem Spudger

Die beiden Tasterabdeckungen für die Lautstärke und den Einschaltknopf (T1, T2 in Abb. 10–51) sollten zur Seite gelegt werden, damit sie nicht im weiteren Verlauf abhanden kommen. Im schwarzen abgenommenen Deckel befindet sich der Lautsprecher, der (im geschlossenen Zustand) über zwei Stifte den Kontakt zur Hauptplatine herstellt und der sich somit leicht austauschen lässt.

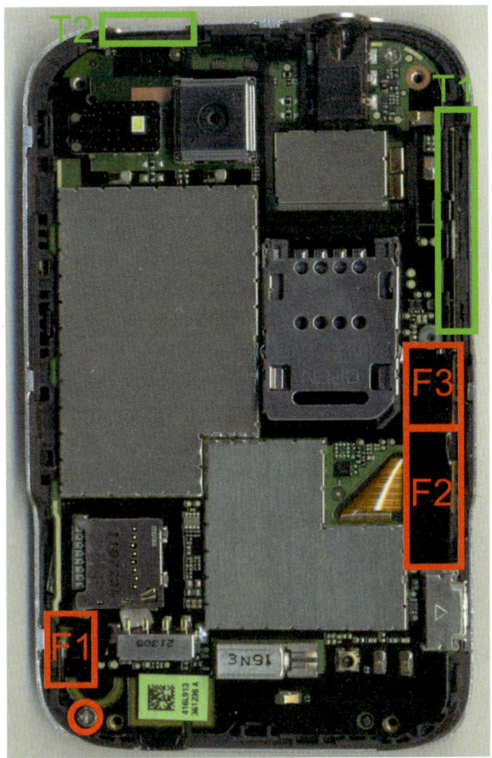

Abb. 10–51 Nach dem Lösen einer Schraube und dreier Folienkabelverbindungen (F1 bis F3) kann die Platine herausgenommen werden.

Um das Display und das Glas ersetzen zu können, ist das Smartphone weiter zu zerlegen. Dies sollte nur dann gemacht werden, wenn tatsächlich eines der beiden Teile defekt sein sollte. Dies ist meist das Glas mit den Sensorflächen (Streifen/Rautenmuster) für die kapazitive Touchscreen-Funktion, also der Touchscreen mit dem daran befindlichen Folienflachkabel für die elektrische Verbindung.

Bevor sich die Platine entnehmen lässt, sind drei Folienkabelverbindungen, die mit zwei schwarzen Klebestreifen abgedeckt sind, sowie noch eine Kreuzschlitzschraube zu lösen (Abb. 8–51). Unter der Platine kommt die »Hörmuschel« zum Vorschein, die es ebenfalls als Ersatzteil gibt.

Das Glas mit dem Display ist mit einem Föhn zu erwärmen, damit sich zunächst das Display aus dem Gehäuse hebeln lässt und nur noch das Glas im Gehäuse liegt, welches beim Entfernen mit einem Spudger dann mit ziemlicher Sicherheit zu Bruch geht, wenn dies nicht bereits zuvor passiert sein sollte.

Abb. 10–52 Für HTC-Smartphones sind verschiedenste Ersatzteile erhältlich, wie hier der Touchscreen.

Deshalb empfiehlt es sich bei den meisten Smartphones (ohne genaue Anleitung) auch nicht, bis zum Display und der Scheibe vorzudringen, weil das Lösen des Klebers mit dem Föhn sowie das Herausnehmen der Teile selten reversibel sind. Bei einem neuen Glas/Touchscreen sind meist passende Klebestreifen für die erneute Befestigung mit dabei. Zuvor sind die vorhandenen Klebereste aber am Gehäuse zu entfernen, was meist etwas mühsam ist.

11 Komponenten austauschen

In den vorherigen Kapiteln sind Vorgehensweisen für die Fehleranalyse dargestellt worden, und es wurde gezeigt, wie sich Fehler beseitigen lassen. In diesem Kapitel wird diese Thematik mit dem Augenmerk auf Erweiterungen und Austauschmöglichkeiten vertieft, damit sich auch ältere Computer durch den gezielten Einbau von neuen Komponenten leistungstechnisch derart verbessern lassen, dass sie weiterhin vernünftig einsetzbar sind.

11.1 Reparieren, aufrüsten oder neu kaufen?

Wann macht eine Reparatur überhaupt Sinn, oder kauft man sich lieber gleich einen neuen Computer? Lässt sich der vorhandene Rechner womöglich nachträglich aufrüsten? Diese Fragen sind nicht allein aus technischer Sicht zu beantworten, sondern hier spielen auch ganz persönliche Gewohnheiten und Vorlieben eine Rolle. Auch wenn die Themen Nachhaltigkeit und Schutz der Umwelt gern diskutiert werden, ist die Schonung des eigenen Geldbeutels im Zweifelsfall oftmals ein stärkeres Argument, was das Aufrüsten eines Computers oder auch die Selbstreparatur interessant werden lässt (siehe Abb. 11–3 Maßnahmenplan auf Seite 465).

Wer einen entsprechenden Vertrag mit seinem Mobilfunkbetreiber abgeschlossen hat, erhält jedes Jahr ein neues Smartphone, ist damit stets auf einem aktuellen Stand und wird sich eher nicht um derartige Dinge kümmern (wollen). Dass Smartphones – insbesondere die der Firma Apple – einen ausgesprochenen Trendfaktor aufweisen, ist unbestritten, wobei technische Belange meist eher als nebensächlich betrachtet werden, solange das Gerät *hip* ist. Der Austausch der SIM-Card und des Netzteils (des Ladegerätes) sind dabei einfach möglich, und als einzige Aufrüstmaßnahme lässt sich eine größere Flash-Card einsetzen. Der Austausch eines Akkus ist bei einigen Smartphone-Typen bereits als Reparatur anzusehen, weil sie derartig »verbaut« sind, dass eine Komplettzerlegung notwendig ist. Alle weiteren Maßnahmen laufen ebenfalls auf Reparaturarbeiten hinaus, die ohne handwerkliches Geschick und passende Ersatzteile jedoch zum Scheitern verurteilt sind.

Innerhalb der Garantiezeit des Herstellers wird man nicht an den Geräten herumschrauben wollen, erst recht nicht, wenn noch ein Gewährleistungsanspruch (siehe Abschnitt 7.4.4) an den Verkäufer besteht. Demnach werden eigene Reparaturen gern bei älteren Geräten durchgeführt. Dabei fällt die Entscheidung für die Reparatur umso leichter, je älter das Gerät ist, weil man ja irgendwann ohnehin nichts mehr verschlimmern kann. Nicht selten weist ein Gerät kurz nach Ablauf der Garantiezeit einen Fehler auf, was scheinbar immer häufiger vorkommt und von den Herstellern auch so gewollt ist. Man bezeichnet das als *geplante Obsoleszenz*. Ein eigenes Malheur ist natürlich auch nie auszuschließen, was weder von der Garantie noch von der Gewährleistung abdeckt wird.

Einen direkten Reparaturservice bieten die meisten Hersteller auch über Vertragswerkstätten an, die dann möglicherweise gleich für mehrere Hersteller zuständig sind. Auch Elekronikmärkte und zahllose Reparaturläden können Computer und speziell Smartphones mit bestimmten Fehlern reparieren, was vielfach – insbesondere eben bei preisgünstigen Geräten – nicht lohnend erschient. Ein Display-Austausch kostet ca. 80 bis 200 Euro, der Ersatz einer Kamera 60 bis 90 Euro und des Lautsprechers vielleicht 50 Euro. Im Internet ist außerdem eine Reihe von speziellen Smartphone-Werkstätten zu finden, die Reparaturen zum Festpreis anbieten, wobei die Qualität und der Service sehr unterschiedlich sind, wie man den Bewertungen entnehmen kann. Im Grunde genommen ist man bei Reparaturen nie vor unangenehmen Überraschungen sicher; sobald man das Gerät außer Hand gibt, ist man nicht mehr »Herr des Vorgangs«.

Im Zuge von *Open Source*, was sich nicht mehr nur auf Software, sondern spätestens seit der Existenz der Arduino- und der Raspberry-Pi-Plattform auch auf die Hardware bezieht, ist das Basteln und Reparieren ein Trend, der sich keineswegs auf Computer und Elektronik beschränkt, sondern sich auf alle möglichen Dinge des täglichen Lebens (Maker-Szene) erstreckt. Eine besondere Form von Open Source betreibt die Firma iFixit, die laut eigenem Bekunden die Hardware anderer für jedermann zugänglich macht. iFixit wurde im Jahre 2003 von zwei Studenten in Kalifornien gegründet, ursprünglich zu dem Zweck, Reparaturen an Apple-Computern durchzuführen. Aus Ermangelung von Ersatzteilen wurden gebrauchte Geräte bei eBay erworben und »ausgeschlachtet«, sodass sich im Laufe der Zeit eine Reihe von Ersatzteilen – nicht nur für Geräte der Firma Apple – angesammelt haben, die über einen eigenen Online-Shop verkauft werden.

Was den Kunden für erfolgreiche Reparaturen noch fehlte, waren entsprechende ausführliche Anleitungen, die von den Geräteherstellern gar nicht oder nur gegen teures Entgelt als Service-Manuals für lizenzierte Werkstätten veröffentlicht werden. Deshalb begann iFixit damit, kostenlose Reparaturanleitungen im Internet zu veröffentlichen, was sich als so großer Erfolg herausstellte, dass der Internetauftritt mittlerweile in verschiedenen Sprachen – auch in Deutsch – verfügbar ist. In Stuttgart ist außerdem ein EU-Store für den Verkauf eingerichtet worden.

Abb. 11-1 iFixit bietet Reparaturanleitungen für eine Vielzahl von Geräten.

Die gut illustrierten Anleitungen, die nach verschiedenen Gerätekategorien und Modellen sortiert sind, zeigen den Austausch bestimmter Teile Schritt für Schritt. Dieser spezielle Anleitungsstil, den iFixit entwickelt hat, wird als *Dozuki* (japanische Feinsäge) bezeichnet, woraus eine eigene Plattform entstanden ist, die zum Erstellen eigener Anleitungen verwendet werden kann. Grundsätzlich versteht sich iFixit als Community, sodass Anleitungen auch von Nutzern laufend ergänzt und verfeinert werden.

Fast jedes neue relevante Gerät wird von iFixit-Experten in seine Bestandteile zerlegt (Teardown), was somit gleich verdeutlicht, wie reparaturfreundlich ein Gerät ist, was über eine Note – den *Repairability Score* – kenntlich gemacht wird. Je schwieriger eine Reparatur ist, desto geringer fällt der *Repairability Score* aus. Einfache, leicht zu öffnende Konstruktionen mit üblichen Schrauben erhöhen den Score, verschachtelte und komplizierte Teile mit extensivem Einsatz von Klebstoff senken dementsprechend den Score.

Abb. 11–2 iFixit beschreibt in sogenannten Teardowns, wie sich ein bestimmtes Gerät genau zerlegen lässt. Hier ein Ausschnitt vom HTC One, welches als »harte Nuss« mit 2 von 10 möglichen Repairability Scores gilt.

Geld verdient iFixit mit dem Verkauf der Ersatzteile und von Werkzeug, welches explizit beim jeweiligen Teardown angegeben wird. Das Motto von iFixit ist: *Wenn ich ein Gerät nicht reparieren kann, besitze ich es auch nicht*, was somit dem laufend zunehmenden Elektronikschrott den Kampf ansagt. Wem dieses Motto zusagt, der sollte vielleicht bereits vor dem Erwerb eines Geräts im Internet nachsehen, wie es mit den Reparaturmöglichkeiten jeweils bestellt ist. Diese sind bei einem Standard-PC genauso wie die Aufrüstbarkeit vergleichsweise als sehr gut zu bezeichnen, wobei auch hier ein Zeitpunkt erreicht wird, bei dem es keinen Sinn mehr macht und eine Neuanschaffung anzuraten ist. In Abb. 11–2 ist ein Plan zu finden, der aufzeigt, was sich empfiehlt, wenn sich ein PC mittlerweile als zu langsam darstellt.

Die Maßnahmen *Systemneuinstallation*, *SDRAM aufrüsten* und *HDD gegen SDD tauschen* lassen sich ebenfalls auf Notebooks übertragen. Tablets bleiben hier wie Smartphones außen vor, weil es für sie außer einer schnelleren und größeren SD Card und vielleicht einem stärkeren Akku keine praktikablen Aufrüstmöglichkeiten gibt.

Möglicherweise lässt sich jedoch durch externe Peripherie wie einen Drucker mit WLAN oder zusätzliche Bluetooth-Geräte (Tastatur, Kopfhörer) oder auch Speichereinheiten, die sich an den USB anschließen lassen, der Einsatzbereich ändern oder erweitern. In Kapitel 12 sind hierfür einige weitere Beispiele gezeigt.

11.2 Arbeitsspeicher erweitern

Grundsätzlich sind PCs und Notebooks durch ausreichend RAM-Speicher zu beschleunigen. Hierfür ist zunächst die jeweilige Speichertechnologie (Abschnitt 2.5) von Bedeutung, wobei aktuelle Systeme mindestens DDR3-DIMMs verwenden, für die es dementsprechend die größte Auswahl zu moderaten Preisen gibt. Je älter die Speichertechnologie ist, desto unwahrscheinlicher ist es, dass entsprechende Speichermodule erhältlich sind – und wenn, dann sind sie für die Kapazität, die sie bieten, recht teuer. Selbstverständlich kann man auf dem Gebrauchtmarkt bei eBay und anderen noch fündig werden, was sich meist nur für »Liebhabercomputer« empfiehlt, die schon lange nicht mehr als Arbeits- und Spielplattformen mit aktueller Software und Anwendungen mithalten können.

Jedem Computer sind durch seinen jeweiligen Aufbau (CPU-Typ, Chipset, BIOS, Speicherslots) quasi »natürliche« maximal mögliche RAM-Speichergrößen gesetzt. Bei Systemen, die unter 4 GByte besitzen, macht es Sinn, über eine Speicherweiterung nachzudenken. Mehr als 4 GByte können nur von 64-Bit-Betriebssystemen adressiert werden.

Welche Module von welchem Typ notwendig sind, steht im Manual zum Mainboard oder im Handbuch und lässt sich auch im Internet schnell in Erfahrung bringen. Möglicherweise müssen die bestückten Module gegen die neuen ausgetauscht werden, weil alle vorhandenen Speichersteckplätze bereits belegt sind. Standard sind Speicherkonfigurationen, die in zwei – bei Serversystemen auch mehr – verschiedene Speicherkanäle (Dual Channel) aufgeteilt sind, was für einen beschleunigten Spei-

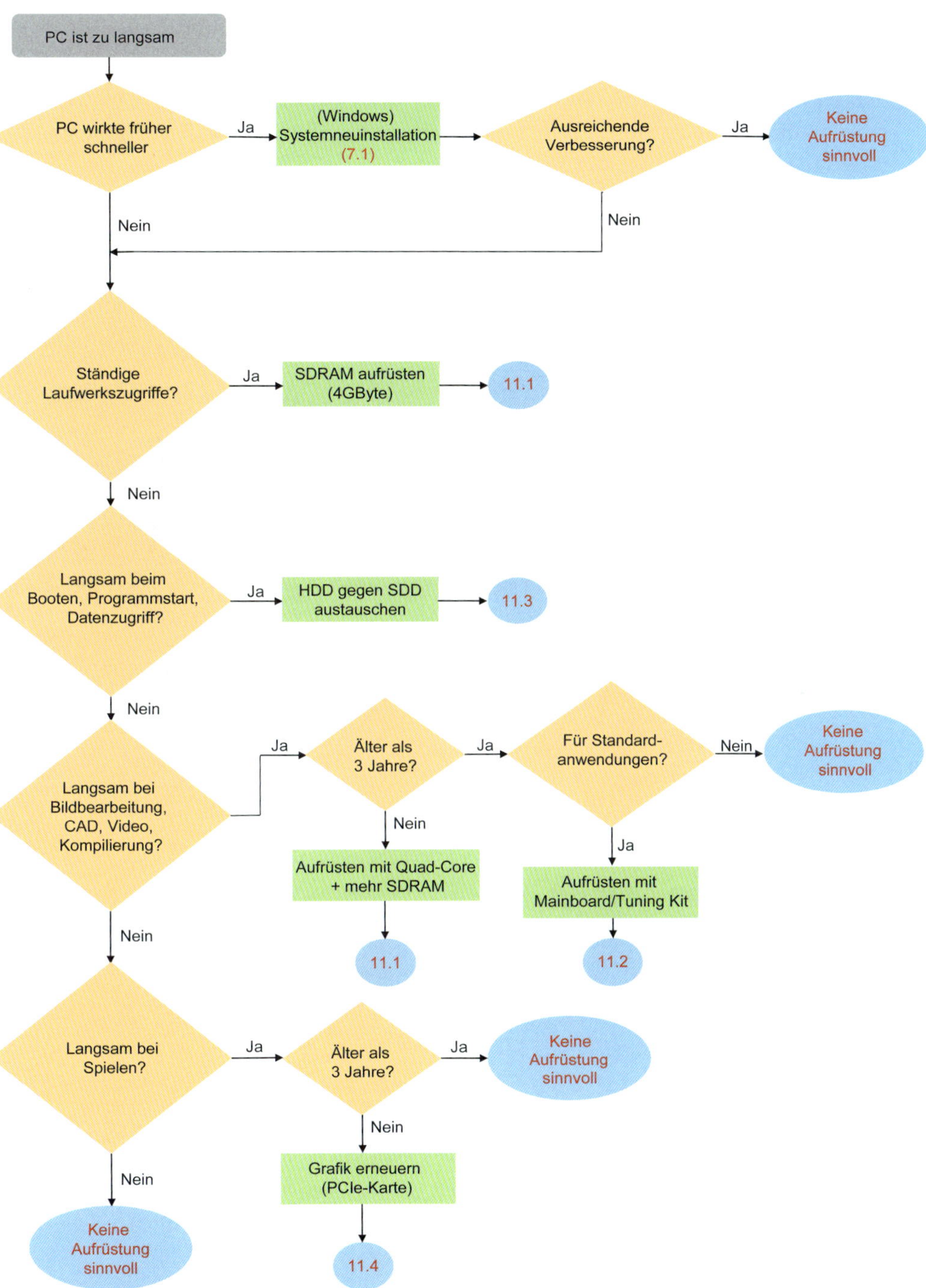

Abb. 11-3 Maßnahmenplan für gezieltes Aufrüsten

cherzugriff sorgen kann. Bei PCs und selbst bei Notebooks kommt es durchaus vor, dass nur ein Modul und damit ein Speicherkanal bestückt ist, was eine Aufrüstmaßnahme rechtfertigt. Bei Mainboards sind die Slots für die einzelnen Speicherkanäle meist in unterschiedlichen Farben ausgeführt, sodass die richtige Zuordnung deutlich wird. Andernfalls sollte das Manual hierüber Auskunft geben.

Abb. 11–4 Das Einsetzen von Speichermodulen ist eine der leichteren Übungen. Hierfür müssen die seitlichen Plastiknasen am Sockel nach außen geschoben werden, sodass das Modul beim Hineindrücken diese mit herunterzieht, bis sie an den seitlichen Kerben am Modul einrasten, was nur funktioniert, wenn das Modul richtig herum eingesetzt wird. Hier wird ein Kanal mit zwei Modulen (rote Slots) korrekt bestückt, während der zweite Kanal (gelbe Slots) demnach noch Aufrüstpotenzial bietet.

Grundsätzlich müssen die eingesetzten Speichermodule alle vom gleichen Typ sein, was Technologie und Kapazität betrifft. Bei Dual-Channel-Systemen sind die Anforderungen an die »Gleichheit« der Module noch höher, sodass diese im Kit mit extra ausgewiesener Dual- oder auch Quad-Channel-Funktionalität verkauft werden. Innerhalb einer RAM-Familie (… DDR3, DDR4) ist immerhin eine gewisse Abwärtskompatibilität gegeben, was bedeutet, dass schnellere Module durchaus mit einer niedrigeren Taktfrequenz arbeiten können als mit der, für die sie spezifiziert sind. Dabei orientiert sich die vom BIOS festgelegte Frequenz immer an der des langsamsten Moduls.

In Problemfällen, etwa wenn der Computer hin und wieder abstützt, kann dies durchaus an einer ungünstigen Kombination von Chipset, BIOS, Mainboard und Speichermodul liegen, was sich im BIOS-Setup möglicherweise korrigieren lässt, indem die Automatik abgeschaltet wird und die Frequenzen heruntergesetzt und die Latenzen schrittweise erhöht werden. Ein Testprogramm wie *Memtest86* oder auch vergleichbare Speichertestfunktionen in einem BIOS oder bei Linux können in solchen Fällen näheren Aufschluss bieten.

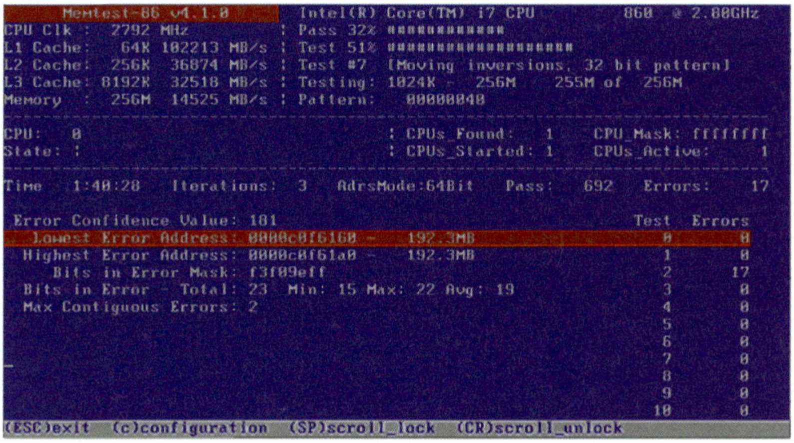

Abb. 11–5 Memtest86 kann die Speicher einem Stresstest unterziehen, sodass auch sporadisch auftretende Fehler detektiert werden können.

Speichermodule werden auch mit montierten Kühlblechen (Heat Spreader) verkauft, die für Gaming-PCs mit höheren Taktraten als standardisiert arbeiten können, wobei sie die dabei entstehende Wärme ableiten müssen. Sie sehen mitunter recht »stylisch« aus, passen jedoch mechanisch nicht immer, weil sie sich an benachbarten Komponenten auf dem Mainboard stören und nicht in kompakte PC-Gehäuse eingesetzt werden können. Oftmals befinden sich unter den Kühlblechen ganz gewöhnliche Speicherchips, für die lediglich ein höherer Takt als üblich angegeben wird, was nicht selten zu Problemen führt, weil die eingebauten Chips gar nicht hierfür ausgelegt sind und der Heat Spreader eigentlich nur zur Abdeckung der Chip-Kennzeichnung dient.

Abb. 11–6 Einsetzen eines SO-DIMMs, wobei die Federn an der Seite einrasten müssen

Die Speichermodule für Notebooks werden aus Platzgründen in einer anderen Bauform (*Small Outline Dual Inline Memory Module, SO-DIMM*) hergestellt als diejenigen, die für PCs ausgelegt sind. Während die üblichen DIMMs direkt von oben in einen Speicherslot eingesetzt werden, sind die SO-DIMMs schräg einzusetzen und herunterzudrücken, sodass sie in den zwei seitlichen Federkontakten einrasten (Abb. 11–6). Dementsprechend sind beim Herausnehmen eines SO-DIMMs diese beiden Federn zur Seite zu drücken, damit das Modul wieder aus der Halterung freigegeben wird.

Funktionstechnisch sind die SO-DIMMs jedoch mit den üblichen DIMMs identisch, was natürlich nur innerhalb einer Technologiefamilie (SD, DDR, DDR2 ...) gilt. Insbesondere für ältere Notebooks sind die geeigneten Modultypen sehr genau spezifiziert, sodass es schwerfällt, die passenden zu beschaffen, die eine Zeit lang nur direkt bei den Notebook-Herstellern bzw. ihren Vertriebspartnern erhältlich sind. Eine Mischung vermeintlich ähnlicher SO-DIMMs funktioniert bei Notebooks noch weniger als bei PCs. Einige Firmen stellen im Internet hilfreiche Auswahlmenüs für die Ermittlung der zum jeweiligen Notebook passenden Module zur Verfügung, wobei man auf der Seite der Firma Kingston auch noch Typen für ältere Geräte findet.

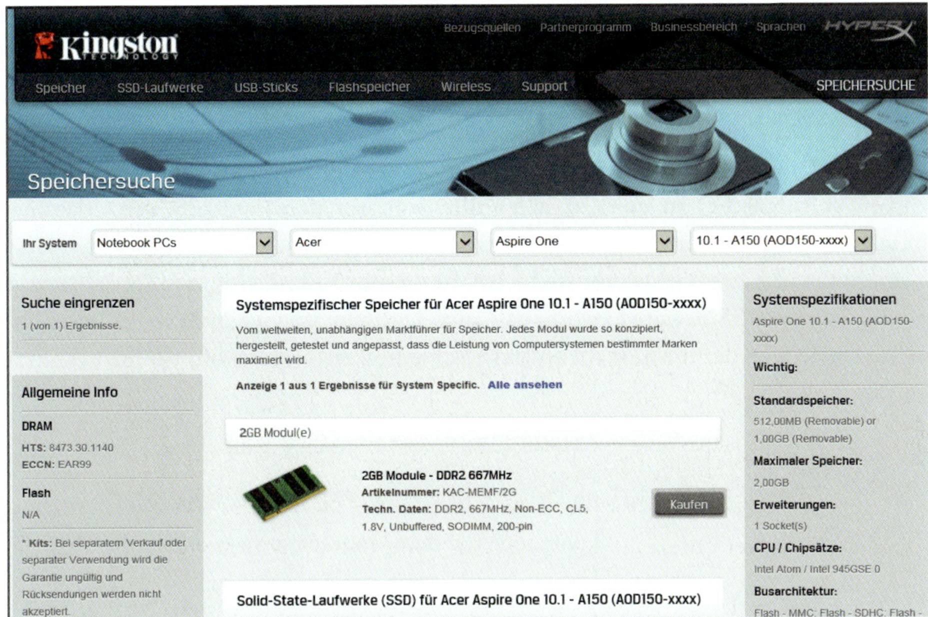

Abb. 11–7 Durch eine komfortable Menüführung findet man bei der Firma Kingston schnell das passende Speichermodul, und zwar auch noch für ältere Typen.

Bei flachen Notebooks oder auch Netbooks und Tablets ist der RAM-Speicher meist fest aufgelötet, sodass er nicht austauschbar ist.

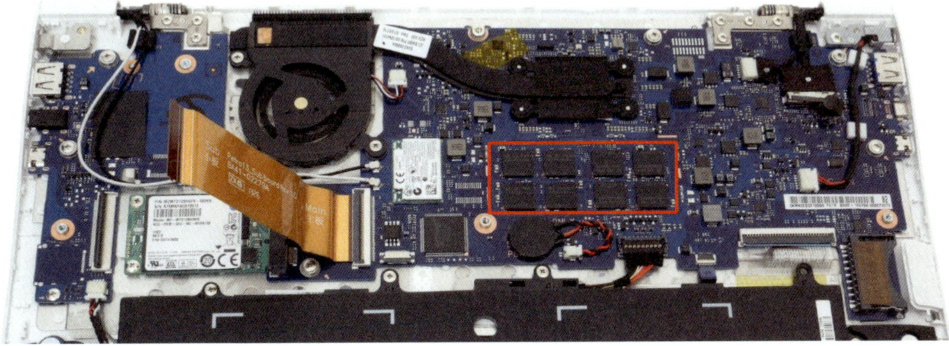

Abb. 11–8 Bei diesem Notebook von Samsung (A6-1450) ist der Speicher aufgelötet und kann weder erweitert noch getauscht werden.

11.3 Prozessor austauschen

Ein Austausch des Prozessors ist bei Personal Computern und bei einigen Notebooks möglich, falls der Prozessor defekt sein sollte oder durch ein leistungsfähigeres Modell ersetzt werden soll. Eine Aufrüstung sollte zu einer höheren Leistung führen, die im Umgang mit dem PC zu merken sein sollte, was nur dann eintritt, wenn das neue Modell mit einem um ca. 30 Prozent höheren Takt arbeitet oder wenn von einem Dual- zu einem Quad-Core-Typ gewechselt wird. In diesem Fall müssen das Betriebssystem und die eingesetzte Software hierfür auch ausgelegt sein. Im Gegensatz zu einem höheren Takt stellt sich demnach nicht automatisch eine Leistungserhöhung ein.

<table>
<tr><th>Sockel</th><th>Upgrade</th></tr>
<tr><td colspan="2">Intel</td></tr>
<tr><td>LGA 775 und älter</td><td rowspan="3">Nur noch auf dem Gebrauchtmarkt erhältlich</td></tr>
<tr><td>LGA 1156</td></tr>
<tr><td>LGA 1366</td></tr>
<tr><td>LGA 1155</td><td>Core i5-3300</td></tr>
<tr><td>LGA 1150</td><td>Core i5-4400</td></tr>
<tr><td>LGA 2011</td><td>Core i7-4930K</td></tr>
<tr><td colspan="2">AMD</td></tr>
<tr><td>AM2 und älter</td><td rowspan="2">Nur noch auf dem Gebrauchtmarkt erhältlich</td></tr>
<tr><td>AM3</td></tr>
<tr><td>AM3+</td><td>FX-6300, FX-8320</td></tr>
<tr><td>FM1</td><td>A8-3870K</td></tr>
<tr><td>FM2</td><td>A8-6500, A10-6800K</td></tr>
<tr><td>FM2+</td><td>Quad-Core</td></tr>
</table>

Tab. 11–1 Beispiele für praktikable Prozessor-Upgrades

Eine erste grobe Unterscheidung zwischen den verschiedenen Prozessoren ergibt sich zunächst durch den jeweiligen Hersteller: AMD oder Intel unterstützen verschiedene CPU-Sockel, die nicht miteinander kompatibel sind, wie in Abschnitt 2.4 erläutert ist. Ein Upgrade ist immer nur innerhalb einer Prozessorfamilie möglich, die den gleichen Sockeltyp verwendet. Die Vorstellung einer neuen Prozessorgeneration geht oftmals mit der Einführung eines neuen Sockeltyps und neuer Speichermodule einher, sodass für die vorherigen Typen dann keine neuen Prozessoren mehr hergestellt werden. In Tab. 11–1 ist angegeben, welche Typen sich aus Kosten-Nutzen-Sicht sinnvoll als Upgrade in die verschiedenen Sockel einsetzen lassen.

Selbst wenn der jeweilige Sockel eine Upgrade-Möglichkeit mit einem besseren Prozessor verspricht, muss dies nicht funktionieren, weil die notwendige CPU-Core-Spannung und die Taktvervielfachung ebenfalls »mitspielen« müssen, die vom Chipset des Mainboards mit Unterstützung des BIOS zur Verfügung gesellt werden. Möglicherweise gelingt es mit einem BIOS-Update (Abschnitt 6.4.8), die passende CPU-Unterstützung nachzurüsten, was natürlich ein funktionierendes System voraussetzt, sodass das Update mit dem alten Prozessor durchgeführt werden muss, damit der neue dann später korrekt erkannt und eingestellt wird. Welche BIOS-Updates jeweils zur Verfügung stehen und welche CPUs genau unterstützt werden, ist auf den Internetseiten der Mainboard-Hersteller in Erfahrung zu bringen.

Der Kühler muss zum jeweiligen Prozessor passen, wobei ein vorhandener Kühler durchaus weiterverwendet werden kann, wenn die Wärmeleitschicht zwischen Kühlkörper und Prozessor mit Wärmeleitpaste wieder erneuert wird. Insbesondere bei den CPUs von AMD, die in einer Klemmfassung sitzen, passiert es häufig, dass beim Versuch, den Kühlkörper abzunehmen, die CPU mit aus dem verriegelten (!) Sockel herausgeht, weil sie recht fest am Kühlkörper klebt. Mit einem Schlitzschraubendreher lässt sie sich jedoch wieder vom Kühlkörper trennen, wobei man aber nicht an einer Ecke ansetzen sollte, weil die CPU dann leicht splittern kann.

Abb. 11–9 Die AMD-CPU ist beim Abnehmen des Kühlkörpers an ihm kleben geblieben.

Nach dem Entfernen der CPU ist die vorhandene Wärmeleitschicht (Wärmeleit-Pad) beschädigt und muss zunächst komplett vom Kühlkörper entfernt werden. Vor dem Aufsetzen auf die neue CPU, die zuvor in den Sockel einzusetzen ist, wird in die Mitte des Kühlkörpers etwas Wärmeleitpaste (etwa erbsengroß) aufgetragen, die sich durch den Druck beim Befestigen dann auf der Oberfläche verteilt. In Abb. 11–10 ist gezeigt, wie der Lüfter bei AMD-CPUs üblicherweise montiert wird, und Abb. 2–15 zeigt, wie dies mit den Kühlern für Intel-Prozessoren aussieht. Nach der Montage darf man nicht vergessen, das Kabel für den Lüfter wieder mit dem entsprechenden Mainboard-Anschluss zu verbinden.

Abb. 11–10 Die Kühlkörper für AMD-CPUs werden am Sockel eingehängt (Mitte) und durch einen Hebel festgesetzt (rechts), was mitunter recht schwer geht. Wichtig ist, dass der Kühler richtig auf dem Rahmen liegt.

Der Austausch des Prozessors in einem Notebook ist, wenn es sich nicht um den direkten Ersatz eines defekten handelt, meist mit größeren Schwierigkeiten verbunden, sodass eine praktikable Upgrade-Möglichkeit eher die Ausnahme ist. Die Hersteller haben das BIOS in der Regel an den jeweils eingesetzten Prozessor angepasst und stellen hierfür keine Updates zur Verfügung, die andere (leistungsfähigere) CPUs unterstützen.

Abb. 11–11 Der Kühler für die CPU ist im Notebook Bestandteil des speziellen Heatpipe-Systems, welches sich durch das Lösen einiger Schrauben herausnehmen lässt.

Außerdem ist das Kühlsystem (Heatpipe) an den eingesetzten Prozessor, das Chipset und die Mechanik des Notebooks angepasst, welches höhere Abwärme, die ein schneller getakteter Prozessor erzeugt, nicht abtransportieren kann. Wie der Speicher ist bei flachen Notebooks und Tablets der Prozessor auf der Platine aufgelötet, sodass kein Austausch möglich ist.

11.4 Mainboard-Ersatz

Statt den Mikroprozessor und/oder den Speicher bei einem PC auszutauschen, ist es oftmals sinnvoll, gleich das komplette Mainboard zu ersetzen, etwa mit einem sogenannten *Tuning* oder *Upgrade Kit*, bei dem die CPU mit dem Kühler sowie den Speichermodulen bereits installiert ist. Somit ist auch sichergestellt, dass das BIOS mit diesen Komponenten korrekt funktioniert und nicht erst BIOS-Updates ausgeführt werden müssen, was auch nicht immer garantiert, dass die neu einzusetzende CPU tatsächlich mit dem (aktualisierten) BIOS und der Mainboard-Hardware einwandfrei arbeitet.

Abb. 11–12 Ein Tuning Kit enthält auf dem Mainboard bereits den Prozessor mit dem Kühlkörper sowie die passenden Speichermodule.

Im Vorfeld ist abzuklären, welche Größe, welche Netzteilanschlüsse und welche Schnittstellen (PATA, ATA, USB, Ethernet) sowie Grafik (PCIe, Onboard) das neue Mainboard aufweisen muss. Idealerweise können das Gehäuse mit dem Netzteil sowie den Laufwerken und die externe Peripherie wie der Monitor, die Maus, ein Drucker und das Netzwerk weiterverwendet werden. Wie bei der Umrüstung vorzugehen ist, wird im Folgenden Schritt für Schritt erläutert:

- Trennung des PCs von der Netzspannung, Stecker am Netzteil ziehen.
- Gehäuse öffnen, wofür nur eine Seite (oben, Mainboard ist unten) aufzuschrauben ist.
- Überprüfung, ob das neue Mainboard mechanisch in das Gehäuse passt, also auch, ob die hierfür vorgesehenen Befestigungsstellen mit den Schrauben und die Rückblende (ATX) passen.
- Trennen aller externen Verbindungen (Monitor, Eingabegeräte, Netzwerk, USB, Audio).
- Abziehen der Power-Stecker vom Mainboard (ATX, CPU), wobei die Plasikverriegelung an den Steckern mit dem Finger einzudrücken ist, damit sich die Verriegelung löst.

Abb. 11–13 Das eingebaute Netzteil muss die zum Mainboard passenden Stecker für die Spannungsversorgung bieten.

- Abziehen der Laufwerkskabel vom Mainboard, üblicherweise der SATA-Stecker, die meist ebenfalls eine einzudrückende (Metall)-Verriegelung besitzen. Welches Laufwerk welchen Port verwendet, sollte notiert werden.
- Abziehen der USB-Verbindungen, die über mehradrige Kabel mit den USB-Frontbuchsen und mitunter auch mit Buchsen an einem separaten Slotblech auf der Geräterückseite verbunden sind. Falls sich im PC ein Card Reader befindet, ist

dieser ebenfalls mit einem mehradrigen Kabel auf einen USB-Anschluss des Mainboards gelegt. Diese internen USB-Verbindungen sind meist an einen 10-poligen Stecker geführt, der dann zwei USB-Verbindungen leitet. Es ist aber auch möglich, was vom Gehäuse und der weiteren Ausstattung abhängt, dass die einzelnen Kabeladern mit einzelnen kleinen Pfostensteckern versehen sind, was den Anschluss erschwert, zumal die Beschriftung auf den kleinen Steckern auch nicht immer zweifelsfrei zu erkennen ist, um sie exakt auf die richtige Position auf dem Mainboard setzen zu können.

Abb. 11–14 Die beiden USB-Verbindungen sind auf einen gemeinsamen Stecker gelegt, der sich aufgrund einer Codierung nicht falsch herum wieder aufstecken lässt.

- Abziehen der Kabel für das Frontpanel (siehe auch Abbildungen 11.19 und 11.20). Dies sind Leitungen für den Ein/Aus-Taster (Power) und den Reset-Button sowie für die beiden Leuchtdioden, die signalisieren, dass der PC eingeschaltet ist (Power On) und dass die Festplatte (HDD, SDD) aktiv ist (Hard Drive Activity). Außerdem sind hier meist noch ein Lautsprecheranschluss (Speaker) und möglicherweise noch einige weitere optionale Anschlussmöglichkeiten (Chasis Intrusion Header) zu finden, was vom jeweiligen Mainboard-Typ abhängig ist. Weil die genauen Bezeichnungen für diese Leitungen recht unterschiedlich angegeben werden, ist der richtige Anschluss – auch aufgrund der fummeligen Stecker – nicht immer einfach, zumal zumindest bei den LEDs auf die richtige Polung zu achten ist. Deshalb schadet es sicher nicht, die Stecker mit einem Klebezettel direkt nach dem Abziehen vom Mainboard entsprechend zu beschriften, wobei das Anschluss-Layout beim neuen Mainboard mit zu berücksichtigen ist.

Abb. 11–15 Die Audioverbindungen sind oftmals recht kompakt zusammengefasst, wobei die einzelnen Leitungen nur mit Mühe zu identifizieren sind.

- Abziehen der Audioverbindungen. Bei den meisten Mainboards ist eine OnBoard-Audioschaltung (HD Audio, AC'97) vorhanden, deren Signale zum einen direkt auf die Buchsen an der Rückwand gelangen und zum anderen auf einen 10-poligen Steckpfosten. Hier können die Signale für Kopfhörer und Mikrofon abgenommen und an die – eventuell vorhandenen – Buchsen an der PC-Frontplatte geführt werden. Wie bei den Anschlüssen für das Frontpanel und den USB sind auch die Audioverbindungen nicht immer einfach zu identifizieren und aufgrund der unterschiedlichen Connectoren anzuschließen. Deshalb sollten die jeweiligen Leitungen vor dem Ausbau des Mainboards identifiziert und mit denen des neuen Mainboards verglichen werden. Wenn das Mainboard erst einmal im Gehäuse eingebaut ist, fällt die Orientierung noch schwerer. Im Idealfall sind die Stecker für Audio und die einzelnen USB-Ports mechanisch entsprechend kodiert, sodass ein Falschaufstecken kaum möglich ist.

Abb. 11–16 Je nach Mainboard ist entweder die AC'97- oder die HD-Audio-Verbindung notwendig.

- Die Kabel sind unter Umständen mit Kabelbindern befestigt, die zuvor mit einem Seitenschneider aufzuschneiden sind (ohne dabei die Kabel zu beschädigen).
- Herausdrehen der Mainboard-Befestigungsschrauben (meist sechs Stück) mit einem Kreuzschlitzschraubendreher. Möglicherweise werden hier auch noch Unterlegscheiben verwendet, die wie die Schauben später wiederverwendet werden. Die Schrauben lassen sich möglicherweise nicht mit den Fingern fassen und beiseitelegen, sodass sich eine Greifklemme oder ein ähnliches Werkzeug (Pinzette) hierfür empfiehlt. Die Schrauben sollten gleich nach dem Lösen herausgenommen werden, damit sie sich nicht im Gehäuse verirren können.
- Herausnehmen des Mainboards und der ATX-Blende, die hierfür in das Gehäuse hineinzudrücken ist.

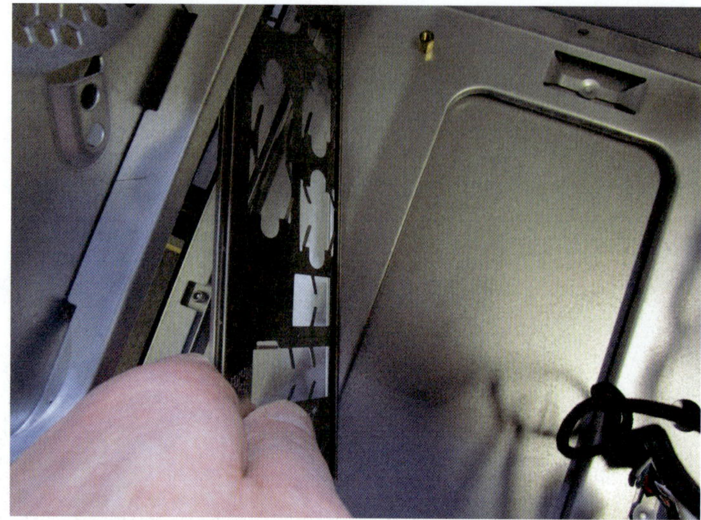

Abb. 11–17 Die ATX-Blende ist für das jeweilige Mainboard ausgelegt und muss ersetzt werden.

- Einsetzen der neuen ATX-Blende und des Mainboards. Die Blende muss rundherum richtig einschnappen. Mitunter geht dies etwas schwer, wobei aber keine Gewalt (mit dem Hammer) angewendet werden sollte. Stattdessen muss man den Blechrand mit einer Flachzange leicht nachbiegen. Da man die Blende auch falsch herum einsetzen kann, sollte man vor dem Hineindrücken unbedingt mit dem neuen Mainboard die richtige Position klären.

Abb. 11–18 Einsetzen des neuen Mainboards

- Wenn es möglich ist – d. h., wenn die Kabel lang genug sind –, empfiehlt es sich, die Kabel für die Frontpanel-Elemente bereits vor dem Festsetzen des Mainboards aufzustecken, weil die Beschriftungen jetzt leichter zu entziffern sind. Dazu setzt man das Mainbord aus einer leichten Schräglage heraus ein, sodass die Anschlüsse gegen die Blende drücken. Dabei sofort kontrollieren, ob die kleinen Blechnasen keine Buchse blockieren oder nach hinten abgebogen werden.

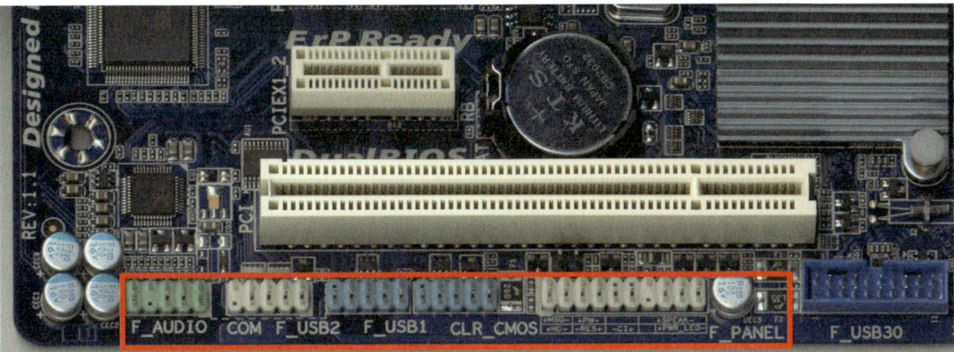

Abb. 11–19 Die Audio-, USB- und Frontpanel-Anschlüsse befinden sich in einer Reihe am Rand des Mainboards.

Abb. 11–20 Während die Polung für die Schaltelemente (PW, RES) keine Rolle spielt, ist sie für die LEDs unbedingt zu beachten.

- Festschrauben des Mainboards mit den zuvor verwendeten Schrauben. Mithilfe einer Greifklemme geht das (wie beim Hausnehmen, s. o.) genaue Einsetzen/Positionieren der Schrauben am einfachsten (zumindest an den engeren Stellen), ohne sie dabei zu verlieren. Dabei kontrollieren, ob nicht aus Versehen ein Kabel unter das Mainboard gerät.
- Aufstecken der ATX-Versorgungsspannungskabel (ATX, P4) auf das Mainboard, gefolgt von den USB-, Audio- und internen USB-Verbindungen.
- Welches Laufwerk an welchen SATA-Anschluss auf dem Mainboard angeschlossen wird, spielt im Prinzip keine Rolle, gleichwohl empfiehlt es sich für die spätere Orientierung, mit dem wichtigsten Laufwerk (HDD, SDD) an SATA 1 zu beginnen und das optische Laufwerk an SATA 2 anzuschließen.

Abb. 11–21 Diese besseren SATA-Stecker verfügen über eine Verriegelung, sodass sie nicht wie die vorherigen Typen leicht aus der Buchse rutschen können.

- Zur Sicherheit sollte der Anschluss für den CPU-Kühler überprüft werden, der beim Einsatz eines Upgrade Kits bereits mit dem Mainboard verbunden sein sollte.
- Anschließen des Monitors und der Tastatur sowie der 230-V-Versorgung für einen ersten Probelauf.
- Einschalten des PC (das Netzteil hat möglicherweise einen Schalter neben dem 230-V-Netzanschluss); nach kurzer Zeit sollte der Startbildschirm des BIOS angezeigt werden.
- Kontrolle der Funktion der LEDs und des Reset-Tasters an der Frontplatte (ggf. ist hier noch etwas umzustecken, wenn es nicht funktioniert).

- Wenn so weit alles in Ordnung ist, sollten die Kabel im PC-Innern ordentlich verlegt und mit Kabelbindern befestigt werden. Wichtig ist, dass keine Kabel(bäume) über die Lüfter (CPU, Netzteil) geführt werden – nicht nur, weil es unaufgeräumt aussieht, sondern weil dies die Luftzirkulation im Gehäuse behindern kann. Zu diesem Zeitpunkt könnten natürlich noch die internen USB- sowie die Audioanschlüsse falsch angeschlossen sein, was sich jedoch erst nach der Installation des Betriebssystems (siehe Kapitel 7) zweifelsfrei feststellen lässt.

11.5 Laufwerke und Festwertspeicher ersetzen

Die klassischen Laufwerke (siehe auch Abschnitt 2.7) sind eine Festplatte und ein optisches Laufwerk, welches oft als DVD-Writer ausgelegt ist. Optische Laufwerke werden immer seltener eingebaut; bei flachen Notebooks (Ultrabooks) ist dies schon aus mechanischen Gründen nicht möglich. Falls dennoch ein optisches Laufwerk benötigt wird, lässt sich bei PCs und Notebooks ein externes Modell mit USB-Anschluss einsetzen. Bei Tablets funktioniert dies möglicherweise (siehe Abschnitt 4.5) und bei Smartphones meist nicht. Stattdessen empfehlen sich dann SD Cards und USB-Sticks, die sich – entsprechend präpariert (siehe z. B. Abschnitt 7.1.7 und 7.3.2) – als CD- oder DVD-Datenträger ausgeben können. Die traditionellen Festplatten werden bei PCs wie die optischen und andere Laufwerke (Diskettenlaufwerke, Bandlaufwerk, Memory Card-Slot) in einem Laufwerksschacht montiert, sodass die wechselbaren Datenträger von der PC-Frontplatte aus »bedient« werden können.

Abb. 11–22 Aufgrund der vereinheitlichten Bauform von Slimline-Laufwerken passen diese problemlos in viele Notebooks, sodass auch das Aufrüsten mit einem DVD-Brenner oder Blu-ray-Laufwerk möglich ist.

Für Notebooks werden flache optische Laufwerke (Slimline) eingesetzt, die sich nur in der Bauform und ansonsten nicht von ihren größeren Pendants für PCs unterscheiden. Hierfür im Schadensfall Ersatz zu bekommen, ist meist kein Problem, weil sich die Maße dieser Laufwerke auch nicht bei den verschiedenen Herstellern und Modellen voneinander unterscheiden, eine CD/DVD muss nun mal hineinpassen. Möglicherweise wird das optische Laufwerk in einen speziell für das jeweilige Notebook verwendeten Rahmen eingesetzt und verfügt über eine abnehmbare Blende, was sich beides auch für das neue Laufwerk einsetzen lässt.

Statt eines vorhandenen DVD-ROM-Laufwerks lässt sich auch ein DVD-Brenner oder ein Blu-ray-Laufwerk einsetzen, solange das Interface (IDE, SATA) das gleiche ist. Weil die erweiterte Medienunterstützung und Schreibfunktionalität vom Betriebssystem und nicht vom BIOS abhängig ist, gibt es meist auch keinerlei Probleme mit den erneuerten Laufwerken.

Abb. 11–23 Beim Notebook von Medion lässt sich das DVD-Laufwerk auch direkt durch eine Festplatte oder SSD ersetzen.

Falls man keinen Wert auf das optische Laufwerk legt, ist es bei einigen Modellen (wie beispielsweise von Medion und Dell) möglich, im Laufwerksschacht stattdessen einen zweiten Akku oder einen Subwoofer (Medion Akoya E6214) oder auch eine zweite Festplatte einzusetzen, was jedoch modellspezifisch ist.

Was hingegen modellunabhängig funktioniert, ist der Ersatz des optischen Laufwerks durch eine zweite Festplatte oder eine SSD mithilfe eines SATA-Laufwerksschacht-Adapters, den es in Höhen von 9,5 oder 12,5 mm gibt und der dementsprechend zum jeweiligen Schacht des Notebooks passen muss.

Abb. 11–24 Mithilfe eines SATA-Laufwerksschacht-Adapters lässt sich das optische Laufwerk durch eine zweite Festplatte oder SSD ersetzen.

Die mechanischen Festplattenbaugrößen sind immer kleiner und die Speicherkapazitäten im Laufe der Zeit immer größer geworden. Die »großen« Festplatten werden in einer Einbaugröße von 3,5" angeboten und finden in PC-Desktop- und Servergehäusen ihre Verwendung. Sie verfügen über eine Kapazität von bis zu 8 TByte und können an SAS oder SATA 600 (SATA 6G, Abschnitt 2.7.1) angeschlossen werden.

Abb. 11–25 Festplatten in den Größen 1,8", 2,5" und 3,5"

Die zurzeit gebräuchlichsten Festplatten für PCs und Notebooks sind im 2,5"-Format ausgelegt, verfügen über eine typische maximale Kapazität von 1 TByte und erlauben mindestens SATA 300. Dabei sind die jeweiligen Bauhöhen zu beachten, denn ältere

Festplatten oder auch solche mit höheren Kapazitäten sind 12,5 mm hoch, während in Notebooks mitunter nicht mehr Platz ist als für eine 9,5 mm oder auch nur für eine 7 mm hohe Festplatte.

Noch kleinere Modelle werden im 1,8"-Format angeboten, wobei dies dann meist keine Festplatten, sondern *Solid State Drives* (SSDs – mitunter auch als *Solid State Disks* bezeichnet) sind, die nicht mit drehenden Magnetplatten, sondern mit Flash-Speicherchips arbeiten, was ihnen einen merklichen Geschwindigkeitsvorteil verschafft. Auch die Flash-Speichermodule, die für Mini SATA oder M.2 (Abschnitt 3.4) vorgesehen sind und vorwiegend in Notebooks und Tablets eingesetzt werden, haben diese Eigenschaften.

Abb. 11–26 Solid States Drives sind aus Flash-Chips aufgebaut.

Der Ersatz einer Festplatte durch eine SSD ist eine lohnende Aufrüstmaßnahme, weil sich die Zugriffszeiten verringern und die Boot- und Ladezeiten drastisch schneller werden – und dies ohne lästige Geräuschentwicklung. Kompatibilitätsprobleme sind dabei nicht zu erwarten, weil eine SSD gegenüber dem BIOS und dem Betriebssystem wie eine gewöhnliche Festplatte erscheint. Die SSDs enthalten keine mechanischen Komponenten, sodass sie im Betrieb unempfindlich gegen Stöße und Vibrationen sind.

Weil aktuelle SSDs bei vergleichbarer Kapazität immer noch mindestens doppelt so teuer sind wie magnetische Festplatten, kann es Sinn machen, nur das Betriebssystem auf einer schnellen, aber kleineren SSD (ab 60 GByte) zu installieren und auf der (bereits vorhandenen) Festplatte die eigenen Daten abzulegen. Einige Firmen stellen auch sogenannte Hybrid-Festplatten her, die eine Kombination aus schnellem Flash-RAM mit geringer Kapazität und einer magnetischen (eher langsamen) Festplatte mit relativ hoher Speicherkapazität darstellen. Sie empfehlen sich insbesondere für Computer, die keine zusätzliche Festplatte aufnehmen können.

Auch wenn es bereits SSDs mit IDE-Interface (PATA) gegeben hat, macht es kaum einen Sinn mehr, PCs und Notebooks, die nur über diese Schnittstelle verfügen, mit einer SSD aufzurüsten. SATA muss es schon sein, am besten die aktuelle SATA-6G-Generation.

Der mechanische Einbau einer Festplatte hängt von den jeweiligen Gegebenheiten im PC ab. Für die Einbaulage gilt zunächst, dass die Festplatte nicht schräg oder »überkopf« eingebaut werden sollte. Eine aktuelle Festplatte für Desktop-PCs ist üblicherweise im 3,5"-Format ausgelegt und passt demnach in einen entsprechend breiten Einschub des Gehäuses. Die beste Einbaulage ist eigentlich die waagerechte, und auch wenn die Festplattenhersteller eine senkrechte Montage erlauben bzw. nicht explizit verbieten, kommt es immer wieder vor, dass bestimmte Modelle in dieser Position eher versagen.

Bei einer SSD spielt die Einbaulage für die Funktion keine Rolle, weil es hier keine drehenden Teile gibt. Neben den üblichen »Laufwerkskäfigen« in einem PC-Gehäuse findet sich möglicherweise noch eine spezielle Halterung für die Aufnahme einer SDD oder einer kleinen Festplatte, wobei es durchaus vorkommt, dass sich ein großer CPU-Kühler oder die Grafikkarte daran »stören«, sodass diese Möglichkeit nicht immer nutzbar ist.

Bereits bei der Suche nach dem optimalen Platz im Gehäuse sollte die zur Verfügung stehende Kabellänge beachtet werden. Insbesondere in den Tower-Gehäusen ist zwar reichlich Platz für Laufwerke vorhanden, gleichwohl sind viele Kabel nicht lang genug, um mit ihnen die gewünschte Position erreichen zu können.

Deshalb kann es auch notwendig werden, die Festplatte oder SDD in einem 5,25"-Ausschnitt zu montieren, wofür spezielle Winkel und Schrauben nötig sind, denn auf der Unterseite der Festplatte, wo sich die Elektronik befindet, ist meist wenig Platz, sodass sich die Befestigung etwas schwieriger gestalten kann, falls sich die passenden Befestigungsteile nicht im Lieferumfang der Festplatte befinden sollten, wie es üblicherweise der Fall ist.

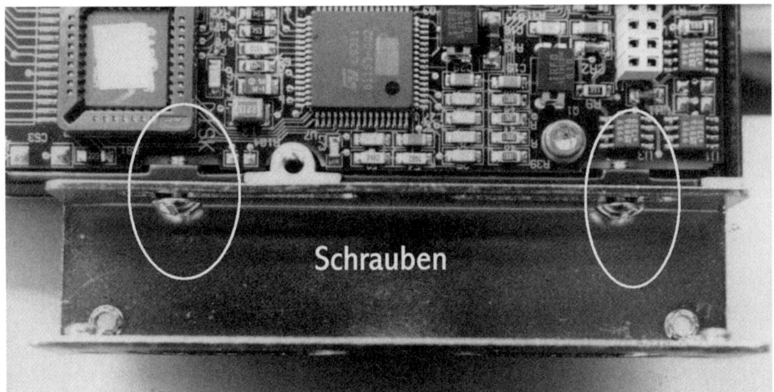

Abb. 11–27 Die Befestigungsschrauben für die Festplatte dürfen nicht zu lang sein, sonst wird die Elektronik der Festplatte beschädigt.

Beim Hineindrehen der Schrauben zwischen Winkel und Festplattengehäuse kann – je nach Bauweise – die Laufwerkselektronik beschädigt werden, wenn nicht die richtigen Schrauben verwendet werden. Sind sie nämlich zu lang, können sie einzelne Bauelemente auf der Elektronikseite wegdrücken, die beim waagerechten Einbau ja nach unten zeigen sollte und somit nur schlecht sichtbar ist. In Abb. 11–27 ist ein typischer Fall gezeigt, bei dem die Schrauben gerade eben vor der Elektronik »haltmachen«. Was da bei der Verwendung von längeren Schrauben passieren kann, ist sicherlich erkennbar.

Der elektrische Anschluss eines Laufwerks mit SATA-Schnittstelle ist mit den zwei Steckern schnell erledigt, wie es in Abschnitt 2.7.1 erläutert wurde und in Abb. 2–36 gezeigt ist.

Eine Festplatte in einem Notebook gegen eine SSD auszutauschen, ist meist ohne großen Aufwand möglich, wenn sich die Festplatte hinter einer separaten Klappe verbirgt (siehe z. B. Abschnitt 10.3), sodass hierfür nicht das komplette Notebook zerlegt werden muss. Gleichwohl müssten das Betriebssystem und die Software nach dem Tausch des Festwertspeichers wieder neu installiert werden.

Einfacher geht es, wenn der komplette Festplatteninhalt als Image auf die neue SSD übertragen wird, was sich beispielsweise mit GParted (siehe Abschnitt 7.1.3, 7.3.2) durchführen lässt. Dabei müssen beide Laufwerke angeschlossen sein, was bei einem Desktop-PC mit mehreren SATA-Anschlüssen kein Problem ist, aber bei einem Notebook, bei dem (hinter der Klappe) nur ein SATA-Port zur Verfügung steht, so nicht funktioniert.

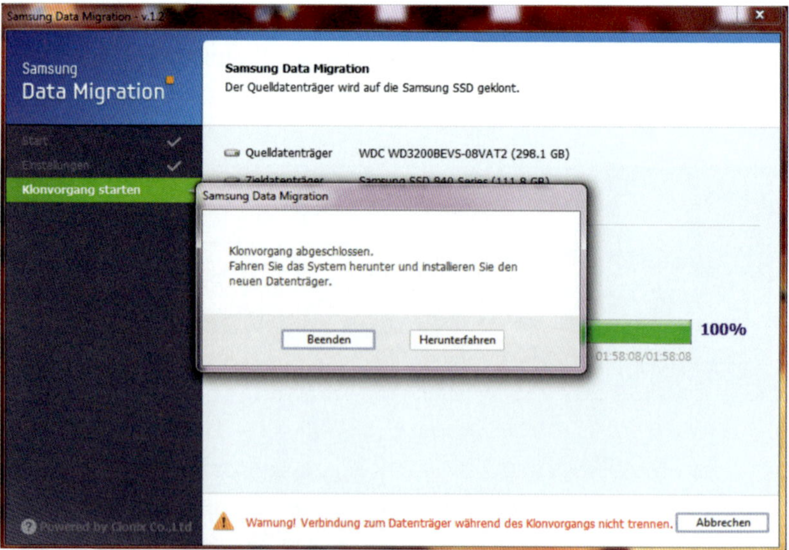

Abb. 11–28 Das Klonen des kompletten Festplatteninhalts auf eine SSD ist mit den herstellerspezifischen Tools schnell erledigt.

SSD-Hersteller wie Intel oder Samsung stellen bereits seit Jahren eine *Data Migration-Software* (Abb. 11–28) für ihre Laufwerke kostenlos zur Verfügung, die die Cloning-Funktion menügeführt und recht komfortabel ausführt. Bei einigen Samsung-Modellen gibt es neben der CD mit der Software außerdem einen USB-3.0-auf-SATA-Adapter mit dazu, sodass sich damit auch die Cloning-Funktion bei einem Notebook (s. o.) einfach durchführen lässt, weil die SSD für den Kopiervorgang über den USB-3.0-Adapter an das Notebook angeschlossen wird. Cloning Kits mit Software und Adapter werden auch von SSD-Herstellern wie Corsair und Crucial angeboten und einzelne Adapter beispielsweise von den Firmen LogiLink und Delock.

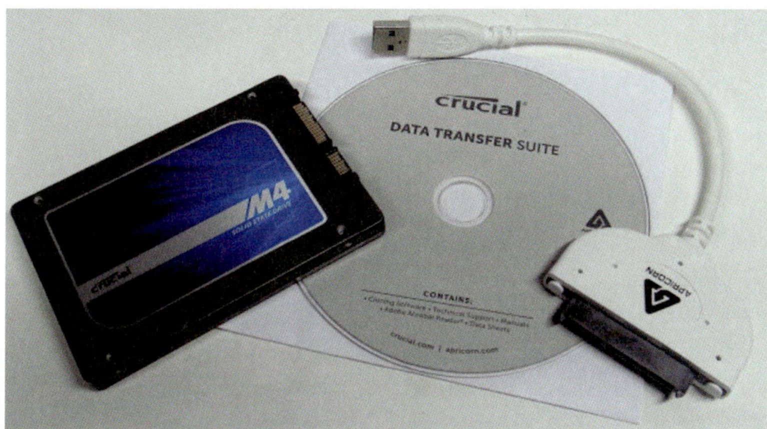

Abb. 11–29 SDD von Crucial im Cloning Kit mit Transfersoftware und Adapter

11.6 Grafik aufrüsten

Bei Systemen mit einer integrierten Grafik befindet sich auf dem Mainboard möglicherweise ein PCIe-Slot (PEG, vgl. Abschnitt 2.1.3), sodass sich hier eine leistungsfähige Grafikkarte nachrüsten lässt. Alle vorherigen Slot-Typen, wie etwa der AGP (Abschnitt 2.3) für die Aufnahme einer Grafikkarte, sind bereits seit einiger Zeit »ausgestorben«, sodass es hierfür auch keine Neuware mehr gibt.

Grundsätzlich sind die neuesten Grafikkarten, die die aktuelle DirectX-Version unterstützen, zunächst auch die teuersten, da sie naturgemäß mehr zu bieten haben als die vorherigen Typen. Im Laufe der Zeit fließen die Neuerungen in die Mittelklasse und die Standardklasse ein, die dann eben weit kostengünstiger sind, weil es dann schon wieder eine neue High-End-Klasse gibt.

Typischerweise sind die neuesten (High-End-)Grafikkarten nicht nur die leistungsfähigsten und die teuersten, sondern sie verbrauchen auch am meisten Strom, wie beispielweise die AMD Radeon R9 295X2, die eine Leistung von fast 600 W aufnehmen kann, was ein entsprechendes Kühlsystem mit optimaler Wärmeabfuhr aus dem PC-Gehäuse sowie leistungsfähige Netzteile erfordert.

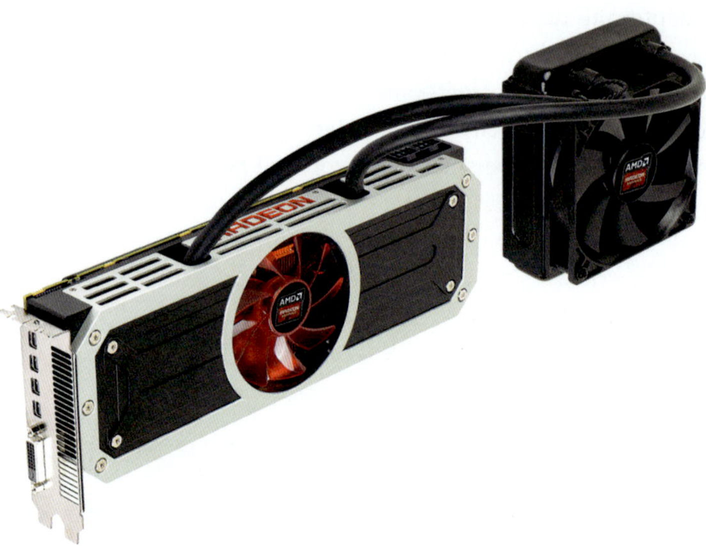

Abb. 11–30 Der Bolide unter den Grafikkarten, sowohl was die 3D-Leistung für den Spiele-Enthusiasten als auch die Leistungsaufnahme betrifft

Bei derartigen (stromhungrigen) Grafikkarten kann die notwendige elektrische Leistung nicht allein über die Kontakte des PCIe-Slots geführt werden, weil er für derart hohe Ströme gar nicht ausgelegt ist. Deshalb können Grafikkarten über einen oder auch mehrere separate Spannungsanschlüsse für die direkte Kabelverbindung mit dem passenden Netzteilanschluss verfügen. Den Grafikkarten liegen meist passende Adapterkabel bei, damit ein üblicher Spannungsanschluss vom Netzteil verwendet werden kann.

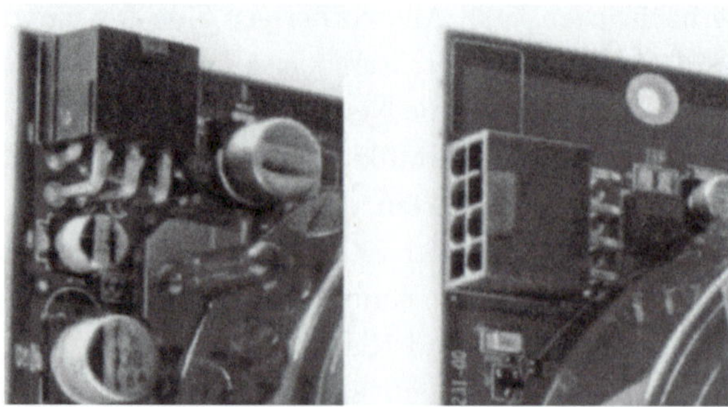

Abb. 11–31 Auf Grafikkarten sind unterschiedliche Anschlüsse (links 6-polig bei ATI/AMD, rechts 8-polig bei NVIDIA) für die zusätzliche Spannungsversorgung zu finden.

Außerdem muss das PC-Gehäuse die auftretende Wärme gut abführen können, wofür möglicherweise ein zusätzlicher Lüfter notwendig wird, der die Wärme aus dem Gehäuse bläst. Dabei sollte stets kontrolliert werden, ob der Lüfter auch richtig herum dreht und nicht die Außenluft in das PC-Gehäuse leitet. Auf die vorkonfektionierten Anschlussstecker an den Lüftern kann man sich in der Regel zwar verlassen, doch der Lüfter kann auch falsch herum montiert werden.

Wie in Abschnitt 2.6 erläutert wurde, teilen die beiden Firmen AMD (früher ATI) und NVIDIA den Markt für Grafikkarten zwischen sich auf. Insbesondere in Notebooks und Standard-PCs werden Grafikchips von Intel eingesetzt, die in den Prozessoren integriert sind, was meist unter *Intel HD Graphics* geführt wird.

In Tab. 11–2 sind einige PCIe-Grafikkarten angegeben, die sich verschiedenen Leistungsklassen entsprechend ihrer 3D-Leistung zuordnen lassen. Die Grafikchips, die in den CPUs mit eingebaut sind (vgl. Tab. 2–4), liegen ungefähr auf dem Leitungsniveau der unteren Klasse, die für Office-Anwendungen und HD-Video sowie für einfache 3D-Spiele völlig ausreichend sind.

Typ	Architektur	Leistungsaufnahme (W) Leerlauf/3D
High-End, für 4K-Auflösung (3820 × 2160 Pixel): 400–800 €		
Radeon R9 295X2	GCN 1.1	32/585
Radeon HD7990	GCN 1.0	29/319
GeForce GTX 980	Maxwell 2.0	11/173
GeForce GTX 690	Kepler	25/259
Für Spiele mit bis zu 2560 × 1600 Pixel: 200–300 €		
Radeon R9 290	GCN 1.1	20/250
GeForce GTX 780	Kepler	12/173
Radeon R9 280X	GCN 1.0	13/230
GeForce GTX 680	Kepler	14/164
Für Spiele mit 1920 × 1080 Pixel (Full HD): 150–200 €		
GeForce GTX 670	Kepler	15/141
Radeon HD7950	GCN 1.0	15/148
Radeon HD7870	GCN 1.1	14/122
GeForce GTX 660TI	Kepler	17/128
Für Spiele in Full-HD mit Limitierungen (Kantenglättung, Details): 150–200 €		
GeForce GTX 660	Kepler	9/111
Radeon HD7850	GCN 1.0	13/94
GeForce GTX 750	Maxwell	7/59
Radeon HD7770	GCN 1.0	12/68

Typ	Architektur	Leistungsaufnahme (W) Leerlauf/3D
Office, Internet, HD-Video, einfache 3D-Spiele: 20–70 €		
Radeon R7 250	GCN 1.0	10/48
GeForce GTX 650	Kepler	10/53
GeForce GT 610	Fermi	8/24
Radeon HD 5450	VLIW5	6/13

Tab. 11–2 Beliebte Grafikkarten, die hier nach der 3D-Leistung sortiert und mit ihren typischen Daten angegeben sind

Für die Montage einer zusätzlichen Grafikkarte ist zunächst das am PCIe x16-Slot dazugehörige Blech zu entfernen, welches meist mit einer Schraube befestigt ist, die später auf jeden Fall für die Befestigung der eingesetzten Grafikkarte benötigt wird. Einige PCs verfügen hier auch über Klemmhalterungen, oder das vorgestanzte Blech muss zunächst mit einem Schlitzschraubendreher herausgehebelt werden.

Abb. 11–32 Freilegen des zum Slot gehörenden Blechs

Abb. 11–33 Beim Einsetzen einer PCIe-Grafikkarte ist auf eine zusätzliche Klemmhalterung am Slot zu achten, die insbesondere beim Herausnehmen der Karte gern übersehen wird.

Abb. 11–34 Die Grafikkarte erst vorn mit dem Blech zwischen Mainboard und Gehäuse positionieren und dann in den Slot schieben, bis die Halterung hinten einrastet.

Teil 4

Neue Aufgaben für ältere Geräte

Wie in den vorherigen Kapiteln gezeigt wurde, lassen sich defekte Geräte reparieren und ältere möglicherweise so weit aufrüsten, dass sie noch eine Zeit lang ihren Dienst tun können. Irgendwann ist jedoch der Zeitpunkt erreicht, an dem der Computer derart veraltet ist, dass die Aufgaben, für die er eigentlich gedacht war, sich nicht mehr effektiv mit ihm bewältigen lassen und aktuelle Software auf ihm nicht mehr lauffähig ist.

Ältere Geräte kann man versuchen zu verkaufen, einer wohltätigen Organisation spenden, oder man kann sie entsorgen.

Aber insbesondere ein PC birgt eine Vielzahl von Komponenten, bei denen es nicht schadet, sie als Ersatzteile parat zu haben, sodass sich dann ein »Ausschlachten« empfiehlt, um für den Fehlerfall gewappnet zu sein oder auch um bestimmte Teile einer sinnvollen Zweckendfremdung zuzuführen.

In diesem Teil des Buches sind einige Applikationen gezeigt, die etwas mehr Erfahrung im Umgang mit elektronischen Komponenten erfordern, etwa um Schaltungen selbst aufzubauen und zu verlöten. Diese Beispiele sind zwar nicht schwierig nachzubauen und zu programmieren, erfordern jedoch möglicherweise – je nach Vorkenntnissen – etwas mehr Engagement als andere Arbeiten in diesem Buch.

12 Smartphone- und Tablet-Zweitverwertung

Ausrangierte Handys und Smartphones und mittlerweile auch Tablets liegen vielfach nutzlos herum, weil sie heutigen Ansprüchen nicht mehr genügen. Die Innovationszyklen scheinen immer kürzer zu werden, weshalb diese Geräte sehr schnell »aus der Mode kommen«. Für Android-basierte Geräte, für die der Hersteller schon längt keine Updates mehr anbietet, kann das Aufspielen einer alternativen Firmware (siehe Abschnitt 7.4.5, Custom ROMs) den Lebenszyklus durchaus noch eine ganze Weile verlängern.

Insbesondere Smartphones und Tablets sind hochintegrierte Mini-Computer, die von der Leistungsfähigkeit her typische »Bastlersysteme« wie Arduino oder Raspberrry Pi nicht selten weit übertreffen, selbst wenn sie älteren Baujahrs sind. Sie verfügen standardmäßig über eine mobile Spannungsversorgung (Akku) und Mobilfunk, bieten ein hochauflösendes Display mit Touchscreen und besitzen Funkschnittstellen, wie WLAN und Bluetooth, was bei den Bastlersystemen eben nicht standardmäßig dazugehört. Was den Smartphones und Tablets hingegen fehlt, sind frei programmierbare I/O-Ports, was sich jedoch einfach ergänzen lässt, wie in Abschnitt 12.6 erläutert wird.

12.1 Handy als Fernschalter

Ein älteres Handy verfügt über keinerlei Schnittstellen, mit denen man ein Signal für das Ein- und Ausschalten von Geräten erzeugen könnte. Bei aktuellen Geräten, die über WLAN, Bluetooth und den USB verfügen, ist dies hingegen kein Problem, denn hierfür sind verschiedenste Systeme (Smart Home, Home Automation) käuflich zu erwerben, die mit entsprechendem Interface ausgestattet sind. Für die »Bastlerplattformen« wie Arduino und den Raspberry Pi sind ebenfalls Lösungen verfügbar, die zudem eigene Gestaltungsmöglichkeiten eröffnen.

Bei einem »alten« Mobilfunkgerät ertönt der Lautsprecher bei einem eingehenden Anruf, der Vibrationsmotor bewegt sich, und das Display geht an. Diese Komponenten könnten somit als Schaltausgang benutzt werden, was eine Vielzahl vom Möglichkeiten eröffnet, um alle möglichen Geräte ein- und auszuschalten, etwa das Licht und das Radio daheim, um Anwesenheit zu simulieren, oder die Heizung oder um Tore zu öffnen oder die Standheizung oder eine Alarmanlage im Auto zu aktivieren.

Dabei gibt es diese Funktionalität über das Mobilfunknetz quasi noch kostenlos, weil der Teilnehmer nur die Rufimpulse auswertet und nicht abheben muss. Für den Einsatz im Empfänger empfiehlt sich eine Prepaid-Karte, etwa eine Xtra Card (SIM Card) der Telekom, die mit Startguthaben (10 Euro) als Sonderangebote bereits ab 3 Euro zu finden sind. Die hierfür gültige Telefonnummer sollte nur dem Benutzer bekannt sein, damit hier sonst niemand anruft.

Falls das Lautsprechersignal als Schaltimpuls verwendet werden soll, muss die Lautstärke recht hoch eingestellt werden, und es ist eine Gleichrichtung dieses Wechselspannungssignals notwendig, wozu eine Diode prinzipiell ausreicht. Es kann jedoch sein, dass die Spannung zu gering ist und die Diodenschwellspannung (0,7 V) nicht erreicht wird, sodass diese Methode dann ausfällt.

Grundsätzlich ist das Display verwendbar, welches bei einem Anruf einschaltet, wobei es aber schwieriger ist, die richtige Leitung zu finden. Es müsste die Leitung für die Beleuchtung sein. Bei einigen Handy-Modellen leuchtet auch eine Taste oder mehrere, wenn ein Anruf eintrifft, sodass das Signal auch hier abgenommen werden könnte.

Abb. 12–1 Der Vibrationsmotor ist meist leicht zu identifizieren, und an die beiden Kontakte lassen sich einfach zwei Kabel anlöten.

Am besten kommt man jedoch an die beiden Kontakte des Vibrationsmotors heran, der eine Gleichspannung von ca. 1 V für die Vibration benötigt und einen Strom von ca. 20 mA aufnimmt, was somit die besten Voraussetzungen für die Erzeugung eines Schaltsignals bietet. Der Vibrationsmotor verfügt über einen Plus- und über einen Minuspol, die entsprechend zu detektieren sind.

Dabei ist keineswegs sicher, dass dieser Minuspol auch der Schaltungsmasse des Handys entspricht, die mit der Spannungsversorgung (dem Akku und der Ladeschaltung) verbunden ist. Deshalb ist es sinnvoll – auch wenn der Lautsprecher oder das Display »angezapft« werden sollen –, dass eine galvanische Trennung zwischen dem Handy-Potenzial und der Erweiterungsschaltung realisiert wird, was sich mit einem Optokoppler lösen lässt. Außerdem kann somit schaltungstechnisch dafür gesorgt werden, dass aus dem Handy nur wenig zusätzlicher Strom gezogen wird, sodass der Vibrationsmotor noch nicht einmal ausgebaut werden muss, sondern nur zwei Kabel angelötet werden müssen (siehe Abb. 12.1).

Um aus dem (kurzen) Impuls mit einer Amplitude von ca. 1 V ein stabiles Schaltsignal zu erzeugen, ist noch etwas mehr Schaltungstechnik erforderlich. Des Weiteren ist zu überlegen, ob und in welcher Form ein Ausschaltsignal generiert werden soll und kann. Dies könnte durch das Eintreffen eines zweiten Impulses praktiziert werden, wobei der zeitliche Abstand zwischen Ein- und Ausschalten für die jeweilige Anwendung klar definiert werden müsste und ein Fehlverhalten aufgrund (unbeabsichtigter) mehrerer Klingelsignale hintereinander ausgeschlossen sein müsste.

Ein automatischer Rückruf nach der Erkennung eines Schaltimpulses scheidet als allgemeine Lösung aus, nicht etwa weil dies kostenpflichtig wäre (man müsste ja selbst auch nicht abheben), sondern weil diese Funktionalität bei vielen Handys nicht als einstellbare automatisierte Funktion zur Verfügung steht. Bei einigen älteren Modellen, beispielsweise von Siemens, existiert eine spezielle Rückruftaste, die sich beispielsweise per Schalter – etwa mit einem Relais – von der Zusatzschaltung aus bedienen lassen könnte, was lediglich zwei zusätzlich zu verlegende Leitungen zwischen Handy und Schaltung bedeuten würde.

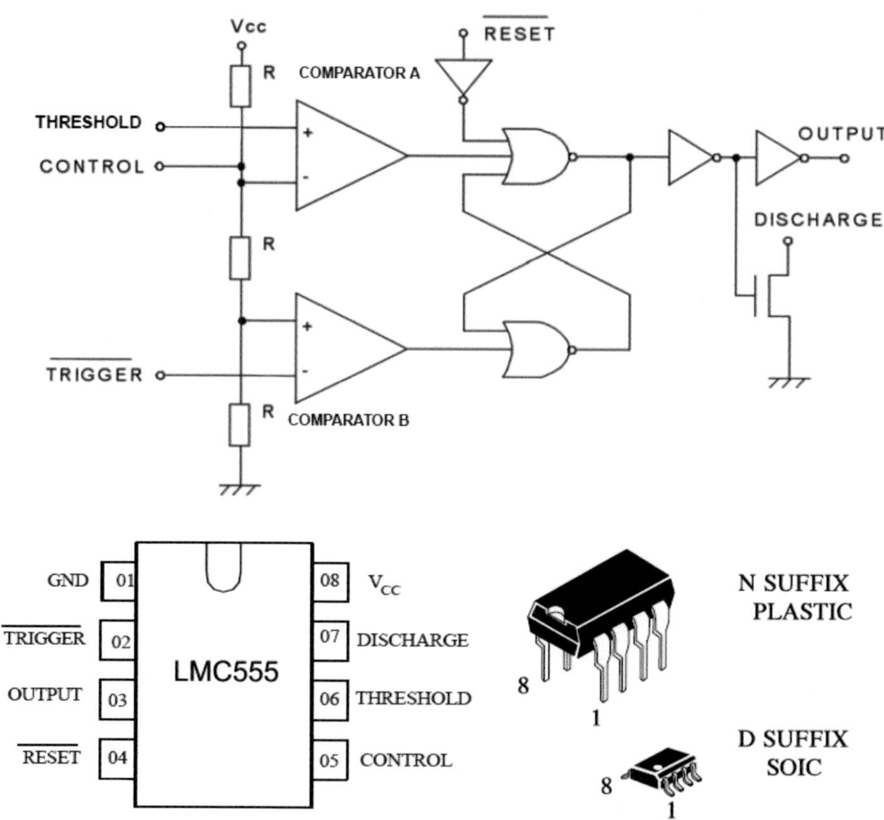

Abb. 12–2 Innenleben, Signale und Gehäuse des 555-Timerchips, dessen Kern aus einem RS-Flip-Flop mit einer davor geschalteten Komparatorschaltung besteht

Für eine flexible und möglichst universell einsetzbare Lösung kommt ein Timerchip (NE555) zum Einsatz, der als Multivibrator (Monoflop) geschaltet wird. Diesen verbreiteten Chip, der als weltweit meistverkaufte integrierte Schaltung gilt, gibt es bereits seit den Siebzigerjahren. Mittlerweile wird er in verschiedenen Technologien und von zahlreichen Firmen mit abweichenden Bezeichnungen angeboten, wobei aber stets die Zahl 555 mitgeführt wird.

Für die Schaltung empfiehlt sich eine »neuere« Version in (stromsparender) CMOS-Technologie mit der Bezeichnung ICM7555, etwa von der Firma NXP, oder als LMC555 von Texas Instruments. Der Versorgungsspannungsbereich erstreckt sich von 1,5 V bis 15 V. Der Ausgang kann bei einer Betriebsspannung von 5 V einen Strom von 2 mA (Source) liefern, was zum Leuchten einer LED reicht, sodass für höhere Ströme noch ein Transistor als Treiber benötigt wird. Der Chip wird im klassischen 8-poligen DIP-Gehäuse sowie auch in SMD-Versionen wie SOIC, DGK oder auch BGA angeboten.

Pin	Bezeichnung	Funktion
1	GND	Masse (0 V)
2	/Trigger (Low aktiv)	Sorgt für das Umschalten des RS-Flip-Flops. Wird hier 1/3 Vcc unterschritten, wird der Ausgang gleich High.
3	Output	Ausgang, entweder auf Vcc (High) oder GND (Low)
4	/Reset (Low aktiv)	Ist dieser Eingang Low, ist der Timer ausgeschaltet bzw. er wird gestoppt.
5	Control Voltage	Steuert die Pegel für Trigger und Threshold. Zugriff auf den internen Spannungsteiler (2/3 Vcc) für die Veränderung der Pulsbreite.
6	Threshold	Bestimmt den Flip-Flop-Status. Die hier vorhandene Spannung wird mit 2/3 Vcc verglichen. Ist sie kleiner, wird der Ausgang gleich Low.
7	Discharge	Open-Collector-Ausgang für Kondensatorentladung. Der Ausgang schaltet von High nach Low, wenn hier 2/3 Vcc erreicht wird.
8	Vcc	Versorgungsspannung (1,5 bis 15 V)

Tab. 12–1 Die Signale und ihre Funktion beim 555-Timer

Der über den Optokoppler (CNY17, Abb. 12–3) eintreffende High-Impuls, der vom Vibrationsmotor abgenommen wird, startet den 555-Timer über den Triggereingang (Pin 2), woraufhin der Ausgang (Pin 3) vom Low- auf den High-Pegel wechselt. Dieser High-Pegel bleibt so lange erhalten, bis sich der Kondensator (Ct) über Discharge (Pin 7) wieder entladen hat, wobei die Schwelle (Threshold) mitgeführt wird. Wäre der Threshold-Anschluss offen, was einem High entspricht, würde der Eingangsimpuls quasi nur invertiert auf den Ausgang durchgeleitet; wäre er konstant auf Low, bliebe der Ausgang auf High-Potenzial.

Dieser Kondensator bildet mit dem Widerstand (Rt) eine Zeitkonstante, sodass sich über eine entsprechende Variation ($\tau = R * C$) dieser beiden Komponenten Zeiten von Millisekunden bis hin zu Stunden realisieren lassen. Das bedeutet: Nach dem Eintreffen eines High-Impulses über den Triggereingang bleibt der Ausgang für diese Zeit auf High-Potenzial. Mit der Beschaltung von 100 kΩ und 50 µF sind dies ca. 5 s, mit R = 1 MΩ und C = 50 µF sind es ca. 50 s usw.

Für eine variable Einstellung könnte für den Widerstand ein Potenziometer eingesetzt werden, und/oder verschiedene Kondensatoren oder RC-Kombinationen werden per Drehschalter aktiviert. Ein kleiner DIP-Schalter könnte ebenfalls entsprechende Kombinationen schalten, die sich in der On-Stellung mit ihren Werten addieren würden.

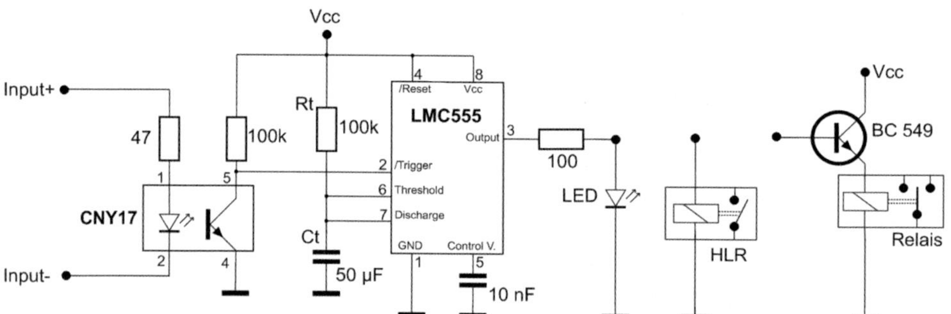

Abb. 12–3 Die Schaltung für den zeitgesteuerten Schalter, wobei eine LED und ein Halbleiterrelais (HLR) direkt geschaltet werden können und für ein übliches Relais noch ein Transistor benötigt wird.

Der Control-Eingang (Pin 5) führt High-Potenzial und muss für diese Applikation nicht beschaltet werden. Er wird jedoch über einen Kondensator (10 nF) mit der Schaltungsmasse verbunden, um die Schwingneigung des 555-Timers zu reduzieren. Der Reset-Eingang wird nicht verwendet und deshalb auf High und damit an Vcc gelegt.

Der Stromverbrauch steigt mit der verwendeten Versorgungsspannung an. Wie hoch sie sein muss, hängt letztlich auch davon ab, welche Spannung für die am Ausgang des Timers oder des Transistors angeschlossene Last notwendig ist. Falls (zum Test) lediglich eine LED angeschlossen wird, reichen 2,5 V bereits aus.

Ein Halbleiterrelais für das Schalten von Wechselspannungen (230 V) muss korrekt durchschalten, sodass typischerweise mindestens 3,5 V (1,5 mA) als Versorgungsspannung notwendig sind. Beide Komponenten lassen sich direkt (über einen 100-Ω-Widerstand) vom Ausgang des Timers gegen die Schaltungsmasse schalten.

Der Ausgang des Timerchips kann bei 5 V zwar nur 2 mA (Source) liefern, aber 8 mA (Sink) aufnehmen, sodass höhere Lasten in Low-aktiver Logik ohne zusätzlichen Transistor schaltbar sind. Dementsprechend wird die LED oder das Relais vom Ausgang des Timerchips dann gegen die Versorgungsspannung »verdrahtet« und nicht gegen die Masse, sodass zum Schalten ein Low-Pegel am Ausgang notwendig ist. Im »Normalzustand« ist die Last dann eingeschaltet, die durch den eingehenden Impuls ausgeschaltet wird.

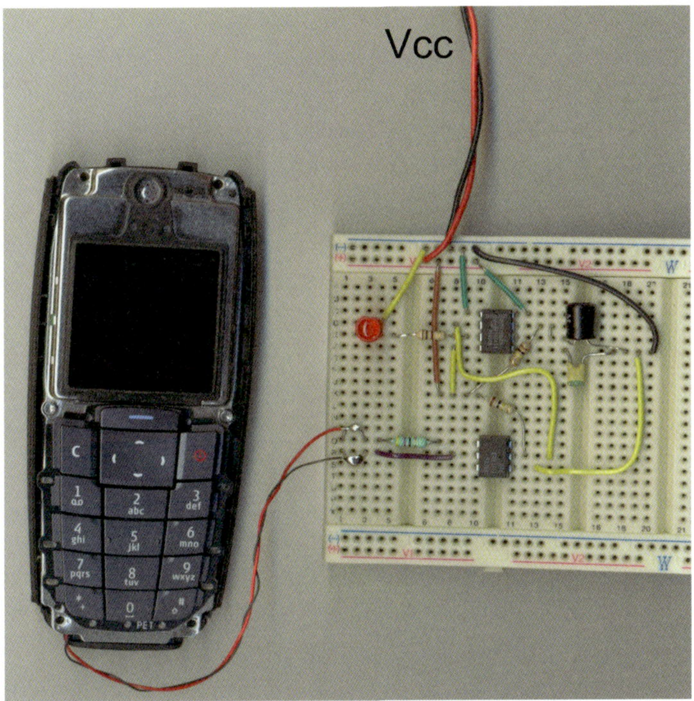

Abb. 12–4 Der Prototypaufbau mit einer LED als Last

Die Schaltung selbst (ohne Last) nimmt bei Vcc = 3,5 V einen Strom von ca. 90 µA auf, d. h., die Stromaufnahme wird im Wesentlichen durch die Last bestimmt. Sie wird sich also im mA-Bereich bewegen.

Um ein typisches Kleinrelais (SDS 5 V) zu schalten, wird ein Strom von typischerweise 15 mA benötigt, sodass ein zusätzlicher Schalttransistor (NPN, BC549 o. Ä.) an den Ausgang des Timers zu schalten und die Versorgungsspannung entsprechend zu erhöhen ist (vgl. Abb. 12–3, wahlweise LED oder HLR oder Relais). Falls die Schaltung aus der Spannungsversorgung eines Smartphones erfolgen soll, liegt das Maximum bei 4 V, womit sich dann kein 5-V-Relais schalten lassen würde, zumal über dem Transistor dann auch noch eine Spannung abfallen würde.

12.2 Mobiler Hotspot

Bereits ab der Android-Version 2.2 (Froyo) aus dem Jahr 2010 gibt es standardmäßig eine Hotspot-Funktion, die es erlaubt, die Mobilfunkverbindung über das WLAN für andere Geräte zur Verfügung zu stellen. Das ist eine praktische Sache, um verschiedenen Computern einen Internetzugang über eine Mobilfunkverbindung zu ermöglichen – insbesondere dort, wo kein xDSL zur Verfügung steht, wie im Garten, auf dem Campingplatz oder auch im Auto.

Falls sich eine Android-Version auf dem Smartphone befinden sollte, die diese Funktion noch nicht bietet, ist es möglich, eine der vielen Tethering-Apps einzusetzen, oder es wird ein alternatives System (Custom ROM, siehe Abschnitt 7.4.5) installiert, welches diese Funktion gleich von Haus aus bietet.

Zu finden ist die Hostspot-Funktion meist über `Drahtlos & Netzwerke – Mehr – Tethering & mobiler Hotspot`. Die Bezeichnungen *Hotspot* und/oder *Tethering* sind nicht immer klar voneinander zu trennen und werden deshalb meist gleichermaßen verwendet. USB-Tethering erlaubt den Mobilfunkzugang über ein USB-Kabel zwischen dem Smartphone und beispielsweise einem Notebook (Linux, ab Windows Vista). Entsprechendes gilt für das Bluetooth-Tethering, wo die Geräteverbindung eben nicht per Kabel, sondern per Bluetooth-Funkverbindung hergestellt werden kann.

Beim WLAN-Tethering spricht man hingegen meist von einem WLAN-Hotspot, weil diese Verbindung gleichzeitig von mehreren Geräten genutzt werden kann. Standardmäßig nennt sich der WLAN-Hotspot *AndroidAP* und verwendet eine WPA-Verschlüsselungsmethode. Hierfür sollten individuelle Einstellungen mit einem sicheren Passwort eingerichtet werden, weil man mit diesem Hotspot ja mehr oder weniger unterwegs ist, sodass unerwünschte fremde Zugangsversuche verhindert werden müssen.

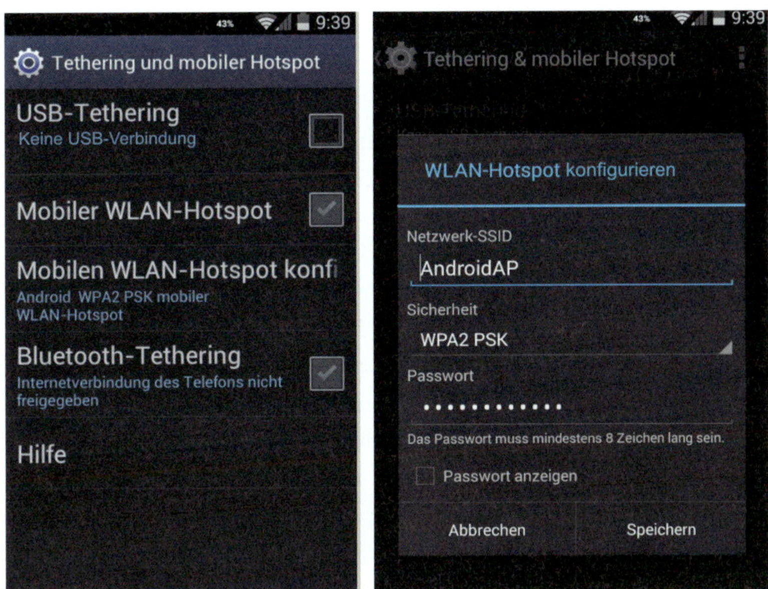

Abb. 12–5 Hotspot aktivieren und einrichten

Das Datenaufkommen über den Mobilfunk kann im Betrieb beachtliche Ausmaße annehmen, denn die hinter dem Hotspot liegenden Computer befinden sich in einem »gewöhnlichen« WLAN, sodass automatische Virenscanner- oder Windows-Updates stattfinden können. Deshalb ist bei intensiver Hotspot-Nutzung ein eigener Surf-Flat- oder Datenvolumen-Vertrag mit einem Mobilfunkbetreiber oder -anbieter ratsam, damit die Kosten nicht unbemerkt aus dem Ruder laufen.

Eine eingeschaltete Hotspot-Funktion verbraucht verhältnismäßig viel Energie, sodass nicht unbedingt benötigte Optionen im Akkubetrieb abgeschaltet werden sollten, wie etwa GPS oder das Display. Mit einem angeschlossenen Netzteil (Ladegerät) oder auch einem USB-Adapter für das Auto büßt man möglicherweise zwar etwas Bewegungsfreiheit ein, muss sich dann jedoch nicht um den Ladestand des Akkus sorgen.

Abb. 12–6 Ein USB-Adapter für die Spannungsversorgung im Auto, der in die Zigarettenanzünderbuchse oder in eine Autosteckdose gesteckt wird

12.3 Universelle Fernbedienung

Klassische Fernbedienungen funktionieren über eine Infrarotstrecke. Seit integriertem WLAN und Bluetooth ist die Datenübertragung per Infrarotlicht (IR) aber etwas aus der Mode gekommen, obwohl sie bei älteren Modellen recht verbreitet ist. Doch auch neuere Smartphones und Tablets, insbesondere Modelle von Samsung wie Galaxy S4 und S5 und Galaxy Note 3 oder das HTC One und einige Typen von LG, verfügen über eine integrierte IR-LED.

Der Gegenpart, z. B. die Stereoanlage, der Fernseher, der Blu-ray-Player oder auch Beleuchtungen wie die beliebten LED-Module oder die zuschneidbaren LED-Lichtstreifen, müssen dementsprechend über einen Infrarotempfänger verfügen, der das gleiche Übertragungsprotokoll wie der Sender verwendet. Hierfür gibt es eine Reihe verschieden aufgebauter Codes, wobei allein in der Unterhaltungsindustrie der RC5-, der RC6- und der RECS80-Code von Philips sowie davon abweichende Codes von Sony, NEC und Toshiba recht verbreitet sind. Nicht selten funktionieren bestimmte Codes nur mit den Geräten eines einzigen Herstellers.

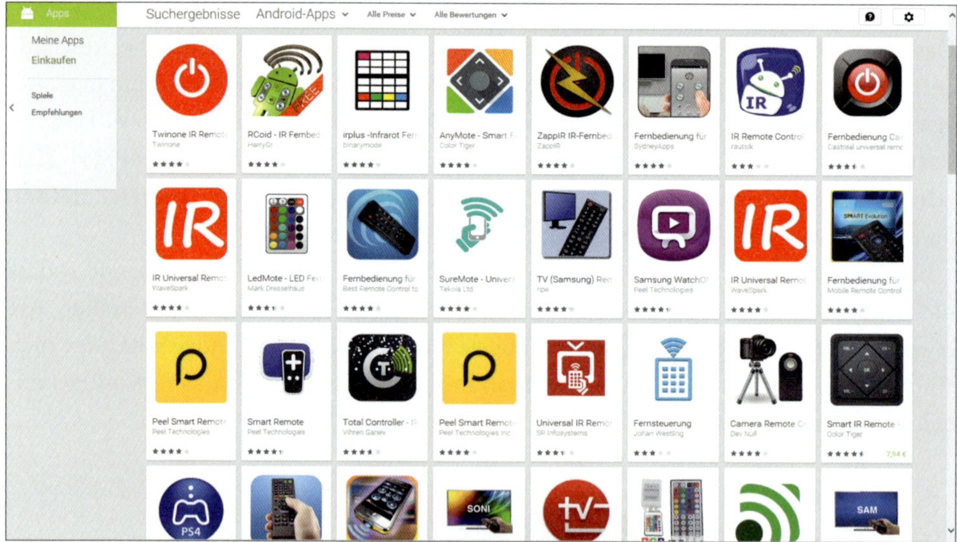

Abb. 12–7 IR-Fernbedienungen in Hülle und Fülle sind auf Google Play zu finden.

Trotz der Unterschiede im Code-Aufbau betreffs der Bitrepräsentation, der Adressen, der Wortlängen und der Befehle werden »nur« unterschiedlich aufgebaute Impulspakete verwendet, was sich relativ einfach in Software anpassen lässt und in entsprechende Apps umgesetzt worden ist. Die Hersteller selbst stellen solche Apps zur Verfügung, wie etwa Samsung die App *Watchon* oder LG *Quick-Remote*. Bei Google Play (Abb. 12–7) finden sich unter dem Stichwort *IR Fernbedienung* eine Vielzahl von Remote Apps für alle möglichen Geräte, wie auch für Kameras, Klimageräte oder LED-Lichtstreifen. Einige der Apps (z.B. RCoid) führen Gerätelisten oder lassen sich auch für bestimmte Geräte konfigurieren. Außerdem sind im Internet für fast alle Geräte entsprechende IR-Code-Listen verfügbar, etwa unter *http://lirc.sourceforge.net/remotes.*

Auf einem Tablet »kommt« eine Fernbedienung besonders gut, was eine komfortable und bequeme Bedienung ermöglicht. Deshalb ist es schade, wenn das Tablet oder das Smartphone keinen Infrarotsender bietet, zumal sich ein Infrarotempfänger auf der Empfangsseite (etwa bei einem Elektronikprojekt mit Arduino oder Raspberry Pi) sehr einfach mit einen einzigen Baustein aufbauen lässt. Um ein Smartphone oder Tablet nachträglich mit einem IR-Sender auszustatten, gibt es im Zubehörhandel verschiedene Erweiterungen, die an den USB oder den Dockingstation-Port angeschlossen werden können.

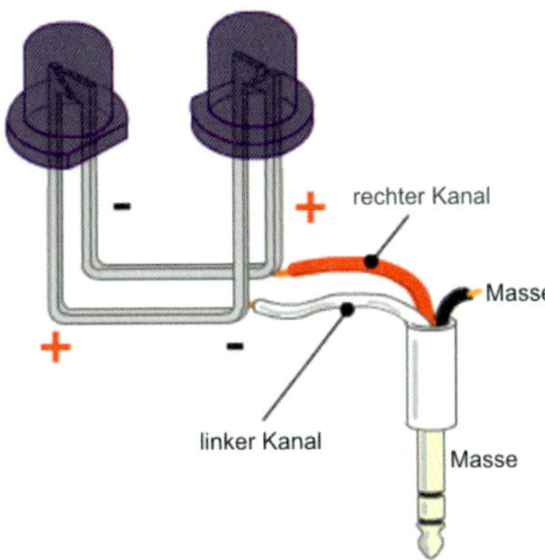

Abb. 12–8 IR-Sender für Tablets und Smartphones, einfach selbst gebaut

Es geht aber auch einfacher und kostengünstiger mit zwei Infrarotdioden (950 nm), die an einen Klinkenstrecker für den Audioausgang (Abb. 12–8) gelötet werden. Damit die IR-LEDs (z.B. Typ LD 274-3 o.Ä.) senden, wird mithilfe einer App (z.B. DSLR Remote, IrDroid) ein Audiofile wiedergegeben, womit die LEDs entsprechend des gewünschten Codes gesteuert werden.

Damit die IR-Dioden tatsächlich durchschalten, wird allerdings einiges an Leistung benötigt, die sich nicht bei allen Geräten durch die maximale Lautstärke erreichen lässt. Dann ist noch ein Verstärker mit einer Batterie notwendig, wie es der Schaltungsvorschlag des IrDroid-Projekts vorsieht (Abb. 12–9).

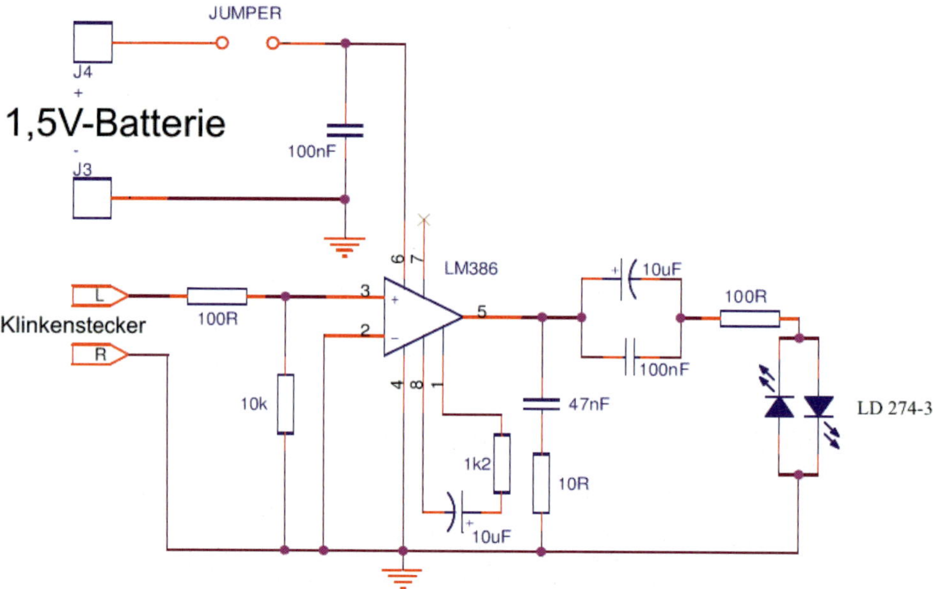

Abb. 12–9 IR-Sender mit Verstärker für die Audiosignale

Statt der Infrarotübertragung kann die Fernbedienungsfunktion auch über das WLAN mit Empfangsgeräten ausgeführt werden, die über einen Internetanschluss und/oder WLAN-Adapter verfügen. Fast jede Firma für Unterhaltungselektronik bietet hierfür eigene App-Lösungen mit mehr oder weniger nützlichen Zusatzfunktionen an, wobei hier nur kurz Beispiele angegeben werden, die eben auch mit älteren Tablets und Smartphones funktionieren, die damit eine (neue) nützliche Aufgabe erhalten können. Für TV-Geräte der Firma Samsung gibt es beispielsweise die App *Smart TV Remote*, die einige interessante Zusatzfunktionen bietet, wie etwa für konfigurierbare Kanallisten, und ab Android 2.2 funktioniert. Die App *LG TV Remote 2011* von LG funktioniert auf TV- Geräten ab der Android-Version 3.x (Honeycomb). Mit ihr lassen sich TV-Inhalte auf das Mobilgerät übertragen. Die App *TV Sideview* von Sony arbeitet ab Android 4.0.3 mit vielen Bravia-Modellen sowie mit DVD-, Blu-ray- und auch Netzwerk-Mediaplayern zusammen.

12.4 Webcamera

Übliche Bewegungsmelder, Babyphones, Webcams und Überwachungskameras funktionieren nach verschiedenen Verfahren, mit unterschiedlichen Interfaces und Benutzerschnittstellen und sind oftmals nicht besonders preiswert. Im Grunde genommen sind die genannten Gerätefunktionen allesamt mit einem Smartphone oder Tablet realisierbar, denn sie verfügen über mindestens eine Kamera, über ein Mikrofon und verschiedene Funk-Interfaces (Mobilfunk, WLAN, Bluetooth).

Benötigt wird zunächst die Funktion eines Bewegungsmelders, die mit einer App wie *Motion Detector Pro* realisiert werden kann, die bereits ab Android 2.2 funktioniert. Jedes Mal, wenn sich der fokussierte Bildinhalt ändert, fertigt die App ein Foto an, wobei man meist mit der Empfindlichkeitseinstellung etwas herumprobieren muss, damit nicht laufend unerwünschte Fotos geschossen werden, etwa wenn im Hintergrund nur leichte Bewegungen einer Gardine o. Ä. stattfinden. Zu unempfindlich darf sie aber auch nicht sein, damit das Wesentliche, wie etwa das Öffnen einer Tür – womöglich bei unterschiedlichen Lichtverhältnissen –, sicher erfasst werden kann.

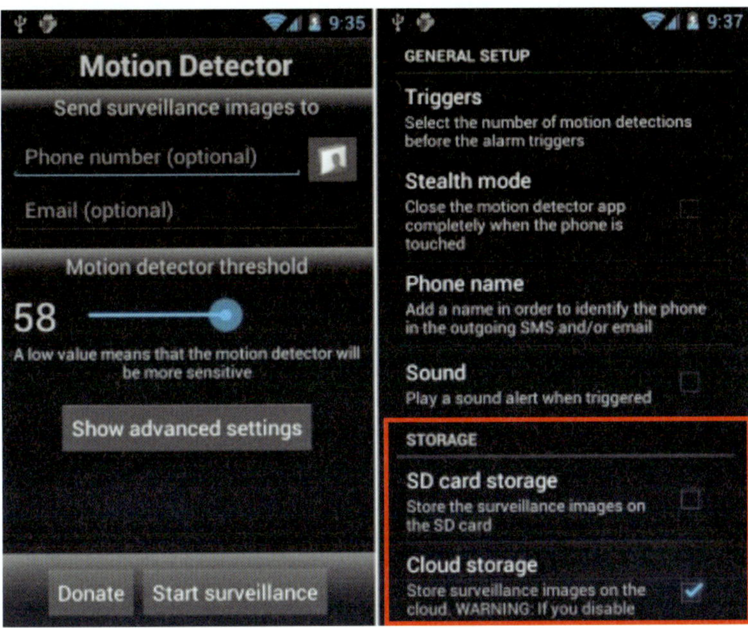

Abb. 12–10 Einstellung der Empfindlichkeit und des Speicherorts beim Motion Detector

Standardmäßig werden die Fotos auf dem Server des Herstellers gespeichert. Sie sind dort offen einsehbar und können vom Benutzer auch nicht einfach gelöscht werden. Deshalb ist der Hersteller-Server als Speicherort nicht zu empfehlen. Es gibt allerdings die Möglichkeit, das Online-Speichern (Cloud Storage, Abb. 12–10) zu deaktivieren, sodass die Bilder dann auf der SD-Karte abgelegt werden können. Die App kann dem Benutzer beim Eintreffen eines neuen Fotos auf dem Hersteller-Server automatisch eine E-Mail oder SMS schicken, was nicht möglich ist, wenn die Bilder auf der SD-Karte landen. Eine ähnliche Funktionalität weist die App *Spy Kit Motion*

Detector Camera (ab Android 4.0) auf, die die Bilder auf dem Dropbox-Account des Benutzers speichern kann, sodass sie nicht für jedermann zugänglich sind.

Eine größere Auswahl an Apps gibt es für eine dauerhafte Videoüberwachung. *IP Webcam* oder *Mobile WebCam* sind die bekanntesten. Auf eine Webcam wird üblicherweise mithilfe einer IP-Adresse zugegriffen, sodass sie prinzipiell weltweit zu erreichen ist, um den Livestream ansehen zu können.

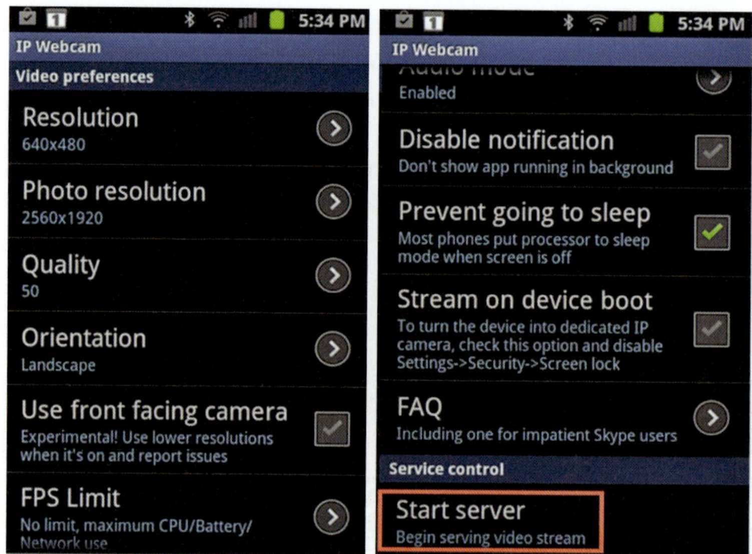

Abb. 12–11 Einstellungen für »IP Webcam« und Starten des Servers

Bei IP Webcam kann nach der Einstellung der Auflösung und der Framerate (Quality) die App über `Start server` (Abb. 12–11) aktiviert werden, woraufhin das Kamerabild und die verwendete IP-Adresse erscheinen. Standardmäßig ist dies eine automatisch zugeteilte private IP-Adresse (z. B. 192.168.1.10:8080), die nur im LAN gültig ist. Durch die Angabe dieser Adresse und des verwendeten Ports 8080 lässt sich das Kamerabild mit jedem üblichen Browser im LAN betrachten und auch fernsteuern (LED einschalten o. Ä.). Die im LAN eingesetzten Computer müssen sich demnach ebenfalls in diesem privaten Netz befinden, damit die Webcam erreichbar ist. Dem als Webcam eingesetzten Smartphone sollte nach Möglichkeit eine feste IP-Adresse zugewiesen werden (z. B. über `Drahtlos und Netzwerke - WLAN- Erweitert - Statische IP verwenden`), damit es stets die gleiche IP-Adresse besitzt. Von außen – dem Internet – ist die Webcam ohne weitere Maßnahmen aber nicht erreichbar.

Der Router (xDSL-Modem, siehe Abschnitt 8.1) ist in einem LAN für die Umsetzung von den privaten Adressen auf eine vom Provider zugeteilte dynamische IP-Adresse zuständig. Bei aktivierter Firewall wird der Zugriff von außen auf die Webcam nicht gestattet, weil diese Aktion nicht von innen initiiert worden ist (Diodenregel), weshalb hierfür eine entsprechende Regel vorzusehen ist. Außerdem ist der Port 8080 (Port Forwarding) freizugeben.

Dem Internetteilnehmer – dem Router – wird bei der Einwahl vom jeweiligen Provider eine dynamische IP-Adresse zugeteilt, wenn keine statische erworben worden ist. Bei längerer Verbindungsdauer schaltet der Provider die Teilnehmerleitung kurzzeitig ab, damit ein erneuter Verbindungsaufbau durchgeführt wird. Bei jeder Einwahl erhält der Teilnehmer eine andere weltweit gültige IP-Adresse, was für im Internet zu erreichende Applikationen (eigener Webserver, Webcam) ein Problem darstellt, weil der Name eben über eine IP-Adresse abgebildet wird.

Damit ein bestimmtes Gerät trotz wechselnder IP-Adresse im Internet stets über einen eigenen Hostnamen erreicht werden kann, gibt es den DynDNS-Dienst, der von verschiedenen Firmen – auch kostenlos – angeboten wird, wie etwa MyFritz!, der jedoch explizit auf die Fritz!-Geräte der Firma AVM ausgelegt ist. Universell und kostenlos einsetzbar ist beispielsweise der DynDNS-Dienst der Firma Securepoint (*http://www.securepoint.de/produkte/utmfirewalls/securepoint-dyndns.html*).

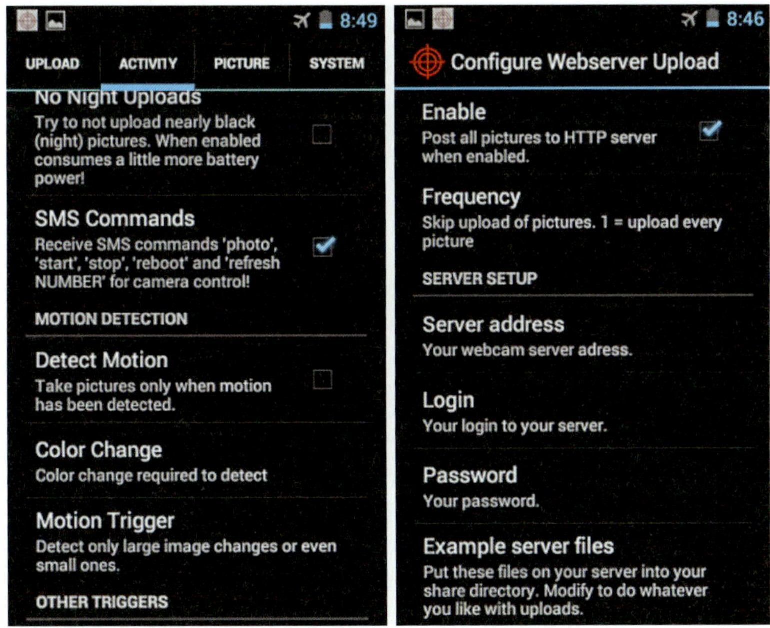

Abb. 12–12 Einstellungen für den Auslösemechanismus und den Websever-Upload bei *Mobile WebCam*

Mobile WebCam speichert in zu konfigurierenden Abständen Schnappschüsse auf der SD-Karte. Außerdem können sie als E-Mail-Anhang verschickt oder mithilfe von HTTP oder FTP auf einen beliebigen Server sowie Dropbox transferiert werden. *Mobile WebCam* erlaubt verschiedene Auslösemechanismen (Activity, Abb. 12–12), wie bei einer Bewegung oder auch automatisch zu bestimmten Tageszeiten oder auf einen SMS-Befehl hin.

Abb. 12–13 *Einstellungen und Ereignisse beim Baby-Monitor*

Ein Babyphon auf der Basis eines Smartphones hat gegenüber den konventionellen Lösungen eine große Reichweite, und es gibt keine Probleme mit der Übertragungsqualität. Für den Einsatz als Babyphon reicht prinzipiell das integrierte Mikrofon eines Smartphones aus. Die üblichen Babyphon-Apps, wie beispielsweise *Baby Monitor* (Abb. 12–13) oder *Dormi Babyphone*, funktionieren ab Android-Version 2.3 und versenden automatisch eine SMS oder tätigen einen Anruf, wenn ein einstellbarer Lautstärkepegel im Kinderzimmer überschritten worden ist. Optional kann auch ein Schnappschuss mit übertragen werden. Einige der Babyphone-Apps können so konfiguriert werden, dass zunächst ein zuvor festgelegtes Schlaflied oder eine Ansprache mit eigener Stimme abgespielt wird. Die Mobilfunkverbindung wird erst dann hergestellt, falls immer noch keine Ruhe eingekehrt sein sollte.

12.5 Stationäre Spannungsversorgung ohne Akku

Auch wenn ein Smartphone im Stromverbrauch weit genügsamer ist als eine übliche Netzwerkkamera, ist die Akkukapazität irgendwann erschöpft, weshalb eine Smartphone-Webcam oder auch ein -Hotspot mit angeschlossenem Netzteil (Ladegerät) betrieben wird. Dies funktioniert aber nur bei eingelegtem Akku. Falls dieser defekt oder abhanden gekommen und kein Ersatz für ihn möglich ist, wäre das Smartphone nicht mehr zu verwenden. Es gibt jedoch die Möglichkeit, den Akku durch ein Netzteil zu ersetzen, sodass dann auch eine defekte Ladeschaltung im Smartphone keine Rolle spielen würde.

Dabei kann jedoch nicht das zum Smartphone mitgelieferte Netzteil verwendet werden, denn dies liefert üblicherweise 5 V und mehr an die Buchse des Smartphones, die mit der Ladeschaltung für den Akku verbunden ist. Stattdessen wird eine Spannung von maximal 4 V (bei einem Li-Ion-Akku, siehe Abschnitt 3.8) an die Kontakte gelegt, wo sich sonst der Akku befindet. An dieser Klemmleiste sind mindestens drei Kontakte zu finden, wobei einer für Plus und einer für Minus (Masse) zuständig ist. Alle anderen Kontakte sind für die Ermittlung des Ladezustands und oder auch für die Abschaltung des Ladevorgangs zuständig und werden nicht mehr benötigt.

Abb. 12–14 Die Plus- und die Masseleitung lässt sich meist recht einfach ermitteln. An sie kann ein externes Netzteil angeschlossen werden.

An welchem Kontakt sich jeweils Plus und Minus befinden, gibt meist ein Aufdruck oder eine Kennzeichnung auf dem Akku an, typischerweise sind es die beiden außen liegenden Kontakte. Welcher davon Minus ist, was der Schaltungsmasse entspricht, lässt sich bei Unkenntnis der Akkubeschriftung einfach mithilfe eines Multimeters mit Durchgangsprüfer feststellen, in dem ein Durchgang (Piepton) zur Massefläche des Smartphones detektiert wird. Der andere Pol ist dann der Plus-Kontakt.

Abb. 12–15 Einstellbares Steckernetzteil

Die Spannung eines Li-Ion-Akkus liegt typischerweise im Bereich von 3,6 V bis 4 V, sodass das Netzteil in diesem Bereich arbeiten darf. Mit der gebräuchlicheren Spannung von 3 V wird das Smartphone meist nicht mehr funktionieren, und bei mehr als 4,2 V wird es wahrscheinlich Schaden nehmen, sodass die Ausgangsspannung des zu verwendenden Netzteils vor dem Anschluss unbedingt mit einem Multimeter zu überprüfen ist (nicht selten kommt mehr heraus, als draufsteht). Die Verbindung wird am besten an die Kontakte (Abb. 12–14) im Smartphone direkt angelötet.

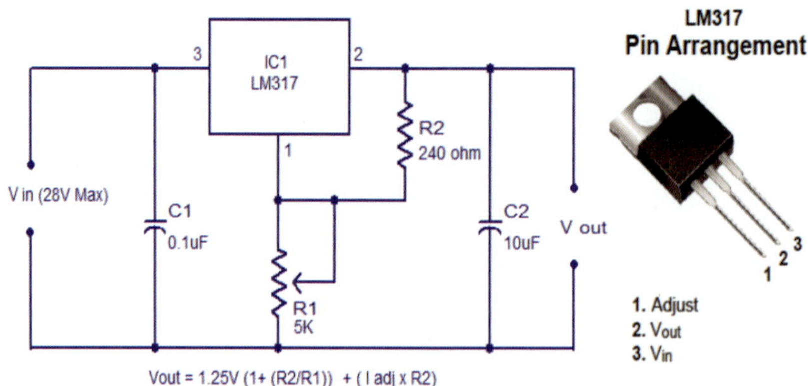

Abb. 12–16 Einstellbarer Spannungsregler mit LM317

Die gebräuchlichen einstellbaren Steckernetzteile (Abb. 12–15) liefern meist entweder 3 V oder 4,5 V, was beides nicht passen würde. In solch einem Fall kann eine kleine Schaltung (Abb. 12–16) mit dem einstellbaren Spannungsregler LM317 weiterhelfen, der als Eingangsspannung bis zu 28 V verkraftet. Minimal muss die Eingangsspannung für den LM317 mindestens 2 V größer sein als die gewünschte Ausgangsspannung, damit der Regler noch stabil arbeiten kann.

12.6 Interfaces für externe Peripherie

Ab Abschnitt 4.5.2 sind die Modi erläutert, mit denen eine USB-Kommunikation möglich ist. Um Peripherie über den USB anzusteuern, wird die Unterstützung des USB-Host-Modus benötigt, der prinzipiell ab der Android-Version 3.1 (Honeycomb) von 10/2011 möglich ist. Inwieweit die Hardware eines Tablets oder Smartphones davon Gebrauch macht, ist jedoch geräteabhängig. Ungeachtet dessen, ob der USB-Host-Modus vom jeweiligen Android-Gerät unterstützt wird oder nicht, gibt es die Möglichkeit, dass diese Geräte mit externer Hardware über den USB kommunizieren können, wenn die externe Hardware als USB-Host fungiert.

Die Grundlage hierfür bildet das *Open Accessory Protocol*, welches für die Kommunikation zwischen einem Android-Gerät und einem externen USB-Host zuständig ist. Per Update lässt sich die Open-Accessory-Protocol-Funktionalität nachträglich zurück bis zur Gingerbread-Version (V2.3.x) herstellen, sodass auch ältere Android-Geräte hiervon profitieren und sich für die Kommunikation mit externer Hardware einsetzen lassen.

Der Host wird üblicherweise von einem Mikrocontroller gebildet, wofür verschiedene Lösungen existieren. Die bekanntesten sind die folgenden:

- **Accessory Development Kit ADK 2011** der Firma Google, basierend auf einem Arduino-Mega-Board mit LEDs, Joystick sowie mit Licht- und Temperatursensor
- **Accessory Development Kit ADK 2012** der Firma Google, basierend auf einem Arduino-Due-Board (ARM Cortex M3) mit Micro-SD-Card-Slot, verschiedenen Sensoren und Bluetooth-Unterstützung
- **Android USB Host Evaluation Kit** (UMFT311EV) der Firma FTDI, basierend auf einem FT311-Chip, der als Bridge zwischen dem USB und einem lokalen Interface fungiert, welches wahlweise als UART-, als I^2C-, als SPI- oder auch als GPIO-Schnittstelle mit (7 x I/O mit PWM-Funktion) arbeiten kann.
- **Accessory Development Starter Kit** (DM240415) der Firma Microchip, basierend auf einem 16-Bit-Mikrocontroller (PIC24F) mit USB-OTG-Funktionalität. Das Board enthält vier Taster, acht LEDs, ein Potenziometer, eine Akku-Ladeschal-

tung sowie Pfostenleisten für die Aufnahme von Shields (Arduino Style). Bestandteil des Kits ist ein PICkit3-Programmer/Debugger. Micochip bietet außerdem ein erweitertes Android Kit (DM320412) mit einem PIC32-Mikrocontroller auf einem Board an, welches über verschiedene I/O-Slots verfügt und keinen separaten Programmer benötigt.

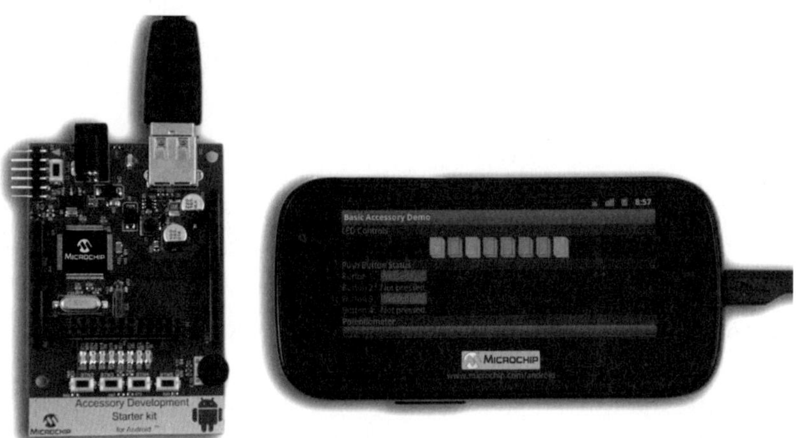

Abb. 12–17 Das Android-Starterkit mit PIC24-Mikrocontroller der Firma Mikcrochip kommuniziert mit einem Smartphone.

Auf der Host-Seite ist für die jeweilige Plattform (Arduino, FTDI, PIC24F) eine entsprechende Software notwendig, die bei Arduino beispielsweise über zusätzliche Bibliotheken wie *USB Host Shield* und *Android Accessory* bereitgestellt wird. Wenn eine Open-Accessory-Peripherie (wie ein Arduino-Board) an ein Android-Gerät angeschlossen wird, sendet die Peripherie zunächst eine Anfrage (Vendor Request), ob das Android-Gerät den Open-Accessory-Modus unterstützt. Falls das Android-Gerät positiv antwortet, sendet das Board daraufhin seine Deskriptoren (Strings) für die weitere Identifizierung. Andernfalls stoppt die Kommunikation, und der Vorgang ist damit bereits am Ende.

Bei der Fortsetzung des Vorgangs folgt eine weitere USB-Vendor-Anfrage zur Aktivierung des *Open Accessory Mode*, um das Android-Gerät zu re-enummerieren. Sobald das Android-Gerät als Open-Accessory-Mode-Gerät enummeriert ist, stehen ein Control-Endpoint sowie ein USB-Bulk-In- und ein USB-Bulk-Out-Endpoint zur Verfügung, und die Schnittstelle entspricht USB-Full-Speed (12 MBit/s).

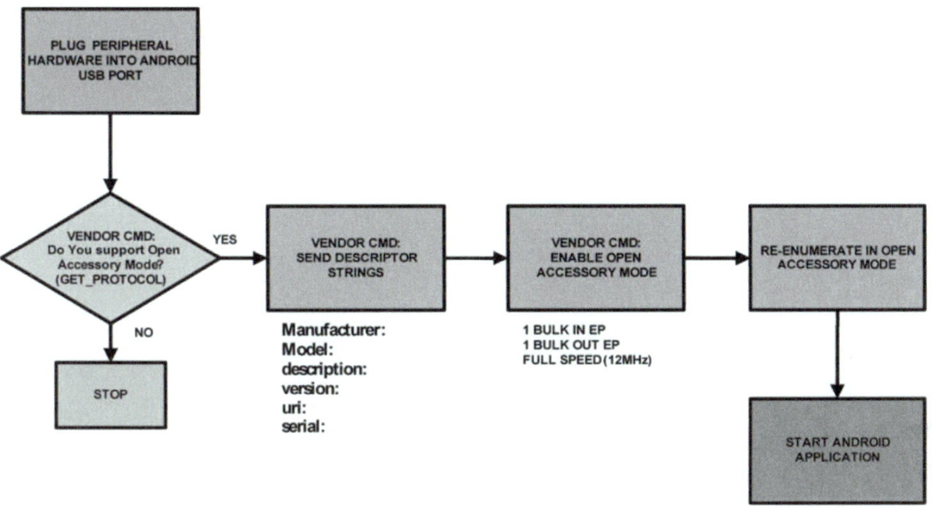

Abb. 12–18 Aktivierung des Open-Accessory-Modus

Durch die Verwendung des *Open Accessory Mode* werden keine zusätzlichen Gerätetreiber benötigt, denn jeder kompatible USB-Host verfügt über eine Reihe von String-Deskriptoren (Manufacturer, Model, Version, Description, URL, Serial), die vom Android-Betriebssystem gelesen werden, sodass die dazugehörige Applikation automatisch nach dem Anschluss des Geräts starten kann. Demnach fallen auf den Android-Geräten keinerlei Konfigurationsmaßnahmen an, und es ist auch kein *Rooten* (Abschnitt 7.4.4) des Systems notwendig.

12.6.1 Android USB Host

Das *Android USB Host Evaluation Kit* (UMFT311EV) der Firma FTDI ist das preisgünstigste der oben erwähnten Kits für die Kommunikation eines Android-Geräts mit externer Hardware. Es besteht lediglich aus einer kleinen Platine (Abb. 12–19), die an den USB anzuschließen ist.

Außerdem ist noch eine separate Spannungsversorgung, wie ein 5-V-Steckernetzteil notwendig, denn der USB-Host muss die notwendige Versorgung liefern. Deshalb ist auf dem Board ein spezieller Baustein (AIC1526, Dual USB High-Side Power Switch) notwendig, der eine sichere USB-Versorgung sicherstellt, damit nicht mehr als die maximal erlaubten 500 mA fließen können und eine Kurzschluss- sowie Übertemperatursicherung vorhanden ist. Von den beiden Kanälen des AIC1526 wird jedoch nur einer (Out B) verwendet. Die Schaltung (siehe Abb. 12–21) selbst arbeitet mit 3,3 V, wofür ein entsprechender Regler (AIC1733) auf dem Board eingesetzt wird.

Abb. 12–19 Das Android-Evaluation-Board

Die Port-Signale des FT311-Chips mit den Bezeichnungen IOBUS0 bis IOBUS7 werden auf zwei Kontaktleisten geführt, wobei diese Signale an die rechts befindlichen zehn Steckkontakte (in zwei Reihen übereinander, plus GND und 5 V) sowie auf die oben befindlichen Buchsenkontakte gelangen. Die insgesamt vier vorhandenen Buchsenleisten führen neben diesen Signalen nur noch Masse (GND) und die Versorgungsspannung von 5 V (aus dem Steckernetzteil), sodass die meisten Kontakte keine elektrische Verbindung aufweisen. Diese Buchsenleisten sind aus mechanischen Gründen vorhanden, weil sich hier ein Erweiterungsboard (FT311 GPIO Board) aufsetzen lässt, welches über Tasten und LEDs zum Testen der Kommunikation verfügt, ansonsten jedoch keine weiteren Möglichkeiten bietet.

Unter der rechten Kontaktleiste befindet sich eine weitere, die die Signale (Programming Port) für die Programmierung des FT311-Chips führt. Bei Lieferung ist der Chip mit der passenden Firmware bereits programmiert, die nur bei Vorliegen einer verbesserten Version zu aktualisieren ist, wofür FTDI dann ein entsprechendes Update zum Download bereitstellt. Es ist nicht vorgesehen, dass der Anwender selbst Änderungen an dieser Firmware vornimmt. Gleichwohl entspricht der FT311 einem bereits programmierten Vinculum-Controller von FTDI, sodass dies prinzipiell möglich ist.

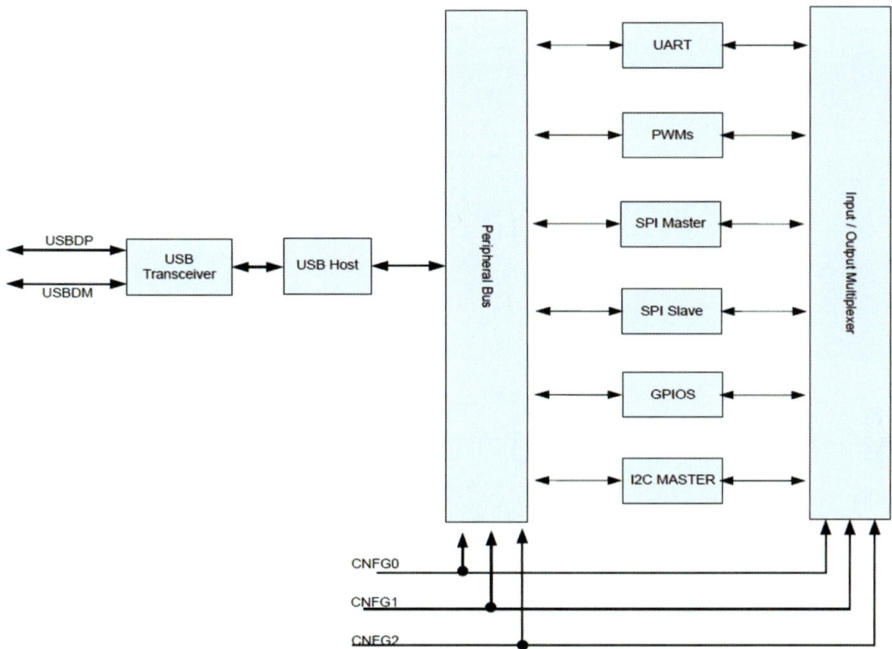

Abb. 12–20 Blockschaltbild des FT311, der sechs verschiedene Interface-Modi beherrscht

Für die Einstellung des jeweiligen Interface-Typs (GPIO, UART, PWM, I^{2}C-Master, SPI-Master, SPI-Slave) sind drei Steckbrücken (Jumper) vorhanden, die mit den Config-Pins (CNFG0–CNFG2) des FT311-Chips verbunden sind.

Die Firma FTDI stellt für jeden der sechs Interface-Modi eine Android-App (*.apk) zur Verfügung. Die Apps werden am einfachsten über eine USB-Verbindung von einem PC aus auf das Tablet oder Smartphone kopiert. Das Betriebssystem des PC muss in der Lage sein, das Android-Gerät (zumindest) als Wechseldatenträger anzusprechen, was möglicherweise noch eine Treiberinstallation – speziell für das jeweilige Android-Gerät oder für einen Wechseldatenträger – verlangt.

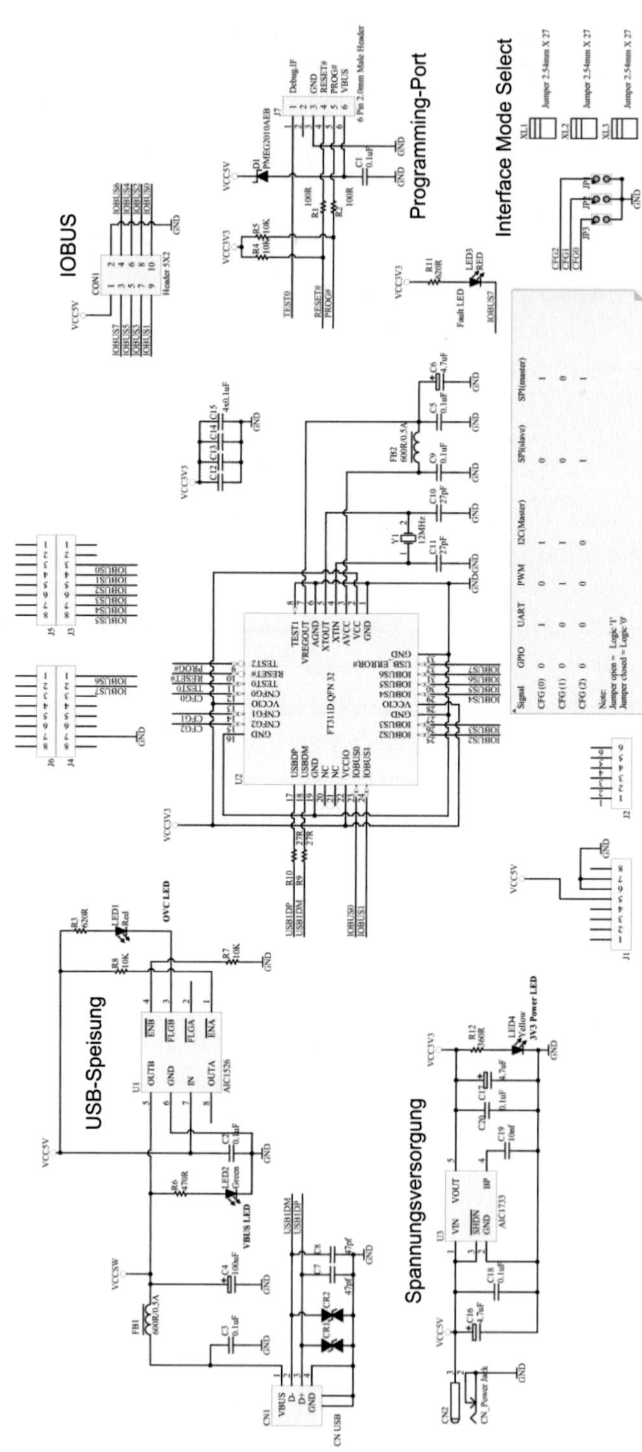

Abb. 12–21 Die Schaltung des Android-Evaluation-Boards

Danach wird das jeweilige apk-File der App selektiert, wodurch der Installer für die App startet und das Programm installiert. Dabei kann noch eine Sicherheitsabfrage (»Unknown Sources« o. Ä.) auftauchen, die dann zu übergehen ist. Diese Sicherheitsstufe lässt sich unter den *Android Settings* bzw. unter SICHERHEIT – GERÄTEVERWALTUNG – UNBEKANNTE QUELLEN festlegen.

Das Evaluation-Board wird über ein passendes USB-Kabel mit dem Android-Gerät verbunden, was zunächst keinerlei merkliche Reaktion beim Gerät hervorruft, weil dem USB die Spannungsversorgung fehlt, die ja vom Host zur Verfügung gestellt werden muss. Demnach ist ein 5-V-Steckernetzteil mit der DC-Buchse (CN2, siehe Abb. 12–19) zu verbinden, woraufhin die Power-LED und die VBUS-ON-LED auf der Platine leuchten.

Das Android-Evaluation-Board weist je nach CFG-Jumperstellung eine andere Identität auf, sodass jeweils nur die für die jeweilige Anwendung passende App beim Geräteanschluss auftaucht und gestartet werden kann. Laut der Jumperstellung in Abb. 12–19 ist der UART-Modus selektiert, was in diesem Fall *UART Test* und *UART Loopback* ermöglicht. Insgesamt gibt es die im Folgenden angeführten Beispiele, wobei die beiden UART-Applikationen nicht nur mit dem FT311D, sondern auch mit dem FT312D funktionieren, der lediglich den UART-Modus beherrscht.

- **UART Loopback (Jumper CFG1, CFG2):** Hierfür sind die Pins IOBUS0 (TXD) mit IOBUS1 (RXD) und IOBUS2 (RTS) mit IOBUS3 (CTS) zu verbinden, sodass Daten im ASCII-, Hex- oder Dezimal-Format ausgegeben (Write Bytes) und wieder eingelesen (Read Bytes) werden können. Die zu verwendenden Übertragungsparameter wie die Baudrate (300 bis 921.600 Baud), die Anzahl der Stopp-, Datenbits sowie die Parameter für die Parity und die Datenflusssteuerung lassen sich über den Config-Button einstellen.
- **UART Test (Jumper CFG1, CFG2):** Diese App funktioniert ähnlich wie die vorherige, allerdings können mit ihr tatsächlich Daten und Files zwischen dem Android-Gerät und einem PC mithilfe eined Terminal-Programms (PuTTY o. Ä.) ausgetauscht werden. Die Verbindung zwischen den beiden Geräten wird über ein USB-TTL-Adapterkabel hergestellt, welches ebenfalls von der Firma FTDI und auch von anderen Firmen hergestellt wird.

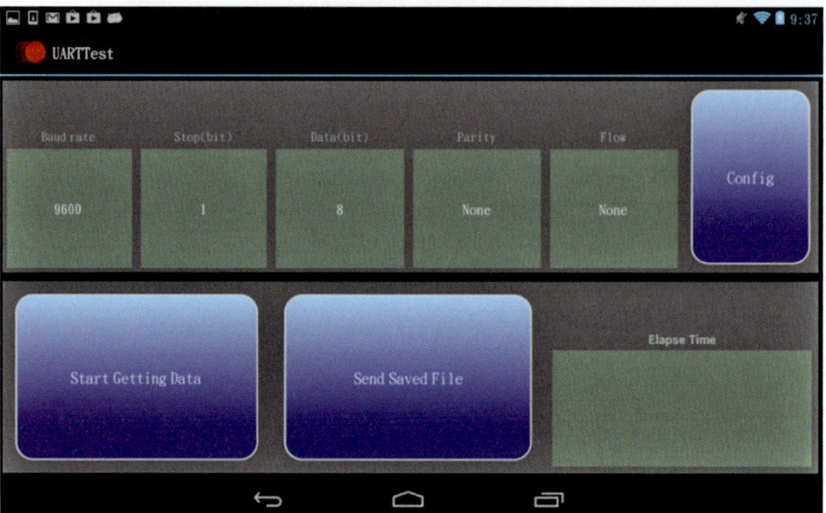

Abb. 12–22 Die UARTTest-App

- **GPIO Demo (Jumper CFG0, CFG1, CFG2)**: Mit dieser Demo können bis zu sieben TTL-Eingänge oder -Ausgänge betrieben werden, was im einfachsten Fall ein Schalter oder eine LED sein kann. Die Elemente werden direkt an die gewünschten IOBUS-Pins angeschlossen, wie es in Abb. 12–23 gezeigt ist. Alternativ ist hierfür auch das aufsteckbare Erweiterungsboard (FT311 GPIO Board) mit den bestückten Schaltern und LEDs einsetzbar. Über die entsprechenden Haken bei *Out Map* und *In Map* (Abb. 12–24) kann jeder Anschluss als Ein- oder Ausgang festgelegt werden.

Wichtig ist dabei, dass nach jeder Änderung der Eingangs/Ausgangs-Zuordnung der Config-Button betätigt wird, wodurch die Konfiguration an den FTDI-Chip gesendet wird, die dann in Kraft tritt, sodass nachfolgend die Signale gesetzt oder gelesen werden können. Entsprechendes trifft gleichermaßen auf die anderen Programme (UART, SPI) zu, die ebenfalls einen Config-Button führen.

Wird ein Low ausgegeben, leuchtet die angeschlossene LED (Abb. 12–24), bei einem High leuchtet sie dementsprechend nicht. Die Read-Funktion stellt einen High-Pegel am entsprechenden Anschluss als eine grüne LED dar.

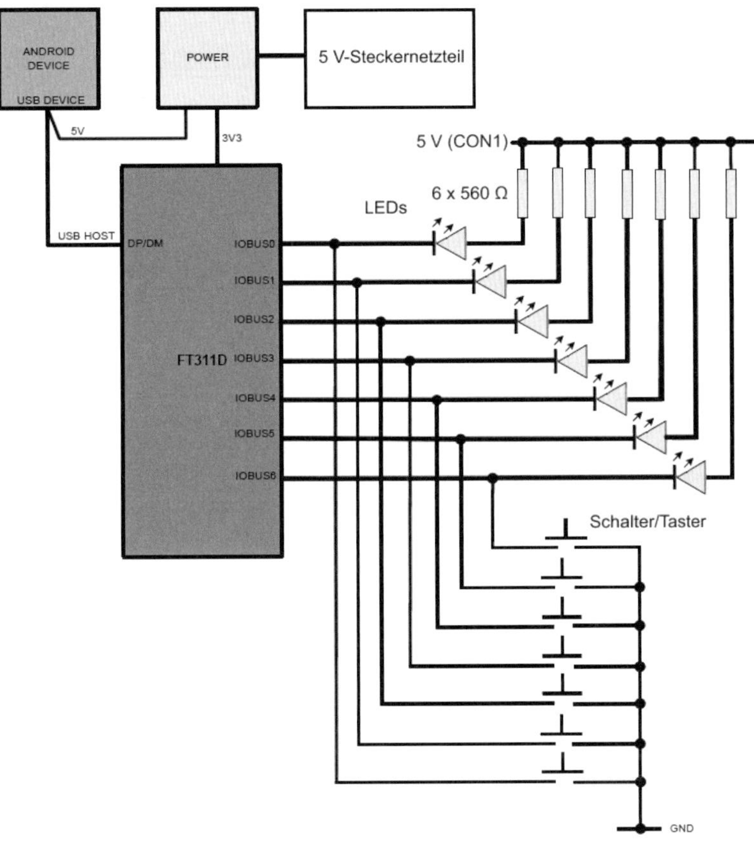

Abb. 12–23 Testschaltung für den GPIO-Modus

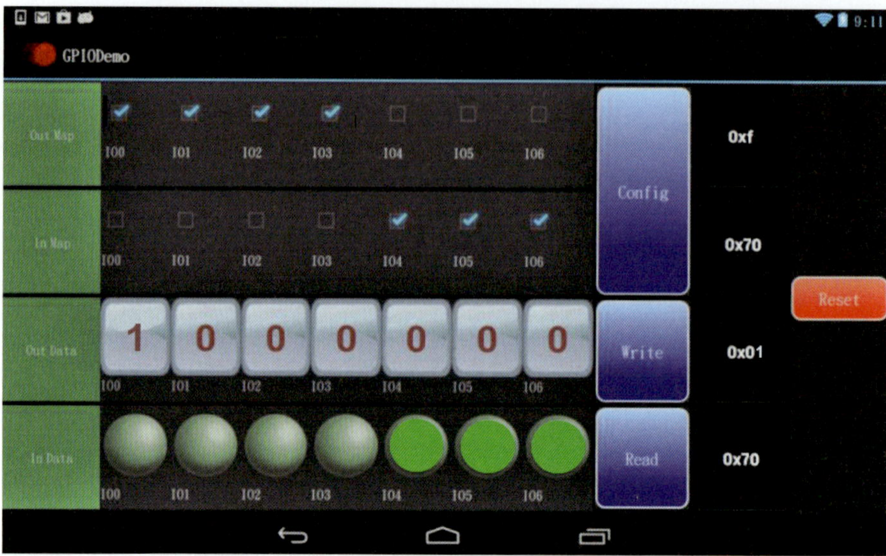

Abb. 12–24 Mit der GPIO-App werden hier vier Ausgänge und drei Eingänge konfiguriert. Der erste Ausgang wird auf eins gesetzt, und die drei Eingänge werden als ein High gelesen.

- **PWM Demo (Jumper CFG0, CFG2):** Die PWM-Applikation schreibt verschiedene Pulse auf vier Ausgänge (IOBUS0 bis IOBUS3). Mit *Set Period* lässt sich die Periode in Millisekunden bestimmen und mit den vier Duty-Cycle-Slidern (0 bis 95 %) das Puls-Pausenverhältnis.
- **I2C Demo (Jumper CFG2):** Das Signal IOBUS0 führt das I^2C-Bustaktsignal, und IOBUS1 führt das I^2C-Busdatensignal. Diese Signale sind entsprechend mit einem I^2C-Bus-Chip, wie einem Temperatursensor, der den Slave darstellt, zu verbinden. Die I^2C-Busapplikation erlaubt das Absetzen von Lese- und Schreibkommandos auf verschiedene I^2C-Bus-Adressen, und die Taktfrequenz lässt sich hierfür in Stufen bis zu 92 kHz einstellen, was allerdings keiner spezifizierten I^2C-Busfrequenz entspricht.
- **SPI Master Demo (Jumper CFG1):** Diese Applikation ist der vorherigen ähnlich, wobei hierfür die oberen vier Busleitungen als SP-Interface (IOBUS3: SS, IOBUS4: Clock, IOBUS5: MOSI, IOBUS6: MISO) verwendet werden. Der gewünschte SPI-Modus (Clock/Phase, Data Order (LSB oder MSB)) und die Frequenz lassen sich für die Lese- und Schreib-Übertragungen (Read, Write) einfach per Auswahlmenü festlegen.
- **SPI Slave Demo (Jumper CFG1):** Während das Android-Evaluation-Board bei den beiden vorherigen Beispielen den Master gebildet hat, fungiert es hier als Slave nach dem gleichen Verbindungsschema wie bei der SPI-Masterdemo; die Funktionsrichtung ist allerdings umgekehrt. Weil das Lesen eben nicht von einem

SPI-Slave initiiert werden kann, gibt es bei dieser App keinen Read-, sondern stattdessen einen Terminate-Button, um die Übertragung abbrechen zu können.

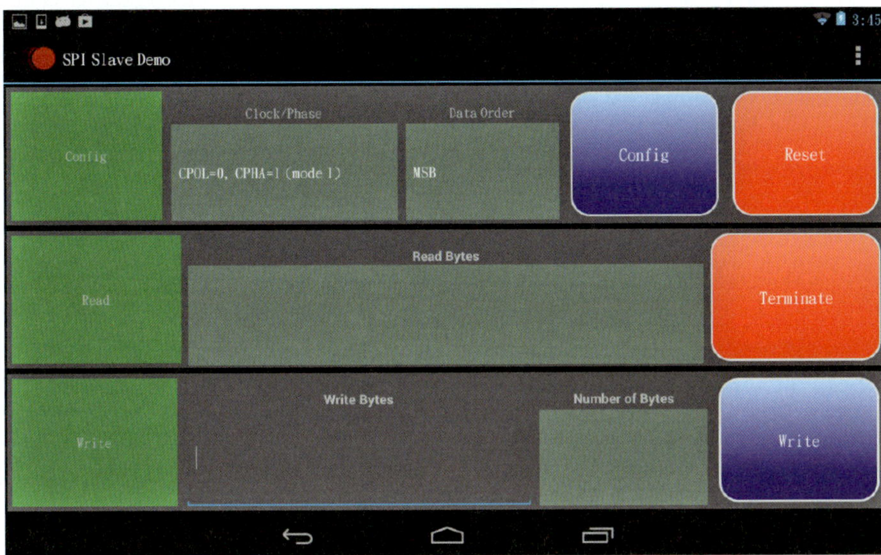

Abb. 12–25 Die SPI Slave Demo

Nachdem die Jumper – je nach gewünschter App – gesetzt sind, das Board an das Android-Gerät angeschlossen und die Spannungsversorgung angeschaltet ist, leuchtet nach einiger Zeit die rote Status-LED (Abb. 12–19), was ein Indiz für die abgeschlossene Initialisierung des Boards ist. Falls diese LED im Betrieb nicht leuchten sollte, stimmt mit dem Zustand des Systems (Android-Gerät plus FTDI-Board) etwas nicht.

Die Beispiele mit dem FTDI-Android-Board zeigen, wie einfach es ist, über ein Android-Gerät mit Hardwareeinheiten zu kommunizieren. Dabei muss man sich mit den Funktionen zufriedengeben, die die FTDI-Firmware im FT311-Chip bietet. Die mitgelieferten Demo-Programme können als gute Ausgangsbasis für die Erstellung eigener Apps dienen, die mit unterschiedlichsten Einheiten wie Sensoren und Aktoren kommunizieren. Universelle Lösungen ermöglichen die *Accessory Development Kits*, die ursprünglich von Google vorgestellt wurden und auf der Hardwareseite mit der frei programmierbaren Arduino-Plattform arbeiten.

13 Peripherie für PC und Notebooks selbst bauen

Einige Komponenten, wie etwa Netzteile und Festplatten, lassen sich weiterverwenden, auch wenn sie etwas älter sind. Vielfach erscheinen Computer, insbesondere dann, wenn sie noch einwandfrei funktionieren, aber auch zu schade zum Wegwerfen oder Zerlegen, und es gibt sicher das eine oder andere Gerät, an dem man aus nostalgischen Gründen irgendwie hängt und es deshalb lieber behalten möchte. Dann wünscht man sich, dass das alte »Stück« noch eine nützliche Aufgabe übernehmen könnte, etwa als Steuer- oder Messcomputer zu fungieren.

Hier sind eine Vielzahl von Anwendungen möglich, sei es für die Messung von Umweltdaten (z.B. Temperatur, Druck), die Steuerung der Modelleisenbahn oder auch für die Überwachung von bestimmten Zuständen, wobei hier die Spannweite von einer Tür-auf/Tür-zu-Information bis hin zu einer kompletten Prozesssteuerung reichen kann. In den Abschnitten 13.3 und 13.4 sind anhand des Parallel-Ports und der seriellen Schnittstelle, die bei älteren Computern und Notebooks standardmäßig vorhanden sind, einige Beispiele gezeigt, wie externe Peripherie hierfür selbst gebaut und programmiert werden kann.

13.1 Festplattenrecycling

Ältere und übrig gebliebene Festplatten lassen sich als Wechselfestplatten für das Backup und den Datentransport einsetzen. Hierfür ist ein passendes Gehäuse mit integriertem Interface notwendig, welches das die PATA- oder SATA-Signale (Abschnitt 2.7) der Festplatte auf den USB umsetzt.

Abb. 13–1 Hier lassen sich sowohl SATA- als auch IDE-Festplatten einbauen.

13.1.1 Gehäuse und Interfaces

Je nach Qualität, Größe (Bauhöhe der Festplatte beachten) und USB-Interface-Typ (USB 2.0 oder 3.0) sind passende Gehäuse bereits ab ca. 5 Euro erhältlich. Möglicherweise wird noch ein externes Netzteil für den Betrieb benötigt, welches aber nicht zum Lieferumfang des Gehäuses gehört. Auf jeden Fall ist es wünschenswert, wenn das Gehäuse den Anschluss eines Netzteils per entsprechender Buchse gestattet. Es hängt vom Strombedarf der jeweiligen Festplatte und der USB-Implementierung des Computers, an den die externe Festplatte angeschlossen werden soll, ab, ob sich der erforderliche Strombedarf über den USB tatsächlich decken lässt.

Die Konstruktion mit einem Y-USB-Kabel, die den Strom aus zwei USB-Ports ziehen soll, ist generell von fragwürdiger Zuverlässigkeit und muss keineswegs funktionieren. Selbst zu portablen USB-Festplatten, wie den farbigen mobilen Platinum-MyDrive-Typen sind Y-Kabel mitgeliefert worden, die nicht korrekt verdrahtet sind, sodass die Festplatten bei Verwendung des Kabels bei bestimmten Computern nicht anlaufen. Mit einem üblichen USB-Kabel hingegen funktionieren die MyDrive-Festplatten einwandfrei.

Einige der Gehäuse verfügen über einen integrierten Akku, der aufgeladen wird, während er am USB angeschlossen ist, sodass keine separate Spannungsversorgung – ein externes Netzteil – für den Betrieb notwendig ist. Hierfür empfehlen sich dann die kleineren 2,5"-Festplatten, wie sie in Notebooks verbaut werden, weil ihr Stromverbrauch geringer ist als der von älteren 3,5"-Festplatten.

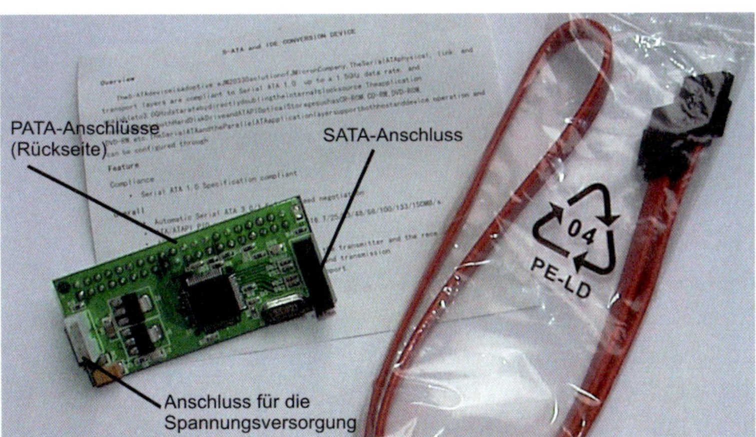

Abb. 13–2 Ein separater PATA-auf-SATA-Umsetzer

Festplatten, die älter sind als sechs Jahre, besitzen als Interface möglicherweise keinen SATA-, sondern einen PATA-Anschluss (IDE), der mit einem 40-poligen Kabel zu verbinden ist. Die meisten Gehäuse sind jedoch für SATA-Laufwerke vorgesehen.

Passende Adapter mit entsprechender Umsetzerelektronik sind ebenfalls recht preisgünstig (ab ca. 7 Euro), wobei deren Baugröße und der im jeweiligen Gehäuse zur Verfügung stehende Platz zu beachten ist. In Abb. 13–1 ist ein Gehäuse gezeigt, welches sowohl über einen SATA- als auch über einen IDE-Anschluss und einen Anschluss für ein externes 12-V-Netzteil verfügt.

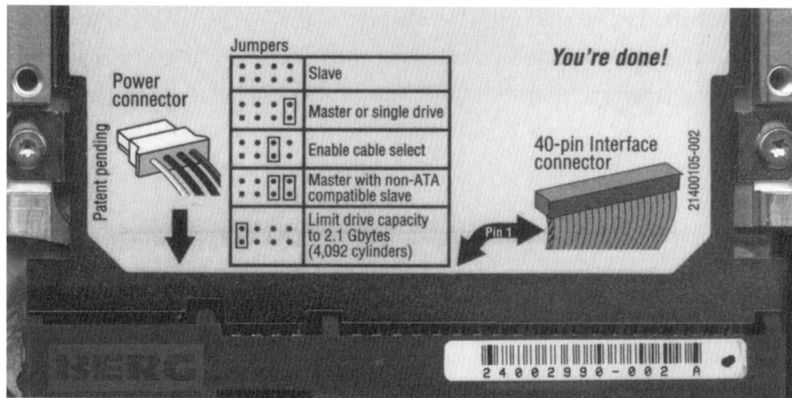

Abb. 13–3 Auf dieser IDE-Festplatte sind die Bedeutungen der Jumper-Stellungen deutlich angegeben, was nicht immer der Fall ist.

Bei den IDE-Laufwerken ist noch ein Konfigurationsschritt zu beachten, für den verschiedene Steckbrücken (Jumper) neben dem Laufwerksanschluss vorhanden sind. IDE erlaubt an einem Anschluss maximal zwei Laufwerke, die über ein passendes IDE-Kabel mit der Elektronik (auf dem Mainboard) zu verbinden sind. Ein Gerät wird über die Jumper hierfür als Master und das andere als Slave eingestellt. Weil in einem externen Gehäuse nur ein einziges Laufwerk eingesetzt wird, wird diese Konfigurationsproblematik zwar etwas entschärft, gleichwohl muss die Festplatte auf Master »gejumpert« sein.

Ganz alte Festplatten (< 1990) sind oftmals im 5,25"-Format ausgelegt, dem klassischen Format der ersten Diskettenlaufwerke für PCs, an dem sich auch die Maße der Einbauschächte in den Standard-PCs und die hier passenden optischen Laufwerke orientieren. Separate Gehäuse für das 5,25"-Format sind ebenfalls erhältlich. Sie empfehlen sich für den Einbau von DVD- und Blu-ray-Laufwerken, denn vom Prinzip und der Unterstützung durch das Betriebssystem macht es keinen Unterschied, ob es sich um eine externe Festplatte oder um ein optisches Laufwerk handelt: Beides wird als USB-Gerät erkannt und behandelt.

Der Einsatz von alten 5,25"-Festplatten macht aufgrund der zu geringen Kapazitäten meist keinen Sinn mehr. Für optische Laufwerke im Slim-Line-Format, wie sie in Notebooks eingesetzt werden, gibt es auch spezielle flache Gehäuse.

13.1.2 Network Attached Storage

Ein zentraler Speicherort für Daten wird oftmals als *Network Attached Storage* (NAS) realisiert, also als Speichersystem, dass über das LAN erreichbar ist, was im Grunde genommen von allen Geräten genutzt werden kann, wobei für Tablets und Smartphones das WLAN notwendig ist, was aber nichts am Prinzip ändert. Ein NAS kann nicht nur als gemeinsamer Pool für unterschiedlichste Datentypen, sondern auch für (automatisierte) Backups sinnvoll verwendet werden. Ein älterer PC mit (einigen) Festplatten und einem Netzwerk-Interface lässt sich sehr einfach zu einem NAS-System umfunktionieren. Der WLAN-Adapter kann, muss aber nicht im PC selbst vorhanden sein, sondern kann auch über einen Access Point (im xDSL-Modem) bereitgestellt werden.

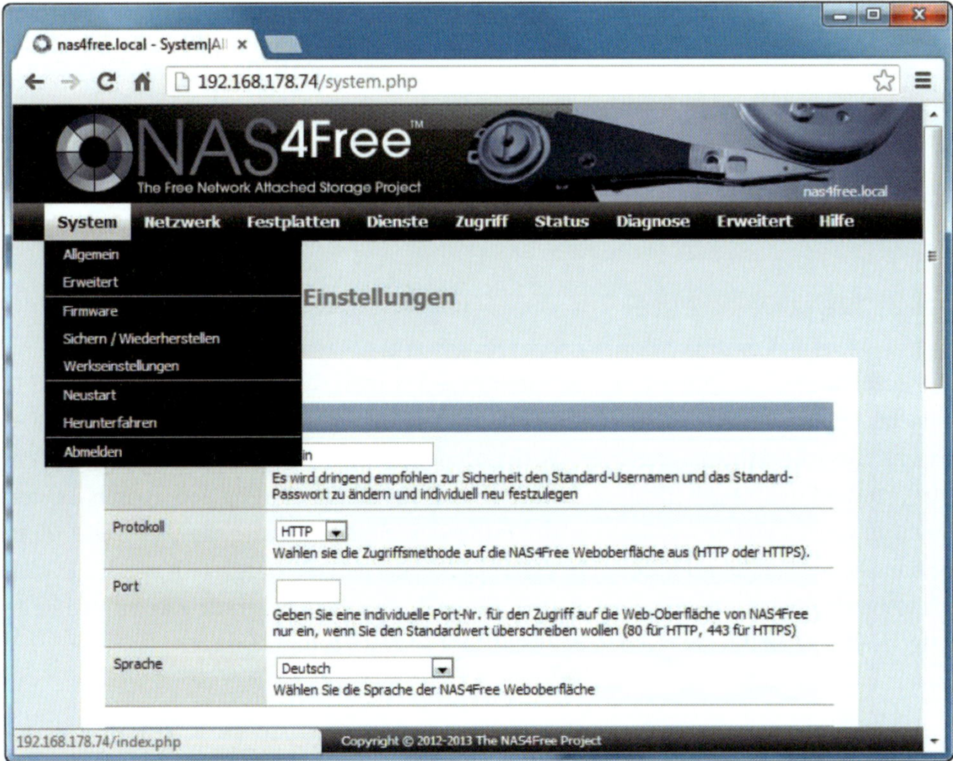

Abb. 13–4 NAS4Free ist komfortabel einzurichten und bietet eine Fülle an Möglichkeiten.

Statt ein NAS-System selbst per Software »aufzusetzen«, kann man auch auf verschiedene »fertige« Lösungen zurückgreifen, wobei *Free NAS* und *NAS4Free* die bekanntesten sind. NAS4Free basiert auf Linux FreeBSD und bietet eine sehr gute kostenfreie Lösung mit einer Vielzahl von Optionen. Es benötigt als RAM-Speicher mindestens 1

GByte und eine bootfähige Festplatte. Das System gibt es als 32- und auch als 64-Bit-Version, und es wird als Image von *http://sourceforge.net/projects/nas4free/* bereitgestellt. Das Image kann über eine CD oder über einen USB-Stick installiert werden, sodass der PC noch ein CD-Laufwerk und/oder einen USB-Anschluss benötigt. Ein Monitor und eine Tastatur sind lediglich während der Installation notwendig, denn im späteren Betrieb wird das System über den Webbrowser eines anderen Computers administriert.

Im `Festplatten-Management` ist zu bestimmen, welche Laufwerke für das NAS verwendet werden sollen, wobei sowohl interne als auch externe, die über den USB abgeschlossen sind, eingesetzt werden können. Es ist eine Vielzahl an unterschiedlichen Freigaben und Diensten konfigurierbar. Für Windows-Geräte ist Samba notwendig, welches das CIFS/SMB-Format verwendet. Für das Streamen von Musik und Filmen ist die UPnP-Freigabe (Universal Plug&Play) einzuschalten und beim Profil üblicherweise DLNA (Digital Living Network), weil es von vielen Geräten (Computer, Smart-TV, AV-Receiver) unterstützt wird.

Diese Art der Zweitverwertung ist zwar eine nützliche Sache, gleichwohl sollte der Stromverbrauch des Systems beachtet werden, denn üblicherweise läuft ein NAS-System im Dauerbetrieb, was natürlich nicht zwangsläufig so sein muss.

13.2 Netzwerktester

Zur schnellen Überprüfung, ob mit einem bestimmten Kabel eine LAN-Verbindung besteht, eignet sich ein kleiner Switch, den man einfach an das jeweilige LAN-Kabel anschließt, woraufhin anhand der vorhandenen Leuchtdioden abzulesen ist, ob ein Link zu dem dahinter befindlichen Switch zustande kommt. Für den Switch ist eine Spannungsversorgung notwendig, die entweder eingebaut ist, was das Gerät dann unhandlicher macht, oder über ein externes Steckernetzteil hergestellt wird, was sich oft als unpraktisch erweist, weil nicht immer dort, wo sich gerade das zu prüfende LAN-Kabel befindet, auch eine 230-V-Steckdose zur Verfügung steht.

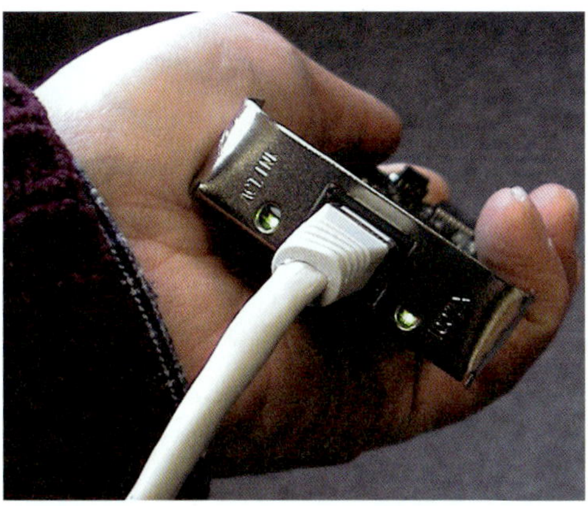

Abb. 13–5 Eine umgebaute Netzwerkkarte als handlicher Link-Tester

13.2.1 Wake on LAN

Die Lösung ist ein handlicher Link-Tester, den man sich – mit etwas Lötgeschick – auch ganz einfach selbst bauen kann. Dafür wird eine Netzwerkkarte mit dem dreipoligen WOL-Anschluss (Wake On LAN) benötigt. Ethernet-Karten sind mitunter bereits für ein paar Euro erhältlich, wobei der jeweilige Bus-Anschluss (ISA, PCI, PCI-Express) hier keine Rolle spielt, denn die Karte wird nicht etwa in einen PC eingebaut, sondern über den WOL-Anschluss mit Spannung versorgt. Das reicht aus, um nach dem Einstecken eines LAN-Kabels auf den vorhandenen Leuchtdioden (LEDs) erkennen zu können, ob ein Link vorhanden ist und ob hier 10 MBit/s oder 100 MBit/s oder 1000 MBit/s möglich sind. Die Karte muss logischerweise über die entsprechenden LEDs verfügen.

Zu Netzwerkkarten mit WOL-Anschluss wird meist auch das passende, recht dünne dreipolige Kabel (oftmals in gelber Farbe) mitgeliefert, welches normalerweise auf den passenden Anschluss des Mainboards gehört, hier jedoch über den Pin 1 mit 5 V versorgt wird. Pin 2 wird mit der Masse der Spannungsversorgung verbunden, während Pin 3 nicht benötigt wird und daher auch am Stecker abgekniffen werden kann.

Abb. 13–6 Die umgebaute Netzwerkkarte von der Vorder- und von der Rückseite

13.2.2 Spannungsversorgung

Für die Spannungsversorgung sind mindestens drei 1,5-V-Batterien notwendig, die in ein entsprechendes Batteriefach einzusetzen sind, welches man im Elektronikhandel, etwa bei Conrad Electronic, findet. Üblicher ist allerdings ein Batteriefach für vier 1,5-V-Batterien, womit dann 6 V vorhanden sind. Um damit nicht die Zerstörung der Karte zu riskieren, verwendet man in diesem Fall am besten einen 5-V-Spannungsregler (vom Typ 7805 Low Drop), der aus den 6 V konstante 5 V erzeugt. Ein 9-V-Block ist natürlich ebenfalls möglich, wobei dann kein Low-Drop-Typ notwendig ist, weil die Spannungsdifferenz größer ist und auch ein 7805-Standard-Typ verwendet werden kann. Beachtet werden sollte bei der Spannungsversorgung, dass das »Gerät« gut zu handhaben ist.

Ein flaches Batteriefach mit vier AAA-Batterien könnte im Übrigen (mit doppelseitigem Teppichklebeband) auf die Platinenrückseite geklebt werden, wie es in Abb. 13–7 zu erkennen ist. Außerdem wurde bei der verwendeten Netzwerkkarte noch ein einfacher Taster in den Weg der Spannungsversorgung (vor den Spannungsregler) gelötet, damit die Schaltung nur beim Drücken auf den Taster mit Spannung versorgt wird und nur dann Strom verbraucht wird, was eine sehr lange Haltbarkeit der Batterien verspricht.

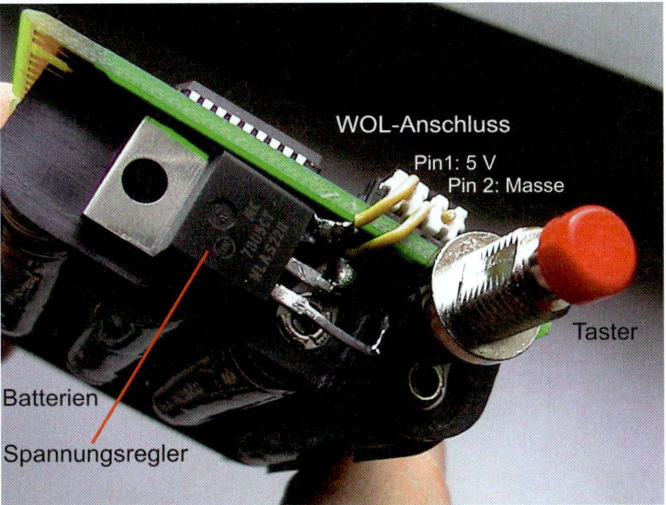

Abb. 13–7 Die Zusatzschaltung für die Netzwerkkarte im Detail

Wer den Tester besonders stabil aufbauen will, kann die Karte mit den zusätzlichen Teilen natürlich in ein Gehäuse einbauen. Hier wurden die Teile direkt an den Batteriekasten gelötet, wobei man aufpassen muss, dass der heiße Lötkolben nicht das Plastik aufweicht und dabei die beiden Ösen des Batteriefachs ihren Halt verlieren.

Zuletzt könnte noch das möglicherweise störende Slotblech der Karte abgeschraubt werden. Weil hier jedoch meist die Beschriftungen, die den Status der LEDs angeben, aufgebracht sind, ist es sinnvoller, das Blech abzuschneiden und/oder um die Platine herum zu biegen, wodurch sie auch besser zu handhaben ist.

Mit diesem Netzwerktester erhält man ein ungemein nützliches Werkzeug (fast zum Nulltarif), denn es ist eben kein simpler Netzwerkkabeltester, der nichts anders ist als ein Durchgangsprüfer für die Leitungen. Vielmehr kann mit der umgebauten Netzwerkkarte an Twisted-Pair-Ports festgestellt werden, ob hier ein Link zustande kommt und welche Datenrate vorliegt, ob also ein funktionierender Gegenpart existiert.

13.3 Parallel-Port-Interface-Anwendungen

Der Parallel-Port und die seriellen Ports (COM-Ports) sind funktionell durch den USB ersetzt worden. Bei älteren PCs und Notebooks sind diese Schnittstellen (vgl. Abb. 13–10 und Abb. 13–22) standardmäßig vorhanden, die sich relativ einfach für die Ansteuerung eigner Applikationen verwenden lassen. Die parallele Schnittstelle des PC (Centronics) war zunächst allein für den Anschluss eines Druckers vorgesehen und kann bei älteren PCs vom Betriebssystem her oftmals nicht bidirektional betrieben werden, weil das BIOS dies nicht ermöglicht.

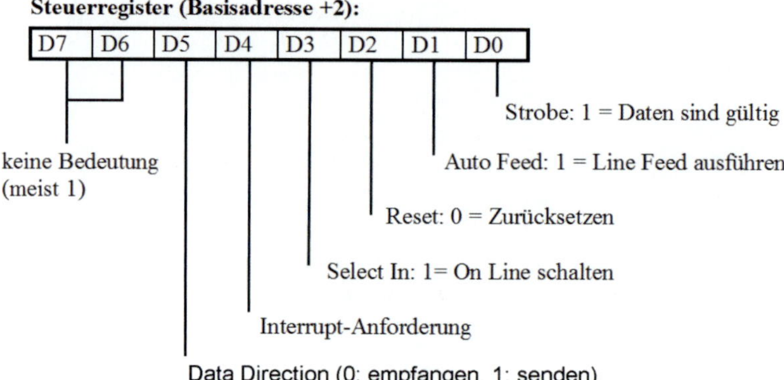

Abb. 13–8 Das Parallel-Port-Steuerregister

Vielfach lässt sich durch eine direkte Registerprogrammierung dennoch ein zweiseitiger Betrieb durchführen (Byte Mode, kein ECP oder EPP), und zwar durch das Setzen des Bits 5 (Data Direction) im Steuerregister (LPT1: $37Ah), was sich leicht ausprobieren lässt. Ist dieses Bit Low, werden die Daten im Data-Register (LPT1: 378h) dementsprechend zur Schnittstelle geschrieben, was dem üblichen Druckerbetrieb entspricht.

13.3.1 Direkte Registerprogrammierung

Das folgende Programm zeigt, wie durch eine direkte Registerprogrammierung mit der parallelen Schnittstelle auch bidirektional kommuniziert werden kann. Es ist in Turbo Pascal (TP) geschrieben und kann bei Bedarf auch relativ einfach für eigene Zwecke verändert werden. Es erledigt die folgenden grundlegenden Aufgaben:

- Schreiben eines Bytes auf die Datenleitungen des Parallel-Ports
- Lesen eines Bytes von den Datenleitungen des Parallel-Ports
- Setzen der vier Steuerleitungen
- Lesen der fünf Statusleitungen

```
program Parallel;

{Direkte Programmierung der parallelen Schnittstelle von PCs}
const
   LPT1 = $378; {Basisadressen, maximal vier Schnittstellen}
   LPT2 = $278;
   LPT3 = $3BC;
   LPT4 = $2BC;
   LPT = LPT1;           {Hier verwendeten LPT-Port festlegen}
   Statusregister=LPT+1;       {Statusregister=Basisadresse+1}
   Steuerregister=LPT+2;       {Steuerregister=Basisadresse+2}
{**********************************************************}
procedure write_byte(Wert : byte);
{Sendet ein Datenbyte ueber die Datenleitungen D1 bis D8}
begin
   port[LPT]:=Wert;            {Wert schreiben}
   end; {write_byte}
{***********************************************************}
function read_byte : byte; {Liest das Byte an D1 bis D8}
 var Wert : byte;
begin
    Wert:=port[LPT];       {Wert lesen}
    end;                   {read_byte}
{***********************************************************}
procedure write_Control(Wert : byte);
{Setzt Steuerleitungen entsprechend dem uebergebenen Wert.
 Bit 0 : Strobe     - Pin 1
 Bit 1 : Auto Feed  - Pin 14
 Bit 2 : Reset      - Pin 16 (36pol.: Pin 31)
 Bit 3 : Select In  - Pin 17 (36pol.: Pin 36)}
begin
   Wert:=Wert and $0f;   {Die oberen 4 Bits auf null setzen}
   Wert:=Wert XOR 11;         {Bits 0,1 und 3 invertieren}
   port[Steuerregister]:=Wert; {Wert ausgeben}
   end; {write_control}
{***********************************************************}
function read_Status : byte;
{Gibt den Zustand der folgenden Statusleitungen zurueck:
 Bit 3 : Error          - Pin 15 (36pol.: Pin 32)
 Bit 4 : Select         - Pin 13
 Bit 5 : Paper Out      - Pin 12
 Bit 6 : Acknowledgement - Pin 10
 Bit 7 : Busy           - Pin 11}

var
   Wert : byte;
begin
```

```
   Wert:=port[Statusregister]; {Wert einlesen}
   Wert:=Wert XOR 128;         {Bit 7 invertieren}
   read_Status:=Wert;          {Wert zurueckgeben}
   end; {read_Status}

{************************************************************}
var Wert:byte;
begin {Beispiel-Hauptprogramm}
   write_byte($AA);      {Zahl $AA auf Datenleitungen ausgeben}
   write_Control($0f);   {alle 4 Steuerleitungen auf 1 setzen}
   Wert:=read_byte;      {Byte von Datenleitungen lesen}
   writeln('Gelesenes Datum: ',Wert);
   Wert:=read_Status;     {Zustand der 5 Statusleitungen lesen}
   writeln('Status: ',Wert);
   end.                   {Ende Beispiel-Hauptprogramm}
```

Listing 13–1 Parallel-Port-Funktionen

Unter der Basisadresse 378h befindet sich das Datenregister der Schnittstelle (LPT1), in das einfach die entsprechende Information hineingeschrieben wird, damit der gewählte Ausgang ein High annimmt und beispielsweise die LED leuchtet. Ist im PC eine zweite parallele Schnittstelle (LPT2) eingebaut, befindet sich das Datenregister üblicherweise unter der Adresse 278h.

Datenregister (Basisadresse):

D7	D6	D5	D4	D3	D2	D1	D0	Datenbit
D8	D7	D6	D5	D4	D3	D2	D1	Datenleitung

Abb. 13–9 Die Belegung des Parallel-Port-Datenregisters

13.3.2 Daten an Peripherie ausgeben

Die Ausgabe von Daten ist bei der parallelen Schnittstelle »von Haus aus« kein Problem, denn normalerweise wird ja hier der Drucker angeschlossen. Daher ist es auch möglich, an die Datenleitungen (D1–D8, Pins 2–9) über einen Vorwiderstand von typischerweise 470 Ω eine Leuchtdiode oder auch ein Relais (mit geringer Stromaufnahme) anzuschließen, welches dann per Software an- und abzuschalten ist.

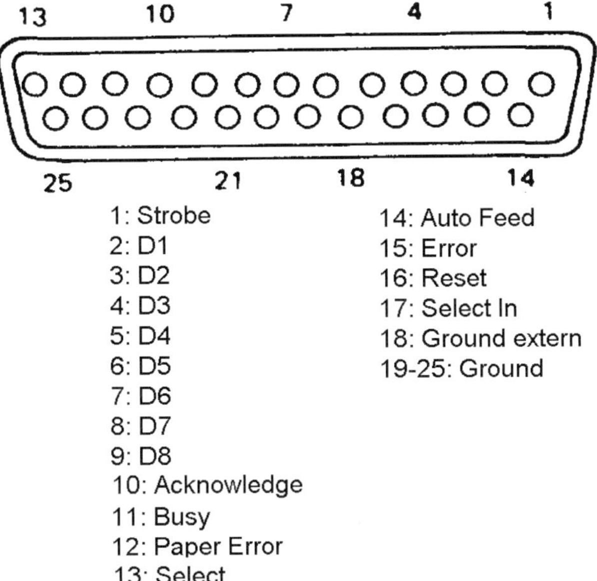

Abb. 13–10 Die Anschlüsse der parallelen Schnittstelle an der 25-poligen PC-Buchse

Wer keinen großen Aufwand treiben und dies vielleicht nur einmal ausprobieren möchte, sollte sich einen 25-poligen DSUB-Stecker besorgen und die zu verwendenden Bauteile hier einfach direkt anlöten, wie es in Abb. 13–11 zu erkennen ist. Dort werden acht Leuchtdioden oder eine Flächen-LED (Bargraph-Anzeige) über acht Widerstände (470 Ω) mithilfe eines 25-poligen DSUB-Steckers angesteuert.

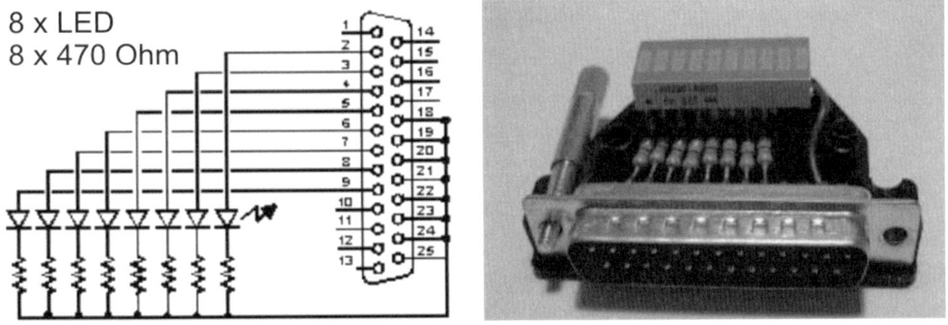

Abb. 13–11 Einfache Schaltung für die LED-Ansteuerung per Parallel-Port

Unter dem Betriebssystem DOS, bis zur Version Windows 98 oder unter Linux ist es sehr einfach, auf den Parallel-Port programmtechnisch zuzugreifen. Mit dem folgenden Programm (in »C«) werden alle LEDs eingeschaltet.

```
#include <stdio.h>
#include <dos.h>
#include <conio.h>
/************************************************/
/*This program set the parallel port outputs     */
/************************************************/
void main (void)
{
clrscr();                   /* clear screen */
outportb(0x378,0xff);       /* output the data to parallel port */
getch();                    /* wait for keypress before exiting */
```

Listing 13–2 Listing: Daten auf den Parallel-Port schreiben

13.3.3 Daten von Peripherie lesen

Das direkte Lesen von Daten aus der Druckerschnittstelle ist seit den erweiterten Parallel-Port-Modes wie Bidirectional, EPP oder ECP (IEEE 1284) möglich. Gleichwohl gibt es auch bei der alten Centronics-Implementierung fünf Statussignale als Rückmeldesignale vom Drucker zum PC, die sich zum Einlesen von Daten (Schalterstellung o. Ä.) nutzen lassen: *Acknowledge* (Pin 10), *Busy* (Pin 11), *Paper Out* (Pin 12), *Select* (Pin 13) und Error (Pin 15), die direkt an den angegebenen Anschlüssen zur Verfügung stehen und im Statusregister (379h bei LPT1) »ankommen«.

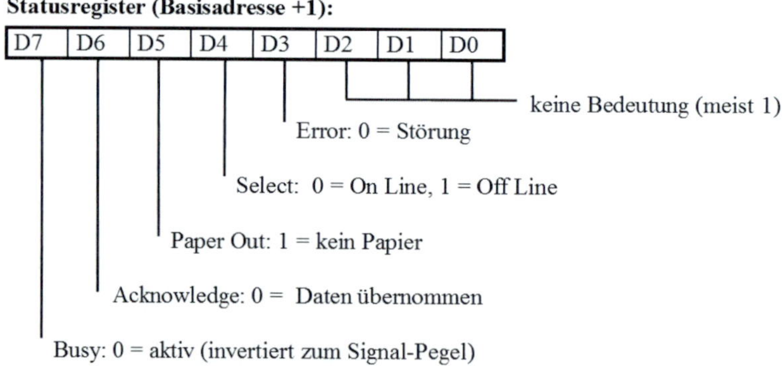

Abb. 13–12 Das Parallel-Port-Statusregister

Als Beispiel zum Einlesen der Stellung eines Schalters, der beispielsweise am Error-Pin (Pin 15, Bit 3) angeschlossen ist, dienen in Turbo Pascal die folgenden Programmzeilen:

```
wert:=port[$379];
wert:=wert AND $F7;
writeln (´WERT´:, wert);
```

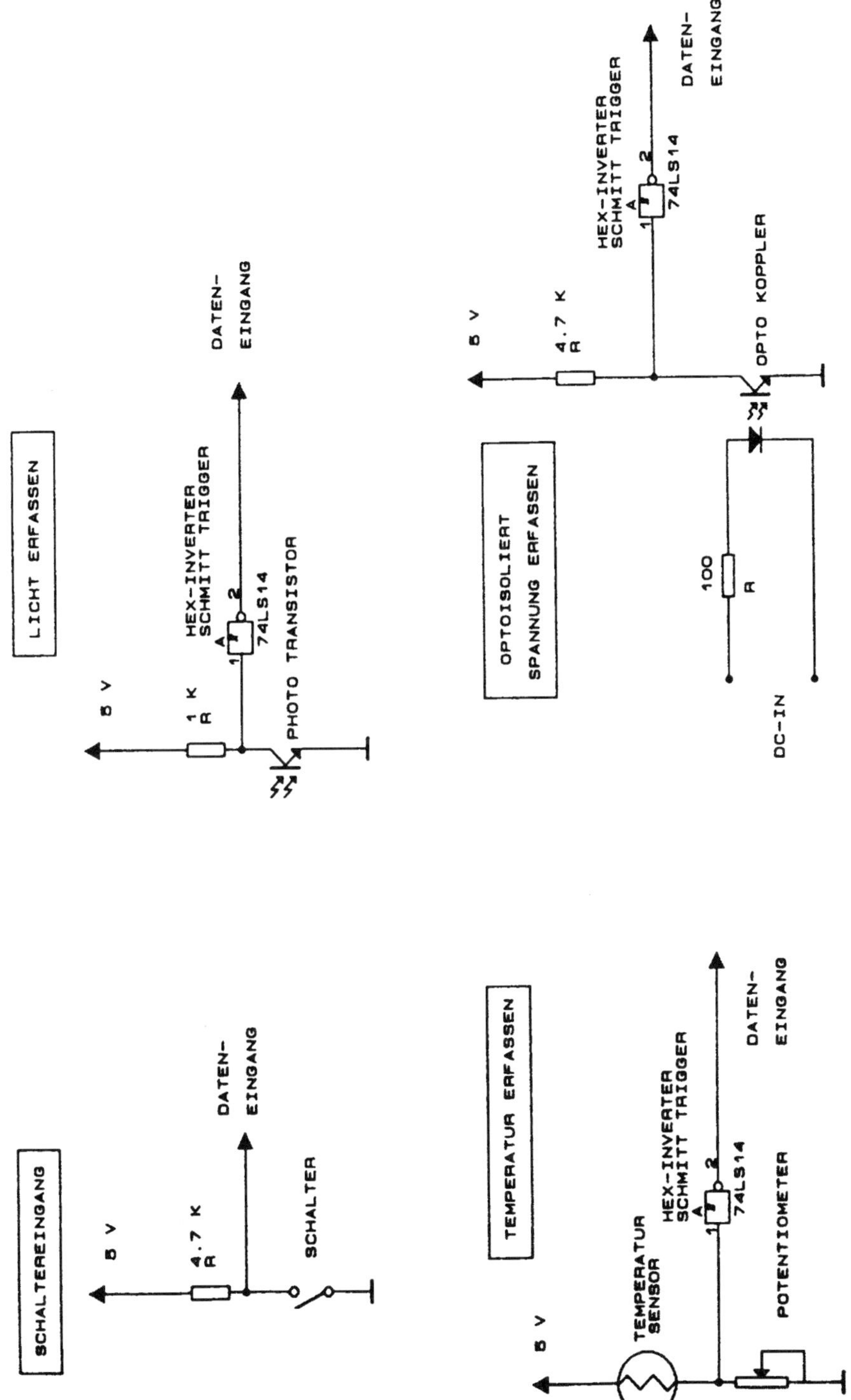

Abb. 13–13 Schaltungen zum Anschluss an Digitaleingänge

Die AND-Verknüpfung in der zweiten Zeile des kleinen Listings dient dazu, alle anderen Bits bis auf das hier interessante Bit 3 (Error) zu löschen, damit der *Wert* nur vom Zustand der Error-Leitung bestimmt wird. Die Druckerschnittstelle ist demnach bereits für eine Vielzahl von unterschiedlichen I/O-Aufgaben geeignet. In Abb. 13–13 sind einige Beispiele dafür angegeben, was an die Ausgänge (D1–D8) und die Eingänge (Statussignale) angeschlossen werden könnte.

Um den Zustand von Schaltern einzulesen, sollten die Datenleitungen, wie in Abb. 13–13 gezeigt, über einen 4,7-kΩ-Widerstand an +5 V gelegt werden, damit stets ein definierter Pegel anliegt. Mit einem Phototransistor kann eine Lichtquelle erfasst werden. Ist eine bestimmte Intensität erreicht, schaltet der Transistor durch (an Masse). Mit dem invertierenden Schmitt-Trigger (74LS14) wird hieraus ein High-Signal.

Ähnlich funktioniert die Detektierung einer bestimmten Temperatur. Die Temperatur verändert den Widerstand des Sensors, und – je nach Sensor- und Vorwiderstand – schaltet der invertierende Schmitt-Trigger um.

Um festzustellen, ob eine Spannung anliegt oder nicht, kann eine Schaltung mit Optokoppler verwendet werden. Einen Optokoppler sollte man immer dann einsetzen, wenn eine Trennung der Potenziale zwischen dem PC und dem Messobjekt nötig ist.

Da es sich hier um ein rein digitales Interface handelt, kann bei diesen Beispielen lediglich festgestellt werden, ob ein bestimmter Spannungswert (TTL-Pegel) überschritten worden ist (Schwellenwerterfassung), woraufhin das digitale Signal seinen logischen Zustand ändert. Die Messung einer analogen Größe – eines kontinuierlichen Signals – ist hiermit natürlich nicht möglich. Dafür wird ein Wandlerbaustein benötigt, der die analoge Spannung in eine digitale Information umsetzt, wofür Abschnitt 13.4 ein Beispiel gezeigt wird.

13.3.4 Universelle Parallel-Port-Schaltung

Der *alte* Drucker-Port eignet sich nur bedingt für die universelle Ein- und Ausgabe von Daten, denn ihm fehlen Adress-, Schreib- (/WR) und Leseleitungen (/RD), mit denen unterschiedliche Peripherie angesteuert werden kann. Im Prinzip könnte bei »neueren« PCs natürlich auch eine Realisierung laut ECP oder EPP verwendet werden, denn in diesen Modes sind entsprechende Steuerleitungen vorgesehen, um Peripherie mit Adressen, Daten und Steuerinformationen zu versorgen.

Mit der im Folgenden angegebenen Schaltung kann man jedoch *jede* Centronics-Schnittstelle um eine universelle I/O-Schnittstelle erweitern und muss sich nicht etwa mit den Unzulänglichkeiten der EPP- oder ECP-Implementierung beschäftigen, die in vielen BIOS-Versionen schlummern. An diese Interface-Schaltung lassen sich dann die unterschiedlichsten Bauelemente, wie Analog/Digital- und Digital/Analog-Wandler sowie Relais, anschließen, was eine Vielzahl von Applikationen auch mit älteren PCs und Notebooks ermöglicht.

13.3.5 Port-Baustein 8255

Den Kern der Schaltung bildet der bekannte Port-Baustein 8255 (PIO, Parallel Input Output). In der Version 8255A ist er bis zu einer Frequenz von 4 MHz zu verwenden. Mit dem 8255-2-Baustein können dagegen Frequenzen bis zu 8 MHz verarbeitet werden. Als CMOS-Version – in der stromsparenden Version – ist er ebenfalls erhältlich. Der Port-Baustein 8255 stellt (unabhängig von der verwendeten Version) insgesamt 24 TTL-Ein-/Ausgabeleitungen zur Verfügung. Diese Leitungen sind in drei Ports zu je 8 Bits aufgeteilt. Die Ports heißen Port A, Port B und Port C und können verschieden konfiguriert werden.

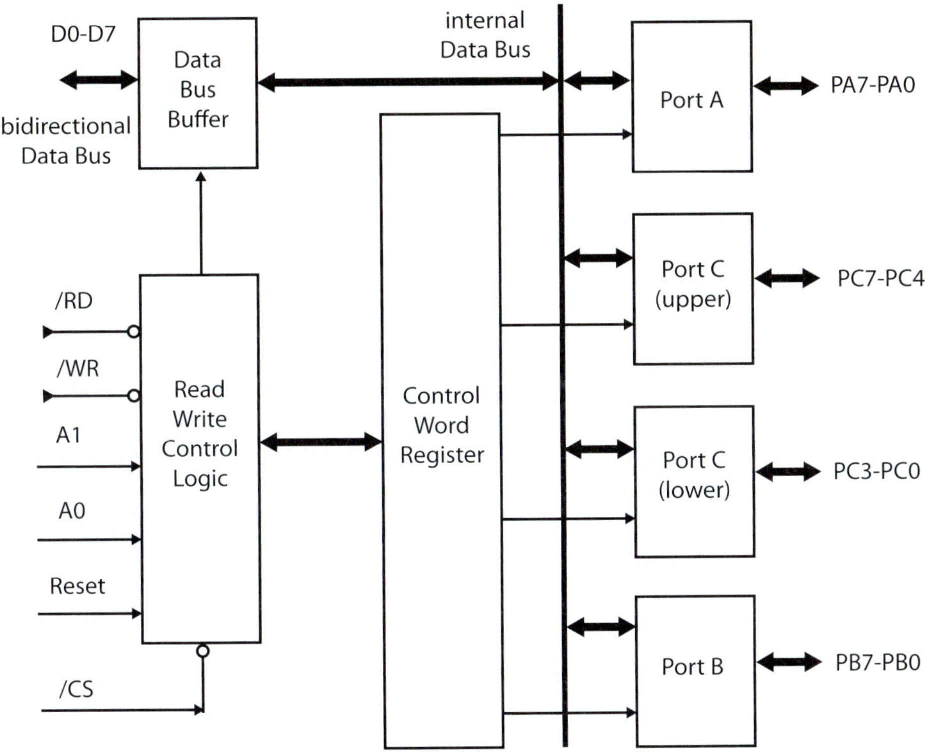

Abb. 13–14 Der Port-Baustein 8255, (PIO, Parallel Input Output) ist das Standardbauelement für den Aufbau von parallelen Schnittstellen.

Selektiert ist der 8255 bei einem Low am /CS-Eingang (Chip Select), und ein High-Impuls am Reset-Eingang löscht alle Ports sowie den Inhalt des Control Word Registers.

Signal	Bedeutung/Funktion
A0 und A1	Adressleitungen, die in Verbindung mit den Lese- und Schreibsignalen (/RD, /WR) die einzelnen Register selektieren
/CS	Chip Select. Ein Low aktiviert den Baustein. Das Signal wird durch eine Adressendekodierungsschaltung erzeugt.
D0-D7	Datenleitungen zur Verbindung des Bausteins mit dem Adressbus
GND	Ground, der Masseanschluss
PA0-PA7	Signale des Port A
PB0-PB7	Signale des Port B
PC0-PC7	Signale des Port C
Reset	Ein High löscht alle Ports und das Control Word Register.
/RD	Lesesignal. Ein Low bedeutet, dass Daten vom 8255 zur CPU gesendet werden.
VCC	Versorgungsspannungsanschluss (5 V)
/WR	Schreibsignal. Ein Low bedeutet, dass Daten von der CPU zum 8255 gesendet werden.

Tab. 13–1 Anschlussbeschreibung PIO 8255

Mithilfe der Adressleitungen A0 und A1 werden jeweils die vier einzelnen Register angewählt, die mit einem aktiven (Low-)Signal an /WR (Write) geschrieben und mit einem Low an /RD (Read) über die Datenleitungen (D0–D7) gelesen werden.

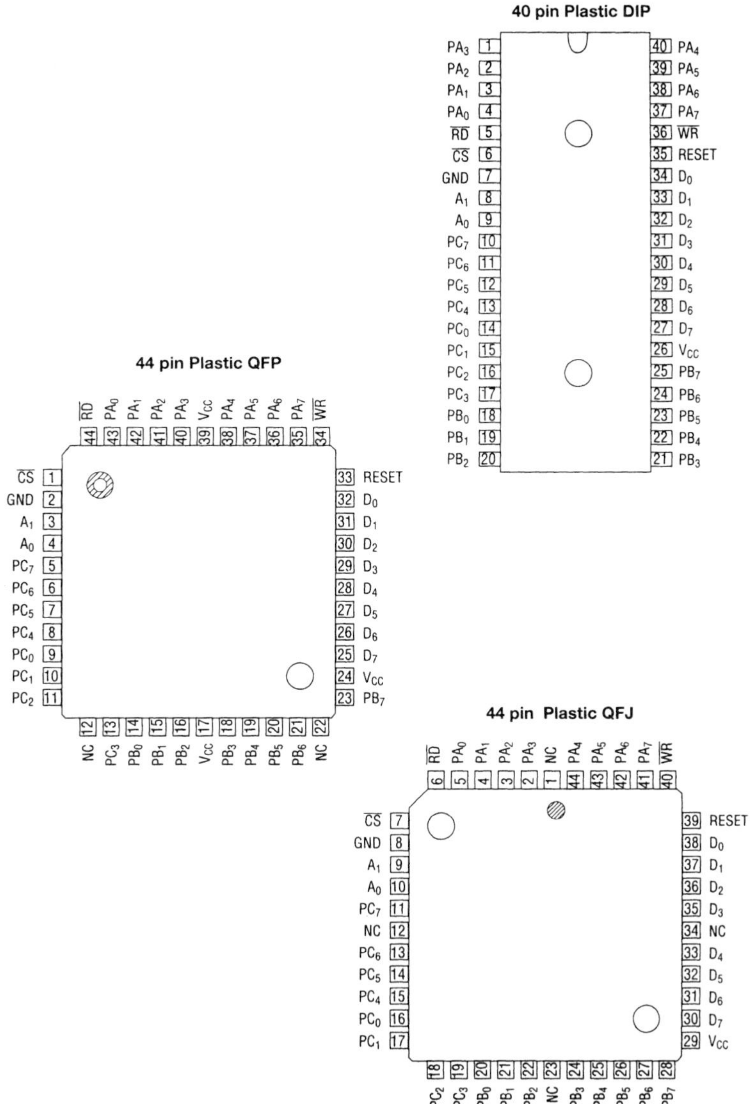

Abb. 13–15 Die Anschlussbelegungen des Port-Bausteins bei den üblichen Gehäusetypen, mit denen er hergestellt wird

Die Aufteilung der Ports sowie die Einstellung einer von drei möglichen Betriebsarten (Mode 0 bis Mode 2) wird im *Control Word Register* vorgenommen, welches nur beschrieben, jedoch (leider) nicht gelesen werden kann, was ein direktes Überprüfen der korrekten Datenübernahme ausschließt.

- **MODE 0**: Port A und Port B können jeweils als 8-Bit-Eingang oder -Ausgang programmiert werden. Port C ist noch einmal in zwei Gruppen zu 4 Bit unterteilt, die wiederum als Eingang oder Ausgang programmiert werden können. Die Ausgänge sind »gelatched« (d. h., es erfolgt eine Zwischenspeicherung der Daten), die Eingänge hingegen nicht.
- **MODE 1**: Port A und Port B können als Ein- oder Ausgang programmiert werden. Port C stellt jeweils drei Handshake-Signale und ein Interrupt-Signal für Port A und Port B zur Verfügung. Die Handshake-Leitungen werden üblicherweise für die Kontrolle der Datenübernahme eingesetzt (von/zur Peripherie). Es kann beispielsweise festgestellt werden, ob die Daten von der angeschlossenen Peripherie übernommen worden sind, wodurch die Übertragungssicherheit generell erhöht wird.
- **MODE 2**: Port A wird als bidirektionaler Bus mit fünf Handshake-Signalen verwendet, die Port C liefert. Die drei anderen Leitungen des Port C können dann noch als universelle I/O-Leitungen verwendet werden oder als »Handshake-Leitungen« für Port B, wenn er im Mode 1 verwendet wird. Der Port B kann als I/O-Port für Mode 1 oder Mode 2 verwendet werden.

Zu jedem Port gehört außerdem ein eigenes Register, welches die zu sendenden oder die zu empfangenden Daten enthält. Demnach sind insgesamt vier Adressen für den Baustein von der Hardwareseite her zu dekodieren, was typischerweise so aussieht wie in Tab. 13–2 dargestellt. Sie zeigt das Verhalten des 8255 in Abhängigkeit von den Adress- und Steuersignalen.

/CS	A1	A0	/RD	/WR	Funktion
0	0	0	1	0	Schreiben Port A
0	0	1	1	0	Schreiben Port B
0	1	0	1	0	Schreiben Port C
0	1	1	1	0	Schreiben Control Word
0	0	0	0	1	Lesen Port A
0	0	1	0	1	Lesen Port B
0	1	0	0	1	Lesen Port C
0	1	1	0	1	keine (verboten)
1	X	X	X	X	3 State (hochohmig)
0	X	X	1	1	3 State (hochohmig)

Tab. 13–2 Die Funktionen des 8255 im Überblick

Der Inhalt des *Control Word Registers* bestimmt neben der gewünschten Betriebsart die Übertragungsrichtung der Daten für die einzelnen Ports. Das Bit 7 (Mode Set Flag, MSF) aktiviert mit einer Eins die jeweils angegebene Konfiguration.

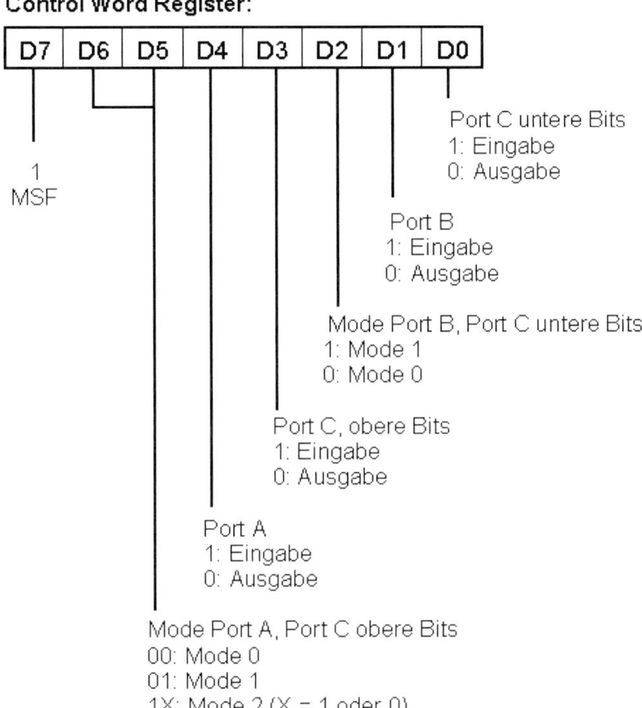

Abb. 13–16 Die Festlegung der Betriebsart erfolgt mit dem Control Word Register.

Nachdem das Bit 7 (Mode Set Flag) auf null gesetzt worden ist, können einzelne Bits und somit Signalleitungen des Port C gesetzt oder zurückgesetzt werden. Die Anwahl erfolgt mit den Bits D1, D2 und D3. Durch D0 wird dabei bestimmt, ob das angewählte Bit gesetzt oder gelöscht werden soll.

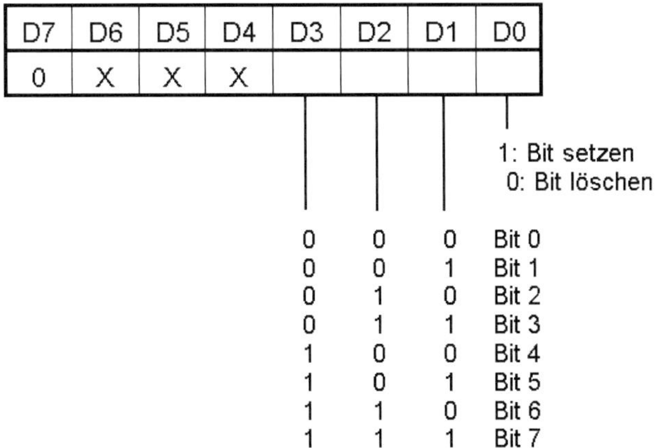

Abb. 13–17 Das Setzen einzelner Bits mit MSF = 0 im *Control Word Register*

Der Mode 0 ist die Betriebsart für einfache I/O-Aufgaben und wird auch in der folgenden Applikation verwendet, sodass die beiden anderen Betriebsarten hier nicht weiter berücksichtigt werden. In Tab. 13–3 sind alle möglichen Kombinationen im Mode 0 für diejenigen Bits angegeben, die die Übertragungsrichtung bestimmen. Die Bits D2, D5 und D6 bleiben hier unberücksichtigt, da sie die jeweilige Betriebsart festlegen (vgl. *Belegung des Control Word Registers*).

D4	D3	D1	D0	PORT A	PORT C (oben)	PORT B	PORT C (unten)
0	0	0	0	Ausgang	Ausgang	Ausgang	Ausgang
0	0	0	1	Ausgang	Ausgang	Ausgang	Eingang
0	0	1	0	Ausgang	Ausgang	Eingang	Ausgang
0	0	1	1	Ausgang	Ausgang	Eingang	Eingang
0	1	0	0	Ausgang	Eingang	Ausgang	Ausgang
0	1	0	1	Ausgang	Eingang	Ausgang	Eingang
0	1	1	0	Ausgang	Eingang	Eingang	Ausgang
0	1	1	1	Ausgang	Eingang	Eingang	Eingang
1	0	0	0	Eingang	Ausgang	Ausgang	Ausgang
1	0	0	1	Eingang	Ausgang	Ausgang	Eingang
1	0	1	0	Eingang	Ausgang	Eingang	Ausgang
1	0	1	1	Eingang	Ausgang	Eingang	Eingang
1	1	0	0	Eingang	Eingang	Ausgang	Ausgang
1	1	0	1	Eingang	Eingang	Ausgang	Eingang
1	1	1	0	Eingang	Eingang	Eingang	Ausgang
1	1	1	1	Eingang	Eingang	Eingang	Eingang

Tab. 13–3 Konfigurationsmöglichkeiten für den 8255-Baustein im Mode 0

13.3.6 Schaltung

Das Schreiben von Daten kann direkt über das Datenregister der parallelen Schnittstelle erfolgen. Die Daten werden in den Transceiver 74LS245 geschrieben und mit einem Low des Strobe-Signals der Centronics-Schnittelle auf den Port-Baustein 8255 (PIO) gelegt. Der Transceiver arbeitet nur in eine Richtung (DIR=Vcc), und zwar von A nach B. Für das Lesen der Daten wird das Statusregister verwendet, das die Statussignale und die Datenleitungen wie folgt abfragt:

D7: BUSY **D0=1 obere Bits**
D6: ACKNOWLEDGE (ACK)
D5: PAPER EMPTY (PE)
D4: SELECT (SEL)

D3: BUSY **D0=0 untere Bits**
D2: ACKNOWLEDGE (ACK)
D1: PAPER EMPTY (PE)
D0: SELECT (SEL)

Da nur vier Signale abgefragt werden können, ist der Baustein 74157, ein Multiplexer, vorhanden. Ist das Signal am Anschluss A/B = High (Pin 1), was mit der Datenleitung D0 gesteuert wird, gelangen die Datenbits D7–D4 der PIO in den Multiplexer. Ist es dagegen = Low, werden die PIO-Datenbits D3–D0 in den Multiplexer geladen. Im Programm werden die Daten dann wieder zu einem Byte zusammengesetzt.

Weiterhin werden für die Adressierung der 4 PIO-Register die Adressleitungen A0 und A1 sowie das Schreibsignal (/WR) und das Lesesignal (/RD) benötigt. Diese vier Signale werden vom Steuerregister entsprechend gesetzt. Die Zuordnung lautet:

A0: RESET (INIT)
A1: SELECT IN (SI)
/RD: AUTO FEED (AF)
/WR: STROBE (STB)

Der Port-Baustein stellt 24 I/O-Leitungen zur Verfügung, wobei der Port A (PAx) und der Port B (PBx) jeweils als 8-Bit-Eingang oder als 8-Bit-Ausgang konfiguriert werden können. Der Port C (PCx) kann außerdem noch unterteilt werden, wobei PC0–PC3 und PC4–PC7 jeweils als 4-Bit-Eingang oder 4-Bit-Ausgang eingestellt werden können. Die Konfigurierung erfolgt über das Control-Word-Register (A0=1, A1=1) der PIO. Alle Portleitungen der PIO sind in der Applikation auf eine Steckerleiste (ST2) gelegt, an die dann die Peripheriebausteine oder ein Kabel angeschlossen werden können.

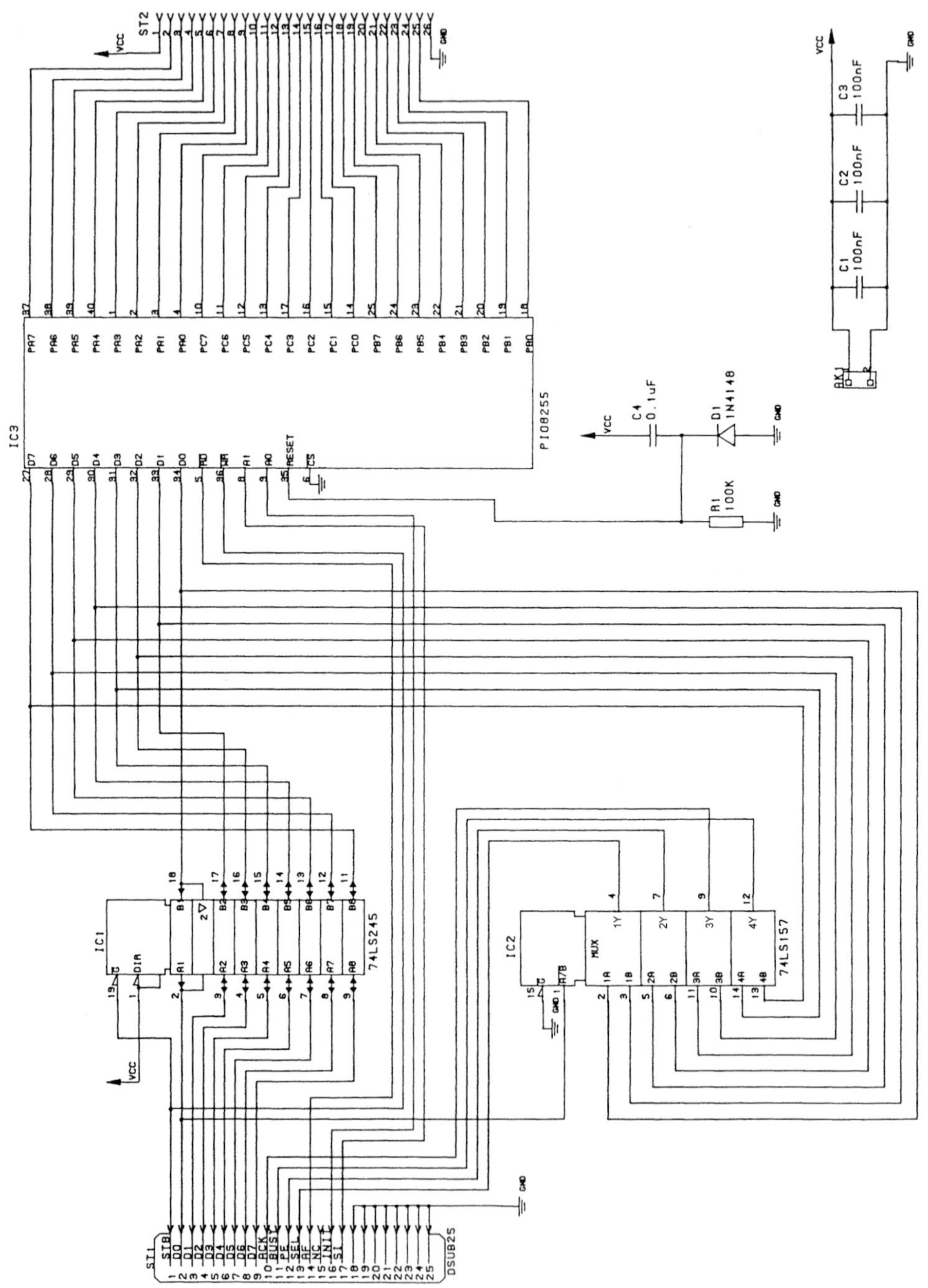

Abb. 13–18 Die Interface-Schaltung für den Parallel-Port

Die Centronics-Signale werden über einen 25-poligen Stecker (ST1) auf die Interface-Elektronik geführt. Die Platine kann also direkt auf die Drucker-Schnittstelle gesteckt werden oder über ein Kabel verbunden werden, welches nicht länger als zwei Meter sein sollte.

Abb. 13–19 Die aufgebaute Interface-Schaltung

Die Versorgungsspannung für die Interface-Elektronik könnte im Prinzip auch direkt aus der Schnittstelle gewonnen werden, indem mit den Signalen *Strobe* (STB) und *Auto-Feed* (AF) über zwei Dioden und einen Kondensator eine kleine Zusatzschaltung realisiert wird. Als Bauelemente müssen dann jedoch CMOS-Chips verwendet werden, die eine geringere Stromaufnahme als die LS-Typen aufweisen. Der Transceiver heißt dann 74HCT245, der Multiplexer 74HCT157 und die PIO 82C55. In dieser Schaltung wurde jedoch darauf verzichtet, denn falls Relais und andere zusätzliche Bauelemente mit der Schaltung angesteuert werden, kommt man ohnehin nicht um eine externe Spannungsversorgung herum. Hierfür kann ein einfaches DC-Steckernetzteil (+5 V) verwendet werden, welches extern an die Klemme AK1 anzuschließen ist.

Der PC sollte möglichst als Erstes eingeschaltet werden und erst danach die Spannung für das Interface, damit die Schnittstellensignale einen definierten Pegel aufweisen, bevor die Interface-Signale anliegen. Es versteht sich von selbst, dass man die Schaltung nicht bei eingeschaltetem PC während des laufenden Betriebs abklemmen sollte, da dies die Centronics-Schnittstelle zerstören könnte. Das Ausschalten sollte in umgekehrter Reihenfolge passieren: Zuerst wird die Spannung des Interfaces abgeschaltet und dann der PC.

Beim Anlegen der Interface-Versorgungsspannung wird mithilfe der Diode D1, des Kondensators C4 und des Widerstandes R1 ein High-Impuls erzeugt, der die Register der PIO auf »0« setzt (Reset-Impuls). Das Chip-Select-Signal (/CS) der PIO ist auf Masse gelegt, wodurch der Baustein immer selektiert ist. An alle drei integrierten Schaltungen sind Kondensatoren (C1, C2, C3) von 100 nF angeschlossen, die für die Ableitung von Störsignalen zur Schaltungsmasse hin sorgen.

Die Bauteile kosten zusammen ungefähr 5 Euro. Da der Aufbau der Schaltung recht einfach ist, kann sie problemlos mit einer Lochrasterplatine realisiert werden, wobei sich die Schaltung bei Bedarf sogar noch vereinfachen lässt (ohne 74LS255, 74LS157), sofern die Schnittstelle im PC derart realisiert ist, dass auch das direkte Einlesen der 8-Bit-Daten (s. o.) möglich ist.

13.3.6.1 Peripherie-Anschluss

An den programmierbaren Port-Baustein können die unterschiedlichsten Bauelemente angeschlossen werden, wie beispielsweise A/D- und D/A-Wandler, und auch die Ansteuerung von Relais ist kein Problem. In Abb. 13–20 ist ein Beispiel für die Zusatzschaltung angegeben. Da der zum Betrieb des Relais notwendige Strom nicht vom Port-Baustein geliefert werden kann, wird ein Treiberbaustein (74LS06) zwischengeschaltet, der den Ausgangspegel des Port-Bausteins invertiert.

Wird von der PIO ein High-Signal ausgegeben, befindet sich am Ausgang des Treibers ein Low-Signal. Der Kontakt 14 des Relais befindet sich damit ebenfalls auf Low, und das Relais schaltet durch, da sich der Kontakt 3 des Relais konstant auf +5 V befindet. Bei Ausgabe eines Low-Signals durch den Port-Baustein befinden sich diese beiden Relaiskontakte (3, 14) auf +5 V, und das Relais schaltet nicht. Ein Ausgangs-High des Port-Bausteins schaltet demnach das Relais.

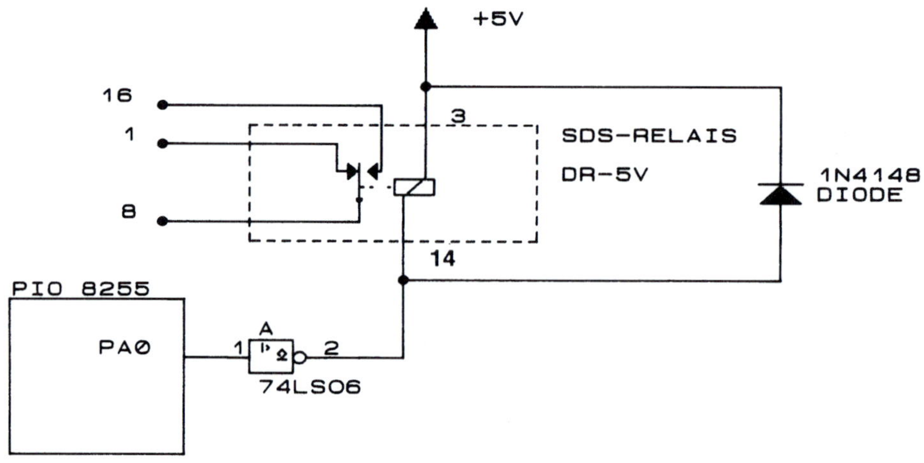

Abb. 13–20 Anschluss eines Relais an einen digitalen Ausgang

Die Diode (1N4148) ist als Schutzschaltung für den Treiberbaustein vorgesehen. Wird der Kontakt des Relais geöffnet, entsteht eine in ihrer Polarität zur Schaltspannung umgekehrte Spannung, die einen digitalen Ausgang schon einmal zerstören könnte. Daher sollte man bei einer Relaisansteuerung grundsätzlich eine sogenannte Freilaufdiode einbauen, wenn nicht schon das Relais selbst eine solche Diode beinhaltet, die die kurzzeitig auftretende, umgekehrte Spannung kurzschließt.

Um digitale Signale oder Impulse mit dem Port-Baustein oder mit einem anderen digitalen Interface erfassen zu können, bedarf es meistens einer zusätzlichen Stufe, weil das zu verarbeitende Signal möglicherweise keinen TTL-Pegel (max. 5 V) aufweist, sondern größer ist, wie beispielsweise das Signal von einem Kontaktgleisschalter oder einem Lichtsignal mit Schaltausgang bei der Modelleisenbahn. Der hierfür zu verwendende Eingang des Port-Bausteins muss dann auf jeden Fall mit einer vorgeschalteten Zener-Diode (3,3–4,7 V) plus einem typischen Vorwiderstand von 3,3 kΩ versehen werden, damit er vom Impuls (z. B. 16 V) nicht zerstört wird. Ein Kondensator von 100 nF zwischen dem Eingang und der Masse sorgt außerdem für ein »*glatteres*« Eingangssignal.

Möglicherweise ist das Signal aber auch nicht »sauber« genug (»prellen«), und der Port-Baustein erkennt mehrere Impulse oder auch gar nichts. Dies lässt sich dadurch verhindern, dass ein Baustein vom Typ CD4093 vorgeschaltet wird. Dies ist ein CMOS-Chip mit vier NAND-Schmitt-Trigger-Gattern, wobei eine Zener-Diode mit Widerstand nötig ist, wenn der Chip an 5 V betrieben wird, denn als CMOS-Typ könnte er auch mit maximal 18 V eingesetzt werden.

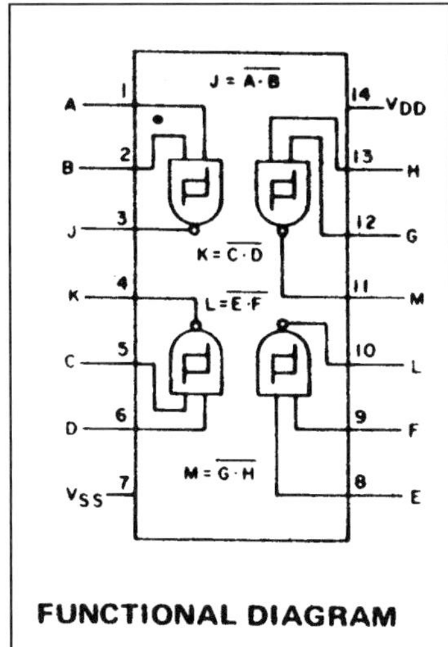

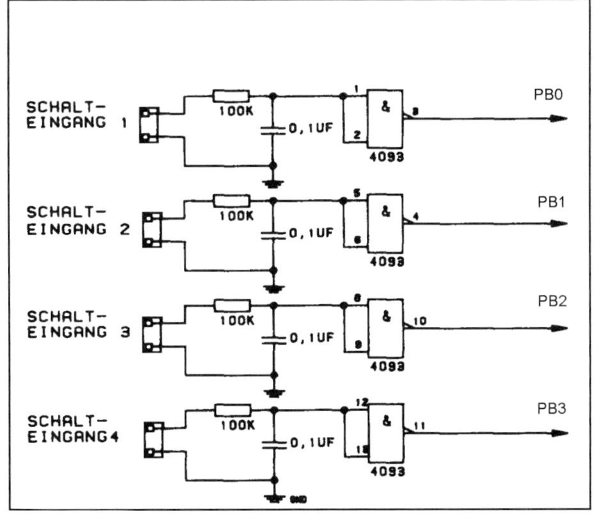

Abb. 13–21 Schalteingänge können mit dem Baustein 4093 realisiert werden, dessen Ausgangssignal vom Port-Baustein weiterverarbeitet werden kann.

13.3.6.2 Interface-Programm

Beim Einsatz der Interface-Karte und eines entsprechenden Programms ist darauf zu achten, dass im BIOS der Standard-Parallel-Port-Mode (SPP, Normal) eingestellt ist und kein bidirektionaler Mode. Das folgende Beispielprogramm für das Centronics-Interface ist in Turbo Pascal geschrieben, und es wird die erste parallele Schnittstelle (378h) des PC verwendet.

Mit der Funktion »set_adr« werden die Adressen für die vier PIO-Register mithilfe der Init- und der Select-In-Leitung erzeugt. Eine Prozedur »write_pio« dient dazu, Daten zur PIO zu schreiben, seien es nun Port-Daten oder die Daten für das PIO-Control-Word-Register. Der Strobe-Impuls, mit dem die Daten über den Transceiver an die PIO geschaltet werden und der gleichzeitig als Schreibimpuls (/WR) für die PIO dient, wird über »XOR 1« erzeugt. Mit der zweiten Prozedur »read_pio« werden die Daten mithilfe des Multiplexers 74LS157 in zwei Schritten eingelesen. Das Read-Signal (/RD), welches an Auto-Feed (AF) angeschlossen ist, wird durch die »+ 2« generiert. Die Umschaltung des Multiplexers erfolgt über die Datenleitung D0.

Das Hauptprogramm ist ein Beispiel für eine mögliche Anwendung, bei der der Port A als Ausgang und die Ports B und C als Eingänge festgelegt werden. Bei jedem Tastendruck wird der Wert an Port A um eins hochgezählt, und eingehende Datensignale werden an den Ports B und C angezeigt.

Werden Eingänge der PIO »offen gelassen«, also nicht an Masse oder +5 V gelegt, sind die angezeigten Daten nicht korrekt und können sich ständig verändern. Nicht verwendete Eingänge sollten daher immer auf ein definiertes Potenzial gelegt werden.

```
PROGRAM PIO_CEN;
uses crt ;
const printer = $378 ;           { Adresse des 1. Parallel-Ports }
type port_name = (porta,portb,portc,cntrl) ;
{ Bezeichner für die Ports und das Control-Register }

var portb_ein,portc_ein,value,dataout,cntlout,stat_in :integer ;
                                              { Übergabe-Parameter }
var taste: char;                                { Tastaturvariable }

{------ Funktion zum Setzen der PIO-Adressleitungen A0, A1 ----}
{ A0 entspricht RESET/INIT, A1 entspricht SELECT IN, wobei
SELECT IN gegenüber dem Signal-Pegel invertiert ist }

function set_adr(adr : port_name) : byte ;
    begin
     case ord(adr) of
      0 : set_adr := 8   ;  { Port A }
      1 : set_adr := 12 ;   { Port B }
      2 : set_adr := 0 ;    { Port C }
```

```
      3 : set_adr := 4 ;     { Control-Register}
    end;
 end;
{ ---------- Procedure zum Schreiben von Daten zur PIO ------- }
{ Die zu sendenden Daten für die PIO- und das Control-Register
  werden mit outdata übergeben und in dataprt geschrieben.
  Die Port-Adresse wird mit der Funktion set_adr (ausg) bestimmt
  und in cntlprt (Steuerregister) geschrieben. }

procedure write_pio (dataprt,cntlprt : integer ; ausg :
port_name ; outdata : byte) ;

  begin
    port[dataprt] := outdata ?  { Daten in das Datenregister  }
    port[cntlprt] := (set_adr(ausg) xor 1) ;
                    { Strobe-Impuls Low, d.h., Daten schreiben }
    delay(2) ;
    port[cntlprt] := set_adr(ausg);{ Strobe-Impuls wieder High }
  end ;

{ ------- Procedure zum Lesen der Port-Daten ----------------- }
{ Das zu lesende Byte wird in zwei Schritten (4 Bit=Nibble) aus
  dem 74157 gelesen }

function read_pio (dataprt,cntlprt,statprt : integer ;
         ausg : port_name ) : byte ;
  var dummy1,dummy2 : byte ;                  { Hilfsvariablen }
  begin

{ ------ Lesen der oberen 4 Bits ------ }
 dummy2 := 0 ;
 port[dataprt] := 1 ;            { D0=1, obere Bits aus 74157 }
 port[cntlprt] := (set_adr(ausg) + 2) ;
                             { Port-Adresse + /RD-Signal erzeugen}
 dummy1 := (port[statprt] xor $80 ) and $f0 ;
  { BUSY invertieren und obere Bits des Ergebnis-Bytes löschen}

 dummy2 := dummy2 + dummy1 ;                { Zwischenspeichern }

{ ------ Lesen der unteren 4 Bits ------ }
 port[dataprt] := 0 ;            { D0=0, untere Bis aus 74157 }

 dummy1 := (port[statprt] xor $80 ) and $f0 ;
  { BUSY invertieren und obere Bits des Ergebnis-Bytes löschen}

 dummy1 := dummy1 shr 4 ;
                               { Wertigkeit herstellen (:16) }
 dummy2 := dummy2 + dummy1 ;                  { Nibbles addieren }
```

```
 read_pio := dummy2 ;                                      { Ergebnis }

  end;
{--------------------- Hauptprogramm -----------------------}
begin
     dataout := printer ;                              {Datenregister }
     stat_in := printer + 1 ;                          {Statusregister }
     cntlout := printer + 2 ;                          {Steuerregister }
     clrscr ;                                       { Bildschirm löschen }
     gotoxy(25,2) ;
     writeln('PIO am Centronics-Port') ;

     write_pio(dataout,cntlout,cntrl,$8b) ;
      { Programmierung des Modus. Port A = Ausgang
                                  Port B und Port C = Eingang }

     for value := 0 to 255 do begin                { Testschleife }

        write_pio(dataout,cntlout,porta,value) ;
        { Wert von x in über Port A ausgeben }

        portb_ein := read_pio(dataout,cntlout,stat_in,portb) ;
                                                 { Port B einlesen }

        portc_ein := read_pio(dataout,cntlout,stat_in,portc) ;
                                                 { Port C einlesen }

        gotoxy(25,5);                           { Bildschirmausgabe}
        writeln('Port A als Ausgang: ',value) ;
        gotoxy(25,7);
        writeln('Port B als Eingang: ',portb_ein,'  ') ;
        gotoxy(25,9);
        writeln('Port C als Eingang: ',portc_ein,'  ') ;
        gotoxy(15,12);
        writeln('< Nächster Schritt mit beliebiger Taste >');
        gotoxy(24,13);
        writeln('< Abbruch mit Q (uit) >');
        repeat until keypressed;                   { Tastenabfrage }
        taste:=readkey;
        if upcase(taste)=´Q´ then exit;
     end;
end.
```

Listing 13–3 Ansteuerung des Port-Bausteins

13.4 A/D-Wandler an der seriellen Schnittstelle

Die serielle Schnittstelle in einem Personal Computer entspricht einer Untermenge einer RS232-Schnittstelle und ist für den asynchronen Betrieb (ohne Taktleitungen) ausgelegt.

13.4.1 Signale, Adressen und Register

Mit dem Original-PC wurde eine 25-polige Verbindung eingeführt, die von einer 9-poligen Version abgelöst worden ist. Um Verwechslungen mit der ebenfalls 25-poligen parallelen Schnittstelle (Centronics) zu vermeiden, sind die seriellen Verbindungen am PC als Steckkontakte ausgeführt.

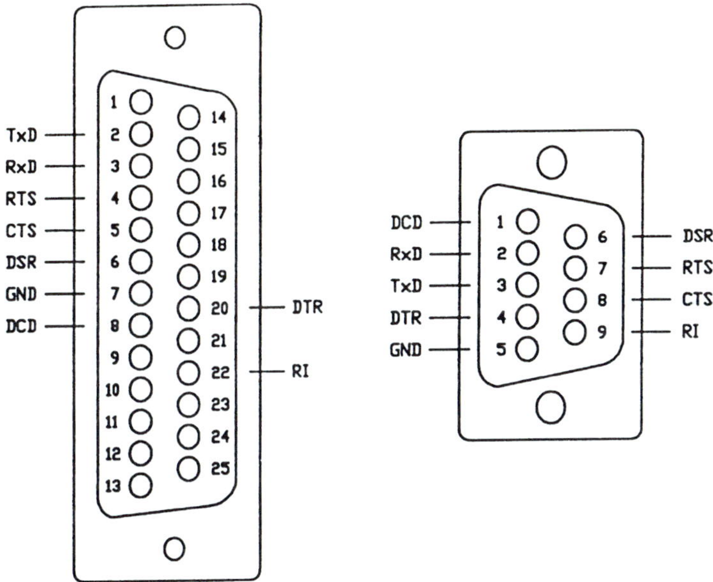

Abb. 13–22 25- und 9-poliger Anschluss der RS232-Schnittstelle für Personal Computer

Tab. 13–4 zeigt die üblichen Steckerbelegungen. Welche der angegebenen Leitungen auch tatsächlich verwendet werden und wie sie mit dem anzuschließenden Gerät verbunden werden müssen, hängt allgemein vom Gerätetyp und auch von der Software ab. RS232-Kabel gibt es in den unterschiedlichsten Ausführungen mit mehr oder weniger verbundenen Signalleitungen, teilweise auch gebrückt und überkreuz angeschlossen.

Kürzel	Bezeichnung	9-polig	25-polig
DCD	Data Carrier Detect	1	8
RXD	Receive Data	2	3
TXD	Transmit Data	3	2
DTR	Data Terminal Ready	4	20
GND	Ground, Masse	5	7
DSR	Data Set Ready	6	6
RTS	Request To Send	7	4
CTS	Clear To Send	8	5
RI	Ring Indicator	9	22

Tab. 13–4 Die Anschlüsse und Signale der seriellen Schnittstelle, wie sie für PCs üblich sind

In einem PC werden typischerweise maximal vier COM-Ports, wie die RS232-Schnittstellen hier bezeichnet werden, vom BIOS unterstützt. Tab. 13–5 zeigt die übliche Zuordnung der Adressen und Interrupt-Kanäle. Dies gilt auch für den Fall, dass die Schnittstellen als separate Einsteckkarten nachgerüstet werden, weil der PC selbst keine COM-Ports mehr bietet, wie es bei den aktuellen Computern oftmals der Fall ist. Wenn bei einem PC kein serieller Anschluss zu finden sein sollte, ist er möglicherweise in Form einer 9-poligen Pfostenverbindung auf dem Mainboard dennoch vorhanden und kann mit einem passenden Flachbandkabel über ein Slotblech, an dem die 9-polige COM-Buchse (Steckkontakte) befestigt ist, nachgerüstet werden. Diese Verbindung muss explizit für das jeweilige Mainboard geeignet sein, denn es gibt hierfür verschiedene Ausführungen.

Port	Basisadresse	IRQ-Kanal
COM1	3F8h	4
COM2	2F8h	3
COM3	3E8h	4
COM4	2E8h	3

Tab. 13–5 Basisadressen und Interrupt-Kanäle für die RS232-Schnittstellen

Zur Umsetzung der innerhalb eines PC parallel zu verarbeitenden Daten in serielle für die RS232-Schnittstelle und umgekehrt wird ein Bauelement verwendet, welches als *Universal Asynchron Receiver Transmitter* (UART) bezeichnet wird. Ausgehend von der festgelegten Basisadresse werden für den UART maximal acht I/O-Adressen für die Selektierung der internen Register verwendet. Weil für die folgende Applikation lediglich das Modemsteuer- und das Modemstatusregister verwendet werden, sind in Tab. 13–6 die Bedeutungen der einzelnen Bits auch nur für diese angegeben.

Adresse	Funktion
Basisadresse	Empfangs-/Senderegister (read/write)
Basisadresse + 1	Interrupt-Aktivierungsregister (write)
Basisadresse + 2	Interrupt-Identifizierungsregister (read)
Basisadresse + 2	FIFO-Control-Register (write)
Basisadresse +3	Leitungssteuerregister (write)
Basisadresse + 4	Modemsteuerregister (read/write): Bit 7-5: Reserviert Bit 4: Loop (Test UART) Bit 3: Out 2 Bit 2: Out 1 **Bit 1: RTS** **Bit 0: DTR**
Basisadresse + 5	Leitungsstatusregister (read)
Basisadresse + 6	Modemstatusregister (read): Bit 7: DCD-Zustand Bit 6: RI-Zustand **Bit 5: DSR-Zustand** Bit 4: CTS-Zustand Bit 3: DDCD, DCD hat sich verändert Bit 2: TERI, RI hat sich verändert Bit 1: DDSR, DSR hat sich verändert Bit 0: DCTS, CTS hat sich verändert

Tab. 13–6 Die UART-Register für die RS232-Schnittstellen. Die in der Applikation verwendeten Bits sind fett markiert.

Heutzutage sind COM-Ports gebräuchlich, die per Adapter über den USB an den Computer angeschlossen werden, was prinzipiell auch mit Notebooks und Netbooks funktionieren sollte. Diese Adapter enthalten einen Mikrocontroller und Pegelwandler, was typischerweise zu einer Realisierung mit einem Chip der Firma FTDI oder der Firma Prolific führt, der für die Protokoll- und Signalumsetzung von RS232 auf USB und umgekehrt zuständig ist.

Demnach handelt es sich um USB-Geräte, die deshalb vom Betriebssystem (nicht direkt vom BIOS) per Treiber unterstützt werden und nach der Installation im System als sogenannte *virtuelle COM-Ports* erscheinen. Diese einfachen Adapter erfüllen oftmals jedoch nicht die RS232-Spezifikation, weil die Pegel nicht eingehalten werden (statt +/-12 V nur +/- 5 V oder noch weniger) oder auch einige Steuersignale (CTS, DSR) fehlen, sodass hiermit häufig Kommunikationsprobleme auftreten.

Abb. 13–23 Zuverlässiger als die USB-zu-RS232-Adapter erweisen sich Einsteckkarten mit COM-Ports (rechts).

Separate Einsteckkarten in PCI- oder PCIe-Ausführung halten sich demgegenüber meist an die RS232-Spezifikation und auch an das Registermodell, wie es mit den Original-COM-Ports festgelegt wurde.

13.4.2 A/D-Wandler

Der Aufbau eines RS232-Interface für die Ankopplung (nahezu) beliebiger Hardwareelemente, wie beispielsweise auch von D/A-Umsetzern oder Relais zum Schalten, erfordert Chips zur Umsetzung des RS232-Pegels (+/- 12 V) in den TTL-Pegel (0 V, 5 V) und außerdem eine gewisse Eigenintelligenz, die das RS232-Protokoll entsprechend versteht und an das es sich bei der Datenübergabe an den PC auch strikt hält. Dies ist nicht mit ein paar TTL-Bausteinen zu lösen, sondern erfordert den Einsatz eines eigenen Mikroprozessors oder Mikrocontrollers in der Applikation sowie eines hieran angeschlossenen UARTs wird.

Allein für die Ankopplung eines A/D-Umsetzers wäre dieser Aufwand sicher zu hoch. Doch es geht auch weitaus einfacher, wenn man die Signale und Register der RS232-Schnittstelle etwas unkonventionell einsetzt, wie es in der folgenden Applikation gezeigt wird. Es gibt zahlreiche A/D-Wandler mit serieller Ansteuerung, die sich auf diese Art und Weise von der RS232-Schnittstelle verwenden lassen und auf die sich das gezeigte Prinzip anwenden lässt. Insbesondere die Firmen Maxim und Texas Instruments haben eine ganze Palette hierfür passender A/D-Umsetzer in ihren Lieferprogrammen. Beispielsweise lassen sich die Typen TLC1549 (1 Kanal, 10 Bit) sowie der Typ TLC1543 (11 Kanäle, 10 Bit) von Texas Instruments durch kleine Änderungen ebenfalls mit dem erläuterten Programm verwenden. Auch die Schaltung selbst bleibt dabei im Prinzip die gleiche, lediglich das Layout ist an die anderen Chips anzupassen. Beim Typ TLC1543 ist außerdem ein Taktgenerator integriert, wodurch das Signal ACLK nicht auf der Platine erzeugt werden muss.

Hier kommt als Beispiel der Typ *LT(C)1090 CN* der Firma Linear Technology zum Einsatz. Dies ist ein 10-Bit-A/D-Umsetzer mit acht Eingangskanälen. Von diesem Typ gibt es noch eine leistungsfähigere Version, den *LT(C)1290 CN*, der bei ansonsten gleichen Daten eine Auflösung von 12 Bit liefert und den LTC1090 mittlerweile auf dem Markt abgelöst hat.

Ein A/D-Umsetzer mit seriellem Interface kommt mit relativ wenigen Anschlüssen aus, da die Daten hier eben nacheinander – quasi Bit für Bit – mit dem Mikroprozessor oder allgemein einem Computer ausgetauscht werden. Ein Nachteil ist dabei, dass man sich hier weit mehr Gedanken über die Programmierung machen muss, also darüber, wie die Daten jeweils zu interpretieren sind. Bei einem A/D-Wandler mit parallelem Interface ist dies wiederum weitaus einfacher, denn hier schreibt man die gewünschte Konfiguration (Kanalnummer, Auflösung) direkt in ein Register, und aus einem anderen wird dann der Messwert gelesen, ohne dass dabei große Datenmanipulationen durchzuführen sind.

Ein A/D-Umsetzer mit seriellem Interface bietet zudem den Vorteil, dass kein Eingriff in den PC notwendig ist, die Schaltung ist schnell von einem Computer auf einen anderen zu stecken, und es kann eben nicht nur ein PC verwendet werden, sondern im Prinzip jeder Computer, der über eine RS232-Schnittstelle verfügt.

Abb. 13–24 Die aufgebaute A/D-Wandlerschaltung

Der Wandler arbeitet nach dem Prinzip der sukzessiven Approximation. Das hierfür notwendige Taktsignal für den Wandler darf maximal 2 MHz betragen und wird am Pin ACLK (Pin 19) angeschlossen. Das Schieberegister für die Datenein- und -ausgabe benötigt ebenfalls ein Taktsignal, welches maximal 1 MHz betragen darf und am Pin SCLK (Pin 18) angeschlossen wird.

Das Einlesen der Daten (zur Konfiguration) erfolgt über den Anschluss *Din*, die Ausgabe über den Anschluss *Dout* (die Messdaten). Die analogen Eingangssignale werden mit CH0 bis CH7 verbunden. Die zulässige maximale Amplitude des Eingangssignals hängt im Prinzip von der Versorgungsspannung ab, die für den Baustein im Bereich von – 6 V für V- und 12 V für V+ liegen darf. Die Schaltung ist für 5 V ausgelegt, sodass auch nur maximal eine Eingangsspannung von 5 V an die einzelnen acht Kanäle angelegt werden darf.

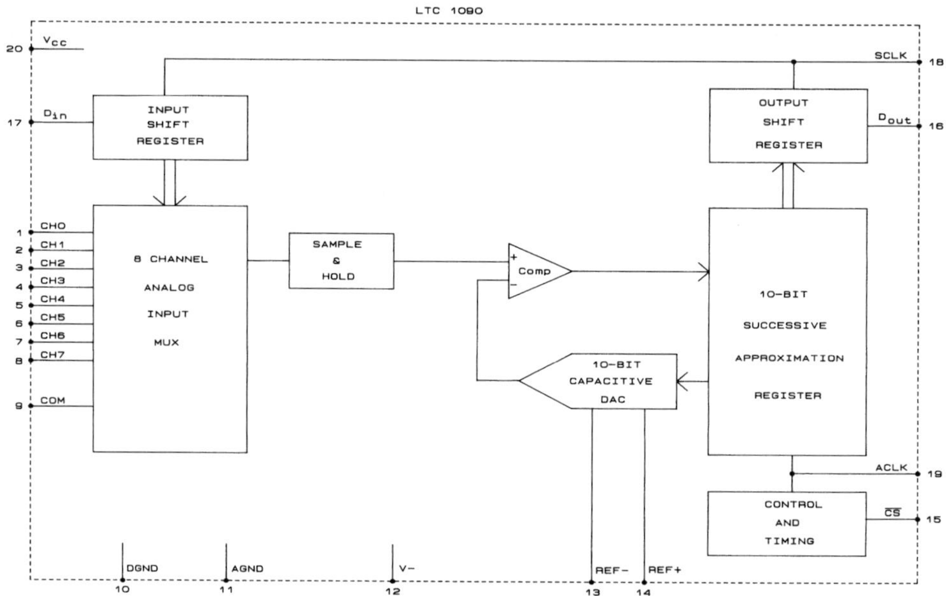

Abb. 13–25 Das Innenleben des A/D-Umsetzers LT(C)1090

In der unipolaren Betriebsart können acht massebezogene Signale gemessen werden. Der Anschluss COM (Pin 9) dient dann als Bezugspunkt und wird mit dem Anschluss der analogen Masse AGND (Pin 11) verbunden. Der digitale Masseanschluss DGND ist der Ground-Anschluss der internen Logik. Da der Chip kaum digitale Störungen an diesem Pin erzeugt, kann er ebenfalls mit diesen beiden Anschlüssen verbunden werden. Der Pin 13 (REF-) und der Pin 12 (V-) sind an Masse geschaltet, wenn der LTC1090 unipolar betrieben wird.

Selektiert ist der Baustein durch ein Low-Signal am /CS-Pin. Ein Eingangswort bestimmt die Betriebsart des Wandlers und besteht immer aus zwölf Bits, wobei die letzten vier keine Bedeutung haben (don't care). In das Din-Register wird das Eingangswort, bei aktivem /CS-Signal (Low), mit den ansteigenden Flanken des Clocksignals (SCLK) eingelesen.

D0	D1	D2	D3	D4	D5	D6	D7
SGL/DIFF	ODD/SIGN	SELECT 1	SELECT 0	UNI/BIP	MSB/LSB	WL1	WL0

Abb. 13–26 Im Din-Register wird mit dem *Data Input Word* die Betriebsart des A/D-Umsetzers festgelegt.

Mit dem Bit D0 wird festgelegt, ob die Messung auf Masse bezogen (Single Ended, D0 = 1) erfolgen soll oder als Differenz zwischen zwei Kanälen (Differential, D0 = 0). In diesem Fall stehen dann nur noch vier Eingangskanäle zur Verfügung. Das Differenzsignal wird in dieser Betriebsart immer zwischen zwei benachbarten Kanälen angeschlossen, beispielsweise zwischen CH0 und CH1. Auf diese Art und Weise ist es möglich, auch dann negative Spannungen zu messen, wenn lediglich eine positive Versorgungsspannung zur Verfügung steht. Die Bits D1 bis D3 legen den gewünschten Messkanal fest. Tab. 13–7 zeigt zusammengefasst die Kanalzuordnung für den Single-Ended- und den Differential-Mode.

Konfiguration			Single Ended Mode	Differential Mode	
ODD/SIGN	SELECT 1	SELECT 2	Kanal Nr.	Positiver Kanal	Negativer Kanal
0	0	0	0	0	1
0	0	1	2	2	3
0	1	0	4	4	5
0	1	1	6	6	7
1	0	0	1	1	0
1	0	1	3	3	2
1	1	0	5	5	4
1	1	1	7	7	6

Tab. 13–7 Die Kanaleinschaltung für den Single-Ended- und den Differential-Mode

Das fünfte Bit (UNI/BIP, D4) im *Data Input Word* bestimmt, ob die Wandlung unipolar (1) oder bipolar (0) erfolgen soll. Für die bipolare Betriebsart werden zusätzlich eine negative Versorgungsspannung und eine negative Referenz benötigt. In der Applikation sind die beiden hierfür notwendigen Anschlüsse auf Masse gelegt, sodass hier lediglich die unipolare Betriebsart möglich ist.

Die Ausgangsdaten können so festgelegt werden, dass entweder das MSB oder das LSB zuerst gesendet wird. Mit MSB=0 (D5) wird zuerst das LSB gesendet. Diese Einstellung beeinflusst jedoch nicht die Eingangsdaten. Die Datenwortlänge (8, 10, 12 oder 16 Bit) des Messergebnisses wird durch die beiden Bits WL1 und WL0 festgelegt, wobei hier 12 Bit festgelegt sind, damit sich auch der LTC1290 ohne (große) Änderung verwenden lässt. Im Programm ist der Spannungswert dann lediglich durch 4095 statt durch 1023 zu dividieren (volts = voltref * volts /1023).

WL1	WL0	Datenwortlänge
0	0	8 Bit
0	1	10 Bit
1	0	12 Bit
1	1	16 Bit

Tab. 13–8 Die Festlegung der Datenwortlänge mit den Bits WL1 und WL0

Für die Kommunikation des PC mit dem A/D-Umsetzer über die RS232-Schnittstelle werden hier nicht die Datenleitungen (RXD, TXD), sondern die CTS-, DTR- und die RTS-Leitungen verwendet, damit die Bits einzeln gesetzt und gelesen werden können, denn die A/D-Umsetzerschaltung ist in diesem Sinne eben auch kein RS232-Device.

Kontrolliert werden diese Signale für die erste serielle Schnittstelle bei einem PC im Modem-Statusregister (3FEh) und im Modem-Steuerregister (3FCh). Mithilfe der RTS-Leitung (an Din) werden die Daten für die Festlegung der Betriebsart eingelesen, und das Ergebnis der Wandlung wird vom Umsetzer über die CTS-Leitung (Dout) ausgegeben. DTR erzeugt das Taktsignal für die internen Schieberegister des Wandlers (SCLK) sowie auch das /CS-Signal.

- RTS: Dateneingang *Din* und Flip-Flop steuern, D1 im Modem-Steuerregister
- DTR: Takt für Schieberegister und Flip-Flop steuern, D0 im Modem-Steuerregister
- CTS: Datenausgang *Dout*, D4 im Modem-Statusregister

Eine externe Spannungsversorgung wird für die Schaltung nicht benötigt, sondern die Spannung wird der Schnittstelle entnommen. Hierfür werden das DTR- und das RTS-Signal der RS232-Schnittstelle verwendet. Mithilfe des 150-µF-Kondensators werden die Signale hierfür während der Datenübertragung auf High-Pegel gehalten. Durch die beiden Dioden erfolgt eine Entkopplung gegenüber den Datenleitungen. Aus der Schnittstelle gelangt somit eine Spannung von ca. +8 V auf die Spannungsreferenz REF01, die dann am Ausgang eine stabile 5-V-Versorgung für den Wandler und die Bausteine 74HC14 und 74HC74 zur Verfügung stellt. Die Stromaufnahme der gesamten Schaltung beträgt dabei ungefähr 4 mA, wobei unbedingt darauf zu achten ist, dass für die beiden digitalen ICs auch die stromsparenden HC- und nicht die LS-Typen zum Einsatz kommen.

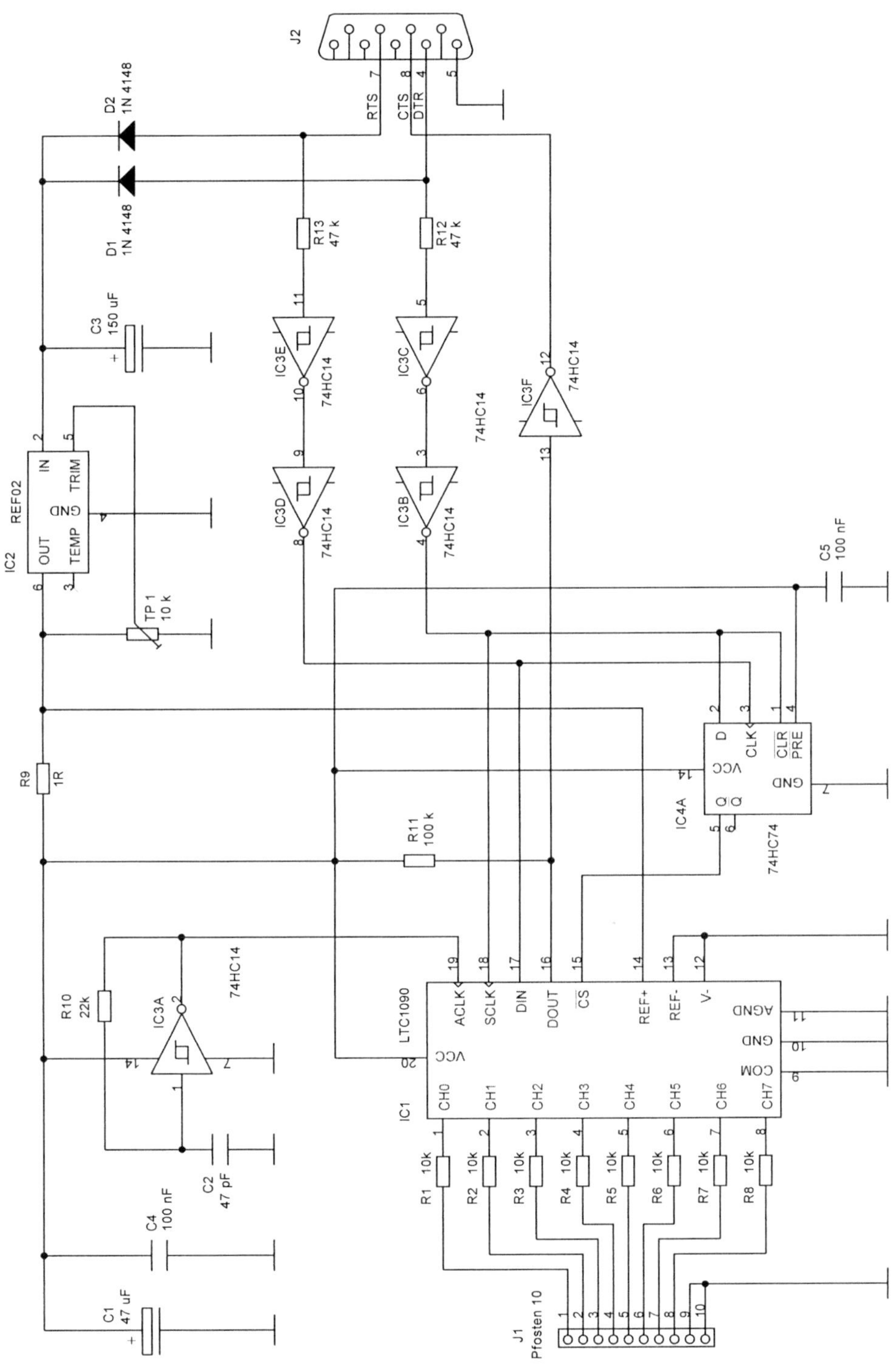

Abb. 13–27 Der Schaltplan der A/D-Umsetzerschaltung

Der Baustein 74HC14 enthält sechs invertierende Schmitt-Trigger, die zum einen für steile Flanken des DTR- und des RTS-Signals und zum anderen für die Invertierung der Ausgangsdaten (Dout) sorgen. Mit dem Widerstand 22 kΩ und dem Kondensator 47pF erzeugt der Inverter IC1A den Takt für die A/D-Wandlung (ACLK). Die Taktfrequenz beträgt mit dieser Beschaltung ca. 900 kHz. Das Daten-Flip-Flop 74HC74 sorgt für die Zwischenspeicherung des /CS-Signals für diejenige Zeit, in der Daten (Din) in den Baustein geschrieben werden. Mit der abfallenden Flanke von DTR wird es Low, und es bleibt so lange Low, bis SCLK und RTS High werden.

Die Geschwindigkeit der Datenübertragung hängt maßgeblich vom verwendeten Computer ab. Zu beachten ist dabei, dass das /CS-Signal für mindestens 52 ACLK-Zyklen (A/D-Wandlertakt) High sein muss, damit die Umsetzung und Übertragung einwandfrei funktioniert. Der Programmablauf wurde so gestaltet, dass dies erfüllt ist, und eine zusätzliche Verzögerung von 200 ms wurde der Umsetzung für eine gewisse Pausenzeit zwischen den einzelnen Messzyklen gegönnt. Diese Pausenzeit könnte man für schnellere Messungen durchaus verringern.

Mithilfe des Trimmpotis (TP1) lässt sich die Referenzspannung (+5 V) für den A/D-Wandler genau einstellen. Ein genauer Abgleich kann mithilfe des Programms vorgenommen werden, damit bei angelegten 5 V auch auf dem Monitor eine Anzeige von 5 V erscheint. Für die digitalen Bausteine ist diese Einstellung nicht relevant, da sie bereits mit 4,74 V ihre vorgeschriebene Mindestversorgungsspannung erhalten.

Bei dieser Schaltung sollten generell keine Standard- oder LS-TTL-Bausteine verwendet werden, da dann die Stromaufnahme der Schaltung für die Schnittstelle zu groß werden kann. Diese Schaltung funktioniert im Übrigen auch an den alten ATARI-Computern wie dem 1040ST, wobei dieser Typ jedoch nicht die notwendigen 4 mA für die Versorgung der Schaltung aus seiner RS232-Schnittstelle liefern kann, sodass ein externes Netzteil verwendet werden muss.

Wie das Timing der Signale genau aussieht, ist in Abb. 13–28 gezeigt. Es ist zu erkennen, dass gleichzeitig Daten eingeschrieben und ausgelesen werden, was bedeutet, dass der erste Messwert eines Zyklus ungültige Daten liefert, da hierfür ja noch nicht die Konfiguration eingelesen worden ist. Im Programm ist der erste Wert demnach zu ignorieren.

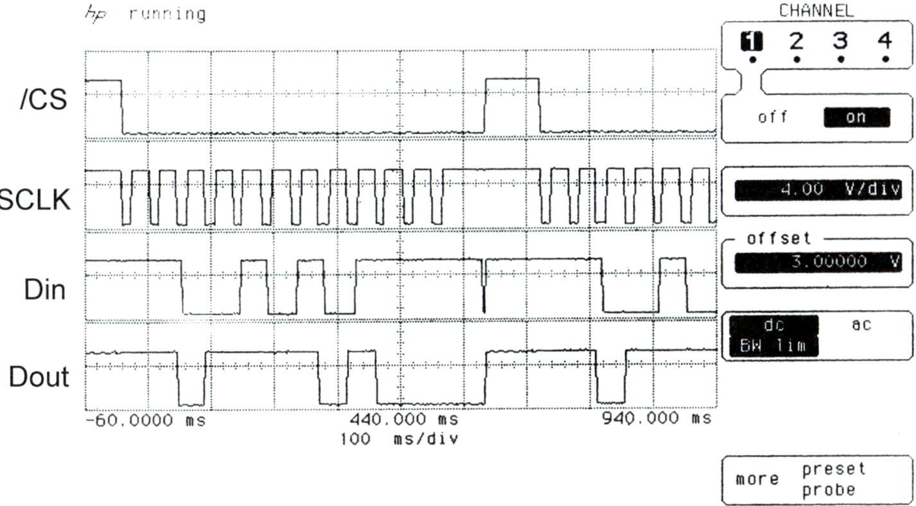

Abb. 13–28 Das Timing am A/D-Umsetzer im laufenden Betrieb

Wenn /CS Low wird und das Taktsignal SLCK erscheint, werden die Eingangsdaten nacheinander mit der ansteigenden Flanke von SCLK eingelesen. Bei diesem Beispiel (siehe Timing-Diagramm) wurde im Single-Ended-Mode der Kanal 1, unipolar, LSB zuerst mit einer Datenwortlänge von 10 Bit eingestellt (1100101b). Das Ausgangswort ist 12 Bit lang, wobei die beiden letzten Bits keine Rolle spielen. Das Ergebnis der vorherigen Wandlung ist hier 1101111010b.

13.4.3 Messprogramme

Das erste Programm ist in C geschrieben und läuft unter Linux, während das zweite für Windows unter Nutzung der *Microsoft Foundation Classes* vorgesehen ist.

13.4.3.1 C-Programm für Linux

Es ist recht einfach, mit einem Programm wie dem vorgestellten unter Linux direkt auf die Ports des PC zuzugreifen. Für viele einfachere Hardwareeinheiten reichen ein paar Zeilen C-Code völlig aus, und es ist nicht notwendig, einen speziellen Kernel-Mode-Treiber zu entwickeln, der entsprechend in den Kernel einzubinden ist, um dann mit einem Anwenderprogramm, das natürlich auch noch zu erstellen ist, kommunizieren zu können.

Zu beachten ist, dass für die Programmerstellung und -ausführung Root-Rechte vonnöten sind. Spezielle Entwicklungsumgebungen oder sonstige Tools sind nicht erforderlich, denn mit den Bordmitteln, die im Grunde genommen jede Linux-Distribution zur Verfügung stellt, ist dies ohne Weiteres möglich. Es werden eigentlich nur ein beliebiger Editor – es reicht sogar der Midnight Commander (mc) hierfür aus – sowie der GNU C-Compiler (gcc) benötigt.

Im ersten Teil des Programms wird die erste Bildschirmausgabe produziert, und an dieser Stelle ist beim Ablauf die gewünschte Kanalnummer einzugeben, die dann mit den Voreinstellungen und der Switch-Anweisung die 12-Bit-Konfiguration für den A/D-Wandler ergibt. Die Messschleife führt 100 Messungen aus, wobei die Daten nachfolgend nach *Anzahl der Messungen*, *Kanalnummer* und *Spannung* nicht nur angezeigt, sondern in dieser Form auch in die Datei messdaten.txt geschrieben werden, die später nach Wunsch ausgewertet werden kann.

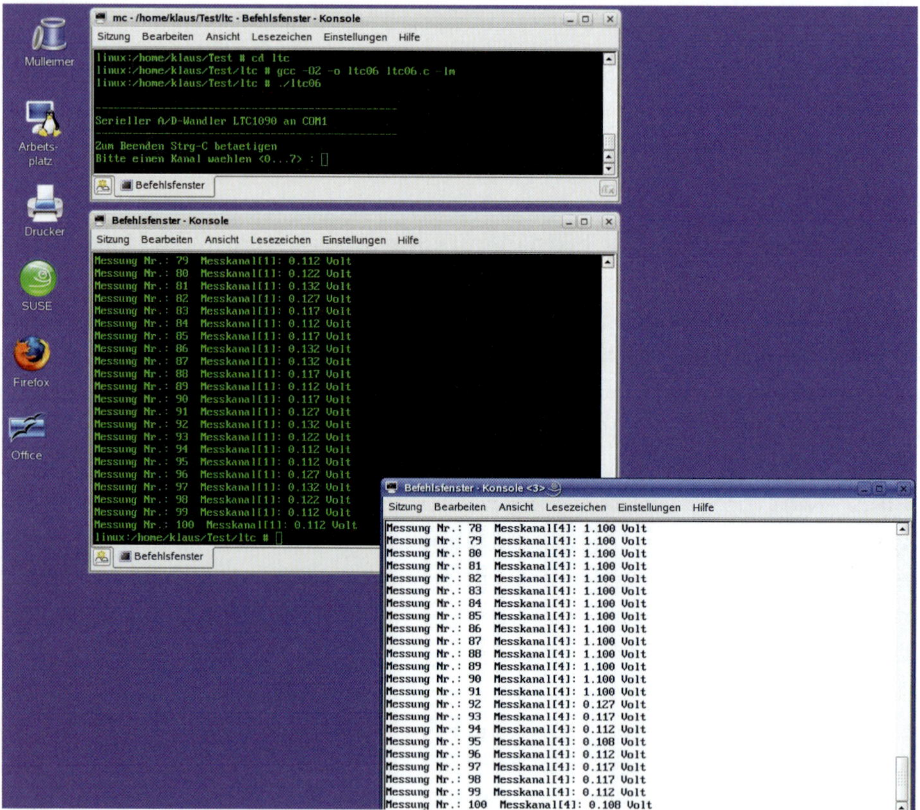

Abb. 13–29 Das Programm wurde erfolgreich kompiliert und kann gleichzeitig in mehreren Konsolen auf unterschiedlichen Kanälen messen.

Das Kernstück des Programms ist die »12-Bit-Kommunikationsschleife«, die die 12 Bit der Konfiguration seriell zum Wandler schreibt und quasi gleichzeitig die Messwerte seriell empfängt. Der allererste Messwert ist demnach nicht aussagekräftig, da er von einer zufälligen A/D-Wandler-Konfiguration herrührt. Dem Listing sind eine

Reihe von mit AND (&) und OR (|) verknüpften `outb`- und `inb`-Zeilen zu entnehmen, die eben genau die entsprechenden Bits im Modem-Steuerregister (OCREG, 0x3FC) und Modem-Statusregister (ISREG, 0x3FE) für RTS, DTR und CTS setzen bzw. lesen.

Die letzte Zeile `volts = volts + bit * pow(2,i)` in der Kommunikationsschleife addiert die Ergebnisse der einzelnen Bits mit der entsprechenden Wertigkeit durch eine Potenzierung entsprechend 2 hoch 0, 2 hoch 1, 2 hoch 3 usw., was somit durch Einbeziehung der 5-V-Referenzspanung und einer Division durch 1023 das 10-Bit-Ergebnis liefert bzw. bei einer Division durch 4095 das 12-Bit-Ergebnis.

Die Funktion `ioperm` ist in unistd.h sowie auch im Kernel selbst deklariert und sorgt für das Freischalten von Ports für einen Prozess, denn Linux ist bekanntlich multitaskingfähig, sodass das Programm mit der Platine auch über mehrere Konsolen kommunizieren kann. Beispielsweise wird mithilfe der Konsole 1 auf dem Kanal 0 gemessen und quasi zeitgleich über die Konsole 2 auf dem Kanal 4.

Für den lesenden oder schreibenden Port-Zugriff gibt es eine Reihe unterschiedlicher Befehle (Byte, Word, Long). Für die üblichen 8 Bit breiten sind hier lediglich `outb` und `inb` notwendig. Die Funktion `ioperm` gilt nur für den I/O-Bereich bis 3FFh, wo eben auch die üblichen (ISA-)Ports zu finden sind. Um prinzipiell auch Ports über 3FFh ansprechen zu können, gibt es zwar die Funktion `iopl`, die den Bereich bis FFFFh komplett freischaltet, was jedoch nicht ganz ungefährlich ist, denn möglicherweise werden dadurch andere Prozesse blockiert. Die allgemeine Syntax von `ioperm` lautet:

```
int ioperm (from, num, turn_on)
```

Demnach wird die zu verwendende (Basis-)Adresse unter `from` sowie die Anzahl der benötigten Bytes (der Bereich) unter `num` festgelegt, und mit `turn_on = 1` wird das Zugriffsrecht aktiviert bzw. mit `turn_on = 0` wieder deaktiviert. Es sollten grundsätzlich nur diejenigen Ports freigeschaltet werden, die auch tatsächlich benötigt werden; und wenn der Zugriff nicht mehr notwendig ist, sollte die Port-Freischaltung auch wieder aufgehoben werden.

```
// A/D-Wandler LTC1x90 an COM1

#include <stdio.h>
#include <math.h>
#include <asm/io.h>

#define  OCREG 0x3FC     // Portadresse RS232-COM1, Modem Control Register
#define  ISREG 0x3FE     // Portadresse RS232-COM1, Status Register
                         // COM2: 0x2FC, 0x2FE

int main (void)
{
```

```
int voltref = 5;        // Referenzspannung = 5 V
int D[12];              // 12 Datenbits
unsigned short bit;     // Bitinformation
float volts;            // Spannung
int channel;            // Messkanal
int count;              // Anzahl der Messungen
int i;                  // Bitzaehler
FILE *datastream;       // Fuer Mess-File


//Start und Kanalauswahl

printf("\n-----------------------------------------------\n");
printf("Serieller A/D-Wandler LTC1090 an COM1 \n");
printf("-----------------------------------------------\n");
printf("Zum Beenden Strg-C betaetigen\n");
printf("Bitte einen Kanal waehlen <0...7> : „);
scanf("%i",&channel);

// A/D-Umsetzer konfigurieren

D[0] = 1; // 8 Kanaele, single ended
D[4] = 1; // unipolar
D[5] = 0; // LSB zuerst
D[6] = 1; // Wortlaenge 12 Bit
D[7] = 0; // Wortlaenge 12 Bit

D[8] = 1; //egal
D[9] = 1;
D[10] = 1;
D[11] = 1;

datastream = fopen("messdaten.txt","w"); //Messfile

switch(channel) // A/D-Wandler laut Kanalnummer einstellen
{
   case (0):
     D[1] = 0, D[2] = 0, D[3] = 0;
      break;
   case (1):
     D[1] = 1, D[2] = 0, D[3] = 0;
      break;
   case (2):
     D[1] = 0, D[2] = 0, D[3] = 1;
      break;
   case (3):
     D[1] = 1, D[2] = 0, D[3] = 1;
      break;
   case (4):
```

```
        D[1] = 0, D[2] = 1, D[3] = 0;
         break;
      case (5):
        D[1] = 1, D[2] = 1, D[3] = 0;
         break;
      case (6):
        D[1] = 0, D[2] = 1, D[3] = 1;
         break;
      case (7):
        D[1] = 1, D[2] = 1, D[3] = 1;
         break;

      default:
         {
          printf("Ungueltige Kanalnummer!\n");
          printf("Neustart ausfuehren\n\n");
          goto ende;
          break;
         }
   } // Switch-Ende
/////////////////////////////////////////////////////////////
//                  Messschleife                          //

 for (count=1; count<=100; ++count) // Anzahl der Messungen
   {
       volts = 0;                   // Startwert
       if (ioperm(OCREG,3,1))       // Ports freischalten
      {
       printf("Es sind Root-Rechte fuer die Ausfuehrung notwendig!\n");
           getc(stdin);
           exit(-1);
      }

      // 12-Bit Kommunikationschleife
      for (i = 0; i <= 11; i++)
                                         // Bits ueber RTS schreiben
      {                                  // und ueber CTS einlesen

           outb((0xFE & inb(OCREG)), OCREG); // CS ueber 7474 auf Low
                                             // und SCLK mit DTR auf Low

        // Data Input Word in RTS schreiben

         if (D[i] == 0)
            outb((0xFD & inb(OCREG)), OCREG);
         else
            outb((2 | inb(OCREG)), OCREG);
```

```
          outb((1 | inb(OCREG)), OCREG);    // SCLK wieder High mit DTR

         // Lesen der Wandlung mit CTS

          if ((inb(ISREG) & 0x10) == 16)
             bit = 0;
          else
             bit = 1;

         // Wertigkeit herstellen
          volts = volts + bit * pow(2,i);

       } // Ende der 12-Bit-Kommunikationsschleife

       volts = voltref * volts / 1023; // Spannung berechnen

       printf("Messung Nr.: %i  Messkanal[%i]: %2.3f Volt\n",count,
                                             channel,volts);  //Ausgabe
       fprintf(datastream,"%i   " "%i   " "%2.3f\n", count, channel, volts);
                                            // Daten in Datei schreiben

       outb((0xFD & inb(OCREG)), OCREG); // RTS = Din auf Low
       outb((2 | inb(OCREG)), OCREG);  // RTS = Din und CS wieder auf High

       ioperm(OCREG, 3, 0);                   // Ports wieder schliessen
       usleep(200000); // Verzoegerung von 200 ms bis zum naechsten Zyklus
}

//                        Ende der Messschleife                        //
////////////////////////////////////////////////////////////////////////

ende:
    fclose(datastream); // Messfile schliessen
    return 0;
}
```

Listing 13–4 Listing: LTC1x90 an COM1

Nachdem der Quellcode erstellt ist, kann es mithilfe von gcc kompiliert werden. Wichtig ist der korrekte Compileraufruf mit einigen Parametern. Im einfachsten Fall wird `gcc test.c` eingegeben, woraufhin ein Quellprogramm, beispielsweise namens *test.c*, in eine ausführbare Datei *a.out* kompiliert wird.

Um dem ablauffähigen Programm einen anderen Namen (z. B. test statt a.out) zu geben, lautet der Aufruf dann `gcc -o test test.c`, wofür eben der Parameter -o zuständig ist. Wer dies mit einem Programm ausführt, das auf Ports zugreift, wird jedoch mit einer Fehlermeldung wie `undefined reference to 'outb'` konfrontiert.

Der naheliegende Gedanke, dass womöglich die Bibliothek *asm/io.h,* die *outb* und *inb* zur Verfügung stellt, nicht gefunden wird, erweist sich meist als falsch, denn die Ursache liegt woanders, und zwar bei den Compileroptionen für die Optimierungsphase, bei der ein weiterer O-Parameter (diesmal aber großgeschrieben!) relevant ist. Mithilfe von `-O` versucht der Compiler, das Programm in seiner Größe und Ausführungszeit zu optimieren; mit `-O0` werden überhaupt keine Optimierungsschritte ausgeführt; bei der Angabe von `-O3` wird alles, was möglich ist, optimiert; und mit `-O2` soll die Programmlaufzeit optimiert werden. Da Funktionen wie *outb* aber als LineIn-Makros angelegt sind, werden sie nicht substituiert (eingesetzt), wenn keine Optimierung angegeben ist. Die Lösung ist deshalb ein Compileraufruf wie:

```
gcc -O2 -o ltc2012 ltc2012.c
```

Damit sollte das Programm – natürlich nur dann, wenn im Quellcode keine Fehler vorliegen – korrekt kompiliert werden. Es steht dann als ausführbares Programm *ltc2012* zur Verfügung, welches mit `./ltc2012` gestartet werden kann. Diese Art der Hardwareprogrammierung erfolgt im User-Space und eignet sich insbesondere für zeitkritischere Mess-, Steuer- und Regelungsgaufgaben oder eben für die traditionellen üblichen Schnittstellen (Parallel-, RS232-Port). Auf welchen Adressen im Einzelnen welche Devices liegen, kann im Übrigen leicht mit `cat /proc/ioports` eingesehen werden.

13.4.3.2 Windows-Programm

Direkte Port-Zugriffe unter Windows – gleichgültig in welcher Programmiersprache – sind ausschließlich mit den DOS-basierten Windows-Versionen möglich. Um Windows-Plattform-übergreifende Applikationen realisieren zu können, gibt es standardmäßig das Win32-API (Application Programming Interface) und die Klassenbibliothek mit der Bezeichnung *Microsoft Foundation Class Library* (MFC). Der Zugriff auf Hardware spielt bei MFC zwar eine untergeordnete Rolle, die RS232-Schnittstelle kann jedoch mit entsprechenden Funktionen genutzt werden.

Generell kapselt die MFC-Bibliothek sehr viele (spezielle) Dinge der Windows-Programmierung in eine ganze Reihe von C++-Klassen und bietet demnach explizit und automatisch die Funktionalität der objektorientierten Programmierung.

Damit *können* viele Programmieraufgaben wesentlich einfacher gelöst werden als mit einem C-Programm und der Verwendung der Windows 32-API. Die Betonung liegt dabei auf *können*, denn durch die Nutzung der Klassenbibliothek ist es durchaus möglich, dass die jeweilige Programmieraufgabe nicht nur zeitaufwendiger wird, sondern auch extrem unübersichtlich: Der Code-Umfang kann enorm zunehmen, und die Applikation kann dadurch langsamer arbeiten. Den Vorteilen bei der Verwendung der MFC – dass hier automatisch ein Windows-konformes ereignisgesteuertes

Programmgerüst erstellt wird, welches auch mehrere Threads zulässt – stehen die Nachteile gegenüber, dass dem Programmierer die Orientierung und das Verstehen der einzelnen Funktionen oftmals schwerer fallen.

Der Einsatz der *Microsoft Foundation Class Library* ist mit dem Vorteil verbunden, dass die hierfür vorgesehenen Klassenassistenten für ActiveX-, DLL- und EXE-Anwendungen automatisch eine Vielzahl von Einstellungen und Definitionen vornehmen, weil dies in einem sogenannten *Application Framework* erfolgt. Dies ist ein Gerüst mit Platzhaltern und Makros, was an den automatisch generierten AFX-Zeilen und auch an den Hinweistexten erkennbar ist und wo der eigene Programmcode ggf. zu ergänzen ist. Allein mit dem »Durchklicken« bei der Abfrage der Projekteinstellungen erhält man ohne die Eingabe einer einzigen Code-Zeile eine Windows-Applikation mit den typischen Symbolen und Menüstrukturen (Datei, Bearbeiten, Ansicht etc.).

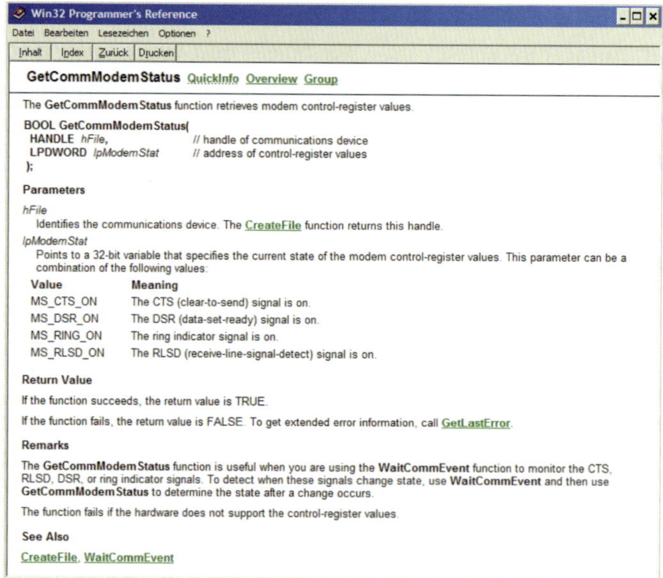

Abb. 13–30 Das Win32-API stellt verschiedene Funktionen für den COM-Port zur Verfügung.

Für die zuvor erläuterte A/D-Umsetzer-Applikation wurde die MFC-Bibliothek verwendet, um hiermit ein Messprogramm für Windows zu erstellen. Dadurch wird der Anwendung auch automatisch die Fähigkeit der objekt- bzw. ereignisgesteuerten Arbeitsweise verliehen, denn es wäre prinzipiell möglich, dass eine derartige Applikation, die einen kontinuierlichen Zugriff auf die Hardware verlangt, einen PC fast völlig in Beschlag nimmt, sodass selbst die Maus nicht mehr zum Abbruch des Programms funktionieren will.

Die Applikation besteht aus zwei wesentlichen Teilen: aus der eigentlichen Anwendung (SampleAppADIO.exe) sowie aus der DLL mit der Bezeichnung *ComIO*, die von der Anwendung benutzt wird, wo im Prinzip die gleiche Schleife für die Konfiguration und die Ermittlung der Messergebnisse implementiert ist, wie es zuvor realisiert wurde.

Hier werden jedoch API32-Funktionen wie `GetCommState`, `GetCommModemStatus` und `EscapeCommFunktion` verwendet. Die genaue Syntax hierzu sowie eine Funktionsbeschreibung liefert beispielsweise die Help-Datei zum Win32-API und die *Win32 Programmers's Reference*. Der aktuelle Stand ist natürlich auf den MSDN-Seiten (Microsoft Developer Network) von Microsoft zu finden.

```
// ComIO.cpp : Interface DLL for AD Converter
#include "stdafx.h"
#include "windows.h"
#define xport _declspec(dllexport) _stdcall        // Export
HANDLE hPort=NULL;                                  // Handle to ComPort
// Open ComPort
BOOL xport InitAD(LPCSTR lpPortName)

// Debugging:
// AFX_MANAGE_STATE(AfxGetStaticModuleState());
{
   DCB dcb;      // Modem Control Structure, Device Control Block
   if(hPort!=NULL)
   {
        return false;    // Error: Port already opened
   }
   // Open
   if((hPort=CreateFile( lpPortName,GENERIC_READ | GENERIC_WRITE,
0,0,OPEN_EXISTING,FILE_FLAG_OVERLAPPED,0))==INVALID_HANDLE_VALUE)
   {
        return false;    // Error: cannot open Port
   }
   // Reading DCB control settings
   if(!GetCommState(hPort,&dcb))
   {
        CloseHandle(hPort);
        return false;      // Error: cannot get dcb
   }
   // Power on the AD Converter by setting DTR and RTS to "High"
   dcb.fDtrControl=DTR_CONTROL_ENABLE;
   dcb.fRtsControl=RTS_CONTROL_ENABLE;
   // Writing back DCB control settings   if(!SetCommState(hPort,&dcb))
   {
        CloseHandle(hPort);
        return false;               // Error: cannot set dcb
```

```
    }
    return true;                    // Returning true if port is opened
}
// Read AD and send new configuration (nConf)
// AD sends back the value of the previous conversion
UINT xport ReadAD(UINT nConf)
{
UINT nRead=0;
DWORD status=0;
int conf;
    // 8 channels, single ended, unipolar, MSB first, length 12 Bit
    switch(nConf)
    {
    case 0: conf=0xF71;break;
    case 1: conf=0xF73;break;
    case 2: conf=0xF79;break;
    case 3: conf=0xF7B;break;
    case 4: conf=0xF75;break;
    case 5: conf=0xF77;break;
    case 6: conf=0xF7D;break;
    case 7: conf=0xF7F;break;
    default: conf=nConf;
    }
    ::Sleep(1);
    // 12 Bit communication loop
    // 12 bit and MSB first communication with AD
     for (int i = 0; i <= 11; i++)
    {
    nRead=nRead<<1;// getting the read bits to the right position
         // set DTR (SCLK) to low
         EscapeCommFunction(hPort, CLRDTR);
         // write RTS (Din)
         EscapeCommFunction(hPort, (((conf>>i)& 1) ? SETRTS :
                                                   CLRRTS));
         // set DTR (SCLK) back to High
         EscapeCommFunction(hPort, SETDTR);
         // read CTS (Dout)
         GetCommModemStatus(hPort, &status);
         (status & MS_CTS_ON) ? nRead=nRead:nRead+=1;
     } // end of communication loop
       // reset CS#
    EscapeCommFunction(hPort, CLRRTS);
    EscapeCommFunction(hPort, SETRTS);
return nRead;
}
// Close ComPort
VOID xport ResetAD()
{
```

```
    //Debugging:
    //AFX_MANAGE_STATE(AfxGetStaticModuleState());
    //ASSERT(hPort!=NULL);
    CloseHandle(hPort);
    hPort=NULL;
}
```

Listing 13–5 ComIO-DLL

Die Definitionsdatei (*ComIO.def*) bestimmt die Modul-Parameter für die *ComIO.dll*, d. h., hier sind die Angaben zur erstellten Bibliothek und den damit implementierten Funktionen für den A/D-Umsetzer zu finden.

```
; ComIO.def : Declares the module parameters for the DLL.
LIBRARY      "ComIO"
EXPORTS
     ; Explicit exports can go here
    InitAD
    ReadAD
    ResetAD
```

Listing 13–6 Definitionsdatei

Visual Studio übernimmt bei der Aktivierung eines MFC-Projekts bestimmte Einstellungen und legt auch automatisch einige Dateien mit entsprechenden Rahmen und Kommentaren hierfür an, was nicht immer im Sinne des Anwenders sein mag, weil er vielleicht eigene Vorstellungen von der Organisation und der Benennung seines Programms hat. Den von Microsoft standardmäßig vorgegebenen Konventionen kann man sich jedoch nur schwer entziehen, wenn nicht unzählige Fehlermeldungen auftauchen sollen, für deren Beseitigung dann auch die MFC-Quellprogramme genauestens studiert werden müssten.

Wie eingangs erwähnt, nennt sich die eigentliche Anwendung SampleAppADIO.exe. Dabei definiert die Datei *SampleAppADIO.cpp* aber nur das Klassenverhalten für diese Anwendung, während sich der eigentliche Quellcode für diese Applikation in einer weiteren Datei (SampleDlg.cpp) befindet. Entsprechende Header-Dateien sind hierfür natürlich auch noch notwendig.

```
/ SampleDlg.cpp : Implementierungsdatei
//
#include "stdafx.h"
#include "SampleAppADIO.h"
#include "SampleDlg.h"
// CAboutDlg-Dialogfeld für Anwendungsbefehl 'Info'
class CAboutDlg : public CDialog
```

```
{
public:
   CAboutDlg();

// Dialogfelddaten
   enum { IDD = IDD_ABOUTBOX };
   protected:
   virtual void DoDataExchange(CDataExchange* pDX);
                                                  // DDX/DDV-Unterstützung
// Implementierung
protected:
   DECLARE_MESSAGE_MAP()
};
CAboutDlg::CAboutDlg() : CDialog(CAboutDlg::IDD)
{
}
void CAboutDlg::DoDataExchange(CDataExchange* pDX)
{
   CDialog::DoDataExchange(pDX);
}
BEGIN_MESSAGE_MAP(CAboutDlg, CDialog)
END_MESSAGE_MAP()

// CSampleDlg Dialogfeld
CSampleDlg::CSampleDlg(CWnd* pParent /*=NULL*/)
   : CDialog(CSampleDlg::IDD, pParent)
   , chk0(FALSE)
   , chk1(FALSE)
   , chk2(FALSE)
   , chk3(FALSE)
   , chk4(FALSE)
   , chk5(FALSE)
   , chk6(FALSE)
   , chk7(FALSE)
{
   m_hIcon = AfxGetApp()->LoadIcon(IDR_MAINFRAME);
}

void CSampleDlg::DoDataExchange(CDataExchange* pDX)
{
   CDialog::DoDataExchange(pDX);
   DDX_Control(pDX, IDC_PROGRESS_CH0, prog0);
   DDX_Control(pDX, IDC_PROGRESS_CH1, prog1);
   DDX_Control(pDX, IDC_PROGRESS_CH2, prog2);
   DDX_Control(pDX, IDC_PROGRESS_CH3, prog3);
   DDX_Control(pDX, IDC_PROGRESS_CH4, prog4);
   DDX_Control(pDX, IDC_PROGRESS_CH5, prog5);
```

```
    DDX_Control(pDX, IDC_PROGRESS_CH6, prog6);
    DDX_Control(pDX, IDC_PROGRESS_CH7, prog7);
    DDX_Check(pDX, IDC_CHECK_CH0, chk0);
    DDX_Check(pDX, IDC_CHECK_CH1, chk1);
    DDX_Check(pDX, IDC_CHECK_CH2, chk2);
    DDX_Check(pDX, IDC_CHECK_CH3, chk3);
    DDX_Check(pDX, IDC_CHECK_CH4, chk4);
    DDX_Check(pDX, IDC_CHECK_CH5, chk5);
    DDX_Check(pDX, IDC_CHECK_CH6, chk6);
    DDX_Check(pDX, IDC_CHECK_CH7, chk7);
    DDX_Control(pDX, IDC_VAL0, valCH0);
    DDX_Control(pDX, IDC_VAL1, valCH1);
    DDX_Control(pDX, IDC_VAL2, valCH2);
    DDX_Control(pDX, IDC_VAL3, valCH3);
    DDX_Control(pDX, IDC_VAL4, valCH4);
    DDX_Control(pDX, IDC_VAL5, valCH5);
    DDX_Control(pDX, IDC_VAL6, valCH6);
    DDX_Control(pDX, IDC_VAL7, valCH7);
}
BEGIN_MESSAGE_MAP(CSampleDlg, CDialog)
ON_WM_SYSCOMMAND()
    ON_WM_PAINT()
    ON_WM_QUERYDRAGICON()
ON_BN_CLICKED(IDOK, OnBnClickedOk)
    ON_BN_CLICKED(IDCANCEL, OnBnClickedCancel)
END_MESSAGE_MAP()

// CSampleDlg Meldungshandler
BOOL CSampleDlg::OnInitDialog()
{
    CDialog::OnInitDialog();

// Hinzufügen des Menübefehls "Info..." zum Systemmenü.
// IDM_ABOUTBOX muss sich im Bereich der Systembefehle befinden.
    ASSERT((IDM_ABOUTBOX & 0xFFF0) == IDM_ABOUTBOX);
    ASSERT(IDM_ABOUTBOX < 0xF000);
    CMenu* pSysMenu = GetSystemMenu(FALSE);
    if (pSysMenu != NULL)
    {
        CString strAboutMenu;
        strAboutMenu.LoadString(IDS_ABOUTBOX);
        if (!strAboutMenu.IsEmpty())
        {
    pSysMenu->AppendMenu(MF_SEPARATOR);
    pSysMenu->AppendMenu(MF_STRING, IDM_ABOUTBOX, strAboutMenu);
        }
    }
```

```
// Symbol für dieses Dialogfeld festlegen. Erfolgt automatisch,
// wenn das Hauptfenster der Anwendung kein Dialogfeld ist.
   SetIcon(m_hIcon, TRUE);              // Großes Symbol verwenden
   SetIcon(m_hIcon, FALSE);             // Kleines Symbol verwenden

   //Open DLL
   hDLL=LoadLibrary("ComIO");
   if(hDLL==NULL)
   {
        AfxMessageBox("Konnte ComIO.DLL nicht öffnen!");
        OnCancel();                  // Exit program
        return TRUE;
   }

   //Assign DLL functions
   InitAD =(LPINITAD) GetProcAddress(hDLL,"InitAD");
   ReadAD =(LPREADAD) GetProcAddress(hDLL,"ReadAD");
   ResetAD=(LPRESETAD)GetProcAddress(hDLL,"ResetAD");

   //Open ComPort
   if(!InitAD("COM1"))
   {
        AfxMessageBox("Konnte Com1 nicht öffnen!");
        FreeLibrary(hDLL);
        OnCancel();                  // Exit program
        return TRUE;
   }

   //Load defaults for dialog
   prog0.SetRange(0,4095);
   prog1.SetRange(0,4095);
   prog2.SetRange(0,4095);
   prog3.SetRange(0,4095);
   prog4.SetRange(0,4095);
   prog5.SetRange(0,4095);
   prog6.SetRange(0,4095);
   prog7.SetRange(0,4095);
   prog0.SetPos(0);
   prog1.SetPos(0);
   prog2.SetPos(0);
   prog3.SetPos(0);
   prog4.SetPos(0);
   prog5.SetPos(0);
   prog6.SetPos(0);
   prog7.SetPos(0);
   valCH0.SetWindowText("-.--");
   valCH1.SetWindowText("-.--");
   valCH2.SetWindowText("-.--");
```

```
    valCH3.SetWindowText("-.--");
    valCH4.SetWindowText("-.--");
    valCH5.SetWindowText("-.--");
    valCH6.SetWindowText("-.--");
    valCH7.SetWindowText("-.--");
    UpdateData(false);    // Load data to dialog
    return TRUE;                 // Gibt TRUE zurück, außer wenn ein
                          // Steuerelement den Fokus erhalten soll
}

void CSampleDlg::OnSysCommand(UINT nID, LPARAM lParam)
{
    if ((nID & 0xFFF0) == IDM_ABOUTBOX)
    {
        CAboutDlg dlgAbout;
        dlgAbout.DoModal();
    }
    else
    {
        CDialog::OnSysCommand(nID, lParam);
    }
}

// Wenn  dem Dialogfeld eine Schaltfläche "Minimieren" hinzufügen,
// benötigen  den nachstehenden Code, um das Symbol zu zeichnen.
// Für MFC-Anwendungen, die das Dokument/Ansicht-Modell verwenden,
// wird dies automatisch ausgeführt.

void CSampleDlg::OnPaint()
{
    if (IsIconic())
    {
        CPaintDC dc(this);        // Gerätekontext zum Zeichnen

     SendMessage(WM_ICONERASEBKGND,
                    reinterpret_cast<WPARAM>(dc.GetSafeHdc()), 0);
        // Symbol in Client-Rechteck zentrieren
        int cxIcon = GetSystemMetrics(SM_CXICON);
        int cyIcon = GetSystemMetrics(SM_CYICON);
        CRect rect;
        GetClientRect(&rect);
        int x = (rect.Width() - cxIcon + 1) / 2;
        int y = (rect.Height() - cyIcon + 1) / 2;

        // Symbol zeichnen
        dc.DrawIcon(x, y, m_hIcon);
    }
    else
```

```
    {
        CDialog::OnPaint();
    }
}
// Das System ruft diese Funktion auf, um den Cursor abzufragen, der
// angezeigt wird, während der Benutzer das minimierte Fenster mit
// der Maus zieht.
HCURSOR CSampleDlg::OnQueryDragIcon()
{
    return static_cast<HCURSOR>(m_hIcon);
}
void CSampleDlg::OnBnClickedOk()
{
    UpdateData(true);                   // Read data from dialog
    int iVal;
    double dVal;
    CString str;

    // Read AD converter
    if(chk0)
    {
        ReadAD(0);
        iVal=(ReadAD(0));
        dVal=iVal;
        dVal=dVal*5/4095;
        str.Format("%.2f",dVal);
        prog0.SetPos(iVal);
        valCH0.SetWindowText(str);
    }
    else
    {
        prog0.SetPos(0);
        valCH0.SetWindowText("-.--");
    }
    if(chk1)
    {
        ReadAD(1);
        iVal=(ReadAD(1));
        dVal=iVal;
        dVal=dVal*5/4095;
        str.Format("%.2f",dVal);
        prog1.SetPos(iVal);
        valCH1.SetWindowText(str);
    }
    else
    {
        prog1.SetPos(0);
        valCH1.SetWindowText("-.--");
```

```
}
if(chk2)
{
    ReadAD(2);
    iVal=(ReadAD(2));
    dVal=iVal;
    dVal=dVal*5/4095;
    str.Format("%1.2f",dVal);
    prog2.SetPos(iVal);
    valCH2.SetWindowText(str);
}
else
{
    prog2.SetPos(0);
    valCH2.SetWindowText("-.--");
}
if(chk3)
{
    ReadAD(3);
    iVal=(ReadAD(3));
    dVal=iVal;
    dVal=dVal*5/4095;
        str.Format("%1.2f",dVal);
    prog3.SetPos(iVal);
    valCH3.SetWindowText(str);
}
else
{
    prog3.SetPos(0);
    valCH3.SetWindowText("-.--");
}
if(chk4)
{
    ReadAD(4);
        iVal=(ReadAD(4));
    dVal=iVal;
    dVal=dVal*5/4095;
        str.Format("%1.2f",dVal);
    prog4.SetPos(iVal);
    valCH4.SetWindowText(str);
}
else
{
    prog4.SetPos(0);
    valCH4.SetWindowText("-.--");
}
if(chk5)
  {
```

```
            ReadAD(5);
            iVal=(ReadAD(5));
            dVal=iVal;
                  dVal=dVal*5/4095;
            str.Format("%1.2f",dVal);
            prog5.SetPos(iVal);
            valCH5.SetWindowText(str);
      }
      else
      {
            prog5.SetPos(0);
            valCH5.SetWindowText("-.--");
      }
      if(chk6)
      {
            ReadAD(6);
            iVal=(ReadAD(6));
            dVal=iVal;
            dVal=dVal*5/4095;
                  str.Format("%1.2f",dVal);
                  prog6.SetPos(iVal);
                  valCH6.SetWindowText(str);
      }
      else
      {
            prog6.SetPos(0);
            valCH6.SetWindowText("-.--");
      }
      if(chk7)
      {
            ReadAD(7);
            iVal=(ReadAD(7));
            dVal=iVal;
                  dVal=dVal*5/4095;
                  str.Format("%1.2f",dVal);
            prog7.SetPos(iVal);
            valCH7.SetWindowText(str);
      }
      else
      {
            prog7.SetPos(0);
            valCH7.SetWindowText("-.--");
      }
      UpdateData();                               // Write data to dialog
}

void CSampleDlg::OnBnClickedCancel()
{
```

```
    // Close Com Port
    ResetAD();

    // Close DLL
    FreeLibrary(hDLL);
    OnCancel();
}
```

Listing 13-7 SampleDlg.cpp

Das Programm kann direkt ohne die Installation irgendwelcher Dateien aufgerufen werden und erscheint im entsprechenden *Windows-Look&Feel.* In Abb. 13-31 ist die Oberfläche des Programms gezeigt, mit dem die jeweiligen Messwerte der einzeln anzuklickenden Kanäle als Zahlen und als Balkendiagramme angezeigt werden.

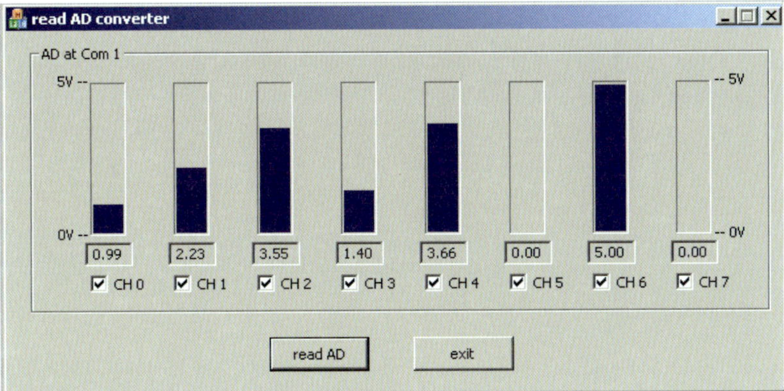

Abb. 13-31 Die Anwendung des MFC-Projekts

Index

Symbole

A

B

C

D

G

H

I

O

P

T

U

V

W

X

Y

Z